建築制作論の研究

建築論研究会　編

中央公論美術出版

目次

場所論から制作論へ

ことばと制作

制作における見ること

制作論の歴史的展開

制作と思索

制作論としての建築術

作品生成論

編集後記
執筆者リスト

建築制作論の研究

本書は、独立行政法人日本学術振興会平成二十七年度科学研究費補助金（研究成果公開促進費）の交付を受けた出版である。

場所論から制作論へ

建築することのはじまり――境界現象における、見ること、立てること

――日本の原始的信仰・民俗の事象を通して――

加藤　邦男

序

近年行われた日仏建築論研究者の研究会（国際日本文化研究センターの日仏共同シンポジウム、二〇一一年）で、建築の「生きられる空間」に関わる興味深い議論が展開された。建築作品やその廃墟と幻影、日本の建築的空間における「結界」や「境界」の現象について等である。それはわが国でも和辻哲郎の風土論や山内得立の「tetra lemma」論と現代西欧の哲学をつなぎつつ展開されるユニークな風景論でよく知られた地理学者オギュスタン・ベルク・パリ大学教授の指導的活動の賜である。本論はそうした研究風土のなかで、従来私が少しずつ展開してきた建築の制作論のなかで書き溜めた建築論研究ノートの一部を本論集のために整理したものである。

一

建築とは、建築家の、あるいは建築する者の行為の結果として、ある「場所」に立ちあらわれて来る何ごとかであり、そのものは、

現実の物質的もしくは技術的道具、つまり事物であり、また同時に芸術作品として成立するなかで、具体的な風景の表象的構築に伴われ、一度その表象が確認されるやいなや、それを「ある」ことが出來（しゅつらい）した軌跡を残して、うつろい、消滅して行く。消滅したもの、あるいは「こと」は、それらの「ある」に関わった人の心の内奥または外的事物の背後にその影を潜め、詩的瞬間が訪れる字義通りの「未到来の豊穣な時」を待つのである。そうだとすれば、われわれが具体的な存在物として把捉し操作する一切の建築作品は、それを受容する者の側に立てば、一時の幻影の光輝に過ぎず、または物や人の背後にその秘やかな出來の現成を待つ、かの存在以前の純粋な詩的存在と言わねばならない。　ジャック・デリダの小論『留まれ、アテネ』(Jacques Derrida, Demeure, *Athènes*, Photographies de Jean-François Bonhomme, Éd. Galilée, 2009：邦訳、矢橋透『留まれ、アテネ』ジャン＝フランソワ・ボノム　写真、みすず書房、二〇〇九年）は、表象的イメージである写真の印画が、「ある」ことの出來の待機にほかならず、ロラン・バルトの『明るい部屋』(Roland Barthes, *Chambre claire, notes sur la photographie*, Éd. de Seuil, 1980：邦訳、花輪光、『明るい部屋』みすず書房、一九八五年）における写真と対比させて「暗い部屋chambre obscure」であることを、われわれに知らしめている。われわれ建築する者は、技術的な構築を実践する者であると同時に、より根源的には、その過程を通じて、立ち現れてくる「あるもの」、仮象にほかならぬその「ある」ことの到来を目撃する視覚の証人であり、そのことによって、広大無辺の世界が開く瞬間を「生き／自覚する者」であり、その瞬間の可能性の持続をもたらす、いわゆる実存的な人間でもあるのである。

この原初的、根源的現象を民俗学的資料を手懸かりにして捉えようと試み、その論理的構造と意味を考察してみたいと思う。

以前に筆者は建築論的興味に誘われて、建築の原初性を目指して、世界創造・作品制作を巡って場所の問題を論じたことがあった（注記：クリスチャン・ノルベルグ＝シュルツ『ゲニウス・ロキ、建築の現象学を目指して』［加藤・田崎］共訳）所収の、加藤邦男「解説　建築・場所論―ゲニウス・ロキを巡って」参照)。まず自然の地理的な場所が場所として、人間や人間がつくった物、なかんずく西洋では都市的定住地、建築作品、道具的な器物に即して拡張された。そしてそれらがいずれも場所を占め、そこで体験される始元の感動から新たな制作へさらには住むことへとめまぐるしい円環の遊動として、いわば現象もしくは仮象が出来（しゅつらい）する「止水の明鏡」のようなある広がりとしての場、もしくは、場所のテーマを垣間みることができたかと思う。場所への問いは、一般に論じられるように、物の位置や地理的場所などのトポスへの問いよりも始元的でなければならず、いわゆる「場所の論」はトポ・ロジー Topo-logy よりも、プラトンが推論したように、「場コーラ Khôra」についての論とならざるを得ず、「プラトンにならって言うならば、制作の知性から心魂に至り、ものの存在の根源まで溯ることが予想されるのである」（前掲書、三八〇頁）。

それでは、ここでいう「コーラ khôra」とは何であろうか。造物神に対するその被創造物である自然と、相似的に思惟される建築家に対する人工的作品を考えるために、プラトンの『ティマイオス』における万物生成と制作に関する論考のなかで、アリストテレスとは対比的に、場所 topos とは差異化された場 khôra が言及されている。プラトンは宇宙の成立をイデア説によって、

1.「あるもの」、すなわち常有の模範的モデルとして反復され理性の対象となるイデア、

2.「生成するもの」、すなわちモデルを真似た模像に当たり、生成する可視的なもの

の二つに加えてさらに第3の類として、

3.「場 khôra」つまりあらゆる生成の、養い親のような受容者を挙げる。

場 khôra とは、具体的に知覚することができず、またイデアのように理性によって捉えることもかなわず、しかしある種の非知覚的で擬似的な理性の憶見 doxa によって捉えられたと信じるが、それは畢竟「夢見心地、寝とぼけ」でしかないようなものだという（プラトン『ティマイオス』52B）。プラトンの「場 khôra」は、アリストテレスが考える宇宙の外枠のようなものではなく、宇宙の基底にある。それは宇宙を包むものではなく、宇宙の中に入り込み、それに絡みついているとも言われる。それは虚無 Kenon のもつ無限性を含み、ピュタゴラス派の無限と同じように、宇宙 kosmos に形成されるための前提となっている。ただその無限は外に拡がるよりも、アリストテレスの無限のように内に含有される性質をもつといわれる。無限の空間は、万有のイデアがその影をそこに投影し、生成するものが型取られる（タイプ付けられる）、すなわち刻印され印影づけられる、型取りの蝋板のようなものを想像させるが、その型取られ方は、語ることの困難な仕方（プラトン『ティマイオス』50C）である。場 khôra はあたかも「明鏡止水」の鏡に擬えられ、水面に対するように口を通して流れ出てくる声のようなもののうちに、思いなしの憶見 doxa が印影づけられるという。常有イデアの原型は父であり、受容者たる母との原初の交渉によって、その中間的なもの（das Zwischen すなわち「間（あいだ）」）、つまりそれらの子がそこから生成するところの生成界を生ぜしめるのである。プラトンにおけるこの母は、あらゆる生成を受け入れる乳母（プラトン『ティマイオス』48

E）と呼ばれる生成物の養い親であるが、この第三種族は女として「女の種族」に属するものではなく、生みだささずに場所を与えるのみの、永遠の聖処女として、一切の生成の顕現や一切の真理から逸脱するという。コーラ khôra という言葉は、限定する冠詞なしで表記される名辞にとどまり、非人称的な無色無臭といったようなもので（そのそこからいろいろな、つまり万物が生成する場だとすれば、論理的にもそうでなければならない）、質料を排した純粋な場面、永遠なるものの影を宿す空なる場などと言われるゆえんである。

プラトンにとって、これらの「有」と「場」と「生成」は、万物の生成以前から存在するものとして措定されねばならなかったものであり、この充実した空なる空間を、プラトンは生成の流れの基底に見いだし、これを独立的なものと考えねばならなかったのである。創造される生命秩序体 kosmos に相当する建築は、イデア原因だけで十分な説明ができず、イデアからの印影付けが行われる場 khôra があるのでなければならない。場 khôra は静止的ではなく、そこでは不純物を選り分ける「篩い分け」が行われ、この運動は創造神を動かす知性 nous に由来するといわれる。身体と宇宙は相似的に知性と心魂を有する（プラトン『ピレボス』30B〜C）と考えられた。万物の始動と宇宙の生成とは同時に生起するのである。知性をもつ心魂がこれら一切の出来事を統治する神にほかならない。プラトンにおいて万有は、この心魂とともに動きはじめその知性によって宇宙を成すと考えられたのである。

以上要するに、プラトンにおける宇宙生成論は、われわれ人間である建築家自身が善美な秩序体を建築するデミウルゴス・建築家であるというイメージを与えてくれるのである。われわれが心中に懐胎し練り上げるイメージが生成するためには、プラトンの言う原初の場 khôra があるのでなければならない。それは、人間の力と神といわれる超越的な力とが響き合う二者共通の、あるいは両義的な場であり、その明鏡止水の口から流れ出す「寝とぼけて」聞こえる声、いわば沈黙の声に聴従すべき場にほかならない。そのようにしてはじめて人間は一つの場の開けに立ち会うのである。そしてそのとき始元からの一切の生成が成就するのである。

西洋古典の解読を通じて理論的に見出された「場 khôra」の理解から、具体的なわが国の民俗における「境界」現象が想起されるのである。以下の論述は、民俗的事象としてわが国に独特な境界現象を、以上の予備的考察を手懸かりとしてまずは理論的に記述しようとする試みの一つである。

二

境界とは、論理的にはある拡がり、すなわちある領域と、それとは区別される他の領域と隣接しもしくはそれら領域間を区画する地帯を言うのである。しかしそこに「私」が入り込むことによって、その領域が私の「内部」として認知され、それとは区別される領域が背後的「地」としての「外部」に退き疎外される。この「外部」とは、外的に表象される外側と、私の心の深奥に伏蔵された背後的地平をも含むことに注意しておきたい。この内／外の区画は、漠然と「内部」の周辺的広がりであったり、また認知可能な地理的もしくは物的な「境界」として表象されたりする。しかし私の内部は、私のテリトリーとして認知される既知の領域であるが、外部は未知の領域であり、私の領域にも浸潤している広大無辺な非限定な領域である。したがって境界とは、この広大無辺の非限定な領域をその背後に「伏蔵」しているとも言える。あるいは、境界そのものが多義的周辺であり、魔性、混沌、闇などの多義的意味が湧き出づる、いわば漠然としたひろがりとしか言えない。歴史的には、この領域の内外を区切る境界は、此岸・彼岸として、あちら・こちらを分かつ標識――シグナル、徴表、象徴など――であったりした。あるいは折口信夫が言及したように、「どっちにもつかぬ空虚な土地」（折口信夫全集、第十巻、中公文庫、一九七五～一九七六年、所収の「枕草子解説」）であり、曖昧、空虚な広がりである。これはトポロジー体系において観念される明確にある領域を限る線的表象により示される境界線ではなく、未知の外部から、もしくは私の内部から移動する場合に踏み越えなければならない不確定な一定のひろがりの地帯である。またこの場合の「私」とは、対象化される「私の身体」ではなく、「生きられる身体」としての「私」であるので、境界は、現実のものから想像上のものまでを含むことになるのである。したがって、ここで問題にする境界そのものは、線や点などによって実体的に表象すべきではなく、多義的意味が何らかの形姿となって現象する、生きられる領域とは異質なある広がり、正確には現実的であるものの想像的でもあり夢幻的でもある、特殊な両義的領域と言わねばならない。それは折口の言う「空虚な境界」、A・ファン・ヘネップの『通過儀礼』で触れられるあの「中立地帯」に通じるのである。「民俗社会において、村はずれの辻・橋や坂・峠などの境界が、内／外・生／死・現世／他界といった二つの世界の間を浮遊する人や物らの棲み家であったことはいうまでもない。「諸世界間の空隙」としての境界を往来する者は、身体的にも呪術＝宗教的にも、境界性（すなわちヘネップのいう過渡性に相当）を帯びているのである。「橋や坂のあたりに群れ棲む、乞食・遊女・坂の者・呪術宗教者など、異形異類の人々。そして、橋姫・坂神・ひだる神［山路に浮遊して旅人を悩ます憑き物、霊気、行合神］・産女［道行く人を悩ませる赤子を抱いた産婦の霊］といった、神霊や妖怪やモノの怪が跳梁跋扈するのもやはり、この共同体の周辺ないし境界であることを想起するにとどめよう。」（赤坂憲雄『境界の発生』講談社学術文庫、二〇〇二年、四五頁）と言われるのである。折口信夫にとって境界は、境界が帯びる無縁性、曖昧性のゆえに、はじめて神や異人との出会いと交歓が可能となる空虚な土地であり、出会いが生じる「交通の庭」であり、「山から異人がおりてきて、里人にあふ。どちらにもつかない、川で言へば、橋のような場所で出あふ。里人がこれを迎へる。土地の神、或は、土地の神の巫女として迎へる式をしたのだが、これを忘れて、ただの男、ただの女が迎へるといふ様になつた」（前掲書、四六頁）と著者が折口信夫「枕草子解説」を引用して言うように、境界の原型として語られる「冬祭りの庭に立ったという市」であった。

赤坂は、著書『境界の発生』講談社学術文庫、二〇〇五年のなかで、こうした境界現象の事例を分類して次のように列挙する。

1．市の庭／始元の交通の場：奥三河に伝わる花祭り、霜月祭などに折口が見た原初の市の光景。大和國山辺郡の布留ノ市など。里人と山人（山の巫女もしくは神）が出会う場所は、山の裾、山の端、山の出張ったところなど、里と山とが接する境界であるという。

2．賽の河原／超越的外部：塞は障えるの意として折口は賽の河原とサイ神（道祖神）との関わりを示唆している（折口信夫全集第十六巻民俗学篇2、中公文庫、一九八八年所収の「民族史観における他界観念」中の「他界と　地境と」）。賽の河原は山人と里人が出会う場所で、お互いがその境界を踏み越えないことになっている。折口はそれを「一種の交通の庭である」（前掲書所収の「民族史観における他界観念」中の「前『古代』における日本」）とし、境界を山人と里人との交通の切れ目になっている処と見ているとする。したがって賽の河原は、山中や、人里はなれた海岸、部落間の空地（村境）など、寂しい山陰、水浜にあり、人気のない空虚な境界である。死者の魂は山にゆく、子供の魂は村境からどこへも行けないなどの民俗的信仰からみれば賽の河原は魂の集中している処となる。

3．古代の交通の場所／チマタ／市の場：異質な他者との出会いとしての交通は、共同体どうしが合い接する境界領域に芽生え、生起するといわれる。この交通の場所チマタは、古代日本では、衢・衢・術・巷・岐と表記され、道―股、つまり道が股のように分岐する場所を指す（『出雲国風土記』、『常陸国風土記』など）。海石榴市（三輪山の麓、奈良の山辺の道と横大路が交差する上ツ道も近い地点に位置する）、軽のチマタ（安部山田道と下ツ道（厩坂道）の交点に位置する）、當麻衢（『日本書紀』天武紀元年7月の条）、石上衢［石上は天理市北部の地名］などが挙げられる。交通はある領域が外部と交わる結節点に生じる。また古代のチマタは市の庭であり、モノが交換される市は共同体が尽き果てる境界領域に始まるのであるから、そこは生きる場を仕切る境としての辻であり、チマタでなければならない。

4．天界への通路：チマタという市は、「虹のたつところ」に立ち、そこは天界と俗界の境に在る出入口で、神々が示現する場所であった。虹のたつところでは、神迎えの行事が行われ、その祭りの行事そのものが、市を立て、交換を行うことであったといわれる。市には聖樹が植えられ、「東の市の植木の木垂るまで」（『万葉集』313―317）と歌われ、大和の海柘榴市の椿、軽の市の大きな槻、河内の餌香（えが）の市の橘（前掲書『日本書紀』雄略紀十三年三月の条）、阿斗の桑市の桑（前掲書『日本書紀』敏達紀十二年是歳の条）などが挙げられている。（赤坂、前掲書、六九、七五―七六頁）

5．戦争の庭：平安時代のはじめには、京都の鴨川の河原は、市のたつチマタであった中州が、そののち戦場となり、屍体が散乱する庶民の風葬にも等しい「葬の地」と化し、市の立つ庭が埋葬地と重なることも多く、大和の市がいずれも大王陵などの古墳群の所在地と一致すると言う。（赤坂、前掲書、八〇頁）

6．誄（しのびごと）（死者へ語りかける詞）と夕占（または夕ト）の地：チマタは、生者が死者に語りかける誄などの言霊の活動が盛んに行われた場所でもあった。またここで行われた夕占（昼と夜の狭間、すなわち境界の時間に行われた）も、チマタに群れ集う言霊に対する信仰と関わりが深いとされる。チマタには道祖神、サイの神・猿田彦・地蔵・馬頭観音などが祀られ、また夕占の呪文には、フナド・サヘ・夕占の神が含まれ、「チマタで群れ蠢く言霊、そこに塞り坐す精霊的な神々が現れ、まことにチマタは日本固有のアミニズムの世界であった」（和田萃「夕占と道饗祭――チマタにおけるマツリと祭祀」『日本学』6）ともいわれている。（赤坂、前掲

書、八二―八三頁）

赤坂は、境界としてのチマタ観念は、『日本書紀』から見出した事例では水平方向に内／外へ分節されているが、記紀神話では、アメ――クニ――ネからなる垂直の三層構造の世界を描きだしていると指摘する。すなわち、高天原と葦原の中ツ国をつなぐ天孫降臨の道があり、このアメとクニを隔てる境界にチマタが位置していることに注目する。この境界に猿田彦大神と名乗る神が現れ、それは境界に群れ蠢くアミニズム的な神々を猿田彦神という固有名詞に結晶させたのではないかと問いかけ、道饗祭の祖型をチマタにいる精霊的なクナド（またはフナド、岐神）に奉幣［神に幣帛を捧げる］して、根の国・底の国より忍び来る、これまた精霊的な物の進入を防ぐ民間の祭りであり、やがてそれが宮廷祭祀のなかに組み込まれて、『風土記』や記紀に現れる男女一対の神格を出現させたと推論している。ここでは、赤坂の指摘にしたがい、境界としてのチマタが水平的構造とともに垂直的構造をも有していると解釈されうることに注意しておきたい。

定住農民にとってかなりな程度に普遍的な、秩序（村落共同体）／混沌（未開墾地・山林）という二元論的世界表象は、共同体の秩序の外に、さまざまなレベルの「異界」と「異人stranger」の表象を生みだす。秩序の外に排除・疎外された者たちが、共同体に属する者たちから蔑視と畏敬の両義的眼差しのもとに、日本の「異人」は「マレビト」として現れてくるという。言いかえると、秩序と混沌の両次元の二元的世界を生きる共同民にとって、「異人」は遊行性を帯びて、秩序と混沌にまたがる両義的存在として立ち現れ、それを迎える定住農民は恐れと敬いの、「聖なるもの」が引き起こす両義的心理状態に引き裂かれざるを得ないことになる。こうして、「異人」は、共同体から疎外・排除されると同時に神霊（訪れる外来神）を背負って訪れるものとして歓待される。しかし、「マレビト」は、外部の混沌すなわち「異界」から来訪する聖性を帯びた外来人strangerであるが、祖先たる死者たちの住む「他界」から遣わされる使者でもある。「マレビト」の漂泊・遍歴は地理的広がりのみならず、時間的に前世から現世へ、現世から来世への漂泊としても顕現する。赤坂は「村境に境の神を祭る塚所ダンノハナがあり、その向こう側に相対して現世的な〈他界〉である蓮台野が拡がっているといった地理感覚に根ざしている」［例えば柳田国男『遠野物語』参照］（前掲の赤坂憲雄『境界の発生』、一〇五頁）という特異な空間認識から、土地の占有を基盤として幻想・観念が成立する故に、〈他界〉もこの地理的な延長線上に措定されざるを得ないとする。こうして、共同体の外部である「異界」が同時に「他界」でもある特殊な条件のために、「マレビト」の地理的漂泊・遍歴が、「他界」という時間的彼岸からの来臨として受け取られてしまうと考えている。すなわちここに、「他界」と「異界」の両義的発生の根拠が推論されることが注目される。

以上から、場としての境界の特性が指摘された。すなわち、本来非構造的で両義性、非限定性、周辺性を特性としながら、彼方への出立・彼方からの来臨の時には、水平／垂直の空間的表象構造を示す。境界の両義性を媒介する「聖なる」場は、同時に「畏れるべき、険悪な」場としての特性が、境界現象の底にある。すなわち、境界とはいわゆる地理的な場所toposとしては漠然とした広がりでありながら、彼方からの来臨／彼方への出立、が仮象として現象することを可能とするのである。それは地理的toposよりも一層根底的な、つまり文字通り全体的な世界、一切を生み出しながら一切が幻・仮象にほかならぬ全体性が露わにされるその根底にほかならない。すなわち、現実または可能的なあらゆる仮象生成の「場khôra」（プラトン『ティマイオス』52B）とでも云うほかはない。

三

波平恵美子『ケガレ』（講談社学術文庫、一九五七年）は、ハレ（清浄性・神聖性を指す）・ケ（日常性・世俗性を指す）・ケガレ（不浄性を指す）を、それぞれがそれ自体で定義されうる観念としてではなく「漠然としたものとしてとらえ」つつ、この三者を儀礼における相互の関係性によって規定し、この関係性を儀礼分析の重要な理論的枠組みであるとする。すなわちハレ観念はケガレ観念の反対極に成立するのであって、ケガレすなわち不浄であるとみなして儀礼の分析を行っている。ケガレは、特定の場所に結びついて生じるだけではなく、日常生活のあらゆる場と結びつきが可能であり、それが何らかの契機を切っ掛けに、特異な境界の場となりうるのである。ここにもわが国の民俗に、万物の生成における肯定と否定を同時に含む、非限定的な両義的場、つまりkhôraともいうべき世界が露わにされ、その根底の地平に向けられる鋭い感受性の働きを見知ることが出来るのである。

日本人の民間信仰がケガレ観念を中心として形成されたことに注目する波平恵美子『ケガレ』（講談社学術文庫、一九五七年）は、境界と呼ばれる場を人間の日常生活の行為的視点から見る可能性を与えてくれる。波平はケガレ観念に関して次のように述べる。ケガレとは、死の発生によって引き起こされる特殊な状態であり、ケガレたものとはケガレの状態とそれ自体がケガレである人や物の存在を含み、ケガレたものは伝染、汚染する（polluted and polluting）。神道由来のハレ観念は、ケガレの対極にあり、ケガレ状態やそれをつくりだす存在の否定によって成立する観念だとする。波平は、ハレ（清浄性・神聖性を指す）・ケ（日常性・世俗性を指す）・ケガレ（不浄性を指す）を、それぞれがそれで自体定義されうる観念としてではなく「漠然としたものとしてとらえ」つつ、この三者を儀礼における相互の関係性によって規定し、この関係性を儀礼分析の重要な理論的枠組みであると認めている。すなわちハレ観念はケガレ観念の反対極に成立するのであって、ケガレすなわち不浄であるとみなして儀礼の分析を行っている。ここでは、境界現象を波平のケガレに視点を据えてとらえ直してみよう。ケガレは、特定の場所に結びついて生じるだけではなく、日常生活のあらゆる場と結びつき可能であり、それが何らかの契機を切っ掛けに、特異な境界の場となりうると言うのである。日本民族においては、ケガレは祓いなどの儀礼を行うことによりハレの状態へと浄化されるのであり、ケガレの場所を固定的なタブー（禁忌）の領域として保存することにより不浄性を豊穣性へと変える観念をもつパプア・ニューギニア高地の事例などは、本来日本では希薄であると言われる（波平恵美子、前掲書、三〇八頁）。ここでもわが国の民俗が、万物の生成における、非限定、両義的な場 khôra ともいうべき世界が露わになる、その根底の地平に対してとくに鋭い感受性を有していることが理解される。

四

1．波平恵美子が挙げるケガレの場所は「危険な場所」「魔の空間」であり、儀礼の対象になることによってケガレの危険性を消失するという。具体的事例を波平の研究（前掲書参照）に従って整理すれば、おおよそ次のようになろう。

1-1 辻、峠、境目などの危険に満ちているとされる場所：これらの場所では死霊が出現し、とくに峠や辻には「ヒダル神」（ヒモジイ、ガキ、ジキトリ、イザリガミ等）が出現する境界の場所である。そこで、道祖神、塞の神、不動明王、庚申、地蔵や観音が祀られる。こうした境界の場所は一般に平地から丘陵地へと移り変わる中間領域に見られ、不特定多数の人が多くの土地から集まり、「市」が成立する場所であり、また争いが行われる場所（戦場）ともなる。

1-2 地形上、地理的に異なる領域が相互浸透しあう両義的な場所：市場、刑場、墓地（例えば鎌倉の都市周辺の境界的な場所）そのほか多領域が集約され、その意味で多義的な峠などの場所では、「境界的、両義的性格をもつ信仰の対象は、あたかも磁力を持つかのように他の両義性を引き付け、その両義的性格を強めているかのように思われる。」（波平恵美子「水死体をエビス神として祀る信仰──その意味と解釈」in『民族学研究』四十二巻四号、一九八七年）

1-3 辻などの境界的な場所：次元の異なるもの、分類の異なるものが去来して交叉する場所であり、塞の神や道祖神が、異界から侵入しようとする邪悪なるものを防ぐという信仰がある。辻や峠などによりマークされるさまざまの境界は、領域の中心から見れば周辺部であり、多義的場所である。

1-4 奄美大島に見られる空き屋敷：「ノロ屋敷」、「イナヤシキ（不在ヤシキ）」などと呼ばれる。ヤシキとは祖先そのものであり、呪術的、霊的な場所である。会津や沖縄では、屋敷神や屋敷の霊力がヤシキに留まりつづけ、そこがケガレの場所となり、祀るべき対象となる。これらは意味づけされた特異な場所である。

1-5 社会的結びつきや接触によって集まるムラの人々から見れば、結びつきや接触が希薄な周辺的、周縁的場所：川（虫送り、疫病送り）や河原（静岡県の疱瘡神の送りなど。ここはまた禊ぎが行われる清浄な場所でもある）、山（虫や神を山へ送る、死霊あるいは祖霊は山に在るという信仰。死体を山へ送る遺棄葬など。）、海（遺棄葬、彼方の海そのものが死者の世界だという観念）などや、未開墾地または所有も区画も非明確なままの漠然とした拡がりが挙げられよう。

1-6 周辺的な場所：此界から見た彼界で、人間以外のものの支配下にある領域との境界にあたる。周辺的場所はその背後に「異界」をもつ。異界とは、自らが住む世界とは異質な世界と認識され、想像的世界と現実的世界とが交じり合った呪詛を行う者たちが住み着く所と信じられている。それらは、神、祖霊、妖怪、鬼、厄神、旅人、乞食、技術者、物売り、宗教者など、ムラ社会へとその外側から「訪れる者たち」である。異界は、外、よそ、叢林、森など危険で恐ろしい場所と見られたり、神秘的な善をなす力に満ちた場所とも見られ、これらの「訪れる人」は、異人であり同時に呪術的宗教的性格を備えた者とも見なされる。したがってこの場所は、そこで魔性と神聖など対立するものが相互転換しあう、両義的ないし多義的な場所である。日本の異人、よそ者観念は、マレビト、寄神、エビス神など歴史的に由来する信仰や観念を含み、二項対立におけるこれらの媒体は神秘性を帯び、よそ者、異人、漂着物などにおいて具現的に事物化され、内と外、この世（此岸）とあの世（彼岸）の対立を媒介するのである。

2　ケガレとハレの時

2-1

ハレの時：儀式や祭りが行われる「ハレの日」は、残りのケの日とは異なる一日であることが強調されてきた。このハレが儀礼として捧持される時とは、昼と夜、夜明けや夕暮れ時、月の朔望、朔日と十五日の「モノイミ」（大分県日田郡の山村）などの特別の、時間帯に特別の意味をこめた出来事の時である。夜は「人間以外のモノの時」と見なし、昼と夜が遷移する時を特別視する。死に伴うケガレの時の経過は、たとへば、納棺や埋葬時のもっとも強いケガレが、時の経過と共に単純に反比例して減少するのではなく、儀礼の頻度によって、段階的にケガレ状態の消失が起こる。儀礼の時にその都度ケガレの時間は浮かび上がり、その他の時はケの時間であり、儀礼が幾度か行われるその頻度によってその都度ケガレが弱められて行くという風である。ケとケガレの時は縞模様の状態となって交差して組み合わさり、遺族が生きる時はケ・ケガレ・ハレの混合となり、遺族とそれ以外の人たちにとって、彼等がそれぞれに生きる時はハレとケガレを原則的に同時共有しないのである。ハレの時はカミが臨在している時であり、不浄が排除されて完全に清浄が維持される時である。そうでなければ神の怒り、神の祟りとして、危険が引き起こされると信じられている。カミを招来して行う儀式は、禊ぎ祓いがその中心であり、それによってひたすら清浄性を保つのである。つまりハレの時は自動的な時間の推移とともに起こるのではなく、ケガレを去り清浄性を保持する、その時においてはじまる。ケガレの時は、客観的に観察できる具体的現象が切っ掛けとなってはじまる。ところがハレの時は祓い清めからはじまるのであるから、これは段階的に継起して行く。ハレの時は儀礼によってのみ生きられる時であり、波平はこれを優れて観念的、抽象的であると推論している。

2-2 正月行事：盆と正月はさまざまの行事の複合である。その要素のひとつに六月と十二月の大祓がある。六月の大祓はそのケガレの傾向を強く残して盆に引き継がれ、正月行事は大祓の性格をほとんど消失したといわれる。一月一日を年の初めとする暦上の時間のサイクルが一般的になると、年末から年頭の境目を喪の時とする観念は一面では強くなり、それを祓う行事は長期にわたり、儀礼は一層類型化して複雑になったと言われている。すなわち大正月と小正月とが結合し、正月行事の終わりに仏の正月を加えて、魔を祓う行事、つまりケガレの傾向が強い行事に入るのは、祓い清めにより封じ込めた魔的なものが、儀礼のシリーズの終了後も追い遣り続けるという観念が媒介しているのだと言われる。

2-3 災因論としてのケガレに関する事例：死がケガレであるという認識は明瞭である。死のケガレを祓う儀式の累加がイエ（家）の繁栄をもたらし、逆にイエの不運、とくに経済的な不運は祖先のために行うべき儀礼の縮小をもたらし、それがさらなる不運をそのイエにもたらすと信じられている。したがって病治癒の祈願などの消極的儀礼から、豊穣、安全を祈念する積極的儀礼は対立せず、連続していると結論する（前掲書、波平恵美子『ケガレ』、三〇四頁）。

2-4 ハレの時の矛盾性：ケガレの観念は、波平によると、Mary Douglas が主題化した不浄（dirt, pollution）観念と通じているという。不浄を排除するとは、人間が住まう環境を組織化しようとする志向的行為であり、生活環境の体系的秩序化は、いかに徹底してもつねに残余のマージナルな領域をその秩序化の外延に残し、不浄観念がその副産物としてその外延に忍び込み、感受性に訴えるもっぱら意味的な表徴化もしくは象徴化が生じる。それは、中間的領域にあるもの、変則的なるもの、秩序の正反対のもの、これらすべてのものは、すなわち不浄と見なされる。多くの原始的社会においては、神聖（sacred）観念は禁止（prohibition）と同義であり、神聖性は、聖なるものを囲い込み、切り取るtemenos、そのことにより保障される。この切り取られた囲い込みの残余領域が神聖・清浄とは対極の不浄性を生みだすのであり、周辺的な境界は、清浄purityと不浄impurityの対極物が相互に入り混じり、相互転換する両義的領域と見ることも出来よう。不浄は分類や差異づけの心的活動によって産み出されたものであり、秩序を作り出すことによって生じた副産物すなわち周辺的なマージナルmarginalなものであると云われる所以である。しかも人間の経験を矛盾のない清浄性に代表される理論的体系にもたらそうとする努力にもかかわらず、経験的事象は矛盾に満ち、清浄性は絶えず不浄化の侵犯に脅かされるのが現実であり、清浄性そのものは本来的に矛盾的paradoxicalであると、Mary Douglasと共に言うことができるのである。

五

境界という現象は、要約すると、異界もしくは彼岸を背後に伏蔵した両義的地平であり、そのそこから／そのそこへ、モノが出来し／消滅するところの「ある領域」であり、その出来／消滅の時、すなわちモノが現前するある出来事の「起こる場所」take place場所である。この場所はより根源的にはある種の根底的な広がり、われわれが場khôraとして注目した基底でなければならず、この場そのものは常に両義的であって、逆説的な絶えざる否定と伏蔵への隠蔽のもとに、非現前の否定の「無」として現前するのであった。したがって、空間的には、地理的・事物的場所において見られる、非秩序、絶対的な外部もしくは無のような場所、世界の出來を支える背後的な地平、陰影、深淵などの両義的場所である。時間的には、暦、年代の系列の間隙、時の移り変わり目（夕暮れ、朝ぼらけ、昼に対する夜など）、要するにこれまた非限定的な両義的・原初的・究極的瞬間である。このように時間的、空間的な区分を越えた、より根底的な「場khôra」の立場に立つことにおいてはじめて言及可能でありながらなおかつ同時に不可能な根源的な層に沈潜することが要請され、この層からの自覚を生きることが人間の実存であり、日常性をおもての顕在層とする生きる実存の事態にほかならない。

このような生の根源的層にまで遡上／沈潜した、人間の創造的思惟に着眼した事例を見つけることは、さほど難しくはない。その一例としてよく知られたポール・ヴァレリーの長詩篇『若きパルクLa Jeune Parque』冒頭の一節が注目され、これを場khôraから出来（しゅつらい）する純粋経験の記述と解することができるのである。

Qui pleure là, sinon le vent simple, à cette heure
Seule, avec diaments extrêmes ?... Mais qui pleure,
Si proche de moi-même au moment de pleurer ?
（Paul Valéry, OEuvres, Tome I, Bibliothèque de la Pléiade, Gallimard, 1957, p.96.）

泣くは誰　彼処に、一陣の風にはあらで、この黎明
ただひとり、窮極の金剛石［註］と共に在る時……さはれ泣くは誰か、
かくもわが身の間近くに、われの泣かむとする時に。
（鈴木信太郎訳、「若きパルク」in『ヴァレリー全集１　詩集』、六九頁、筑摩書房、一九六七年）［訳者による註記：金剛石＝天の星々を指す］

ローマ神話の運命の女神パルカたちの名を取って題名としたこの長詩の書き出しは、本来プシケー（この詩編の題名は、フランス語のプシシェ Pshychéとなっている）と題すべきものであったようであるが、その名前からしてこの詩編の主題である自意識の働きの覚醒つまり自覚の現象を歌っているのである。一陣の風のように囁く声の現象は、我が声でもなく、我を呼ぶ他者の声でもない、あの意識の純粋状態を表し出していて、そのそこからまさに自意識が覚醒する、「意識の非在non-être de la conscience」を歌い出し、意識の覚醒から自覚への過程のはじまり、つまり生成・創造のはじまり、いわば境界領域の有様を歌い出しているのである。

ポール・ヴァレリーの対話篇『エウパリノスまたは建築家*Eupalinos ou l'Architecte*』の末尾では、生身の身体を欠いた精神のみの存在、ソクラテスとパイドロスが交わす対話は、この境界領域を生きる現象を、「弁証法的な論理」を借りて喚起している事例である。

Socrate
Là-bas, immortel, - relativement aux mortels !...
Mais ici... Mais il n'y a pas d'ici, et tout ce que nous venons de dire est aussi bien un jeu naturel du silence de ces enfers, que la fantaisie de

quelque rhéteur de l'autre monde qui nous a pris pour marionnettes !

Phèdre

C'est en quoi rigoureusement consiste l'immortalité.

(Paul Valéry, OEuvres, Tome II, Bibliothèque de la Pléiade, Gallimard, 1960, p.147.)

ソクラテス

あちらでは不死—死すべき人間と相対的に！　……しかし、ここでは、……。いや、ここというものはないし、ぼくらが今語ったことは、ぼくたちを操り人形にしてしまった他の世界の誰か修辞家のきまぐれと同様、すべてこの幽界の沈黙から自然に生まれた戯れなのだ

パイドロス

厳密に言って不死が成立するのは、そこなのですね。

（森田慶一訳「エウパリノスまたは建築家」（森田慶一『建築論』東海大学出版会、一九七八年、三二二頁参照）

現実の生活においては、生者と死者が見分けられるが、この対話篇の場では、逆説的に「このここ」はない。そこは「地獄の静寂から自然に出來する遊動にほかならず、……」と語り出される透明な場を基礎として生起する境界的領域を指示している。この場における経験を、ポール・ヴァレリーが見出した「詩的状態l'état poétique」という観念によって要約することができるのである（加藤邦男『ヴァレリーの建築論』鹿島出版会、昭和54（一九七九）年、とくに一八七頁、第五章、結語を参照）。

六

最後に日本の民俗における境界現象の事例を検討しておきたい。

折口信夫『死者の書』（初出は、雑誌「日本評論」一九三九年）では、大和と河内の二領域の地理的境界をなす二上山を舞台として、繰りひろげられる。歴史上の実在人物、大津皇子が政治的理由によって殺され、この境界域に葬られたが、その霊が墓穴のなかで覚醒し、声なき声の独白を紡ぎだすところから話は始まる。しかし、この場所は、二上山の「雄嶽、女嶽」の双峰が見せるひときわ特徴のある山岳景観をなし、古来から伝説などによって語り継がれる神話の道が、大和から大坂へ、さらに遙か西方の瀬戸内海、朝鮮半島・中国大陸に通じ、その道を辿りつつ大和の国から眺めた景観は、異界を象徴する形姿であったと語り伝えられている。浄土教の極楽思想によって、その景観は容易に浄土変相図に代表されるような極楽へ通じる通路となり、二上山の麓にある当麻寺に伝わる伝承、当麻曼荼羅縁起の説話がそれに重なる。大津皇子の埋葬は史実であり、それに幻想的な怪異譚が、天若日子神話を背景として重ねられている。すなわち、大津皇子の死霊が藤原の郎女に思いをかけ、風となって、当麻に逗留しているこの郎女の閨を訪れるという、幻想的怪異譚となっているのである。二上山の領域は、大和の国の住民にとっては、まがまがしい神と悪霊の支配する異界であり、その彼方は死者の国であり、この地形はまさしく境界領域として、超越的な場を暗示していた。藤原の郎女は貴人の姫でありながら異界から訪れる霊の訪れを受け入れ、これと契りを結ぶ巫女として、呪術的な原始社会の掟に従っているのである。物語は次のように始まる。これは先に挙げたP・ヴァレリーの長詩篇「若きパルク」冒頭の一節を想起させるのは明らかである。

「彼の人の眠りは、徐かに覚めて行った。……した　した　した。耳に伝ふやうに来るのは、水の垂れる音か。ただ凍りつくやうな暗闇の中で、おのづと睫（まつげ）と睫が離れて来る。……さうして、なほ暗い闇。ぽっちりと目をあいて見廻す瞳に、まづ圧しかかる黒い巖の天井を意識した。……したしたと、岩伝ふ雫の音。」（折口信夫『死者の書』中公文庫、一九九七年、七頁）

さらに続けて言う。

「おれは、このおれは、何処に居るのだ。……それから、ここは何処なのだ。其よりも第一、此の俺は誰なのだ。其をすっかり、おれは忘れた。」（前掲書、一二頁）

こうして死者は、「明るい意思が、彼の人の死枯れたからだに、再び起ち直つて来た」と語り継ぐ。真っ直ぐに通る一本の道、当麻路を降る九つの影が見える。「こう　こう　こう。……九人というよりは九柱の神であった。……誰の口からともなく、一時に出た叫びである。山々のこだまは、驚いて一様に、忙しく声を合わせた。だが、山は忽ちの騒擾［筆者註：擾はすなわち鋤。働く鋤の騒がしさの謂い］から、元の緘黙に戻ってしまう。」九人という九は、仏教では象徴的な数であり、九人の人影は「九の杖びと」と続いて記され、その杖は異界から遊行して来るマレビトが携える標識に違いない。半年の後に、同じ年の秋、彼岸の中日の夕方、小春日の縁に座し二上山の双峰を包む雲の上に、金色の光を通して郎女は、あの「山越しの阿弥陀像」を、「唯うっとりと、塔の下から近々と仰ぐ、二上山の山肌に、現し世の目からは見えぬ姿を惟ひ見ようとして居る……」（前掲書、六〇頁）のである。「現し世」とは現世の謂いであるが、そもそも現世とは映し出されたイメージにほかならないと信じられたのであった。夕闇が迫る頃、二上山の頂が赤々と夕映えている時、山腹の紫は雲となって棚引き、麓の寺院の一帯は昼よりも更に著しく自ら光を発し、庭の砂上に雲が揺曳して、そこに半身を顕した尊者の姿が匂ひやかな笑みを含んだ顔を向けたという。

「なも、阿弥陀ほとけ。あなたふと　阿弥陀ほとけ。瞬間に明かりが薄れて行った。目の当たりに見える雲も、雲の上の尊者の姿も、ほのぼのと暗くなり、段々に高く、又高く上つて行く。瞬間に明かりが薄れて行った。……忽、二上山の山の端に溶け入るやうに消えて、まっくらな空ばかりの、たなびく夜になつて居た。」（上掲書、一四〇頁）郎女は、この幻を絵に描き出し、それが当麻曼荼羅縁起の説話となるのであるが、そのイメージは曼荼羅の相を具えていたにしても、郎女はただ一人の色身［現実界に顕現した仏陀の姿。法身と対を為す」の（生身の）幻を描いたに過ぎない。しかしそれは数多の菩薩の姿が浮き出た、郎女の眷属

みんなが同時に見た白日夢の類であったのである。」（前掲書、一五三―一五四頁）

この折口の「死者の書」は、民俗的脈絡における境界現象を、神話を更に溯る日本の古層を露わにしたもので、神話から仏教の信仰世界を通して、さらに文学的手法によって、ヴァレリーと共に詩的に普遍的な場の働きを示したものと考えることができる。それはまた、室町時代に大成した、申楽の複式夢幻能の舞台を思い出させるのである。以上、日本文化に通底する「場 khôra」の文脈を、非主題的に、その余白、無の地平を自覚し、一切をそのそこにおけるモノの織りなす遊動であると見た習俗的伝統を垣間見た。

こうしてみると、外部と内部を析出し創出し、同時に特異な領域の交流／交渉という意味での、赤坂が指摘する「交通」の場の創出であった。この創出現象を始める契機に、杖を大地に立て内外いずれかの側の所有者／支配者すなわち「原初の王」もしくは鬼に擬えられる「まつろわぬ者」［従わない者の謂い］となる。境界の風景は市の光景、戦場の光景、託宣や魔除けの光景、葬送や魔除けの光景であり、葬送や供犠の光景などとして表象されるのである。この始原の創出が何処からかやって来る異人（例えば琵琶法師）の表象であったり、「ちまた」（岐）と言う表象であったり、「杖」や「供犠」の表象であったりする。なかんずく、大地に突き立てられたあるいは自ら立ち上がる「者」の供犠は、人身御供などは、その生々しいイメージを語り伝えるものであろう。その意味で、大地に突き立てられた「杖」、柱は原初的にこうした境界の残渣でもあるのであり、建築することがかっての原初的境界の痕跡であり、残骸（廃墟 ruine）であったことを知るのである。この意味で、境界の現象は極めて普遍的かつ根源的な意味として表われているのであって、日本の建築が、優れて時空的であり、かつまた建築が建築を否定するような、生成・消滅の両義的な危うさの上に辛うじて成り立っている、そのことが、まさにこの民俗的伝統を具現しているのであった。

境界に立ちあらわれる異人、すなわち異界・他界からの来訪者が身に携える「杖」の意味が民俗学研究者から注目された［杖に関しては、赤坂憲雄氏の研究を参照］。そしてこの「杖を立てる」ことは、その者の素性を開示するとともに、その場所が「境界」であることをも示すのであった。われわれはここで建築術に於ける「立てる」ことにも注目しておきたい。わが国では「立てる」とは、モノを「見立てる」ことであり、作庭術では「石を立てる」という言説によって庭作りの仕上がりを意味し、風景を見立てるのである。建築物の作事においては、呪術的なトーテムのように立ち上がる「立柱」は伝統的な建築建設工事の重要な一段階の完了を告げ、それを

図1

図2

祝う立柱式が執り行われる（奈良の興福寺では、二〇一〇年一〇月一三日に壮大な中金堂再建工事の立柱式が盛大に挙行されている。挿図参照）。このように、「立てること」は、立ち現れる、見立てるなどで言う「立てる」であり、それは、特殊能力を具えた異人が、己の「杖」を大地に衝き立て境界現象を暗示することに、おそらく起源をもつと推測され、古代の掘っ立て柱はそうした意味を担いやすく、神社建築に於ける心の御柱とか天御柱などはそうした柱の代表例でもあっただろう。芸能一般がこうした非限定の地平から、周囲に余白を残しつつ白日夢のように目撃する者の心中に立ち現れ、制作者は、なによりもまず、そのことを見、立ち会う目撃者であったのであり、「建築する」を、「見る」と「立てる」もしくは「立つ」と言い換えて、その「はじまり」の深淵がここに垣間見られるのである。

七

制作者が、「はじまり」の深淵の出来に立ち会う目撃者であることが確認されたが、その様子は、建築と彫刻と絵画の制作領域を自由に横断しつつ旺盛な制作を実践した西洋的伝統を代表する建築家ル・コルビュジエの明確な証言が残されている（Jean Petit, *Le Corbusier lui-même*, Edition Rousseau, Genève, p.246）。それは一九三五年のル・コルビュジエと高級家具師サヴィーナとの出会いが契機となって、ル・コルビュジエ後期の彫刻作品やロンシャンのノートル＝ダム＝デュ＝オー礼拝堂に代表される彫刻的建築作品の二人の共同制作に発展してゆく一連の制作活動である。その共同制作はスケッチや模型写真を交換しながら文通を通じて行われた珍しい共同作業であった。一九三六年頃から本格的にル・コルビュジエが彫刻制作を始め、その年のサビーナの手記には「妥協を許さずいい加減さを容認しない厳格な親方［注記：徒弟的人間関係が残存していた若いサビーナはル・コルビュジエをこのメモではパトロンと呼んでいる］と対峙しているのだと悟った」とある。さらに、一九三六年五月七日のル・コルビュジエのサヴィーナ宛の手紙には、家を飾るべきプルグレスカンの岩場（トレギエ近傍）の表現についてサビーナが準備してル・コルビュジエに見せたスケッチを見て、次のように書いている。

「……そこには有用なコントラストが欠落しています。そこのところをもっと詳細に研究しなければならない。そうすればきっと重要な発想源が得られるのです。私としては、描きとる手の軽さを容認する訳にはいかないのです。」

手の軽さは精神の軽さであり、その軽さを容認することができないと言う。また、

「一番良い方法はスケッチブックを手に取り、現場でこれらの岩場を真剣に素描し、全精神を抽出してゆくと、どれが貴方の家

具に彫りつけられるに相応しい構成的線条であるかが少しずつ見えるようになってくるのです。」

そしてさらに云う。彫刻の制作について議論して

「彫刻は貴方の目の前に在りますよ。この岩場をご覧なさい。あの樹の根っ子をご覧なさい。あの玉砂利をご覧なさい。貴方のお嬢さんの巻き毛を見てご覧なさい。これこそ彫刻なのです。」(Jean Petit, *op.cit.* p.246)

こうして現実の制作者からも、よく見ることを通して「始まり」の深淵に立ち会うことの重要性が指摘されている。この「始まり」は、根源的始原であり、自と他、意味と概念などの内包intentionと外延extentionの区別によって整理することはできず、最も普遍的で、定義を与えることの不可能な、直感されることを究極の成立根拠、とするのである。それは定義不可能なプラトンのいうonすなわち一切を含む「存在」に通じ、「一切を灰色に化してしまう黄昏のようなものである」(九鬼周造「講義　文学概論」in『九鬼周造全集第11巻』岩波書店、二〇一二年)と言われる所以である。

存在を非存在すなわち無の概念から、「無でないもの」と規定しようとするとき、そのためには非存在または無にあっては単に存在の否定以外に概念的には何らの肯定も含んでいない故に、非存在または無の概念から存在を規定することはできない。一切の存在を否定した非存在も何らかの形で立てればそれと同時に有すなわち存在になってしまうと言う九鬼周造は、P. Valéryの「無の観念は無である。あるいはむしろ、その観念はすでに何物かである。それは沈黙と完全な暗闇のコメディーを自ら演じる精神の虚構である。」(九鬼周造訳、前掲書、一九―二〇頁)をヴァレリーの『ヴァリエテ』から引用している。つまり、全体を無くしきる働きを指す絶対無なるものを思い描こうとするやいなや、それは全体を表象もしく存在せしめる働きとなっていると言うのである。存在の概念は最も単純なものであって、それを定義することはできないことが指摘されている。

プラトンPlaton、アリストテレスAristoteles以来、存在を問題とするのは哲学の本領である。すなわち存在のonということをlogosのThemaとするのが、存在の学Ontologie(ontos+logos)と言われる(九鬼周造、前掲書、二三頁)。哲学は認識という立場から存在と一時

的primaryな交渉を持ち、一般に芸術とは「存在の表現そのもの」と言うことができ、芸術は表現という立場から存在と一時的な交渉を持っているという意味で、存在ということは哲学のみならず芸術にとってもその根源をなす。

それでは無の問題そのものは如何に取りあげられるのか。ここでは、九鬼周造の無＝非存在に関する分析を参照してみよう。非存在または無の在り方を三つに分けて、次のように説明する。

1．欠性的無nihil privativum［無＝非存在］：欠性的無は実物に対するその影がないという意味で「無」であり、実物という対象が欠如しているから「欠性的無」nihil privativiumと言われる。たとえば「日」と「蔭」、「言葉」と「無言」、「快と不快」など、「或もの」に対する「ないもの」がそれであって、この種の無は論理的の抽象的領域以外にあっては有であって無ではない。

2．積極的無nihil positivum［イメージ、仮象］：この区分の「無」がpositivという限定語を持つが、それは可能的存在として存在しうるという積極性を指している。例えば「現実」と対置されるイメージのように、積極的、可能的存在であるが、現実的でないものを指す。精神障害者の世界、夢の世界、芸術で作り出した世界などがこれに相当する。この範疇の「無」は現実にはないものの、可能的存在として存在しうる積極性を有するので、positivという限定語を付している。

3．消極的無nihil negativum［可能的でもあり得ないもの］：可能的存在でもあり得ない事態を言う。2．において、現実的存在ではないが積極的無は可能的存在であり得るという意味で、この範疇の「無」を積極的無としたのであるが、それに対して可能的存在でもあり得ないという意味でこの範疇の無を、無の消極性が可能的存在の範疇まで及んでいることから「消極的無」と呼ばれている。この消極的無は、概念のない空虚なものではあるが、厳密に言えば、対象である資格を欠いてはいないのであって、「無」は対象一般に従属する限り「有」にほかならず、あくまでも「絶対無」ではあり得ない。

「消極的無」は典型的には芸術的制作の世界において見られる。実際には、焦点に立つ意識的所与と精神の既得の関連とは均衡を失ったり回復したりするのである。それが芸術の制作活動である。「現に焦点に立っている意識的所与が強烈な力を持って互いに結合しあい又は精神生活の既得の関連と交渉しながら発展する働きを我々は想像力と呼ぶのである。imaginationとはimageを作り出す力である」（九鬼周造、前掲書、七三頁）と言われた。すなわち芸術は表象的であると言う意味で、その本質上積極的無であるが、それのみならず概念のない空虚な消極的無の領域へまでも推し進められることがある。アリストテレスは、不可能事を一般に芸術の中に許しているのである。

存在の表現がそれ自身のうちに目的を持っているのが芸術であるとすれば、その場合の存在のうちには積極的無のみならず消極的無も含まれていると言わなければならない。「絶対的な意味で無というようなものはない。いわゆる無も何らかの意味で有である。普通に無というのは相対的な意味である。ある特殊な有に対して無というのである」（九鬼周造、前掲書、八二頁）と九鬼周造は推論する。現実的存在、可能的存在／積極的無、消極的無と、無を三つに分けた場合の欠性的無が現実的無の立場からでも無とは言えないことを九鬼周造に従って確認し、ここでは無の分類から欠性的無を除いて、積極的無と消極的無とだけを残した。

可能的存在に対して現実的存在を実存というならば、実存の意味が最も顕著に現れているのは人間存在に於いてである。ところが人間存在は刻々の在り方を自覚し決定して行くところに特色がある。人間にあっては現実的存在としての個体は影（欠性的無）ではなく、勝義における「実存」である。自然現象ではすべての現象は無視され、法則の必然性が支配し、厳密な意味での未来はないが、人間の実存の過程にとっては、そうした自然現象が実存の立場から見られ、そこに偶然性が濃厚に浮き出る。「偶然とは実存に偶然する」と言われる所以である。

建築の実存在の様態は、通常、物理的（物体性、合理性、技術性構造性）、事物的（合目的性、効用性、実用性）、現象的（芸術性）、超越的（超越性、神秘性）の四つの価値に分けられる（森田慶一『建築論』東海大学出版会、一九七八年、一一頁）。これらは通常、建築の「強・用・美」に聖を加え、古代ローマ時代以来建築の三つの価値として知られているものに森田慶一が聖の価値を加えたものであり、それはまたポール・ヴァレリーの対話編「エウパリノスまたは建築家」において、ソクラテスの弟子パイドロスに、建築家エウパリノスと交わした議論を想起しつつ、町で見かける建築物には、「あるものは黙し、あるものは語り、……そして最後にあるものは……歌う……」と語らしめているのに符合する。強の価値に限定される物質的存在に限定される建築は、言うまでもなく「有」もしくは「欠性的存在」の、在るか無いかの次元である。効用性を目的として作られた建築物の次元は、すべての現象を無視して行こうとする自然現象の次元であり、自然科学と同様に厳密な意味の未来つまり時間はない。それが人間の実存の見地から見られてはじめて出来事の一回性が力説されることになるのである。つまり人間の生きると言う実存と相即的に歴史的意味を孕むようになるのである。最後に、芸術としての美、超越的な「聖」の次元は、厳密には、意味的なものが仮象として出来する「積極的無」であるか、あるいは「絶対無」のような超越的次元の「積極的無」と言われる、可能的存在でもあり得ないところの「消極的無」でなければならない。すなわち無の消極性が可能的存在の範囲にまでも及んだものである。つまり可能的存在に対しての無であるが、芸術・宗教の次元において見られるのは、それは概念のない空虚でありながら、厳密には対象である資格を欠いてはいないと九鬼周造は日本の芸能の事例を挙げて指摘する。

わが国の建築は優れて空間的であると指摘されてきた。それは伝統的に日本建築においては、境界のように「空なる場所」、つまり「無」もしくは「絶対無」と呼ばれる特殊な空間構成が、とくに神道の祭祀空間の構成や住宅の縁側、塗り籠、床、坪庭等々積極的に「無」の場所を空間的に構成するなど、枚挙にいとまが無いほどの事例を見出すのである。以上の論述においてその一端が見られるように、こうした「無」の空間構成が顕著であるそのことが外国の人々の耳目を集めることになるのである。その空間的様相を整理して、その構造や論理を少しでも整理することが、建築論として有意義であると考えたのである。またそれが、我々の「無」の空間的経験を自覚することによって、「遇うて空しく過ぐる勿かれ」を実践しながら、「偶然は実存に偶然する」（九鬼周造、前掲書、一二三―一二四頁）ことの自覚への縁となればと願う。

参考文献

本論の執筆には、とくに、赤松憲雄『境界の発生』および波平恵美子『ケガレ』の綿密な民俗資料の紹介・引用と考察を参照した。また「境界現象」を整理する方法として、『九鬼周造全集第11巻』岩波書店、二〇一二年所収の九鬼周造「講義　文学概論」の「無」と「偶然性」を参照した。ここに謝意を表したい。

また、冒頭にも記したとおり、本論文の骨子要約Abrégéはすでに国際日本文化研究センターの日仏共同シンポジウム、二〇一三年に発表した（The 43rd International Research Symposium, Pour un Vocabulaire de la spatialité japonaise, ed. by Philippe Bonnin, Nishida Masatsugu et Inaga Shigemi, May 11-13, 2012, International Research Center for Japanise Studies）。その全文の仏文訳は、Les dispositifs et notions de la spatialité japonaise、Lausanne, Presses polytechniques et universitaires romandes（PPUR）, 2014と題する論集に含まれて出版される予定であるが、本文はそれをさらに増幅し書き直したものである。これらの関係の方々にも謝意を表したい。

ジャック・デリダ『留まれ、アテネ』（矢橋透訳）みすず書房、二〇〇九年。

Derrida, Jacques, *Demeure, Athène*, Photographies de Jean-François Bonhomme, Éd. Galillée, 2009.

ロラン・バルト『明るい部屋』（花輪光訳）みすず書房、一九八五年。

Barthes, Roland, *Chambre claire, notes sur la photographie*, Éd. de Seuil, 1980.

加藤邦男「解説　建築・場所論─ゲニウス・ロキを巡って」in クリスチャン・ノルベルグ＝シュルツ『ゲニウス・ロキ、建築の現象学を目指して』（加藤邦男・田崎祐生共訳）住まいの図書館出版局、一九九四年、三七八─三七九頁。

プラトン全集12『ティマイオス』（種山恭子訳）岩波書店、一九七四年。

プラトン全集4『ピレボス』（田中美知太郎訳）岩波書店、一九七五年。

折口信夫全集第十巻、中公文庫、一九七五〜一九七六年所収の「枕草子解説」。

Gennep, Arnold van, Les rites de passage. Etude systématique des rites, Mouton, 1969

ヘネップ、アルノルト・ファン『通過儀礼』弘文堂、一九九九年。

赤坂憲雄『境界の発生』講談社学術文庫、二〇〇二年。

折口信夫全集第十六巻、民俗学篇2、中公文庫、一九八八年、三三一頁以下参照、同所収の「他界と　地境と」及び「前『古代』における日本」

日本古典文学体系2『風土記』（秋本吉郎校注）所収の「出雲国風土記」in岩波書店、一九五八年。

日本古典文学体系2『風土記』（秋本吉郎校注）所収の「常陸国風土記」in岩波書店、一九五八年。

日本古典文学体系4『萬葉集』巻第一、（高木市之助、五味智英、大野晋校注）310、岩波書店、一九五七年。

日本古典文学大系67（坂本太郎、家長三郎、井上光貞、大野晋校注）所収の『日本書紀巻第十四』（天武紀元年七月の条）岩波書店、一九六五年。

日本古典文学体系67（坂本太郎、家長三郎、井上光貞、大野晋校注）所収の『日本書紀巻第十四』（雄略紀十三年三月の条）岩波書店、一四二─一四三頁、一九六五年。

日本古典文学体系4（坂本太郎、家長三郎、井上光貞、大野晋校注）所収の『日本書紀　巻第十四』（敏達紀十二年是歳の条）岩波書店、四八八頁、一九六七年。

和田萃、「夕占と道餐祭―チマタにおけるマツリと祭祀」in『日本学』6.

波平恵美子『ケガレ』講談社学術文庫、一九五七年、二〇〇〇年。

波平恵美子「水死体をエビス神として祀る信仰―その意味と解釈」in「民族学研究」四十二巻四号、一九八七年。

メアリ・ダグラス『汚穢と禁忌』（塚本利明訳）ちくま学術文庫、二〇〇九年。

Douglas, Mary, *Purity and Danger, an Analysis of Concepts of Pollution and Taboo*, Routledge, 2002.

Valéry, Paul, *La Jeune Parque* in OEuvres, Tome I, Bibliothèque de la Pléiade, Gallimard, 1967, p.96.

ポール・ヴァレリー、詩篇「若きパルク」（鈴木信太郎訳）in『ヴァレリー全集1　詩篇』筑摩書房、一九七七年、七三頁以降参照。

Valéry, Paul, *Eupalinos ou l'architecte*, in OEuvres, Tome II, Bibliothèque de la Pléiade, Gallimard, 1960, p.147.

ポール・ヴァレリー、対話篇「エウパリノスまたは建築家」（伊吹武彦訳）in『ヴァレリー全集3　対話篇』筑摩書房、一九六七年、八〇頁。

ポール・ヴァレリー、対話篇「エウパリノスまたは建築家」（森田慶一訳）in 森田慶一『建築論』東海大学出版会、一九七八年、三二二頁以降参照。

加藤邦男『ヴァレリーの建築論』鹿島出版会、昭和54（一九七四）年。

折口信夫「死者の書」in折口信夫『死者の書・身毒丸』中公文庫、中央公論新社、一九七四年、七―一五四頁。

折口信夫『死者の書』中公文庫、一九九七年。

九鬼周造「講義　文学概論」in『九鬼周造全集第11巻』岩波書店、二〇一一年。

制作の時空

中村　貴志

これからしばらく制作について考えよう。人間は何を作るのか。また、何を作ってきたのか。人間は何を作ることができ、何を作ることができないのだろうか。制作の領域はどのように規定されるのか。(1)

このように問うとき、われわれはすでに一歩を踏み出している。言葉の表現に注意するなら、次のことがただちに明らかになる。ここではすでに、制作の事柄が何か人間の主体的な行為とみなされている。そのような思考の背景には、西欧の近代思想が彫琢した主観・客観の図式も察知される。そして、「世界は主観の表象であり、自然の最も内的な本質は意志である」と唱えたショーペンハウアーのあの思索も思い出される。しかし、先の問いにはいっそう身近な課題が潜んでいる。そこではつまり、制作の行為が「何ものかを作ること」に集約されている。これはさまざまな国語に共通の事実であろう。作るという動詞は自然の環境にかかわる人間のもっとも基本的な行為を言い表している。古代や近代の西欧語でも、また日本の古語でも、「作る」と「す、為す」がしばしば交錯する。アリストテレスの思索でも、ポイエシス（制作）とプラクシス（行為、実践）の区別が必ずしも明晰判明ではない。「プラクシスとポイエシスはゲノス（類、人種）が異なるἄλλο τὸ γένος」という断言に彼の視野が制約されている［AR-N.1140a-b,AR-M.1025b］。ところが、制作という熟語には、「作る」とともに「制する」が含まれている。《制作はただ単に作ることではない》。そのことを深く考えるなら、西洋と東洋の距離が明らかになるであろう。あるいは、この二つの世界が互いに補って照らしあうのかもしれない。

問題の領域を概観するために、まず母国の言葉を顧みよう。日本語の文脈でも制作に関連するさまざまな用語が思い浮かぶ。たとえば、製作、作成、工作などの活動が「何ものかを作ること」と考えられている。しかし、「作り出すこと」は製造や産出などにも用いられる。そのなかで、「制作」は、特に「芸術作品などを作ること、また、その作品」と定義される。そこにはおそらく、「制」の意味が働いている。「制」は「さだめ」や「きまり」を作ることであり、その意味は、制定や時制や制服などに響いている。「制」にはまた、「おさえる、とどめる」などの意味もある。そこには、禁制や統制や制約とは異なって、自制という美しい言葉も見出される。しかし、いわゆる芸術作品の在り方も多岐にわたる。詩歌を詠むのは詩作による。作詞や作曲で音楽が奏でられる。作家の経験と思索によって戯曲や小説が編み出される。作陶によって陶磁器の作品が、作庭によって庭園の風景が作り出される。作品というのも絵画や彫刻の成果だけではない。作文を通じて研究の論文も作成され、著作の権限がその作者に帰属する。写真集や論文集も編者の作品として評価される。自作も合作も、駄作も傑作も、そのような作者が作り出したものに違いない。

「何ものかを作ること」はさらに広汎な領域に位置づけられる。自作や小作の農家は作物の恵みをもたらしてくれる。道具や機械なども集団の作業で作られる。『字統』によれば、「作」の字は「[illegible]」(木の枝を撓めた形)と「[illegible]」(人の形)で作られ、「制」は「[illegible]」(枝葉の茂る木)と「[illegible]」(刀)で成り立っている。「乍」の起源には異説もあるが、いずれにしてもこれらの形象には制作の意味が鮮やかに刻まれている。制作の行為がまず自覚されたのは、人が木を切って自然の世界にかかわった時なのであろう。

古代のギリシアでも、質料 ὕλη の概念は木材 ὕλη という語にもとづいていた。技術 τέχνη の根幹には木工 τεκτονική の作業が認められる [AR-M.1029a, 983a, PL-Pol. 258D-E]。そして、ハイデッガーの思索では、「建てること Bauen」の淵源に、「人間の存在 buan, bhu, beo」とともに「(木の鋤で)田畑を耕すこと den Acker bauen」が見届けられた [HEID-B]。作物をもたらす耕作は人間の生存そのことにかかわっている。制作の行為は、人間が自然の素材を切り取り、何らかの加工を施してその果実を摘み取ることによる。そのようにして、さまざまな作品が構成され、人間の世界が構築される。そこでは常に何か新しいものが作り出される。

「何か新しいもの」は《生まれる》という言葉でも捉えられる。古代のギリシア語では、〈γέννησις(出産)〉や〈γένεσις(生成・起源)〉に〈γῆ(大地)〉の音が響いている。しかしユダヤ教の伝統では、この「新しいこと」が特異に強調される。『創世記』の冒頭に「ベレーシート」というヘブライ語が見られるが、それは「はじめに」という意味である。旧約聖書が語る「バーラー(為す、作る、形成する）」は、基本的に「無からの創造」を意味するとみなされている。制作の活動を考える時、何らかの意味でヘレニズムの思想とヘブライズムの信仰に触れざるをえない。ここで肝要なのは、われわれの国語に予め注意することである。小学館の『日本国語大辞典』によれば、「制作」という語は司馬遷の『史記』（紀元前一世紀）に見られ、十三世紀の日本の文献にも散見される。しかし、「創造（スル）」という日本語は、慶応年間再版の『英和対訳辞書』（一八六七年）で〈Create〉の訳語（創造スル、仕出ス）として初めて用いられた。「創作」の初出は植村正久の『真理一斑』（一八八四年、『明治文学全集』第四六巻に所収）だという。実際、そこには一ヵ所だけ、「（学術ノ発見及ビ）機械ノ創作」と記されている［一一六頁］。これは「機械の考案・製作」の意味であろう。

ここでは、「創」と「造」の字形にも注意が必要になる。『字通』や『字統』などによれば、「創」の音符は「倉」（穀物などを納める廩倉の形）である。『説文解字』では、その意味が「傷つくなり」とされる。創始の意味では、「刱」がその初文とみなされる。この「刱（はじめる、きずつける）」は鋳型を刀で割く形だという。鋳型を外して作品を取り出すので、創出の意味になる。「造」の初形は「[illegible]」などで、その意味は「盤（舟）に入れたものを神に薦め、訴え禱ること」である。

制作の場合と同様に、創造の「創」が「刀で切り割く行為」にもとづくのは実に興味深い。「芸術」や「技術」の漢字は別稿で考察したが、いずれにしても、制作の意味を考える時、われわれは芸術作品の《根源（起源）Ür-sprung》を問うことへ導かれる［HEID-K］。そして、そこに「何かが立ち現われることEr-scheinen」を見届けるなら、この課題は、「そこに作り出されるものは何か」という問いに結び付けられる。ハイデッガーは、〈Schaffen（創造）〉と〈Schöpfen（汲み出すこと・創作）〉の関連を示唆していたが、この「汲み出すこと」で、森の泉や砂漠のオアシスから清らかな水が得られる。そのような水は、かつて、万物の根源ἀρχήとも考えられた。われわれの課題は、結局、「ものとは何か」といういっそう本質的な問いに繋ぎ止められる［HEID-D］。

技術とその成果を問うことはハイデッガーの技術論の主題でもあった。その道筋でとりわけ着目されたのはプラトンの『饗宴（シンポジオン）』である。制作論の白眉ともいうこの対話篇では、制作の事柄が「非・存在から存在への移行の原因αἰτία」と定義されていた［PL-Sym.205B］。ハイデッガーの解釈では、そこでは、もっとも広義の制作が「自然φύσιςの現象」に認められている。彼の解釈はアリストテレスの四因説にも及ぶ。ハイデッガーは、古代のギリシア人が語る「アイティア」に、「何かを引き起こすもの causa efficiens」ではなく、「責めを負う verschulden」という意味を読み取っている［HEID-T］。

以上の概観は、むろん、粗雑の域を出ない。しかし、ここでは対話篇の顰に倣ってひとつの対話を試みよう。あのエウパリノスも、「造ること le construire」と「知ること le connaître」を巡って黄泉の国のソクラテスと豊かな対話を交わしたのである［EUP. p.91］。論述の方法として問答 διάλογος の形に頼るのはほかでもない。パスカルが語る「考える葦」も、まったく根のない浮草ではないからである。思索の杣径 Holzwege が錯綜するとはしても、その道筋はいくつかの分岐点で分節される。以下の論点を分明にするために、一定の規則を定めて一連の問答を整理してみよう。それが二人の「思い出」による以上、この記録も何らかの脚色を免れない[2]。

一

● それではまず規則を定めよう。時間は限られているからね。問答の中身は交代で考えるとして、二人の問いは日本語で一二〇字までにまとめ、問答の回数も全体で三回に限るのはどうだろうか。君も京都に来たばかりで、あまり疲れると身体に毒だから。

○ 願ってもない。〈Quando a Roma vai, fa come vedrai 郷に入れば郷に従え〉というからね。ここでは先手を君に譲るから、いろいろ話題を提供してほしい。この銀閣寺では、できるだけ率直に意見を交換することにしよう。簡潔な言葉づかいにも賛成だ。

● ほらね、誰でも分かるけど、言葉の問題がもう現れた。つまり、郷里の習慣に従うことが「ローマ」という象徴的な固有名詞で語られた。きっと古代ローマの威光だろう。僕らの国ではもっと漠然と、もっと一般的に、「郷」の密かな威力に訴える。

○ それにしても驚いたのは、僕らがほとんど同じ本に親しみ、肝胆を照らしあうように思ったことだ。だからあの時、言っただろう。〈On parle avec le même sang 僕らは同じ血で語る〉と。あれは三年前の新緑のころ、この町で出会った晴れやかな日だった。

● はっきり覚えている。あの時は二人で何か本質を見きわめたと思った。解釈はたぶん異なるけれどね。だから僕もはっきり言っただろう。〈Le résultat ne serait pas le même（思考の）結果が同じとは言えまい〉。

○ それだから、僕らはまさに自分の国語を超えたわけだ。僕はシチリアで生まれてイタリア語で育ったし、君の母国語は日本語だ。だが、今やフランス語で会話が成り立った。しかも、あの難しいドイツ語の本［HEID-B］の話をしている。

● ハイデッガーは共通の興味だし、共通の脅威ともいえる。だけど、彼の思索は古代のギリシア語や古高のドイツ語に導かれている。君もまたインド＝ヨーロピアン語族の一員ではないか。大げさなようだが、東洋と西洋の間には越えがたい溝がある。

○ アリストテレスも地球が丸いことを知っていた。西へ西へと行ったら、いつの日か君も東へ戻るよ。しかし、あのガリレオは地動説を唱えて火炙りの刑にあうところだった。ウエゲナーの大陸移動説は今や有名だ。地球も人類もすべてが変化するよ。

● なるほど、ヘラクレイトスもそう言っていた。君の故郷は古代ギリシアの植民地だったから、彼らのロゴスはお手の物だろう。僕らのところでも、移り行く自然の景色が詠嘆のうちに眺められる。「ながめせしまに」という和歌を聞いたことがあるだろう。

○ 平安貴族の「もののあわれ」や鎌倉時代の「かつ消え、かつ結びて……」のことは、君にも親しい美学の先生から聞いたことがある。たとえ、言葉の表現が違っても、僕らは「常に同一のもの」を見ているのではないか？

● 本当にそうだろうか？　君の発想には、やはり、イデア論の影が付きまとうようだ。自然の変化を感得するのは日本人の感性にも通じるようだけどね。古代のユダヤ教や中世のキリスト教が唱えたあの「被造物 ens creatum」とは違ってね。

○ 僕らの文化論はまだまだ粗雑のようだ。イデアのことはまた後で考えよう。だが、共通の課題を見失わないようにしたい。君も僕も建築の理論 θεωρία を探求しているのだから。それに、今日は、制作 ποίησις について語ろうと約束したわけだから。

● まさしくそこに亀裂が感じられる。君は「建築の理論」というが、僕はその「理」をカッコに入れて「建築の論」を語る……。

【彼には次のように説明された。――西欧の歴史では、ほぼ二千五百年の間に夥しい「建築の理論書」が著された。日本の建築論はこれとは一線を画し、いわば天・地・神・人の間に開かれた。その歴史は百年に満たないが、ただ古いだけが高い価値を示すのではない。日本の建築論もたしかにウィトルウィウスに触発され、ヴァレリーの芸術論やル・コルビュジエの制作活動の影響も受けた。しかし、先師の思索は『正法眼蔵』の深奥に迫り、ハイデッガーの存在論にも共鳴して、大地の根源へ立ち帰った。その見事な航跡はわれわれの神的な存在に受け継がれ、また、制作の活動を通じて人間の世界に広く行き渡った。白髪の碩学には次のようにも見えるであろう。建築論の展開はルネサンスの建築書やバロックの芸術論などへ及んだが、とりわけ『ゴシックということ』で「聖なる空間」が探求され、それが我が国の文化を照らし返して『古代日本のすまい』に結実した、と】

○　もちろん、人間の言語はそれぞれ独自の「意味の連関」に導かれている。それこそ、文化や歴史の意味なのだ。僕は最近、〈architettura, It.〉という言葉が西欧の思想を通じてどのようなキーワードに支えられてきたか、詳しく追跡した［UGO-A］。

●　あの本なら、やっと読み終えた。やはり、アルケー ἀρχή やテクネー τέχνη がもっとも重要な言葉だろう。日本の古代にも、大工や少工など、律令制度の官職を示す言葉があった。『形而上学』の冒頭は今でも関心の的になる［AR-M.981a-2a,1012b-3a］。

○　よく勉強しているようだが、形而上学のことは前にも議論したから、今日は、制作という日本語の意味をもう少し詳しく教えてほしい。建築の活動も、昔から、何かを「作り出すこと Her-vor-bringen」とみなされてきたのだから［HEID-B,T,K］。

●　アリストテレスの考えは古代のアルコン ἄρχων に大きく引き寄せられていた。だから、その技術は「棟梁の術」と翻訳してもよいだろう。その「棟梁（頭領、統領）」も、昔は、「大工の棟梁」ではなく、武家や僧侶の筆頭格の意味だった。

○　アリストテレスの思索がポリスの政治術へ導かれたのもそれと同じ道筋によるのだろう。君も見定めたとおり、彼が語るのは「建設の技術」というより「統率の技術」なのだ。だから、その技術はまた別の日に究明したい。

●　そのことでは最近、少し考えてみた。そのうち出版するつもりだから、草案をぜひ読んでほしい[3]。今は、次の点に注意しておきたい。つまり、《アリストテレスが語るアルキテクトニケー・テクネーでは、その技術の対象が明示されていない》。

○　古代のギリシア人は〈οἰκοδομική（造家の術）〉と〈ἀρχιτεκτονική（棟梁の技術）〉をまったく別の言葉で考えていた［PL. passim, cf. Pol. 259E］。〈ποιέω（作る）〉という動詞もさまざまな場面で用いられた。それは、他の国の言語でも同じではないか。

●　トルコ語でも、〈yapmak〉に「作る」と「行う」の意味が重ねられるようだ。創造の神は〈Yaradan〉と呼ばれるけどね。

○　「つくる」という語はもともと多様な意味を担っている。英語の〈do〉を思い出せば、その事情がよく分かる。つまり、《目的語を示さないことで汎用の価値が得られる》。ところで、君の母国語ではどうなのか。

●　それでは、一緒に調べてみよう。作るという行為が「作す、為す」と絡まって、どのような「人間の自覚」を示すのか。

【二人は図書館へ赴いて講談社の『日本語大辞典』を紐解いた。『広辞苑』など数多くの辞典を参照したが、この大辞典には英語が併記されている。「つくる」の意味は、「今までになかったような状態を生み出す make」、「文字に書き表す、芸術作品などを創作する create, compose」ことである。「苦労して耕す cultivate」や「表面上はそのような状態にする、繕う keep up apperance(s)」[4]、「位置・配置などを変えて、ある形にする form」という意味もある。ここで注目されたのは、日本で最初の近代的国語辞典といわれる『言海』（明治二二―二四年）である。その凡例（六）には、「す（爲）」を付加すれば「諸ノ（ママ）名詞、漢語、皆、動詞トナルベキ」と記されている。山田美妙が『日本大辞書』（明治二五―二六年）で指摘するように、この見解は必ずしも正しくない。】

○だいたい分かったが、日本語だけが人間の言語ではない。君の国では、「つくる」という語に「造る」や「創る」の字も充てられるよね。「つくる」と「つく（付く）」の関連もあるそうだが、僕らの国語では、そのような意味の関連はありえない。

●それには僕も気がついていた。西欧の言語でも、〈make, Eng.〉や〈faire, Fr.〉、〈machen, Deut.〉や〈fare, It.〉などという動詞の意味とその目的語が問題になる。動詞が指示する対象の領域は、すべてが同じわけではない。

【二人は次のことに同意した。――たとえば、〈make up〉は「上に作る」ではない。「作り上げる」の方が近いが、十九世紀にはハイフンをつけて「化粧する make-up」の意味にもなった。〈make〉については、中世から現代まで一四五種類ほどの意味と用例が英語辞典に掲げてある。ドイツ語の〈Ernst machen〉や〈Doktor machen〉も、「誰かが何かを作る」という〈S＝V＝O〉の形式には還元できない。この場合、「…を為す」と「…を作る」がいわば対象化の以前で相即している。それは、行為と結果、意識と対象が未分化の状態といえる。イタリア語の〈fare〉もラテン語の<facio>も「作る」と「為す」に跨るが、フランス語の〈faire la cuisine（料理する）〉は、日本語の「料理する（手際よく処理する）」に似て、「ドミノで札を交ぜる」にも転用される。要するに、《人間の言語には文化の歴史が深く刻まれている》。その点、英語は行動の言葉、フランス語は分析の言葉、ドイツ語は思索の言葉とも考えられる。そして、日本語は状況と情緒と曖昧の言葉、イタリア語は多感と雄弁と情熱の言葉といえる。】

○それにしても、日本の古語は面白い。僕のようなガイジンには「おつくり」も珍しいが、『今昔物語』や『宇治拾遺』では、「つくる」がそれだけで「料理する」の意味だったんだね。爪楊枝とか割り箸とか、日本の「文化の作品」は実に豊かだよ。

【語源の興味は尽きない。「つくる」の意味は、『古事記』の用例（八重垣や山田をツクル）と異なって、『伊勢物語』では「ふりをする」、『竹取物語』では「罪をつくる」ともなった。「化粧する」は「よそおう、かざる、dress up, make up」ことだが、その意味は、「材料を使ったり、手を加えたりして、別のもの・状態をこしらえること make」であり、「今までになかったものを新しくこしらえること create, establish」である。この「拵(こしら)える」は「手を差し挟むことで存在する」ことを示している。】

● 君のような外国人には、古代中国の象形文字が本当に不思議だろうね。それは表音文字ではなく表意文字なのだ。彼らが描き出した「意味の連関」は当時の世界観をよく表している。そうすると、僕らはまたあの存在論へ行き着くことになる。

○ ご明察だ。プラトンの『饗宴』でも制作の定義が語られていた。「つくる」という言葉がもっとも際立つのはキリスト教の神学だろう。アウグスティヌスが語る「無からの創造 Creatio ex Nihilo」がその究極的な意味を指し示している。

● 「無からの創造」はアウグスティヌスの独創ではない。彼が告白するとおり、そこには、キケロやプロティノスの影響も認められる。マニ教が唱えた二元論に対抗する論理は、いっそう深く『創世記』の解釈と信仰の経験にもとづいている。

○ 『告白』の第十一章でも天地創造の教義と贖罪の救済史が緊密に重ねあわされる。第十二章では、「人間の世界の悲惨な悪」が「善の欠如態」とみなされた。それは、神の意志ではなく人間の罪への意志 voluntas peccandi による、と彼は宣べ伝えた。

● 信仰のことになると、話が急に熱を帯びるようだね。理性の境界が一挙に超えられそうだ。昔からよく言われるように、科学的な真理、芸術的な真実、そして、宗教的な信念は、それぞれ独自の境域に位置づけられるのではないだろうか。

○ それが真実 veritas だとすれば、ハイデッガーの芸術論が問うように、「存在の真実 ἀλήθεια」を求めざるをえない。もちろん、問題は今ここで簡単に解けるようなものではない。それはこれからの宿題にして、また場所を変えてはどうだろう。

● 君にはあの偉大なゴルギアスの血が流れているのだろうか。議論に加わっておきながら確実な答えを示さずにミラノへ帰ろうというのだから。とにかく、もっと普通の言葉で語るために、これまでの論点を少し整理しておきたい。

○ よいだろう。どのような議論にも何らかの結束点 nódo が求められる。僕の論文で「思考という迷宮の解読法」を考えたのも、そのような結束点や分岐点を繋ぐ「アリアドネーの糸」だった［UGO-D］。それは、縺れた糸の結び目を辿るものなのだ。

【ここで整理されたのは次の要点である。

① 制作の事柄を考える時、さまざまな言語の構造に注意せざるをえない。

② しかし、言語の表現をただ渉猟するだけでは、制作の本性 Wesen には至らない。

③ 制作の本性を解明するためには、何か適切な方法が求められる。】

二

○ あれからもう十五年になる。今まで京都や鳥取、パリやミラノで建築論の対話を続けてきたね。君は地中海のマルセイユにも行った。ところが、僕らもいつの日か幽明の境を異にするだろう。今日このミラノで会えたのは奇跡というほかない。

● 今度は先手をとられた。まるでオセロの白黒が反転したようだ。それに、君の言葉はあの彼岸から聞こえてくるようだ。

○ 二人の宿題が果たされなかったと思うのかね。「建築とは何か、いつまでも問い続けよう」と誓ったあの約束が……。僕はただそのためにだけ、地球の裏側にある君の故郷へ赴いた。僕は真の理論家を見つけたかった。

● その時もらった論文は心の中に納めてある。「原初の小屋とアステリオンの館（やかた）」を解き明かした見事な考察だ［UGO-D］。二つの空間の鮮明なイメージは建築理論の歴史を測る基本的な尺度だと思う。しかし、僕の宿題はまだほとんどできていない。

○ いや、そんなことはない。君には「ディアテシスのイデア」が深く自覚されたというし、僕の方は、〈architectura, Lat.〉の本質にかかわる言葉を追跡できた［UGO-A］。君の主著は内容目次で読んだだけだが、今では僕らの課題をまた別の言葉で見直せる。

● ウィトルウィウスが建築の理論書を著してから二千年にもなる。僕は、ただ一つの言葉が示す意味を考えてきた[5]。彼が書きとめた〈διάθεσις〉というギリシア語だ。アリストテレスが語る「位置の秩序 τάξις ἢ κατὰ τόπον」［AR-M.1022b］にも関連する。

○ 美しい言葉だ。ウィトルウィウスの定義は「建築の肢体がすべて適所に配置されること rerum apta conlocatio」だが、彼は、「言葉の美しい布置 verborum elegans dispositio」や「十二星座の姿 species stellis dispositis XII」にも触れている［VIT.V. praef-1, IX-i-3］。

● 彼が星座に見たのは「宇宙を建築的に組み立てる自然の力naturalis potestas ita architectata」だ［VIT. 1-i-2］。面白いことに、あの言葉には「遺言」の意味もあった。その主題を思いついてからもう二十年、僕はただ幻影を追いかけただけだろうか。

○ いやいや、そうでもない。僕も君も、それほど上手ではないにしても実際の建て物を作ってきたし、二人の関心が一致したあの《Bauen Whonen Denken》も日本語に翻訳されたことだしね。(6) 残念ながら、翻訳の真価を確かめることはできないがね。

● あの翻訳書もひとつの作品だと思ってほしい。どのような作品も、その評価は解読者に委ねられる。それにしても、人間はさまざまなものを作ってきた。「制作は成り難く、破壊は容易い」とはいっても、人間が作るものには際限がないようだ。

○ それもそのはずだ。君もプラトンの定義を引用していたよね。「制作とは非・存在から存在への移行の原因」といえる。ところで、それとは逆に、「存在から非・存在への移行」やその原因がどのように考えられていたのか、僕らの興味は尽きないよね。

● 話がまた急に難しくなりそうだ。「それとは逆に」という言葉が少し引っかかる。はたして、この二つの移行が可逆的なものかどうか、あるいは、その二つが《常に同伴するものかどうか》、僕にはまだよく分からない。

○ 要するに、あらゆる生成には消滅が、あらゆる制作には破壊が伴われると、君は言いたいのだろうか。そして、あらゆる破壊にはまたルネサンスが伴われるかもしれないと。ただし、それが同時のことかどうか、よく見きわめる必要がある。

● でもそれは、《人間の歴史がすべて終わった時にしか答えられない》のかもしれない。とにかく、あのディオティマが告げた制作の秘儀をもっと身近なところで見てみよう。「制作の始まりは美しい肉体に向かう」ともいうのだから［PL-Sym. 210A］。

○ 歴史上の哲学者はいつも自分の世界で考えた。だが、それが「書き言葉」に移されると誤解や偏見のもとにもなる。

【プラトンの一節がここで思い出された。「ものを書くことには困った点があって、その事情は絵画の場合とよく似ている。……言葉というものは、ひとたび書きものにされると、それを理解する人々のところであろうと、不適当な人々のところであろうとおかまいなしに、転々とめぐり歩く。……（それに比べて）もうひとつの種類の言葉は、それを学ぶ人の魂の中に知識とともに書きこまれる言葉、語るべき人々には語り、黙すべき人々には口をつぐむすべを知っている言葉だ」［PL-Ph. 275D-276A］】

●　こんどは僕が尋ねる番だ。人間はさまざまなものを作る。最近の美容整形は実に凄まじい。人間の作品を数え上げれば、啓蒙主義の『百科全書』が何冊も作られるだろう。そのように多くのものを作り出す人間の欲望には限りがないのだろうか。

○　なるほど、デカルトは、「さまざまな事例を数え上げて見落としがないかどうか吟味すれば、完全な認識に至る」と考えたようだ。「枚挙の法則」という。だが、それが真理かどうかは疑わしい。「物それ自体は不可知」とカントも考えたことだしね。

●　僕の話をもう少し聞いてくれないか。窓の外は夕闇が迫っていることだし。人類そのものが非・存在へ差し向けられているようにも見える。それでも、人間は実にさまざまなものを作る。しかも、オリジナルなものはそのつどユニークなものになる。

○　もちろん。異論はない。問題はその価値や功罪だ。立場によっては利害や得失が対立する。数多くのものを作り出しても、ただそれだけで人間が幸福になるとは限らない。まあ、君の言うとおり、人間が作ってきたものをもう少し拾い上げてみよう。

●　前にも言ったけど、人間は、まず、田畑を耕して農作物を作る。「耕作」や「作物」がその作業を言い表している。それにまた、耕作の道具や機械や食物の工場まで作る。電動工具やロボットもね。現代のトラクターにも最新の技術が集約されている。

○　その調子だ。〈cultura, cultus〉というラテン語には、耕作とともに教養や文化の意味がある。食物の生産は人類の生存にとってもっとも基本的な行為だし、文化の形成と伝承は、人間の精神をこの世界に繋ぎとめるもっとも重要な活動なのだ。

●　育てるや育むという意味のラテン語〈colere〉は、僕の国でもよく知られている。その関連がどれほど大切なものかよく分かる。ところで、どちらの活動も大地の上に展開される。大地は、人間の存在にとって掛け替えのない基盤だと思う。

○　そのとおりだ。君のトラクター（牽引する車）も大地を走り回る。人間は昔からさまざまな車を作ってきた。馬車や電車や戦車もね。僕らの国語で〈māchina（機械）〉と言えば、まず自動車が思い浮かぶ。あのレオナルドも自転車のスケッチを残している。

●　それに、空を飛ぶ機械もね。彼は天才中の天才だった。ライト兄弟のお蔭で、飛行機は今や不可欠の交通手段になった。しかし、空を飛ぶものと言ったら、最近は、ロケットや人工衛星や宇宙ステーションも作られている。

○　それと同時に交通事故の可能性も作り出された。無人の戦闘機や化学兵器など、武器の製造を思えば本当に恐ろしくなる。君の国こそ、核兵器の甚大な被害を被った。ちょうど君が生まれたころ、広島や長崎が原子爆弾で粉々に打ち砕かれた。

●　武器のことを考えれば技術の功罪が明らかになる。武器の歴史は「いっそう強力で迅速な破壊の力」に突き動かされてきた。

○ それは「力への意志」にほかならない。その根底には、死滅に怯える恐怖が働いている。人間の哀しさはそこにある。

● 国境や戦争も人為的なものだけど、人間が作るものはすべて自然の猛威に晒される。核兵器も原子力発電所もね。

○ 安全神話を作り上げるのは一部の傲慢な専門家だ。どこの国でも、御用学者の阿諛追従ほど見苦しいものはないよ。

● ちょっと待って。また性急な議論になりそうだ。人間の活動 ἐν-ἔργεια はいつでも何かのエネルギー energy に支えられる。電力の安定供給についても、さまざまな意見がある。最近は、スマート・グリッドによる電力の制御システムも開発されている。

○ それなら、もう少し抽象的な言葉で語ることにしよう。科学・技術の成果が人間の生活を便利に支えるのは明らかだとして、現代の課題は、そのことがはたして生活の世界を本当の意味で幸福にするのかどうかという点にある。

● それを考えるためにも、技術の成果をもう少し広く見わたしたい。最近の電子機器や通信機器も人間の技術で作り出された。医療の機器でも組織でも、技術の進歩は文字どおり目覚ましい。病気で入院したらよく分かるよ。

○ 医薬品や医療機器の開発は科学技術の国のお家芸だろう。ところが、それと同時に薬害や公害の原因も作り出される。工業用の青酸カリはメッキや写真にも使われるが、その経口致死量は百分の十五グラムともいう。危険なドラッグも出回っている。

● 有機水銀の公害は本当に痛ましいけど、医薬品や化学物質の誤用や悪用を避けるために、さまざまな法律も作られている。危険な物質が毒性を発揮するのは、それを過度に摂取するからだ。遺伝子や環境の条件も働くけれどね。

○ 法律が作られると君は言うが、さあ、どうだろう。自然法の概念も昔からある。それにどうだろう。たとえば憲法の条文も作られた（起草された）ものに違いないが、低劣な知性によっては、違憲といわれる解釈や法案なども作られる。

● 「デッチアゲル」も「作ること」だよね。偽造や贋作もね。コピペという日本語は「複製技術時代」の暗部をよく示している。前世紀のベンヤミンは写真や映画に期待したけど、世界は今やネットの網目に覆われている。そこにも《過剰な生産》がある。

○ 言ったら悪いが、君の食事も同じことだ。「君は本当に丸くなった tu est vraiment arrondi」。「人間が丸くなった」という日本語は人間的な成熟の意味だそうだが、西欧の文化で円熟 maturité というのは、人それぞれの個性が確立されることだよ。

● まあ、冗談は別にして、「薬害 drug-induced suffering」といえば、僕たちが学生の時から尊敬している先生が今や老害を気にしておられる。それに倣うことができるなら、ここで「論害 theory-induced suffering」という言葉を作ろうではないか。

○「論外 out of question」だ。君の造語こそ公害ではないか。最近のブログでも言葉の粗製濫造は戒めるべきだ。言葉の創作にも製造責任が問われるよ。著作権のこともあるけど、「言葉は銀、沈黙は金」というあの諺を覚えているだろう？

●とにかく、僕らも自分の出自を免れないらしい。君の故郷はセジェスタの神殿の近くだし、そこは古代ギリシアの植民地だった。前にも言ったけど、ソフィストのゴルギアスこそ、君の精神の祖先かもしれないね。プラトンは彼らの教説と格闘した。

○そういえば、君の本棚にあったハイデッガーの本を思い出した。彼の芸術論には三種類の翻訳書があるそうだね。本のタイトルも「起源」とか「根源」とか。そのうち『芸術作品のはじまり』には、たしか、セジェスタの神殿の写真が掲げてあった。

●あれは日本の訳者が勝手に挿（さしはさ）んだものだ。彼自身がそのことを告白している。別の翻訳書にはパルテノンの神殿の写真が掲げられている。たしかに、ハイデッガーの思索は優美なコリント式ではなく、朴訥でも力強いドーリス式を思わせるけどね。

○もちろん、気がついている。だから、君と別れてシチリアへ帰ったとき、彼のギリシア旅行を詳しく調べてみた。ハイデッガーはやはり哲学者として語るのであって、美学者や美術史家として語るのではない。

●「内容のない概念は空疎だが、概念のない思考は無謀だ」と、カントか誰かが言っていたよね。歴史の内に生きるはずの哲学者は、しばしば、《自らの世界を見ずに世界を語る》。アリストテレスの建築観も、どうも、そのようだ。

○君の直観の一部には、もちろん、賛成しておこう。たしかに、アリストテレスの建築観も当時の現実に拘束されている。君が言うとおり、『形而上学』の冒頭にそれがよく現れている。だが、アルケーの意味は今でも有効だ。

●日本の建築論も初めからそれを把握していた。先学の著作には、ギリシア人は建築を「手技（てわざ）の工人の術」ではなく、原理的知識をもち、諸技術を統べ、制作を企画し指導しうるような、「原理（アルケー）を知る工匠の術」と理解していたと、はっきり書いてある。[7]

○西欧の世界では、その意味でアルキテクトニケー・テクネー ἀρχιτεκτονικαὶ τέχναι に由来する言葉をずっと使ってきた。そこには、やはり、形而上学の影が働いている［AR-M.1013a14］。ハイデッガーはそのような形而上学の歴史に一石を投じたわけだ。

●この哲学者は、近代のテクノロジーを批判しながら「形而上学の過剰」をそこに見届けていた。ところが、現代のコンピュータでもスマートフォンでも、消費の電力は格段に低く抑えられる。節電の技術もまた、情報機器のプログラムで制御できる。

○君はまた見逃している。新しい技術や商品の開発と同時に新しい日本語も作られた。パソコンやスマホなどだ。平仮名とカタ

● カナと漢字を使い分ける造語の能力には本当に驚くよ。「エフ（f）」や「ヴィ（v）」の発音は日本人の唇に合わないようだがね。

● またまた問題をはぐらかす。たしかに、「名称の設定」（PC用語）は新しい出来事の特権といえる。「峠」や「躾」はもう珍しくないし、最近でも、和製の漢字や英語には事欠かない。しかし、僕らが直面しているのは科学・技術の功罪という問題だ。

○ だが、言葉の問題はどこまでも付きまとう。そういえば、君の親友のフランス人も日本に来るたびに喜んでたよね。彼女は、フランス語に似た変なスペルの看板を集めては不思議がっていた。彼女の得意は「文字絵」だし、「軸物」の研究が専門だから。

● 柔道の試合では「アジメ！」と言ってたよ。フランス人の唇は「エィチ（h）」を言い逃す。でも、とにかく本題に戻ろうよ。

○ 近代の思想にしたがえば、科学や技術、なかでも自然科学はニュートラルなものであって、その功罪はそれらの成果を利用する人間の姿勢による。科学技術という四字熟語そのものが何となく奇妙な日本語だと思わないかね。

● たしかに、西欧の古典が語るように、人間の技術τέχνηには、本来、諸々の事物を使用する知識ἐπιστήμηが含まれている。しかし、そうだとすれば、人間は、ただ物事を知りさえすれば、どのような技術でも自由自在に操れることになるのだろうか。

○ その問題も技術の本性にかかわっている。真正の技術は人間が自分の能力で活用できるその範囲に限られる。ここで僕らは諸々の情報の真実性という困難な主題に直面する。それと同時に、「真実」の意味も問われるよ。

● それこそ、現代の尖鋭な課題といえる。僕らの周囲には夥しい情報が蓄えられる。盗聴や傍受や改竄などによる情報も例外ではない。数々の通信機器で蓄積される膨大な情報がはたして真実を伝えたものかどうか、いつでもその真偽が問われるよ。

○ 周囲の現象のすべてが伝達されるわけではない。そこに見られるのは事物の影像εἴδωλονなのだ。写真やビデオも切断cutの行為による。一瞬のシャッターで周りの光景が切り取られると同時にその作品が形成される。君はまたあの空想を持ち出すのかね。

● ずっと前に議論したヘルダーの共通感覚論のことかな。センス・データの転送の話。人類はいずれ、視覚や聴覚だけでなく、嗅覚や味覚や触覚などもデジタルのデータに変換してどこへでも転送できるようになると言った、あの話のことかな。

○ 覚えているだろう。君の空想では、実物の影像に触れることも、その味を感じることもできる。3Dのモデリングソフトのように、レーザー光線か何かで僕の姿をどこかに映し出し、それを見ている君の大脳に近感覚のデータを叩き込めばいい。

● 「それは実在の影像だ」と君は言ったね。あの『ソピステス』でも「実物の製作」と「影像の製作」が区別され、この後者がまた、「似像（似姿）を作る技術 εἰκαστική」と「見かけだけの像を作る技術 φανταστική」に分類されていた［PL-Soph.265A-268D］。

○ たとえば寝台は寝台のイデアを模倣して制作されるが、その寝台を描く絵画は、寝台のイデアからもう一段階、遠ざかっている。［PL-Polit. 394B-395B, 595C-607A］。レーザー光線で映し出した僕の姿が本当の僕なのかどうか、少し冷静に考えてみたまえ。

● 商品の実物とＣＭを比べると、問題がよく分かる。商品の宣伝はアイドル idolum のイメージで僕らを魅惑する。しかし、誰でも知っているように、そのアイドルが商品と一緒に配達されるわけじゃない。「ほんもの」とそのイメージは同じではない。

○ もちろん、ＣＭにはＣＭ《としての》価値がある。だが、僕らは本当にお人好しのようだ。君が見ている《実物》そのものが絶えず変化してやがては消滅するのだから。だから、最初に言っただろう。僕ら自身が幽明の境を異にする運命にある、と。

● よく分かった気がする。僕らが今ここに生きているその現＝実 présence を種々のデータに分解して再び統合するにしても、そのような統合の規準が常に求められる。僕らの《今、ここ》そのものは、けっしてどこへも転送されることがない。

○ その考えは、たぶん、素朴な実在論ではない。むしろ、一期一会という日本のメンタリティーが感じられる。だが、僕らはあのイデア論に戻った気もする。「プレゼンスの建築（理）論」は今後の宿題にしよう。君の頭はまるで風車のように空を回る。

● それは僕の脳髄が自然に開かれているからだ。羽が回るのか、風が回るのか、言葉が言葉を呼んで切りがない Una parola tira l'altra。とにかく、周りに漂ういろんな情報が本当の幸福に繋がるものかどうか、その点をいつも見きわめる必要がある。

○ だがね。幸福とか真実とか大げさな言葉に頼って、僕らは、またどこか不確実な世界へ運ばれるのではないか。あれはたしか十五年ほど前、京都の銀閣寺で「沈黙は金」と言ったよね。いつか今度は、黙って静かに金閣寺を散歩したいものだ。

● 本当にそうだね。真実の概念は「隠蔽（忘却）の脱去 ἀ-λήθεια」とも考えられた［HEID-K］。僕らも、何か「覆い隠されたもの」を取り戻そう。この対話が続くこと、そのような「作品の内にあること ἐν-έργεια」が僕らにとって至福の時なのだ……。

【ミラノの夜は更けた。夕食のワインが二人の心身に染みわたった。満月の明るい光が周囲の空間を照らしている。その輝きは、かつて京都で見た名月のあの仄かな光と同じだろうか？[8] ここではなぜか次の話が思い出された。たとえば、谷川の急流に月影が宿る。どのような激流もその月影を流し去ることがない。月の光は水面を破らない。水の流れは天空の月を濡らさない。】

三

【次の日は日曜日。二人はスフォルツア城の博物館を訪れた。ロンダニーニのピエタの前で芸術について語りあった。――彫刻でも音楽でも、偉大といわれる芸術家が常に傑作を生みだすとは限らない。それとは別に、単なる偶然が見事な作品に結実することもある。芸術作品の構想と実現の間には、測り知れない距離がある。どのような制作の活動もそれに相応しいプロセスを経由する。ミケランジェロが自覚したのもそのような深層の《時＝間》ではないか？「我われの間に見られるいかなる容貌も心のイメージにかなわないNessun volto fra noi è che pareggi l'immagine del cour」という有名な言葉が残されている……。このような会話を続けながら、二人はドゥオーモの広場へ向かった。フランスの友人を一人、昼食に招待してある。夕方には、一緒にレオナルドの名作を見に行く予定だ。サンタ・マリア・デッレ・グラツィエはここからそれほど遠くない。】

● 昨日の夜だけど、何か大切なことを見逃していると言ったよね。実は、僕もそう思っていた。あの芸術論じゃないけど、人間の作品はすべて未完成Non=Finitoだ。もちろん、僕らの対話もね。まさしくそこに、この対話を続ける意義がある。

○ そうだ。ヘーゲルの弁証法だね。だいたい京都とミラノは地球の反対側だしね。未完成こそ、ライブliveの意味だよ。

● 半分は当たっているが、半分は外れている。ここで言いたいのは制作を語る言語の構造だ。今朝の清々しい空気の中で、言語学の理論が僕らの目を覚ます。君の国では、フランスやアメリカにも増して、〈io〉という一人称単数の言葉が強調される。

○ いやいや、それは特別の場合だ。普通の会話で主語は言わないよ。動詞の語形で分かるから。だが、日本語は本当に難しい。最近でもウォルフレンが非難するように、主語を示さないことが「主体の欠如」や「責任の回避」にも見えた。

● 前からよく言われることだけど、僕らの日本語では一人称の主語が実に多様な名前で言い表される。「私」の表現はその場の状況に応じて変幻自在なのだ。君と話をする時も、「俺」や「吾輩」ではなく、少しは謙遜（けんそん）して「僕」と言っている。

○まるでペソアのようだね。彼の名前は、アルベルト・カエイロとも言い、リカルド・レイスやアルヴァロ・デ・カンポスなどとも言う。そういう名前は無名や偽名ではなく、実名とその異名heterónimoなのだ。経歴も思想も、人格さえ異なるそうだよ。

●ソアレスの作という『不穏の書』は読んだけど、問題の本質は少し違う気がする。日本語の一人称では本人の同一性identityが何らかの形で保たれている。幼名や戒名の場合は別だろうが、筆名でも雅号でも身体の特徴や誕生日を変えるわけじゃない。

○なるほど、ソアレス（ペソアの異名）の日記も詩も彼の創作だろう。だけど、一人称の問題はそれに尽きるわけじゃない。だって、君の身体を作った（生み出した）のは君自身ではなかったし、君だけの自由意思で君が生まれたわけでもないだろう。

●むろんそうだけど、僕らはいつも周囲の世界と交渉しながら自分を更新している。生老病死という言葉もある。「自己」というのも不変の事物などではない。呼吸や脈拍や摂食などの現象を見れば明らかだ。雲門禅師は「日々是好日」と言ったよ。

【このような会話に一人のフランス人が割って入った。彼はソシュールの弟子だという。この聡明な青年は次のように述べた。

――もっと単純な形で二人の課題を説明しましょう。制作の構造は「誰が、何を、作るのか」という〈S＝V＝O〉の形で語られます。「主語＝述語＝目的語」の明確な構造が認められるのです。日本語やドイツ語では語順が異なりますが、とにかく、制作の主体・起源・根拠、制作の対象・成果・作品、制作の行動・行為・活動という三つの次元が含まれています。そのような思考の習慣が文法の形式と見事に一致しているのです。けれども、そこで特に問題なのは、制作の主体が常に同一とみなされていることでしょう。もうひとつの問題は、制作の過程が一連の直線的で機械的な継続と考えられていることなのです……。】

○これが本当に言語学の問題なのか、不審に思うだろうね。彼はデカルトの末裔のようだしね。だが、君自身の言葉を思い出してみたまえ。二人の交流が始まる前にも、君は、「人間は、何を、作るのか」と問いかけていたのではないかね。

●たしかに、彼の見方にも一理はある。それは、プラトンのイデア論を支える「場の描写的な記述方式」にも関連する。そこではたしか、〈ὑποκείμενον（基体）〉や〈οὐσία（実体）〉の概念も検討されていた。[9] とにかく、彼の説明をもう少し聞いてみようよ。

◆私の説明には本当に重要な内実が含まれています。なぜなら、〈S＝V＝O〉の形式で考える場合、私たちは究極の〈S〉と同時に究極の〈O〉に思い至るからです。その時には、もちろん、〈V〉の意味も何か究極的なものになるのですが。

● あなたは言いたいのでしょう。究極の表現とは、唯一絶対の創造主が世界のあらゆる出来事を一挙に創造することだと。

◆ そうですね。文法の時制によりますと、この〈V〉は、「かつて一度だけ創造した」し、「今も創造している」し、「これからも創造し続ける」と言わねばなりません。この〈S〉を「神」と呼んだり「自然」と言ったりするのは人間の自由でしょうが。

【二人は、言葉について交わした次の議論を思い出した。——近代の『一般言語学講義』では、「意味するもの」と「意味されるもの」が恣意的arbitraireな関係にあると考えられた。古代の建築書も次のように記している。「建築家の知識は制作と理論から成り立つea nascitur e fabrica et ratiocinatione… 実に、すべてのものには、特に建築には、意味が与えられるものと意味を与えるものquod significatur et quod significatが含まれている。」[VIT.I-i-1~3]。たしかに中世の神学でも、名前nomenと実体substantiaを絶対の関係とはみなさない教義があった。しかし、ニーチェが語るように、「われわれの神はすでに死んでいる」……。】

○ だがねぇ。このフランス人は、《物つくりは罪つくり》とでも言うのだろうか。君の定義では、「建築≒自然×人間」だった。しかも、そのニヤリー・イコールの意味は、この定式の前項に「田畑を耕す耕作」を代入できることだった。

● むろん、彼も、「物つくりがすべて罪だ」というわけではないだろう。建築も農耕も豊かな果実をもたらしてくれる。人間が自然に働きかけるのは「よく生きるため」だ。しかし、どのような生命もいわば根本的な犠牲に支えられている。

○ そのことだが、君自身が見つけたあの言葉を思い出そう。四世紀のゴート語は今では死語だが、そこでは「造り出すga-skapjan」という言葉が「危害を与える、不義を行うga-skaþjan」とほとんど区別できない語形だと、君は言ったよね。

● ああ、ウプサラに残っている『銀文字聖書』[10]のことだろう。ハイデッガーでさえ、この言葉を見逃したようだけどね。

○ 『創世記』も『ヨハネによる福音書』も、神の創造が神のロゴスによると告げている。罪を犯すのは神の摂理ではない。

● 僕の先生が残してくれた蔵書にもその問題が深く刻まれている。ハイデッガーの翻訳書だけど、ドイツ語の原文がびっしり書き込んである。「責めを負うVerschulden」という語にアンダーラインが引いてある。つまり、その意味が見逃されていない。

○　だけど、ゴート語はもっと詳しく調べないとね。〈God（神）〉の語源はゴート語の〈Guþ（グス）〉だよね。「þ」の字は、英語でソーンthornといわれる。その音価は［θ］で、［p］の発音とはっきり区別されていた。彼らの音韻体系は非常に精緻だった。

●　言葉の解釈には、たしかに細心の注意が必要だ。「翻訳者は裏切り者　Traduttóre è traditóre」ともいうからね。

○　もうひとつ注意の必要なことがある。君が見つけた「ga-skapjan」も「ga-skaþjan」も後世に復元された理論語なのだ。日本の『ゴート語辞典』にも、「同じパラダイムに属する実際の語形から推定される基本語」と書いてあるはずだ。

●　君の博識と明敏な知性には、ただ驚くしかない。この辞典も一種の翻訳書だよね。四世紀のウルフィラが考案したゴート文字も、ギリシア文字やルーン文字の変形だった。けっして「無からの創造」ではない。つまり、《辞典は辞典や伝承による》。

○　単なる博識はむしろ罪だ。ソクラテスもイエスもこの点は一致している。肝心なことについて、僕らは、まだほとんど何も知らないよ。君の国の仏教にも、このような罪のセンスがあるかね。とにかく、《何かを作ることがそのまま善ではない》。

●　話がずれるようだけど、百丈懐海の故事を知っている？　「一日、作さざれば、一日、食らわず」という。中国の八世紀に生きた禅僧の言葉だ。友達のネルケ無方さんなら、よく分かるだろう。禅宗で「作務」と言えば、まず、田畑を耕すことだ。

○　「テサロニケ人への第二の手紙」も「静かに働いて自分で得たパンを食べよ」［共同訳、三―一二］と告げている。だが、『マタイによる福音書』［四―四］には、旧約聖書の『申命記』［八―三］を引用して、「人はパンだけで生きるのではない」と書いてある。

●　生存のための食糧は不可欠だ。僕らの生命はいわば殺生で持続する。しかし、あの手紙は本当にパウロが記したものなのか？　そこには「主イエス・キリストの命令」と書いてある。懐海の禅語は命令ではなく、いっそう深い仏道の自得を示しているよ。

【なぜか、次の言葉が二人の心に浮かんだ。――「人間は人間を生む ἄνθρωπος (γὰρ) ἄνθρωπον γεννᾷ」。アリストテレスは、『形而上学』でも『自然学』でも、また『生成消滅論』でも、この事実をしばしば援用している［AR-M. 1032a-34b, 1070a, AR-P. 193b-194b, AR-G. 333b, etc.］。彼はその意味を生物学に限定していたようだが、何と言っても不思議なのは「人と人の関係が作られる」ことだ。それは血縁の家族に限らない。友情や愛情は自然に生まれる。師弟の関係も、ただ自称の弟子だけで作り上げられるものではない。師弟の関係は、古い器に新酒が注がれるように、信頼と敬慕、抗争と帰属、邂逅と離別を通じて自然に醸し出される。その意味がいかに深いか、濁世(じょくせ)の人々には思いも寄らないだろう。[11] 実際そのようにして、アリストテレスはイデア論に抗いながらもその影を担い、道元禅師も親鸞聖人も古仏に倣いながらそこから出で立って仏道を究めたのである】

○ 彼の説明にはまだ何か隠されているようだ。たぶん、彼自身も気づいていない。今度は僕らの方でその真相を明らかにしよう。

● 話が長くなりそうだね。《最後の晩餐》の見学は明日にしてもいいよ。レオナルドの作品は前にも見たことがあるから。

○ それなら、議論を少し深めよう。制作の主体の強度や独自性に着目するなら、「制作∧創作∧創造」という不等号が成り立つのだろうか。制作の主体もさまざまな状態 disposition に置かれるものだから。

● 一人称の意味は前にも考えたよね。そのことでは、ジャンケレヴィチも面白いよ。《一人称の「死」は（自分では）考えられない》と言っている。人の死を如実に実感できるのは二人称の出来事だと。「誕生」も同じことじゃないかな。

○ 彼の講義は聞いたことがある。どこかエピクロスに似ているよ。しかし、今日のところは、言語学の説明を率直に受けとめよう。問題の要点は〈S＝V＝O〉の形式そのものに潜んでいると思うから。それに、僕らはまだ生きている still alive のだし。

【要点は次のように理解された。――アリストテレスの四因説によれば、〈S＝V＝O〉の論理には目的論が欠けている。「いつ、どこで、どのようにして」という規定も重要だが、ここで「何（誰）のために」と問えば、事態はただちに複雑なものになる。たとえば、戦争を誘発する挑発とそれを忌避する抑止力が核兵器の一撃に集約される。あらゆる紛争の根本的な原因は「自己」の完全性を妄想することにある。彼の思索はまた別の課題を自覚させる。いったい「何から作るのか」という課題である。そこでは、「どのような資源やエネルギーを使うのか」という環境の問題が浮かび上がる。人類の悲劇はさまざまな事物を必要以上に作ることにある。近代の資本主義も《生産の過剰》とけっして無縁ではない。それを抑制できるのは、まさしく《制作の行為的な自覚》にほかならない。彼が語る始動因(アルケー)を援用すれば、「人材」の登庸も問題になる。「行為の主体」の在り方がそのつど問われるからだ】

● 古代中国の荀子も性悪説によって適材適所の政治を唱えていた。三十年ほど前に、僕の論文でも荀子の『解蔽』を参考にした。儒教の思想には一定の制約があるとしても、その観点も含んで「適所性の理念rerum aptis locis」を定着したわけだ。

○ 君はプルタルコスの「ペリクレス伝」［『英雄伝』（三）］も引用していたね。そこにはフィディアスの偉業が記されている。

● パルテノンの建設では「彫刻が建築を導いた」。そういえば、君のお爺さんもパレルモの有名な彫刻家だった。

○ 京都で見た君の親友の彫刻も本当に素晴らしい。僕らは今、『エウパリノス』のパイドロスが語ったあの言葉を思い出そう。

【二人は次の一節を朗読した。「かれは度々言いました。《制作に細部はない》と……（ぼくは）かれにオルペウスの力を見いだしました。かれはぼくらのまわりに転がっている石や梁材のぶざまな山がどんな記念的な未来をもつか予言しました。それらの材料は、かれの一声で、その女神に好意的な運命が指定した唯一の場所へà la place unique où les destins favorable à la déess（Artémis）les auraient assignés 捧げられるように思われました」［EUP.pp.17-19, 森田訳、二三二―二三四頁、順不同］】

● 本当に優れた作品は、なぜか次のような印象を与える。《ずっと前からそこにあったし、いつまでもそのまま、そこにありつづけるのにちがいない》。「納まり」という建築現場の言葉がその実感をよく言い表している。

○ 近代のル・コルビュジエも両親の家の図面をポケットに携えてレマン湖の畔を彷徨（さまよ）った。敷地が見つかったとき、「まるで手袋に手が入ったようだcomme une main dans un gant」と書いている。(12) 日本の伝統にもこのような思想が見られるだろうか。

● そのことはまだよく分からない。ただ、宮本武蔵の『五輪書』を読んだとき、僕は心から驚いた。武蔵は剣術から兵法を区別しながら、建築のあらゆる部材を適所に配置する「棟梁の道」を語っている。(13) その言葉は建築現場の実感にみちている。

○ ところが、そのような《場所》こそ、大問題なのだ。よく考えてみたまえ。ル・コルビュジエが見つけた敷地が彼のスケッチの適所になったとしても、そのような敷地が「無記の白紙 tabula rasa」として予め与えられていたわけではないだろう。

● そうだね。白紙の地図には「適所」という地名も書いてないからね。適所の地名がそこに書き込まれるのは、まさしく彼の両親の家が建てられた時なのだ。レマン湖がなければ、それにまた、彼のスケッチがなければ、その光景は見出されなかった。

○ なるほど。だから、君の著作は《ディアテシスのイデア》というわけだ。ウィトルウィウスの解釈としてはたしかに一理ある。

● お世辞でも嬉しいが、それは先生のその先生のお蔭だよ。日本の建築論から顕微鏡のように覗くと、西欧の歴史には覆い隠されていたものがよく見える時がある。むろん、逆もまた真だろう。君の国でも、ガリレオの望遠鏡を持っているのだから。

○ そのとおりだ。「人間が何かを作る」といっても、その主体を常に省みる必要がある。しかも、それはけっして永続しない。

● それなら、僕らの記録もそうだろうか。これをどのようにデジタル化しても、それを解読する媒体や技術が永続する保証はどこにもない。そのようなメディアも、あらゆる「物」の本性として、自然の変化に委ねられる。つまり、いずれは消滅する。

○ たしかにあの饗宴でも、制作ποίησιςの根源的な主体が「自動の動」としての自然φύσιςに見定められていた。僕らの作品と同じように、僕らの存在そのものが自然の変化に委ねられる。《問題はそのタイムスパンなのだ》。

● ハイデッガーの技術論にもそのことが記されていた。《ただ永続するものだけが存続するのではない》[HEID-T]。僕らはもう多くを語らなくてもよいだろう。ただ、自然の声に聞き入ろう。去年、京都で会った春宵の一刻のように。

○ 君は、また夢を見たんだね。去年の京都に僕はもう居なかった。だが、「技術への問い」のあの末尾を思い出そう。「危険の存するところ、おのずから、救うものも芽生える」という詩を。僕らの存在は、いわば「時間の間」に差し掛けられている。

● それなら、人間が絶対に創れないのは《時＝間》ではないか。僕らの対話もその中でひと時、持続した。だから今、次のことを認めてくれるだろうね。《制作の主体も作品も遥かな虚空に差し掛けられる。しかし、制作の活動はけっして空無ではない》。

制作論の対話はこのようにして閉じられた。二人はもう会えなかった。十年前の十二月、彼はシチリアの銀河の彼方へ旅立った。ベッドの横には、震える手で次の言葉が刻まれていた。——Tomo Ari. En... ——Veritas in "Sein und Zeit"（『有と時』の本当の意味）。

この「En」は、「遠方」と書きたかったのに書けなかったのか、「遠」という言葉を躊躇（ためら）ったものなのか、それは今でも分からない。

平成二五年三月　京都　同年九月　西宮　二七年十月　琵琶湖の畔で改訂

註

1 西洋古典は邦訳の全集、ハイデッガーは全集および選集を参照し、聖書は、『日本語対訳 ギリシア語新約聖書』（教文館）や『水墨 創世記』（岩波書店）など、最近の口語訳による。引用は原文の抜粋とし、特に注目した語句に原語を併記した。本文では下記の記号と略号を用いた。

《 》主要な論点や語句／【 】対話に挿入した解説／〔 〕対話の後で補足した出典（略記）／●、○、◆ 話者の区別／その他、慣用の記号。

AR-G: アリストテレス『生成消滅論』／AR-M:『形而上学』／AR-N:『ニコマコス倫理学』／AR-P：『自然学』。

EUP: Paul Valéry, *Eupalinos, ou l'architecte*, Gallimard, 1944. 森田慶一訳「エウパリノス」（『建築論』東海大学出版会、一九七八年に所収）。

HEID-B: Martin Heidegger, *Bauen Wohnen Denken*／HEID-D:『物』／HEID-K:「芸術作品の起源」（『杣径』）／HEID-T:「技術への問い」（選集）。

PL-Sym: プラトン『饗宴』／PL-Soph:『ソピステス』／PL-Ph:『パイドロス』／PL-Pol:『ポリティコス』／PL-Polit:『国家』。

UGO-A: Vittorio Ugo, *Architectura ad vocem*, Guerini Studio, Milano, 1996／UGO-D: *Dimensioni dell'architettura*, Cogras, Palermo, 1982.

VIT: 森田慶一訳註『ウィトルーウィウス建築書』東海大学出版会、一九六九年。

2 対話の内容は国際建築論会議（CITTA、一九八四年に京都で創設）の記録による。整理の順序は概ね「言語」、「現象」、「解釈」とした。

3 中村貴志「建築と哲学」（電子ジャーナル「Heidegger-Forum」Vol.5,2011,pp.28-61.）、「建築術への問い」（日本建築学会、研究協議会、二〇一四年）。

4 「s」は筆者の付加。一般の和英辞典では複数の表現が用いられる。「取り繕う」ことは「いろいろ」に行わるからだろうか。

5 中村貴志『建築論の射程』（I、II）中央公論美術出版、二〇〇〇年、二〇〇一年。（筆者の責任で、出典などに若干の誤植がある）

6 中村貴志『ハイデッガーの建築論』中央公論美術出版、二〇〇八年。

7 森田慶一『西洋建築思潮史』著者私版、中央図書、一九七四年（『建築論』上掲書に所収）、三一―七頁。

8 桂川の畔で恩師と眺めた名月のイメージは日本建築学会北陸支部で公表の機会を与えられた。「増田友也の思索を巡って」（二〇一四年十月二五日）で筆者が投写した画像は、三好和義（写真集）『月の桂離宮』小学館、二〇〇九年、「桂川の水面に映る月影」、「月波楼中の間から眺めた満月」。

9 藤沢令夫『イデアと世界』岩波書店、一九八一年（九六―一四五頁）、『ギリシア哲学と現代』岩波新書、一九八〇年（一一四―一一九頁）。

10 『銀文字聖書Codex argenteus』は皇帝テオドリクス（四五四～五二六年ごろ）の勅命による。小塩節『銀文字聖書の謎』新潮社、二〇〇八年。

11 師弟関係の麗しい物語は次の名文にも見られる。清岡卓行『詩礼伝家』吉備路文学館（復刻版）、二〇一〇年（七―六七頁）、「千年も遅く」。

12 Le CORBUSIER, *Une petite maiso*, Éditions d'Architecture, Zurich, 1954, pp.7-9.（森田一敏訳『小さな家』集文社、一九八〇年、七―九頁）。

13 魚住孝至編『宮本武蔵「五輪書」』角川ソフィア文庫、二〇一二年、「地の巻」、五一―五六頁。

日本における住まいの構想力

——場所論から制作論への展開の試み——

西垣　安比古

序

建築について何か述べようとするとき、その核心となる領域が建築空間であることは、近代主義建築の時代以降、自明の事柄とされてきた。それは建築を根底から問い直すラディカルな思惟として誕生したが、そこで問題となった空間概念そのものへの反省はなかった。近年、ノルベルグ・シュルツなどによって建築的空間概念そのものへの反省が加えられ、そのことによって、かえって反省以前への遡行が試みられ、建築的場所論が提起されている。そして、そこでは対象化不可能な大地性[1]、あるいは、開示され得ないものとしての大地[2]が問題とされる。この、大地性、大地を基盤として「すまうこと」「建てること」が成立するとすれば、そのような大地性、大地にどのようにして到達可能なのかということが建築論の必須の問いになるであろう。本論ではこの問題をめぐって考えてみたい。そして、建築的場所論におけるこの問いが建築制作論へと展開することを示し、そのさらなる可能性を探ってみたい。

一　「うち」から見ること

「もの」や「こと」を対象化するということはそれらを外から見ることを意味している。それは見る主体と見られる対象がそれぞれ独立して存在することを前提としている。大地性、大地が対象化不可能であるとすれば、それが捉えられるのは「うち」から以外にはありえない。この「もの」や「こと」をうちから捉えるということについて、西谷啓治の「空と卽」[3]に従ってみておきたい。

世界のうちに現成している万有が、それぞれが持つ窮極的な各自性（不回互）のままにただ与えられる原本のところでは、事実は所謂「頑固な事実」であり、外からの光は、感性の光でも知性の光でも受け付けない。従って、このような原本的事実への通路は「それをそれ自身の内から體驗するといふほかない」[4]とされている。それでは「内から體驗する」とはいったいいかなる事柄であろうか。西谷は以下のように述べている。「或る「もの」とか「こと」とかが事實として現成するのは「世界」の開けのうちにである。それが「與へられ」てくるのは「世界」からである。その世界のうちでそれは、他のすべての「もの」の間で自らの「ところ」を得て、その「ところ」に現にあり得ている。その「ところ」はそれの「有」と一つであるが、同時に世界のうちで一つの局所でもある」[5]。「＜全くの不回互である＞有が「世界」のうちでの一つの「ところ」であり、有の「限定」が世界のうちでの一つの「局所」を意味するとなると、その有は不回互なるままで、卽ちそれ自身であることを止めずに、しかも自らの内で自らから出て、世界聯關のうちに立つことになる」[6]。それは「＜不回互の＞各箇性（または各自性）の限界の壁がいはば透明になり、世界聯關のパースペクティーフのうちで他との回互的聯係に入ること」[7]である。しかし、「頑固な事実そのものの「有」とその有の「ところ」との間には、本有的な同一性と共に、根本的な轉位がある。それはいはば「有」のうちに潜む内景が展開されることである。そしてそのことが事實そのものを「内から」見るといふことの基本である」[8]とされている。

この論考において問題にしている「すまうこと」は対象化不可能な、ただ体験することにおいてのみ知り得る事柄であることが玉腰芳夫によって指摘されているが、これを上の「内から」見るということと重ね合わせて考えてみることで、従来の建築論におけるこの研究の位置づけを明らかにしておきたい。

玉腰芳夫の建築的場所論はフッサールとハイデッガーの関連を示しつつ、後者の「住まうこと」の思惟へと向かう。玉腰はハイデッガーによりながら「住まうことの依拠として大地と天、神的なるものと死すべきもの」について「それらは根源的に一者」であるとして、それがフッサールのいう絶対的静止の場所に該当することを指摘している。[(9)] この根源的一者は世界（大地）であろう。そして、「芸術と空間」（ハイデッガー）を引用して「諸々の場所は、一つの会域を開け、それを庇護しつつ、自らのまわりに空けを集めつづける。この空けが折々の事物に滞在を、人々には事物に伍しての住まうことを与える」[(10)]という。[(11)]

これを西谷の論考と重ね合わせてみたい。ハイデッガーにおいては、大地、天、神的なるもの、死すべきものはそれぞれ他の三者を映しつつ、そのたわむれ（Spiegel-Spiel）のうちに集摂されるといわれ、それは「世界が世界する」ことを意味している。これは仏教では世界起とされ、上述した西谷の論述において「或る「もの」とか「こと」とかが事實として現成するのは「世界」の開けのうちにである。それが「與へられ」てくるのは「世界」からである」[(12)]とされていることに類同する。そして、西谷が世界のうちで「ところ」を得ることにおいて「もの」とか「こと」が現成するとしていることは、玉腰がハイデッガーを引用していう「諸々の場所は、一つの会域を開け、それを庇護しつつ、自らのまわりに空けを集めつづける」[(13)]ということに対応している。さらに、玉腰論文ではこの「空け」が事物に滞在を与え、人々に住まうことを与えるとされていることは、本論の中核に関わる重要な論点である。それ故、ここでは西谷のいう「世界のうちで「ところ」を得る」ということを「住まうこと」との関わりにおいて問うことが求められるであろう。この問題について以下に見ていきたい。

ただ、西谷は「もの」とか「こと」が外からの接近を許さない絶対の不回互であることを強調しており、この点について、玉腰は論じていない。（ハイデッガーは『放下』において「ものへの放下」は、技術の支配のただなかにあって、その対象となっていたものを「ものとして己れ自身に憩わしめる」こととしている。ここには用象（ベシュタント）として世界連関のなかにあらわれる「もの」とは違う在り方が示唆されている。[(14)] これも、本論の論点に関わる重要な問題であるが、これについては後に触れることにする。）

二　「ところ」を得ること

西谷はうえにみた「ところ」を得ることについて「或るものＡが世界のうちに有るといふ時、それは他のあらゆるもの（Ｂ・Ｃ……）の間でそれ自身の「ところ」を與へられてゐる」[15]ことを意味しているといい、その「ところ」は「單に、どこそこにあるといふ現象的な存在の場所といふだけでなしに、むしろ本質的に、それの「有」そのものの場、それの現成におけるいはば「本有的」な場といふ意味」[16]であるとする。いはば「世界」の自己局所化としての自己表現である。「ところ」は「それぞれのものの「有」の徹底した極限性でありながら、同時に直ちに「世界」自身の一局所でもある。いはば「世界」の自己局所化としての自己表現である」[17]とされ、つまり、事物は「ところ」において現成し、その事物が現成する場の開けである世界も窮極的な「ところ」ということになる。玉腰はフッサールによりながら諸場所と場所の二重の在り方において、「住まい」の場所の構造を読み取ろうとするが[18]、ここでの諸場所は対象化されたもの、つまり外から見られているが、「ところ」を得るという時、「ところ」はうちからみられている点で異なっている。また、玉腰はハイデッガーによりながら「諸々の場所は、一つの会域を開け、それを庇護しつつ、自らのまわりに空けを集めつづける」[19]という。ここでの「諸々の場所」において現成する「会域」、「空け」が、西谷のいう「ところ」にはともに含まれている。

「諸々の場所」は、絶対的に不回互の諸事物が現成する局所としての「ところ」でありながら、絶対的な一者としての、それ故これも不回互の世界の開けとしての「ところ」である。この相卽について「一卽多、多卽一の形式に當て嵌めて見れば、一卽多は世界の方から萬物を見た場合に當る。その時「一」とは、萬物が現成する場の開けである世界、それ自身窮極的な「ところ」である世界に當り、「多」とはその世界が世界するといふことに含まれる局所の多を意味する。それに對して、多卽一は萬物の方からの見方に當り、その時は「多」は現成するすべての物の窮極的な各自性乃至は各箇性ともいふべきものを表はし、「一」は、それら多くのものがそれぞれに「ところ」を得てゐると見られ、各自性をもった「有」が局所性をもった「ところ」として透明化されるといふことに當る」[20]とされている。玉腰の引用するハイデッガーの言葉遣いに従えば、ここでは世界の開けとしての会域と、事物の場所としての空けとの関係にあたり、その相即関係が詳細に究明されているといってよい。そして、ハイデッガーがそれをSpiegel-Spielとするのに対して、西谷は相即相入としており、「世界聯關そのものは」一即多、多即一という「二つの相即關係の相即關係である」[21]とする。この聯關は「學」的に思惟し盡すことはできず、「思惟はその聯關を「理」の世界として開明するが、現實に与へられた事實、情意を通して實際に經驗されるほかないような「事」の世界には觸れ得ない」[22]。それ故、「その聯關を構造的に把握するためにも、一即多、多即一といふ如き形式が必要になる」[23]。そこには「聯關の筋道としてのさまざまな理法・ロゴスが含まれてゐなければならないが、その理法は事實と切離して考へられたやうなものではない。「世界」としての聯關は、「事」と「理」とを別々の領域（乃至は「法界」）として考へた上で更に關係づけられたといふやうなものではない」[24]のである。そこでの「理」と「事」とはもともと一つであり、その意味で「理事無礙」とされる。しかし、この二重の相即関係は「一即多、多即一」というように捉える限り、いまだ論理のなかにとどまっており、事象を直に言いとめるに至っていない。この世界聯關は「理事無礙なるロゴスの支配を限界づける両極をもってゐる」[25]。この両極、つまり「開け」として絶対的に一である世界と「萬物」「萬法」として現成する絶対的に「多」である世界は「理」的にも「事」的にも絶対矛盾であることが示唆される。しかし、同時にその「両極は同じ事柄の両面」であり、そこには回互的関係はなく、理事無礙の理法もない。「もし強ひて相即といへば一即零、零即多、そしてその二つの即の相即」[26]というほかなく、「如何なる意味でも理法・ロゴスではなく、絶対的に無理であり、非「理」である」[27]という。そして、「世界聯關としての具體的な、現實の「世界」は、絶對的な不回互として相矛盾する兩極が同一的であることによってのみ可能にされてゐる」[28]のであり、それが「事事無礙」としての法界に外ならないとされている。つまり、この「事事無礙法界」が「理事無礙」法界としての現實の「世界」を世界として可能ならしめてゐる」[29]とされるのである。

西谷啓治の論考に従って「原本的事實」の現成をめぐって述べてきたが、それは「うち」から見ることによって体験するほかない「もの」あるいは「こと」であり、その現成は世界の開けにおいてである。「もの」「こと」は多であるのに対して、世界の開けは一で、それらは互いに矛盾しつつ、同じ事柄の兩面として同一性を持つ。「もの」「こと」は世界の局所として「ところ」を得、世界の開けもまた究極的な「ところ」である。「もの」「こと」から「ところ」に転位することで、多即一、一即多の二つの即の相即という世界聯關において理事無礙の法界が捉えられるが、それを可能にしているのが無理、非「理」である「事事無礙法界」に外ならない。そして、これは「理事無礙なる「法界」の極まる處において、その法界が一歩自らの外へ出て、もともと自らの根柢をなしてゐたものへ、それ自身の「もと」へ歸つた所、いはば理事無礙法界の脱自的な自覚の所」[30]とされている。ここで、玉腰の論考に戻れば、上に引用した「空け」がフッサールのいう「大地（エルドボーデン）」に当たるとして「生きられるのみの不動的大地、すなわち絶対的場所を非対象化の困難に耐えながら究明しなければならない」[31]という。ここに開示されえないものとしての大地が住まうことを基礎づけていることが示唆されている。この絶対的静止について「まさに存在（ザイン）と解される限りでの場所である」[32]としているが、存在の真理は非秘匿性（アレテイア）としての真理であり、秘匿性を裏面として性起する。ハイデッガーは芸術作品こそが真理の性起する場所であり、作品において世界が開示されると同時に守蔵されるという。芸術作品は世界を開示しながら守蔵としての大地を引き出すのである。このように見てくると西谷のいう「事事無礙法界」はハイデッガーのいう「（開示され得ないものとしての）大地」に当たることが理解できるだろう。

「事事無礙法界」を基盤（無底の基盤とでもいうほかないがここではとりあえずこの語を用いる）として「こと」や「もの」が性起するのであり、それは「こと」や「もの」が「ところ」を得ることを意味する。この「ところ」を得ることは「すまう」ことに直結する事態である。このことについて西谷は芭蕉を中心として催された歌仙の例を挙げて、その内実を示している。

さびしさの底ぬけて降る霙哉　丈草
ちらちら光る糠の埋火　去来
鯨ひく沖に一浜家あけて　翁

西谷は「空と卽」において、うえの連句の発句をめぐって特に詳しく論じている。[33]ここでは「さびしさの底がぬける」という丈草の心の中の出来事と「霙が降る」という外の世界の出来事が全体として一つの事柄になっている。さびしさの底がぬけ、底ぬけになったさびしさを通り抜けて霙が降るという、散文では二つの命題となるべき事態が、一気に繋げられて一つの意味をなす句を形成している。「降りつつある霙の事實が、事實としてあるがままに、その真如性において、投げ出されてゐるところである。そのところが、底抜けたさびしさといふものの開けでもある」[34]といい、それは「直接經驗の端的な表現」とされている。この「さびしさ」は「主観的感情」とか「客観的事實」が根ざす一層根源的な「場」で、「境地」とか「心地」と言い表されてきた。ここで、玉腰がフッサールの場所論における対象化不可能な絶対的静止の二局面を「大地性」と「身体性」に見いだしており、そこに「すまう」ことが根拠づけられているとしている[35]ことを思い起こしておきたい。「大地性」「身体性」が対象化されれば、それぞれ「境」「心」となって現れると考えられるからである。「境地」「心地」はその対象化への過程を支える場といえる。

西谷が発句に続く二句に「すまう」ことの内実を読み取っていることは明らかであるが、「空と卽」ではそのことにほとんど言及されていない。ここでは伴一憲が「空と卽」をめぐって西谷と対談した内容を中心として編まれた『家郷を離れず』[36]に従って見ておきたい。

上掲書では「空と卽」の結びの部分に着目し、「我々が住むべきところがどこなのか」という問題に言及している。まず、その結びの部分を少し長くなるが引用しておきたい。「去来の「ちらちら光る糠の埋火」は「さびしさの底ぬけて」の前句を受けて、薄暗く静寂な家の内部とその空間の焦点になっている埋め火を詠じている。Image の場面は一転しながら、根本の境地は前句から受け継がれている。その句を受けた芭蕉の「鯨ひく沖に一濱家あけて」は、更に一転して広々した村の浜の状況になっている。鯨ひく沖の活気に満ちた image と、一浜家をあけた閑寂な image とが統合された微妙な境地である。それらの句を貫いて、いわば「情意のうちの空」ともいうべきものが、詩における構想力の深い機動性の場になっている[37]」。

この「鯨ひく沖に一濱家あけて」をめぐって、対談において西谷が「科学とか技術とかに気を奪われて、わいわいやっているが、そこ自身にもっと根本の生活の基礎がある[38]」と述べていることに着目している。そこでは魚が獲れることがそのまま生、命に結びついており、男という男は舟板一枚下は地獄という沖へ出て働いている。そこに生死の問題があると同時に、神仏と人間の本質的なつながりが表裏をなす問題としてあり、表裏をなしつつ同じ一つの問題として現れているという。そして、伴一憲は「この句を通して、芭蕉の生きた心を現代の立場で受け取り直して、途中に在って根無し草のように漂流する人間を家舍（大地）に連れ戻す道が、また「家舍を離れて、途中にあらず」（言い換えれば「途中にあって家舍を離れず」）ということを実現する道が求められて[39]」いるとしている。「さびしさの底ぬけてふる霙かな」という主客あるいは内外の分節以前の直接経験の事実は「ちらちら光る糠の埋火」という「すまい」のいのちともいうべき火のimageと響き合い、それは「鯨ひく沖に一濱家あけて」という「根本の生活の基礎」に結びついている。活気に満ちた「鯨ひく沖」は板一枚で地獄と接するところで、そこでは他者の生死がそのまま自己の生死でもある。そして、一浜あげて静寂に空けられた家には糠の埋火がちらちらと光を発している。この連句に西谷が「すまう」ことの根幹を読み取っていることは明らかであるが、そこに「情意における空」が貫いていることを示唆するのみで、「空と卽」ではこの問題に関してこれ以上の直接の言及は見られない。それ故、ここでは「空と卽」にも言及されている明恵上人の修行の場所に着目して、この問題のさらなる究明を目指したい。

三　「すまう」ことの根拠としての空と事事無礙法界

明恵は高山寺において、後方の山に楞伽山と名を付け、その中腹に羅婆房、頂上近くに花宮殿を建て自らの修行の場所としていたことが知られているが、「明恵上人歌集」（以下適宜「歌集」と略記する）にはそれらの場所をめぐって詠まれた歌が多数遺されている。羅婆房は日常世事の場所であり、花宮殿は坐禅入観の場所である。これら両者があること、それを結ぶ道などに重要な問題点があるが、ここでは花宮殿を主題として詠まれた歌を取り上げたい。（本稿では岩波文庫『明恵上人集』所収の「明恵上人歌集」より引用し、歌に付された番号は上記文献のものをそのまま踏襲している。また、歌、詞書はすべて上掲書より引用し、引用頁は省略する）「歌集」には94から99に「……に寄す」という詞書を付された歌が収録されており、その末尾に花宮殿をめぐって詠まれた歌がある。

　　反音に寄す

99　花宮殿の三字をかへせば見文字いれば二空の理を見るがゆゑ

ここに「花宮殿の三字をかへせば見文字」とあるのは、「花宮殿の三字」を「かへせば」、すなわち反音を用いれば「見文字」となることを意味している。反音は、あるいは反切とも言うが、漢字の音を別の二字の頭子音と脚韻とを組み合わせて示す方法である。明恵はこの歌においてそれを逆に用い、「花」と「殿」の読みから「見」を導き出している。つまり「花宮殿」を ke-kuu-den と読み、「花」の頭子音である k と「殿」の韻である en とを組み合わせると「ken ＝見」となるというのである。[40] 明恵上人はこの歌において反音を用いることで、花宮殿がそのように「花宮殿」とよばれることの由来を明かしているといってよい。そして、それは明恵自身が花宮殿の本来的在り方を「見」に見出だしていたことを示している。さらに、明恵は「花宮殿」がそのように「見」であるのは、「いれば二空の理を見るがゆゑ」であるという。「二空の理」とは人空と法空の妙理であり、人空は人我が空無であるという真理、法空は諸法が空無であるという真理を意味している。[41]「花宮殿」の本来的在り方が「見」であるのは、このような真理を「見」るからである。それでは「二空の理」を「見」ることについて明恵はどのように捉えていたのであろうか。

二空の理をめぐって詠んだ歌として「歌集」には次の一首が収録されている。

86　楞伽山の八識二無我の松風を羅婆の夜叉王いかにめづらむ

この歌には二無我とあるが二空と同じ意味である。詞書に花宮殿、羅婆坊をめぐって、それら二者の意味が詳しく述べられている。少々長いが引用しておきたい。

此の山寺の後ろに三町許りを去りて、一の峯をしめて楞伽山と名づく。その上下に二宇の草庵を立てて、上をば花宮殿と名づけ、下をば羅婆房と名づく。その因縁みな楞伽経に出でたり。楞伽山といふは南海の島なり。得通の人にあらざれば行かず。その主を羅婆那王と名づく。如来竜宮に七日説法し給ひき。その次にこの島のふもとに大衆とともに浮かび出で給ふを、楞伽王華宮殿に乗じて海上に下りて、如来を請路たてまつる。如来その請を受けて、また花宮殿に乗じて無量の諸天大衆とともに伎楽歌詠をとゝのへて、山頂に至りて、五法・三性・八識・二無我の法門を説き給ふ。そのよそほひ眼に浮かびてゆかしければ、この名をつけたり。元仁元年冬のころ、此処に閑居するに、峯の雪、松の風わりなければ、所の名につきて以上が詞書の全文である。この詞書において楞伽山、花宮殿、羅婆坊の名づけの因縁が楞伽経にあることが明かされている。ここでまず注目すべきことは楞伽山が「得通の人にあらざれば行かず」とされていることである。このことは明恵の修行の場所としての楞伽山の在り方にもひびいていると考えなければならない。楞伽山は得通の人のみに楞伽山として立ち現れてくるのであり、そのような場所を背景としてはじめて花宮殿、羅婆坊もそれとして意味を持つことに注目しておかなければならないだろう。この詞書の最後に「そのよそほひ眼に浮かびてゆかしければこの名をつけたり」とあるが、ここで「この名」という語で指示されているのは楞伽山、花宮殿、羅婆坊の三者であろう。しかし、これらのうち花宮殿がもっとも重視されており、詞書の内容はほぼ花宮殿のことに終始している。そして、その名づけの由来の根本的契機として「眼に浮かぶ」こと、つまり「見える」ことがあげられている。花宮殿は空中を飛んで海上にまで降りていくが、元来楞伽山山上に場所を占める建物である。その山頂において如来が五法・三性・八識・二無我の法門を説く、その姿が明恵には「見える」のである。詞書の字句の通りに記せば「眼にうかびて」とされているのであるから、能動的に対象を「見る」というよりは「見える」と言った方が、より厳密に詞書の内容に即した記述の仕方といいえよう。そこでの如来の説法は最終的に二無我において窮極をむかえる。この詞書の内容は86の歌の内容をも合わせて、上にみた99の花宮殿をめぐる歌にそのまま対応するものであることは明らかであろう。

明恵上人にとって、修行の場所成立の根本契機は99の歌に見るように「二空の理」を「見」ることであった。そして、その場所は得通の人のみが至れるところであり、そこでは事実的に存在する高山寺の楞伽山や花宮殿と、楞伽経に説かれる楞伽山、花宮殿とが、その名を同じくすることに顕れているとおり、区別されながらも無礙なものとされている。二空、二無我については、松風とかかわって102の歌にも詠まれている。

102　諸法無我の松のあらしのさびしさに是非得失も忘られにけり

ここでは諸法無我が松のあらしとなって吹き、明恵自身も辺りの雰囲気もさびしさに包まれて一体となっている。そこでは是非得失も意味を失うことになる。この歌を99や86の歌とあわせて考えれば、明恵上人修行の場所としての楞伽山、花宮殿において自他分節以前の場が開かれていることを詠じていることが理解されるだろう。

上に見てきたように「二空の理」を「見」ることができるところでは自他分節以前、つまり直接経験の場が開かれるが、そこで「見る」という事において「二空の理」が現成する。明恵はその理事無礙法界の開かれるところにおいてこそ「すまう」ことが成立するという。次にそのことについて論じておきたい。

明恵が「すまう」ことをめぐって詠じた歌として次のものがある。和歌としては異例の難解な仏教用語が並ぶ歌であるが、ここに引用しておこう。

90　金剛薩埵の大楽何ぞ遠からむ心清くは素羅多薩怛鑁

この歌に現れる「大楽」は「普遍絶対な大安楽[42]」を意味しており、「真言密教でめざす究極の境地[43]」という。そのような境地が「どうして遠いだろうか（いや遠くない）」と詠まれている。そして、それに続いて「心がきよければ素羅多薩怛鑁」とされている。「素羅多」は「大楽金剛不空真実三摩耶経（般若理趣経）の語で、（中略）「妙適・妙住・妙著」などと訳す[44]」といい、このうち「妙住」にはっきり現れているように、それは本来的意味において「すまう」ことを意味している。「薩怛鑁」は「真言密教における観法の用語「入我我入」の意で、仏の身・口・意の働き（三密）が自己の身に入り、自己の身・口・意の働き（三業）が仏に入って、仏と自己とが一体の境地になることをいう（高木寂氏）。また、陀羅尼で、金剛薩埵と冥合し、その染浄一体生仏不二なる大楽の境地に住することを意味する（山田昭全氏[45]）」という。「素羅多」と同様「薩怛鑁」も本来的意味における「すまう」ことを意味していた。そして、「心清く」あれば「素羅多薩怛鑁」なのであるから、「心清し」ということが本来的な意味での「すまう」ことの条件とされていることになる。しかしながら、「素羅多薩怛鑁」において働いている心は「入我我入」における生仏不二なる心であるから、それは人間の意図を絶した心といわねばならない。ここに「すまう」ことの成就する基盤として事事無礙法界が言及されていることは明らかであろう。

また「心清くは素羅多薩怛鑁」とあることから「心清し」が「すまう」ことの条件とされていることを上述したが、この「心きよし」について、明恵は北条泰時が寺料の寄進を申し出た時それを辞退して次の歌を詠んでいる。

131　紙を継ぐ続飯もなにかほしからむきよき心は空にこそ住め

ここにいう「きよき心は空にこそ住め」をめぐって西谷啓治は次のように述べている。

「世のあらゆる塵埃を離れて心が清く「すむ」（住み且つ澄む）その在り所が空なのである。その空のうちに止住するとは、空の清澄さのうちへ澄み通ることであり、「住」はそのまま「澄」である。またそのやうな空に澄むことが、そこを住處とすることに外ならない。「澄」はそのまま「住」である。空に住む月が宗教的な清浄の心の譬喩としてまたは象徴として用ひられることは特に佛教では習慣的にさへなつてゐた。空は世間の生をも言葉や觀念をも遥かに絶した所、そしてそこにおいて初めて眞に相通ずる「道」が開け、相契る「連帯」が眞に可能な所である」[46]。「空（そら）」は「空（くう）」に通じ、そこで「きよき心」において「すまう」ことが成立する。

花宮殿において明恵上人は二空の理をみるのであるが、それは事事無礙法界を基盤としており、そこですまうことが成就することをみてきた。ここで、花宮殿は花宮殿として「ところ」を得、明恵は明恵として「ところ」を得ているのである。それは明恵が花宮殿において坐禅入観するという「事」においてであった。しかし、事事無礙法界におけるすまうことは、明恵の「夢」の世界にもひろがっている。『夢記』を資料として、そのことをみておきたい。

（前略）其の夜、夢に云はく紀洲蕪坂（かぶらざか）と覚しき処に、成弁が居処と思（おぼ）しき庵室あり。わりなく之を造れり。此の房の処は以ての外の高処也。其の下に大きなる湯屋あり。然も、成弁、或るところに於いて、一部の書上中下三巻（本経の儀軌かとも覚ゆ）を借り得たり。一処に置かむと欲す。此の湯屋に到り、止まり息（いこ）ひて、此の本（もと）の庵室を見挙げ、此処に居らむと思ふ。心に思はく、我が前の房、已に破れにき。然れども此の庵室故（もと）の如し。敢て拘労（くらう）を用ゐず、須（すべから）く之に居るべしと。[47]

以上が夢の前半部分である。ここでは「須く之に居るべし」と修行の場所を「本の庵室」とする明恵の決意が示されている。紀洲蕪坂からそれほど遠くない白上は実際に明恵が修行した場所である。山麓の上下、二カ所に庵室を造り、上を明恵の庵室、下を同行の人々の庵室とした。また、栂尾高山寺でも二宇の庵室を建てたことはうえに述べたとおりである。明恵はこれら二宇の庵室の間を往還しつつ修行をした。上述の夢では「本の庵室」が坐禅入観の場所に、「湯屋」が日常世事の場所に該当するだろう。「以ての外の高処也」とされているのも実際の修行の場所と違いがない。そのような場所で明恵は「之に居るべし」と決意するのである。そして、夢は以下の様に続く。

此の思惟（しゆい）を作（な）す際、一つの雀有り。一つの鴿鳥（かふてう）飛び来る。雀は灰の中に落ち、鴿鳥は樹に居り。成弁、此の雀を取り、又、鴿鳥に向ひて言はく、「願はくは来りて我が手に居よ。」即ち、飛び下りて手に入る。此の雀死に了んぬ。彼の庵室の辺に仏頂房（ぶつちやうぼう）有りて、云はく、「此の鴿（いへばと）、変じて涌（よう）とならむ」と云ふ。成弁之を聞きて思はく、此の鳥、雲霞等の如くなる物に成るべきか。即ち涌。（此の字かと思ふ）此の鴿、片目にしのづきの如くなる物あり。而も、死するかと思ふ程に、手を放ちて之を見るに、飛びて外に去りて近き辺に居たり。又之を呼べば、来たりて手に居る。今度、青き鳥と成る。糸にて組みつくれるが如し。漸く青雲と成りて空に上る。成弁、手を挙げて此の雲を取り、漸々に之を取りて飲む。次第に空に上るを次第々々に之を取りて飲む。後は白雲にして上る。之を取りて飲む。皆、飲み已る様に思ふ。之を飲む間に此の事を思ふ。一切を利益せむ。[48]

ここで注目すべきことは、「此の思惟を作す際」、つまり、居るべき場所を此処と決意したとき、雀と鴿鳥が現れ、前者は死に後者は生きたということである。もちろん、雀も鴿鳥も明恵自身とは別の存在である。しかし、死んだ雀は（おそらくは手に）取られ、鴿鳥も明恵の手に入る。そこから、夢の結末へと向かうことになる。明らかに雀と鴿鳥は相い対立しながら居処決定の一つの契機を構成しているといえるだろう。特に、鴿鳥は、やがては青雲、白雲となって、明恵はそれを飲むのであるから、両者は終局的には一体的なものであったと捉えてよかろう。このようにみれば、あるいはこれは明恵の死と再生の夢と解釈すべきかもしれない。つまり、夢以前の修行の段階にある明恵は雀として死に、新しい修行の段階に入った明恵が鴿鳥として空に上ったとの解釈である。しかし、夢の解釈の専門的知識がない著者としてはこれ以上に解釈を重ねることは控えて、夢そのものにあらわされる住まいの場所を究明することに集中したい。

住まいの場所の決定が生死の問題と直結していることとともに、上昇と下降のモチーフが含まれていることに着目しておきたい。雀は灰の中に落ち死ぬが、鵠鳥は明恵の呼ぶとおりに手元に飛び来たるようになり、やがて青き鳥となり、青雲、白雲となる。明恵はこの青雲、白雲を飲み、飲むほどに空に上るが、このとき一切を利益せむと思惟するのである。ここにいう一切にはこの世の衆生が含まれるのであろうから、夢に下降のモチーフが直接あらわれてはいないが、間接的に示唆されていることになる。この住まいの場所を決める夢の後半部分を見るとき、次に掲げる兜率天上生下生の夢が思い起こされる。

一、同初夜坐禅の時、滅罪の事を祈願し、戒躰を得たり。若し好相現ぜば諸人に戒を授けむと祈願す。其の禅中、前の六月の如く、身心凝然たり。空より瑠璃の棹、筒の如くにて、其の中虚しき也と思ふ。其の末を取りて、人有りて予を引き挙ぐ。予、之に取り付きて兜率に到ると覚ゆ。其の筒の上に宝珠有り。浄き水流れ出でて、予之遍身に灑（そそ）く。其の後に、心に、予之実躰を見むと欲す。其の面、忽ちに明鏡の如し。漸々に遍身明鏡の如し。即ち、円満なること水精の珠の如し。動き転じて他所に到る。又、音の告げ有るを待つに、即ち声有りて云はく、「諸仏、悉く中に入る。汝今、清浄を得たり。其の後、変じて大きなる身と成り、一間許りの上に七宝の瓔珞有りて荘厳す」と云々。即ち観より出で了んぬ。(49)

ここで明恵は筒のような中空の瑠璃の棹に取り付いて兜率天に到る夢を見ている。青雲、白雲を飲み、飲むほどに空に上るとされる前引の夢との違いは、上って行く先が兜率天と明記されていることである。

河合隼雄は『明恵　夢を生きる』において、この夢が「華厳仏光三昧観冥感伝」(50)にも収録されており、『夢記』より記述が詳しいとして、比較しながら論じている。まず『夢記』の記載に「前の六月の如く、身心凝然たり」とあることに着目し、この部分が「華厳仏光三昧観冥感伝」では「身心凝然として、在るが如く、亡きが如し」と表現されていることから「おそらく身も心もひとつになり、しかも、それは極めて軽やかな、あるいは、透明な存在となったのであろう」(51)と解釈している。そして、兜率天に到達するときの身心の状態についても「身清涼として心適悦す」とされており、まさに「透体」となり、このとき「諸仏、悉く中に入る。汝今、清浄を得たり」と記されていることは「まさに華厳の世界の体現という感じを与える」[52]と述べて、ここに事事無礙法界の現成を読み取っている。

華厳思想においては、諸法の縁起する世界を事法界、法性（真如）の世界を理法界とする。諸法の縁起する世界（現実の世界）がそのまま真如（無自性）の世界であることを理事無礙法界といい、理は無自性であるから、理が理であることをも無化して、そこに事事無礙法界が成立することになる。これは人間の自覚の深まりに従って開かれる法界をそのままに記述したものであるが、逆から見れば、我々の住む世界は事事無礙法界を基盤としており、そこでは事法界が理法界と無礙に性起するのである。

四　「すまう」ことの根拠をひらく「みる」こと

「すまう」ことの基盤としての事事無礙法界をめぐって論じてきたが、それは言語を絶する世界であった。明恵上人は「二空の理をみる」あるいは「夢をみる」こと、つまり、「みる」ことにおいて「すまう」ことが成就するというが、それは事事無礙法界が立ち現れる場であった。玉腰によれば住まうことは絶対的静止としての大地を基盤とするが、これはうえにも引用したように、ただ、「生きられるのみ」で「非対象化の困難に耐えて」究明するほかない[53]とされており、その究明のあり方については言及がない。ただ、日本における古代四文献などを通して住まいの場所の究明が行なわれており、われわれの住まいにおける諸場所と絶対的静止の場所の二重の在り方が解明されている。この絶対的静止の場所、すなわち大地は、西谷のいう事事無礙法界に当たり、伴一憲がいう「家舎（大地）」も同じであろう。当然のことであるが、事事無礙法界もやはり対象化不可能な世界である。それでは、そこにはどのようにして到達可能なのであろうか。西谷の言を参照しつつ、明恵上人の修行の場所をめぐって論じたい。明恵の花宮殿をめぐる上引の歌をもう一度引用しておこう。

反音に寄す

99　花宮殿の三字をかへせば見文字いれば二空の理をみるがゆゑ

明恵上人が「みる」ことによってすまいの基盤となる場所、つまり事事無礙法界が現成する。明恵は羅婆房（日常世事のところ）と花宮殿（坐禅入観のところ）を往還し、後者において二空の理をみた。この二空とは人無我と法無我のことをいい、人無我は我が無自性であること、法無我は外の世界の諸事物が無自性であることを意味する。我も諸事物も実体として不変の本質を持たないことを意味している。そのような場において「みる」とはいったいいかなることなのであろう。一般的に知覚としての「見る」ことは、主体と対象があり前者が後者を「見る」という仕方で成立すると考えられている。しかし、ここでは実体としての主体も対象も否定されている。それ故、上記したような一般的知覚としての「見る」ことを意味しているわけではないことは明らかであろう。そして、「二空の理をみる」ことが花宮殿の名付けの由来とされている。つまり、明恵の修行の場所の成立根拠は「二空の理をみる」ことにあった。しかし、花宮殿が花宮殿になるのはそこに入れば「二空の理をみる」からであるが、それは反音を介してであった。花宮殿の花(ke)の頭韻と殿(den)の脚韻をあわせればkenつまり「見」となるという一種の言葉遊びを通して「花宮殿」は「見」とつなげられている。花宮殿が花宮殿になる、つまり明恵上人の修行の成就する場所になるのは、「花宮殿」という名付けを契機としており、言葉にかかわる事態であった。そして、それは名付けとはいっても何らかの通常の意味をもった言語に依るのではなく、一種の言葉遊びを介して成立するのであるから、言葉が絶する限界における出来事といえよう。しかし、これはやはり言葉を介しての事柄であり、そこでみられたのが二空の「理」であることからも、理を離れたものではないということを明記しておかねばならない。

二空の理を「みる」ことは根源的にすまうことの成就を意味するが、それは「入我我入」「染浄一体生仏不二」の大楽の境地に住することである。[54] これが事事無礙法界を基盤としていることはうえに述べたとおりであるが、それが「みる」ことにおいて成立していることは重要な意味を持つ。

また、『夢記』において明恵が自らの修行の場所を決定する時、鵄鳥と雀の夢を見たことをうえに述べた。鵄鳥は青い鳥となり、やがて青雲、白雲となった。明恵はそれを呑み、空にあがって「一切を利益せむ」と思うことになる。このことが修行の場所の決定の核心的な契機となったのである。この夢では明恵が空にあがったことが重要な意味を持っており、これは明記されていないもののやはり兜率天への上生下生と重ね合わせて読み取るべき夢といえる。兜率天上生下生の夢は『夢記』に何度か現れるが、上引した例では禅中に空より瑠璃の棹が降りてきて、それによって兜率に引き上げられる。棹は中空で清き水が流れ出、それが身に灑がれる。その後「心に、予之実躰を見むと欲す。其の面、忽ちに明鏡の如し。漸々に遍身明鏡の如し。即ち、円満なること水精の珠の如し」[55]であった。

西谷は「いはゆる「大信」への轉入は（中略）二河白道の譬喩ならば、佛の招喚の聲を聞くと共に水火の苦界の只中に一條の白道を見る時のことであろう」[56]という。この二河白道を見ることと明恵の瑠璃の棹が降りてくることは阿弥陀浄土往生と兜率天上生（下生）という違いはあるが、同様の事態の別の表現であろう。これが事事無礙法界の現成する場であることはうえに見た。そして、花宮殿の歌では「二空の理をみる」こと、つまり「みる」ことが中心的な契機となっていることは明らかであるが、鵲鳥と雀の夢でも夢を「みる」ことが修行の場所を決定する根本的契機となっている。そして、兜率天上生下生の夢ではより直接的に「予之実躰を見むと欲す」ことが「遍身明鏡の如し」ということの自覚につながり、「諸仏、悉く中に入る。汝今、清浄を得たり」という事事無礙の法界へと連続して行くことになる。「須く之に居るべし」というように之に居る決意が示され、「此の思惟を作す際」、つまり住まいの場所の決意に際してうえの夢が見られたのである。ここでは住まいの場所の決定と鵲鳥と雀の夢を見ることが因果関係で結ばれているわけではない。住まいの場所を決定したから鵲鳥と雀の夢を見たのではなく、鵲鳥と雀の夢を見たから住まいの場所が決定できたというわけでもない。ただ「際」と両者の同時性が示されているのみである。しかし、無関係な事柄が同時に起こったというわけではないことはうえに示したとおりである。「理」において一旦分節した後、それらの関連を論理的に捉えるといった道筋では到達できない事事無礙法界での出来事が示されている。そして、それは「みる」ことにおいて現成する。それでは、事事無礙法界において「みる」ことは何を意味するのであろうか。

五　事事無礙法界における「みる」こと　構想力の問題

うえに引用した「鯨ひく沖に一濱家あけて」に見られるように、舟底の板一枚を隔てて地獄に接したところで一心に魚を獲る。これは干ばつで作物が採れず雨が降ることが生死の問題になっている事態と同様、他者の死がそのまま自己の死に直結しているところであり、ここに原初的な「信」が生じる。西谷によれば「「世の常ならぬ」(numinos な) 力や作用は、彼等の生活や生存の可能・不可能と直結するものとして受け取られた」[57] といい、その numinos な力や作用に対する人間の態度は「人間における「生きんとする意思」の最も原本的な表示」[58] といえ、この態度に二つの方向があるとされる。一つは「自らの思はくや意欲を空にし、その空なる處で自己の生そのものの可能性の根源に歸り、自己の生をかの力から本源的に恵與されたものとして受取り直す」[59] という方向で、他の一つは「人間が自らを空にしつつその空なる處へかの力を牽き寄せ、そして其處からかの力をしてそれ自らを發動せしめるといふ方向」[60] である。一般的に前者は信仰、後者は呪術とされるが、西谷はこれらを「宗教における領域の基本をなす宗教的な「信」といふ根本的態度に含まれる二つの契機」[61] としており、「生きんとする意思」に根をおろしているという。つまり、二河白道をみることも明恵が兜率天上生(下生)の夢をみ、二空の理をみることも、ここにつながっている。そこには、うえの二契機が含まれており、清浄の心を得、大楽の境地に「すむ」ことも、生きんとする意思に直結している。事事無礙法界、すなわち、すまうことの基盤としての大地にはこの「信」を通じてはじめて到達可能なのである。

ハイデッガーは『存在と時間』では存在するものを手許存在 Zuhandenzein、つまり役に立つもの、道具として理解しているが、『芸術作品の根源』では芸術作品、特にゴッホによる農婦の藁靴の絵をとりあげ、「自分の存在の直下から道具の本質を受け取り直して」[62] いる。そこでは、「農婦がその靴に自分自身とその家族との生死をあずけている」ということを、「頼りになる」Verläßlichkeit という言葉で言い留めている。[63] うえにみた「舟底の板一枚」も、漁師が自身とその家族の生をあずける「頼りになる」ものであろう。その背後には「一濱家あけて」と、あけられた家があり、「ちらちら光る糠の埋火」がその家にいのちを宿している。

さらに、「すまい」の「頼りになる」ことをめぐって、幻住庵で詠まれた芭蕉の次の句が思い起こされるであろう。

まず頼む椎の木もあり夏木立

椎の木を核として茂る夏木立に護られて幻住庵は芭蕉のいのちをあずけうる「ところ」として性起していることが読み取れる。ここではうえにみた連句より直接的に「頼りになる」ことが主題化されている。(64)

道具の本質は「何のために」という連関の中で捉えられ、そこで有意味性をもつのであるが、「頼りになる」というところでは、有意味性の世界を突き破って直接経験の世界に出で立つことになる。ここでは、道具も作品と同様、存在論的な次元における開けとしての「近さ」を開く。「近さ」は世界の破れ目として、世界の陥没するところである。舟底の板一枚の向こう側に連なって、舟底の「頼りになる」ことが現成する。前述したように、そこは他者の死がそのまま自己の死であるところである。自他分節以前の場所といってよい。このようにみてくれば、明恵上人の修行の場所もハイデッガーのいう「近さ」と大きな径庭のない「ところ」であったことがわかるであろう。そこは、やはり自他分節以前であり、「人無我」「法無我」とされるように世界の割れ目、陥没する「ところ」といえるだろう。

「花宮殿の三字をかへせば見文字／いれば二空の理をみるがゆゑ」(65)において、明恵上人は二空の理をみる。我も諸物も日常的に不回互であるが、花宮殿にはいり二空の理をみること、つまり、それらが縁起のうちに生じることを知ることで、明恵はところを得、花宮殿も花宮殿としてところを得る。そして、「いれば」に示されているように、それは「うち」からみることによることが詠み留められている。あるいは、逆に「二空の理」をみることで「うち」からみることも可能となったといえるであろう。ただ、ここでみられているのはあくまで「理」である。明恵が花宮殿において坐禅入観するという「事」の現場で、それと一つの事態として現れる「理」がみられているのであり、そこに理事無礙の世界が性起することを読み取ることができる。そして、その「理」は「二空の理」であることから、理事無礙法界の「理」それ自体も空じられて、事事無礙法界が現成するのである。

明恵上人の修行の場所に現成する事事無礙法界が「すまう」ことの根拠を開くのであるが、それはハイデッガーの言う作品の「近さ」から世界が開示され、開示され得ないものとしての大地が開示され得ないままに引き出されるということに類同する。

花宮殿において坐禅入観するという「事」は意識に与えられたものではなく、「直接に与えられたもの」として、常に今ここに、唯一的、一回的である。入観し出観することになる事態であり、これは感覚知に含まれる。この感覚知について西谷は蝉の声を例にあげて、「原本的な所與は「聲」一般と「蟬」一般といふような表象と表象との聯關ではなく、現に聽覺に與へられてゐる蟬の聲である。その聲はほかならぬその蟬の聲」[66]であり、そこに「蟬のimageも共に與へられている」[67]という。それは「「われ」といふ意識以前の開け」[68]においてであり、受動的な感覚する力と一体となった心象形成の力は「いはば「夢見る」判断力として、或るものの「事」を原初的に感知する識別知を含んでいる」[69]。つまり、「構想力と判断力とが未分的、一體的」[70]で、「その全體が「感知」の力になってゐる」[71]のである。頑固な事実を「うち」から見ることについて前述したが、それはある「もの」や「こと」が「ところ」を得ることにおいてであり、その「有」から「ところ」への転位は「現實の「事實」そのものからそれのimageへの移り行きである」[72]という。このimageは「感覚的な體驗の事實」[73]であり、「人間に本具した全能力が一つになってその感覚するといふ働きに現はれている」[74]とされる。そして、全能力を統合してimageを生産しているのが共通感覚で、これは「感覚が特殊的な限定を受ける以前の（アプリオリな）非限定」[75]であり、「諸感覚のそれぞれに内在するところの本性的な、感覚する「力（ピュシス）」[76]である。

西谷が芭蕉の歌仙をあげて、「情意における空」として明確に示した三首を貫くimage、また、明恵上人が「一空の理」を「みる」ことによって性起した花宮殿のimage、そして、夢を見、「予之実躰を見む」という事態において現成した、心身凝然とした「遍身明鏡の如し」という事事無礙法界におけるimageも、うえにみた共通感覚を通じて性起したのである。

西谷啓治の言葉を最後に引用すれば「人間の「なす」はたらきは、ポイエーシスとして、神々と人間との関係（religio）に基づき、その関係のうちでは構想力が根源的な力として司配してゐた。すべての藝術も宗教と不可分にその力から發生した」[77]といえる。

結び

「すまうこと」は対象化不可能な、ただ体験することにおいてのみ知り得る事柄であることがフッサールによって指摘されている。人の「すむ」大地は対象化されれば大地物体となる。それ故、「すまうこと」あるいは「すまい」の場所は「うち」からみられるほかない事象といえる。この「うち」からみることは「頑固な事實」としての「もの」や「こと」が「ところ」を得ることにおいて成就する。そして、それは事事無礙法界を基盤として成立する。そのような「もの」や「こと」が現成する場に「すまうこと」は根ざしている。この事態を明恵上人の修行の場所に即して論究した。そこでは「みる」ことにおいて「我」も「法（「もの」や「こと」）」も空として性起する。あるいは兜率天上生下生において決定される「すまい」の場所の現成も「みる」ことにおいてであった。このような「みる」ことは、人間の本具した全能力を統合する共通感覚に基づくimage形成力、つまり構想力によるのである。

日本思想史において「自然」と「作為」は、制作論の根幹の問題として論じられてきた。しかし、これらを対立するものとみる限り、「自然」を根拠として制作を論じれば、主体による価値判断、つまり制作に対する批判の視点を失うことになり、「作為」を根拠として制作を論じれば、「作為」の相対性、つまりニヒリズムの問題が生じることになる。本論攷は「自然」と「作為」が分節する以前の基盤への遡行を目指したものであり、そこからの制作を構想力にみとどける初歩的試みである。

註

1 玉腰芳夫「場所と形式」『理想』理想社、一九七九、八九—九〇頁。前記論文は『すまいの現象学—玉腰芳夫建築論集—』、中央公論美術出版、二〇一三、二七五—二八九頁に再録されている。以下、同書からの引用はパーレンを付して記す。

2 同右。及び西垣安比古「場所」『建築論辞典』、彰国社、二〇〇八、九〇—九三頁、参照。

3 西谷啓治「空と卽」『講座・仏教思想』第五巻、理想社、一九八二。前記論文は『西谷啓治著作集第十三巻　哲学論攷』、創文社、一九八七、一一一—一六〇頁に再録されている。本稿は創文社版に従っている。引用頁も創文社版による。

4 前掲書、一四〇頁。

5 前掲書、一四〇—一四一頁。

6 前掲書、一四一頁。

7 同右。

8 同右。
9 玉腰芳夫、前掲書、及び『日本古代の住まい』ナカニシヤ出版、一九八〇、など参照。前記の論文、書籍は前掲の『すまいの現象学』に再録されている。
10 前掲書、八九頁、(二八五頁)。
11 同右。
12 西谷啓治、前掲書、一四〇頁。
13 玉腰芳夫、前掲書、八九頁、(二八五頁)。
14 伴一憲、『家郷を離れず』、創文社、一九九八、一九九—二〇〇頁にもこの点に関する言及がある。伊藤徹、『作ることの哲学　科学技術時代のポイエーシス』世界界想社、二〇〇七、一四五—一四六、一四八—一四九頁など参照。
15 西谷啓治、前掲書、一三六頁。
16 同右。
17 前掲書、一三七頁。
18 玉腰芳夫はここに引用した諸論考以後も阿弥陀堂などをめぐってこの問題を追究しており、そこでは「有待の身命」の住するところと法界の二重性を一心三観(仮・空・中)に着目して考えようとしており、仏身観についても応身・報身・法身の三身即について論じていることを明記しておきたい。
19 玉腰芳夫、前掲書、八九頁、(二八五頁)。
玉腰芳夫『すまいの現象学—玉腰芳夫建論集—』中央公論美術出版、二〇一三、三二二頁、五一九頁、五二六頁などを参照されたい。
20 西谷啓治、前掲書、一三八頁。
21 同右。
22 前掲書、一三九頁。
23 同右。
24 前掲書、一四三頁。
25 同右。
26 前掲書、一四四頁。

27 同右。
28 同右。
29 同右。
30 前掲書、一四五頁。
31 玉腰芳夫、前掲書、九〇頁、（二八五頁）。
32 前掲書、八五頁、（二八〇頁）。
33 西谷啓治、前掲書、一一八頁。
34 前掲書、一二〇―一二一頁。
35 玉腰芳夫、前掲書、八五頁、（二八〇頁）。
36 伴一憲、『家郷を離れず』、創文社、一九九八。
37 西谷啓治、前掲書、一六〇頁。
伴一憲、前掲書、二七二頁。
38 前掲書、五一頁。
39 同右。
40 久保田淳・山口明穂校注『明恵上人集』岩波書店、一九八一、二五四頁、吉原シケコ『明恵上人歌集の研究』桜楓社、一九七六、一〇〇―一〇一頁参照。
41 同右。
42 久保田淳・山口明穂校注、前掲書、二五三頁。吉原シケコ、前掲書、九〇―九一頁。
43 同右。
44 同右。
45 同右。
46 西谷啓治、前掲書、一一六―一一七頁。
47 『明恵上人集』前掲書、五四―五五頁。高山寺典籍文書綜合調査団編『明恵上人資料』第二、東京大学出版社、一九七八、一二〇頁。
48 『明恵上人集』前掲書、五五頁。『明恵上人資料』前掲書、一二〇―一二一頁。

49 『明恵上人集』前掲書、八三―八四頁。『明恵上人資料』前掲書、一五〇頁。
50 河合隼雄『明恵　夢を生きる』京都松柏社、一九八七、二七九頁に引用されている。
51 前掲書、二八〇頁。
52 前掲書、二八一頁。
53 玉腰芳夫、前掲書、八九―九〇頁、(二八五頁)。
54 註43参照。
55 『明恵上人集』五五頁。
56 西谷啓治、前掲書、一五〇頁。
57 前掲書、一四七頁。
58 前掲書、一四八頁。
59 同右。
60 同右。
61 前掲書、一四九頁。
62 伴一憲、前掲書、一九九頁。
63 同右。
64 この句については、建築分野において中村良夫、香西克彦、田中喬が論じている。
65 『明恵上人歌集』99の歌。
66 西谷啓治、前掲書、一二七頁。
67 同右。
68 同右。
69 前掲書、一二八頁。
70 同右。
71 同右。
72 前掲書、一四一頁。

73 前掲書、一五三頁。
74 同右。
75 前掲書、一五四頁。
76 同右。
77 前掲書、一五八頁。

本稿は『北陸宗教文化』第二八号、北陸宗教文化学会、二〇一五所収の拙稿「日本における住まいの構想力—場所論から制作論への展開の試み—」に若干の修正を加えたものである。

ことばと制作

鴨長明における「制作」について
――『無名抄』を中心に――

川本　豊

はしがき

小稿は、「うたを詠むこと」つまり「ことば」を素材として、それらを選び[1]、組み立てて、「和歌」に仕立てる行為を、制作の一様態と、とらえるところから発している。

これまでも筆者は、わが国の古典文学から、そこに書かれてあることをひとまず是とし、文面から汲み取れる心情を掬い上げ、その底に流れる大きなうねりの特色に着目し、その意味・意義・価値などを概念化する、つまり人々の日常のなにげない会話や動作などの営みから、その内奥（深層）の心の動きを求めるという、心性を含んだ精神史という立場をとってきた。[2]

ところで、ここでいう「制作」について、まずその位置づけが必要であろう。

中村貴志氏は「人間は、制作によって生存し、制作において生きる。人間の文化は諸々の作品を通じて継承される。われわれの歴史とは、個人・社会・時代をそのつど自然の世界に刻印するその作品群の集積にほかならない。」[3]とし、生きることが継承される、その手段として「制作」を位置づける。そして、「制作論の考察は、〈もの〉に関する何らかの概念に依拠せざるをえない。制作の世界には、さまざまな水準で行為的に自覚された〈もの〉が含まれている。」[4]と、制作における行為の自覚として〈もの〉の介在を指摘している。

ここでは、「制作」あるいは「制作する」ことを、素材や断片としては在るが未だ全体として在らしめられる以前のものを含めた意味における「非実在」と、一つの全体として在らしめられたものとしての「実在」とを架橋する行為と位置づけ、広い意味において捉えておきたい。

平安末期から鎌倉初期にかけて、社会的変動の大きな時代において、その只中で世の中の変貌を目の当たりにし、それを克明に観察・記録した鴨長明（一一五五〜一二一六）の手になる歌論集『無名抄』を中心に「制作」の視点から考察を行うこととする。

一　『無名抄』について

鴨長明は、興福寺（法相宗）の名僧といわれる解脱房貞慶（一一五五〜一二一三）や、天台座主を務めた慈円（一一五五〜一二二五）とも同年生まれとされており、あるいは浄土宗の開祖法然（一一三三〜一二一二）とも、ほぼ時代をともにし、それぞれがこの激動する時代にすぐれた著作を残していることになる。[5]

長明の著作としては、時系列的に特定されてはいないが、おおまかな流れでいうと、まず『無名抄』、次いで一二一二（建暦二）年『方丈記』、そして『発心集』の順とされている。[6] いずれも一二〇八（承元二）年、五十六歳で、日野の庵、いわゆる「方丈庵」に居を移して後の作とされており、残された時間を考慮すると、説話の収集といった長期にわたる作業であろうと想像される部分は同時進行的に書かれていたとも考えられよう。

住居論としても位置づけられることの多い『方丈記』であるが、平安中期、慶滋保胤の『池亭記』に倣って書かれたことは周知のことである。以下に、関連する近年の研究を紹介しておこう。

『発心集』も、やはり保胤の、わが国における往生伝の初発とされる『日本往生極楽記』に想を得たと推測されている。それは「往生伝の系譜を引きながらも、他方で説話集の系譜を引くという、新しいタイプの書物であった」[7]と指摘される。

また『無名抄』は、その冒頭が、長明の和歌の師である俊恵の父、源俊頼の手になる『俊頼髄脳』の引用から始まるように、俊恵の教えを中心として、経験に裏打ちされた確かな実作者としての側から描いた「歌論書」という一面と、広い意味での「歌説話集」という一面との、両面を兼ね備えていることがうかがえる。もちろん整然と分類されているわけではない。

また、この時代における、特色の一つとして、「説話集」が、「男性によって蒐集され、かつ、あくまで仮名の和文で書かれようとした」[8]ことをあげる。さらに同時に『発心集』の序文の記述から、そこに個人としての「作者」の誕生が指摘されている。

二 「冥―顕」世界像について

「冥界―顕界」という世界観がいまあらためて問われている。近代合理主義の全盛期には顧みられることはなかったが、ここにいたって、その行き詰まりに伴う閉塞感とともに、深層を連綿と流れ続けていた「冥」界が再び取りざたされることになったのである。この動きにさらに大きな弾みをつけたのが二〇一一年三月に発生した東日本大震災であろう。「自然」を操作可能な対象と位置づけた近代技術概念への見直しが自然科学分野のみならず、人文科学においても同様な自然観への問い直しが要請されている。

ここでいう「顕界」とは明るい世界つまり我々の生きている日常・現実の世界であり、それを超えた非日常・非現実の世界を「冥界」とよび、字義通り、暗い世界とする。平易には「この世」と「あの世」ともいえよう。さらに「顕界」における「冥界」の現われを「異界」とよび、両界にまたがった位置づけとしている。[9]

この世界観は、当時の人々が感受していたイメージであり世界像である。両界の関係は「みえない―みられる」というまなざしの関係に置き換えられる。池見澄隆氏は、このまなざしの関係は顕界の人々にとって、冥界からの一方的被透視性をその特徴とし、「みえない―みられる」という齟齬性をそもそもの基本構造とする。我々の立つ顕界からいえば、こちらからは見えないが、向こうからは全的に見られているのである。比喩的には、ちょうど日中に、御簾を透して室内から屋外を見ている状態を思い浮かべればよいであろう。暗い室からは明るい屋外はよく見えるが、屋外からは室内は見えない。しかも屋外では室内からのまなざしを感受しているのである。平安末から鎌倉期を中心に、中古から中世は、この冥界のイメージが最大限にふくらんだ時代として捉えうる。

中世初期という時代を生きた、長明の著作を手掛かりに、当時の心理イメージとして大きな広がりを持つ「冥―顕」世界像における「他界感覚」と、ここでは日常の生活の中に大きな比重を占めることになったであろう和歌を「制作すること」、との関係性を読み解くという作業により、心性の持続と展開を確認できるのではないかと考えている。

以下、これらのことがらを念頭に置きつつ、『無名抄』本文の読みに入るが、その前に『方丈記』および『発心集』にも若干触れておきたい。

三　『方丈記』から『発心集』へ

長明の作品中では、もっとも広く読まれているであろう『方丈記』の内容は、大きく二つに分けられる。前半は自身が経験した自然疫災についての詳細な記述であり、後半は自らの来し方を振り返りつつ身の処し方を述べる、仏教的な内容を下敷きにした述懐となっている。前半部の様々な自然現象については、「世ノ不思議」として、「サルベキ物ノ諭カナドゾ、ウタガヒハベリシ」と記述することにより、そこに人間を超えた何らかの力の発露を予感している。

父方の祖母の家に入った長明であるが、家宅を保持することがかなわず、賀茂川の近くに一つの菴を結ぶ。「是ヲアリシ住マヒニ比ブルニ、十分ガ一也」とあり、母屋ばかりで付属屋もなく築地はあるが門もないといって嘆く。不如意は続き、さらに大原を経て、日野山の奥に居を構える。いわゆる方丈庵である。「是ヲ中ゴロノ栖ニ比ブレバ、又百分ガ一ニ及バズ」として、その大きさばかりではなく、「所ヲ思ヒ定メザルガ故ニ、地ヲ占メテツクラズ」というように仮置きの屋としたとある。しかしそこでの生活は、外見に反して、自身にとってはこれまでにもまして不自由はなく、「帰リテコ、ニ居ル時ハ、他ノ俗塵ニ馳スル事ヲアハレム」とまで言い切っているのである。(10)

次に、往生説話を集成したとされる『発心集』ではどうか。序文の末尾に、次のように書かれる。

今、此れを云ふに、天竺・震旦の伝へ聞くは、遠ければ書かず。仏・菩薩の因縁は、分にたへざれば是を残せり。唯、我が国の人の耳近きを先として、承る言の葉をのみ記す。（中略）物しかあれど、人信ぜよとにもあらねば、必ずしも、たしかなる跡を尋ねず。道のほとりのあだごとの中に、我が一念の発心を楽しむばかりにや、と云へり。（四三～四五頁）

遠い他の国のことはさておき、わが国の、「身近な分かり易い話を優先して、耳にした話に限って記すことにした」[11]としているが、さらにここでは自身の楽しみのためであるので、必ずしもそれを確かめたわけではないと、断わりを入れている。

ところで、同「巻五の十三」には、先述の方丈庵につながると思われる話が挿入されている。この内容は同書の主題である「発心」とか「往生」に直接的には関わらないと思われるが、『方丈記』との記述の連続性は十分に指摘できると考えられるので、長くなるが引用し、関連をみておきたい。

巻五の十三　貧男、差図を好む事

近き世の事にや、年はたかくて、貧しくわりなき男ありけり。司などある者なりけれど、出で仕ふるたつきもなし。（中略）常には居所もなくて、古き堂のやぶれたるにぞ舎りたりける。

つくづくと年月送る間に、朝夕するわざとては、人に紙反故など乞ひあつめ、いくらも差図をかきて、家作るべきあらましをす。「寝殿はしかしか、門は何か」など、これを思ひはからひつつ、尽きせぬあらましに心を慰めて過ぎければ、見聞く人は、いみじき事のためしになん云ひける。（中略）

一二町を作り満てたる家とても、これをいしと思ひならはせる人目こそあれ、誠には、我が身の起き伏す所は一二間に過ぎず。その外は、皆親しきうとき人の居所の為、もしは、野山に住むべき牛馬の料をさへ作りおくにはあらずや。

かくよしなき事に身をわづらはし、心を苦しめて、百千年あらんため材木をえらび、檜皮・瓦を玉・鏡とみがきたてて、何の詮かはある。（中略）しかあるを、彼の男があらましの家は、走り求め、作りみがく煩ひもなし。雨風にも破れず、火災の恐れも

なし。なす所はわづかに一紙なれど、心をやどすに不足なし。（中略）
かかれば、中々、目の前に作りいとなむ人は、よそ目こそ、「あなゆゆし」と見ゆれど、心にはなほ足らぬ事多からん。彼の面影の栖はことにふれて、徳多かるべし。但し、此の事世間のいとなみにならぶる時は、賢こげなれど、よく思ひとくには、天上の楽しみ、なほ終りあり。つぼの内の栖、いと心ならず。況や、よしなくあらましに、むなしく一期を尽さんよりも、願はば必ず得つべき安養世界の快楽、不退なる宮殿・楼閣を望めかし。はかなかりける希望なるべし。（二三六～二三九頁）

「近き世の事にや」としていることからも、あるいはその境遇からも、主人公の貧男は長明自身を仮託しているとの指摘がなされている。[12] 良き材料を求め、様々に工夫を重ねて立派な家を求め奔走する様は、まさしく『方丈記』の記述と重なる。しかしここで、確認しておくべきことは、とくに「制作」という視点からすれば、『方丈記』においては、狭小な庵であっても、住まいは実際に作られていたのであるが、ここにきて、ついに家という空間実体とは乖離していることがあげられよう。しかし、反故紙を求めて、その上に差図を作るという行為が、それでも実際に行われていることはなお重要である。「面影の栖」は今日的に言うところの設計ということになろうか。[13] 貧男にとっては、そこですでに家は制作されており、さらにはその中に、もはや住んでいるのである。つまり差図の中にもリアリティーがあるのである。

さてここで留意すべきは当時の身心感覚であろう。湯浅泰雄氏が指摘されるように、身体のあり方と心のあり方を一体不可分なものとする、東洋的身体論としての身心一元論（身心一如）である。[14]『方丈記』においても、大福光寺本を底本とする佐竹昭広氏の校注では「身心」とあらためて一語として表わされており、「心をやどす」の解釈については、近代概念の逆投影は慎まなければならないと考える。[15]

四　『無名抄』その一　心の工(たく)みにて作りたつべき

当時において、和歌を詠む（制作する）ことは、まさしくその社会において、生きること全体といっても過言ではない。下級貴族に属する長明においてもそれは同様であったろう。その社会的評価がそのまま暮らし向きに反映されることになる。そういった意味においては、長明はある時期までは和歌で身を立てることが出来たといえよう。そこで伝聞した事柄について、特に師として教えをうけた俊恵の歌論を後世に伝えるべく『無名抄』を編んだとされている。歌人として、また弟子として、俊恵のもとで真摯に研鑽した足跡がそこにおいて表明されている。それがこのテキストの主題であることは間違いない。しかし、ここでの「制作」という視点からみれば、その作り手の立ち位置をとおして、いくつかに分類できるのではないかと思われる。

まず、本書のなかで最大の文量をもつ、「近代歌躰事」について検討する。

〔六八〕近代歌躰事

①或人問云、「この比の人の哥ざま、二面に分れたり。中比の躰を執する人は今の世の哥をばすゞろごとの様に思ひて、やゝ達磨宗など云ふ異名をつけて譏り嘲ける。又、この比様を好む人は、中比の躰をば、『俗に近し、見所なし』と嫌ふ。やゝ宗論の類にて、事切るべくもあらず。末學のため是非に惑ひぬべし。いかゞ心得べき」と云ふ。

②問曰、「今の世の躰をば新しく出来たるやうに思へ［る］は僻事にて侍るか」。（八四頁）

③問曰、「この二の躰、いづれかよみやすく、又秀哥［を］も得つべき。

④問曰、「聞くがごとくあらば、何もよきはよし、あしきはわろきなり。學者は又、我も我もと争ふ。いかゞしてその勝劣をば定むべき」。（八五頁）

⑤問云、「事の趣はをろをろ心得侍りぬ。其幽玄とか云ふらん躰に至りてこそ、いかなるべしとも心得難く侍れ。其やうを承はら

ん」と云ふ。（八六頁）

この段だけは問答形式になっている。ただし、長明の自問であり自答であるとされる。まず、五つある問いの部分だけを抽出してみた。ここでは当時の歌壇の流れについて詳らかにしようとする意図が感じられる。『万葉集』はともかく、『古今集』から『千載集』までを視野に入れて、答えている。まず、第一の問いに対しては、

①或人答云、「是はこの世の哥仙の大きなる争ひなれば、たやすくいかゞ定めん。但、人の習ひ、月星の行度を悟り、鬼神の心をも推し量る物なれば、おぼつかなくとも心の及ぶ程申し侍らん。又、思はれんに随ひてことはらるべし。大方、此事を人水火のごとく思へるが心も得ず覺え侍る也。すべて哥の様、代々に異なり。昔は文字の數も定まらず、思ふさまに口に任せていひけり。（中略）（八二頁）

時代の変化によって歌の様は移ろうと、優柔不断な返答になっているが、この態度は、さきの『方丈記』に通底するものがあろう。しかしその上で、「然共、眞には心ざしは一なれば、上手と秀哥とはいづ方も背かず」として収めている。

②から④までの問いに対してもそれぞれ、その時代の人が愛好する歌以上によいものがあろうかとし、さらに古きと新しきとのそれぞれの特質を述べ、必ずしもどちらかの優劣を決める必要はないのではないか、とここでも再び優柔不断に答える。

そして第五の問いに対しては、

⑤答云、「すべて哥姿は心得にくき事にこそ。古き口傳・髄脳などにも、難き事どもをば手を取りて教ふばかりに尺したれども、姿に至りては確かに見えたる事なし。（中略）（八六～七頁）

一詞に多くの理を籠め、現さずして深き心ざしを盡す、見ぬ世の事を面影に浮べ、いやしきを借りて優を現し、をろかなるやうにて妙なる理を極むればこそ、心も及ばず詞も足らぬ時、是にて思ひを述べ、僅三十一字が中に天地を動かす徳を具し、鬼

神を和むる術にては侍れ」。（八八頁）

と、前半の傍線部のように、口伝や歌論書には詳しく教示しているのであるが、それでもやはりその全体は不分明なままであるとしつつ、後半では対比的に意味を逆転させながら、見えないものにも言葉をこめて、古今集の仮名序のごとき表現によりつつ、鬼神をも和むる力をそこに認めている。

次の「歌半臂句事」および「故實の躰と云事」に至っては、自讃譚に近いが、俊恵との対話を通した、高度な歌論となっている。

〔四一〕歌半臂句事

俊恵、物語の次に問云、「僧正遍昭の哥に、

たらちねはかゝれとてしもむば玉の我黒髪を撫でずやありけん

此哥の中には、いづれの詞ことに優れたると、覺えんまゝにの給へ」といふ。予云、「『かゝれと［て］しも』といひて、『むば玉の』［と］休めたる程こそは、殊に目出度く侍れ」といふ。（中略）されど、始めの五文字にてはさせる興なし。腰の句のよく續けて詞の休めに置きたるは、いみじう哥の品も出で来、ふるまへるけすらひともなるなり。古き人、これをば『半臂の句』とぞいひ侍ける。半臂はさせる用なき物なれど、装束の中に飾りとなる物なり。哥の卅一字、幾程もなき内に思ふ事をいひ極めんに、空しき詞をば一文字也とも増すべくもあらねど、この半臂の句、必ず品と成りて姿を飾るものなり。姿に花麗極まりぬれば、又自ら餘情となる。是を心得るを、境に入るといふべし。能々此哥を案じ見給へ。半臂の句も、詮は次の事ぞ。眼はたゞ『とてしも』と云ふ四文字也。かくいはずは半臂の詮なからましとこそ見えたれ」となん侍し。（六一〜二頁）

ここでは、三句目に、させる用もないことを意味する「半臂」の句、といわれる言葉を配置して、それが品となるとその無用の用を説く。さらにその要点はじつはその前の言葉「とてしも」にあるといい、高度な技術論として位置づけられようが、それを自覚できている長明自身を、「はや哥は境に入られにけり」と自画自賛であるが、披瀝しているとも受け取れよう。

〔七〇〕故實の躰と云事
哥には故實の躰と云ふ事あり。きと風情を思ひ得ぬ時は、心の工みにて作りたつべきさまを習ふなり。（後略）（九〇頁）

また別のところでは、歌の作法に従って詠む、ということを習えという、このようにきわめて順当な詠歌上の技術的方法論を続けて三点ばかり述べている。「故實の躰」と「心の工み」という言葉にも留意しておきたい。

以上のように、まず本来の目的である歌論書として、「制作する」という能動的な主体性をおびた作法について諄々と述べていることがうかがえる。

五　『無名抄』その二　自ら哥はよまるゝなり

次に、それとは少し視点をずらした段についてみてみたい。

〔五三〕思餘自然歌讀事
又、心にいたく思ふ事に成りぬれば、自ら哥はよまるゝなり。金葉集に、「よみ人知らず」とて侍るかとよ
　身の憂さを思ひしとけば冬の夜もとゞこほらぬは涙なりけり
此哥は、仁和寺の淡路の阿闍梨といひける人の妹の許也けるなま女房の、いたく世を侘びてよみたりける哥なり。もとより哥よみならねば、又よめる哥もなし。たゞ思ふあまりに自らいはれたりけるにこそ。（七〇頁）

ここでは、『金葉集』に入集した仁和寺の女房を例にあげ、心に深く感ずるところがあれば、あるいは強く感動する心があれば、そ

れを力に、「自ら」よい歌は詠めるという。「なま（新参の）女房」と位置づけられており、歌人でもなく、故にまた詠歌も少ないのであるが、心に思うことが強ければ、勅撰集に入集するような良い歌が「自然」に生まれ出てくることもあると述べる。これはいわば「制作するという外からの能動性というよりは、自らの内（奥）から「作らされる」という一種の受動性がうかがわれる。

〔六七〕式部赤染勝劣事

しかあれど人のしわざは、主のある世には、其の人がらによりて劣り勝る事あり。哥の方は式部左右なき上手なれども、身のふるまひもてなし、心持ちなど、赤染には及び難かりけるにや、（中略）（八〇頁）

もし又、哥の善悪も世々に變るものなれば、その世に「こやとも人を」と云ふ哥の勝る方もありけるを、なべて人の心得ざりけるにや、後人定むべし。（八二頁）

本段は、平安中期の歌人である和泉式部と赤染衛門の優劣を問う段であるが、ここでも歌そのものの優劣だけで評価されているわけではないことが知れる。

つまり歌論書でありながら、ここでは「世間」といういわば顕界における世俗的な価値基準が顔を出すことになる。ただしここでも当時の世間感覚について、個人によって成り立っている近代の「社会」概念でとらえることは差し控えねばならないことは当然である。

本人がいまだ存命中においては、その行状すらも、歌の評価に加味されてしまうという。歌そのものについては和泉式部が並ぶもののなき上手ではあるが、身の振る舞いなどから、総合的には必ずしも赤染衛門より優れているとの評価が出るとは限らないとする。

さらには、最終段「〔七八〕とこねの事」においても、「哥の習ひ、世に随ひて用ゐる姿あり」あるいは「時の風の異なる故」や「今の世の風に適へるを見計ひて」といった表現があり、古集の歌が必ずしも優れているとは限らないとし、長明にとって、歌の習慣として、世間あるいは時代の風潮にこだわる姿勢が終始みえる。つまるところ、歌の嗜好も時代とともに変化するので、その時代が優劣の判断をすればよいとするのである。「世間」という空間と、「時代」という時間とが相俟って、その歌の優劣を判定するという、先の技術的な理論からは少し引いた視点となっていることが知れる。

六　『無名抄』その三　此道の冥加

さらに、ここでは第三の視点を提示したい。

〔一二〕千載集事

千載集に予が歌一首入れり。（中略）悦び侍りしを、故筑州聞きて、「この事、たゞ等閑にいはるゝかと思ふ程に、たびたびに成りぬ。眞に思ひての給ふにこそ。さるにては、此道に必ず冥加おはすべき人なり。其故は、道理はしかあれど、人のしか思ふ事は有難きわざ也。（中略）道を尊ぶには、先づ心をうるはしく使うにある也。今の世の人は皆しかあらず。身のほども知らず、心高く傲り、かまびすしく憤りを結びて、事に觸れて誤り多かり。今思ひ合せられよ」となん申されし。眞に此道の冥加、身の程にも過ぎたり。古き人のいへること、必ず故あり。（四五頁）

ここに「冥加」という言葉が二箇所出てくる。[16]はじめにも述べたように、「冥―顕」世界像は当時の人々にとってリアリティーがあり、明らかに信受されていたことがうかがえる。そのなかでの勅撰集に入集するという、ありがたい「冥加」なのである。

〔六二〕道因歌に志深事

この道に心ざし深かりしことは、道因入道並びなき者也。七、八十になるまで、「秀哥よませ給へ」と祈らんために、かちより住吉へ月詣でしたる、いと有難き事也。

（中略）千載集撰ばれし事は、かの入道失せて後の事也。亡き跡にも、さしも道に心ざし深かりし者なればとて、優して十八首を入れられたりければ、夢の中に來て涙を落しつゝ悦びを云ふと見給ひたりければ、ことにあはれがりて、今二首を加へて廿首になされにけるぞと。しかるべかりける事にこそ。（七四～五頁）

道因入道は秀歌を詠ませてほしいと、月毎に住吉社へ参詣・祈願していたが、やがてその没後に、『千載集』に十八首入ったことを悦び、選者である俊成の夢に現れて礼を言って涙を流したとある。そこで俊成はことさらいじらしく思って、さらに二首を加えて二十首を採ったのである。ここには「夢」を疑わない俊成がいる。その末尾の文に、「しかるべかりける事にこそ」とあり、ここでもそれに対する疑念はなく、長明も明らかに信受しているのである。

〔七六〕頼實數寄

左衛門尉蔵人頼實、いみじき數寄物なり。和哥に心ざし深くて、「五年が命を奉らん。秀歌よませ給へ」と住吉に祈り申しけるに、其後年經て重き病を受けたりける時、命生くべき祈共をしけるに、家に有りける女に住吉明神憑き給ひて、「かねて祈り申し事をば忘れたるか。

木の葉散る宿は聞き分く事ぞなき時雨する夜も時雨せぬ夜も

といへる秀哥よませしは、汝が信を致して我に心ざし申す故也。さればこの度はいかにも生くまじき」と仰せられけり。（九五～六頁）

左衛門尉蔵人頼實は、やはり秀歌を詠ませてほしいと、五年の寿命と引き換えに住吉社に祈った。その後、重病になって、また住吉社に命乞いのお祈りをすると、住吉明神が憑依して、「秀歌を詠ませてやったのは、お前の信仰心からである。だから（一度は聞いたのだから）この度は如何ともしがたい」という。ここでの「よませし」というフレーズがポイントになる。文中の歌は、なんと頼實が自ら詠んだのではなく、住吉明神が詠ませたと位置づけているのである。

本節では、例示した三話に記される「冥加」「夢」「憑依」といった、いわゆる超常現象を取り上げた。これは向こう側（冥衆）からの働きかけと捉えられよう。しかし、それを歌の理論書としての『無名抄』に採録していることに留意しなければならない。三十一文字を用いた「言葉」の組み立てに、天地を動かし鬼神をも和むる力を認めているのである。近代合理主義的な視点ではなく、当時の世界イメージとして人々が生きていた世界を真摯に追体験しつつ、これを受けとめなければならないであろう。ここに冥界との関わりが加わることになり、第三の視点と位置づけた所以である。

むすび

小稿では、鴨長明『無名抄』(17)を中心に、『方丈記』および『発心集』も視野に入れながら、そこに表出される言説について、「制作」の視点から考察を行った。

非実在と実在とを架橋するのが、「制作」であるとするなら、「住まい」への問いのみならず、すべての「在らしめられた」ものに対しての問いとして有効であろう。当然、言葉を組み立てる和歌に対しても然りである。ここでは「制作する」という動詞的な意味において主に捉えている。

『無名抄』は作歌を実践するためのテキストでありつつ、さらには、長明という半僧半俗的な生きざまを後半生は貫いた人としての立場から、その思惟のプロセスを書き留めたものとして、まさしく「制作する」さまと重なるであろう。

テキストの引用からは、概して三種類の制作態度がみてとれた。

第一点は、いわゆる自己の研鑽により自らが生み出すという、本来的な意味における創造的―制作態度である。当然のことながら本テキストもそれが主眼であり、そこに力点があることはまぎれもない。そこでは制作の原点としてまず能動性が顕著に認められよう。

第二点では、そこに「おのづから寄りくること」あるいは「世に随ひて」といった他律的要素が関係してくる。「世間」という価値基準も見え隠れする。そこには「世間に恥じる」といった感情も入り混じるであろう。ここでは日常的受動性が顕著に認められる。

そして第三の視点として、「冥加」「夢」「憑依」といった超常現象に裏打ちされた、冥衆の存在が指摘できよう。引用文でも明らかなように住吉明神が秀歌を「詠ませ」たと明言する。そして人々はその言葉にリアリティーを持って共感するのである。つまりそこに超常的（非日常的）受動性の徹底が認められよう。

カマヘテ神明ノ御ハカライノ定ニアイカナイテ、ヲボシメシハカライテ、世ヲ治メラルベキニテ侍ナリ。（中略）誠ニハ劫末マデモ冥衆ノヲハシマサヌ世ハカタ時モアルマジキ。（巻第七　三四九頁）

このように、たとえば、同時代の知的牽引者である天台座主の慈円が、その著『愚管抄』でいう冥界（冥衆）からの「ハカライ」ということに重なろうか。

以上、小稿では「制作」について、主としてその動詞的な「制作する」様態を、わが国の中世において、文献を通して概観してみた。「冥─顕」世界イメージに裏打ちされた中世の人々の生き様からは、リアリティーを持って、冥衆のまなざしに見守られ（冥照）つつ「制作する」ありさま、つまり「冥↓顕」へのはたらきかけが、歌詠においても指摘しうることが確認できた。

〔引用原典〕

久松潜一 校注『無名抄』（底本は、静嘉堂文庫蔵『無名抄』）
『歌論集 能楽論集』日本古典文学大系六五　一九六一年　岩波書店
（なお引用文冒頭の段番号は、便宜上、引用者により付した。また、漢字は一部引用者により新字体に変換している、他書引用文も同じ。引用文の傍線も引用者による。）
佐竹昭広 校注『方丈記』新日本古典文学大系三九　一九八九年　岩波書店
三木紀人 校注『発心集』新潮日本古典集成（第五回）一九七六年　新潮社
岡見正雄・赤松俊秀 校注『愚管抄』日本古典文学大系八六　一九六七年　岩波書店

註

（出版年は便宜上、引用者において西暦年に統一している。）

1　磯崎新『磯崎新建築論集5「わ」の所在』岩波書店　二〇一三年（ⅩⅤ頁）
創出と選択について次のように述べる。（傍線　引用者）
「むしろこの「都市形成装置」と呼ぶことにした円筒が、日本神話と中国五台山と啓蒙期の革命的建築を介して、プラトン立体にまで補助線が引けるので、半世紀かけて、私はたったひとつの形態をデザインとして創出したりしたのではなく、選択したに過ぎない、ともいえる。あるいは、架構することがうみだす力が空間に漲るなかを、ひとつの身体が内触覚的にその力を感知する。これが〈建築〉なのではないかと考える。」

2　池見澄隆『慚愧の精神史—「もうひとつの恥」の構造と展開—』思文閣出版　二〇〇四年　佛教大学鷹陵文化叢書一一（プロローグⅤ頁）
この心性を含んだ精神史という一連の論考の手法は、右記著書をはじめとする池見澄隆佛教大学名誉教授に倣っている。

広義の思想史を、黒田俊雄氏が『王法と仏法』において四つの型に分類されている。第一として教義史、第二として論理の型の特質など一般に精神史と称される立場、第三は常民（フォーク）の意識形態など、そして第四にイデオロギーとして把握される。

ここで池見氏は、第二の精神史に対して、この第三の型を心性史とよぶべきであろうとする。しかし第二と第三とは実際には領域区分は明確ではなく流動的であるとし、右掲書でいう「精神史」とは、第二・第三の二つの型の複合したものとされる。

3　中村貴志『建築論の射程—ディアテシスのイデア—Ⅰ』中央公論美術出版　二〇〇〇年（四頁）
しかし次のように、その階層的構造についてプラス評価の裏側に目を向け疑義をはさむ。

「大局的にみて、ポイエシスの上位にプラクシスを、プラクシスの上位にテオリアを架構したことが、西欧における〈建築理論〉の歴史的な栄光をもたらしたと同時に、その世界支配的な本性を、図らずも露呈したのではないかと思われる。」（六頁）

4　中村前掲書（一四三頁）
また増田友也氏は「建築的思惟について　存在論的建築論のために」（二四八頁）において、
「作品　の　素材と　見られている　それらのもの　も、実には　もの　に　なりうる　その　もの　の　もの　に　なりつつ　ある　ところの　そのもの　であって、むしろ　それらは　言わば　もの　に　なりうる　その　素材　であり、単に　いわゆる　作品　の　素材ではない、すなわち　また　言葉　において　言葉　として　仮設しつつ　思惟する　そのこと　の　つまりは　仮の　言葉　での　仮の素材　とも　言わば　言いうる　にすぎぬ」（傍点ママ）
と述べるが、ここでも建築を和歌に置き換えることが許されるであろう。

5　例えば、貞慶には『愚迷発心集』、慈円には『愚管抄』そして法然には『選択本願念仏集』などがあげられよう。

6　五味文彦『鴨長明伝』山川出版社　二〇一三年（二四九頁および二八四頁など）
ただし、『発心集』がすべて長明の手になるものかは検討を要する、とされる。

また同書「はじめに」において、長明三つの著作の題名末尾、傍点を付した語（抄・記・集）の使い分けについての指摘もなされている。

7　五味前掲書（二九一頁）

8　小峯和明編著『日本文学史　古代・中世編』ミネルヴァ書房　二〇一三年（二一一頁）

9　池見澄隆編著『冥顕論　日本人の精神史』法蔵館　二〇一二年
「顕界」「冥界」および「異界」という言葉の使用については同書「序にかえて」に拠っている。

「この世」と「あの世」とも言えようが、空間性のみならず時間性も含んだ総体概念として表象するため、ここでは右記を使用している。

また、まなざしの齟齬性についても同書に詳しい。

冥界と顕界とのまなざしの基本構造について、「心理的視覚」という捉え方を提示されている。

なお右掲『冥顕論』については、以下の諸書に取り上げられており、研究対象として、その世界像への関心の拡がりがうかがえる。

末木文美士「総論：日本の中世」『日本思想史講座二―中世』ぺりかん社　二〇一二年
坂口太郎「二〇一二年の歴史学会―回顧と展望」『史学雑誌』史学会　二〇一二年
富樫進「『カミと人と死者』が目指したこと」『日本思想史学四七号』日本思想史学会　二〇一五年

10　西和夫氏は、長明を、普請好き、建築好きと位置づける。
歌論書である『無名抄』にも、次のような家や墓など旧跡に関する短い挿話が配置されている。
〔一八〕關清水事　〔一九〕貫之家事　〔二〇〕業平家事
〔二一〕周防内侍家事　〔二二〕あさも川明神事　〔二五〕中将垣内事
〔二六〕人丸墓事　〔三七〕猿丸大夫墓事　〔三九〕喜撰住事
もちろんここに取り上げられているのは古来からの、歌詠みの名人とされる人々につながる旧跡が主であり、そこを尋ねてその故実を確認することは、当時の歌をたしなむ人々にとっては当然のこととして受けとめられていたと考えられ、たとえば同時代の紀行文学『海道記』においても鎌倉に上る途上に同様な記述がみえる。歌の制作者としての修行の一部ともとらえられよう。

11　浅見和彦・伊東玉美訳注 新版『発心集』上　角川文庫二〇一四年 現代訳（二五〇頁）

なお本書においては、『無名抄』『方丈記』『発心集』の成立順は特定できないとする。

12 五味前掲書（三〇〇頁）

13 三木紀人校注『発心集』新潮日本古典集成　一九七六年　新潮社（二三六頁 頭注）
また最新刊である浅見前掲書（11）においても差図を設計図としている。（二一九頁）

14 湯浅泰雄『身体―東洋的身体論の試み―』創文社　一九七七年（二〇頁）
また同書「芸道論」において、日本の芸道論は、実作者自身の制作体験を記述して伝えようとするところから生まれてきた、とも指摘される。（一二三頁）

15 佐竹昭広校注『方丈記』岩波新日本古典文学大系三九（二六頁　脚注）
池見前掲書（2）においても、『方丈記』の「身心感覚」について論及されている。（八一頁）
なお小稿の視点からは、浅見前掲書（11）における当該部分の脚注において「身ではなく心を」と明記する二元論的取り扱いについては疑問が残る。（二二一頁）

16 「冥加」とは「知らないうちに受ける神仏の恵み」（石田瑞麿『例文 仏教語大辞典』小学館　一九九七年）をいい、人の眼には見えないとされる。その用例として『無名抄』の当該部分が採られている。なお対する語として、「顕加」がある。

17 久保田淳訳注『無名抄』角川文庫　二〇一三年　本書を最新の刊行書として参考にした。
また、木下華子氏による一連の鴨長明研究、とりわけ『無名抄』の研究も示唆に富む。

たとえば、「長明の「数寄」が同時代の一つの潮流であった実地見聞への志向と大きく連動した」、あるいは「当人の和歌が実人生を予言するという論理は、当時、広く共有されており」といった部分等である。

「建築的」という制作行為

――谷崎潤一郎「饒舌録」をめぐって――

藤原　学

序

「饒舌録」は谷崎潤一郎の随筆である。雑誌「改造」昭和二年二月号から同十二月号まで欠号無く連載されたもので、芥川龍之介との間に小説の筋をめぐって、いわゆる「話のない小説」論争が展開された随筆として知られている。[1]こうした文学史上の事実は、一見すると建築学にとって直接の興味を惹くものとは思えない。しかし芥川との論争における谷崎の主張が、小説の〈筋の面白さは、云ひ換へれば物の組み立て方、構造の面白さ、建築的の美しさである。此れに芸術的価値がないとは云へない［76頁］〉というものであれば、事情は一変しよう。

周知のように森田慶一『建築論』ではE・スーリオらの美学の知見に基づいて、建築と小説とは別ジャンルに区別されている。[2]またわれわれの通念も両者を截然と区別するであろう。

それに対し、谷崎は両者には通底するものがあると云っているのである。そのような「建築」とはいかなる事柄であるかを明らかにするのが、本稿の課題である。無論、個別の事例の解釈であって、それを以て直ちに先学の建築論を論駁し、さらには通念をも覆すものでないことはいうまでもない。しかし谷崎の発言は、それらと異なる立場から建築を捉えているように思える。考察の目的はこの点にある。つまり谷崎の言葉の解釈を通じて、「建築」についての理解を僅かながらでも拡げ、深めることが目指される。

方法論について一言すれば、谷崎の発言を建築物とのアナロジーと捉える立場もあり得ようが、本研究ではそのような立場は取らない。なぜならばそうした立場はあらかじめ比較すべき「建築」概念を前提とするからである。われわれは谷崎の言葉に従って――それは必ずしも整合的なものとは言い難いが――、導き出される建築概念を求めることにする。本稿では制作論的な観点から解釈を行い、谷崎の発言が、同時代的な彼の主題の中でどのような問題構成を持っているかを明らかにすることを試みる。

考察を始めるに当たり、「饒舌録」について触れておく。

連載を始めるに当たって谷崎潤一郎は〈毎号何かしら文学芸術に関することを書くには書くが、想ひ出すまゝを独り言のやうにしやべるのだから、標準も範囲も極まつてゐない［71―72頁］〉と書いた。半分は本音、残りはこの作家特有の韜晦であろう。「饒舌録」というと芥川との小説論争のみが注目されているが、小説のことはもちろん、歌舞伎、文楽、西洋と東洋の文明論など、みずから断った通り、話題は多岐にわたっている。しかしそれらは近い将来にそれぞれ随想としてまとめられることとなるので、単なる思い付きで選ばれた話題とはいえそうにもない。「芸談」（昭和八年）や「陰翳礼讃」（昭和八―九年）を思い起こせば、そこに「饒舌録」の水脈を認めるのはたやすい。他にも「文章読本」（昭和九年）に結実することばへの関心や、「蓼喰ふ虫」（昭和三―四年）をはじめとする昭和初年代の創作についても同様である。この時期、谷崎の作風は大きく変化するが、模索している有り得べき「小説」の諸契機が「饒舌録」にほぼ網羅されているといってよい。多岐にわたる話題は谷崎の文学的主題をそのまま反映しているのである。われわれが問題にしようとしている「建築的」という事柄もそうした中の一つと考えられる。それゆえ考察に当たり、材料を芥川との論争に絞る必要はない。むしろ「饒舌録」を核に、谷崎の文学的主題の拡がりの中で考察を行う方がかえって有意義とも思われる。以下では芥川との論争渦中での発言としてよりは、むしろ「小説」模索期の発言として「建築的」という概念を考察する。(3)

一　作品における部分と全体

1　問題の概略

「饒舌録」中、「建築的」と谷崎が発言しているのは次の二ヶ所である。

［引用一］

筋の面白さは、云ひ換へれば物の組み立て方、構造の面白さ、建築的の美しさである。此れに芸術的価値がないとは云へない。（材料と組み立てとはまた自ら別問題だが、）勿論此ればかりが唯一の価値ではないけれども、凡そ文学に於いて構造的美観を最も多量に持ち得るものは小説であると私は信じる。筋の面白さを除外するのは、小説と云ふ形式が持つ特権を捨てゝしまふのである。さうして日本の小説に最も欠けてゐるところは、此の構成する力、いろいろ入り組んだ話の筋を幾何学的に組み立てる才能、に在ると思ふ。

［「改造」昭和二年三月号、全集第二十巻七六―七七頁、傍点原文］

［引用二］

構造的美観は云ひ換へれば建築的美観である。従つてその美を恣にする為めには相当に大きな空間を要し、展開を要する。俳句にも構成的美感があると云ふ芥川君は茶室にも組み立ての面白さがあると云ふだらうが、しかし其処には物が層々累々と積み上げられた感じはない。芥川君の所謂「長篇を絮々綿々と書き上げる肉体的力量」がない。私は実に此の肉体的力量の欠乏が日本文学の著しい弱点であると信ずる。失礼ながら私をして忌憚なく云はしむれば、同じ短篇作家でも芥川君と志賀君との相違は、肉体的力量の感じの有無にある。深き呼吸、逞しき腕、ネバリ強き腰、――短篇であつても、優れたものには何かさう云ふ感じがある。長篇でもアヤフヤな奴は途中で息切れがしてゐるが、立派な長篇には幾つも〳〵事件を畳みかけて運んで来る美しさ、――蜿蜒と起伏する山脈のやうな大きさがある。私の構成する力とは此れを云ふのである。〔「改造」昭和二年五月号、全集第二十巻一〇八頁、傍点原文〕

引用一を読めば分かるように、「建築的」とは「構造」、「組み立て」という語と同義的に用いられている。「理屈抜きのいいかえで断定的」[4]との批判もあるが、谷崎にとってはそれだけ自明視された言い換えであったということであろう。事実、大正九年発表の「芸術一家言」でも、小説の組み立ては建築に擬えられている。[5]谷崎にとって小説の「組み立て」をもっとも明瞭に示すものは建築に他ならないと考えられていたようだ。このことは引用一を続けて読めばいっそう明瞭になる。

谷崎は〈凡そ文学に於いて構造的美観を最も多量に持ち得るものは小説であると私は信じる〉と云い、構造的美観は文芸分野における小説ジャンルの特権だと云う。論争相手の芥川が「僕は何度も繰り返して言ふやうに「筋のない小説」ばかり書けと言つてゐる訳ではない。従つて何も谷崎潤一郎氏と対蹠点に立つてゐる訳ではない。唯かう云ふ小説の価値も認めて貰ひたいと言つてゐるのである」[6]というのと比べれば、谷崎の意図するところが明瞭になろう。芥川は小説ジャンルそのものを問うてはいない。それは問題視されることのない前提なのであり、安定したジャンルの中に存在するであろう一作風の価値を認めてくれといっているのである。対して谷崎は小説ジャンルの特権をそのまま生かした作品を主張する。当然それは、小説ジャンルそのものへの問いが背後に控えているはずである。佐藤春夫が「潤一郎の公論と龍之介の新説」[7]と評したのはこの事情をよく表していよう。われわれとすれば、論争の位置づけよりも小説ジャンルそのものを、つまり小説を小説たらしめるその性質を問題にしている文脈で「建築的」という語が用いられていることを確認しておけばよい。

ジャンルの特性に基づいた作品論から一転して、次に谷崎は作家の制作能力へと話題を移す。組み立てられたものから組み立てることへと論点が変化しているのである。この展開は引用二でも全く同様である。作品はそれを作り出す制作の在り方と不即不離の関係にあると、谷崎は考えていたようだ。実地の作家らしい考えであろう。しかし、だからといって、谷崎が両者を混同しているのではないことはそれぞれに別の用語をあてていることから分かる。谷崎は、作品に見られる組み立て性には「構造」を、制作過程での組み立てることには「構成」をあてている。[8]そして谷崎の力点は後者、構成にあることは、〈日本の小説に最も欠けてゐるところは、此の構成する力、いろいろ入り組んだ話の筋を幾何学的に組み立てる才能、に在ると思ふ〉という一文によく示されている。

引用二でも谷崎はほぼ同じ内容を繰り返しているが、新たに構造的美観が量的な側面から説明されている。しかしながら、作品が大きければ大きいほど、長ければ長いほど、それだけ構造的美観を持つのならば作家に苦労はないであろう。ひたすらに大きな建物を造り、長篇を書けばいいのである。谷崎は、構造的美観はアヤフヤな長篇にはないが優れた短篇にはあると云うのであるから、組み立ての問題は量よりは質に関わることと考えていることが分かる。そして、そのような質を具えた作品は身体になぞらえられている。このことは生きた作品、われわれの身体のような構造を備えた作品、すなわち作品の有機性へと目配せすることをわれわれに要請するであろう。

2　作品の有機的全体性

先にも言ったように「建築的」とは「組み立て」と同義的に用いられている。谷崎にとって組み立てるべきは小説の筋である。佐伯彰一は、谷崎の「筋」とは「物語における出来事の連鎖、またこれを結びつけている原理」[9]と云う。この規定に拠りながら、谷崎の筋の組み立てに関する議論を追っていこう。

谷崎は芥川への最初の反論を試みる「改造」三月号で、上の引用一に続けて、次のように云う。〈私は「大菩薩峠」の如き筋で売る小説の出ることを大変にいゝことだと思つてゐる［79頁］〉と云い、〈私があの中で一番好きなのは龍之助の殺人剣を表面へ現はさずに、雰囲気を以て出してゐるところ、たとへば甲府の辻斬りのくだりで、霧の深い夜に米友（よねとも）が出会ふ場面、塩尻峠の三人の武士との立ち廻りで、その立ち廻りを描かずに峠の茶屋へ逃げ込んだ人々の恐怖を描き、仏頂寺弥助と重傷を負はされた侍との会話を叙し、蹌踉（さうらう）と草原をひとりさまよふ龍之助の風貌を述べてゐるあたり、その前であつたか後であつたか、宇津木兵馬が狼に喰ひ殺された賊の屍骸に刃物の痕を認めるところ、かう云ふところは所謂「大衆文芸」だつたら、きつと表面へ出さずには措かない場面だが、それを悉く裏へ廻して、却つて凄味を添へてゐる手際は隅に置けない［79頁］〉。

しかしこの例は適切とはいえまい。谷崎が賞賛しているのは、或る出来事を、どの側面に焦点を当てて表現しているかという点である。それは描写の視点に関わることであって、出来事の展開としての筋に属することではない。筋の組み立てを言うのであれば、挙げられた三つの場面の相互の関係や展開を言うべきであろう。

谷崎は続けて、〈組み立てと云ふ点で近頃私が驚いたのは、スタンダールの"The Charterhouse of Parma"である〔80頁〕〉と云い、「建築的美観」の傍証に「パルムの僧院」を挙げている。しかしここでも事情は同様であって、〈話の筋は複雑纏綿、波乱重畳を極めてゐて寸毫も長いと云ふ気を起こさせない〔80頁〕〉と云い、〈殆ど一ページ一ページに百ページもの内容を充実させてあるのである。だから寸分の隙もなく無駄もない。〔中略〕筋も随分有り得べからざるやうな偶然事が、層々塁々と積み重なり、クライマックスの上にもクライマックスが盛り上がつて行くのだが、かう云ふ場合、余計な色彩や形容があると何だか嘘らしく思へるのに、骨組みだけで記録して行くから、却つて現実味を覚える。小説の技巧上、嘘のことをほんたうらしく書くのには、――或はほんたうのことをほんたうらしく書くのにも、――出来るだけ簡浄な、枯淡な筆を用ひるに限る。此れはスタンダールから得る痛切な教訓だ〔81頁〕〉と云う。筋の組み立てと云うが、筋については「複雑纏綿、波乱重畳」と云われているに過ぎず、わずかに「隙もなく無駄もない」と云われるだけである。本来、それを云うのならば、「クライマックスの上にもクライマックスが盛り上がって行く」展開を支える出来事相互の関係を論じ、それが作品全体に果たす効果について論じて然るべきであろう。しかし谷崎は小説の技巧に注目している。谷崎の関心はむしろスタンダールの描写の仕方、つまりは語り方にあるといえる。この語りへの関心はその後の谷崎の諸作品を考える上で重要であろうが、ここでは論点を拡げることはせず、この三月号の時点では筋の組み立てに関して、さほど説明されていないことを確認しておけばよいであろう。

谷崎が次に芥川に反論するのは「改造」五月号誌上である。その要点が引用二である。引用一とほとんど内容が変わらないのは、一方で谷崎の主張の一貫性を示すが、むしろ「改造」四月号に掲載された芥川の谷崎への反論が議論を発展させるものではなかった故であろう。しかし、この五月号で筋に対する谷崎の考えが幾分か見えるようになる。

谷崎は「源氏物語」を例に取り、〈首尾もあり照応もあり、成る程我が国の文学中では構造的美観を備へた空前絶後の作品〔108頁〕〉と位置づける。首尾、すなわちはじめと終わり、事の顛末があり、照応、すなわち相互に対応する部分によって構成されていることを構造的美観の条件として挙げているわけである。谷崎は続けて構造的美観を持たないものとして〈徳川時代の歌舞伎劇の中には随分と複雑な筋を弄した作品もあるが、ただ徒らに込み入つてゐるだけで、事件の発展が自然でなく、幾何学的にシツカリ組み合わされてもゐない。そのいゝ例は円朝の牡丹灯籠である。剪燈新話（せんとうしんわ）は至極短編であるが、あれはあれだけで纏まつてゐて、非常に気品の高いものである。が、それからヒントを得たと云はれる牡丹灯籠は余計な筋が這入つてゐる為に興味の中心が幾つにも分れて統一がなく、場面々々の面白さが主になつて、怪談としての感銘が薄く、気品も卑しくなつてゐる［108―109頁］〉と云う。文芸ジャンルにおける小説の特権として筋の面白さを主張するには、芝居や落語といった小説以外の例を取ることはいささか軽率であるが、いまは問わずにおこう。また要素が多様であることが構造的美観につながるわけではないことも確認しておくだけでよい。先に「源氏物語」を例に挙げ、「首尾」と云われたことが「事件の発展が自然」にと、「照応」は「幾何学的にシツカリ組み合わさ」れていることに置き換えられている。後者はさらに全体の統一性と云われ、部分の突出に対比されている。これらが「饒舌録」で谷崎が筋に関して直接発言している全てである。

さて、「事件の発展が自然」であると云われるが、一見するとスタンダール「パルムの僧院」について上に引いた中にある「筋も随分有り得べからざるやうな偶然事が、層々畳々と積み重なり」という箇所と抵触するように思える。谷崎は芥川の主張を〈左顧右眄［110頁］〉と批判したが、自身の論もまた揺れているのだろうか？

アリストテレスは『詩学』において叙事詩の筋に関して次のように云っている。[10]「作家としては、信じられない可能事（たとえ可能であっても納得のゆかないことがら）よりは、むしろ、もっともらしい不可能事（実際にはありえなくともいかにもありそうな感じをあたえることがら）のほうを選ぶべきである。[11]」

断片的な谷崎の考えを端的に言い表していよう。アリストテレスの発言の背後には、歴史と小説の区別がある。歴史家は実際に起こったことを語り、作家は起こるであろうようなことがらを語るというものである。しかし同時にアリストテレスは歴史を題材にした作品を否定しない。歴史上の出来事の中にももっともな成り行きだと思わせるものは十分にありうるのであって、「作家がそこさえつかまえるならば、彼はそれらの出来事のまさに作家であるといえる[12]」からである。つまり歴史家の仕事が起こった出来事の全てを書くことと認めているのに対し、作家の仕事は、そのなかからもっともな成り行きの部分を見出すこと、およびそれを物語ることとしていくのである。このゆえにアリストテレスは創作に普遍性を認め、その価値を認めているのである。[13]

谷崎が構造的美観を主張するのは、〈安価なる告白小説体のものを高級だとか深刻だとか考へる癖［107頁］〉を打破する為だというが、この告白小説体とは谷崎の言葉では〈事実をそのまゝ材料にしたもの［72頁］〉と呼ばれている。それは〈一種の空想の世界［73頁］〉と呼ばれる〈出来るだけ細工のかゝつた入り組んだもの［73頁］〉に対比されている。つまり、谷崎の興味は実際に起こったことよりも、起こるであろうことがらにあるといえよう。しかしここで早急に判断を下してはならない。アリストテレスもいうように、現実に起こったことであってもそこにもっともな成り行きを見出せばよいのである。そもそも「事実をそのまゝ材料にしたもの」をそれゆえに否定するのであれば、材料によって小説の是非が決まってしまうこととなり、材料と組み立てとを分ける谷崎の考えに馴染まない。谷崎の批判は材料とは別の論点に向けられていなければならない。そこには二つの問題意識が潜んでいるように思われる。

一つは小説を主導するのは何かという問題である。谷崎はヂョーヂ・ムーアを評価しているが、〈ムーアのものでは何と云つても自伝的作品がいゝ〉として、〈人生の辛酸苦楽具に備はつて万感交々胸に迫るの思ひがする［82頁］〉とその理由を述べている。そして〈最近に至つて出版された二つの歴史小説は、筋は簡単で、結構配置の上に面白みはないけれども、自叙伝と同じく詩趣横溢した叙情的気分〉の小説であるが、〈部分々々には矢張美しい。かう云ふ風に、筋で持つて行かずに気分や情調で持つて行く歴史物も亦捨て難い。その代り此れで長編を書くのは随分むづかしからう［83頁］〉と述べている。小説を主導するものとして、「筋」と「気分や情調」の二つを認めている訳である。後者について、佐藤春夫は芥川の主張する『「話」らしい話のない小説』に近いものだと解釈している。[14] 春夫の理解する「『話』らしい話のない小説」とは、「プロットに代へるにシチュエーションを以つて小説を成り立たせやう」[15]とするものである。また別の論者は諸断片が諸断片としてばらばらなままに並置する」[16]ような作品とも呼んでいる。そのような作品は「部分々々には矢張美しい」ものであるが、「長編を書くのは随分むづかしからう」と谷崎は云っている。長編を書くことが出来るか否かという量的な点はひとまず脇に置くとして、「気分や情調」で持っていく小説は、部分々々の魅力に拠っているという。そうした小説ではなく、「筋」で持っていく小説を谷崎が主張していることは、さきに「牡丹灯籠」に対して投げかけられた批判と併せて考えれば、よく分かるであろう。谷崎は部分が独自に魅力を持つようなものではなく、部分は他の部分と緊密に関連しながら全体を構成しつつも、その部分はあくまでも全体の中の部分であるような、全体と部分の関係をもつ作品を目指しているのであり、そうした構成を主導するものとして「筋」を重視しているのである。「事実をそのまゝ材料にしたもの」よりも「出来るだけ細工のかゝつた入り組んだもの」を好む背景には、こうした部分と全体との関係を組み立てる事に対する興味があるといえよう。

ところで、部分と全体の関係について、谷崎はすでに大正九年に発表した「芸術一家言」[17]で、「凡そ完全なる組み立てと云へば、一部分の糸を引けばそれが全体へさし響くやうな、脈絡あり照応あるものでなければならない。一局部を壊せば全体が壊れてしまふほど密接な関係で、部分々々がシツカリと抱き合つて居なければならない」[18]と述べ、こうした組み立てのものを「有機体」と呼んでいる。[19]つまり谷崎が目指すべき組み立てとは有機的全体性の事なのである。だが、しかし、無駄な部分がなく、部分は相互に密接に関連し、全体は部分を、部分は全体と不可分な関係にあるような有機的な組み立てとは、さほど主張としては目新しくもない、どちらかといえば凡庸な事なのではないか。[20]われわれは谷崎のもう一つの問題意識を考察する必要があるようだ。

その問題意識とは、作品の是非の判断に関する事である。谷崎は次のように云っている。〈現在の日本には自然主義時代の悪い影響が残つてゐて、安価なる告白小説体のものを高級だとか深刻だとか考へる癖が作者の側にも読者の側にもあるやうに思ふ。此れは矢張一種の規矩準縄と見ることができる。［107頁］〉規矩準縄といわれているのは次の文章を承けてのことである。〈ぜんたい小説に限らずあらゆる芸術に「何でなければならぬ」と云ふ規則を設けるのは一番悪いことである。芸術は一箇の生きものである。人間が進歩発達すると同時に芸術も進歩発達する。予め「どうでなければならぬ」と云ふ規矩準縄(きくじゅんじょう)を作つたところで、なかなかそれに当て嵌まるやうに行くものでもない。たとへば昔の作劇術には時と所が一致しなければいけないと云ふやうな規則があつた。しかしそんなことは結局は行はれずにしまつた。日本でも平面描写とか、主観を交へてはよくないとか、シチ面倒臭い議論があつたが、それもさう云ふ約束を破つた優秀な作品が現はれると、もうそんなことは滅茶苦茶になつた。「話」のある小説ない小説も詰まりはそれで、実際人を動かすやうな立派なものが出て来ればいゝも悪いもあつたものでない。自然主義の全盛時代にたまたま反自然主義の傑作が出ると、例の規則違反で以て何とか彼とかケチを附けられたこともあつたが、此れは日本の文壇の悪い癖で、後世になれば物笑ひの種である。［106―107頁］〉

ここで注意しなければならないのは、谷崎の批判がむけられているのは自然主義の作品ではなく、あらかじめ「主義」を設定しそれを基準として作品の是非を判断するような態度にあるということである。こうした態度の下では、作品をまたずに表現すべきことはすでに決まってしまっている。いわば作品の外に存在する理念を表現する手段が作品の制作ということになり、それは容易に他の手段に置き換えられるであろう。それゆえ作品の必然性に乏しいということになる。当然、こうした態度に谷崎は異を唱えるであろう。

谷崎は「実際人を動かす」か否かを作品の是非の判断基準としている。しかし制作過程においては、作品はいまだ完成していないのであるから、その判断はできない。さらに谷崎は「芸術家は常にその憧れたる美の幻影を脳裡に描いて居る、が、それを生み出すところに芸術家の真の生命があり、生み出す時に始めて、彼はその美をハツキリと感じ、正しく視、完全に自分の物とすることが出来る。生み出す迄はその美をほうたうに掴んではいない」[21]とも云っている。制作過程における一つの単語、或る一文、これらの「部分」はそれが「全体」に不可欠な部分でなければならなかった。しかしその全体がいまだに明瞭としないのであれば、いかにしてそれが全体の部分であることが判断できるのだろうか。作品に先立つ「規矩準縄」がないとすれば、谷崎の制作を導いているのはいったいどういうことなのだろうか。

思い返せば、谷崎は作品の構造よりも作品を構成することに力点を置いていた。そうした制作のあり方が作品のあり方、つまりは建築的美観につながっているからであろう。したがって次に谷崎の制作のあり方を考察する必要があるようである。

二　作品を構成することの根拠

1　芸への関心

〈安価なる告白小説体のもの〉に対し「『話』のある小説」を主張する谷崎は、作家に対して〈一と口に云へば今少し昔の芸人肌であれ、名人肌であれ［107―108頁］〉と忠告している。同様のことは「芸談」（昭和八年）においても「現代の芸術家が抽象的な議論よりも「芸」を貴び、昔の芸人のやうな謙抑な心持ちになつてはどうか」[22]と繰り返されている。抽象的な議論に対し、芸がその対極に位置づけられている。こうした構図は「饒舌録」の次の一文を読めばいっそう明瞭になろう。

〈私はしばしば自分の作物が上演される場合に、稽古に立ち合つたり、劇中の性格の解釈につき俳優から質問されたりしたことがあるが、常に感じるのは新劇の人たちより歌舞伎劇の人たちのほうが新しいものに対しても理解が早いと云ふことである。これは何故かと云ふに、一に全く熟練されたる感覚を持つてゐるからだと思ふ。歌舞伎劇の俳優たちは長い間の伝統に依つて芸に対する感覚が妙に鋭く発達してゐる。彼等は頭で理解しないでも感覚で嗅ぎつける。形式から内容に這入つて行ける。〔156頁〕〉

いうまでもなく、役者は演技を行う。舞台の上でみずからの体を動かし、登場人物になりきる。それはひとまずは外面的な動作をなぞることだが、芸によって感覚を磨かれた役者は、その動作を通じて演じているその人の内面、性格を理解出来る。しかしそこで起こっていることは、人物像の外面を通じてその内面を理解するということには終わらないであろう。一人の人物の性格は、当然ながら、その作品全体の中に正当に位置づけられなければならない。いま・ここでの演技は、その前の演技によって必然的に要請されるものでなければならないし、同時に次の演技を呼び出すものでなければならず、たとえ自分の出番がなくともクライマックスを準備するものであるはずだからである。つまり性格の理解は作品の全体的把握に基づいたものでなければならない。こうしてみると、谷崎のいう役者の「感覚」とは、作品全体を洞察する直観のようなことを意味していると理解するのが妥当であろう。事実、「芸談」では歌舞伎役者は「頭は遅れてゐても、舞台の上のでカンが鋭いのだ。頭で理解するのでなく、カンで作者の狙ひ所を嗅ぎつける」といわれ、それが「芸の力」と呼ばれていること[23]からも首肯されよう。

役者の演技は脚本に従ってなされる。脚本はこのとき役者に対して命令的な存在である。その命令が理解できればひとまずは演技が出来る。しかしそこに記されている個々の指示を越えた「性格」だとか「作者の狙ひ所」を理解しようとすれば、作品の全体的把握を計るよりほかないであろう。ところでこの作品の全体は、作家にあってもその制作過程であらかじめ与えられているわけではなかった。作家もまた、その全体把握を目指して制作している。とすれば、作品の全体把握に関する限り、作家と役者とは同じことを行っていることになる。谷崎いうところの「美の幻影」の第一次解釈が制作であり、その第二次解釈が演技だといえよう[24]。後者の解釈の是非は鍛えられた「感覚」に拠っていた。一次的か二次的かという違いはあるものの、同じ解釈行為である以上、制作においてもこの「感覚」に頼らなければならないはずである。けだし作品の外に規矩準縄を設けることは出来ないからである。谷崎が「抽象的な議論よりも「芸」を貴ぶことを同時代の芸術家に要請するのは、こうした「感覚」、つまりは「作品全体を洞察する直観」を鍛える必要をいうのであろう。

しかし「感覚」を解釈の根拠とするには、それはあまりにも移ろいやすく、人によって千差万別であるのではないかとの疑念が浮かぶであろう。「饒舌録」の谷崎も一方では〈感覚と云ふものは使へば使ふほど洗練されて来る〔155頁〕〉と、程度の差こそあるものどこかに収束するようなことを云いながら、舌の根も乾かぬ内に〈人の感覚と云ふものは、習慣に依り、種族に依り、地方々々に依つて随分違う。〔中略〕一つの芝居を甲の人は面白いと感じ、乙の人はつまらないと感じても、既に感覚の相違であるから議論をするだけが野暮である〔156頁〕〉とも云う。「感覚」とは頼りにならないのであろうか？ 否、十分に頼りになる、と「文章読本」（昭和九年）の谷崎は答えるであろう。少し長くなるが、谷崎の言葉を抜粋しながら紹介しよう。

「たとへば舞台に於ける俳優の演技を見て、巧いか拙いかが分かる人は、学者と限つたことはありません。それには矢張演芸に対する感覚の鋭いことが必要で、百の美学や演芸術を研究するよりも、カンが第一であります。〔中略〕然るに感覚と云ふのは、生れつき鋭い人と鈍い人とがある。〔中略〕しかしながら、これは生れつきの能力であるから、後天的には如何ともし難いものかと云ふのに、決してさうではありません。〔中略〕心がけと修養次第で、生れつき鈍い感覚を鋭く研くことが出来る。而も研けば研く程、発達するのが常であります。〔中略〕ですが、皆さんのうちには或は疑問を抱かれる方がありませう。と申しますのは、総べて感覚は主観的なものでありますが故に、甲の感じ方と乙の感じ方と全然一致することはめつたにあり得ない。〔中略〕もし文章を鑑賞するのに感覚を以てする時は、結局名文も悪文も、個人の主観を離れては存在しなくなるのではないか、と、さう云ふ不審が生じるのであります。〔中略〕感覚の研かれてゐない人々の間でこそ「うまい」「まづい」は一致しないやうでありますが、洗練された感覚を持つ人々の間では、さう感じ方が違ふものではない、即ち感覚と云ふものは、一定の錬磨を経た後には、各人が同一の対象に対して同様に感じるやうに作られてゐる、と云ふことです。さうして又、それ故にこそ感覚を研くことが必要になつて来るのであります。〔原文改行〕唯しかしながら、文章は酒や料理のやうに内容の単純なものではありませんから、人に依つて多少好む所を異にし、一方に偏（かたよる）と云ふやうな事実が、専門家の間に於いても全くないことはありません。〔中略〕同じ酒好きの仲間でも、甘口を好む者と、辛口を好む者とがある、左様に文章道に於いても、和文脈を好む人と、漢文脈を好む人とに大別される、〔中略〕これは感覚の相違と云ふよりは、何かもう少し体質的な原因が潜んでゐさうに思われます。[25]」

われわれの疑問に対する答えとすれば、補足する点はないであろう。谷崎は「感覚」による対象の判断と、好みとを慎重に区別している。対象の是非や甘いか辛いかといったことは「感覚」の洗練に応じて一定の判断に収束する。しかし同じ判断を下したとしても、それが好きか嫌いかは人によって分かれることもある。が、それは「感覚」とはまた別のことに基づいているのであって、対象の是非の判断においては洗練された「感覚」は十分頼りになる、というのが谷崎の考えである。[26]「感覚」がこのように作品の是非を判断する根拠となるとすれば、それはどのようにして洗練することができるのだろうか。

この点について、谷崎は二つ挙げている。一つは「出来るだけ多くのものを、繰り返してよむこと」であり、もう一つは「実際に自分で作つてみること」だという。[27]

まず第二の点から見ると、谷崎は次のようにいっている。「文筆を以て世に立たうとする者は、是非とも多く読むと共に多く作ることを練習しなければなりませんが、私の云ふのはさうではなく、鑑賞者の側に立つ人と雖も、鑑賞眼を一層確かにするためには、矢張自分で実際に作つてみる必要がある。[28]」われわれはこのことを論じなくとも、先に作家と役者が全体把握に関して同じことを行っているといったことを思い起こし、論者に従って鑑賞を「第三次的解釈[29]」とでも呼んでおけばよい。そして改めて、制作と鑑賞と立場が異なったとしても、作品の是非の判断根拠となるのは同じであることを確認しておけばそれでよい。

さて、第一の点である。谷崎はその例として、三味線の稽古を挙げている。谷崎自身が三味線を教わっていたこともももちろん影響しているだろうが、それよりもそれが芸事に関わっていることが重要であろう。「芸談」では「見る方は兎に角、作る側になると、一つ所に踏み止まつて繰り返し繰り返し研きをかけると云ふ、そのことに無限の感興を覚える。音楽家にしても「残月」なら「残月」の曲を心ゆくかぎり何度でも弾く。或ひは一生を費やして漸くその曲の秘奥を会得する。一度や二度で飽きてしまうやうなことでは、真の感興が湧いて来る筈もないし、技も上達しないのである[30]」といわれている。「文章読本」はいわば素人向けの読本であるのに対し、「芸談」では芸術家のことを話題にしているので若干の相違はあるものの、基本的には両者は同じことをいっているとしてよいであろう。特に「芸談」では、感覚を研く方法についてだけでなく、そのことで作品の「秘奥」に触れうるともいわれている。これは谷崎が昭和初期を境に大きく作風が変化したこととも直ちに関係していることである。われわれはこの点をも考慮に入れる必要がある。

2　模倣に対する態度の変化

谷崎は明治十九年、東京日本橋に生まれた。作家になった後、横浜、小田原等に転居することはあっても関東の地に居を構え続けていた。しかし大正十二年の関東大震災を機に、関西に暮らすことになる。これと相前後して谷崎の作風もまた変化する。いわゆる西洋崇拝から古典回帰への変化である。この変化が具体的に作品に表れるのは「蓼喰ふ虫」（昭和三―四年）であるが、こうした変化がある日突然生じるわけはなく、当然ながら過渡期を経てのことである。昭和四年の「饒舌録」はちょうどその過渡期に当たる。つまりは来るべき古典回帰へ向けて、文学的主題を模索していた時期なのである。その大きなトピックが西洋と東洋の芸術についてである。事実、「饒舌録」でも西洋と東洋の問題は論じられている。それ以外にもたとえば「鮫人」（大正九年）、「支那趣味と云ふこと」（大正十一年）、「東洋趣味漫談」（昭和二年）、「恋愛及び色情」（昭和六年）、「芸談」（昭和八年）などで論じられている。

これらを通覧してみると、東洋、西洋、それぞれの芸術をどのように捉えるかという基本的な点では変化はない。変化するのはそのどちらを目指すかという点である。その帰着点を「芸談」から引用すれば、次のようである。

「現実をまともに視つめ、そこから発足して新しい美を創造して行く文学と、美の極致を一定不変なものとして、いつの時代にも繰り返し繰り返しそこへ戻つて行く文学と、難易は同様であると云へる。いや、新しいものは目先が変つてゐるだけに人を感動せしめることも比較的容易であるが、常に古人の跡を踏んで而も新しい感動を与えることは、一層むづかしい。（中略）範を古に求めて古人を凌駕することは至難な業であるけれども、そこが芸術家として面白いところである。私は近頃になつて感じるのであるが、何も殊更に異を樹てたり、個性を発揮するばかりが芸術家の能事ではない、古人と自分との相違はほんの僅かでいい、ほんの僅かなところに自分と云ふものが現はれてゐればそれでいい、或ひは又、それが少しも現はれず、古人の偉きな業績の中に全然没入してしまふのも悪くはないと思ふのである[31]」

ここにいわれる「新しい美を創造して行く文学」が西洋の、「美の極致を一定不変なもの」とするのが東洋の芸術を指している。このとき、谷崎は明らかに後者の立場に立っている。いわゆる西洋崇拝から古典回帰へと立場を変えたわけである。

従来、谷崎の古典回帰を促したものは関西移住によって、日本の古来からの文化に実地に触れたことや、後に生涯連れ添うこととなる松子夫人との出会いなどが指摘されている。しかし本稿では「饒舌録」との関係からこの問題を考えてみたい。先にもいったように、こうした変化を模索していた時期の重要な評論だからである。

さて、谷崎が東洋芸術に恐れを抱くのは「芸術上の勇猛心を銷磨させるやうな気がするから」[32]というが、それは次のように言い換えられている。「「新しいものが何だ、創造が何だ、人間の至り得る究極の心境は、結局此の五言絶句に尽きて居るぢやないか」と、さう云はれて居るやうな気がする。私はそれが恐ろしいのである。」[33]東洋流の「美の極致を一定不変なもの」とする芸術に魅力を感じれば、西洋のもののように次から次へと新しい芸術を作っていくことは出来ない。一定不変な美の極致をなぞるだけになって、創造は出来ないというわけである。こうした恐れの背景には芸術は「模倣でなく創造である」[34]という認識が横たわっていよう。しかし上に「芸談」から引用した箇所では「範を古に求めて」といわれている。範とは手本のことであるから、こちらでは模倣に積極的な意味を認めている。谷崎の立場の変化はこうした模倣に対する認識の変化を伴っているわけである。[35]これは何を意味しているのだろうか。

佐々木健一は、模倣は価値の落差を解消する方法であるという。たとえば人造ダイヤモンドを考えてみる。この場合、模範となるのは天然ダイヤモンドである。それを模倣したのが人造ダイヤモンドである。この場合、模倣関係は物と物との間に成立している。このような模倣のあり方は「写す」模倣と呼ばれる。この模倣関係では模範に対する価値の劣性は埋めがたい。人造ダイヤモンドは化学的に組成され、結晶の純度とすれば天然のもの以上である可能性もある。しかしそれを「イミテーション」と見ている限り、常に価値においては天然のものに劣っている。両者のあいだには埋めがたい落差が存在しているのである。

価値の落差を解消しようとするのはもう一つの模倣、「倣う」模倣の場合である。それは行為としての模倣とも呼ばれ、或る人が別の人を模範として、特定の課題に関して模倣を行うことである。この模範とされる他者は、模倣する人にとって望ましいことを体現している人である。裏返せば、模倣する人はその望ましいことを身につけていない。それゆえその望ましいことを自身のものとするために模倣が行われる。これが価値の落差を解消する模倣である。[36]

このように見てくると、谷崎の模倣に対する態度の変化を位置づけることはたやすいだろう。端的に言えば、「倣う」模倣の意義を見出したのである。[37]模倣を、「写す」模倣のみと考えていれば、模範に対する価値の劣化が認められるから、どうしても模倣は低く見られる。しかも谷崎にとって芸術は、常に新しい美を追い求めるか、古来変わらぬ美の極致かのいずれかの選択肢しかみずから用意していない。「倣う」模倣に眼を見開いていなければ前者の道を歩むしかないであろう。しかし常に新しいものを追い求めるなら、作品は完成した途端に色あせ、ただちに新しくない美として追いやられてしまう。「芸術家の直観は、現象の世界を踊り超えて其の向う側にある永遠の世界を見る」[38]という谷崎が、後者の芸術観へと変転するのは、論理的には当然のことといえよう。そしてこの一なる「美」への変化は、「倣う」模倣の意義を見出すことと表裏しているのである。

では「倣う」べき模範、つまり古人の境地とはいったいどのようなあり方をしているのであろうか。

東洋の「文芸の極致――美と云ふものは昔から唯一不変であつて、歴代の詩人や歌人はその一つものを繰り返して歌ひ、何とかして頂上を極めようと努める。「分けのぼる麓の道は多くともおなじ高嶺の月をみるかな」と云ふ歌があるが、芭蕉の境地は要するに西行の境地である如く、時代に応じて文体や形式は違つて来るけれども、目指すところは結局たゞ一つの「高嶺の月」である。[39]」

昭和六年発表の「恋愛及び色情」で、谷崎はこのように書いている。「何とかして頂上を極めようと努め」た歴代の詩人も歌人も同じ一つの「高嶺の月」を目指す、といわれる。これまで「範を古に求めて」といってきたが、その古人もまた文芸の極致には辿り着いていないということであろう。それゆえ古人の特定の作品に「高嶺の月」が具現しているわけではないのである。したがって「倣う」べきは古人の作品ではなく、古人が作品の制作を通じて「高嶺の月」を追い求めた、その追い求め方ということになる。つまり追い求めることを追い求めるわけである。[40]ところで「高嶺の月」や作者がそれを追い求めたことは、過去の具体的な作品の解釈を通じてしか垣間見えない。それは作品の全体把握を試みることである。全体把握は、「芸」によって鍛えられた「感覚」がもたらすものであったが、今のわれわれはそれを古人の境地を「倣う」模倣によってだ、ということが出来る。しかしここでわれわれは循環に陥っていることに気づく。「高嶺の月」を追い求めた古人の境地は、その作品の全体把握によらなければ掴めないが、その全体把握をもたらす「感覚」は、古人の境地を「倣う」ことでもたらされるからである。この循環は終わることがない。たとえ古人の境地を探り当てたと思ったとしても、今度はその地平からまた「高嶺の月」へ向けた新たな模倣が始まり、それに応じて先には見えなかった古人の境地が現れ出て来るからである。

先述のように、作品の全体把握は、解釈者と制作者との間に格別の相違がないことを踏まえれば、この循環は制作過程においても生じているはずである。制作者は作品の外部に規矩準縄を設けることは出来ないのだから、この循環を引き受け、その内部に入る以外に作品の全体把握はおぼつかず、全体と部分の関係の是非を判断することはできない。このとき作品の制作過程において新たに生じた部分は常に作品の全体からその是非を吟味されるが、その全体は未だ把握されていない全体なのであるから、部分の決定が直ちに全体の構想に影響を与えることになる。部分と全体は互いに影響を及ぼす緊張関係に置かれているのである。谷崎が作品にもとめる建築的美観とはこの緊張関係に他ならないのである。

結

谷崎潤一郎は「饒舌録」で小説作品に「建築的美観」を求めた。それは部分と全体とが不可分に結びつくように、有機的に組み立てられた作品の構造を意味している。だが、問題はこの点に止まるわけではなかった。谷崎は組み立てられた作品の特徴と共に、それを組み立てる制作行為のあり方を問題にしていたからである。谷崎は芸術に規矩準縄はない、と云う。基準がないとすれば、全体がいまだ掴めていない制作の過程で、部分が他ならぬ全体の部分であることはどのようにして判断出来るか、という問題が生じる。

谷崎は作品の全体把握において、鍛えられた感覚を重要視し、この感覚を鍛える手段として「倣う」模倣の価値を見出した。このことと表裏し、昭和初年代の谷崎の作風は「新しい美を創造して行く文学」から「美の極致を一定不変なものとして、いつの時代にも繰り返し繰り返しそこへ戻つて行く文学」へと変化した。つまり「範を古に求め」るようになった。しかしながら「古」の或る具体的な作品に「範」が既に具現しているわけではない。それゆえ作品を倣うのではなく、「古人」が「美の極致」を志向していることを倣うことになる。古人のその志向性は「範」となる作品の全体把握によってはじめて捉えられるほかないが、それには全体把握をもたらす能力である「感覚」が必要である。「感覚」を鍛えるために「倣う」模倣が行われるが、それが既に当のその「感覚」を要請するという循環が、このときに生じている。この循環は作品受容のみならず、制作過程における一瞬一瞬にもまた生じるものである。

新たに付け加えられた部分の正しさは作品の全体から判断されるよりほかないが、その部分が直ちに全体の構想に影響を与えることになるからである。このとき、部分と全体とは絶えざる緊張関係に置かれている。それは単に作品の内部のみにみられることではなく、構想の全体としての作品とその部分を作り出す制作者との間にもみられる関係である。作品内部における、そして作品と制作者とに見られる部分と全体との抜き差しならない緊張関係こそが「饒舌録」における「建築的」という事柄なのである。

しかしそもそも谷崎の発言は、揺れが見られるとはいえ、小説の筋について、つまり小説「作品」に関してのものであった。それゆえわれわれの次の課題は、制作論的な観点から得た結論を踏まえた上で、谷崎の発言を作品論的な観点から考察することである。すなわち、小説作品に見られるいかなる構造が「建築的」であるのか、その内実を明らかにすることである。

附記

本稿は拙稿「「建築的」という制作行為　谷崎潤一郎「饒舌録」における「建築的」ということを巡って　その1」（日本建築学会計画系論文集第六一三号、二〇〇七・三）に若干の加筆修正を行ったものである。

註

※「饒舌録」の底本として愛読愛蔵版『谷崎潤一郎全集』第二十巻、中央公論社、一九八二・一二、を用い、同書からの引用は〈〉で括り、［］で頁数を示す。谷崎の他の著作も同全集を底本とし全集と略記し巻数と頁数を示すこととする。

1　谷崎と芥川の論争の経緯を示すと、まず芥川が「僕は谷崎氏の作品に就て言をはさみたいが、重大問題なんだが、谷崎君のを読んで何時も此頃痛切に感ずるし、僕も昔書いた「藪の中」なんかに就ても感ずるのだが、「話の筋」と云ふものが芸術的なものかどうかと云ふ問題、純芸術的なものかどうかと云ふことが、非常に疑問だと思ふ」（芥川龍之介ほか「新潮合評会」、「新潮」昭和二年二月号、一〇九頁）と述べたことに端を発している。それに対して谷崎が応えたのが、本文中の［引用二］である。芥川がこれに応酬し、「改造」4月号から「文芸的な余りに文芸的な」を連載し、同誌上の「饒舌録」とで論争を交わした。論争は芥川の自死（昭和二年七月二四日）によって自然消滅した。

2 森田慶一『建築論』、東海大学出版会、一九七八・二、三七―四一頁、および一六三頁。

3 中村光夫は次のように論争を総括しているが、それは本稿の立場を支持するであろう。「今日から見て「文芸的な余りに文芸的な」と「饒舌録」との応酬は、芥川が自分にできないことだけを云ひ、谷崎がこれに反して、自分にできること、実現するはずの野心だけを着実に述べてゐる」（中村光夫『谷崎潤一郎論』、河出書房、一九五二・一〇一七〇頁）「饒舌録」の位置づけに関しては、「この二篇の文学論は（引用者註「饒舌録」および「藝術一家言」を指す）、［中略］この作家が、文学といふものをどのやうに考へてゐたか、同時代の他の作家たちの仕事をどのやうな目で見てゐたかがわかる点で興味深い」（伊藤整新書版『谷崎潤一郎全集』第16巻解説、中央公論社、一九五八・七、二八九頁）というのが代表的な評価である。また建築学の立場からは、八束はじめ『思想としての日本近代建築』、岩波書店、二〇〇五・六、三一四―三二七頁、が谷崎・芥川の論争を扱っている。八束は日本の近代化の過程でこの論争を捉えているのに対し、本稿は制作論的な関心から谷崎個人の考えを明らかにすることを目指している。

4 菊池弘『芥川龍之介　意識と方法』、明治書院、一九八二・一〇、二五七頁。

5 「芸術一家言」全集第二十巻、四五頁。

6 芥川龍之介「文芸的な、余りに文芸的な」、「改造」一九二七年八月号、一三六頁、

7 佐藤春夫「個人的な余りに個人的な饒舌　龍之介対潤一郎の小説論争」、「文学界」一九五一年七月号、九二頁。

8 「構造」、「構成」という用語について安田孝は、谷崎についてはさほど区別する必要は無いのに対し、芥川は小説の特徴をいうときには「構造」を、戯曲には「構成」を当てているとしている。（安田孝『谷崎潤一郎の小説』、翰林書房、一九九四・一〇、八頁）しかしながら、使用されている頻度は少ないものの谷崎の用語の使用には区別があるものと考えられる。以下に「饒舌録」において「構造」、「構成」の使用例を示す。

「構造」

一　筋の面白さは、云ひ換へれば物の組み立て方、構造の面白さ、建築的の美しさである。［全集第二十巻七六頁］

二　文学に於いて構造的美観を最も多量に持ち得るものは小説である［全集第二十巻七六頁］

三　構造的美観は云ひ換へれば建築的美観である［全集第二十巻一〇八頁］

「構成」

一　日本の小説に最も欠けてゐるところは、此の構成する力［全集第二十巻七六頁］

二　支那人は日本人に比べて案外構成の力がある〔全集第二十巻七七頁〕
三　俳句にも構成的美感があると云ふ芥川君〔全集第二十巻一〇八頁〕
四　私の構成する力とは此れを云ふのである。〔全集第二十巻一〇八頁〕
五　構成的才能を多分に持ち合はせてゐるのは鏡花氏〔全集第二十巻一〇頁〕

これを見れば、「構造」は作品に関わることに、「構成」は制作に関わることに使用されていることが分かるであろう。但し、「構成」の三は例外である。おそらくこれは芥川が谷崎への反論で「構成的美観」という語を用いていることを承けて（芥川龍之介「文芸的な、余りに文芸的な」、「改造」一九二七年四月号、一六三頁）、その発言への直接の応答だからであろう。

9　佐伯彰一『物語芸術論　谷崎・芥川・三島』、講談社、一九七八・八、二一頁。なお引用はＥ・ミュア『小説の構造』（一九二八）から佐伯が引いたものであるが、佐伯はこの部分を谷崎の云う「筋」と同じであると言っている。佐伯は出典箇所を明示してはいないがおそらく次の箇所だと思われる。〝the chain of events in a story and the principle which knits it together〟 MUIR, Edwin: THE STRUCTURE OF THE NOVEL, The Hogarth Press, London, 1960（8th ed.）, p. 16.

ところで、河野多恵子は谷崎は「話」と「筋」を混同しているといい、「筋」とは「人生の過程」であり、「自然主義系小説、人生派小説は、「筋」とは深い宿縁で結ばれているのであって、そうなるのは、人生そのものが誰の人生でもまことに「筋らしい筋」を形成しているものだからである」（河野多恵子『谷崎文学と肯定の欲望』、文芸春秋、一九七六・九、一六五頁）といっている。しかしこの観点に立てば、小説は歴史の一変種となってしまうであろう。したがってこの観点は本論では採用しない。なお歴史と小説の区別については後に本文中でアリストテレス詩学を参照して簡単に触れることとする。

10　ここでは叙事詩と小説は共に叙事文芸であり、「『イーリアス』や『オデュッセイア』に代表される古代叙事詩も、その基本状況からいえば小説とちっとも変わらない。語り手があり、聴き手があり、すでに過ぎ去った出来事が物語られる」（新田博衞『詩学序説』、勁草書房、一九八〇・九、二四頁）という立場を踏襲する。なお、同書では叙事詩と小説の違いについて、叙事詩では語り手は神に庇護された特別な存在で聴き手より一段高い平面に立つのに対し、小説では聴き手と同じ平面に立とうとしているという違いがあり、それはそれぞれの背後にある歴史的世界の構造の違いを原因としていると説明されている（同上、二五―二八頁）。いうまでもなく、この違いは叙述方法に関わることであり、叙述内容である筋においては両者を同一に扱ってよいであろう。

11　アリストテレス『詩学』1460a20、藤沢令夫訳、『世界の名著　アリストテレス』、中央公論社、一九七二・八、三四五頁、傍点原文。

12　同上書1451b30、三〇二頁。
13　同上書1451b、三〇〇頁。
14　佐藤前掲書、九一頁。
15　佐藤前掲書、九〇頁。
16　跡上史郎「芥川と谷崎の論争について」、「文芸研究」第140集、日本文芸研究会、一九九五・九、七一頁。
17　谷崎は構造的美観を示す最大の作品として尾崎紅葉「三人妻」を挙げている。その「三人妻」の解説で、谷崎研究者でもある河野多恵子が「芸術一家言」との関連を指摘しているが、それは本稿の立場を支援しよう。（河野多恵子「解説」『紅葉全集』第3巻」、岩波書店、一九九三・一一、四九三―四九四頁）
18　「芸術一家言」大正九年、全集第二十巻四五一―六頁。
19　「芸術は事実の記録ではなく美を創造するのであるから、其処に生み出された美は一箇の生物いきもので――一箇の有機体でなければならず、既に生物である以上それはそれ自身に於いて統一された完全なものであり、部分は全体を含み全体は部分を含まねばならない。部分が成り立つと同時に全体が成り立ち、全体が成り立つと同時に部分が成り立つ」（「芸術一家言」大正九年、全集第二十巻四四頁）
20　このような評価づけは佐藤春夫にもみられるところである。「小説の構造的美観を重ぜよなどの潤一郎説の骨格になつてゐるものは、決して潤一郎独自の説ではなく、むしろ改めて縷説するにも足りない通念をそのまま保守的な考へで、事めづらしくもない小説の常識論だけに何人にもすぐ納得が行くわけで、敢て今潤一郎が説くのを煩はさないところのものである。」（佐藤前掲書、九一頁）
21　「芸術一家言」大正九年、全集第二十巻四三頁。
22　「芸談」、昭和八年、全集第二十巻四五四頁。
23　同上、全集第二十巻四一九頁参照。
24　この段落のここまでの議論に関しては、新田博衞「美的経験」、今道友信編『講座　美学』第2巻、東京大学出版会、一九八四・七、八三―一二二頁所収、八八―九三頁参照。
25　「文章読本」、昭和九年、全集第二一巻一四二―一四七頁参照。
26　こうした判断のあり方に対しては、藤沢令夫ギリシア哲学と現代、岩波新書、一九八〇・七、第VI章第4節が学的な妥当性を与えてくれる。
27　「文章読本」、全集第二一巻一四三頁。
28　同上、全集第二一巻一四四頁。

29 新田前掲書、九二頁。

30 「芸談」、大正九年、全集第二十巻四四二頁。

31 同上、全集第二十巻四四一頁。

32 「支那趣味と云ふこと」、大正十一年、全集第二二巻一二二頁。

33 同上、全集第二二巻一二三頁。

34 「早春雑感」、大正八年、全集第二二巻六七頁。

35 ここで歌舞伎の「型」に対する模倣と、文学作品における過去の作品の模倣とは、「倣う」内容が異なるのではないか、との疑問を抱かれるかもしれない。この点については、以下のように補足しておく。
歌舞伎の「型」という形式面に着目するならば、それは「写す」模倣といえる。しかしそうした身体的修練を通じて、型の是非を見分ける感覚を身に付けることになるのだから、同時にそれは「倣う」模倣でもある。しかし両者では模倣対象が異なっている。「写す」模倣では外面化された身体の所作が模倣されるのに対し、「倣う」模倣では主体の判断のありようが模倣される。前者に関しては、歌舞伎と文学の場合で模倣対象は確かに異なるが、後者の場合は同一の主体の境地（感覚）を倣うことは可能であろう。「饒舌録」に即して述べれば、作中人物の性格という、作品の全体に関わる事柄を把握する能力が、芸によって修練された役者の感覚によってもたらされると谷崎が考えていることが分る。

36 佐々木健一『美学辞典』、東京大学出版会、一九九五・三、四五—四六頁参照。

37 谷崎は昭和十年頃より自身の創作を脇に置いたかのように、「源氏物語」の現代語訳に取りかかるが、そうしたことにも「倣う」模倣の意義を見出した痕跡を見ることができよう。

38 「早春雑感」、大正八年、全集第二二巻六九頁。

39 「恋愛及び色情」、昭和六年、全集第二十巻二七一—二七二頁。

40 プラトンのイデア論とも関わるこうした論点に関しては、拙稿「母は描けるか？」、「ユリイカ」二〇〇三・五、一七六—一八一頁参照のこと。

ウィリアム・モリスの書物論の構造

——アーツ・アンド・クラフツ運動における生命論の一源流として——

杉山　真魚

序

近代建築史において、一八九〇年代の英国の動向は注目に値する。一九世紀半ば以降、大量生産による工業製品の水準低下に対する応答として、装飾芸術の改良運動が興るが、そのひとつに数えられるアーツ・アンド・クラフツ運動が新たな展開を見せるのがこの年代である。[1]アーツ・アンド・クラフツ展覧会協会は一八九三年に論文集、一八九七年に講演集を出版しており、前者では織物、壁紙、ステンドグラスなどの手工芸がそれぞれの実践的内容に即して論じられ、後者は『芸術と生活—都市の建物と装飾』と題され、都市について五名が論及する構成となっている。一八八〇年代にモリス（一八三四～九六年）によって社会主義思想の急進性を帯びて確立されたアーツ・アンド・クラフツ運動の思想は、一八九〇年代になると市民への理解、展覧会の充実、都市問題への提起などを漸進的に図るものへと変調している。[2]一八九五年にナショナル・トラストが創設されたこと、一八九八年にハワード（一八五〇～一九二八年）による『明日—真の改革にいたる平和な道』が出版されたことに代表されるように、この時期、英国では生活の美や衛生という市民のアメニティ意識が高まった。[3]装飾芸術の改良を目論んで、「民衆の芸術」という考え方を標榜したアーツ・アンド・クラフツ運動の理論家や実践家は必然的に市民に基づく都市生活や田園生活を論じた。ここで注目されるのが、装飾芸術、建築、都市、田園に関する論考を貫いて多用される〈life〉概念である。一八九六年の第五回アーツ・アンド・クラフツ展覧会の基調講演[4]「芸術と生活について」において印刷工コブデン＝サンダーソン（一八四〇〜一九二二年）は次のように述べている。

これから続く講演の目的は概して芸術という概念を拡大すること、特に、美と用の概念を大都市の構成や装飾に適用することにある。（……中略……）私は芸術という概念を拡大し、全体としての生活（life as a whole）に適用したい。[5]

ここに言われる「全体としての生活」とは、アーツ・アンド・クラフツ運動がそれまで主に依拠してきた家庭内の手工芸品だけではなく、農業や農具の製作にも芸術的契機を見出しながら営まれるものである。コブデン＝サンダーソンはこの種の生活を送る主体のことを「普遍的生命」や「有機的生命」と呼んでいる。[6] ワーズワス（一七七〇〜一八五〇年）に代表されるロマン主義詩人が用いた「ひとつの生命（the one life）」[7]を彷彿させるけれども、生活世界の日常使用品を創出することに興味を傾けた人々が推進したアーツ・アンド・クラフツ運動における生命論はそれ独自の特質を有していたと考えられる。

本稿ではその全貌を解明する端緒として一八九〇年代のモリスの言説、とりわけ書物論に着目する。[8] 晩年のモリスは『ユートピアだより』をはじめ多くの文学作品において理想的な生活を描出しつつ、文学作品が載る書物それ自体を論じ、装飾芸術作品としての書物を制作するようになる。[9] モリスは書物論の中で、芸術の理想的な在り方について、「叙事詩的なもの」と「装飾的なもの」というふたつの側面を取り上げている。本稿では建築制作の問題への関心に基づいてこれらふたつの言葉の意味を読み解きながら、モリスの書物論の構造を明らかにすることを研究目的とする。このことはアーツ・アンド・クラフツ運動における生命論の源流を探る思想史的研究としての意義もあると考える。

一　一八九〇年代の書物論の位置づけ

一―一　晩年の活動

モリスは一八八〇年代後半から散文ロマンスと呼ばれる文学作品の創作に取り組むようになる。[10]また、かれは一八九一年、ケルムスコット・プレスを設立し、書物の印刷・出版に着手する。ケルムスコット・プレスからはモリス自身の著作二十三点を含む五十三点の書物が刊行されている。[11]この時期、モリスは書物を主題とした講演活動や論文執筆も行っている。[12]モリスの書物論はアーツ・アンド・クラフツ運動の只中で展開されている。「印刷」という論文がアーツ・アンド・クラフツ展覧会協会のメンバーによる一八九三年の論文集に寄せられたことや「印刷本の初期の挿絵」と題された講演がアーツ・アンド・クラフツ学校で行われたことがその証左として挙げられる。かれはこれらの著作の中で、主として中世の写本（manuscripts）と印刷本（printed books）に共通の特質について説明しているが、その内容は書物を制作するための技術的内容にとどまらず、芸術全体の在り方など倫理的内容にまで及んでいる。モリスの書物論に示される倫理的内容は、アーツ・アンド・クラフツ運動の方向付けとも関わっていると考えられる。モリスは芸術全体における書物の重要性について次のように述べている。

　芸術のうち最も重要であり最も切望される生産物は何かと問われたならば、美しい家であると答えるだろう。そしてさらに次に重要であり切望される生産物は何かと問われたならば、美しい書物と答えるだろう。[13]

この言説は一八九〇年代のものであるが、それ以前のモリスの言説の特徴を整理しておきたい。モリスは一八七七年以降、「民衆の芸術」を基軸とした制作論を表明するようになる。「生活の美」と題された講演において、「家造りという芸術は全ての始まりである」[14]と言われているように、モリスの制作論の起点には人間の住まう「家」についての徹底した見直しがある。「有用であると思われないものや美しいと信じられないものを一切家の中におくな」[15]という金言を掲げ、第一に有用性が充足される必要性を説く。一八八〇年代になると、社会主義運動の実践も加わり、「共同体」という枠組における人間存在の意味が問われるようになる。[16] 一八九〇年代以前には日常生活において直接的に関わる実用品や環境の本来的な在り方が目指されていたと言える。

モリスは直接的な実用品や環境についての言説では十全に説明できないと思われる芸術的精神について、ゴシック芸術を例に挙げ、本稿の冒頭で示した「叙事詩的なもの」と「装飾的なもの」という書物に顕著な二特質を取り上げ、次のように述べる。

すべての有機的芸術、すなわち真に成長しているすべての芸術には二つの特質がある。叙事詩的なもの（the epical）と装飾的なもの（the ornamental）である。[17]

「叙事詩的なもの」と「装飾的なもの」に関する内包的問題については次章以降に詳述するが、これら二者を併置してゴシック芸術の本質的特質を把握する方法がモリス晩年の書物論を特徴づける。

また、一八九〇年代はモリスの古建築物保護の活動に関して、ウェストミンスター寺院の修復および増築に対する抗議文が書かれるなど、その円熟期として評価できる。[18] 先の引用にみられる「有機的」という言葉は古建築物に関する著作にも散見される。例えば、一八八九年の論考「ゴシック建築」の中で、モリスは「有機的建築」としてゴシック建築を賞賛し、「用と美」（＝「構造と装飾」）の結合という観点から説明している。[19] 一方、書物のように精神的要求の充足が主目的となる作品を論じる場合、「用」という概念は用いられず、「美」の内容に関する諸側面が主題的に捉えられるようになるのである。ここで、モリスが理想とする書物の事例を通して書物の構造を確認しておこう。

一―二　理想の書物

モリスが晩年に制作や論述の対象とする書物は、文学作品と装飾芸術作品の両義的性格をもつ芸術作品である。書物において詩人モリスと工芸家モリスが融合するとみなすこともできるであろう。モリスは、一八八六年に『ペル・メル・ガゼット』誌の編集者に「良書百選」のアンケートを求められ、五十四のリストと解説文を提出している。[20] 本論では最初の八編に注目したい。

一．ヘブライ聖書（重複部分や単なるユダヤ教会主義的部分は除く）　二．ホメロス　三．ヘシオドス　四．エッダ（他の古ノルド語のロマンティックな系譜の詩を含む）　五．ベーオウルフ　六．カレワラ、シャー・ナーメ、マハーバーラタ　七．グリムや北欧民話を筆頭とする民話集　八．アイルランドとウェールズの伝承詩集

これらはマッツィーニが「バイブル」と呼ぶ種類の書物である。これらは必ずしも文学的基準によって評価できるものではないが、私にはどんな文学よりもはるかに重要なものである。これらは、いかなる意味でも、個人の作品ではなく、民衆（引用者注：*people*と斜体表記）の心そのものから成長してきたものだ。

これらは伝承（口頭伝承および写本）により存続してきた作品群（民族叙事詩）である。モリスは他のリスト中「バイブル」の性質をもつものに＊を付し、伝承性を評価している。それらは、「ヘロドトス」「ヘイムスクリングラ（ノルウェイの王たちの物語）」「半ダースほどの最良のアイスランド・サガ」「ニーベルンゲンの歌」「デンマーク、およびスコットランド・イングランド辺境地方の伝承バラッド」「アーサー王の死」「千夜一夜物語」である。モリスが「叙事詩的」というとき、これらの作品が念頭にあると考えられる。叙事詩とは、神話、伝説、英雄の事蹟、歴史的事件などを題材とした物語詩を意味するが、[21] モリスにおいては叙事詩の内容だけではなく、「成長してきた」と表現されるように、伝承という事柄も重要であった。

一方、装飾芸術作品としてモリスが称揚するのはいかなる書物か。かれは一連の書物論の中で、理想の書物の装飾的側面について、

彩飾画（二編）、木版画（三編）、活字（三編）という三つの観点から、過去の実例を示しながら論じている。まず、彩飾画についてみていこう。モリスは『ケルズの書』に代表される八世紀頃から栄えたアイルランドの教会図書のカリグラフィ（能書法）と彩飾を英国における装飾芸術作品としての書物の起源とみている。しかし、それらは原始的装飾の部類であり、「人間と人間の営みを表現することにはほとんど関心をもたず、実際、いかなる有機的生命にもあまり関心がなく、抽象的線を絡み合わせることで満足している」と、装飾の抽象性に原始性を認め、否定的に捉えている。[22] このアイルランド様式とビザンティン様式が融合し、一一世紀初頭には「装飾と人物像を結合した非常に美しい彩飾の様式」であるアングロ・サクソン様式がウィンチェスターなどで発達した。[23] モリスはこの様式から完全な中世の流派が生まれ、一二世紀半ばの書物において、書物の内容とは関係のない、縁飾りや装飾文字の中で葉飾りと人や動物や怪物の姿が大胆に混合されていることを評価している。そして一三世紀後半に彩飾画が最高潮に達したとみている。その例としてボドリー図書館の『ノリッジ詩篇』、大英博物館の『アランデル詩篇』『クイーン・メアリ詩篇』『テニソン詩篇』が挙げられている。[24]

次に、木版画についてみていこう。木版画は彩飾画が手による直接的な装飾であるのとは異なり、木版という道具を用いた装飾である。これは、単純な機械によって製造される印刷本の発明とともに生じた。モリスは講演「ゴシック本の木版画」において、幻燈スライドを用いて一五世紀から一六世紀における三十六の実例を紹介している。[25] これら中世末期のデザインから学び、「挿絵を注意して見始める以前でさえ、いつどこで書物を開いても美的感覚を有した人間に真の喜びを与える」印刷本を制作する必要性を説く。[26] 木版による挿絵は書物の内容を伝える情報源であるだけでなく、それ自体が木版画という芸術作品なのである。

最後に、活字について概説しておこう。先に木版画は印刷本と関連することを示したが、モリスは「一五世紀の可動金属活字の発明が印刷術の発明である」とし、活字の中で最良のものは「グーテンベルク本」と呼ばれる一四五五年頃に制作された「四十二行聖書」であると言う。[27] 一五世紀の印刷本は、活字の力だけで常に美しいとされる。モリスは「美しい文字を鋳造し、版を組み、印刷するのに要する時間と費用は、醜い文字を使って同工程を行うのと変わらない」とし、[28] ケルムスコット・プレスにおいてローマン字体であるゴールデン・タイプおよびゴシック字体であるトロイ・タイプとチョーサー・タイプを制作することになる。[29] グーテンベルク以来、しばしば地元の大工や建具工によって制作された木製印刷機が使用されていた。しかし、一九世紀初頭に鉄製印刷機が導入されて以来、功利主義的観点による印刷工程の機械化、加速化によって、活字の水準の低下および紙やインクの質の低下が起こった。[30] モリスはこのような当時の印刷事情に対して活字再生を試みたのである。

一―三「有機的芸術」としての書物制作

本章第一節で「有機的」という言葉について指摘した。書物や建築物が理想的な様態を示し、「有機的芸術」と呼ばれるとき、それは何を意味するのか。前節から、さしあたりふたつの有機性が浮上してくる。ひとつは成長になぞらえられる伝承による有機性である。もうひとつは総合芸術としての性格に見出される有機性である。

ここで総合芸術の有機性に関してもう少しみておきたい。文学作品および装飾芸術作品としての書物の二重性、また装飾芸術作品内において彩飾画、木版画、活字という複数の要素があることを踏まえれば、書物制作には部分的制作物を総合して構成することが前提されていることが分かる。モリスが「手工芸」に見出した建築的契機が書物において如実に見出されるのである。[31] 現に、モリスは書物における装飾が書物という全体の一部として構成される様態を「建築的」と表現している。[32] また、モリスと協働して書物制作に従事したバーン＝ジョーンズ（一八三三～九八年）は自分たちの制作途中の『ジェフリー・チョーサー作品集』について「小さな大聖堂（a pocket cathedral）のようになるだろう」と記している。[33] 建築物の中でも彫刻、絵画、ステンドグラスなどの様々な表現が総合される大聖堂はモリスらにとって至上の芸術作品であったことは想像に難くないが、それは制作対象というよりは教訓的意義をもつ保護対象であった。それに対して、書物は「有機的芸術」の考え方を創造的に実践できる対象である。そして装飾芸術や古建築物保護に関する論考ではあまり取り上げられなかった「叙事詩的なもの」という芸術の表現内容が書物論において自覚的に語られることになる。

以上より、晩年の書物論は多岐にわたる活動を経てモリスが到達した「有機的芸術」に関する包括的論考として位置づけられる。それはモリスの建築的思索の集大成と言っても過言ではないだろう。再度、第一節で示した箇所を続きの文章も含め引用し、章を変えて詳細に検討しよう。

すべての有機的芸術、すなわち真に成長しているすべての芸術には二つの特質がある。叙事詩的なものと装飾的なものである。それらは物語を語ることと空所すなわち触知できるものを飾ることとして機能する。(34)

二　芸術作品の二大原理

二―一　作品における「叙事詩的なもの」

「叙事詩的なもの」が「物語を語ること」として機能するとはいかなる事態であろうか。モリスは「叙事詩的なもの」の機能について「出来事への興味とともに物語を語ること」であると言う。(35) 語られるべき「物語」は「修辞的なもの」や「因習的なもの」であってはならないとされる。(36) 制作者の「出来事への興味」という一回性の内容が表現されていなければならないのである。モリスの言う「出来事」とは何か。かれが中世の神学の内奥に見出した中世の職人の世界観を示す次の言説が注目される。

中世の職人は美しい手工芸作品と商業主義の貪欲さによって悪化されていない自然の中に生きていただけではない。かれは当時理解されていた世界の叙事詩（the epic of the World）という感覚を深く吹き込まれていた。確かに、存在の神秘についての解答、すなわち当時の科学とはカトリック教会という団体が説明する専断的な神学によって与えられたものだった。しかし一方でこの神学は現在カトリック教徒やプロテスタント教徒によって理解されている宗教と同一境界内のものではなく、中世の精神においては、それ（引用者注：神学）は単なる教義ではなく、事実の報告、過去、現在、未来の出来事の物語であり、すべての民衆によって本当に信じられているものだった。（……中略……）中世の職人・芸術家にとっては世界の生命（the life of the World）の物語を絵にすることが本分だった。(37)

「事実」や「過去、現在、未来の出来事」が「世界の叙事詩」や「世界の生命の物語」と呼ばれる全体性において捉えられている。この全体性は同講演において「生命の連続性（the continuity of life）」とも称される。[38]かれの言う「出来事」とは「未来の出来事」を含んでいることから、空想的な内容でも受け容れられるものであると推察される。モリスは神学を通した事物把握が空想性を可能にし、それが一九世紀における科学的把握や教義的な宗教的把握と異質のものであることに注目する。引用の冒頭に示される「美しい手工芸作品」や「自然」という存在者の物性を実証的に解明することがいわゆる科学であり、物性から超越し神を措定することがいわゆる宗教であろう。モリスは個的存在者としての諸物が「出来事」の連続的関係として把握されることに意義を認める。そのためには「美しい手工芸作品」と「自然」を包含し得る通時的かつ共時的な総体としての「世界」が民衆の共通基底にあることが求められるのである。諸物の関係性を把捉した「物語」とはつねに「世界の叙事詩」の一部として読まれる、言い換えれば「世界」へ還元されることへと通じているのである。モリスはこのように諸々の「出来事」を「世界」へ包摂する精神の働きに「宗教」という言葉の意味を見出す。[39]かれは社会主義的文献においても「社会主義の宗教」など教義的な精神性とは異なる意味で「宗教」という言葉を用いている。[40]一八九三年にバックス（一八五四〜一九二六年）との共著として出版された『社会主義―その成長と帰結』の最終章「社会主義の勝利」では、古代社会の宗教と来るべき社会の宗教との関係が述べられている。[41]そこでは宗教に固有の信仰精神の脱迷信化が図られる。かれが中世の人々の精神に着目するのも、その信仰の内容よりも信仰そのことを重視するからである。「世界の叙事詩」の解釈は時代ごとに異なりつつも、信仰精神がその持続を担保するのである。モリスにおける信仰は何に向けられるのか。「世界」の実相が明らかにされなければならない。上記の「社会主義の勝利」における古代の宗教と現在の宗教に関する言説を並置しよう。

　宗教は今日迷信と呼ぶものと結合することが不可避だった。というのは、人間と動物の生命や無生物などその他の存在者との間に区別がなく、すべての存在は等しく意識的で知性的であると考えられていたからだ。[42]
　教養ある階級に言わせれば、宗教は今や確実に超自然的になり、ついにはsuperstitiousという言葉の真の意味である、生き残りのものになった。なぜなら、宗教に内在する信仰という古い習慣が徐々に失われたからである。[43]

ここに並置した宗教の在り方はそれぞれ「部族的、自然宗教」と「普遍的、倫理的宗教」と称される。[44] モリスは古代の宗教における「すべての存在は等しく意識的で知性的である」という認識は迷信として否定するが、その信仰精神の基礎に据えられる人間と自然の未分化な関係への志向性は肯定する。宗教には本来、このような信仰が内在していなければならないとするのである。一方、現在の宗教が「超自然的」であることを否定する。「超自然的」とはいかなる事態か。モリスはこのことを説明するために、物質文明における階級問題を持ち出し、支配階級の台頭によって「人間による事物の支配」という関係性が「事物による人間の支配」という関係性に転じたこと、および支配階級が観察と内省の余暇を得たことで、種々の二元的把握が生まれたことを指摘する。それらを以下に要約しながら列挙する。[45]

- 「意識的存在としての人間」と「残りの自然」という意識の有無による区別
- 「親しく既知の人間」と「神秘的で比較的に未知の自然」という人間の知識の程度による区別
- 「無意識な事物とみなされる見える対象」と「それらの背後から働く想像された動力である『神意』」という「自然」に関する区別
- 「個人」と「社会」という人間の在り方の区別
- 「魂」と「身体」という個人における区別

モリスはこれらの二元的把握によってどちらかが思考の対象から捨象されることに批判的であった。中でも「自然」に関する区別について次のように言っている。

> これ（引用者注：「神意」）は特質において人間のようであるが、知識と力において人間に勝り、もはや自然物に内在的ではなく、それらの外にあり、それらを動かし制御していると考えられた。[46]

「見える対象」としての自然物の物性が外在的な「神意」によると解されること、これが「超自然的」という言葉の意味であろう。モリスはこれに対して、自然物の物性をその自然物に固有の内在的特性として、言わば自然的に把握する。「世界」とは上記の二元的分離を統合したときに見出されるありのままの自然物や人間によって構成されていると言えよう。モリスはそこに原始性や呪術性を期待するのではない。来たるべき社会の人間はそうした「世界」に古代社会のような生物と無生物の一致をみるのではなく、様々な差異や同一を含んだ関係性を「物語を語ること」により表現するというのがモリスの弁証法的歴史観の宗教への適用であり[47]、それは「叙事詩的なもの」の内容を生成する芸術行為である。

二―二　作品における「装飾的なもの」

芸術作品における「装飾的なもの」について「空所すなわち触知できるものを飾ること」として機能するとされるが、どのように制作されるのか。モリスは装飾的側面とは「美しいものを表現する感覚と美しいものから受ける適合性の感覚、すなわち絵とそれが載る作品との釣合の観点である」とする[48]。この言説では中世の印刷本における挿絵が主題となっているため、「美しいもの」として「絵」が例示されている。ここから装飾的側面は制作の観点から、次のふたつの側面をもつことが分かる。ひとつは「美しいもの」自体を制作するという形態的側面、もうひとつは「適合性」や「釣合」と呼ばれるように「美しいもの」をそれが適用される本体との関係において制作するという構成的側面である。「美しいもの」とは書物における縁飾りなどの装飾のみを意味するのではない。当時の印刷事情について次のように言われる。

> 印刷業者たちのただ単調な商売用の装飾ほど気が滅入るものを私は知らない。（……中略……）簡素で飾りのない文字による書物のほうがはるかに装飾的であろう。[49]

モリスは書物における活字や挿絵を単に書物の内容を媒介するものとして捉えるだけでなく、それら自体にも装飾的契機を見出している。さらに、活字、挿絵、その他の装飾が「ページの一部」となるように版面や余白を含め全体的に構成されなければならないと言う[50]。こうして得られた全体は「美しいページ」と呼ばれる[51]。かれは書物の構成的側面に関して、比例関係などの数理的視点から即座に分析することはしない。「美しい書物を得るための唯一の可能な方法」が次のように述べられている。

実制作者側からみれば、原画のデザイナーがかれであろうと他人であろうと、かれの仕事は原画の機械的再生産ではなく、共感的翻訳であることを理解しなければならない。このことを換言すれば、木版画のデザイナー、装飾木版のデザイナー、木版彫板師、印刷者、かれらすべてが思慮深く、勤勉な芸術家であり、ひとつの芸術作品の制作のために調和的協同のもとで働くということだ。(52)

「共感的翻訳」という制作者の自由性や「調和的協同」という制作者の相互関係性を重視するのである。「美しいページ」や「美しい書物」という美的判断につねに倫理的判断が重層化されていると言えよう。ここで付言しておくと、モリスの印刷工房では原画のデザイナー（モリス自身）が描いたものを「翻訳」の余地があることを示す「スケッチ」という表現で彫板師が呼んでいると言う。(53)原画の厳密的模写に意義を見出さないことを示す端的な事例である。

また、モリスは社会と生産に関する論考の中で「平等な社会は真の職人技術が生産の規則となり得る状況を形成する」と述べているが、(54)書物論では、彫板師の技術に焦点が当てられる。木版画の制作に関して、一九世紀の職人は黄楊の木口に彫刻刀で彫るが、一五世紀には柊や梨の木といった普通の木の板目にナイフで彫ったと言う。(55)一五世紀の職人技術には習得の難しさがあり、否応なく一彫板師が素材と直に向き合うことになる。このことにより作品に技術的直截さが表出されるからこそ、後代の人間が時代を超えて追体験し得ると言えよう。「装飾的なもの」には形態的側面と構成的側面に加えて、技術の伝承的側面も存することが指摘できる。

二―三　「叙事詩的なもの」と「装飾的なもの」との相関

モリスは書物の内容と装飾の程度についても考察している。「多かれ少なかれ実用的な挿絵を要する書物には実際の装飾は一切いらない」とされる。(56)しかしながら、活字のデザイン、活字と挿絵の配置によって「美しいページ」が「装飾的なもの」として制作されるのである。「美しいページ」とは内容に関わらずそれ自体が職人や芸術家の出来事を内包する「叙事詩的なもの」として生活世界に現出するものである。芸術行為を通して「叙事詩的なもの」が想起される作品を創出し、その作品も「叙事詩的なもの」となるという重層的関係をモリスの書物論から読み取ることができる。これがアーツ・アンド・クラフツ運動に共感や協同という生命のつながりに重要性を見出す視点を与えたと言えよう。

「叙事詩的なもの」には「物語」という表現的側面と「物語」の解釈の変化という伝承的側面とが含意されている。「装飾的なもの」が「叙事詩的なもの」としての側面をもつことを指摘したが、より正確に言えば、「叙事詩的なもの」の伝承的側面のことを指している。モリスは「叙事詩的なもの」と「装飾的なもの」とを芸術の二大原理だとするが、これらに内在的な制作者の信仰精神や制作の伝承性を見落としてはならない。モリスは一八九一年、書物論を展開するより以前に、英国ラファエル前派絵画展のために講演を行っているが、そこでも絵画という視覚芸術作品を論じるために、ゴシック芸術を例示し、「叙事詩的特質」と「装飾的特質」を挙げている。ただ、この講演では、これらの特質に加えて、「自然への愛」と「ロマンティックな特質」について言及されている。これは「叙事詩的なもの」と「装飾的なもの」という二項構造に純化される前の四項構造であろうか。次章において、「自然への愛」と「ロマンティックな特質」について分析したのち、「叙事詩的なもの」と「装飾的なもの」という二項構造の意味を解明する。

三　モリスの書物論の意味

三―一　制作における「自然への愛」

先にふれたラファエル前派とは、ウィリアム・ホルマン・ハント（一八二七～一九一〇年）、ダンテ・ガブリエル・ロセッティ（一八二八～八二年）、ジョン・エヴァレット・ミレー（一八二九～九六年）の三人の画家によって一八四八年に結成された集団である。[57] かれらは因習的なアカデミズムに反発し、ラファエル出現以前の作品に見出されるような自然への素朴な態度に立ち返り、新鮮な感動を喚起する芸術の在り方を絵画制作や機関誌『芽生え』(The Germ) の発行などを通して表現した。モリスはラファエル前派の特徴について、「一言で、自然主義である」と言う。[58] かれらの作品には自然の細密描写が顕著だが、それは自然の直写を目的とするような「かろうじて事実の報告をしているにすぎない」類の自然主義ではないとされる。[59] モリスはこう言っている。

ラファエル前派の自然主義は単なる科学的事実 (scientific fact) の表現に止まらず、芸術作品を制作するために必要な、入念に考慮された正当で適切な出来事へと向かっており、真に自然な (引用者注：*natural* と斜体表記) コンベンションに基づいていた。[60]

ここではラファエル前派の自然主義的態度が「科学的事実の表現」という直写性を有しながらも、「出来事」の描写という想像的作用を含む点が評価されている。かれらの自然観察および物語の構築は「自然なコンベンションに基づく」と、その方法の自然性が強調される。これは自然主義を標榜しつつも「因習的なコンベンション (conventional convention)」による流派への批判的言明でもある。[61] 芸術の主題としての自然とその描写方法が問われているが、モリスはラファエル前派から学ぶべき造形芸術の特質について、絵画を例にとり、こう続ける。

どんな絵画も私にとっては、自然の再現と物語を語るもの以上でなければ完璧ではない。それは限定的で、調和的で、意識的な美を有するべきだ。それは装飾的なものであるべきだ。それはそれ自身が部屋や教会やホールにおいて美しい全体の一部となることができるべきである。[62]

「物語を語るもの」とは上述の「叙事詩的なもの」の表現的側面に対応する。また、絵画が「装飾的なもの」として「部屋」「教会」「ホール」など絵画が配される空間内において成立することが言われる。これは上述の書物論における「装飾的なもの」の構成的側面に対応する。モリスは、一般公衆は絵画など造形芸術のこのような装飾的機能を考慮に入れることはほとんどない一方で、ゴシック芸術の装飾的側面には精通していると考えていた。そこでラファエル前派を論じる中で敢えてこの特質を抽出することで、ラファエル前派がゴシック芸術という唯一のスタイルの一支流であることを強調しようとする。そしてゴシック芸術の特質を次のようにまとめている。

自然への愛（Love of nature）がゴシック芸術の第一の要素である。次に叙事詩的特質である。これら二者に加わるのが、人々がしばしばゴシック芸術が有する唯一の特質であるとおそらく考える特質であり、それは装飾的特質である。これらの特質は古代の有機的芸術の流派、とりわけギリシア芸術も共有していると言われるかもしれない。しかし、それ（引用者注：ゴシック芸術）がこれらから区別される特質が少なくともひとつある。それはロマンティックな（引用者注：*romantic*と斜体表記）特質である。私はこれよりよい言葉がないためにこのように呼ぶ。[63]

「自然への愛」が「叙事詩的特質」の表現的側面の前提となることはこれまでの考察より明らかである。また、モリスには種々の装飾芸術作品の「形態」が「自然と調和すれば美しい」という認識があった。[64] このことから「装飾的特質」の一部を為す形態的側面にも「自然への愛」が作用していると言える。「自然への愛」とは芸術作品の叙事性と装飾性の両者における表現性の基底にあり、既にみたモリスの志向する信仰精神に等しいと言えよう。

三―二　制作の伝承としての「ロマンティックな特質」

先の引用において強調され、ゴシック芸術を他の芸術思潮と決定的に区別すると考えられる「ロマンティックな特質」とは何か。モリスは言葉の選択を躊躇しているが、このことは何を意味しているのであろうか。「ロマンティックな特質」を示す言説を、ひとつめは同講演から、ふたつめは一八八九年の第一二回古建築物保護協会の年次総会における講演から引用する。

それ（引用者注：ロマンティックな特質）は叙事詩的特質の全体ではないが、その一要素である（ホメロスに顕著なように）。そしてそれは装飾に関する最大の精錬、豊富さ、永続的な興味に必要である。けれども、それは定義されるよりも感じるものだと認める。[65]

私は人々がロマンティックであるということを間違って用いているのを耳にしたことがある。ロマンスが意味することは、歴史を真に知覚する能力、すなわち過去を現在の一部とする力のことである。[66]

ふたつめの引用から「ロマンティック」という特質が「歴史」の連続性に作品が開かれることにより付与されることが分かる。このことを踏まえると、ホメロスに顕著な要素とは前述の「叙事詩的なもの」の伝承的側面のことであると考えられる。また、装飾の「精錬、豊富さ、永続的な興味」とは装飾芸術作品がその自己完結性を越えて、その技術的側面が伝統として更新される事態を捉えていると解される。芸術作品の叙事性と装飾性の両者に見出される伝承性が「ロマンティック」という言葉によって一括されるのである。

このような伝承性をめぐるモリスの思索は一八八〇年代後半に確立したと考えられる。モリスは一八八四年の「建築と歴史」と題された論考では、主として建築と手仕事や職人の関わりについて論じる中で次のような言葉を残している。

この新しい歴史認識のとる方法について、それは言語の研究と古物の研究の二種類ではないだろうか。すなわち、人間の思想の口話（speech）による表現と手仕事（handiwork）による表現の研究である。言い換えれば、人間の創造的行為（creative deeds）の記録に関する研究である。[67]

ここで、歴史認識の方法について、二度言い換えられていることは看過されてはならないだろう。一般的には「言語の研究」と「古物の研究」はそれぞれ言語学と考古学を指す。しかし、モリスは「口話による表現」と「手仕事による表現」というように「言語」や「古物」以前の「口話」や「手仕事」という人間の身体を伴う行為に着目する。これをかれは包括的に「創造的行為」という表現によって捉えている。モリスはこの時点では、「言語の研究」について、深く関心があるが話す知識がないとしてとくに言及していない。しかし、モリスは一八八七年にホメロスの叙事詩『オデュッセイア』を韻文詩に翻訳する仕事を端緒として、「言語」や「口話による表現」の内部世界に入っていく。かれの擬古文体の散文ロマンスがこれ以降発表されることになる。モリスはホメロスから何を感得したのか。翻訳を発表した年に、『コモンウィール』に「一芸術家の思うアーティストとアーティザン」という論文を寄稿し、次のように述べている。

近代の研究はホメロスが曖昧で不確かな幻影であるとしたが、一方でそれは民衆の生活（the life of the people）についての我々の見解に鮮明さを与えた。そして、当時の民衆こそがホメロスの詩行の真の作者である。(68)

『オデュッセイア』に代表される口承文学作品はその性質上、その作者や内容の真偽をめぐる議論が絶えない。(69)モリスは作者や起源的内容の特定という科学的分析よりも、「口話による表現」が時代ごとの人々の生活過程に影響されて変容する事実に関心を抱くのである。これは、装飾芸術を通して民衆による制作の伝承性に意義を認めた者が必然的に辿りついたホメロスの理解であろう。また、「ロマンティック」という概念は、いわゆるロマン主義の観点からすれば、制作者の主観性に依拠し、内的情趣が表現されたものという意味に用いられ、抒情的作品を形容することが多い。(70)しかし、モリスは制作者の抒情性が「世界の生命」の叙事性に包摂されると理解し、独自の意味で「ロマンティック」という言葉を用いるのである。

三―三　「世界の生命」と制作

前二節により、「自然への愛」と「ロマンティックな特質」は「叙事詩的なもの」と「装飾的なもの」に並置される四項関係にはなく、「叙事詩的なもの」と「装飾的なもの」の両者に求められるものであることが明らかとなった。また、「叙事詩的なもの」と「装飾的なもの」という二項は「口話による表現」と「手仕事による表現」という二項に対応し、モリスはそれらに果たすべき機能の差異の他、表現において用いられる身体部位の差異をみていることが分かる。

ここで、モリスが一八七七年の最初の講演において制作者への提言として「あなたたちの師について言うと、それは自然と歴史でなければばならない」[71]と述べていることを指摘したい。自然と歴史という二項は自然の事象と人間の事象という意味合いで対立的に用いられているが、これら二者を装飾芸術作品や生活環境において融合させることが一八九〇年代以前のモリスの関心の中心にあった。本章で確認した「自然への愛」と「ロマンティックな特質」という把握方法は自然と歴史に関する対象的把握から深化し、自然への信仰精神や表現方法の自然性、および制作の伝承性に重きが置かれたものである。これは、「世界の生命」による制作という統一的な視点により、自然と歴史を対象的事物として把握することから、制作物が還帰する世界として把握することへ思想の力点が移行したことを示している。晩年のモリスが取り上げる「叙事詩的なもの」と「装飾的なもの」のどちらからでも上記の世界に到達し、日常生活に秘匿された生命の繋がり（無生物も含めて）を知ることができるのである。

最後に、「世界の生命」としての民衆による制作について一考したい。「世界の生命」としての民衆は自己と世界の両義を担うと考えられる。この地平からの文学の創作と建築制作（建築的芸術）は同一の構造を有している。モリスは「口話による表現」と「手仕事による表現」を「創造的行為」と呼ぶ。叙事詩的文学作品を成立させる言葉や言語は「口話」という身体感覚によって経験される。言葉や言語の意味は固定的ではなく、その表現を経験する民衆によって変容させせられる可能性に開かれている。モリスはこのような観点から「口話」と「手仕事」の類似的関係をみていたと考えられる。モリスは第一二回古建築物保護協会の年次総会において中世の職人の仕事についてこう述べている。

> 確実な方法で石に働きかけるという無意識的習慣 (the unconscious habit) は人工的には与えられない。そしてこのような習慣に建物のまさしく生命というものが存する。それ（引用者注：無意識的習慣）は建物において物語が語られるときの言語 (language) であった。もしその言語を破壊したならば、その物語の文体を修復できるだろうか。せいぜいその図、すなわち価値のない残骸が得られるだけだ。[72]

手仕事の背後にある「石に働きかける」という「無意識的習慣」が「言語」と呼ばれる。この「無意識的習慣」に基づいて、物語が石という素材に彫琢されるのである。モリスは同論考で、建物の修復を批判して「問題の要点は我々は物を直に見なければならないということだ」と述べている。(73)「物を直に見る」とは建物に秘匿された「創造的行為」を自身において追体験することを意味するであろう。これは思惟によって建物を固定した対象関係におくことなく、手という身体感覚を伴って遂行されるのである。「無意識的習慣」とはこのようにしてのみ獲得されると言えよう。「無意識的習慣」は、実際の言語が口話を誘発するのと同様、手仕事という行為を誘発することが分かる。複数の職人を相互包摂する「習慣」が変容しながら持続する動的事態を捉えて、モリスは「生命」と呼ぶのであろう。

以上より、「口話による表現」や「手仕事による表現」という「創造的行為」が単に制作者の身体の運動を指すのではなく、非人称的な自発性を有する言語を媒介とした自己と世界の相互作用であることが分かる。この地平において成立する芸術は、文学であれ、建築であれ、民衆的となる。民衆という伝承の主体は、多数において成立し、個人ではない。この意味で民衆とは無名である。民衆という存在は自己と世界を主体と客体とみる二分法では捉えきれない。そのような世界において言語は集合としての民衆によって共有される、自己と世界の両義を担うものである。言語という世界認識のための媒体が口話や手仕事という身体感覚を通して民衆によって経験されるとき、それは変化に開かれ、本来性を取り戻すと言えよう。

結

モリスの書物論の構造を解読することにより、かれの世界観や生命観を統べる有機性の問題に直面した。それは建築制作のみならず制作全般の根本に関わる事柄であり、かれの思索の結実として評価できる。最後に、モリスの書物論の要点として、この有機性の問題を改めて整理しておこう。モリスの志向する有機性には大きくふたつの相がある。ひとつめは現在を生きる人間が過去の制作物の作品世界や諸技術に見出される出来事と繋がるという時間的な拡がりをもった、通時的有機性とでも呼べるものである。これは人間存在の原初への問いを我々に促す。もうひとつは生活世界の中で、個人の身体部位の不可分な関係、人間相互の連携、人間と自然との関わり合いなどに見出される、言わば共時的有機性である。これは物理的、空間的な拡がりを有しており、装飾芸術から建築、都市、村落、自然までを大地における共有的な出来事として問うことを促す。以上のふたつの有機性を具えた存在が「世界の生命」という有機体である。この地平に還った人間が制作に向かうとき、科学と空想、古典主義とロマン主義、個人と集団、都市と田園など対立的に扱われることが多い事柄に対して両者を往還する視座に立つことを余儀なくされる。モリスの没後、コブデン＝サンダーソンをはじめアーツ・アンド・クラフツ運動の理論家や実践家は様々な振れ幅をもったと考えられる。各々の人物について整理し、総体としてのアーツ・アンド・クラフツ運動を検討すること、これは今後の課題である。

文献

本文中においてモリスらの言説を引用する際は、註記により講演および論文の表題、引用文献（略号の後にハイフンにて引用部ページ番号を示す）の順に出典を表記する。引用文献の略号は以下による。

[AL]：*Art and Life, and the Building and Decoration of Ciiies: a Series of Lectures*, London, Rivington, Percival & Co, 1897, by Members of the Arts and Crafts Exhibition Society

[XXII]：*Hopes and Fears For Art, Lectures on Art and Industry : The Collected Works of William Morris*, volume XXII, London, Longmans Green, 1914, edited by May Morris

[i]：*William Morris, Artist, Writer, Socialist*, vol.1, Oxford, B. Blackwell, 1936, edited by May Morris

[SO]：*Socialism: Its Growth and Outcome*, London, Swan Sonnenschein, 1893, by William Morris and E.Belfort Bax

[IB]：*The Ideal Book, Essays and Lectures on the Arts of the Book by William Morris*, California, University of California Press, 1986, edited by William S. Peterson

[PW]：*Political Writings: Contributions to Justice and Commonweal 1883-1890*, Bristol, Thoemmes Press, 1994, edited by Nicholas Salmon

註

1 レオナルド・ベネヴォロ（武藤章訳）『近代建築の歴史 上』、鹿島出版会、一九七八、一八九～二一九頁によれば、装飾芸術の改良運動は三つに大別される。第一は、一八三〇年から六〇年の間のコール卿（一八〇八～八二年）を中心とするグループによる運動であり、ジョーンズ（一八〇九～七四年）の『装飾の文法』（一八五六）に代表されるように、デザインの規範を提示する方法をとったとされる。第二は、ラスキン（一八一九～一九〇〇年）の思想とモリス（一八三四～九六年）の活動とに結びつけられる運動であり、デザイナーと消費者の道徳的、知的態度および社会組織を問い直す方法をとったとされる。第三は、モリスの弟子たちの活動に見られ、その運動において建築との関係が明白になったとされるが、いかなる位相において装飾芸術と建築が関わるのか論及されていない。本稿では、第二と第三の運動を一連のアーツ・アンド・クラフツ運動と捉えることとする。

2 一八八〇年代のモリスの思想については、拙稿「ウィリアム・モリスの制作論における「手工芸」の問題―アーツ・アンド・クラフツ運動の背景的思想として」、日本建築学会計画系論文集、第七五巻第六五五号、二二六一～二二六八頁、二〇一〇参照。

3 一八九〇年代以降の英国におけるアメニティの問題について、中村良夫『都市をつくる風景―「場所」と「身体」をつなぐもの』、藤原書店、二〇一〇、一一一～一二六頁を参考にし、本論においてナショナル・トラストとハワードを例示した。

4 このときの講演集が前述の『芸術と生活―都市の建物と装飾』である。この展覧会の開催初日にモリスは没した。

5 Of Art and Life, [AL-5-6]

6 原語および出典は次の通り。「普遍的生命（the life universal）」[AL-38]／「有機的生命（organic life）」[AL-41]。他の講演を担当したクレイン（一八四五～一九一五年）は「ひとつの共有相互依存の生命（a common and interdependent life）」[AL-165] という表現を用いている。

7 松島正一『イギリス・ロマン主義事典』、北星堂書店、一九九五、四七八～四七九参照。

8 書物論という用語は日本における書誌学研究や文学研究に依拠する。この用語は書物の内容と形式に関する論考両面にわたって使用される。

9 モリスの書物に関する講演および論文は八編あり、文献 [IB] にすべて収められている。すべて一八九〇年代に発表されたものである。

10 モリスは晩年に一〇編の散文ロマンスと呼ばれる文学作品を残している。それらの分類については、小野二郎『ウィリアム・モリス研究（小野二郎著作集1）』、晶文社、一九八六、三〇〇～三〇一頁参照。

11 ケルムスコット・プレスの刊本は、関川左木夫とコーリン・フランクリンによる先行研究『ケルムスコット・プレス図録』、雄松堂書店、一九八二によってリスト化されている。ケルムスコット・プレスの活動や影響については、[IB] の編者でもある William S. Peterson による *The Kelmscott Press A History of William Morris's Typographical Adventure*, Oxford University Press, 1991（湊典子訳『ケルムスコット・プレス―ウィリアム・

モリスの印刷工房』、平凡社、一九九四）に詳しい。

12 前掲註（9）参照。本稿において、モリスの書物論の訳出に際し、川端康雄による訳書『理想の書物』、ちくま学芸文庫、二〇〇六を参考にした。

13 Some Thoughts on the Ornamental Manuscripts of the Middle Ages,［IB-1］

14 The Beauty of Life,［XXII-73］

15 *Ibid.*,［XXII-76］

16 前掲註（2）拙稿二二六四〜二二六五頁参照。

17 The Woodcuts of Gothic Books,［IB-26］

18 モリスの評伝を著したヘンダースンはこの抗議文を「モリスの古建築物保護協会のための文書の最良のものの一つ」と評している。フィリップ・ヘンダースン（川端康雄他訳）『ウィリアム・モリス伝』、晶文社、一九九〇、五〇三頁参照。

19 杉山真魚、前田忠直「ウィリアム・モリスの建築的思索の構造―制作論における「自然」と「歴史」の問題」、日本建築学会計画系論文集、第七三巻第六二七号、二〇〇八、一一二八〜一一二九参照。

20 A Reply to the Editor, The Pall Mall Gazette（2 Feb.1886),［LE-245］

21 工藤好美『叙事詩と抒情詩』、南雲堂、一九五五参照。

22 Early Illustration of Printed Books,［IB-20］

23 Some Notes on the Illuminated Books of the Middle Ages,［IB-8］

24 *Ibid.*,［IB-12］

25 The Woodcuts of Gothic Books,［IB-32-6］

26 *Ibid.*,［IB-36］

27 Printing,［IB-59］

28 *Ibid.*,［IB-59］

29 モリスが活字に関心を抱き、印刷所を創設する直接の契機はエマリー・ウォーカー（一八五一〜一九三三年）による講演「活版印刷と挿絵」であったことが、註（11）内のピーターソンの研究によって指摘されている。ここに挙げた三種の字体については、A Note by William Morris on His Aims in Founding the Kelmscott Press,［IB-75-6］においてモリス自身がその実制作について具体的に著述している。

30 ヴィクトリア朝の印刷事情に関する内容について註（11）内のピーターソンの研究第一章「ヴィクトリア朝時代の印刷事情」を参考にした。
31 前掲註（2）拙稿参照。
32 The Ideal Book,［IB-73］において、*architectural*と斜体表記される。*Ibid.*,［IB-67］では、無装飾の書物を版面の鮮明さ、活字のデザイン、余白と版面の釣合によって構成することを「建築的配列（architectural arrangement）」と呼んでいる。
33 Paul Needham（ed.）, *William Morris and the Art of the Book*, Oxford University Press, 1976, pp.138-9参照。
34 The Woodcuts of Gothic Books,［IB-26］
35 Early Illustration of Printed Books,［IB-20］
36 Some Thoughts on the Ornamental Manuscripts of the Middle Ages,［IB-4］
37 *Ibid.*,［IB-4］
38 *Ibid.*,［IB-4］なお、「連続的生命」や「世界の生命」という表現がモリスのユートピアン・ロマンス『ユートピアだより』（一八九〇年一月から一〇月まで『コモンウィール』に連載、同年出版）の中でも見られる。例えば、「新しい時代、我々の時代精神は世界の生命への喜びであるべきだ」という言葉があり、これはモリスの理想的なヴィジョンを伝えていると思われるが、本稿では文学作品については分析から除外する。
39 モリスは註（37）の引用に続けて、次のように言っている。「そしてこのこと（引用者注：世界の生命の物語を絵にすること）を意識的に、芸術家が出来事を見たままに行うことが宗教的（編者による注：信仰の?）行為であったなら、疑いなく中世の芸術家はあらゆる人間の中でもっとも宗教的であった」と。「世界の生命の物語」は中世の芸術家にとってあくまで「出来事」の直叙であったというのがモリスの見解である。
40 Why Not ?,［PW-27］
41 『社会主義―その成長と帰結』は、「根源からの社会主義」として『コモンウィール』一八八六年五月から一八八八年五月まで連載された論考（［EL-320］参照）が加筆、修正されたものである（［EL-178-9］参照）。最終章「社会主義の勝利」は、一八八八年五月五日付と五月一九日付『コモンウィール』誌に分載された。掲載時と比較すると、宗教に関する記述の後に芸術に関する記述が大幅に加筆されている。
42 Socialism Triumphant,［SO-293］
43 *Ibid.*,［SO-294］
44 *Ibid.*,［SO-296］による。「普遍的、倫理的宗教」の原語はthe universal or ethical religions、「部族的、自然宗教」の原語はthe tribal or nature-religionsとなっている。
45 *Ibid.*,［SO-293-4］を要約する。

46 *Ibid.*,〔SO-294〕

47 モリスはThe Arts and Crafts of To-day,〔XXII-233〕において、過去、現在、未来のつながりを「直線ではなく螺旋という真の発展に沿った上方への歩み」と規定し、永遠性ではなく無常性や永久の変化を洞察しようとする。モリスの弁証法的歴史観については安川悦子『イギリス労働運動と社会主義―「社会主義の復活」とその時代の思想史研究』、御茶の水書房、一九八二参照。

48 Early Illustration of Printed Books,〔IB-20〕

49 The Woodcuts of Gothic Books,〔IB-38〕

50 Printing,〔IB-65〕

51 The Ideal Book,〔IB-68〕

52 The Woodcuts of Gothic Books,〔IB-40〕

53 *Ibid.*,〔IB-39〕

54 Art and its Producers,〔XXII-355〕

55 Early Illustration of Printed Books,〔IB-20〕

56 The Ideal Book,〔IB-67〕

57 ラファエル前派の活動について、岡田隆彦『ラファエル前派　美しき〈宿命の女〉たち』、美術公論社、一九八四を参照した。また、ロセッティの活動や作品については、Jacques de Langlade : *Dante Gabriel Rossetti*, Mazarine, 1985（山崎庸一郎、中条省平訳『D・G・ロセッティ』、みすず書房、一九九〇）に詳しい。

58 Address on the Collection of Paintings of the English Pre-Raphaelite School,〔i-298〕

59 *Ibid.*,〔i-300〕

60 *Ibid.*,〔i-301〕

61 *Ibid.*,〔i-301〕

62 *Ibid.*,〔i-302〕

63 *Ibid.*,〔i-303〕

64 The Lesser Arts,〔XXII-4〕

65 Address on the Collection of Paintings of the English Pre-Raphaelite School,〔i-303〕

66 Address at the Twelfth Annual Meeting, [i-148]

67 Architecture and History, [XXII-298]

68 Artist and Artisan as an Artist Sees It, [PW-277-8]

69 ホメロスの叙事詩の伝承や論争について、和辻哲郎『ホメーロス批判』、要書房、一九四六および岡道男『ホメロスにおける伝統の継承と創造』、創文社、一九八八に詳しい。

70 ロマン主義は古典主義に対抗する文芸・思想運動として打ち立てられた。森田慶一によれば、ロマン主義は「枠をはずした自由な創作活動、個人の構想力 imagination に基づく主観的な創作活動、を重んずる」態度をとる。その一般的性格は「情緒的、空想的、非合理的、神秘的—主観主義。混沌のうちに奇蹟を期待する。無限。断片的ながら宇宙の神秘に近づこうとする。漂渺・憂うつ。無形的、内面的。見なれない、奇妙な、極端なものへの憧れ。絵画的。動的。」とされる。（『建築論』、東海大学出版会、一九七八、二一九～二二〇頁）モリスの言う「ロマンティック」は森田の規定するようなロマン主義の性格とは多くの点で一致しない。

71 The Lesser Arts, [XXII-15]

72 Address at the Twelfth Annual Meeting, [i-151]

73 *Ibid.*, [i-154]

本稿は、同表題の拙稿（日本建築学会計画系論文集、第七十九巻第六九九号、一二三九～一二四七頁、二〇一四）を加筆修正したものである。

制作する主体の在りか
――ヴァレリー「エウパリノス」の解読をとおして――

田路 貴浩

はじめに

森田慶一は一九二二年（大正十一）、若干二七歳で京都帝国大学建築学科助教授に赴任すると、まもなくウィトルウィウス研究に着手した。その成果は十年後の一九三二年（昭和七）、学位請求論文「ヰトルーヰウスの建築論的研究」としてまとめられた。遠く離れた異国の古代の言語、ラテン語を学習しながらの緻密な研究であった。たんなる学術的な興味だけではこの困難な研究を遂行することはできなかっただろう。建築家として差し迫った問題意識が長期間の忍耐を支えていたのである。森田が大学卒業の頃から抱きはじめた最初の、そして最大の建築論的課題は制作主体の問題であった。当時、鉄やコンクリートの近代的な建設技術がわが国にも導入され、建築家の芸術的表現を否定する構造合理主義が台頭しつつあった。そうした動向に抗うべく、森田を含む分離派建築会のメンバーたちは建築家の主体的な表現性が建築にとって本質的であることを主張したのである。なかでも合理性と主体性の相克をもっとも真摯にかつ深刻に受け止めたのは森田であった。森田は建築を主体性の表現とみなす立場に立ちながら、合理性の立場にも理解を示し、その亀裂の両岸に足を置き対立を調停する理論を模索していた。そしてやがて主体的表現を至上とするロマン主義を離れ、それとは対極的な古典主義建築理論へ、しかもその源流ウィトルウィウスへと遡行することになったのである。

奇しくも同様の問題意識を抱えていたのが、フランスの詩人ポール・ヴァレリー（Paul Valéry, 1871-1945）であった。深層の「私」の表現から、表現する「私とは何か」という自省へ―ロマン主義をくぐり抜けた二十世紀人はさまざまな分野でこうした自己反省を強いられていた。そうした思潮のなか、森田は少なくとも一九三〇年前後にはヴァレリーの対話篇「エウパリノスまたは建築家」[1]に出会っていたようである。それは三十代半ば、ウィトルウィウス研究を完成させる直前のことであった。それから約半世紀後、最晩年の八三歳になる年に「エウパリノス」の改訂訳を『建築論』に収録している。[2]「エウパリノス」は生涯にわたって森田の座右の書であり続けたのである。古典理論と現代、主体性と合理性の裂開を縫合する様々な着想がその中に散りばめられていたからだろう。しかしながら、森田は「エウパリノス」からひとつの理論化された制作論を取り出して見せることはなかった。ここではこの後世に残された課題に取り組んでみようと思う。[3]

さて、そのヴァレリーはきわめて特異な文学者として知られている。若くして才能を認められたものの、すぐに文壇から退いてしまう。ところが二十年の空白期を経て一九一七年に詩作を再開すると長編詩『若きパルク』を出版し、一気に文壇の頂点に登りつめ、文学者の枠を越えて時代を代表する知識人として活躍した。「エウパリノス」は文壇復帰後、一九二一年、ヴァレリー五〇歳のときに制作されたもので、最初、ある建築家の作品集の序文として発表された。[4]モンペリエでリセに通っていた頃、ヴィオレ＝ル＝デュクの『建築事典』全十巻の読破を企てたこともあるヴァレリーにとってみれば、建築家からの寄稿の依頼はまったくの偶然でもなかったのだろう。[5]序文はその後、他の作品と合わせて刊行されると版を重ね、まもなく外国語にも翻訳された。[6]ヴァレリーの代表的な散文作品の一つとされている。

ヴァレリーが特異な作家といわれるのはその経歴だけに由来するのではない。なによりも覚醒した精神をもって自己省察を極限にまで推し進め、それを魅惑的な表現で書き綴ったことによる。講壇哲学のような専門用語を駆使した形式的体系を拒絶し、概念化以前の思考や行為そのものを生き生きとした言葉で捉えようとした。その結果、叙述された内容は錯綜し、きわめて難解と言われている。とはいえヴァレリーは自分の省察の体系化に関心が無かったわけではない。「私の主たる目的は、私自身の総体的機能―世界、身体、思考―を、できるだけ簡潔に、できるだけ明確に自分の眼に描きだしてみることだった」と述べ、「世界、身体、思考（精神）」による一つの体系の構築を生涯にわたる企てとしていたことを表明している。[7]しかしながら、「私のさまざまな観念を完結してくれるであろう『ドイツ人』が私には欠けている」とも告白しているように、精神による省察の体系化よりも省察そのものに力が注がれた。[8]

こうした事情もあって、ヴァレリーの思想の解読はしばしば他の思想家、ベルグソン、ハイデガー、西田幾多郎などを介して試みられてきた。[9] ヴァレリーの省察を哲学者の思想体系によって整理しようというわけである。たしかにそうした試みによってヴァレリーの思想を整合的に理解する道が開かれてきた。しかし「エウパリノス」に限って言うなら、残念ながらこれらの試みはわれわれを十分に満足させる解説を提供してくれていない。「エウパリノス」に叙述された省察はヴァレリー自身の作家としての制作の苦悩に根差したものだからであって、哲学者たちの思想体系に収めてしまっては、ヴァレリーが見つめた制作の現場で作動する主体の運動をすくい取ることができないからである。まずはヴァレリーに即して理論化を試みること、ヴァレリーの「ドイツ人」となることに徹すべきであろう。

「エウパリノス」は死後の冥界に暮らす二人、ソクラテスとその信奉者パイドロスの対話による物語である。パイドロスが知人の建築家エウパリノスから聞いた話を披露するとソクラテスがそれに触発されて応答し、こうして建築制作をめぐる対話がくり広げられ意味深長な省察が論じられていく。浮かんでは消え、戯れ、さまよう二人の思考に応答するように、叙述は一直線には進まず、横滑りし、飛躍し、変奏しながら反復される。多様な話題が豊かに散りばめられ、魅惑的な詩的表現で文彩が添えられ、それらはときに譬話や警句のかたちを取る。作品の展開にはほとんど脈絡がなく、話題は建築の制作から、自然物の観察、建築や音楽の作品体験に及ぶ。しかもそれら制作・観察・体験そのものの叙述と、それらに関する事後的な省察とが重なり合っている。それはさながら出口のない迷路のようであり、作品全体を見渡すことは容易でない。

このように「エウパリノス」は重層する根茎状の錯綜体を形成しており、これを理論化することはたしかに困難である。しかし迷路を脱するために、仮にテキストを内容のまとまりごとに裁断し、制作のプロセスに即して一次元的な時間軸に再配置してみようと思う。時間軸は〈制作前〉〈制作〉〈制作後〉に区分されることになる。もちろん直線的時間軸による再編成によって「エウパリノス」を把握し尽くせるはずもない。そこでさらに三次元的枠組みによって理論化を進めてみる。こうしてヴァレリーによる体系化の基本要素――身体・精神・世界にしたがいつつ、制作する主体の精神活動を捉えることが可能になるだろう。

作業はヴァレリーの言語表現の魅力に溺れないように注意しつつ、その趣意だけを抜き取り再構成することになる。また、ヴァレリーが拒否した概念化もあえて導入される。その結果、作品としての文学的魅力はまったく損なわれてしまうかもしれない。しかしその代償として得られる理論が十分に力動的であるならば、「エウパリノス」の真意は別のかたちで保持されることになるだろう。

一　叙述の再構成

「エウパリノス」に含まれるさまざまな話題はおよそ建築制作のただ中の事態とその前後に仕分けることができる。〈制作前〉には自然の観察あるいは自然の経験などの諸事態が含まれ、〈制作後〉には制作された作品の経験、作品経験の省察、さらに制作そのものの省察などが含まれる。

一―一　制作前

〈制作前〉の局面では、自然との対面が制作の始まりを準備する。自然との対面には二様の仕方、すなわち精神が主導する場合と身体が主導する場合があり、精神が主導する場合には自然は観察され、身体の場合には自然が分有されることになる。自然の観察の行く先には知ることと作ることとの分岐、哲学者になるか建築家になるかの選択があり、この選択を経て制作が開始される。

（一）　自然の観察

精神は自然に対面するといっさいの既知の知識や概念を中断し、事物の純粋な観察を遂行しようとする。日常生活においては、家、机、酒壷などの概念が物にあてがわれ、それらが予断をもたらし認識を導く。物は概念を介して見られている。「既知である故に、問いと答えをもつ」(166/287)のであって、たとえその物が何かわからない場合であっても、あらかじめ何らかの概念が予想されている。あるいはその物に適合する既知の概念が求められるのである。しかし精神はいったん純粋の希求へと向かうと、無反省に前提されている概念を中断し事象そのものへと遡行しはじめる。その究極には万物の普遍が期待されている。それが哲学者の道である。

　哲学者は、もっと広い考えをもち、全体toutを必要としたがる人間だ。（176/293）

「全体tout」とは万物の普遍の原理「全一Tout」と考えてよいだろう。精神のまなざしはもはや個別の事象の観察にとどまらない。身体が属する感覚の世界を超脱し、「全一」を洞察しようとするのである。

　人間の最も深い視は空虚に向けられる。それは、全一Toutのかなたに収斂する。（205/312）

精神はそのまなざしを身体を超脱した「空虚」へと向け、いっさいの個別性を超脱した事物の原理すなわちイデアを追求する。もはや個別的で感覚的な事物は関心の埒外に置かれる。哲学者ソクラテスは「俗界の物の美しさは少しも必要としなかった」し（100/244）、「知に関して非常に純粋な人たちが、最高の状態に達するために、感覚的な形や肉体の優美さを要求したこと」（102/245）をまったく納得できなかった。イデアを希求する哲学者は肉体や物体を捨象しようとするのである（99/243）。

しかしながら哲学者のイデア探求は挫折してしまう。精神は普遍的な永遠のイデアを求めて個別的で感覚的な属性をそぎ落としていくのだが、そうして捉えたかに思えたイデアは、結局のところなんら事物の理解をもたらさないのである。

　ぼくは、今ぼくらがいる永遠の姿勢の中に、叡智を据えた。しかし、ここからもすべては見定め難い、真理はぼくらの前にあるのに、ぼくらはもう何一つ理解できないのだ。（80/230）

自然そのものを知るためにいっさいの名前あるいは概念を中断して始められた観察は、「全一のかなた」にふたたび概念としての「ことばparole」を見いだすに至ってしまう。

このように見出される神は、ことばparoleから生まれたことばにすぎず、またことばに還る。（211/316）

個別的で感覚的なものを捨て去ってしまうなら、「ことば」はもはや何ら意味されるものをもたないだろう。イデアとは結局こうした空疎な「ことば」にすぎない。美のイデアは「永遠の世界には姿を見せない」（94/239）のであり、普遍的イデアを純粋な叡智的世界に見いだすことはできないのである。こうして反プラトニズムが宣言されることになる。

パイドロス―ぼくは、プラトンとは反対のことを言うのです。
ソクラテス―よろしい、続けたまえ。
パイドロス―……（筆者注：イデアは）何か非常に稀なものに宿っているのでもなく、また自然の外にあって、最も高貴な魂によって、かれらの意匠やかれらの制作の秘密の型として静観されるモデルの中に宿っているのでもありません。（95/2401）

「全一」のイデアを知ろうとして純粋へと向かった精神は、ついにその方向転換を迫られることになるだろう。

（二）　制作へ

純粋な精神として知ることにとどまるのか、人間として作ることに向かうのか、精神はこれら二つの道への分岐点に差しかかる。

パイドロス―あなたが造ることと知ることの間にどんなに迷われたか、僕は今それがよくわかります。
ソクラテス―人間となるかそれとも精神となるか、そのどちらかを選ばなければならぬ。人間は、知らずにいられるからこそ、そして人間特有の妙ふしきである知識の一部に満足しうるからこそ、行動することができる。（176-7/293-4）

純粋な精神が世界の普遍を知ろうとするのに対し、人間として生きるということはもはやすべてを知ることを望まず、むしろ行動することを意味する。制作を目的としない哲学者は自然の「全体」を知ろうと欲するが、行動する人間は「自然の全部を必要とするのでなく、ただその一部だけを必要とする」（175/293）のである。哲学者となるか、建築家となるか、二つのいずれかが選択されなければならない。

人間として生きようとするなら、精神はイデア的な叡智を断念し、身体による制作という行為へと転じなければならない。生存への意欲は制作意欲へと変容し、精神は生存のために自然を利用しようとする。それどころか人間に都合の良い存在としてしか自然を認めない。

> われわれは、自分以外のものにはすべてわれわれに都合がよいという権利しか認めないのだ――われわれが確かに欲していることは……（中略）……（筆者注＝すべてが）われわれの個人の栄養、装飾、香料、支え、資源、光、奴隷、宝庫、城壁、歓びとなってほしいということだけだ。（207/313）

人間はみずからの生存を支持し、助長し、肯定するもののみを都合が良いものとして是認する。そうして「この実に多数の現実を己に服従」させ、世界を変容させようとするのである（191/303）。このような生存意欲が知ることの根本動機なのである。そこから制作する人間は純粋な精神とは異なり、自然に向かってまったく別の問いを発することになる。

> ぼくは考えた、誰がお前をつくったのだ。（159/282-3）

もはや知るということは永遠の空虚のなかにすべてを、全一を知ることではない。自然に向けられる問いはその作り方へと転換される。誰かが創ったのであれば、それはいったいどのようにしてなのか。この問いが自然の観察を導き、自然物と人工物の原理的な差異の発見へと至る。その差異とは、ひとつは原理と構造に関するものであり、もうひとつは部分と全体に関するものである。

自然物では原理と構造が分離せず一体となっていて、「造るものと造られるものとが不可分」であり、「計画とその実施を区別しない」(180-1/296-7)。一方、人間の作品は自然とは逆で、それは「一つの思考からの行為に負っている」のであり、思考が措定する「原理は、造ることから引き離され」ている(181-2/296-7)。自然は合目的的に必然的に自己生成するが、人間の制作では計画と行為が分離してしまっているのである。このことは計画が人間の恣意と偶然によって虚構されるということを意味している。

ここから自然物と人工物のふたつ目の原理的差異が導き出される。すなわち、人間が作品を統合するために措定するその原理は、作品を構成する部材の構造の複雑さに比べるとはるかに単純だという事実である。自然の場合、「樹全体はその部分のいずれよりも複雑」であるように、「総体の段階は必然的に細部の段階よりも高い」(168-9/288-9)。それに対して、たとえば机という人工物の形態構造はその素材として使用される木材の組成より格段に単純であり、人間の制作は「不可避的に全体が常に部分よりも低い段階にある物体を作り出すように仕向けられている」(173/291)。つまり、自然物は部分から全体へと進むにつれて複雑になるのに対して、人工物はその逆に部分よりも全体の方がはるかに単純なのである。しかし、人工物の構成原理が単純であることは、かならずしも人工物が自然物よりも劣っていることを意味しない。むしろのちに見るように、その単純さは制作を統制する理念として機能することになる。

(三)　自然との交感

ここまで見てきたように、知ることと作ることは人間の自然に対する主要な活動であり、これらはいずれも精神によって主導されている。ところが自然との関係にはこれとは別の様態がある。それは自然に対して身体が向かい合う場合であり、このとき自然とのあいだで感覚の交感が生じるのである。

人間は、この実体(筆者注：身体)を通じて、かれらの見るもの触れるものを分有する。すなわち、かれらは石なのだ、木なのだ。かれらは、かれらを囲む物質と接触を交わし、呼吸を交わす。かれらは触れ触れられる。(117/256)

作用に対する反作用のように、身体が自然を知覚するとき、逆に自然によって身体が知覚される。自然に働きかける身体は自然からの抵抗を受け、その反発作用によって身体は自分自身を意識する。こうして知覚するものと知覚されるものとは交替をくり返し、身体はいわば自然と交配した「半獣神」のようなものとして自覚される（155/280）。

この絶えず押し返される抵抗が、ぼく自身を、一歩毎に風に打ち勝ち絶えず再生する、見えざる相手の力にいつも等しい力に溢れた、そんな一人の架空の半神につくり上げた……。（155/280）

自然は刻々と生成変化し、それを身体は知覚し分有する。戯れに波打ち際のしぶきに足を踏みいれるならば、水泡が足にまとわりつき、波の官能的な感触に襲われるだろう。

ぼくはこの生まれたての処女泡を楽しんだ……。それは触れてふしぎに心地よい。空気を交えたなま温かいミルクだ。それが官能的な激情を伴ってやって来て、裸足をひたし、裸足を潤し、裸足を追い越し、そして岸辺を捨てて自分自身の中に引っ籠もる声をささやきながら、水に降っていく。（156/281）

身体は自然との対峙から官能的合一へと導かれ、同時にその反作用として自己の身体が意識される。身体のこの素朴な経験、世界との交感はいずれ作品制作の動機へと変容していくだろう。

一―二　制作

（一）　自然の原理の抽出

人間の生存に有利な人工物を構築すること、このことを目的に制作がはじまる。そのために制作者は自然を探索し、それを利用しようとする。もはや哲学者のように自然の全体を知る必要はない。制作に関係することだけが要請される。

建築する人あるいは何か物を造る人は、かれらが手を加える物質の質「全体」に心を配るのでなく、ただそのいくつかに心を配るだけげだ。われわれの目的にとって十分なもの、それがわれわれに重要なのだ。(171/290)

制作のためには自然から役に立つ原理だけを抽出すればよい。

人間は抽出によって物をつくる。かれの用いうる材料の諸性質の大部分を知らないかあるいは忘れ、ただ一つの材料だけでなく多くの種類の材料によってもまた同時に満足されるような明晰判明な条件にのみかじりついて。(172/290-1)

制作する人間が自然の「一部だけを必要とする」というのはこの意味においてである。物を制作して特定の目的を達成するためには自然のなかから必要な原理だけを抽出して使用すればよい。たとえば、船を制作しようとするなら自然の原理にしたがって海から加えられる力を捉え、それに耐えうる形状を与えればよいのである(199-200/308)。制作のためにはそれだけが必要であって、海のすべてを知りつくす必要はない。

(二) 観念から幾何学へ

このように自然から諸原理が抽出され、それとともに制作のうえで解決すべき問題が列挙され整理される。

ぼくはいたるところに気を配った。ぼくは問題の順序を立て直した。(103/246)

問題を解決するためとあれば、自然に対してあらゆる手段が講じられるであろう。

次第によっては自然を拘束するために自然を模し、自然を自然に対抗させ、自然の神秘を見返させるような秘密を自然から奪いとる。（191/303）

制作する精神は自然に対抗し、都合良く制御し、利用しようとする。制作を冷徹に遂行するだけである。そこに倫理的な価値判断が介入することなどまったくあり得ない。

かれは、すべての事柄をただ実行と手順の関係だけから直視しました。徳も不徳も……（中略）……機に応じて実行される仕事にすぎませんでした。（192-3/304）

こうして自然の拘束に打ち克つと、精神は未来の作品をひたすら自由に夢想しはじめる。

ぼくは夢をむさぼる。ぼくはすでに施行したかのように構想する。（104/246）

観念やイメージの断片がはかない夢のようにつぎつぎと浮かんでは消えていくだろう。しかし、これら精神にあらわれる諸観念はいずれ形象へと具現化されなければならず、観念と形象、この間隙に橋渡しが必要となる。それが「ことば」である。「ことば」は観念を明確化し、命題として行為を規制し、形象の産出を導く。たとえば並木道を歩く際、「いつも二本の木から等距離を保って進みたまえ」（141/271）という「ことば」すなわち命題が措定されるなら、身体は一義的に決定される歩行の軌跡、一本の線を描くだろう。それは一見すると自由な曲線に見えるかもしれないが、いっさいの曖昧さを排除して正確に定式化されたことばが身体の運動を完全に統制して描き出したものとなるのである。

このようなことばは「見る」とか「動く」といった身体の領域を離れ精神の「純粋可能の領域」で生成する。人工物では計画と実施が分離しているという上述の原理がここで作動していて、計画する精神は実施する身体を離れて自由に働く。

それぞれの形象はひとつの命題であり、それは他の命題と組合せることができる。こうして、われわれは見ることとか動くこととかを顧慮することなく、われわれが作ったいろいろな組合せの特性を認知することができる。(143/272)

その一方で自然に属し自然の原理に拘束されている身体がある。創造的な制作は精神と身体、それらそれぞれの時間に属しつつ、それら二つの時間のなかで遂行される。

人間のすることは二種の時間の中で創造することだ。その一つは純粋可能の領域を、あらゆるものを模倣しこれを無限に組み合わせることができる微細な実質の奥を流れる。他の一つの時間は自然のそれだ。自然の時間は、ある仕方で第一の時間を含み、他の仕方でそれに含まれる。(182/297)

こうして交錯する精神的な純粋可能の領域と身体的な自然の領域のなかで、ことば=命題が生みだされ、身体が制御されつつ運動し、ひとつの形象が産出される。それが「幾何学」である。

われわれがごく僅かのことばで表現しうるような運動の軌跡である形象、それを「幾何学的」と呼ぼう。(140/270)

形象はことばによって完全に制御されることで、いっさいの偶然、いっさいの恣意が排除された幾何学となる。

ことば無くして幾何学なし――ここがいちばん大切なのだ。ことばなしには形象は偶然にすぎない。(143/272)

このような幾何学は「半ば具象的で半ば抽象的」な形象であり、「視覚を、触覚を――あるいは聴覚をも――分有するだけでなく、理性、数、ことばをも分有する特殊な存在」となる。それは理性的な精神だけによるのではなく、知覚する身体との協働から産出されるのであり、だからこそ、「人間の真の創造物」と言うことができる。これが「幾何学」の真義である（135/267）。

（三）単純なことばとの邂逅

精神と身体はそれぞれの領域に属しながらも相互に包含しあい、さまざまなことば、諸観念が浮かび、交錯し、変容する。そこはいっさいが実在の手前にとどまる「非存在absence」の領域である。しかし、作品を実在化させるためには、それら実在を持たない諸観念は「現実的actuel」な身体との結合を果たさなければならない。

> この肉体とこの精神、互いに存在を争い結局は合体しなければならぬこの否み難い現実的な存在cette présence invinciblement actuelleと創造的な非存在cette absence créatrice、われわれがおのおのその本性に従ってもっているこの有限と無限、この二つは今や一つのよく秩序づけられた構築物の中に結合されなければなりません。（120/257）[10]

さまよう精神はいずれ諸観念を未知の結末へ、ひとつのことばへと収斂させなければならない。精神は試行錯誤の「沈黙」のなかでもがき苦しみながら、諸観念は徐々に整序され、統合され、単純化されていく。

> 刻苦の沈黙の奥で、複雑なことばはもっと簡潔なことばに変わる。同一であるのに区別されていた諸観念は融合される。よく似たいくつかの知的形態は、要約され単純化される。（144/272-3）

精神は行きつく先を知らぬまま、このように観念の操作を続ける。そしてついに決定的な観念、「単純なことば」が不意におとずれる。

まずかれらは、下心なしにこの真理を集めて組み合わせるように見える。かれらは、自分の意図を伏せ、自分の真の狙いを隠す。

かれらがどこへ行こうとしているのか、はじめは誰にもわからない……ところが、かれらは突然簡単な言を吐く。鳥は雲間から落ち、獲物はかれらの脚元にある。(188-9/301)

自然物とは対照的に人工物の秩序が単純であることを精神はすでに発見していたのだが、いまやこの単純性は制作の理念となる。浮かんでは消える諸観念のなかを行き先も知れずさまよいながらも、精神はついに諸課題を統合する単純なことばを見いだす。それはまったく偶然で幸運な邂逅であって、この幸運を手に入れた者こそが「詩人」と呼ばれることになるだろう(149-150/276)。

見いだされた「ことば」ないし命題は厳格に身体の行為に適用され、すべての形象が正確に産出される。それが制作の格率である。すでに洞察されていたとおり、人間の制作は自然とは異なり計画と実施が分離していて、計画は恣意的に虚構されるしかない。しかしだからこそ精神は見ることと考えること、考えることと行うことのあいだの緊密な照応を願望するのである。

ぼくは観念と行為が端的に問い合い答え合っているような人物をむしょうに求めるのです。(192/303)

制作する精神のこの欲求は単純なことばの発見によって実現される。自然の観察と原理の抽出からはじまった精神の思考は、身体の制作行為へと転換されることになる。

ぼくは思考に適確さを求めた。それは思考が、物をつぶさに観察することによって明確に形成されて、思考そのものであるかのようにぼくの技の行為に自分を変えるためなのだ。(103/246)

単純なことばのもとに自然の必然と身体の技巧が統合され、身体の行為は厳格に制御される。ただし、そのことばは自然物におけるように内在的で必然的なものではなく、偶然見いだされたものにすぎない。にもかかわらず精神は見いだされたことばを命題として受け入れ厳格に従う。こうして身体の技巧はあたかも必然的生成であるかのように作品を産出するのである。

かれら（筆者注：芸術家）は必然と技巧を分解できないように混合する方法を発見したのだ。彼らは理性の軽業ともいうべき手品や妖術を発明する。最大の自由が最大の厳格から生まれる。（189/301-2）

身体の技巧はことばによって厳格に制御されるからこそ、産出される形象は最大限の自由を獲得することができる。逆に言えば、形象を多様化しようとする場合でも、命題による制御は厳格に遵守されなければならない。

必要なのは唯一の命題でもって、運動が動く身体にそれを、それのみを追跡する以外に自由を残さないほど正確な方式で規定されることだ。またこの命題が、この運動のあらゆる瞬間に守られ、形象のすべての部分が、拡がりにおいては異なっていても思考のうちでは同一物であるような具合に、まもられていることが必要なのだ。（141/271）

精神がもたらす命題をつねに厳格に遵守すること、いっさいの恣意的な運動を許さないこと、身体はこうした格率に従いつつ制作を進行していく。

一―三　制作後

作品はいったん生みだされると人々によって経験され、様々な反応を喚起する。いったい作品はどのように経験されるのか。その作品経験の真髄はどこなのか。一度は否定された事物のイデアが、ここでふたたび作品のイデアとして省察されることになる。それと同時に、作品の制作をとおして、制作する作者が生成するという事態が自覚される。作品の経験とその省察はふたたび制作の起点へと回帰し、制作を突き動かす動因となるだろう。

（一）　作品の経験

ひとは制作された建築に出会うとき、それがさまざまな仕方で働きかけてくるのを経験する。

君は、この町を歩きまわっている時、そこに建ち並ぶ建築のうちで、あるものは黙し、あるものは語り、そして最後にあるものは、それはきわめて稀ではあるが、歌うのに気がつかなかったか。（105-6/247-8）

多くの建築は黙したままで、いくらかのものは何か語りかけてくるように思われるかも知れない。そしてごく稀ではあるが、ある建築はあたかも音楽と似た経験をもたらすことがある。またこれとは逆に、音楽が建築のように感じられることもあるだろう。

オルケストラが室内を音響幻影で満たした時とかに、こんな経験をしたことはなかったか。……（中略）……君は、絶えず更新し自分で建て替わる流動する建物、すべてが拡がりの魂ともいうべき魂の変容に捧げられた建物、そんな一つの建物の中に生きたことはなかったか。（125/261）

音楽が生みだす情緒は鑑賞者を取り巻き、あたかも鑑賞者を包み込む「流動する建物」としてあらわれる。

それは、追憶、予感、悔恨、憶測、確たる原因のない無数の情緒、これらを絶えず燃焼させることによって君の存在全体を照らし温める不断の焔にも似た変化する一つの充実ではなかったか。（125/261）

音楽がもたらす情緒は鑑賞者を取り巻き、鑑賞者みずからの存在そのものを「照らし温め」直観させるだろう。それと同時に事態は反転し、鑑賞者は音楽の囲いの中に出ていき、自分の外にいるかのようにも感じるのである。

このここかしこに音響がつくり出した囲いの中に、世界universの中にいることは自分自身の外にいることだとぼくは気づきました……。（126/261）

音楽が生成する建物内部のような世界は日常世界とは異なる宇宙的「世界univers」としてあらわれる。それは歌う建築の経験にも通じている。このような音楽と建築との類似は両者に共通する必然的な制作の帰結であるとはいえ、合理的に説明できるものではなく、その根源はもはや思考の外部に位置している。

そして君がぼくの殿堂について音楽を語った時、君を訪れたのは、それは一つの神的類似なのだ。……（中略）……このかくも異なったものの偶然とも見える結合は、驚くべき必然性に基づくのであって、それの非常に奥深いところは考えも及ばないものであるが（111/251）

音楽的な建築、建築的な音楽、これら両者が交錯する根源的な事態は、鑑賞者の精神が肉体を介して作品と官能的に合一する経験であり、あたかも凪のように時間が制止する永遠の現在の出来事である。

きわめて確かなぼくの経験からもっともよく知っていることは、われわれの魂が、時のどまんなかで、自然的に過ぎ去るものであるが内的には永遠な、時間の区切りがはいり込む余地のない、聖所となりうるということだ。……（中略）……その時魂は、ちょうど海の上を移動する嵐の間にはさまる輝かしい凪のようなものだ。（98-9/243）

鑑賞者の身体を取り巻く建築と音楽。その宇宙的「世界」の経験を「神的曖昧状態」「至高の状態」（99/243）などと形容してみてもことばで言い尽せるものではない。そうした経験の源泉を探求していくとついには鑑賞者の身体の内奥に行きついてしまうだろう。

この可視形態と連続音の瞬時的な集合とのふしぎな結びつきを、人間存在の究極まで、従って究極的実在にまで、考えぬくに十分純粋な、十分理性的な、十分精緻に強靱な……（中略）……そんな人間とはどんなものか、とくと考えてみたまえ。その人間は、どれほど奥深い普遍的な根源まで進むだろうか、どんな貴重な点へ到達するだろうか、己の肉体のうちにどんな神を見いだすだろうか、そしてこの神的曖昧状態に陥って。（112-2/251-2）

（二）　作品経験の省察

制作における行為と知覚における運動

精神はつねに究極を求めるものなのかもしれない。精神は身体による作品の直接的な経験から引き下がり、その曖昧模糊とした神的状態の根源をなんとか突きとめようとする。そうした試みが十全に果たされるはずもないだろうが、作品が鑑賞者を神的な至高の状態へといざなう契機が作者の制作行為に存しているのは確かである。

われわれが神的なものの現に在るという最も直接的な感情を見出すべきは……（中略）……行為および行為の組合せにおいてである。（211-2/316-7）

作品の形象はことばによって制御された行為の軌跡、すなわち幾何学によって構成されていた。それが鑑賞者によって見られると、今度はこの制作過程を遡行するように、形象はそれを生みだした身体の運動を直観させるのである。

ぼくは線のような可視的な物象を動きに変え動きを物象に変える、それほど見ることと動くことが緊密に結びついているのを君は驚くべきことだと思わないのか。この変容は確実であり、常に同一であり、またことばを仲介としてそうなるのだと君は思わないか。視はぼくにひとつの運動を与え、その運動はその生成とその軌跡との繫がりをぼくに感じさせる。（142/271-2）

ここに作品経験に関する一つの原理が洞察されている。すなわち、制作における身体の運動が、作品の経験においては運動の印象に変容されるという原理である。

鑑賞者が作品の形象を見る。そしてそこに運動の感覚が生起する。制作において形象と運動をつなぐのはことばであったが、作品の経験においてもそれは変わらない。建築であれ音楽であれ、ことば、とりわけ比例がそのなかにいる者を捉える。

ことばとイデア

われわれは人間の作品のなかに在り、動き、生きる。……（中略）……われわれはそこに、何らかの仕方で、何びとかの意志と好みを呼吸する。われわれはかれが選択した比例のうちに捉えられ制御される。（124/260）

この比例はけっして匿名の一般的な規則ではなく、作者の意志や好みによって選択されたものである。命題としての「ことば」は話し言葉paroleであって、概念としてのことばmotではない。たとえそれが数的な比例であったとしても、けっして一般的な概念ではない。作品を産出することばは具体的な形象を与える個別のことばであり、作者の個性的なことばである。その意味で意志的に発話された「内的な法則」なのである。

形象の産出のために発話されたことばには作者の長年の苦悩に満ちた試行錯誤が凝集していて、それがことばを独自で個性的なものにする。にもかかわらずそれは逆説的に普遍的な永続性を獲得しうるのである。

ことばのうちには、非常に短くて、そのあるものはたった一語しかもっていないが、きわめて充実していて、簡潔に力強くすべてに応答しているので、長年にわたる内なる検討や秘かな消去を凝集しているかに見えるものがあります。それらは、至高者の行為のように、不可分であり決定的です。人間どもはこのいくつかのことばで永く生きることでしょう。（187-188/300-301）

ある種の永続性を有することば、それをいわゆるプラトニズム的な意味をまったく除去したかぎりでイデアと呼んでもよい。ただし繰り返しになるが、それは叡智界における永遠の真実在などではなく、作者の内にあって作者を行動させ、判断させ、欲望させるある意志であり、作者の「内的な法則」である。それはまさしく作者そのもの、作者の本質である。

それ（筆者注＝イデア）はぼくの中にあってぼく自身のようなものです。それは過つことなく行動し、判断し、欲望します……。しかし、それを言いあらわすとなると、それは、ぼくをぼく自身たらしめているものを、自分は確かに知っていていてしかもごくわずかしか知らないものを、語るのと同様にむつかしいのです。（96-7/241）

「それ」として指し示すことしか適わないような不死のイデアは、まさに作者の内奥に成立する。「エウパリノス」は意外な次の会話で締めくくられている。

ソクラテス――……いや、ここというものはないし、ぼくらが今語ったことは、ぼくたちを操り人形にしてしまった他の世界の誰か修辞家の気まぐれと同様、すべてこの幽界の沈黙から自然に生まれた戯れなのだ。
パイドロス――厳密に言って不死が成立するのは、そこなのですね。（220-221/322）

ソクラテスが口にしている「ここ」とは彼らの住む冥界すなわち永遠の叡智界であり、それは実のところ存在などしないという。ソクラテスとパイドロスがくり広げてきた様々な考えも、それは所詮「他の世界の誰か修辞家」すなわち作者ヴァレリーから産み出されたものでしかない。イデアが成立するのはプラトンが考えたような叡智界ではなく、パイドロスが端的に言い当てているとおり「そこ」、すなわち作者の内部、その「幽界の沈黙」においてなのである。それは作者の個性化された自我の背後の潜在的な自己を意味している。作品を経験する身体の内奥に生じる「至高の状態」の根源を突きとめようとした精神は、はからずも今度は作者の内の「幽界の沈黙」へと送り返されることになってしまった。

自己の構築

この最後の二人の会話には注意を払う必要がある。「幽界の沈黙」に作品のイデア性が潜んでいるとは言っても、それは作品に先在する作者というものが前提されているのではない。制作の事実はその逆で、作品によって作者という自己が立ちあらわれることを示している。

ぼくは自分自身の建設へと進入する。そしてぼくは、ぼくの願望とぼくの力量の間の実に正確な一致に近づいて行くので、ぼくはぼくに与えられた実存在existenceで一種の人間制作を行ったような気がする。（103/246）

精神と身体の「実存在」は自己の願望と能力を統一させて作品を産出する。そのとき、ここでも作用と反作用の原理がはたらく。実存在が作品を生みだすと、その反作用で逆に作者というひとつの個性がうち立てられるのである。

制作後に自覚されるこのような自己構築はふたたび制作のはじまりに回帰し、制作の強い動機となるだろう。自己の生存に都合の良いものを制作し世界を服従させることが制作の最初の動機であったが、その結果わずかでも自己構築が達成されると、それが強い願望となって次の制作へと突き動かすことになる。

ほんの少し余分に自分自身であるためには宇宙をも覆すことを、どんな魂がためらうだろうか。（206-7/313）

作者としての自己構築はこれほどまでに精神を魅惑するのである。

しかしながら作られた物の中には作者が知られず、個々の作者を越えて制作が継承され繰り返される場合がある。たとえば無名の器物を思い浮かべてみればよいだろう。

それらの器物は、いわば、ひとりでに成ったもので、永年の使用が必然的にいちばんよい形を見いだしたのだ。数えきれないほどの実践がいつか理想に合致し、そこで停止する。千の人間の千の試みが徐々に最も経済的で最も確実な姿、すなわち期待された姿、へと収斂し、それをみんなが模倣する。(187/300)

無名の器物というものは長い時間のなかで制作者の恣意的な意欲や好みが払拭され、ある「確実さ」を獲得している。それは計画と実施が一致している自然の生成のようであり、作者の自己構築とはもはや無縁の境地に達している。制作する精神、制作をとおして自己構築を欲求する精神はこれとはまったく異なるこうした制作のあり様をどう理解するのだろうか。残念ながら、「エウパリノス」からこの難問に対する答えを見いだすことはできない。

二　理論化の試み

以上、「エウパリノス」の叙述を制作の時間に沿って再編してみた。これによって錯綜するテキストの理解をいくらか進めることはできただろう。しかしながらこの整序作業はいささか強引にすぎるところもあり、そのことによってかえって一次元的な時間軸には収まらない制作の諸事象の循環性(制作―経験―動機―制作)や複層化(制作と制作の反省)が露呈することになった。こうした制作における平面的循環性や垂直的複層化を明確に位置づけるためには、さらに次数を増やして三次元的な枠組みを用意する必要がある。それによってヴァレリーのいう三原理とその諸相をより適確に把握することができるだろう。

二―一　三つの基本要素と二つの活動

ヴァレリーは身体 corps・精神 esprit・世界 monde を制作の三原理と考えていた。

人間は全一の中に三つの重要なものを識別する—そこに自分の肉体corpsを見出し、そこに自分の魂âmeを見出し、そして自分以外の世界mondeがある。この三者間にはたえず取引が行われ、時には混同さえ起きる。（183/298）

これら身体・精神（魂）・世界は三原理といっても等価の三者ではない。中心は精神にあって、精神は身体に取り巻かれて主体を形成し、世界に属し、世界と対面している。三者はこれを基本的な構えとしつつ、相互に関係しあいながら多様に運動している。「エウパリノス」で主題とされるのはそうした運動のうちの二つ、すなわちソクラテスによって表象される知ることと、エウパリノスによって表象される作ることである。これはアリストテレスによる精神活動の分類にもとづくもので、観想theōriaと制作poiēsisに該当する。[11]

三つの領域

これら身体・精神・世界が展開する二つの活動を捉えるために三つの領域をあらたに導入することにしよう（以下、図を参照）。すなわち、実在的réel・叡智的intellectuel・潜在的virtuelの三領域である。実在的領域とは日常的世界であり、物rēsの世界である。上述の精神・身体・世界はひとまずこの領域に配置できる。これに対して、叡智的領域とは精神が観想によって実在的領域から超脱し目ざすところの領域である。ただし実在的領域と叡智的領域のあいだには明確な境界があるわけではなく、むしろ大気圏を上昇し続けるとやがて宇宙空間へと至るように、二つの領域は漸進的に遷移する。プラトンでは叡智的世界と感性的世界は截然と二分されているが、ここではそのようには考えないことにする。

これら二つの領域に加えてさらに潜在的領域が措定される。これは身体によって感覚される実在的領域の裏面であり、ヴァレリーはこの特徴を「可能的」または「全価的omnivalente」と形容している。[12]また「第四の身体」と名づけられるものもこれを指しているだろう。[13]潜在的領域はすべてが実在化の可能性に開かれた個別化以前の領域であり、胚のような状態といえる。とは言え、virtuelの語源であるラテン語virtūsが力を意味するように、潜在的領域は実在的領域になにがしかの作用を及ぼしている。その意味では現実的actualでもある。[14]

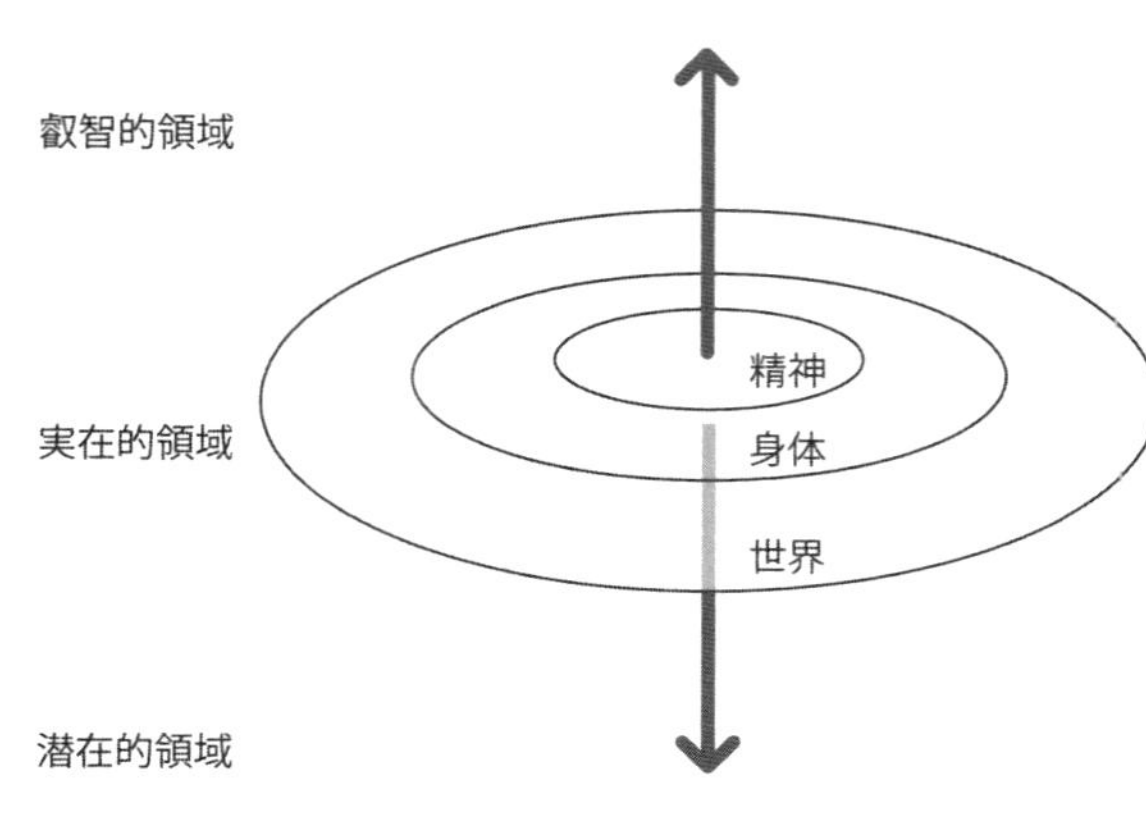

図　三つの領域と二つの活動

実在的領域に対して叡智的領域は垂直上方に位置し、イデアへと向かう観想は叡智的領域への垂直上昇運動と規定される。その一方、作品の制作は実在的領域に留まる水平運動であり、観想の運動方向とは直角にずれている。観想から制作への転回はヴァレリーが人生を賭けて悩み苦しみ思考した課題であった。「エウパリノス」でも語られるこの転回は、垂直上昇から水平拡大への九〇度の方向転換として捉えることができるのである。

実在的領域と潜在的領域の境界は奥深い沼の水面のようなものかもしれない。沼の中では精神・身体・世界は融解し、互いに共属しあっている。その様相を認識しようとするなら、それは水面に映る影によるしかないだろう。個性的存在はいっさい沼に潜水することができない。

二つの活動

つぎに「エウパリノス」に叙述されている二つの活動、観想と制作について見ていくことにしよう。

実在的領域は名前や概念が与えられた個別の諸事物によって構成されている。ところが根源的に知ろうとする精神はそれら個別の事物に対面すると与えられた概念や知識を捨象して観察し、個別性を除去して普遍的なそのもの自体を知ろうとする。同時に精神はみずからの個別性も超克するために肉体を離れ、精神のみの存在である「純粋自我 Moi pure」[15]へと昇華しようと努める。そのようにして叡智的領域を上昇していく。「私は我が身を眺める私を見た」[16]。精神は純化するためにみずからを反省的に自覚し、自我の反省、反省する自我の反省の反省というように反省を無限後退させる。このように精神には自己反省による純粋化の運動様態があり、そうした純粋化によって世界の「全体」を希求し、理念的な終局点である「全一のかなた」すなわちイデアへ向かおうとする。

　ところが、パイドロスがソクラテスに向かって「イデアは何だかよく分からない」と批判したとおり、はたして純粋自我は世界にイデアを見いだすことはできないのである。ヴァレリーは「エウパリノス」より少し前に書かれた別のテキストのなかで、こうした純粋化を追求するならば、自我もそれが見いだす物自体もいずれも個別性を喪失し、たんなる「自我」と「X」になってしまうという結論に達していた。[17] 精神が叡智的領域を純化上昇するに応じて世界も叡智的領域を登っていく。ところが結局のところ、「ぼくらはもう何一つ理解できないのだ」とソクラテスが告白してしまったように、世界は普遍的なイデアとしてあらわれることはなく、たんなる任意の存在Xとなってしまう。個別を抹消した普遍とはいかようにもなり得るたんなる可能性、なにものでもありうることを本質とするなにものでもない基体でしかない。[18] 純粋化によって個別性を超脱した自我に対して世界もその個別性を喪失し、両者はあらゆるものであり得る存在へと普遍化する。ところが、結局、精神も世界も叡智的領域ではその固有の存在を保持することができなくなってしまう。叡智的領域を上昇し実在的領域から果てしなく遠ざかろうとする精神は、やがてその存在基盤が希薄になり、行きつく果てに虚空の宇宙空間へと放り出されてしまう。生存そのものが深刻な危機に直面する。

　この危機を脱するのは容易なことではないし、そうした観想の死点にすこしでも触れてしまえば、その後、制作に転じたとしても、そのおぞましい虚空の残照が制作に影響を及ぼさないはずはない。ヴァレリーはこの危機的境地を数多く記述しているが、ここでは「エウパリノス」にしたがってこれ以上立ち入らないことにしよう。「エウパリノス」では、制作への転回はじつに率直で楽観的に語られているからである。

　制作は精神による構想と身体による行為の統合であり、観想のように身体を切り離しては成立しない。「誰がお前をつくったのだ」という問いに端的に示されるように、知ることの欲求は作ることの欲求へと直結している。制作の最大の目的は自然に抗して生存に有利なものを作ること、自然を人間の生存に都合の良いように改造することである。実在的領域に生存しつづけようとする人間は、作ることによって自らの世界を水平にどこまでも拡張しようとする。精神は自然から原理を抽出するが、もはやそのために叡智的領域を限りなく上昇し続けることはない。原理を抽出するのに必要なだけ叡智的領域に進入すればよいのである。制作に役立てるため、作るために知ろうとするだけである。こうして制作する精神は叡智的領域の下層に触れ、このあとに述べるように潜在的領域に沈潜しつつ、両者のあいだを往還しながら作品を産出し、世界を水平に拡張する。

二―二　精神の諸様態

潜在的領域での遊動

制作する精神の歩みはけっして直線的ではなく、たえずさまよい、飛躍し、遊動する。そして次第に潜在的領域へと沈潜していくだろう。潜在的領域では精神は身体とともに遊動し、それにあわせて世界も遊動する。あるいはその逆に、遊動する世界に共鳴するように精神と身体も遊動し、精神・身体・世界のそれぞれその自律的な境界面は干渉しあって融解し、官能的に交感する。叡智的領域へと進んでいった精神は身体を捨象し、結局は世界を知ることに挫折してしまったが、制作においては「至高の状態」を経験するという仕方で世界を知ることになる。それは概念によっては規定しえない未分化の状態であり、実在的な存在に対する「非存在」である。しかしながらその生き生きとした経験は現実的であり、力を発し、その意味において潜在的といえる。この「至高の状態」の経験は芸術的制作の重要な動機となるだろう。潜在的領域での官能的な遊動の経験が、合理的で合目的な制作物を芸術作品へと高めることになる。

単純なロゴスへの志向

しかしながら至福の遊動状態を漂うだけでは制作は結実しない。諸観念は身体の制作行為に転換され、形象へと具現化されなければならない。この精神と身体の懸隔を媒介するのがことばである。ヴァレリーの用語法にはないが、ロゴスと言ってもよいだろう。これは身体の行為を厳格に規定する命題であるが、純粋自我が求めようとした叡智的領域のイデアでも、実在的領域の諸物に与えられている概念でもない。精神が私の身体を経由して発することばであり、個別的なことばである。精神は潜在的領域における「至高の状態」を経めぐり遊動しながら、制作行為を制御する幾何学＝ことばを求めつづける。さまざまなことばが浮かんでは消え結合と分裂をくり返す。精神はこうした先行きが見通せない生成状態を彷徨するが、諸観念はそこから一つの方向すなわち単純なロゴスへと収斂していく。人間の制作物は自然とは真逆に、部分から全体に向かうほど単純化する。自然の観察から見出されたこの原理は、じつは制作の理念として機能し、精神を遊動状態から救い出す。精神は少しだけ叡智的領域を上昇し、その高みと潜在的領域の深みを行き来しながら決定的な一つのことばとの出会いを待つことになる。

偶然の受容と制作の自由

精神に浮かぶ観念は単純性を目指して収斂するとしても、決定的なことばとの出会いはなお偶然にゆだねられている。制作にかかわる諸原理を合理的に結合することはある程度は可能であろうが、すべてを統合するひとつのことばを合理的に演繹することはできない。単純なことばはある時突然におとずれるのである。それは偶然の邂逅と言うしかない。精神はこの邂逅を受け入れ、命題として厳格に遵守することを決意しなければならない。「最大の自由は、最大の厳格から生じる」とはこの意味であり、偶然を必然として受け入れるところに精神の自由がある。(19) 精神はこうして一つのことばを引き受け、それによって身体の制作行為を指導し、作品を産み落とすことになる。

自己形成

精神は潜在的領域におけるいっさいの可能性のなかで一つのことばに遭遇し、それを選択する。その選択によってあらゆるものへと生成しうる可能性は閉ざされるが、その代償として一つの個別性が獲得される。そうして制作される産物は一つの個性的な作品となり、同時にそれを産み出す精神も一つの選択を行った作者として個性化し、「自分自身の建設」が実現する。精神が個別化を受けいれることで一人の作者が形成される。

観想する精神は叡智的領域へと向かって純化と普遍化を目指したのであったが、純粋自我は何ものでもない自我へと至ってしまった。一方、身体を介して潜在的領域へと沈潜した精神は世界との至高の合一の瞬間を経験する。しかしもしそこに留まりつづけるなら自我は世界に融解してしまい、別のかたちで自我を失ってしまうだろう。その至高状態から実在的領域にたち戻り、作品を実現することができてはじめて、精神は個性的存在としての自己を獲得する。作者としてのこの個性的自己の建立、自己形成は精神におおきな充足感をもたらすだろう。だからこそ自己形成の欲求が制作の主要な動機のひとつとなるのである。

鑑賞とイデア

ところで、ヴァレリーによれば作者と作品と鑑賞者はきびしく区別されなければならない。[20] 作者の制作と鑑賞者の受容は峻別されるべきであり、そのあいだに因果的な法則や相関関係を求めるのはまったくの誤謬にすぎないという。しかし、「エウパリノス」では作品が見る者に制作者の運動を想起させることが叙述されていた。鑑賞者の身体が作品に包まれるとき、鑑賞者は作品と一体化して共鳴し、精神は制作された世界が「歌う」ように感じる。この時、鑑賞者は作者の長い制作過程をいっきに遡行し、幾何学にしたがって制作した作者の身体の運動、そして遊動する精神の「至高の状態」にふれる。鑑賞者はたしかに作者が経験した精神の遊動や「至高の状態」に近づき、「作者の内奥に不死のイデアが成立する」かのように感じるだろう。鑑賞者は実在的領域に存在する作品の背後に、作者の内奥に潜む作品の永続性を直観するのである。それは作品の実在的領域と潜在的領域とが接する境界面に現れる一瞬の輝きのようなものであって、その表面的な輝きの背後は作者だけでなく、じつは鑑賞者の内奥にも通じている。実在的領域では作者と作品と鑑賞者はそれぞれ独立した個体として存在するが、潜在的領域においては三者は溶解して「第四の身体」となり互いに共鳴しあう。作品のイデアとは、そうした内奥の「至高の状態」を直観させる作品の表面的輝きなのである。

三　制作する精神の危機

「エウパリノス」のねらいは、哲学者ではなく建築家を、観想ではなく制作を、純粋な精神ではなく精神と身体と世界の合一を称揚することにあったと言えるだろう。ヴァレリーは哲学者の営為、すなわち精神の純粋化への努力が挫折に陥ることを見とどけ、精神と身体との協働による制作の豊潤な世界を描出したのであった。純粋自我を求めて叡知的領域を上昇しつづけたところで、結局は存在の足場を失い、おぞましい虚無へと放擲されるだけである。むしろ身体をもって世界に浸潤し、世界と共鳴し、世界に向かって作品を制作する方がはるかに充実した生を経験することができるだろう。それは純粋自我の危機から帰還したヴァレリー自身の転向でもあった。しかし、精神の水平方向への転換は、垂直方向の純粋自我の希求よりもっと深刻な人類的危機を引き起こしてしまう。「エウパリノス」以後のヴァレリーはこうした事態を冷静に見つめていた。

「私はわが身を眺める私を見た」。この言葉に端的に示されるように、精神の知るという働きとは、対象から身を引き離しつつ、それを意識することである。いまここに存在する私を意識する私、さらにその私を意識する私。こうして私は純粋自我へと浄化されていく。純粋自我とは、反省する精神の反省である。いっさいのものから遠く離れるほど、精神は対象を明晰に捉える。ヴァレリー論を著したマルセル・レイモンは、「回路の外に位置するこの絶対の一点は観念上のものとして、何ものも達することのできない無限遠におかれなければならない」と言う。[21] 純粋精神への際限のない追跡と無限遠への後退はヴァレリーの根源的な欲求であり、ヴァレリーの知的営為の究極的動因なのである。しかし、はたしてその究極でいったい何が把握されるのだろうか。無限遠の純粋自我の境位では、すべては顔のない存在へと抽象され、それに相対する精神も何ものでもない自我へと落ち込んでいく。精神が私という限定を捨て、普遍的に、純粋に、透明になろうとすればするほど、宇宙も自然も個別性を捨象した何ものでもないXとなってしまう。もはや私は非自我へと達し、世界や宇宙と鋭く対立する。しかし、それはその地点に限りなく接近し、その不毛で荒涼とした虚無の世界を垣間見てはじめてわかることだといえる。ヴァレリーは精神に誘われるがままそこへ近づくことを避けることはできなかったのである。

「通行禁止」の警告を黙殺し、無意味で無差異な死点、虚無へとさらにいっそう進み、そこへ身を投げ入れる道もあるだろう。それはある種の宗教的修行に見られる進路である。レイモンの言うところの「神秘的著述家」もそうであり、「このときXは顔のない抽象的存在ではなく、生命とあらゆる善きものの根源たる創造神となるだろう」。[22]

ところが、ヴァレリーはこの純粋自我の際限ない追跡を中断してしまう。「エウパリノス」のソクラテスは苦悩の果てに、「人間となるかそれとも精神となるか、そのどちらかを選ばなければならぬ。人間は、知らずにいられるからこそ、そして人間特有の妙ふしぎである知識の一部に満足しうるからこそ、行動することができる」と述べ、純粋精神の道を断念し、制作の道へと転じたのだった。精神はふたたび身体を、身体による情緒を、身体の行為を取りもどす。身体が純粋自我への遡行を転じさせ、現実の個別の事物からの呼びかけに身体は反応する。精神は個別性を捨象し、普遍へと抽象しようと努めるかわりに、身体が受けとめる対象に向かい、そして身体の衝動にしたがう。

しかしながら、いったん純粋自我の境地にまで達した精神が、その志向を完全に放棄してしまえるはずがない。制作する精神は、自我と世界、精神と自然の根源的な分離を自覚せざるをえない。制作は徹底的に人為的であり、普遍と呼ばれるものさえも、人間の恣意的な構築物にすぎない。詩的状態は根源的自然とのつながりを暗示することはあったとしても、それは徹底的に人為的作品のなかにのみ現出するのである。精神はこのように自然からきっぱりと自律しているのであり、みずからのために自然に代わる実在を制作するのである。ところが、そうした制作する精神は自己の限界を規定するすべをもたず、どこまでも前進を続ける。制作には「徳も不徳もない」と断言されていたことを思い出したい。純粋自我を追跡し続けた精神は虚無の危機を回避するために制作へと転向したはずであったが、今度は制作に邁進するあまり別様の危機に直面する。

「エウパリノス」以後のヴァレリーは、第一次世界大戦後、諸国がふたたび軍拡へと突き進むなか、制作する精神の暴走をくり返し批判するようになる。戦争から戦争へと駆り立てられる西洋列強の政治状況、あるいは大量殺戮を可能にしてしまった科学や産業技術に対する発言が増えていった。

精神はつねに新たな制作へと向かう。「可能の領域を究めよ」。長編詩「海辺の墓地」の冒頭には、このピンダロスの一節[23]がエピグラフとして挿入されている。精神は可能の領域を究めようとする。人間は造物主となり、自然を造り直し、それらを人間の秩序へと置き換える。「エウパリノス」のなかでは、造物主が創り出した自然は未完成と断じられ、人間は「特別に人間を満足させるために手を加え動かすべき」との宣告にしたがって、造物主が残した自然を起点に制作を開始する（215/318-9）。精神とは、「我々の周囲にある影響を及ぼし、我々を取り巻く環境を変化させるもの」である。つまるところ「一つの変換する力」なのである。[24]

我々は我々の精神のために一つの世界を創造した、―そしてその我々の精神の世界の中で暮らしたいと思っている。自分の作品の中で生きることを望んでいる。

……（中略）……

すでにかなりの域に達している自前の手段を用いて作り直すこと、自分が住む地球の一部に装備を施して、住環境を作り直すこと、地球を上から下まで隈なく探索し、自分たちの計画に役立つものはすべて発掘し、利用すること。それはすべて結構なことである。(25)

変換する力としての精神は、あたかも冒険のように止まるところを知らずに突きすすむ。ヴァレリーはこうも語っている。「どうして精神に向かって、まあ程ほどにしておけと言えよう」。(26) 制作する精神はけっして立ち止まらないのである。「エウパリノス」では、制作は人間の至高の行為として雄弁に語られていた。しかし、ヴァレリーは逆説の人であることを忘れてはならない。盲目的に突進する精神の冒険に、次のとおり冷静な眼差しが注がれている。

……私は次のように言うことができよう。人間の精神は人間を一つの冒険へと誘った、と。その冒険の差し金によって、人間は次第に当初の生存条件とはかけ離れたことを志向するようになった。あたかも人間には、他の本能はすべて生命体を同じ地点、同じ状態に戻そうとするのに、そうした動きに逆行する一つの逆説的な本能が備わっているかのように。(27)

精神の冒険は人間を「当初の生存条件」から際限なく遠ざけてしまっている。制作とは人間の都合のために自然を利用することであったはずなのが、逆に人間の生に対立するものとなりつつあることをヴァレリーはすでに認識していた。

我々が知っていること、すなわち我々がなし得ることの総体が、最終的に、我々の存在と対立するようになった。(28)

しかし残念なことに、ヴァレリーは危機に対する処方は論じなかった。ただ精神が直面する危機の所在を明確にしようとしただけである。すなわちそれは制作する精神に由来する。そうであれば、精神の暴走を抑制し危機を回避する方途は精神に求めるしかない。

精神は現在私たちが引きずり込まれた状態から私たちを引き出すことができるのか？[29]
人間の精神は自分がなしたことを乗り越えられるだろうか？[30]

これらヴァレリーの悲痛な問いかけは、今やいっそうわれわれに突きつけられている。そこで最後に、ヴァレリーが提示しなかった精神の危機を超克する道をヴァレリーに即して展望してみることにしよう。ここではその糸口として加藤邦男によるヴァレリー解釈を考えてみたい。

加藤邦男の解釈はヴァレリーの思想をまったく反転させた側面があり、それはむしろヴァレリーの残した精神の危機という課題を超克する道を示したものと位置づけることも可能である。[31]加藤は、純粋自我と経験的で個人的な私を全一の名のもとに表裏一体化させる。私は身体を介して自然と共属関係を結び、純粋精神も根源的自然と究極的に全一をなす。そうして、建築は人為的な制作による作品であるとは言え、根源的自然への終わりのない接近へと差し向けられ、その窮極における至福の詩的状態の象徴をめざす。人間の制作は自然の生成と合一する窮極の境地を志向し、まさにそこに建築の普遍性が求められる。加藤は上述のようにヴァレリーを解釈することによって、「徳も不徳」も無い人間の制作の無倫理性に修正を加え、制作する精神を根源的自然という究極目的への志向によって統制しようとする。次のように結論づけられている。「ヴァレリーの対話篇には、究極目的を求めつつも、其れが不可能であることを知り、求める目的よりも目的を求めて努力する行為そのものが、行ずるべき求道の道だとするその道を見なければならない」。[32]制作する精神が自然に属する身体の存在を忘却し、自然による「当初の生存条件」から遠ざかろうとするその帰結が、破壊的な危機をもたらすのであれば、加藤が解釈するとおり、精神と身体の全一への求道の道への回帰は精神の冒険を制御することにつながるだろう。

しかし、こうした求道の道は、今日では個人的な領域へと追い込まれてしまっていることを認めないわけにはいかない。その道を歩むか否かは個々人に委ねられている。それに対して、精神がもたらす危機はヴァレリーが警告を発した時代に比べてさらに格段に深刻さを増し、地球的な規模に拡大している。個人的な求道の道は人類的精神の危機を前にいったい何をなしえるのだろうか。かつて古代人は根源的自然との全一的な詩的状態を、超個人的な全体的領域に充満させることができた。[33]詩と神秘はいまだ未分化だったのである。しかしこれらのあいだに裂け目が生じると、近代の詩人たちは「詩を生の全体に逆流させ」ようとした。[34]近代詩の多くにこうした試みを認めることができる。しかしそれも精神の危機に対処するには素朴にすぎる。

われわれに残された道は、精神が精神を自己規制する道でしかないだろう。ヴァレリーの引いた線に沿って、一歩後退した精神が制作する精神を省察し、その営みを規制する合理を見いだすこと。制作とは精神がことば＝ロゴスによって身体の行為を徹底的に制御することであるならば、制作する精神を見つめる精神が、ある種のロゴスをもって制作する精神の無用で無謀な冒険を規制することも可能なはずである。

「エウパリノス」では、制作の第一の目的は自己のための実用性、有用性にあることが語られていた。人間は自己の生存に有利なように、自然に抗し、制作するのである。精神は自己の有用性のために自然を変形する。しかし一方で、精神はこの有用性を問い直し、反省することもできる。精神は制作する私を見る。有用性に向けられたこの反省のなかで、精神はみずからが制作した物との関係が「用」と呼ばれていることに気づくだろう。そしてそのとき、その意味において、観照も「用」の一つの形態であることを理解するだろう。観照とはまさに精神と作品との関係のことであり、たとえば「歌う」とは、その関係の一様態を言いあらわしたものである。「エウパリノス」にはいささか唐突に、時を越えて制作される無名の器物の話題が挿入されていた。制作する精神が個人的私を越えうることを示すことが意図されたのであるが、長い制作の時間には「用」の時間、つまり使用や観照の時間も含まれるはずである。精神は「作るわが身を見る私」を反省する私からさらに歩を進め、「作るわが身（が作る物を使う私）を見る私」の反省へといっそう重層化する。作る時間と使う時間の異なる時間が物を介して精神の自己反省のなかに導入される。この反省の先に、精神の危機を自己規制する道が切りひらかれていくことが予感されるのである。

おわりに

森田が直面した課題をふたたび思い起こしてみよう。それは構造力学が要請する合理性と作者の無意識から発生する表現性の対立の調停であった。精神が自然から抽出する合理的原理と潜在的可能性の領域を遊動する自由な観念の分裂。「エウパリノス」はこれら両者が偶然に見いだされることば＝ロゴスによって媒介されることを教えていた。古代においてロゴスは叡智的領域に発見されるものと考えられていたが、近代人はその不可能性を知ってしまった。こうしてロマン主義者と呼ばれる者たちは制作の原初をロゴスから自己の内奥、無意識に求めることになる。遊動する観念はロゴスによって統制されることなく、そのまま表出された。

やがてロマン主義への反動が生じ、古典への回帰運動が各分野で広がっていく。[35] 森田はこうした思潮の中で古典主義理論のロゴスの探求を開始したのであった。しかし上述のとおり、古典へ回帰する近代の精神は、純粋精神と根源的自然との全一という制作の究極目的を忘却し、精神の危機、戦争という暴力の応酬へと暴走していった。

地球は人類にとって根源的自然であり、「当初の生存条件」であることは疑いようもない。人類は地球から自律しては存在しえない。したがって、精神の暴走を自己規制するロゴスもこの地上に根ざしたものでなければならない。地球という拘束から解き放たれた純粋自我によって発見される普遍的＝宇宙的universalロゴスではなく、人類の生存条件との紐帯を保持しうるかぎりの上方遠方から見下ろす眼差しによって見いだされる地球的globalロゴスが要請されるだろう。いまや制作する主体は、地上の生命を生きる人類とその営みを地球的視野で省察する精神へと拡張しなければならないのかもしれない。

付記

本研究は日本学術振興会科学研究費の23560763の助成による成果の一部である。

引用文献

— Paul Valéry, *Eupalinos ou l'architecte précédé de l'Ame et la Danse*, Gallimard, 1924.

— ポール・ヴァレリー「エウパリノス あるいは建築家」森田慶一訳、森田慶一『建築論』東海大学出版会、一九七八年。

＊引用箇所は本文中の文末に（原典頁／邦訳頁）として数字のみ示す。

主要参考文献

― *Paul Valéry Œuvres*, I-II, Gallimard, 1957, 1960.

―『ヴァレリー全集』全十二巻 補巻二巻、筑摩書房、一九七四―一九七七年。

註

1 Eupalinosはフランス語読みに準じると「ユーパリノス」となるが、本稿では文中の登場人物Socrate、Phèdreを「ソクラテス」「パイドロス」とギリシア語読みするのに合わせて「エウパリノス」とする。

2 森田慶一訳「エウパリノスまたは建築家」（森田慶一『建築論』東海大学出版会、一九七八年所収）。

3 森田が残した課題を継承したのは加藤邦男である。加藤はヴァレリーの著作を包括的に精査し、建築制作の範型としての「建築そのもの」「全一的なもの」を明らかにし、建築論的制作論を提示してみせた（加藤邦男『ヴァレリーの建築論』鹿島出版会、一九七四年）。これによって、「エウパリノス」から建築の制作論を抽出する課題は完成されたかに思われるだろう。しかし加藤の解釈はプラトン哲学、ハイデガーやメルロ＝ポンティの存在論、増田友也の建築論などにおおきく依存しており、独自性の強い解釈となっている。本論はもちろん加藤の研究があってはじめて成立しているものであるが、ヴァレリーに即してヴァレリーを理解することを試みる。

4 Louis Süe, André Mare, *Architecture*, Tome 1er, Éditions de la Nouvelle Revue Française, 1921.

5 Eugène Emmanuel Viollet-le-Duc, *Dictionnaire raisonné de l'architecture française du XIe au XVIe siècle*,10 tomes, Bance, 1854-1868.

6 「エウパリノス」の出版経緯については、吉田鋼市「ヴァレリーの『エウパリノス』と一九三〇年代の建築」『日本建築学会大会学術講演梗概集（近畿）F』日本建築学会近畿支部、一九八七年十月、一〇二三―一〇二四頁を参照。

7 Paul Valéry, *Cahiers I*, Gallimard, 1973, V.211, p.793（『ヴァレリー全集 カイエ篇三』筑摩書房、一九八〇年、三一頁）

8 *ibid.*, V.671, p.69（『ヴァレリー全集 カイエ篇一』、一一〇頁）

9 文芸批評家チボーデの『ポール・ヴァレリー』はヴァレリー研究の古典と目されているが、ベルグソンに多くを負っている。Albert Thibaudet, *Paul Valély*, Grasset, 1923（アルベール・チボーデ『ポール・ヴァレリー』森英樹訳、理想社、一九七〇年）。ハイデガーに師事した哲学者K・レーヴィットは存在論の立場からヴァレリーを解釈している。Karl Löwith, *Paul Valéry : Grundzüge seines philosophischen Denkens*, Vandenhoeck & Ruprecht, 1971（カール・レーヴィット『ポール・ヴァレリー その哲学的思惟の概要』中村志朗訳、未来社、一九七六年）。田邊元は西田哲学を継承しつつ弁証法的思想からヴァレリーを理解しようとしたが、その解釈はまったく独自のもので、ヴァレリーを介した田邊哲学となっている。田邊元『ヴァレリイの藝術哲学』筑摩書房、一九五一年。

10 引用文中の「非存在absence」は、ヴァレリーが他のテキストで使用している語non-êtreとほぼ同義と捉えてよいだろう。Valéry, Œuvres II, p.74（「テスト氏の最後」『ヴァレリー全集二』、一〇〇頁）

11 アリストテレスは人間の精神活動を「見るtheōria」、「行うpraxis」、「作るpoiēsis」に大別している。アリストテレス『形而上学（上）』出隆訳、岩波文庫、一九五九年、第六巻第一章。

12 Valéry, L'Idée fixe, *Œuvres II*, p.213（「固定観念」『ヴァレリー全集三』、一七六頁）

13 Valéry, Réflexions simples sur le corps, *Œuvres I*, p.930（「身体に関する一考察」『ヴァレリー全集九』、二〇〇頁）

14 木村敏「リアリティとアクチュアリティ 離人症再論」『講座 生命二』哲学書房、一九九七年を参照。

15 「純粋自我」についての直接的な規定は「エウパリノス」にはないが、他のテキストでしばしば語られている。たとえば次のような記述がある。「もっとも純粋なもっとも非個性的な『自我』—すべての人において同一であり、各人において普遍的であるところの『自我』。」Valéry, Une vue de Descartes, Œuvres I, p.826（「デカルト考」『ヴァレリー全集九』、五六頁）。「小生が純粋自我ということで意味するのは、すべてを自動的に解脱する唯一且つ画一的な作業である意識というものの絶対です。」Valéry, Lettre-Préface au Père Rideau, in Émile Rideau, *Introduction à la pensée de Paul Valéry*, Desclée De Brouwer, 1944（「『ポール・ヴァレリーの思想への手引き』序文—神父リドー師宛」『ヴァレリー全集二』、三五八—三五九頁）

16 Valéry, La Jeune Parque, *Œuvres I*, p.97（「若きパルク」『ヴァレリー全集一』、三五行、七五頁）。「テスト氏との一夜」に同様のくだりがある。「俺はこうしている、自分を眺めながら、自分を眺めるのを眺めながら、以下之に準ず……。」Valéry, La soirée avec Monsieur Teste, Œuvres II, p.25（「テスト氏との一夜」『ヴァレリー全集二』、二七頁）

17 「もう少しすすめば、意識はもはや二つの本質的に未知な本体、『自己』と『X』とをしか、必然的な存在とはみなさなくなるだろう。両者ともに、すべてから抽象され、すべてのなかに含まれ、すべてを含んでいる。あいひとしい、同質の存在なのである。」Valéry, Note et digression, Œuvres I, pp.1222-1223（「覚書と余談」『ヴァレリー全集五』、九二頁）

18 いわゆるロックの「裸の基体bare substratum」と類似している。

19 九鬼周造は芸術制作における偶然性の問題について、ヴァレリーにも言及しながらさらに思索を深めている。九鬼周造「偶然性の問題」『九鬼周造全集第二巻』岩波書店、二〇一一年。

20 Valéry, Première leçon du cours de poétique, *Œuvres I*, p.1436（「詩学叙説第一講」『ヴァレリー全集六』、一五五―一五六頁）

21 Marcel Raymond, *Paul Valéry et la tentation de l'esprit*, Baconnière, 1946, pp.38-39（マルセル・レイモン『ポール・ヴァレリー　精神の誘惑』筑摩書房、一九七六年、五四頁）

22 *ibid.*, p.41（同書、五七頁）

23 B.C.522/518 – B.C.442/438。古代ギリシア最大の合唱隊歌詩人。『祝勝歌集』が残されている。

24 Valéry, La politique de l'esprit, notre souverain bien, *Œuvres I*, p.1022（ヴァレリー「我らが至高善『精神』の政策」『精神の危機』岩波文庫、二〇一〇年、二二五―二二六頁）

25 Valéry, La liberté de l'esprit, *Œuvres II*, p.1097（ヴァレリー「精神の自由」『精神の危機』、二五五頁）

26 Valéry, Propos me concernant, dans Berne-Joffroy, *Présence de Valéry*, Plon, 1944, p.22（ヴァレリー「己を語る」『ヴァレリー全集２』筑摩書房、二八五頁）

27 Valéry, La politique de l'esprit, *Œuvres I*, p.1023-1024（ヴァレリー「『精神』の政策」『精神の危機』、二二七―二二八頁）

28 Valéry, Le bilan de l'intelligence, *Œuvres I*, p.1064（ヴァレリー「知性の決算書」『精神の危機』、一八四頁）

29 *ibid.*, p.1064-1065（同書、一八四頁）

30 *ibid.*, p.1065（同書、一八五頁）

31 加藤邦男「建築論素描ヴァレリーの対話篇『エウパリノスまたは建築家』を巡って」『新建築学大系６ 建築造形論』彰国社、一九八五年。

32 同書、二八五頁。

33 Raymond, *op.cit.*, p.109（レイモン、前掲書、一六二頁）

34 *ibid.*, p.110（同書、一六二頁）

35 たとえば、Ｊ・コクトーは一九二六年にエッセイ「秩序への呼びかけ（*Le rappel à l'ordre*）」を発表している。

制作における見ること

渓居の構造

――李朝儒者たちの思惟・詩作とそのトポグラフィー――

山中　冬彦

はじめに――李朝儒者たちの渓居

李氏朝鮮では十六世紀、儒者たちが官職を退き山間の渓流地に隠棲し、自らの学問と後進たちの教育に勉めるという、いわば一つの伝統が形成される。

形成の背景には、王朝をささえる現実参与の学から、新儒学の学的理解の深まりに呼応して、形而上学的な根拠を探求する理論的な性理学への重点の移動、あるいは繰り返される朝廷における党派争い（士禍）からの退避が考えられる。しかしそれに加えて、後世への影響を考えると、李滉（イファン）（退渓一五〇一～一五七〇）と李珥（イイ）（栗谷一五三六～一五八四）という李朝を代表する二大儒学者がともに中国南宋の朱子（一一三〇～一二〇〇）の生き方を理想のひとつとして、そのような山間の「渓居」を実践したことが形成の要因として重要であろう。後世、半島の多くの儒学者たちが、この二大儒聖の学統を継ぐというかたちで学問に精進したことを考えるとその影響の大きさは測り知れない。

退渓は慶尚道安東郡禮安の陶山に、また栗谷は黄海道海州郡高山の石潭にそれぞれ渓居した。彼らは、どうして都を離れて、山間の渓流地を選んだのであろう。都邑・人境の喧騒を離れることは一応理解できても、どうして田園・山野などではなく山間の渓流地を選び住もうとしたのであろう。もとより武夷渓谷に隠棲した朱子を倣ったともいえようが、同時にそこには彼らの生き方とその選定（卜居）した場所との内密なかかわりが予想されよう。儒者たちの思惟・詩作という営みと自然のトポグラフィーとの内密で必然的ともいえるかかわりをここでは退渓と栗谷の渓居に即して見ていこう。

扱う資料としては、退渓と栗谷の詩歌や文章が中心になる。関係する膨大な資料の内で筆者の力で扱えるものは極めてまずしく限られたものにすぎないが、思惟・詩作という儒者たちの営みと自然のトポグラフィーとの構造的な相同を粗描してみたい。

一　『擇里志』における「渓居」

さきに山間の渓流地に居住することに「渓居」という言葉をつかった。聞きなれない言葉であるが、これを住まいの立地類型として提示したのは、十八世紀半ばに書かれ、実学的な傾向を持つといわれる李重煥（一六九〇～一七五六）の地理誌『擇里志』であろう。[1]かれはその書の「卜居総論」のなかで、住まう土地を選ぶとき考慮すべき四条件として、重要な順に「地理・生利・人心・山水」をあげた。「地理」では、風水思想の観点から地域の山の形、平野、河川などの地勢を論述している。「生利」では、経済的な側面から土地の肥沃度、米や綿花の生産量、水路交易などによって地域を評価しており、ここにこの時代の実学的な視線が最もよく表われている。「人心」では、いわゆる「八道の気質」（八つの地域とそこに住む人の気質）に典型的に表われるような人心・気質と地域とのかかわりを論じている。

四番目の「山水」では、山水が人のこころを楽しませ、気持ちをのびやかにする（……夫山水也者、所以怡神暢情者也……）と述べ、その内容を七つ――名山名刹・山形・海山（島嶼）・山水勝地・四郡山水・江居・渓居――に分けて論じている。

その七つの類型なかで「江居」と「渓居」は、同じように川のほとりの立地であるが、江居では、広々とした平野部を緩やかに流れる川（大同江）のほとりにある平壌の外城を第一の例にあげており、渓居では、両側二つの山が長い谷をつくる禮安の陶山と安東の河洄を第一の例としてあげている。これらの例によって自然のトポグラフィーとしての「渓居」と「江居」との相互の違いは明瞭と思われる。

なによりも私たちにとって注目に値するのは、「渓居」について記述するなかで第一の事例として退渓の陶山をあげていることである。退渓には「渓居雑興」と題する漢詩もあり、「渓居」という言葉や類型は退渓の陶山を強く意識していると推察される。栗谷の高山は、この本では「卜居総論」の山水の条ではなく、「八道総論」の黄海道の条に記載があり、また今日佳景地として有名な華陽渓谷（十七世紀の大儒者・政治家、宋時烈の隠棲地）は、「山水勝地」の条に記載がある。今日の私たちから見ると、高山渓谷や華陽渓谷こそ両側二つの山が長い谷をつくる渓居のトポグラフィーに相応しいが、「渓居」の条にはないことになる。[2]

この本の渓居についての記述のなかには、繰り返し「隠者の住まい（……真隠者之可居也とか、……真隠者之所居……）」あるいは「兵乱や世を避けて（……宜避兵避世……）」云々の言及があることからわかるように、隠棲としての住まいが渓居という自然のトポグラフィーと関係が深いことを確認できる。

ただ、この本は半島における渓居の事例を列挙しているが、思惟・詩作に勉める儒者たちの住まい方と渓居という自然のトポグラフィーとの内密な関わりを論じているわけでは勿論ない。また今日の韓国にもそのようなテーマを論じたものを見つけることはむずかしい。

本論考で扱う「渓居」は、山間の渓流地に家居する人の営みであり、自然のトポグラフィーでもあるが、構造的に大きく三つに分節することができよう。

（1）家居する渓辺。そこでは眼前の「流水」、身近な住まいや周囲の山、「潭」や「淵」などを眺める営みがあげられる。

（2）つぎに上流側。家居する渓辺に居て、渓流の上方すなわち上流に身を向け遡行しようとする営みがある。

（3）最後に下流側。家居する渓辺に居て、下流またそれに連なる都邑に身を向きかえようとする営みがある。

自然のトポグラフィーと儒者たちの思惟・詩作という営みとの内密な関わりをこの三つの契機から以下、順に考えてみよう。

二　流水と谷間の情景

渓居においては、前方には川を望み、背後には山々を控えるというわゆる「背山臨水」の構図になるわけであるが、背山臨水といえば、ここで風水思想の一端にふれておくのがよいかもしれない。風水思想では、背後を山に囲まれ前方に川が流れていくトポグラフィー、すなわち背山臨水の型を吉地の一条件としているが、その川は地勢的な形で評価される。例えば「水口」という捉え方がある。それは集住地の前方において川が流れ出ていくところをさすが、そこを両側から山並みが、集住地内部に豊かな拡がりを保つように囲い狭めているのがよいとされる。生気が集注する「穴」がある場合、集住地の前方をむやみに開いていては水の流れと共に生気が、具体的には集落内部の富や財が流れ去るなどといわれる。したがって集住地前方の開口部分を狭めて囲うように集落林（マウルスプ）などを人為的に造成するのである。

それでは、儒者にとっての眼前の川はどのように現れるのだろう。儒者にとっての川への関心は、流水への内密な体験として現れている。まず川の流れについて、私たちは「川上の嘆」として有名な次の一節（論語・子罕編）を取り上げるべきであろう。(3)

子、川の上(ほとり)に在りて曰く、逝く者は斯くの如きか、昼夜を舎(す)てず

孔子が川のほとりに在って語った言葉であり、川の水のように一刻も止まることなく過ぎ去りて帰らないものを、さらには年老いて逝く自らを嘆いた、と普通は解されている。

しかし、李朝の人びとが尊崇した当の朱子は、この一節を次のように注釈した。(4)「天地の化は、往く者過ぎ、来る者続き、一息の停むこと無し。乃ち道体の本然なり。然れども其の指して見易かる可き者は、川の流れに如くは莫し。故に此に於て発して、以て人に示す。学ぶ者は時時に省察し、毫髪の間断無からんと欲するなり」。

天地の理のたゆみない活動は、川の流れによってよく示される。川の流れが滾々と昼夜やすみないように、人間も省察を怠ることなく、「道」を希求して不断に学び進めることが、道の本然に沿ったあり方であると、ここで朱子は孔子の言を理解する。従来のネガティブな悲観のことばを宋学者たちは希望に満ちたポジティブなものに反転させたわけである。

ネガティブな意にしろポジティブな意にしろ、流水の風景には「時」が流れている。天地の理とひとつに一刻も止まることなく万物が移り変わり、私たちの生も移ろい去りゆく、そのような「時」であり、その「時」は私たちに敢為として道を希求し不断に学び進めることを促す。そのように考えるとこの相反する二面は、流水の「間断の無さ」と相即する表裏の事柄にすぎないともいえる。

つぎに川の流れについて、退渓の有名な時調「陶山十二曲」の後半「言学」第五曲をあげてみる。(5)

青山은　엇제하여　万古에　푸르르며
流水는　엇제하여　昼夜에　긋지　아니는고
우리도　그치지　마라　万古常青　호리라

青山はどうして　万古に青々として
流水はどうして　昼夜となく流れてやまぬのか
われらも流水のように学びをやめることなく　万古常青たれ

ここでは、青山の青々とともに川の流れは天理の間断ない流れのメタファーであり、自らと弟子たちを鞭撻し、不断に学び進める姿勢を前景化している。しかし次の「退渓」と題した詩はどうであろう。(6)

身退安愚分　　身は退きて愚分に安んじ
学退憂暮境　　学は退きて暮境を憂う

渓上始定居　　渓上に始めて居を定め
臨流日有省　　流れに臨みて日々に省有り

この身は（官職を辞し山間に）退き、身のほどに合って心は安らかであるが／学問が進まないのは、老境にはつらいこと／渓流のほとりにはじめて居をさだめ／流れを見ながら心を省みる日々を過ごすことだ、という詩意であろう。ここでは休みない川の流れのほとりで、年老いて逝く自らを憂いつつ悲観のことばが前景化している。同時に、はじめて渓居が可能になり、天地自然の道を学び求めて行こうとあらたに決意しているのであろう。

ところで、この詩題「退渓」は川の名である。彼は故郷に隠棲し、そこに存する川の名を元来の「兎渓」から「退渓」に命名し直し、自らの号ともしたのである。この命名じたいが、渓居することへの彼の並々ならぬ意思とともに、かれの生にとっての「渓」というトポスの切実さやかけがえのなさを如実にあらわしていよう。[7]

「流水」をめぐる儒者たちの思惟を、孔子・朱子から退渓へと重ねてきたが、ここで退渓の詩作における孔子・朱子からの影響を論じようというわけではない。流水と人の営みとの内密で、或る意味で必然的な関係に私たちの関心があるからである。

川の流れといういわば自然と人の営みをめぐる情感や気分は、主―客に対象化される以前に内密に浸透し合っている。そのような内密なかかわりの場があるからこそ、はじめて歴史的先学の思惟や詩作は後学に深く内的に受容されるのであろう。

間断なく過ぎゆく流水と敢為としての不断の学的精進は表裏に溶け合っており、硬い言い方が許されれば、川の流れという自然の営みは人の営みを分節し、人の営みは流水という自然の営みを分節している。自然の営みが分節する人の営みは或る種の必然の相をおびざるを得まい。それは先にあげた風水思想の「水口」の考え方のように川の流れを富や財のために人が効果的に操作することとは人の営みとしての層位をまったく異にしているのである。

＊

山々と渓流のつくりだす谷間は魅力的なトポスである。[8]私たちは『老子』から始めることにしよう。そこには谷間のシンボリズム

が豊富にあるからである。有名な六章を書き記してみる。(9)

谷神不死　是謂玄牝　　谷神、死せず。是れを玄牝と謂う。
玄牝之門　是謂天地根　　玄牝の門、是れを天地の根と謂う。
綿々若存　用之不勤　　綿々として存する若く、之を用いて勤れず。

一度聴いたらその不思議な印象を忘れることができない。この一節について、福永光司氏は玄牝を玄妙な牝、不思議な生殖力をもつ女性の意、天地の根の「根」は性器、ここでは「道」が天地万物を産み出す生命の根拠であることを女性の性器の生殖力になぞらえたと説いている。天地と身体の融即的な把握に興味が惹かれる。

トポグラフィーとしての谷にあらためて目を向ければ、二つの山がありその間に生じているのが谷である。山室三良氏がいうようにトポグラフィーとしての谷は「空」であり、「虚」である。(10)山は「図」であり、実体的で男性的だが、谷は非実体的で女性的である。谷には一切の水が流れこみ、また一切の水がそこから流れ出る。それによって山々の樹木・草花・鳥獣・虫魚も生じる。谷は「地」的であり物の根源のはたらきを垣間見せている。山々は樹木・草花・鳥獣・虫魚を抱きつつ、春・夏・秋・冬という四時の変化、朝・昼・夕・晩という一日の変化を如実に現わす。儒者たちは家居周辺の山と谷にきわまることのない天地万物の生々を体認する。

しかし儒者たちは、『老子』のように限定のない視点から谷間を観想しつつ天地と身体の融即的な把握をするわけではない。彼らはあくまでも自らの身体の営みとともに家居周辺の山と谷にきわまることのない天地万物の生々を見ようとする。山と谷は思索を深め、詩作を呼び起こす。

そこでは天空である上方が、彼らの身体の営みとともに或る特権的な方向性を帯びている。天地自然の道は、また「天理」ともよばれるからであろうか。退渓の「読書如遊山」と題した詩を例にあげる。(11)

読書人説遊山似　　読書　人は説く　遊山に似ると

今見遊山似読書
工力尽時元自下
浅深得処摠由渠
坐看雲起因知妙
行到源頭始覚初
絶頂高尋勉公等
老衰中輟愧深余

今遊山を見るに　読書に似たり
工力尽す時　元々　下よりし
浅深得る処　すべて渠に由る
坐して雲の起くるを看れば　因って妙を知り
行きて源頭に到れば　始めて初を覚ゆ
絶頂高く尋ね　勉めよ公等
老衰にして中輟し　愧づること深きの余り

読書は遊山に似るといわれるが／遊山こそ読書に似てはいないか／勉学の力を尽くすのは元々下方からであり／浅深得るところもすべてそれにかかっている／坐して看ると雲が起って妙理を知ることになり／根源（源頭）に到って始めて原初を悟る／てっぺんを目ざして勉めなさいよ／私は老衰ゆえ中途に留まってしまい気恥しいばかりだが、という内容になろう。

右の詩では、坐して雲に妙理を知り、本源である源頭は山の上方てっぺんに向かって目ざされている。しかしまた、翻って谷間は下方へと次第に沈潜していく方向でもある。それをよく示すのは川の「潭」や「淵」への儒者の姿勢であろう。高山渓谷を伝統的な詩歌形式（時調）で詠んだ栗谷「高山九曲歌」の第４曲をみよう。[12]

四曲은　어드메고　松崖에　해　넘거다
潭心岩影은　온갖　빛이　잠겨세라
林泉이　깊도록　좋으니　興을　겨워　하노라

四曲はどこか　松崖に日が沈む
潭心に映った岩影は　それぞれの色のまま沈んでいる

林泉は山奥ほど勝り　興趣をおさえがたい

下方に清く澄んだ「潭心」は、きわまることのない天地万物の生々をそのまま写し込み、これを詠む栗谷の心でもある。[13] 心と対象は分けがたくなり、真の楽しさが溢れて抑えがたい様子であろう。

退渓は陶山に天淵台という一種の見晴らし台を造成した。[14] いま私たちは、その「天」と「淵」に興味がひかれる。「陶山雑詠ならびに記」の雑詠十八絶のひとつ「天淵台」と題した詩をあげてみる。

縦翼揚鱗孰使然　　翼を縦（ほしいまま）にして鱗を揚（あら）わすは　孰か然らしむ
流行活発妙天淵　　流行活発にして　妙なり天と淵
江台尽日開心眼　　江台尽日　心眼を開き
三復明誠一巨編　　三復す　誠を明らかにす一巨編

鳶は飛んで天にいたり、魚は淵に躍る（鳶飛魚躍）のは誰がなさしめるのか／天理の流行は活発で、天も淵も奥深いものだ／江台に日が沈むまで心眼を開き／誠を説く大作（『中庸』）の一節を三たび繰り返し諳じたことだ、という意であろうか。「鳶飛魚躍」は、道＝天理があまねく流行し、天にも地にも明明白白に発現しているさまの常套的な形象である。[15]

このように渓居する儒者たちは、存在の根源と自らの心の根底をもとめて身を以て思惟・詩作をし、垂直方向でいえば「天」、「絶頂」、「潭」、「淵」など上方にも下方にもまなざしを向ける。自然の営みは人の営みを分節し、人の営みは自然を分節するのであるが、[16] そこで形成される渓居のかたち・構造は、今度は逆に、自然の営みの根源、存在の根源へと儒者たちを差し向けることになる。

三　上流への遡行――源頭と桃花源

前節では家居する渓辺の情景をみてきた。この節では渓流に沿って上流に身を向けよう。道を希求し不断に学を求め進めることを促す眼前の流水は、上流方向に源流や水源をもつ。私たちは両側の山々によって半ば閉じられ半ば開かれた上流遙か彼方に向かって遡ろうとする衝迫に促される。谺する水のひびきや山鳥のさえずりを耳にしつつ、自然のふところへと深く入り込んでいく誘惑に駆られる。私たちの伝統文化はこのように上流へと誘う遙かさに二つの際立ったイメージを形象化してきたのではないか。すなわち「源頭」と「桃花源」（あるいは仙郷）である。これに尽きるわけではないであろうが、この二つが際立っている。

「源頭」（水源の意）こそ、道を志向する人々の根源のメタファーである。そこは、染汚されることもなく清浄活発であり枯渇しないとも考えられる。次の例は、交誼を深めた張南軒から別れに際して贈られた詩に朱子が応えて詠んだもの「二詩奉酬敬夫贈言并以為別」の後半の部分である。(17)

……（前略）
惟応酬酢処　特達見本根
萬化自此流　千聖同茲源
曠然遠莫禦　惕若初不煩
云何学力微　未勝物欲昏
涓涓始欲達　已被黄流呑
豈知一寸膠　救此千丈渾

惟だ応（まさ）に酬酢（さしむか）ふべき処　特達して本根を見る
万化これより流れ　千聖慈（こ）の源を同じうす
曠然として遠くして禦（つく）るなく　惕（おそ）れ若（つつし）みて初めより煩（いと）はざるも
云何（いかん）せん学力微に　未だ物欲の昏（くらき）に勝へざるを
涓涓（ほそきながれ）始めて達せんとして　已に黄流に呑まる
豈に知れるや一寸の膠（ねんど）　この千丈の渾（にごり）を救ふを

勉哉共無斁　此語期相敦　　　勉めん哉共に斁ふなくと　この語相敦うせんことを期す

この詩は難しい。長くなるが次に友枝龍太郎氏の詩意も掲げる。

「……我々は、ただ日常応接対応すべき現実の世界で、特に察識通達して根源の太極を見得することが肝要である。万化流動する世界はこの根源から流れ、多くの聖人たちは、この根源を共有している。根源太極のさまは、ひろやかにして悠遠で無限であり、この太極の体認については、常に恐れつつしんでそれをいといさけるのではない。しかし学力が甚だ微弱で道理にくらい物欲のしわざに耐えきれぬのを何としよう。細い清流がやっと目的の処に到達しようとしているのに、はやすでに黄濁の本流に呑みこまるという工合である。だが、一寸のねんどがこの千丈混濁の流れを清ませるのは、ご存じのこと、「お互いにいとおこたることなく勉めよう」と私に贈る詩で言われたが、この言葉を手厚く篤実に守って行きたいものである」と解されている。

川の流れの形象において、朱子は水源に清浄な存在の根源を重ねる。ここでは清浄な根源とそれを求めて学び進める人とのかかわりが分かちがたく結びついている。

しかしながら、上流へと遡って行く先にある本源はあくまでも詩的な仮構であり、メタファーであって、現実に体認される存在の根源、別天地の風景は、水平方向遥かな川の上流にはない。たしかに上流への遡行は水源という限りない彼方に支えられている。しかし事物的なもの、目に見えるものに促され、奥へ奥へと進みゆこうとする志向は、同時に、目に見える地続きのトポグラフィーにその到達点がないことをあらかじめ知っている。ここで私たちは水平的な実体としての到達点を遮断し、心あるいは意識のあり方を変換するような或る努力を強いられはしまいか。経験のいわば垂直方向に向かうことになるのだ。渓流を遡ろうとする志向は、意識野における内奥への遡行とそれと相即して開かれる風景へと転換を促すのである。

退渓は、「林居十五詠」中の「観物」と題した詩において、身近なところに翻って源頭を感得することを勧めている。(18)

芸芸庶物従何有　　　芸芸たる庶物　何によりてか有らん

漠漠源頭不是虚　　　漠漠たる源頭　是れ虚ならず

欲識前賢興感處　　前賢の興感する処識らんと欲せば
請看庭草與盆魚　　請う看よ　庭草と盆魚を

たくさんの様々なものは何によりて生じるのか／奥まって静かな源頭は空っぽではないのだ／昔の賢人が感興したところを知ろうとするならば／庭の草や盆の魚を看たらどうか、の意である。

上流の限りない彼方の源頭は、足下に転位され、身近な日常生活の庭草盆魚の中に感得されることになる。

＊

川の流れに逆らって上流へ水源へと遡るとき、私たちは何処かこの世上とは次元が異なる異郷・別天地の風景があらわれることを期待してはいまいか。私たちが抱く東アジアの代表的な理想郷の「桃花源」はそのひとつである。

陶淵明の作とされる「桃花源の記并びに詩」[19]の記によれば、晋の時代に武陵の漁夫が渓に沿って進むうちに道の遠近を失い、桃花の咲き乱れる林に逢う。その林を究めようと進むと、林と共に水源も尽き、そこに現われた山の小さな口をさらに進むと、秦の時代以来の人びとが住む隠れ里のようなのどかで平和な別天地に到る。親切な饗応を受け、しばらく滞在ののち漁夫は往路とおなじ口から出て、目印をつけながら帰郷するのであるが、再びその入り口を探し出せなかった、というものである。桃花源はこのように川の上流の尽きるところに位置付けられている。

ところが、実際の渓居においては桃花源は上流彼方ではなく、「源頭」と同様に、ここでも身近なところに翻り現れることになる。朱子の「武夷櫂歌（武夷九曲歌）」の最上流にあたる9曲目は、次のようなものである。[20]

九曲将窮眼豁然　　九曲　将に窮めんとすれば　眼豁然たり
桑麻雨露見平川　　桑麻雨露　平川に見ゆ
漁郎更覓桃源路　　漁郎更に覓めん　桃源の路

除是人間別有天　　　　是の人間を除きて　別に天有りや

九曲にいたると眼前はからりと開け／桑麻は雨露に濡れ平川に見える／漁夫はこのうえ桃源への道を尋ね行こうとする／ここをほかにして世上人間（じんかん）に別天地はあるのか、の意となろうか。朱子は水平方向のさらなる別天地への遡行を遮断して、絶景とはいえない「桑麻雨露見平川」という日常平凡な今居るこの九曲目を桃花源だというわけである。

「武夷九曲歌」というのは、現在の福建省武夷渓谷に精舎（学舎であり修養の場）を建て、そこに弟子たちと共に居を定めた朱子が、武夷渓谷の風景を九首の七言絶句（序詩を含めて十首）として詠んだものである。渓谷を釣船に乗って下流から上流に遡るかたちで順に九つの佳景地を題詠している。したがって上記の9曲目はこの九曲設定内の最も上流側にあたる。そこにおいて、更なる上流にはもう別天地はないと朱子はいうわけである。

李朝時、儒者たちはこの「武夷九曲歌」をいたく尊重し、自ら居した渓流に沿って九つの勝景地点を設定し、それを題詠し（九曲詩歌）、あるいは絵画（九曲絵画）に描いて享受した。退渓は「武夷九曲歌」に次韻し、栗谷は自ら家居する高山渓谷に九曲を設定して、その九曲歌を詠んだ。前節でふれた「高山九曲歌」である。下流側の第1曲から始まり、上流側の第9曲でおわる。つぎの「高山九曲歌」2曲目（下流側）も興味深い。(21)

二曲은　어드메고　花岩에　春晩커다
碧波에　꽃을　띄워　野外로　보내노라
사람이　勝地를　모르니　알게　한들　어떠리

二曲はどこか　花岩に春もすでに深まった
碧波に花を浮かべ　遠く野外へ送る
人々がこの勝地を知らぬので　知らせてみたらどうだろう

栗谷は花を浮かべ流し、自らの渓居する高山渓谷を外部の人に知らせようと言うのである。花を浮かべて知らせるこの地こそが別天地・桃花源に他ならないのだ。

桃花源がこの現実世界のどこか彼方の仙境ではなく、自らの存在や意識の変様によってこの日常的世界の真っただ中に現れるとする考え方は、却って私たちには理解がしやすいともいえよう。退渓は「黄江舟中喜晴」で桃花を詠んでいる。(22)

今日天晴暖始生　　今日　天晴れ　暖始めて生じ
帰舟搖蕩白鷗軽　　帰舟搖蕩し　白鷗軽し
何須更待桃花浪　　何ぞ須らく更に桃花浪を待たん
緑漲仙源正好行　　緑漲の仙源　まさに行くを好む

今日天は晴れ、暖かい気運が生じはじめ／帰舟は揺れ動き白鷗は軽やかに飛んでいる／このうえに桃花が流れてくることを待って何になろう／青い波が漲るここがまさしく仙源なのだ、という意でよかろう。

桃源郷は仙郷ともなる。ここでは先にふれた「源頭」と同じように、「桃花源」という仙郷・楽園もすでに遥か彼方ではない。先にふれた源頭がその清浄活発な湧出を際立たせるとすれば、桃花源の形象には平和な長閑さ、幸福さ、楽しさが満ちている。学び進め遡行する本源は、また真の楽しさに溢れているのである。

四　下流への反転——治人と人倫

山間渓谷の下流への道は、都邑へと続く道である。渓居する者は、都邑・人境という世上人間(じんかん)とはトポグラフィーの上でも意識の上でも距離をおくことになるが、それでは渓居における下流側はどのように構造化されるのであろう。地形に高低の差があり、川の上流に清浄な本源が仮託されるとすれば、下流は価値的劣位という階梯性を生じざるを得まい。

君子は下流に居ることを悪む。天下の悪皆な帰す[23]

子貢のことばとして伝わるこの一節（子張篇）は、悪事が一ヶ所に集中しやすいことのあくまでも比喩として用いられたものであるが、比喩が成り立つためには下流の相対的に低い価値が前提にあろう。ところが、老子によってこの価値はひっくり返されることになる。

大国は下流なり。天下の交なり。天下の牝なり。牝は常に静を以って牡に勝ち、静を以って下ることを為す。[24]

福永氏は次のように訳す。「大国はいうなれば大河の下流、天下の万物が交会する要衝であり、世界中が慕い寄る偉大な女性に譬えられる。女性はいつでもじっとして男性に勝ち、じっとしていて下手にでる」。多くの河川の水を集めて滔々と流れる下流は、人が事物と、人が人と活発に交会する地といいえようか。

それでは、渓居する儒者にとって下流側はどのように現れるのか。それをよくあらわす例は、李栗谷の「高山九曲歌」の1曲目（最下流）を詠った次のものである。[25]

一曲은　어드메고　冠岩에　해　비친다
平蕪에　내　걷으니　遠山이　그림이로다
松間에　綠樽을　놓고　벗　오는　양　보노라

一曲はどこか　冠岩に朝日照り輝く
荒野にたちこめた靄晴れて　遠山の眺めは絵のようだ
松間に緑樽（上酒用の酒樽）を据え置いて　朋の来るさまを眺めていよう

すでにふれた2曲目もあわせてみていただきたい。これら1・2曲という下流側で彼は、自らが渓居している高山渓谷に外部から朋が来るのを期待したり、野外の人びとにこの地を知らせようというのである。隠棲者が朋友の訪問を望むのは常套的な表現であろうが、ここではこの表現が下流側の都邑に近い1・2曲に置かれていることが重要である。「朋」や「野外の人びと」は、人境の世人と考えてよい。したがってこの歌の内容は、世上の人びとへの誘いであり、はたらきかけである。いわば世上へと開かれた儒者の志向である。すなわち、下流側には「朋」や「野外の人びと」すなわち世人の交会する現実世界が距離をおきつつ開かれている。このように渓居では、両義的に世上人間と隔たりつつも繋がっている[26]。

そのような世上との繋がりは、儒者たちが「修己治人」あるいは「経世済民」の儒教的な理想を大切にしていたからとも考えられる。実際、退渓も栗谷も時の国王である明宗や宣祖につよく請われ、本心では静謐なる隠棲をつよく望んでいたにしても、出仕要請を固辞できないとなると入洛し、またこの陶山・高山に帰ることを繰り返したのである。

さて、栗谷は隠棲する者を「天民・学者・隠者」の三つに分けて、次のような内容のことばを残している[27]。「退きて自守する者（隠棲する者）にはその品格が三つある。不世出の宝（才能）をいだき、一つの時代を救済するだけの能力をもちながら、ひとり道を楽しみ、宝を箱の中にしまっておいて買う人を待つような人は、天民である。自ら学の不足を推しはかり、学を求め進め、自らの材幹（才能）が十分でないことを知り、その上達を求め、修養しながら時期を待ち、軽々しくは世に出て行かない人は、学者である。高潔にして清介（心清く孤高）、天下の事に気を向けず、卓然と遠く離れ、世相を忘れる人は、隠者である」さらに栗谷はつづけて言う。「天民は時に遇えば、天下の民は皆その恵沢をうける。学者はたとえよい時代に遇っても、その道にまだ信じられないところがあれば、軽々しくは出て行かない。隠者は遁世に偏るばかりで、時中の道（時に適ってよろしき道）ではないものだ。」

ここからは、栗谷が、老荘的隠遁に否定的なこととが分かる。同時に自らの能力も省みず軽々しく経世済民に赴かないように戒めつつも、道にそって天下の民に恵沢を与えるという孔子的な理想を大切にしていることがうかがえる。

もうひとつ注意してよいことは、隠棲する者が、道を楽しむ（楽道）、学を求め進める（求進其学）、世上と関わらない（高潔清介、不屑天下之事）という三つの行為軸で差異化され際立たせられていることである。本稿ではいままで儒者のこれらの営みに注意しながら、そのトポグラフィーとの対応を見ようとしてきたわけである。

「学」という言葉がでてきたが、ここで「詩作」との関わりをみておこう。朱子学で学問といえば、主体的な心身の修養法と主知的、普遍的な理の究明という二つの側面が考えられる。これら二面は様々に表現されるが、「存養・省察（あるいは居敬）」と「窮理」という言葉がよく知られている。[28] この二面が車の両輪のようにはたらき、窮極的な境位に翻入することがめざされる。前者だけでは禅と差別がしにくく、後者の「窮理」を立てるところがこの学問の独自なところである。

興味深いのは、栗谷が詩作を学的な「存養・省察」と親しいものと考えていたことである。

「詩を詠むことは、学者のよくすることではないが、人の性情を詠むことで清らかさ穏やかさを盛んにし、心の穢れを洗い流すものである。また存養・省察するという学問の助けになるものだ。どうして字句をこまごまと飾りたて、感情を移し替えたり、心を放逸にするために詩をつくるだろうか[29]」

詩作は、ここで明らかなように学の一面である心身修養的な存養・省察を助けるものと位置付けられているのである。

＊

以上は渓居における下流側の世人への切実な志向が、「修己治人」・「経世済民」の儒教的な理想に沿ったものであることをみてきたのであるが、下流への志向には少し異なる面もあるように思われる。次に退渓をみよう。かれは「陶山雑詠ならびに記」の記における後半部で、およそ次のように記している。

昔から山林を楽しむ者をみると二つある。ひとつは、「玄虚を慕い高尚をこととして楽しむ者」であり、もう一つは、「道義を悦び心性を養うことで楽しむ者」である。前者にしたがえば、自分の身だけ潔くても人倫が乱れることになりはしないだろうか。極端なものは鳥獣を友としても間違ったとは思わないものだ。後者にしたがえば、（すなわち、人の行うべき道としての道義を悦び、本心を育て養う事で楽しむことは）取るに足りないものを楽しむにすぎず、そこに達したところでその妙味を伝えることは難しく、求めても求めてもきりがない。これでは何が楽しみなのか分からないものだ。しかしながら、わたしはむしろ後者のように自ら勉めよう。このように退渓は記しているのである。[30]

高尚を避ける彼の言葉をもうひとつあげておこう。十四句から成る退渓の詩「和陶集飲酒二十首其十九」の次の部分である。[31]

高踏非吾事　　高踏は吾事に非ず
居然在郷里　　居然として郷里に在り
所願善人多　　願う所善人多きこと
是乃天地紀　　是れ乃ち天地の紀（すじみち）

この詩は陶淵明の連作「飲酒二十首」の第十九首に和したものだが、ここでも退渓は、先と同じように高踏への立場を退けている。これはどうしたことであろう。「玄虚を慕い高尚をこととする」とは、存在の根源への志向、すべてのものが流れ出てくる源頭をこよなく慕い、超然として世俗に関わらないことであろう。存在の根源、玄虚、源頭に必ずしも窮尽しなくてもよく、それはいわば二次的ということなのか。勿論これらの言葉からは、老荘など反儒家的な隠士への批判がうかがえるが、それだけではないようである。

山林の自然の中で主体的な心身の修養法である居敬（存養・省察）を持し、事物についての主知的普遍的な理を一つ一つ極めながら源頭に窮尽することが大切であって、それ以外にどうして人の踏み行うべき道義がここで問題になるのだろう。どうして退渓は根源を求めることよりも「道義を悦び心性を養うことで楽しむ」ことをえらぶというのであろう。思惟の道筋が一見分かりにくいと思われる。

行論の煩わしさを避け結論から先に記せば、彼は一方向的に窮極としての源頭への遡行を考えていないということであろう。教えたり学んだりするいわゆる教学に、向上のためのしかるべき着手点を深く洞察しているということであろう。ここではそれを理解する手がかりとして退渓が「白鹿洞規」に関して門人黄仲挙の疑問に答えた書簡をとりあげてみる。

朱子に「白鹿洞書院掲示（白鹿洞規）」といういわば儒学の教学としての目的・内容・方法を簡明直截に掲示した有名なものがある。朱子が白鹿洞書院を復興した際、そこに掲げたものという。以下の議論に必要なかぎりの内容を記せば、まず「父子有親、君臣有義、夫婦有別、長幼有序、朋友有信」のいわゆる五倫の道をあげ、これを儒学教学の根本的な目的として提示している。さらに、これらを学ぶ五つの順序として「博学、審問、慎思、明弁、篤行」をあげ、前の四つは理を窮めるいわば「知」の側面とし、五つ目の篤行を実践あるいは「行」の側面とするものである。(32)

さて、この洞規の内容に対して誰もが抱く当然の疑問は、儒学教学の根本的な目的を提示しながら日常の身近な範囲にとどまって、宋学における幽玄な形而上学的な根源・源頭がなぜこの掲示のなかに位置付けられていないのか、ということである。そのような疑問に対して退渓が黄仲挙に答えたものが、次の「答黄仲挙論白鹿洞規集解」である。長いものだが、必要なところのみを要約すれば、およそつぎのように答えている。(33)

朱子の学問はすべてにわたって体と用によって大系化されている。とはいえこの白鹿洞規は、五倫を根本として「知」としては博学、審問、慎思、明弁、「行」としては篤行で締めくくって、（形而上学的な根源をふくむ）道体の全体には朱子は言い及んでいない。これは孔子の教えであり、いにしえの王の教えに他ならない。このように知と行を天下の士たちが実践すれば、理には精粗到らないところはないのであって、粗より始めて精を得ることができ、教えの言葉も上下に通じることになる。学ぶ順序としては、「下学して上達」するのであり、「高くしては聖賢となり、下（ひく）くしては善士となる」ことができる云々、と退渓はいうのである。

これは、教学には順序があり、大切なことは日常卑近な生活においての国家・家庭・朋友における他者との人間関係のなかで、五倫のような道義（道義は五倫のうち「君臣有義」の義を指すだけとも考えられるが、本稿は広義に理解している）を窮理による「知」と実践的な「行」を通じて勉めることだというのである。そして孔子やいにしえの王たちの教えが、形而上学的な道体の全体に及んでいないのもまたその理由によるとしている。

つまりこの書簡は、朱子の「白鹿洞規」にはどうして高遠な存在の根源（さらには経世済民に関する具体的な方策や制度）が示されていないかという点を退渓自らが深く理解し、弟子に説明しているものであるが、そこから私たちはかれがどのような意図で一方向的な高踏への立場を退けているかを知ることができる。

知と行の同時並行的な錬磨の拠るべきところを、あくまでも日常卑近な生活における他者関係すなわち日用人倫の人事のなかに求めなければ、空疎な窮尽になることを洞察しているのである。世上の人倫関係の中で、心身の修養を維持しつつ理を窮めていく、その先に時として決定的な認知の変容ともいうべく、いわゆる「豁然貫通」の境地もありうるとされるわけであろう。

道義としての五倫（親・義・別・序・信）は「仁」に要約され、[34]その仁は天地の道に繋がる。仁は新儒学では存在の根源的原理でもある。人間のあり方（人倫）と天然自然のあり方（天道）とはアナロジカルに連関するという思考がその根底にあることはいうまでもない。

国家・家庭・朋友関係のなかでの道義は、すべて他者と自己のあいだの人倫におけるものである。山水の中で「道義を悦び心性を養うことで楽しむ者」であるためには、世上の他者との関係のなかでの道義の体認は大切であって、私たちの文脈でいえば「天下の万物が交会する」下流から身を切り離すわけにはいかないのである。他者関係のなかで仁を体認することを通して存在の根源としての本義の仁の体得に到ろうというのである。先の栗谷の「朋」への志向も「朋友有信」を考慮すれば、同じ意味をもっていたといえよう。彼らはこのようにして一方向的に上流の源頭にのみ身を向けていたのではないのだ。

右の書簡中で退渓は、「下学して上達す」というよく知られた論語（憲問篇）の一節に言及しているが、一方で、それとは必ずしも整合しないことばを残しているのが興味深い。「言行録」に門人鄭惟一が記すところによると、「先生曰く下学して上達するは固よりこれ常序なり。しかれども学者習うこと久しくして得ること無ければ中廃するに至り易く、本源を指示するに如かずと。故に先生の学者を接引するに頗る源頭の処を指示す」という。[35]すなわち退渓は、学ぶ者が往々にして上達しがたいゆえに、中途に置いて倦怠に陥らぬよう本源・源頭の処を指し示したというのである。「下学して上達す」ということは、単純に下方から上方に向かって勉めるということでもないことを退渓はよく知っていたのである。このように上流と下流とは、双方向に行ったり来たりの往還するものであったといえる。

栗谷とともに退渓にあっても、下流に位置する世上の他者との関わりは渓居における大切な契機をなしていた。下流の世上は、渓居と距離をおいてはいるが、決して切り離されていないばかりか、修己治人の目標に従って上流から還帰する場所であり、天地自然の道とつながる人倫の道にとっては、必須の契機でもあったのである。

おわりに

陶淵明の詩のうち、最も良く知られた連作「飲酒二十首」の第五首は、次のように始まる。

　廬を結んで人境に在り、而も車馬の喧しき無し。君に問う何ぞ能く爾ると、心遠く地自から偏なり。（後略）(36)

仕官への意を断ち、理想とした田園での農耕生活を選択した淵明にとっては、廬を結んで隠棲するのは人境であっても、心の持ち方次第で、そこは静謐な辺遠な地になるというのであろう。今まで見てきた李朝の儒者たちは、淵明の詩や生活を深く愛した。しかしながら、彼のような住まい方を選択しなかった。源頭（水源）と人境の双方向に自らの道を求め、自らの営みと自然のトポグラフィーとの心身深くの相同を求めたのである。

儒者にとって山間の渓流地は、単なる賞景・叙景の対象ではなく、かれらの「道」へと学び進めるつよい志向や世上人間へのかかわりが内密に浸透していた。川の流れの間断のなさは、天理の流れとともに人が不断に求道し精進する営みと一体であり、上流への遙かさは、源頭へと遡行し窮尽する営みと融け合い――それは天空や山頂などの上方や潭・淵などの下方に、さらには身近な生活の足下に翻り体認されるのであるが――下流人境の交会する機会の豊かさは、他者とのあいだに道を求める営みと相応していた。

儒者たちの思惟・詩作する営みと自然のトポグラフィーとが相同していることをみてきた。自然の営みと人の営みが相即する渓居というトポグラフィーは、源頭と人境の中間的な途上の場所において成り立ち、そこにおいて彼ら儒者たちの思惟と詩作が営まれたのである。

謝辞　本稿はＪＳＰＳ科研費助成（２１５６０６７６）による研究の一部をなすものである。お礼申し上げます。

註

1 李重煥『択里志』平木實訳 東洋文庫 平凡社二〇〇六年。
2 高山九曲は現在北朝鮮黄海道に位置し、踏査不能であるが、地図や遺された屏風画等からその地勢を判断できる。
3 吉川幸次郎『論語』朝日出版社一九九六年 上三〇三頁。
4 朱子「四書集注」朱子学大系1巻明徳出版社 一七三〜一七四頁を参考にした。
5 若松實『韓国の古時調』高麗書林一九七九年 八七頁。この書は時調の標記を現代綴字法に近付けてあり、本稿もそれに拠った。日本語訳に関してはこの書に拠ったが一部変更している。以下本稿で引用した時調も同様である。
6 『退渓全書（退渓先生文集巻1）』国訳巻1 退渓学叢書編刊委員会 退渓学研究院発行二〇〇三年。以下本稿で引用する退渓の詩歌・文章の意は上記文献のハングル訳を参考にした。また、退渓の漢詩訓読については、鈴木淳次氏のチェック、懇切な教示を受けた。
7 退渓の詩題には、「渓辺」「渓上」というように「渓」の語が付されたものが目に付く。
8 田中喬は「詩人の風景から　ある建築的断章」『建築家の世界』ナカニシヤ出版一九九二年のなかで山峡の構造に言及している。なお本稿はこの書から多くの示唆を得ている。
9 福永光司『老子』朝日出版社一九六八年 三八〜四一頁。なお老荘思想や仏教は、新儒学を学ぶ李朝の儒者たちにとって、それを批判するか否かは別として、一つの学ぶべき思想であった。栗谷は一九歳のとき約一年間金剛山に入って仏道を求め、また「醇言」を書いて『道徳経（老子）』への一定の理解を表わしているほどである。
10 山室三良『老子』明徳出版社一九六七年 九二〜九三頁。
11 前掲書6（退渓先生文集巻3）国訳巻2。
12 前掲書5 一〇〇頁。
13 「淵」への同様な指摘は、西垣安比古『朝鮮の「住まい」―その場所論的究明の試み』中央公論美術出版二〇〇〇年二一七頁。
14 前掲書6（退渓先生文集巻3）国訳巻2。なお天淵台に関しては前掲書13二一六頁でも分析されている。
15 島田虔次『大学・中庸』朝日新聞社一九六七年二〇六頁。

16　西谷啓治氏は、「行」における「かた」について興味深いことを語っている。自然に含まれている理法が、身体的なもののうえに「かた」を刻みつつ、自らを実現してくるのであるが、その「かた」は逆に自らの由来する方向を開いているといい、「かた」は本質的に「指方的」であるという。西谷啓治「行といふこと」『風のこころ』新潮社一九八〇年。

17　友枝龍太郎『朱子文集』書き下し文・詩意ともこの本に拠る。明徳出版社一九八四年四九～五一頁。

18　前掲書6（退溪先生文集巻3）国訳巻2。

19　松枝茂夫 和田武司訳注『陶淵明全集』岩波文庫一九九〇年下一五二～一五七頁。なお、李朝において「桃源」のイメージを表現する興味深い絵画に、有名な「夢遊桃源図」（一四四七年）がある。世宗第三子である安平大体君が見た夢を画家安堅が描いたものという。桃源図にもかかわらず、桃林をふくむ桃源は画面右三分の一を占めるにすぎず、左の三分の一は世上人間のおだやかな山水が描かれ、中央三分の一には桃源への途上である怪峰突兀たる渓谷が、桃源を取り囲むように圧倒的な迫力で描かれている。この絵画からは、「桃花源の記」の構成とおなじように、桃源が世上人間や途上の渓谷とともに構造化されているようすをうかがうことができる。

20　原文は朱子『朱子大全』巻九台湾中華書局刊に拠る。詩意については二つある。この九曲以外には別天地はないという意と、この九曲以外に別天地があるという意味である。前者をとる。

21　前掲書5九九頁。

22　前掲書6（退溪先生文集巻2）国訳巻1。

23　前掲書3下三二八頁。

24　前掲書9三二六～三二七頁。

25　前掲書5九九～一〇〇頁。この書には「遠近」とあるが、ここでは「遠山」とした。『韓国古典文学大系・時調集』明文堂一九九一年によると『海東歌謡』は前者、『青丘永言』は後者の表記。

26　高山九曲歌の上流については、例えば最終曲9曲は次のとおりである。前掲書5

　九曲은　어드메고　文山에　歳暮커다　　　九曲はどこか　文山に歳も押しせまり
　奇巌怪石이　눈　속에　묻혔에라　　　奇巌怪石が　雪中にうもれてしまった
　遊人은　오지　아니하고　볼　것　없다　하더라　　　遊人は来もしないで　見るべきものがないという

右のように他者との関わり途絶え、孤高性が前景化する。なお、「高山九曲歌」全体の構造については別稿で論じる。

27　『栗谷全書』巻十五雑著「東湖問答」国訳巻3韓国学中央研究院二〇〇七年。以下本稿で引用する栗谷の文章の意は上記文献のハングル訳

を参考にした。原文は、「退而自守者　其品有三　懐不世之寶　蘊済時之具　囂囂楽道　韞櫝待賈者　天民也　自度学不足　而求進其学　自知材不優　而求達其材　蔵修待時　不軽自售者　学者也　高潔清介　不屑天下之事　卓然長往　與世相忘者　隠者也　天民遇時　則天下之民　皆被其澤矣　学者雖遇明時　苟於斯道　有所未信　則不敢軽進焉　若隠者　則偏於遯世　非時中之道也」。

28　友枝龍太郎「朱子の学問論」朱子学大系第1巻一九七四年。存養は心の「未発」、省察は心の「已発」に対応しており、この二面を「敬」が貫いているといわれる。

29　栗谷全書 巻十三「精言妙選序」国訳巻2。原文は、「詩雖非学者能事　亦所以吟詠性情　宣暢清和　以滌胸中之滓穢　則亦存省之一助　豈為雕絵繍藻　移情蕩心而設哉」

30　前掲書6（退渓先生文集巻3）国訳巻2。原文は、「観古之有楽於山林者　亦有二焉　有慕玄虚事高尚而楽者　有悦道義頤心性而楽者　由前之説　則恐或流於潔身乱倫　而其甚　則與鳥獣同羣　不以為非矣　由後之説　則所嗜者糟粕耳　至其不可伝之妙　則愈求而愈不得　於楽何有雖然寧為此而自勉」。

31　前掲書6（退渓先生文集巻1）国訳巻1。

32　前掲書17一七〇～一七五頁。

33　前掲書6（退渓先生文集巻19）国訳巻6。原文は、「且子朱子之学　全体大用皆備　而其為学者立規也　特以五倫為本　而係之以為学之序　終之以篤行之事　不及於道体之全者　其亦孔門之遺意　先王之教法也　博学以下　致知也　篤行以下　力行也　以是二者　待天下之士　理無精粗由粗而得精　語徹上下　下学而上達　如羣飲於河　各充其量　高而為聖賢　下而為善士　皆可以得之於此」。

34　阿部吉雄『李退渓』文教書院一九四四年 九五頁。

35　前掲書34一二九頁。

36　前掲書19上二〇八頁。

修学院離宮の創設と後水尾院の御幸

田中　明

序

修学院離宮の造営は、承応四年（一六五五）三月以後に着手され、概ね万治三年（一六六〇）頃には完成したと考えられている。[1] 離宮造営の経緯について『槐記』では以下のように記された。[2]

アレコソ御亭ヲハジメ、御庭ノ一草一木ニ至ルマデ、盡ク後水尾院ノ御製也（中略）フト、アノ山ヲ御手ニ入テヨリ、アノ地勢山水ヲ御考ニテ、雛形ガ出来テ、草木ヲハジメ、踏石・捨石ニ至ル迄、皆ソレゞゝニ土ニテ石ノ形ヲコシラヘ、ソノ處々ニ置テ見テ、恰好ヨキヤウニアソバシ、其七八分モ出来タル時分ニ、其傍ノ女中ニ、庭巧者ノ人コレアル旨ニテ、ゴザツゝミノ輿ニ載セ、平松可心、非蔵人某ナドヲ付ラレテ、見聞ニ遣ハサルゝ事度々ナリ。

『槐記』では修学院離宮を後水尾院の「御製」とし、院は「一草一木」までその創作に意を込めたとする。また「庭巧者」の女中を現地に派遣して造営の指導をさせたともしている。離宮の造営に関しては本記事を拠りどころとし、後水尾院自身が現地指導をしたとするなど、いくつかの推論が展開された。[3] 事実離宮造営期には後水尾院の洛北御幸が度々あるから、こうした機会に自ら修学院へと赴き、造営に関与した可能性は考えられなくもない。[4]しかし『槐記』はそもそも史料としての信憑性が問われており、本記事を史実とするには根拠に乏しく、造営の経緯については多くが未解明のままとなっている。[5]そうした事実の不足を鑑みれば無用な推論に及ぶべきでないとの見解もあり、[6]「後水尾院が心血をそそいだ創作であったと、公家のなかに伝えられていたことだけは事実」とする立場さえある。[7]

そうした修学院離宮の作者として後水尾院が認識される事態について、修学院離宮をいわゆる「後水尾ノ院ノ離宮」[8]「後水尾院之行宮」[9]「後水尾院の別宮」[10]などと称する場合が注目される。この場合、離宮の名称は後水尾院による所有を意味しながらも、院の名を冠することで固有名称となっている。すなわち後水尾院の名に因み、後水尾院の名に因ることで当離宮は固有性を持ちえており、その意味で修学院離宮は後水尾院の存在によってあり得ていると言えるだろう。

本論はこうした事態を制作の一形態として捉えようとする。建築の使用者が単に作品の受容者であることを問い直し、能動的に場所の制作に関与し得ることを論考する。本論では修学院離宮が後水尾院によってその固有性をもち得ていること、すなわち離宮において後水尾院が想起され、院がその創設者として省みられる事象について検証を行う。前段第一節、第二節では離宮に関する二つの詩歌集『修学院八景詩歌』[11]と『修学院十境』[12]において、後水尾院が開示した経験のあり方について再考を行う。修学院離宮における創設者後水尾院の、その理念的背景が離宮の風景として再解釈される。また後段第三節では、霊元院による実際の経験を御幸記『霊元院法皇御幸宸記』[13]に則して考察を行う。霊元院の御幸中、いかに創設者として父である後水尾院が想起されたが改めて制作論として、その具体相を改めて制作論の観点から明らかにしようとする。

一　『修学院八景詩歌』によむ上皇の風景

万治二年（一六五九）四月に、鳳林承章を含む後水尾院の側近が修学院に招かれ、新造離宮が披露された。[14]当日の記事では「二階之御亭」「隣月亭」等の建築が紹介されたが、未だ名称が定まっていない。また記事中では不明の建物もあるため、当時は造営中であったと考えられている。本御幸直後の同年五月に、後水尾院は鳳林に『修学院八景詩歌』の編纂を命じている[15]。鳳林は後水尾院と協同し八景詩歌の詠題と詠者を選定した。特に後水尾院は添削を通じて本八景詩歌に対して積極的に関与をし、詩歌は同年一二月に完成する。

村路晴嵐
夕あらしふきのこしてや山もとの雲よりさきに帰る里人　中務卿智忠親王
翠嵐吹ㇾ霽景清鮮　檐外酒帘茅店連
村叟酔帰帯㆓西照㆒　三叉草深雨餘天　前相国鹿苑鳳林承章

修学晩鐘
この寺は瀧の流れにひゞきそふ入相の声もよそにかはりて　妙法院宮尭然親王
修学招提境轉ㇾ幽　暮鐘殷々萬機休
宸遊誰識発㆓清興㆒　数杵声中月半鉤　南禅金地竺隠崇五

遠岫帰樵
眺むるに暮るゝもおしくはるゞゝと柴おひつれて帰る山人　聖護院宮道晃親王
遠岫雲興連㆓翠微㆒　看来樵者送㆓斜暉㆒
檐頭別是重多少　猶帯㆓佳山風景㆒帰　建仁大統九岩中達

松崎夕照
かげうすく残るゆふ日の松がさき秋をおひたる風の色かな　前大納言飛鳥井雅章

松崎勝地玉楼前　佳景看来日已遷
斯境欲レ知二奇絶處一　好風只在二夕陽邊一　天龍妙智補仲等修

茅檐秋月
山水の世々すみぬべき心をもかやが軒ばの月はしる覧　権大納言烏丸資慶
月照二茅檐一興特悠　愛看涼色坐間浮
山堂不レ隔九天影　浪説洞庭湖上秋　南禅語心規伯玄方

平田落雁
山さとは秋ぞ身にしむはるゞゝといな葉色つき雁おつる頃　前中納言岩倉具起
洛邑長天秋水通　平田千頃一群鴈
有レ声詩景数行字　修得形レ歌典学功　相国勝定雪岑梵崟

隣雲夜雨
こよひきく雲の隣の夜の雨にたれ名にしおふ江をもしのばん　権中納言中院通茂
高閣依レ山景不レ同　トレ隣暮雨白雲中
感レ時却恨風流事　春夜打レ花秋夜楓　天龍鹿王賢渓玄倫

叡峰暮雪
しぐれつるくもは夕べの峯越えて雪にさやけきひえの山風　神祇伯白川雅喬
艮嶽由来護二九重一　近濃遠淡為レ君容

晩風吹レ雪千層頂　始信詞人擬二士峰一　　建仁清住茂源紹柏

八景詩歌の名詠題は瀟湘八景に拠っているが[16]、幾つかの創意工夫によって修学院の地にあてはめられた。たとえば修学院八景の題である「遠岫帰樵」について本来の瀟湘八景では「遠浦帰帆」であるが、修学院の場合では「浦」が「岫」として山間の景となる。帰航する「帆」は帰宅する「樵」と代えられ、詠題は修学院付近の景を想起させるものとなる。また瀟湘八景においては水辺の景であった「平沙落雁」と「江天暮雪」も修学院八景では「平田落雁」と「叡峰暮雪」とされ、「沙」が「田」に転じるのみでなく、「叡峰」と固有名が示される。後者のように修学院における固有名が付与されたものとしては「修学晩鐘」「松崎夕照」も同様であり、修学院一帯の実在する地名が与えられた。一方で瀟湘八景における「瀟湘夜雨」「洞庭秋月」は修学院八景において「隣雲夜雨」「茅檐秋月」と改変され、それらは特定し得ない景を想起させながらも離宮に建てられた建築群を連想させる。いずれにおいても修学院八景の各題は瀟湘八景に依拠するばかりか、むしろ古典への積極的な関連が認められよう。

また修学院八景は詩歌の内容においても瀟湘八景との関わりを与えられている。修学院八景「村路晴嵐」詩における「酒帘」の要素は古典八景において「山市」を表す典型とされ[17]、「叡峰暮雪」で「雪」を山にかかる雪として表すことも瀟湘八景「江天暮雪」に多く見る表現とされるから[18]、修学院八景における典型的な古典風景への志向がここでも読みとれる。『修学院十境』を著した虎林中虔は本八景「隣雲夜雨」について「盧山艸菴之寂寞を憶える」[19]と評し、当詩歌が修学院を介しつつ、古典を想起したことが伺える。また「村路晴嵐」の「山もとの雲」、「松崎夕照」の「風の色」、「遠岫帰樵」の「帰る山人」、「茅檐秋月」の「澄む水」など修学院八景歌の多くが冷泉為相による瀟湘八景歌を踏まえており[20]、本歌である古典の理解が不可欠となる。他にも「遠岫帰樵」の風景描写が仁恕の「遠浦帰帆」詩と「同じ発想」にあることも既に指摘されている[21]。修学院八景詩歌に描写される内容は、実景以上に古典的典型の採用をその傾向とするようである。

このように修学院八景が実景以上に古典へ傾倒する事実について、その制作背景が考えられる。すなわち作者のうち鳳林、堯然法親王、道晃法親王らは後水尾院に同伴し、作詩以前に現地を訪れたが[22]、他の作者に関して離宮への訪問は不明である。竺隠崇五は江戸に居たが故に、制作依頼と返信のすべてが書簡で行われたことが知られている[23]。修学院八景における制作背景については、実景を伴わない空想的な描写として消極的に理解される場合がある。[24]

しかし既に現地を訪れた鳳林ら三者の詩歌について、すなわち「村路晴嵐」詩、「修学晩鐘」歌、「遠岫帰樵」歌の作品が所謂実景の描写であるとは限らない。詩中に登場する「酔帰」する「村叟」、あるいは「山人」などは御幸時の状況に鑑みれば、実際に目の当たりにしたものとは考えにくい。[25]特に「修学晩鐘」歌において鳴り響く寺の鐘は、文意から移転した円照寺もしくは廃寺となった修学寺の鐘であろうから、[26]史実が実体験に先行しており、実景よりも史実が優先されている。現地を訪れた者でさえこのような詠歌であるから、他の詠者に関しては当初から実体験が重要視されていなかったであろう。本八景詩歌は他の日本化された八景の例に漏れず、実景の描写以上に古典的典型の展開を意図したものと考えられる。

こうした修学院八景における古典への準拠を積極的な意図として捉える場合、詩歌に描写される意味の考察が必要となる。たとえば本八景「村路晴嵐」詩は玉澗「山市晴嵐」詩の風景から多くを借用する。[27]しかしその内容は「天子の「雨露之恩」」と解釈されるから、[28]ここでの主題はあくまでも「天子」である上皇後水尾院となる。また伝玉澗「遠寺晩鐘」詩の寺が霧煙る山間における視覚的な不在としてあったのに対し、本八景「修学晩鐘」歌では当地の歴史的文脈における対象の不在である。[29]その意味で描かれた風景は決して一般的なものでなく、古典八景に基づきながらも修学院の地に則した風景の固有性を伴っている。

八景詩歌に関して、後水尾院の先帝である後陽成院は近江八景の成立に関与したとされる場合があり、後水尾院の本八景詩歌作成に少なからず影響を与えたものと指摘される。[30]もし仮に八景詩歌作成の事実が両上皇の立場を、さらにはその父子関係を多分に意識させたのであれば、詩歌のあり様もまた上皇としての立場において意味をもつ。たとえば本八景「茅檐秋月」詩における「山堂隔てず九天の影」がはるかに月を眺めやるものと詠いながらも、「九天」が「九重」と解釈できたなら、同時に修学院が天子の場所を望むであろう意にも解釈される。「この作品は「宸遊　誰か識る　清興の発することを」（修学晩鐘）「近濃　遠淡　君が為に容づくりす」（叡峰暮雪）といった院を直接示す表現を見るまでもなく、修学院という場、後水尾院というその場の主を強く意識」したと論じられるところである。[31]

『修学院八景詩歌』では修学院固有の風景として上皇後水尾院の存在がつよく示されている。本八景詩歌は古典に多くを拠るが、むしろ古典に拠るが故に、普遍的な風景に修学院の固有性が付与されたものと考えられる。本八景詩歌の色紙は万治四年（一六六一）に焼失したが、後水尾院は各詠者に詩歌色紙の再提出を命じ、寛文四年（一六六四）一一月に再度集められている。[32]再提出を行ってまで院が八景詩歌に執着したことは、ここで論じた上皇の風景が初発における一回性のものでなく、以後永続的に当の風景を再現させる意図を院が有していた可能性が考えられる。

二　『修学院十境』詩にあらわされる御幸の境地

八景詩歌と同様に、虎林中虔による『修学院十境』詩は修学院離宮を十の境地として詠み集めている。[33]十境詩の題は「寿月観」「蔵六庵」「彎曲閣」「浴竜池」「万松塢」「隣雲亭」「洗詩台」「窮邃亭」「止々斎」「菩提樹」であり、いずれもが離宮内の諸物を境地とする。各々の境地は後水尾院によって名づけられたものであり、[34]虎林による実際の場所経験とともに詩作の要となる。[35]下離宮について詠まれた詩から概観を行う。

寿月観
姮娥献薬寿二無窮一　両八千秋誓二始終一
海内望レ光帰二聖徳一　人間亦有広寒宮

月の精霊姮娥[36]は不老不死の仙薬を天子に献じて永久を祝い、良臣[37]は千歳もの間、天子に付き従うことを約束する。民は暗夜に輝く月光を見上げるが故にその聖徳に帰す。天子の宮殿寿月観を省みれば、人界にもまた月世界の宮殿、広寒宮[38]があったことを知る。

寿月観は下離宮中央部に位置し、庭園を南東にまわす。現存する建築は近世末期に再建されたが、旧規に拠ると考えられる。[39] 現状では附属室である蔵六庵を除き、平面は踏襲されている。[40] 寿月観は昼の使用も多いが、夜間の使用も日記類に記される。寿月観では、修学院に御幸した後水尾院、霊元院、光格院に共通して夕食、観月の歌会、酒宴の使用がみとめられる。[41]

寿月観の「観」とは「観る」の意味ではあるが、「うてな」「たかどの」といった事物的意味をもつ。すなわち寿月観とは「月を寿ぐ高殿」として解されよう。また「月」とは「姮娥」「広寒宮」など詩中の故事に照らすまでもなく、天体の「月」である。しかし「月」とは同時に「無窮」「千秋」などの語にかかり、時間としての「としつき」、すなわち天子の治世としての「年月」の意を与えている。すなわち「寿月観」とは、月をはるかに望む高殿であると同時に、月に天子の徳を見出し、その治世を寿ぐ場所の両義と解される。「人間に亦有り広寒宮」といわれるように、離宮とは人界でありながらも人界において在り難い「聖徳」の場所とされる。本十境詩に掲げられた「寿月観」は、そのような空間的かつ時間的「月」のあり様を示すと同時に、天子、すなわち上皇による「聖徳」の場所として超越的な離宮のあり様を示している。

詩中「月」を主題とする場所は下離宮において他所にもある。

彎曲閣

十歩閣兮五歩楼　彎々曲々映₂清流₁

這中無限好風景　捲₂上珠簾₁月半鉤

十歩で閣があり、さらに五歩ゆけば楼亭へいたり着く。この庭をいく度も曲がりくねる小川には清らかな水が映えている。楼亭からは筆舌につくしがたい風景を窓越しに望むことができる。ふと珠簾より目をあげれば、かの月のやはり弓なりに曲がるのを見る。

彎曲閣とは寿月観の南、下離宮南東の隅にかつて位置した亭であり、既に霊元院享保期の御幸中には失われている。[42] 現状では当亭前庭の石組が遺るのみである。[43] 彎曲閣もまた当初「二階之御亭」もしくは「隣月亭」[44] などと呼ばれ、月を眺める高殿であった。その配置は、鑓水と枯山水を介して寿月観に対面し、詩中「十歩の閣、五歩の楼」と言われるように、杜牧「阿房宮賦」[45] と同様にその距離の近さ、寿月観との親近な関わりが読みとれる。寿月観から彎曲閣へとつづく一連の動作において、両者の連続した関係が示される。両亭に挟まれた間隙、すなわち寿月観に南面する広がりは当時から「庭」と呼ばれていた。[46] 無限定であるが故に「庭」とはついに呼ばれなかった上離宮とは対照的に、当初からこの下離宮一帯が空間的まとまりをもったことが伺える。

詩中その「庭」は清流として描かれる。庭内をゆく清流は「彎々曲々」と蛇行し、弓なりに曲折するその具合が、遠く望んだ三日月の曲線に結ばれる。両者は共に「彎曲」という語に由来する。ここでも「庭」の景は一連の動作において「月」の景へと間断なくつづき、地上の「庭」は上方の「月」に結ばれる。さらにこの「庭」とは他ならぬ寿月観との「庭」であるから、彎曲閣と寿月観の空間的まとまりはやはり「月」によって意味づけられる。「下御茶屋、なかでも寿月観といまはない彎曲閣が構成する地域は、月を見る地域、いや月の世界と一体化する場所だった」[47] との見解はこの場合当を得ている。「月」という天子の来歴に触れる「庭」として、寿月観とともに下離宮の特性が示される。

他方十境詩中、現在の上離宮に相当するものは「浴竜池」「万松塢」「隣雲亭」「洗詩台」「窮邃亭」「止々斎」の六つだが、その詩歌を参照すれば、[48] 上離宮も超越的に詠まれている。これらもまた風景に天子を現前させるものが多い。

隣雲亭「天開図画入皇園　翼爾高亭彩鳳騫　誰是卜隣宜接地　蓬莱五色鶴乾坤」

洗詩台「假饒徐凝須洗詩　飛泉雪白落天涯　台峰四萬八千丈　瀑布於廬亦寸絲」

窮邃亭「一條線路歩天圻　門鎖薜羅離世紛　窮得岑崟幽邃處　杖頭撐破笠檐雲」

止々斎「縵遶山阿水曲涯　玉虹臥瀾上雲階　無邊煙景化工妙　相對忘言止々斎[49]」

万松塢「松塢鬱乎聞鶴鳴　上于霄漢四時榮　千株好蔭涼天下　萬壑風伝萬歳聲」

しかし上離宮において最も注目されるべきは「浴竜池」である。すなわち当初の上離宮一帯は「上の御池」[50]といわれ、「池」である浴竜池によって代表され、象徴される場所であった。「上の御池」について、特に後水尾院における浴竜池での舟遊は御幸における最重要の遊興であったから、浴竜池を除いた上離宮考察は考えにくい。上離宮の場所については特に浴竜池に則して考察を行う。

浴龍池

龍池洗レ盞碧潺湲　月照二画船一廻似レ環

水不レ在レ深太虚也　宸遊幾度鑑二天顔一

天子の御池は盃をすすぎ、その静かな池上にさらさらと水音だけを響かせる。月明かりは画船を照らし、水上をただよう様子は円弧を描く。水は作為なく、ただ太虚である。天子は遊ばされるが、月に照らされたお顔を鏡のごとき水面にいく度も映しだされる。

本詩起句では湖上の様子が示される。「洗盞」といわれるように蘇東坡「前赤壁賦」[51]が連想される。風もなく波もたたぬ湖上に明月を詠む情景である。それは往時の遊興を思わせ、音の少ない、清らかな池面がうかがえる。承句になると「月」が現れるが、それは事物を照らす「月」である。月光は池上の画船を明らめて、緩やかに円弧を描く船の軌跡が水面にのこされる。ここでの「月」は視覚的なもので、遊興の様子を絵画のように浮かび上がらせている。

つづく転句において詩は「水は深くに在らず太虚也」と、その池水についていう。「太虚」とは事物としては天空の意であるから、池はすなわち上方の空になる。浴竜池が「その浅さゆえに鏡のようになり、空と山とを映し、池を舟行すると空中に浮んだような幻想にとらわれる」[52]と指摘される所以であるだろう。水面へと映された空に「天への同化」を意図とする論考も少なくない。[53]

しかし一方で「太虚」とは「それ自身は常におのずから変転して一定の相を持たず、かつそこから全てが生じてくるもの」[54]であろうから、それこそが結句における「天顔を鑑みる」水面を意味するだろう。天子の顔は月光に照らされ、その相貌を池面に映すが、ここでの「月」の性質は下離宮におけるものとは異なって解読される。下離宮では「月」こそが天子であり、光は天子の徳とされた。「月」において池は下離宮と通じるが、浴竜池のそれは望まれ、待たれる「月」ではない。むしろ天子を照らす光であり、天子自身が天子を明るめるものとなる。すなわち浴竜池は事物として映し込み、ありありと天子の全貌を露にする鏡として示されている。結句「宸遊幾度か天顔を鑑みる」とは、天子が自らを省みることを意味するが、「宸遊」すなわち御幸こそがその契機となる。浴竜池に代表される上離宮とは、まさに御幸を目的とした場所である。しかしそれは「太虚」であるから上離宮自体は何の意味をも担わない。むしろ「太虚」であるが故に、天子が天子自身の光明によって天子たることを再現前させる場所と解される。

先の『修学院八景詩歌』にひきつづき『修学院十境』詩を概観したが、本詩は御幸において上皇が現前（再現前）する境地として詠まれていた。すなわち修学院離宮における逐一の境地は上皇の存在においてこそ再現され、御幸こそがその境地を開示させる契機であるとして示されていた。すなわちこれもまた後水尾院の存在によって開示する修学院離宮の理念的様態を示すであろう。

三　霊元院による後水尾院の想起と御幸の再演

後水尾院の皇子である霊元院の修学院御幸は享保六年（一七二一）から開始され、延宝七年（一六七九）における後水尾院最後の御幸から約四〇年を経て再開された。霊元院の御幸では、院による御幸記『霊元院法皇御幸宸記』を参照する。本御幸記には御幸の印象や感慨が詩歌とともに記されている。本御幸記の具体性は後水尾院想起の検証に際し最も適していると考えられる。霊元院の御幸を検証するなかで、後水尾院の存在が如何に示され、如何に想起されたか、その諸相を明らかにする。

享保一〇年（一七二五）一〇月、霊元院は修学院への御幸中、姉宮普明院が住まう林丘寺を訪問し、後水尾院の御影に参拝している。(55)

けふは先づ林丘寺にぞ行く、老禅尼公に掲して此度の事悦び事申かはす（中略）旧院の御影のまへにまいりて礼拝念誦をいたす

侍　故院御影前述志

さとりみし君がおましとあふぎみむ上のうへなる蓮の臺を

かくてまた

あわれとや猶みそなわすたらちねのをしへし道にいたりえぬ身を

今も猶親のまもりのあひそはゞ寿のみやせめてつゝまじ

此山に十度はきけり行きさきも君がみゆきの数にあへてよ

この山にあらぬ山々野へ河へ君がみゆきのあとならはばや

かやうの事をもおもひつゞけたれど、御影のまへには、はゞかりてえたてまつらざりし

霊元院は後水尾院の御影に参拝した感慨を五首の歌に詠む。それらを概観すれば、第一歌は後水尾院について詠まれ、「かくてまた」と以下の四首と区切られている。特にその第一歌が他の四歌への前置きとなっている。また第二歌、第三歌は[56]、その場に居合わせる霊元院自身と普明院について詠まれている。「たらちね」「親」といった語や御影前の状況に照らしても、歌は父である後水尾院へと向けられる。続く第四歌、第五歌では共に上の句が「此山」から詠み出され、下の句では「君がみゆき」の語が共通している。これらから歌は離宮と御幸について詠まれたものと考えられる。

先ず第一歌では、霊元院の後水尾院に対する敬意が端的に示されている。崩御して「蓮の臺」の後水尾院は、霊元院にとって「あふぎみむ」べき「上のうへ」に居る。それは元来の敬意でありながらも、「さとりみし」と詠まれるように御幸での対面が気づきの契機となっている。この歌の「あふぎみむ」という視線は、霊元院から「うへなる」後水尾院へと向けられたものとなっている。

しかしつづく第二歌、第三歌ではその視線が反転する。第二歌[57]では「みそなわす」といわれ、「たらちねの」父後水尾院から霊元院への眼差しが詠まれたものとなる。それは未だ「をしへし道にいたりえぬ身」として映るであろう眼差しである。すなわち後水尾院によって「あわれ」とさえ見受けられる霊元院の反省でもある。この第二歌は第一歌と合わせて読むことで霊元院が自身を後水尾院

に比したことが示される。「あふぎみむ」後水尾院への視線が、かえって霊元院自身を「みそなわす」ように、自身を後水尾院に比すことで霊元院はその「いたりえぬ身」を自覚する。

一方の第三歌[58]では「寿のみや」、すなわち老齢の姉宮普明院について詠まれている。ここでも第二歌と同様に後水尾院からの視線が詠まれるが、その眼差しはむしろ慈愛を伴っている。「今も猶」後水尾院からの「まもり」があるから、普明院の安泰がいわれる。後水尾院からの慈愛を、その御影を前にして霊元院は感じている。

第四歌、第五歌は共に「此山（この山）」から発せられている。「此山」とは後水尾院が「みゆき」した修学院の山であるから、御幸が歌の主題とされる。第四歌では「十度はきけり」と後水尾院御幸の「数にあへて」霊元院もまた御幸を繰り返す、と詠まれている。自らも修学院を訪れる霊元院の御幸は「君がみゆき」を追うものとして宣言される。霊元院の「行きさき」が第二歌における「たらちねの」父後水尾院の「をしへし道」と重なるものとなる。

また第五歌では、霊元院の御幸が「君がみゆきのあとならはばや」として意思表示される。「この山にあらぬ」と特にいわれることで、かえって修学院を仲介とする後水尾院への態度が示される。第四歌にひき続き霊元院の御幸が、後水尾院御幸の跡を倣うものであることが第五歌においても読みとれる。

霊元院にとって後水尾院とは「あふぎみむ」敬愛する先人であり、自ら「いたる」べき先達であった。霊元院は御幸する山々や野川へ後水尾院の足跡を求め行くが、後水尾院の「跡倣う」ことこそが御幸の「志」であるとされた。霊元院において修学院離宮御幸とは後水尾院へと到る契機であったと考えられる。

以下後水尾院が遺した「跡」について考察してゆく。

四日の夜の夢に故院をまさしくみたてまつりし、（中略）かく此山荘にあそぶ事悦び思召にやとかしこまりいさみて九日になりて出たつおりにおもひつゞけし

此秋もまたたらちねをみし夢の行えうれしきけふの山ふみ

享保七年（一七二二）九月、[59]御幸の日程が近づくなか霊元院の夢に後水尾院が出現する。[60]この夢において霊元院は後水尾院と言葉を交わす。[61]それは享保六年（一七二一）の御幸以来の、夢における後水尾院出現であった。霊元院はこの出現について、後水尾院が「此山荘にあそぶ事悦び思召」ものと考える。さらに後水尾院が「悦び思召」からこそ、霊元院は「かしこまりいさむ」ことになる。霊元院にとって修学院御幸とは単に霊元院自身にとどまる事柄ではない。後水尾院の遺した思いが霊元院によって気遣われ、御幸は後水尾院の遺志を受けたものとして理解される。

続く歌では、夢における後水尾院出現によって霊元院は御幸を「うれしき」ものとする。霊元院にとっての修学院御幸、すなわち「けふの山ふみ」が「たらちねをみし夢」により承認されたものとなる。後水尾院が夢で「悦び思召」ことで、霊元院の修学院御幸が確かなものとなる。霊元院にとって後水尾院とは、その自らの御幸を保証しうる存在として詠むことができる。

　ことしは五月になりて名におふ花のさかりを見にゆくべしとかねてより仰をきてたりし、此花寿月観のまへなる庭にあまたあり、これは舊院の御時にうへをかれたれば今はたぐひなし、おほきにひろごりたる木十七八本もあるなり

享保九年（一七二四）五月には「名におふ花のさかりを見にゆくべし」といわれ、霊元院は修学院への御幸を試みた。[62]「舊院」後水尾院のサツキを見に行くことが霊元院御幸の動機となっている。後水尾院が眺めたであろうその経験が重要視される。寿月観の前に多く植え置かれた花は「たぐひなし」と賞される。花の盛りに御幸することを「かねてより仰をきてたりし」ところに、霊元院の「跡倣う」意図を読むことができる。同様の事例は他にも確認できる。[63]それら後水尾院の花が御幸の動機たるに十分であったと考えられる。

同じく享保一〇年（一七二五）四月[64]の記事を参照する。

　ことしは五月の花を見むとて、卯月のすへの六日例の山荘に行く、（中略）道の程いとあつかりしかば、しばらく寿月観にすゞみてさつきの花をみる、故院の御時植おかれしかば、いにしへのさまの花にて、所々とさきたり

本記事も同様に寿月観前の「五月の花」が主題となる。やはり後水尾院の例が霊元院御幸の動機となっている。花は「故院の御時植おかれし」であるから霊元院に特別の感慨を与えている。文中「いにしへのさま」とは後水尾院期と現況とが同様であろうことを示すものだが、そこに後水尾院の由来が見出されている以上、むしろ院の「見し例」として積極的に理解されるだろう。

おなじ院のみかどのやそぢの御賀にまいらせし、しろかねの杖にむすびつけたりし歌の御かへりごとに、つくからに千とせの坂もふみわけてきみがこゆべきみちしるべせんとありし、この山荘は代々の離宮にとおぼしをきてさせ給へたりしもむなしからざる事にてまでおもひよそへられて

ちりぬとももみぢふみ分さほ鹿の跡つけそへん秋の山みち

一方で享保六年（一七二一）九月[65]の記事では、修学院御幸に際して霊元院は後水尾院との対話を回想する。かつて後水尾院八十歳の祝賀において霊元院は歌を結んだ杖を後水尾院に贈り、後水尾院は贈られた歌に返歌した。[66]後水尾院によるその返歌「つくからに千とせの坂もふみわけてきみがこゆべきみちしるべせん」には「みちしるべ（道標）」として霊元院が辿るべき道程を後水尾院が示そうとする意思が読みとれる。霊元院はその「道標」を「この山荘」、すなわち修学院離宮であると解釈する。自身の御幸に際して修学院離宮こそ後水尾院の遺志として「代々の離宮」だと霊元院は考えている。それは至るべき道を示す道標であり、後水尾院が「おぼしをきてさせ給へたりし」道標として霊元院を導くものである。

霊元院は「ちりぬとももみぢふみ分さほ鹿の跡つけそへん秋の山みち」と後水尾院へ詠み返すことで後水尾院の遺志に応えることを誓う。後水尾院の遺志は、跡つける意志として霊元院に受けられる。後水尾院が杖を「つく（突く）」その「山みち」を霊元院がたどる。先に示した霊元院御幸における後水尾院の存在とは、こうした背景を伴っている。

後水尾院によって「おぼしをきてさせ給へたりし」ものとは観念的な道標ではない。それは事物として修学院離宮であり、事実として後水尾院による御幸があった。霊元院は後水尾院に倣い、自らも御幸を行うことで「跡つけそへん」とその遺志を継ぐ。すなわ

ち後水尾院が築いた（「つく（築く）」）ものこそ修学院離宮であり、杖を「つく（突く）」足跡こそが修学院御幸である。霊元院において修学院離宮とは誰よりもまず後水尾院によって築かれたものであるから、後水尾院が離宮の制作者として想起されているだろう。しかしその制作されたものとは事物としての離宮でありながら、経験としての御幸であることが本論においては特に重要となる。

享保一六年（一七三一）一〇月の御幸において霊元院は浴竜池において舟遊びを催している。[67]

山荘の池に舟をうかべたる事は、むかし後水尾院の御幸ありし時代のまゝにて、その舟多年残りてありしかどもいつの程にか朽損じて、後は四十余年をへて舟のうかべる事なし、此たびは舟の興を催すべし（中略）うかべたる舟にのる、（中略）めづらしき事とこなたかなた漕めぐる、中島のほとりにいたりてみれば、そのかみ七十年まへに舟にのりてとをりし事たしかにおぼへたる赤石二つのあいだあり、只今のれる舟は大きなればとほるべからず、そのうへ多年手を入ざりし池なれば土のなだれ、草芥もかさなりて、いまは小舟ならでは通るまじきさまなり、此所舟にのりてみたれば汀よりは見へず、七十年前幼少の昔さらにおもひいでてみる

「四十余年をへて舟のうかべる事なし」と浴竜池における舟遊は後水尾院期御幸から途絶えていた。当初の舟はすでに朽ちており、霊元院は御幸に際して角倉家から高瀬舟を取り寄せている。[68] 霊元院は後水尾院御幸を再現するが、それが「むかし後水尾院の御幸ありし時代のまゝにて」と後水尾院御幸の忠実な再演であることが注目される。

その御幸において霊元院は「めづらしき事とこなたかなた漕めぐる」が、やがて「七十年まへに舟にのりてとをりし事たしかにおぼへたる赤石二つのあいだあり」と、とある岩間に往時を回想する。幼少期霊元院は後水尾院の御幸に同伴しており、[69] その折に見たかつての光景を、実景に促され想起した。先に霊元院の修学院離宮御幸には、後水尾院による経験を「跡つけそへん」とする態度があることを示したが、この御幸においても霊元院は後水尾院と共に巡った遊興を追体験しようと試みている。霊元院が「後水尾院の御幸ありし時代のまゝに」自らの御幸を再演する中に、「七十年前幼少の昔さらに思ひいでてみる」として回想を巡らせる。後水尾院によって開示された歴史的経験が霊元院自身の経験に重なり合っている。本経験が後水尾院との歴史なくしてあり得ないように、後

水尾院による初発の経験は霊元院による御幸の再演を規定している。

> それより赤山にゆきて松茸をとる、いただきまでのぼりぬれどけふもまたくもりたれば淀川も見へず、隣雲にかへりきて、とかくする程にくれぬ、夜になりても曇りふたがりしかば月はみゆべくもあらず、雨ふり出でぬべしといへば心あはたゞしけれど、
> 此山荘の八景に隣雲夜雨とあるをふとおもひいでゝ、
> 月くらき雲の隣の瀧の音を夜の雨とや聞てかへらん

享保八年（一七二三）九月の御幸では、方々を巡った末の夕刻、霊元院は隣雲亭に落ち着いた[70]。その日は「夜になりても曇りふたがり」の天候で、隣雲亭からは切望した「月はみゆべくもあらず」であった。ただでさえ空が曇り、月が見えぬ状況にあって、しばらくの後には雨さえ降り出した。霊元院は「心あはたゞし」である。しかし「此山荘の八景に隣雲夜雨とあるをふとおもひいでゝ」と霊元院は歌を詠む。その歌「月くらき雲の隣の瀧の音を夜の雨とや聞てかへらん」は先にみた修学院八景における「隣雲夜雨」を本歌に詠まれている[71]。「夜の雨とや」といわれるところに、「隣雲夜雨」の状況が重ね合わされている。当初心慌ただしく月を切望した霊元院は、修学院八景歌の情景を踏まえることで、月が見えぬ実状をしのんでいる。後水尾院を倣うことにより、月が見えずとも心を慰め得た状況が読み取れる。この記事もまた後水尾院によって開示された歴史的風景が、霊元院によって再現された具体相である。

以上の考察をつうじて、霊元院にとっての後水尾院とは「あふぎみむ」尊敬の先人であり、自ら「いたる」べき先達であった。そうした人間関係を背景として後水尾院が遺した「道標」とは修学院離宮であり、修学院への御幸であった。霊元院はその双方において後水尾院をつよく意識し、さまざまな形態を伴って想起がされた。それは「見し例」の景物においてであり、共有する歴史においてであり、詩歌によって開示された風景において想起されていた。それらはすべて後水尾院の足跡であったから、霊元院は「跡倣う」ことが後水尾院へと到る道程と考えた。すなわち霊元院の御幸とは後水尾院御幸の再演であり、後水尾院の御幸こそ修学院離宮の場所が創設された初発の経験であった。

結

修学院離宮が後水尾院によって固有性を与えられること。本論はそうした事態を手がかりに考察を行った。

本論前段では、後水尾院が意図した離宮の理念的背景を詩歌の解読において再検証した。『修学院八景詩歌』は古典的典型が重要視され、概ねその形式に則っており、そこに修学院の固有性が付与されていた。それは実景を重視しておらず、むしろ修学院という個別を普遍的に扱おうとする意図が読み取れた。特に焼失した八景詩歌をその直後に復元した後水尾院の行動こそ、その意図を裏付けている。また一方で八景における修学院の固有性には後水尾院の存在がつよく示されていた。それは『修学院十境』における境地もまた同様であり、上皇の存在によって成立し、上皇の御幸こそがその風景を開示させる契機であると示された。すなわち後水尾院自身において遺された修学院離宮の理念において、上皇とその御幸こそが離宮の場所成立の要因であると考える。

一方の後段では霊元院の経験が御幸記に従って検証された。霊元院にとって修学院離宮における後水尾院とは、単にその前所有者ではなかった。御幸に際して霊元院は後水尾院を想起し、自らを導く先達として敬愛の情を示していた。また霊元院の御幸においては後水尾院の経験が尊ばれ、その経験を再演し、再現しようとする事態が確認された。そこには後水尾院が遺した道標の存在があり、霊元院にとってそれこそが修学院離宮であったが、その道標をして「跡つける」とする霊元院の意志があった。いうなれば後水尾院とは原風景の開示者であり、離宮における初発の経験者であった。修学院離宮が後水尾院に因み、後水尾院に因ってあり得ていたことの内実は、場所の原創設者としての後水尾院の存在が第一に考えられる。しかし同時に、そうした後水尾院の存在を改めて存在させる他者、すなわち原創設者を意識し、尊重し、再現する二次的な創設者の存在もまた考えなければならない。本論において後水尾院のみならず霊元院もまた、初発の経験の再演者として、場所の創設に関与するものとなる。

建築を事物としての側面からのみ捉えるならば、後水尾院もまた離宮の受動的な使用者に他ならない。しかし建築を経験の位相において捉えるならば、創設の事態とは建築の使用者をも制作者の一形態として再考し得る余地をもつだろう。ある子供が古い一軒家を指差して「これはおじいちゃんが建てた家」と言う際に、そこに示された祖父の存在とは、建築家でなく、また大工でなかったとしても、明らかに建築の使用者としてではない。子供にとって祖父の存在とは、その建築を介することで、ある偉大な「制作者」として現前している筈なのだ。

註

1 「今朝未明、仙洞、女院御所長谷御幸、先於朱閣寺而被爲成、於圓照寺尼公宮而御弼御振舞之由成」（『隔蓂記』承応四年三月一三日）。修学院には当初後水尾院皇女文智女王の円照寺があり、後水尾院は長谷殿への御幸途中に立ち寄っている。その後八月の円照寺移転後、離宮造営が開始されたと考えられている（伊藤ていじ「解説」『宮廷の庭Ⅲ修学院離宮』、淡交新社、一九六八年）。離宮完成の時期は不明だが『隔蓂記』万治二年四月の「仙洞御振舞」とする説（森蘊『修学院離宮の復元的研究』、養徳社、一九五四年）、万治三年一月の『隔蓂記』「御茶屋出来之模様被仰聞」とする説（重森三玲他「修学院離宮庭園」『日本庭園史体系第一八巻・江戸初期の庭（五）』、思想社、一九七四年）、万治三年三月の『隔蓂記』「完成」の語をもってそれとする説（熊倉功夫『後水尾院』、朝日新聞社、一九八二年）、万治三年八月の披露とする説（日向進「桂離宮・修学院離宮」『御所と別業　―雅びの系譜―』、講談社、一九八四年）などがある。「離宮はしだいに完成していった」（久恒秀治『京都名園記　中巻』、誠文堂新光、一九六八年、八八頁）といわれるように離宮の整備は後水尾院の御幸開始以後も継続したと考えられる。本論では上下茶屋に一応の整備がされたとされる万治三年三月頃をもって完成時期と捉えている。

2 享保期近衛家に医師として参候した山科道安による伝聞録。本論では中村幸彦他編「槐記〔抄〕」（『近世随想集』日本古典文学大系九六、岩波書店、一九六五年）より引用。

3 森は修学院離宮造営について「經營者後水尾上皇御自分が先頭に立たれ、現地指導されたものに相違なかろう。そして更にその下には相當な腕利きの技術者の協力があつたのであろう」という。また「草木、岩石の配置に至るまで、自ら女装して内内現地へ通つて來て指導なされたことが知られるのは非常に面白いと思う」とし、後水尾院自身が現地に赴いて作事指導したと推論する。（森蘊『修学院離宮』、創元社、一九五五年、八八〜九八頁）

4 熊倉、上掲書、二二〇〜二二一頁、年譜参照。

5 北小路功光『修学院と桂離宮　―後水尾天皇の生涯―』、平凡社、一九七三年。

6 「この説話が元となり、修学院の一木一草すべて法皇の御意向通りに作ったという説が出ると共に、薦包みの輿に乗ったのは実は女装した法皇御自身であるとの解釈も生じた。勿論あり得る事ではない」（北小路功光、上掲書、一二八頁）。

7 熊倉、上掲書、二二七頁。

8 「東北歴覧之記」『増補京都叢書第三巻』、京都叢書刊行会、一九三四年、八〇頁。

9 「雍州府志」『増補京都叢書第三巻』、京都叢書刊行会、一九三四年、九頁。

10 「京羽二重織留巻之二」『増補京都叢書第六巻』、京都叢書刊行会、一九三四年、七六頁。

11 外山栄策「修学院離宮の庭園に就て（三）」『国華』第五六五号、第四七編、第一二冊、一九三七年一二月。

12 虎林中虔『修学院離宮十題』国立公文書館蔵（『八景』と『十境』については、拙著「近世の離宮」（田路他編『日本風景史』、昭和堂、二〇一五年）でも同様の考察を行っているが、本論では制作論の立場から再考察を行っている）に所載。

13 国立公文書館蔵。記事には享保六年九月から同一六年一〇月までの二一回の修学院御幸、他五回の北山御幸が記される。また別書として『霊元法皇修学院御幸之事』『霊元太上法皇御幸宸記』『元陵御記』などがある。本論では『霊元院法皇御幸宸記』を底本とし、日本随筆大成編集部編「霊元帝修学寺御幸宸記」『翁草』（『日本随筆大成、第三期、第一二巻』、日本随筆大成刊行会、一九三一年）と藤井穣治他編「元陵御記」（『霊元天皇実録第二巻』、ゆまに書房、二〇〇五年）を参考とした。

14 鳳林承章『隔蓂記』万治二年四月一四日。

15 八景詩歌作成の経緯については、岩間香「修学院八景」『寛永文化のネットワーク』、思文閣、一九九八年、一三五〜一四二頁に詳しい。

16 瀟湘八景は「平沙落雁」「遠浦帰帆」「山市晴嵐」「江天暮雪」「洞庭秋月」「瀟湘夜雨」「遠（煙）寺晩鐘」「漁村夕照」。北宋の宋廸による画を沈括が随筆『夢渓筆談』に著したものがはじめとされる。堀川貴司「瀟湘八景詩について」『中世文学』第三四号、中世文学会、一九八八年五月、一〇一〜一一〇頁。神田喜一郎「中国の山水画と瀟湘八景図」『古美術』、三彩社、一九六三年六月、三三〜三六頁。

17 渡辺明義編「瀟湘八景図」『日本の美術』一二四、至文堂、一九七六年九月、九三頁。

18 渡辺、上掲書、九八頁。

19 虎林、上掲書。

20 冷泉為相による八景歌を記す。瀟湘夜雨「舟よする波に声なき夜の雨を苦よりくゞる雫にぞしる」。洞庭秋月「秋にすむ水すさまじくさ夜更て月をひたせるおきつ白浪」。遠寺晩鐘「暮かかるきりよりつたふかねの音に遠方人は道いそぐ也」。遠浦帰帆「風むかふ雲のうき浪たつとみて釣せぬさきにかへる舟人」。山市晴嵐「松たかき里より上の峯はれてあらしにしづむ山本の雲」。漁村夕照「波の色は入日の底に猶みえて磯ぎはくらき木がくれの宿」。　江天暮雪「あしの葉にかかれる雪も深き江の汀の色はゆふべともなし」。　平沙落雁「まづあさるあしべの友にさそはれて空行雁も又くだるなり」（『百人一首始風早公前卿書集』国立公文書館蔵）及び瀧口房州撰『日本名勝八景詩』創英社／三省堂書店、二〇一四年。

21 堀川貴司『瀟湘八景 詩歌と絵画に見る日本化の様相』、臨川書店、二〇〇二年。

22 鳳林、上掲書、万治二年四月一四日。

23 鳳林、上掲書、万治二年六月二三日、同年九月一日、同月四日。

24 岩間、上掲書、一四〇頁。堀川、上掲書『瀟湘八景 詩歌と絵画に見る日本化の様相』、九六～一〇〇頁。

25 「旧院のみの御幸の折は所司代も供奉せしめず、辻かためなどいふこともなく、すべての行粧もなかりしなり」『霊元法皇御幸宸記』（国立公文書館蔵、享保一一年四月二六日）のように後水尾院の修学院御幸は簡素であったとされるが、後水尾院の御製「分けみれば草木もさらにことやめて野山が末の道もさはらず」を「輿が進む両側の群衆は、その数が多いにもかかわらず実に静かである」と解釈されるように後水尾院においても御幸は管理されている。「村叟」「山人」と出会う機会は限られていると考えられる。西和夫『近世の数寄空間―洛中の屋敷、洛外の茶屋』、中央公論美術出版、一九八八年。

26 当該部分が修学寺であれば既に廃寺であり、歌中「よそにかはりて」が成立しない。むしろ奈良八島へ移転後の円照寺として捉えれば、後水尾院の人間的関係をも歌中に投影できる。森蘊「山村円照寺と修学院離宮」『大和文華』第六号、第二冊、一九五二年、一一～二三頁。末永雅雄、西堀一三『文智女王』、円照寺、一九五五年。

27 玉澗、山市晴嵐「雨拖雲脚斂長沙 隠々残虹帯晩霞 最好市橋官柳外 酒旗揺曳客思家」。

28 堀川、上掲書『瀟湘八景 詩歌と絵画に見る日本化の様相』、九八頁。

29 伝玉澗、遠寺晩鐘「雲遮不見梵王宮 殷々鐘声訴晩風 此去上方猶遠近 為言只在此山中」。

30 芳賀徹「風景の比較文化史―「瀟湘八景」と「近江八景」」『比較文学研究』第五〇号、東大比較文学会、一九八六年一一月、一～二七頁

31 堀川、上掲書『瀟湘八景 詩歌と絵画に見る日本化の様相』、九九頁。

32 先年八景詩を担当した五山長老のうち四名が当時既に遷化していた。伊藤ていじ『庭 ―三つのかたち』、淡交社、一九八四年、三九一頁

33 十境詩中本文にて紹介されていないものを示す。蔵六庵「浮世富貴は電光遅し、何ぞ若かむ霊亀蔵六の時、繊塵立たず無相の境、森羅の影に碧瑠璃を現ず」窮邃亭「一条の線路は天圻を歩む、門は薜羅に鎖されて世紛を離る、窮め得たり岑崟幽邃の処、杖頭は撐破す笠檐の雲」隣雲亭「天開図画は皇園に入る、翼爾たる高亭に彩鳳騫ぶ、誰是れ隣を卜す宜しく地に接するは、蓬莱の五色鶴は乾坤」洗詩台「仮饒徐ろに

凝れば須く詩を洗ふ、飛泉雪白く天涯に落つ、台峰は四万八千丈、瀑布廬に於いては亦寸糸たり」菩提樹「聖主手づから菩提子を栽う、天を拄き地を撑へ緑崢嶸、見来れば樹に非ず又果に非ず、長に心在りて王宮裡に栄ゆ」止々斎「山阿縵遶す水曲の涯、玉虹瀾に臥して雲階を上る、無辺の煙は景化して工妙なり、相対して言を忘る止々斎」。以上小島憲之訓読、田中日佐夫他『修学院離宮』、新潮社、一九八四年。

34 外山、上掲書、三七四～三七七頁。

35 虎林、上掲書。「内詔與同志數輩獲遊」。

36 「月世界に住むという美人の名。もと、羿の妻で。羿が西王母からもらった不死の薬を盗んで飲み、仙人となって月にのぼり、月の精となったという。（中略）月の別名」諸橋轍次他『広漢和辞典』、大修館書店、一九八一年。

37 「両八」を「二八」とし「十六人の良臣。八元・八愷をいう」の意を採り、「良臣」と訳す。「両八」を「八八」として「老成者・父」の意、すなわち上皇の表現とも解せたが、「二八」の場合、第一句から第三句までのつづきを仙人、殿上人、良民という階層関係のもとに読み下せ、「二八」を採る。

38 「月にあるという宮殿の名」諸橋轍次他、上掲書。

39 文政五年五月一七日「御養生ノ為、年中両三度、修学院ニ御幸アラセラルベキニ依リ、御茶屋、御庭園ニ修理ヲ加フベキ旨、治定ス」より、同六年九月二三日「修学院御茶屋御幸ノ費用ニ就キ、御附衆ヨリ両役ニ申達ノ事アリ」を経て、同七年四月一八日「修学院離宮御茶屋礎理立柱ヲ行ハル」、同年七月二七日「修学院離宮御茶屋の上棟ヲ行ハル」にて再建された。藤井譲治他監修『光格天皇実録 第四巻』、ゆまに書房、二〇〇六年。

40 再建の詳細については森、上掲書『修学院離宮の復元的研究』、三五～三六頁。

41 拙稿「修学院離宮における御幸様式の変遷と場所構成について」『日本建築学会計画系論文集』第六二一号、日本建築学会、二〇〇七年一一月、二一五～二二二頁、付表参照。

42 彎曲閣について「天和年間の図には早くも姿を消している」森、上掲書『修学院離宮』、八一頁。霊元院御幸、光格院御幸ともにその名は現れない。

43 森、上掲書『修学院離宮の復元的研究』四三～四五頁。

44 鳳林、上掲書、万治二年四月一四日の条。

45 「二川溶溶、流入宮牆。五歩一樓、十歩一閣。廊腰縵廻、簷牙高啄。各抱地勢、鉤心鬬角。盤盤焉、囷囷焉」（二つの川は、豊かに水をたたえつつ、宮殿の牆壁のもとに流れこむ。五歩進むごとに一つの高楼、十歩進むごとに一つの高閣がそびえ立つ。建物の間をつなぐ渡り廊下は、ゆるやかにカーブを描き、鋭く突き出た簷先は反りかえって、鳥が頭をもたげて餌を啄むかのよう。楼閣はそれぞれ異なる地形に随って巧みに造られ、宮殿の心臓部と緊密につながりつつ、簷先は互いに角を闘わせるように競いあう。ぐるぐるとめぐり、くねくねと折れまがる）。ここでは川の流れに沿いつつ、「楼」と「閣」とが緊密に関係しながら構成される様子を見ることができる。松浦友久他編訳『杜牧詩選』、岩波書店、二〇〇四年。

46　常子内親王『无上法院殿御日記』寛文一二年三月一〇日、同一三年二月一六日、延宝三年三月一日など。藤井譲治他監修『後水尾天皇実録第二巻』、ゆまに書房、二〇〇五年。

47　田中、上掲書、九六頁。

48　田中、上掲書、引用の詩文を参照。

49　止々斎の建つ池畔での遊興は王維「輞川集」所収の「臨湖亭」を想起させる。池水に拠って俗世と隔絶された境地は熊倉による「結界」としての浴竜池解釈に通じる。熊倉、上掲書。

50　常子内親王、上掲書、寛文一一年三月二日、同年五月六日、同一二年三月一〇日、同一三年二月一六日、延宝五年二月一七日等。『隔蓂記』では「上之御殿」「下之御殿」との呼称がみられるが、本論ではそれらを領域の呼称としてでなく建築物の呼称として捉える。むしろそこに示される「上之」場所、「下之」の場所こそが領域を示すものであり、同記事中で「上之御殿」が「御池之御殿」と言い換えられていることから（寛文二年三月二八日）、「御池」を現在でいう上離宮を指示するものと考える。

51　「蘇氏與客泛舟遊於赤壁之下、清風徐来、水波不興、擧酒屬客、誦明月之詩、歌窈窕之章（中略）客喜而笑、洗盞更酌」（蘇子は友人と舟を泛べて、赤壁に遊んだ。清風がしずかに川面をわたり、長江は波立つことなく流れてゆく。酒を手にとって友人に注ぎつつ、明月を待つ詩を口ずさみ、美しいつれあいを求める歌をうたう。（中略）友人はよろこび笑って、さかずきを洗って飲みなおした）。詩中「一葉の扁舟に駕し、匏樽を挙げて以て相属し、蜉蝣を天地に寄す、渺たる滄海の一粟なるをや」といわれ、舟中における酒宴の意味が示される。小川環樹他『蘇東坡詩選』岩波書店、一九七五年。

52　伊藤ていじ、上掲書『庭 ―三つのかたち』、四一二頁。

53　辻邦生「後水尾」の美」『芸術新潮』、新潮社、一九七五年一月、三六頁。北小路功光、上掲書『修学院と桂離宮 ―後水尾天皇の生涯―』、一三八頁などがある。

54　筒井佐和子「「道」としての連歌 ―心敬の連歌論」『美学藝術学研究室紀要 研究 9』、東京大学美学藝術学研究室、一九九〇年、一一二〜一三一頁。

55　霊元院、上掲書、享保一〇年一〇月の条。

56　第二歌、第三歌の順列について『霊元法皇御幸宸記』（西、上掲書）所収）、『霊元帝修学寺御幸宸記』（日本随筆大成編集部編、上掲書）ではそれらが逆になっている。本稿では国立公文書館蔵本の順列に従う。

57　後鳥羽院「さまざまにをしへし道のかひあればつひにはふかくさとりいでにき」（『後鳥羽院御集』正治二年第二度百首釈教五時方等）。

58　をののちふるの母「たらちねのおやのまもりとあひそふる心ばかりはせきなとゞめそ」（『古今和歌集』巻第八離別歌）参照。詞書は「小野千古が陸奥国の介にまかりける時に母のよめる」。

59　霊元院、上掲書、享保七年九月の条。

60　御幸記における夢に後水尾院が現れた記事は他に享保六年九月、同九年一〇月、同一二年九月の計四回。

61　以下全文「四日の夜の夢に故院をまさしくみたてまつりし、こなたへ御幸なりとて御輿よせたるところへ参りて、わた殿の程御手を引たてまつりおましにいさせ給ひても、のどやかにみものがたりなどせさせ給と、さだかに見侍し、さめて後おもへばこそ此山荘へはじめて行つる前つかたみたてまつりし夢の事をおもひいで丶、かく此山荘にあそぶ事悦び思召にやとかしこまりいさみて九日になりて出たつおりにおもひつゞけし」。

62　霊元院、上掲書、享保九年八月の条。

63　霊元院、上掲書、享保九年一〇月の条。

64　霊元院、上掲書、享保一〇年四月の条。

65　霊元院、上掲書、享保六年九月の条。本御幸についての詳細は西、上掲書を参照。

66　「今日被進御杖之竹ノ葉御短尺ヲ被付當今御製、君が手にけふとる竹の千世の坂こえてうれしき行衞をもみむ、法皇御返歌、つくからに千とせの坂もふみわけて君がこゆべき道しるべせん」『基量卿記』延宝三年一一月一四日。また後水尾院八十の祝賀の様子については他に『基熙公記』『堯恕法親王記』『御ゆとの丶上の日記』にも記される。

67　霊元院、上掲書、享保一六年一〇月の条。御幸についての詳細は北小路、上掲書『修学院と桂離宮　―後水尾天皇の生涯―』を参照。

68　「角倉が方にある高瀬舟のうちに山荘の池に相応すべき大きさなる舟あらば、かりまうくる事はなるまじきにやと、所司代に仰つかはしたればやすき事、申つくべきよしを心よく申てやがて角倉に下知して取よす、高瀬ぶねの事仰出しつるは十七日の事なれば、その夕つかたより角倉が方をもちいで丶山荘へつかはす、長さ七間あまり幅一間にあまれる舟なり、雑人百人あまりにて河原をもちゆく」（『霊元院法皇御幸宸記』享保一六年一〇月）と所司代を通じて角倉家に依頼された。

69　後水尾院御幸に同伴した霊元院について「むかし寛文ふたつのとしにやありけむ、故院この山荘にみゆきせさせ給ひて、いざなはせ給し事ありき、九歳の時にて（後略）」（『霊元院法皇御幸宸記』享保一六年一〇月）。

70　霊元院、上掲書、享保八年九月の条。

71　同種の経験が寿月観における観月として霊元院に詠まれる。「千代までとしめをく庵の名もしるき月にことぶく山里の秋」。ここでの霊元院の経験も後水尾院によって開示されたものと考える。

雪舟による四季山水図巻の空間構成

真木　利江

はじめに

本研究は、室町期に描かれた山水図に当時の理想的風景の型を想定し、これを抽出することを企図する研究の一端に位置づけられる。本稿では雪舟（一四二〇〜一五〇六頃）の真筆とされている二つの四季山水図巻を対象とし、そこに描かれる山水の空間構成の特徴を明らかにすることを目的とする。

わが国には絵と詞で物語を織りなす物語絵巻を初め、宗教、文学、記録・世相を主題とする巻子装の絵巻が多数現存している。[1] 一方、鎌倉期以来、日本にもたらされた山水画は禅林を中心に受容され発展をみるが、巻子装をもつ山水図はきわめて少ないことが知られている。[2] 本稿では雪舟の真筆とされる巻子装の四季山水図巻である京都国立博物館所蔵の四季山水図巻（重要文化財、以下山水小巻）と毛利博物館所蔵の四季山水図巻（国宝、以下山水長巻、一四八六年）の二巻を対象とするが、[3] いずれも室町期を代表する希少な山水図巻である。

雪舟に関しては、明治期以降、美術史分野を中心に膨大な研究が蓄積されてきたが、とくに山水長巻は数多くの模本が示すとおり、江戸期にはすでに特別な作品として認識され、現在も雪舟の最高傑作のみならず日本水墨画の代表作と位置づけられ研究が重ねられている。跋文から夏珪との関連が古くから指摘されてきたが、とくに近年では具体的な作品に即して形や意味の継承の様態が明らかにされつつある。[4] また、山水長巻の全体構成を雪舟自身の人生や禅宗の理念と結びつける等、多様な研究・言説が存在している。[5] これに比して山水小巻については山水長巻と比較したときの筆致の弱さもあり、まとまった先行研究がほとんど存在しないという対照的な扱いとなっている。[6] いずれにせよ、これら二つの四季山水図巻について、作品自体の空間構成を問うまとまった研究は存在せず、また山水小巻と山水長巻の全体像を直接比較する研究も存在しない。

一　研究の方法

1　山水小巻と山水長巻の概要

本稿で対象とする二巻は山水小巻が縦幅二一・五cm、全長一五一・五cm（約一対五三・六）、山水長巻が縦幅三九・二cm、全長一五八〇・二cm（一対四一・五）といずれも横長の長大な構図をもつ（図1）。一般に巻子装の作品は、一挙に全体像を眺めることの出来る掛幅装とは異なり、鑑賞者が自らの手でひもとき肩幅程度に画面を繰り広げ、その開閉を繰り返しながら展開させてゆくという独特の鑑賞方法となる。当時の一般的な巻子の縦幅に対して、山水小巻はやや小振りで手になじみやすい寸法であり、鑑賞者自身が巻物を繰ることを想定して制作されたと考えられている。[7] これに対して山水小巻の倍近い縦幅を持つ山水長巻は、一般的な巻子の鑑賞とするには疑問があり、鑑賞自体の有無を含め鑑賞形式についてのまとまった見解を見ることができない。[8]

また、いずれも四季山水図巻であり、春から夏、秋、冬を経てふたたび春の始まりへと季節が移り変わる構成をとる。画中に季節を表すモチーフがちりばめられており、現実の季節同様に切り替わりの明確なラインが存在する訳ではないが、春夏秋冬のおおよその展開を理解することが出来る。[9] いずれも広く水面をたたえる夏景が最も長く、春景と冬景はほぼ同じ長さでこれに続き、秋がもっとも短いという構成を見せており、巻子全体に対する季節の配分は両巻ともほぼ同じである。

本稿では、両巻の空間構成の特徴を明らかにするが、近年、美術史の分野において素材空間または空間ユニットと呼ばれる、これら

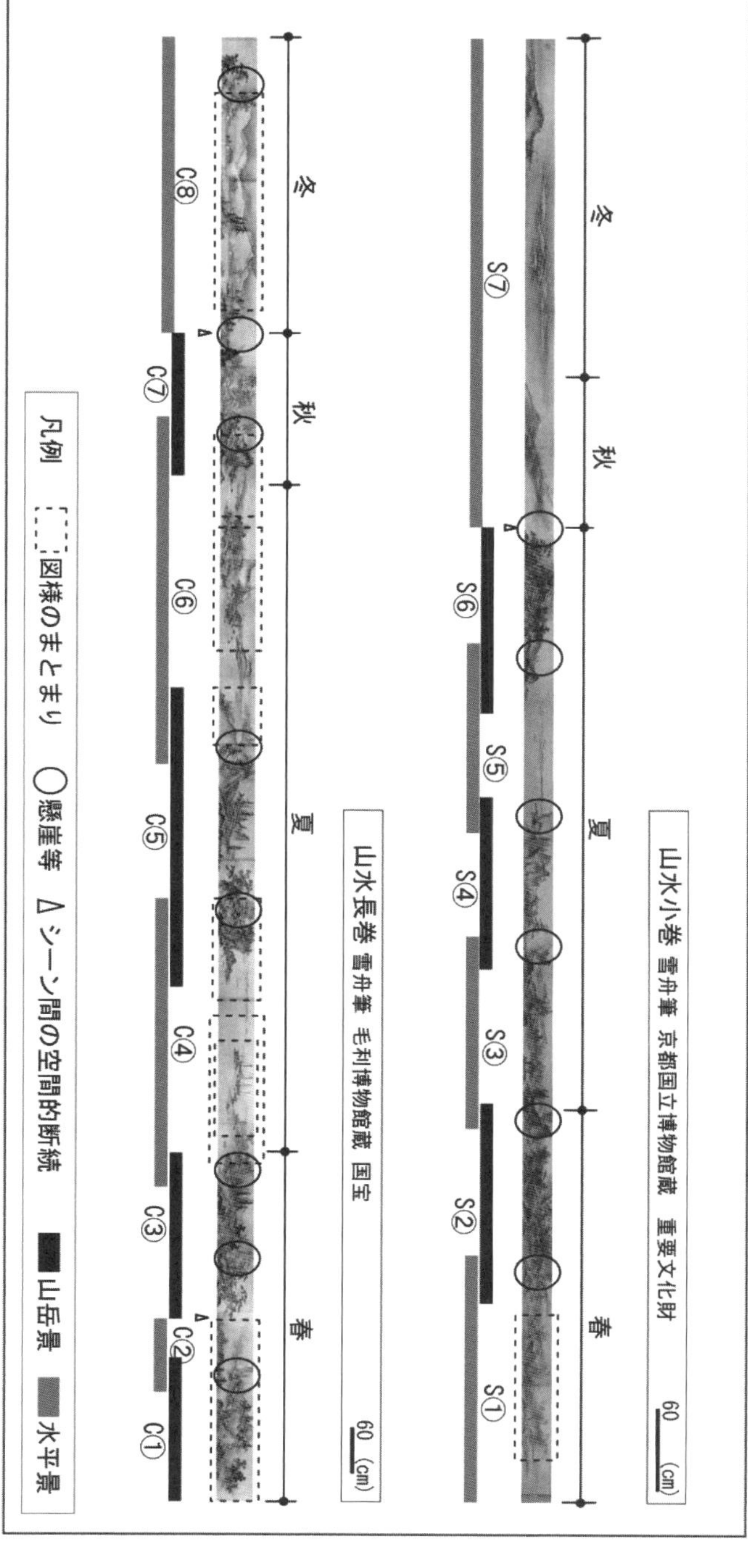

図1 山水小巻と山水長巻のシーン区分

の作品が継承している意味を伴う図様のまとまりが指摘されている。[10] しかし、単にモチーフを収集することだけでは、全体を構成することは出来ず、制作者による全体の構想があってはじめて長大な巻子は完成を見ることができるといえよう。本研究の分析は、それぞれの作品には雪舟という制作者による全体構想があるということを前提としている。

2　分析の流れ

両巻の全体像を概観すると、いずれも切れ目なく山水が連続するというより、いくつかの地形のまとまりをもって骨格が構成されているといえる。本稿では、四季山水図巻の空間構成の特徴を明らかにするため、画巻の寸法と鑑賞形式の相違、意味を伴う図様のまとまりについてはいったん問題を保留し、地形のまとまりを手がかりに全体をいくつかのシーンへと区分し、シーンの連続として全体を捉え直す。

シーンの区分においては、巻子の縦幅に収まりきらない巨大な岩山の存在が、岩山の一部が描かれることで示唆されている箇所（以下、懸崖等）に注目するが、この表現のほとんどに両巻に共通して下部が抉れた懸崖という同じモチーフが使用されている。[11] また、両巻を観察すると、懸崖等に両側を挟まれた部分とそれ以外の部分では、山水の姿に明確な相違があるといえる。つまり、前者は主に〈山岳景〉となっており描かれる川も細く急であるのに対して、それ以外の部分は左右に広がる水辺等、左右にゆるやかに連続する要素により構成される〈水平景〉となっている。本稿では、こうした二種類の景の対照を巻子の全体構成の骨格と捉え、これにもとづいて分析を進めていく。シーンの区分を図1に示すが、山水小巻が山岳景三シーン、水平景四シーンの計七シーン、山水長巻が山岳景四シーン、水平景四シーンの計八シーンで構成されており、それぞれ右から順にシーン名称をＳ①―Ｓ⑦、Ｃ①―Ｃ⑧とする。シーン区分においては、地形のまとまりという観点から山岳景では懸崖等およびこれに重なる岩山を含め、水平景は懸崖等までを含め両者が重なる形で区分するが、空白表現によりシーン間の空間的断続が明瞭なＳ⑥―⑦、Ｃ②―③、Ｃ⑦―⑧は空白部で切断する形で区分する。

分析の大まかな流れとしては、まず二巻の全十五シーンを対象に空間構成の特徴を明らかにし、つぎに巻子の全体構成についてシーンの並びや空間構成の対応関係から二巻の比較を行う。最後に巻子の空間構成について鑑賞という観点から考察を加える。

二　シーンの空間構成

1　分析の方法

ここではシーンの空間構成の特徴を明らかにするため、まず二巻にみられる山水の構成要素を確認する。その後、シーンごとに構成要素の配置の様相を三次元的な広がりのなかに捉えなおすとともに、それらによって空間に与えられている方向性を抽出する。これらをもとに、空間構成の類型化を試みる。

〈構成要素〉山水の構成要素はおおきく地形、植物、人為的要素に区分することができる。地形は山や谷などの地面の起伏と水面であり、川、滝、洲浜、岩等も含まれる。こうした地形のひろがりに樹木や樹林、灌木といった植物、人為的要素が点在する。人為的要素には人物、道、建物、舟、橋等が含まれる。

〈配置の様相〉構成要素の配置の様相を三次元的な空間の広がりにとらえなおすため、それぞれのシーンに描かれる空間全体を、前後・左右・上下つまり、奥行・水平・垂直の三方向を持つ幾何学的な空間の広がりとしてとらえ、構成要素の配置の様相を、全体の空間内で相対的にとらえなおす。奥行方向は近景／中景／遠景、水平方向は左／中央／右、垂直方向は上／中段／下へそれぞれ区分し、連続／断続の様相を確認し、アイソメトリック図法により模式的に表現していく。

〈空間の方向性〉各シーンには構成要素の配置によって、空間の垂直、水平、奥行の三方向に対応する上昇感、広がり感、奥行感といった動きのある方向性が与えられる。画面構成という点からは樹木や人為的要素によっても方向性は与えられるが、シーンの空間構成という観点から、山水の骨格をなす地形に注目し、シーンにおいて卓越する地形による空間の方向性を抽出し模式的に表現する。

以上の分析指標を表1にまとめて示す。

2　分析

ここでは山水小巻の冒頭のシーンS①について図2に模式図等を示しながら報告し、他のシーンについては配置の様相および空間の方向性の模式図のみを図3、4にまとめて示す。[12]

〈配置の様相〉全体に左右に連続する水平性の強い地形により構成されている。陸地と水面の関係はやや複雑で、とくに近景中央の岩山と左側の懸崖手前の岩山が、地形の空間的関係を不明瞭にしている。川が右遠景から左手前方向へゆるやかに連続し、中央近景の岩山に隔てられ、左側近景からやや左斜め奥へと連続している。左右端の近景にも水面が広がっている。右側の陸地は水面との間を右端奥から左手前へと連続するが、最奥部には樹林がぼんやりと描かれ、中景あたりから道が現れる。近景には柳の木が三本たちあがり、樹下に驢馬にのる高士と荷物を担ぐ童子、行く先を示す人物の三名が描かれている。中央の中景から遠景へかけては緩やかな陸地が中央でせり出す形で連続するが、右側は霞がかかり、左端の川沿いには樹木と建物が描かれている。右方からの道が橋を経て川沿いを連続し、左奥の樹林へ消えていく。近景中央の岩山は平板な形状でやや左上方へはりだし柳や梅の木を頂いており、その背後の様子は不明瞭である。左端には懸崖が描かれ、その右下を懸崖にそって左奥へと回り込む道が配されている。懸崖手前の岩山も平板で特徴的な形態を示すが、右奥へと張り出した最奥部に二本の梅の木と樹下の三名の人物、ここへ至る近景からの道が描かれている。

〈方向性〉水面が右奥から手前へさらに左奥へと、断続しながらも緩やかにつながることで、前後に動きのある水平方向の広がり感が卓越する。左端では懸崖による上昇感とともに、これを左奥へと回り込む方向性も与えられている。

3　空間構成の類型

山水長巻と山水小巻の全十五シーンそれぞれについて構成要素の配置の様相を明らかにし、それによって与えられる空間の方向性

表1　分析指標

構成要素	地形	山、水面、川、谷、滝、州浜、岩	上　中段　下　左　中央　右　近　中　遠
	植物	樹木、樹林、灌木	
	人為的要素	人物、道、建物、舟、橋	
配置の様相	位置	奥行：近景／中景／遠景	
		水平：左／中央／右	
		垂直：上／中段／下	
	様相	連続／断続	
空間の方向性	奥行：奥行感、水平：広がり感、垂直：上昇感		

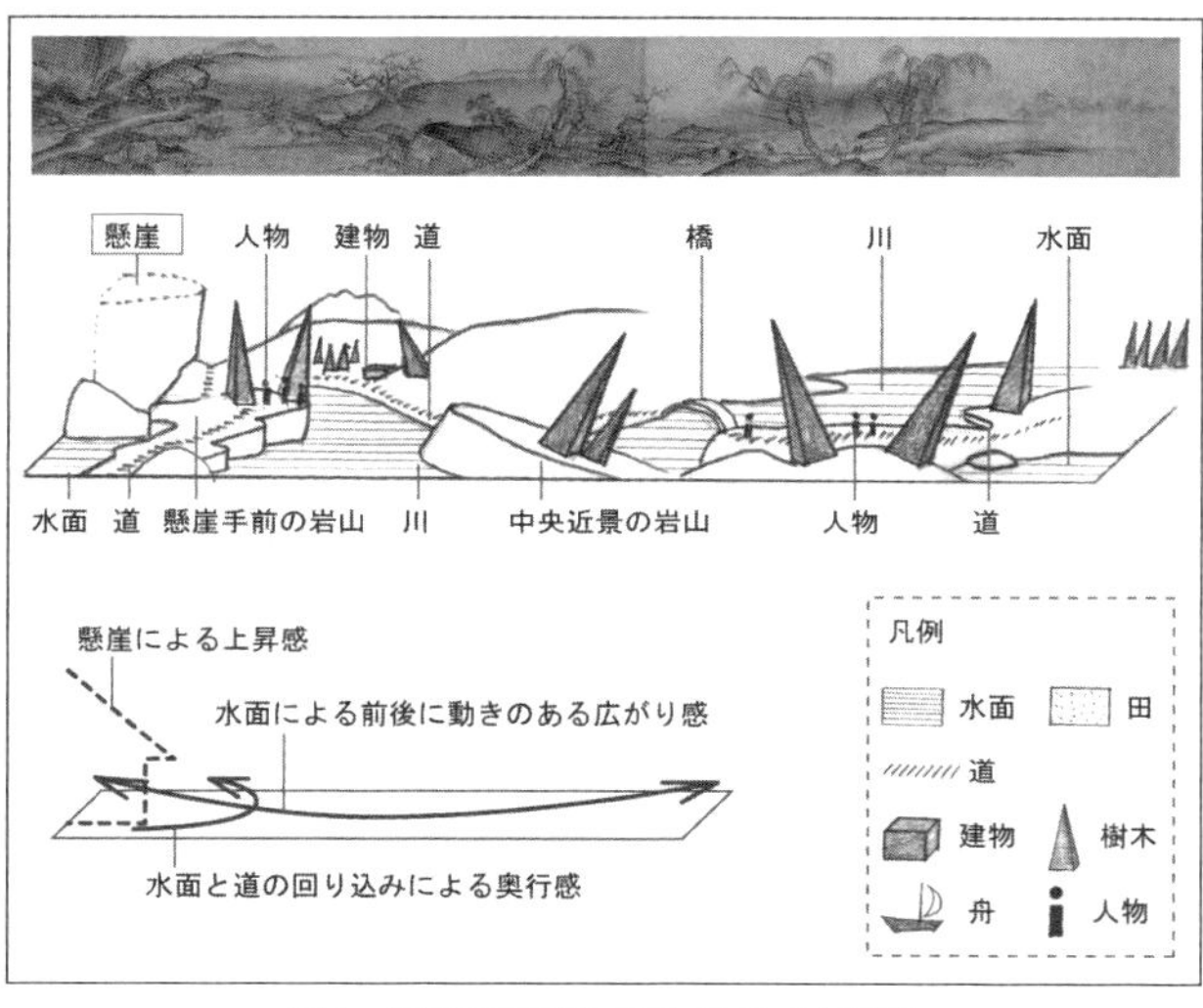

図2　構成の配置と様相（S①／水平景）

を抽出した。両巻子の山岳景計七シーン、水平景計八シーンのそれぞれについて、卓越する空間の方向性に注目しシーンの分類を行う。まず山岳景ではシーン中央に示唆される岩山によって強い上昇感が共通して与えられるが、中央の岩山に洞穴状の空間が穿たれることで一体的な奥への方向性が与えられている〈山岳景囲繞型〉と、中央の岩山の前面に配される構成要素により岩山の上昇性とは断続する深い奥行き感が与えられている〈山岳景断続型〉、中央の岩山手前に同じく巨大な岩山が重ねられることで巨大な岩山による方向性が二重に与えられる〈山岳景重層型〉に区分して捉えることができる。次に水平景では近景から遠景までが階層状に構成されることで強い水平性が強調される〈水平景階層型〉と、水平方向の連続性が右奥から手前中央へ、さらに左奥へとうねるように連続する〈水平景ラウンド型〉とに区分して捉えることができる。

これら各区分に該当するシーンを一覧表として表2に示し、分類ごとに構成要素の配置の様相について共通性を確認し、アイソメトリック図法によりモデル化を試みることで、空間構成の類型として捉え直す。また、それぞれの類型においてとくに強い類似性を示すシーンを確認していく。

〈山岳景囲繞型〉　シーン中央部に、岩山で囲われたまとまりのある空間を持つもので、これにより、中央の岩山による上昇感と一体的な奥行き感が与えられるシーンでS⑥とC⑦が該当する。C⑦の右側には懸崖が示されるが、いずれも洞穴状の空間を囲う岩山が部分的に表現されることで、中央の巨大な岩山が示唆されている。右側は水面で、中央の巨大

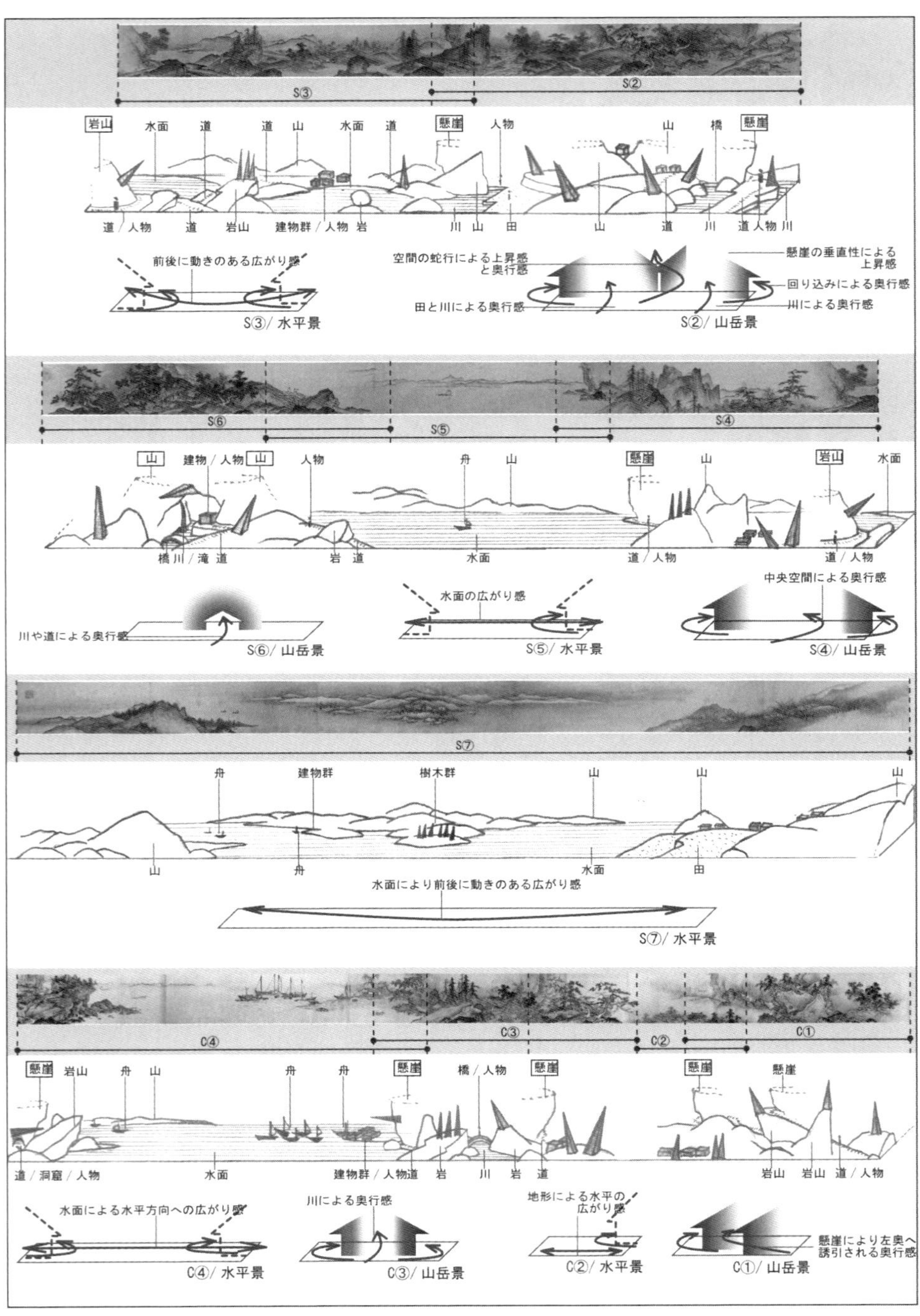

図3　構成要素の配置の様相と空間の方向性（S②－S⑦、C①－C④）

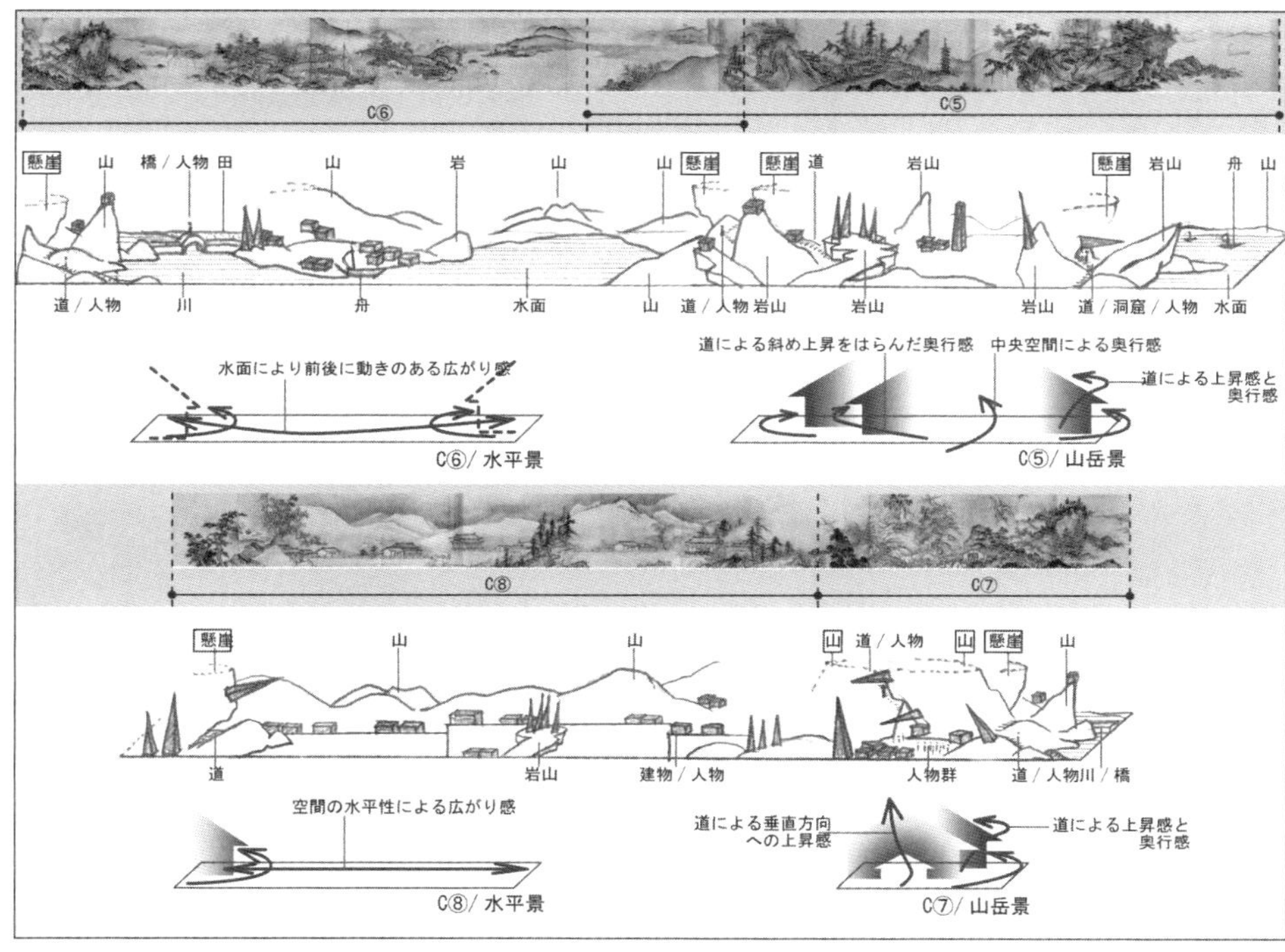

図4　構成要素の配置の様相と空間の方向性（C⑤－C⑧）

表2　空間の方向性による分類と空間構成の類型

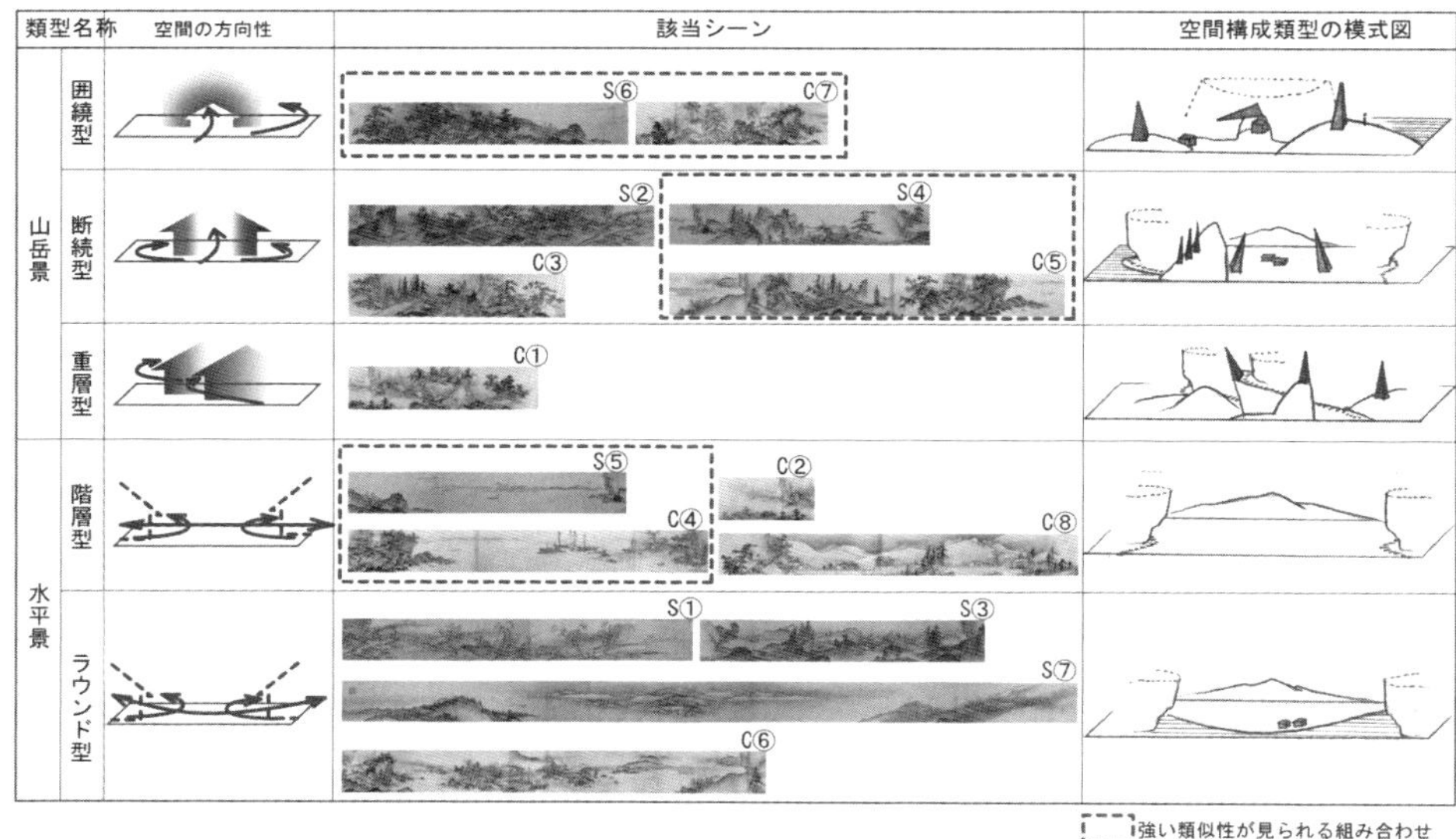

類型名称		空間の方向性	該当シーン	空間構成類型の模式図
山岳景	囲繞型		S⑥　C⑦	
	断続型		S②　C③　S④　C⑤	
	重層型		C①	
水平景	階層型		S⑤　C④　C②　C⑧	
	ラウンド型		S①　S③　S⑦　C⑥	

[破線枠] 強い類似性が見られる組み合わせ

な岩山の右手前に頂部に樹木を頂き水面側へと張り出す岩山が配され、この付近に人物が描かれている。中央の岩山で囲われた洞穴状の空間になっており、内部に建築物が配され人物が描かれるが、川や道によってさらに洞窟の奥へと空間が連続する。また洞穴上部では樹木が屈曲する。空間の左手前には建築的要素が配され、その左側には岩山と樹木が配される。いずれも左端の樹木の背後は霞がかかった不明瞭になっており、次シーンとの間は断続的である。S⑥とC⑦は空間構成としては強い類似性を示しているといえる。

〈山岳景断続型〉　中央の岩山の前面に配される構成要素によりシーン中央部で深い奥行き感が与えられる構成を持つものでS②④、C③⑤が該当し、すべてのシーンで両側が懸崖となっている。右側の懸崖下にはすべて崖道が手前から左奥へと回り込み、懸崖手前には岩山と樹木が配される。右側の地形はC③をのぞく三シーンで水面となっている。左側懸崖の左はすべて水面となっているが、懸崖の手前には左下から右へと高さを増す岩山が配され付近に樹木群が垂直に伸びる。中央部では構成要素の重なりや、奥へと連続する地形により深い奥行きのある空間が構成されているが、いずれも中景付近に建築的要素が配される。この中央部の空間構成は、S④とC⑤の間に強い類似性が認められる。いずれも右側の懸崖の左側に空白があり、空間的な断絶が示されており、ここへ左側に重心を置いて重ねられる岩山の最奥部が連続する。S②、C③はいずれも中央部において細長い形状を持つ川や谷などが奥へ連続する構成では共通するが、S②ではこうした構成が複数回繰り返されることでC③に比して複雑な様相を見せる。

〈山岳景重層型〉　中央の巨大な岩山の前面に同じく巨大な岩山が重なれることで、二重に強い上昇性が与えられるものでC①のみが該当する。[13] それぞれの岩山に上昇しながら奥へと回り込む道が配されることで、上昇しながら岩山を回り込む方向性も与えられている。

〈水平景階層型〉　左右に連続する要素が奥へ階層状に重ねられることで水平性が強調されるもので、S⑤、C②④⑧が該当するが、このうちS⑤、C④は強い共通性が認められる。近景から遠景まで連続する広大な水面が左右に広がり舟が浮かべられ、最奥部が遠景の山並みのシルエットで境界づけられている。またともに右端で水面から立ち上がる懸崖下に崖道が奥へと連続しており、懸崖の前後両方へ水面が連続する。左側の懸崖からは懸崖手前の岩山が水面に張り出す構成を持つ。一方C②とC⑧はいずれも描かれる風景が水面を含まない山中の特徴的なシーンであり、片側は断続的である。

〈水平景ラウンド型〉水平方向の連続性が右奥から手前中央へ、さらに左奥へとうねるように連続するもので、S①③⑦、C⑥が該当する。いずれもなだらかな陸地と水面により構成されるが、うねるような連続性は水面により与えられている。中央で張り出した地形には建築的要素が配される。懸崖等との接続においては、水面が懸崖等の背後に回り込む形で空間的に連続するがS⑦は断続を見せる。また四シーンのうちS①③は全体の地形構成がやや複雑である。

三　全体構成　山水小巻と山水長巻の比較

雪舟による二つの四季山水図巻を、山岳景と水平景に区分し、全十五シーンから五つの空間構成類型を抽出するとともに、類型ごとにシーン間の類似性について確認した。ここでは、図5にシーン分析において抽出した卓越する方向性を連続して表現するとともに、空間構成類型および類型内で見出された強い類似を示すシーンの対応を示し、それぞれの巻子の全体構成をシーンの連続として捉え直した後、二巻の比較を行う。

まず山水小巻では、山岳景と水平景の繰り返しがS①—S⑥まで、ほぼ均等な長さで連続する。この六シーンの類型は、はじめに〈水平景ラウンド型〉から〈山岳景断続型〉という並びで二回繰り返され、そ

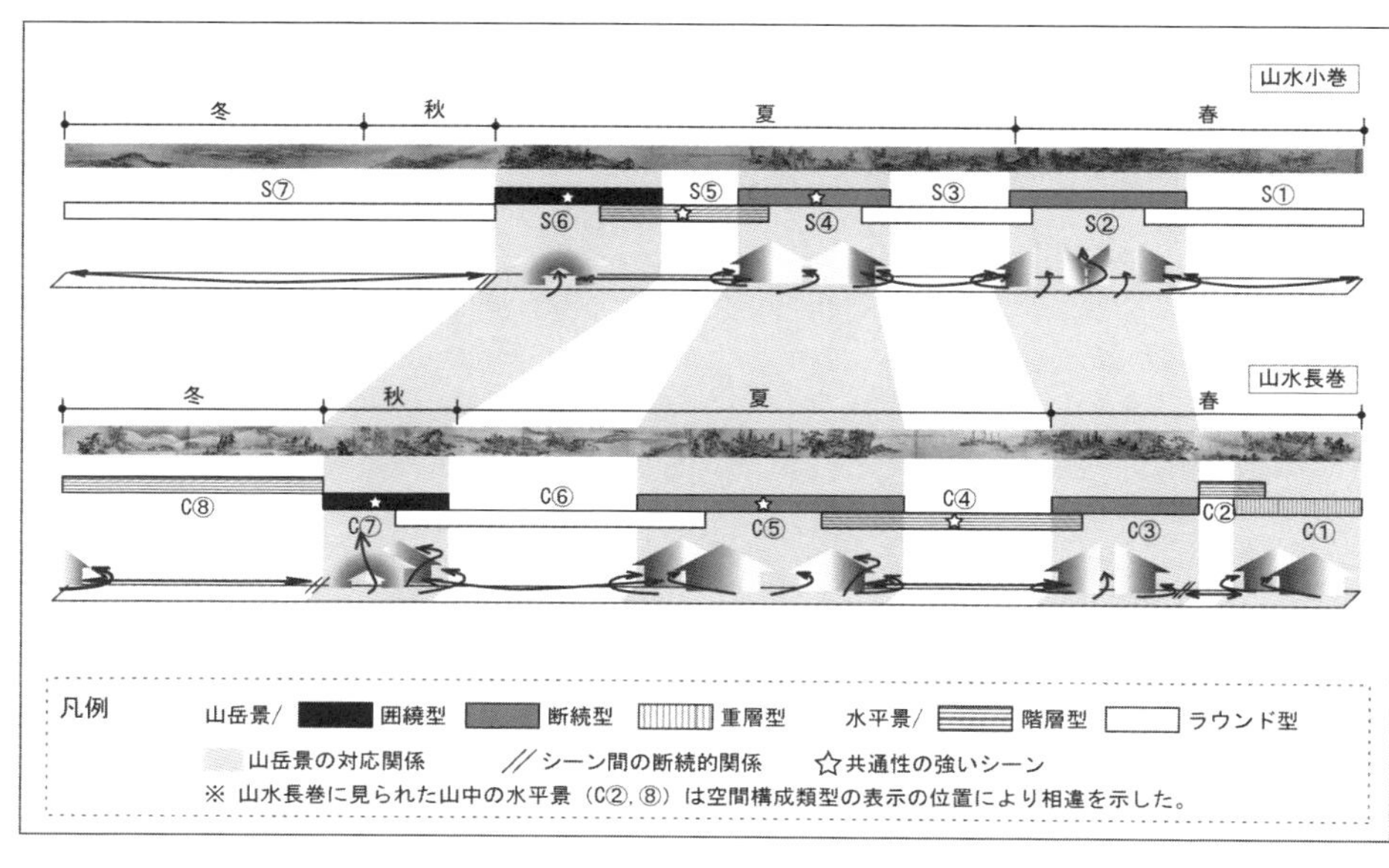

図5　山水小巻と山水長巻の空間構成比較

の後に〈水平景階層型〉〈山岳景囲繞型〉が連続する。巻末は突出して長い〈水平景ラウンド型〉により締めくくられる。S⑥からS⑦への移行部では、空白によってシーン間の断続が示されているが、その他では、水平景の水面が山岳景の背面に回り込むことで連続的なシーン展開が行われている。

山水長巻では、冒頭部C①、②、③で〈山岳景重層型〉〈水平景階層型〉〈山岳景断続型〉と比較的短いシーンが繰り返される。その後C④からC⑦までが〈水平景階層型〉〈山岳景断続型〉〈水平景ラウンド型〉〈山岳景囲繞型〉と、それぞれ異なる四種類の類型が並び、最後はC⑧〈水平景階層型〉に終わる。C②から③へ、C⑦から⑧への移行において空白表現により断続が示されるが、その他では山水小巻と同様に水平景が山岳景の背後に連続するシーン転換が行われている。

山水小巻と山水長巻の比較　巻の間には様々な相違が認められる一方、明確な類似も指摘することが出来そうである。ここでは、雪舟が山水長巻の構想を練る際、以前に描いた山水小巻を念頭に置いていたという仮定にたち、山水長巻が山水小巻から継承している点と修正した点という観点から、両巻の類似点と相違点を整理する。

まず全体構成としては、山岳景と水平景の繰り返し、および山岳景の背後に水平景が連続する形でのシーン転換という基本的構成が継承されているといえる。

シーンの空間構成類型の順列について確認すると、まず山岳景の類型配置は冒頭のC①を除くと、強い類似性を示すシーン間の関係を含めて全く同一の形で踏襲されている。つまり、S②がC③に、S④がC⑤に、そしてS⑥がC⑦に対応している。対応関係ごとに変更点を確認すると、S②、C③は〈山岳景断続型〉のうち、細長い空間が奥へ連続する点で共通していたが、C③ではS②において複数見たれた奥への方向性が一つに整理され、右側の水平景と間が断続的関係に変更されている。S④、C⑤は〈山岳景断続型〉のうち、左に重心を置く岩山群の遠景が右側懸崖左の空白へ連続する構成において強い類似性を示していたが、C⑤では両側の懸崖付近にそれぞれ複雑な岩山が加えられ、懸崖奥へと回り込む空間が立体感を増す構成をみせる。最後にS⑥、C⑦は強い類似性を示す〈山岳景囲繞型〉であるが、空間構成は継承したまま画題が変更されるとともに[14]、右側の懸崖が明瞭に描かれ前面に岩山が重ねられることで立体化する。三つの山岳景において明瞭な対応関係が見られる一方、冒頭のC①は唯一の〈山岳景重層型〉であり、水平景に始まる山水小巻と異なった考え方で構成されているといえる。

一方、水平景は、両巻ともに四シーンであるが〈水平景階層型〉がS⑤からC②④⑧へ、〈水平景ラウンド型〉はS①③⑦からC⑥へと空間構成類型の該当数が反転し、山水長巻では山岳景との対照がより明瞭な〈水平景階層型〉が主になっている。S⑤とC④の間には強い共通性が認められるものの、全体に類型配置には大幅な変更が加えられ、さらに山水長巻においてはC②⑧で山中の水平景が加えられることで、四つの水平景がそれぞれに特徴的な構成を示す点も注目される。

最後に全体に対するシーンの配分を季節と対応させながら比較すると、山水小巻では春＝S①②、夏＝S③④⑤⑥、秋冬＝S⑦となっており、春夏景ではほぼ同じ長さのシーンが、空間的に連続しながら繰り返され、秋冬景の突出して長いS⑦が断続する。これに対し、山水長巻では春＝C①②③、夏＝C④⑤⑥、秋＝C⑦、冬＝C⑧となっており、春景は断続的なシーン転換を含む山中の短い三シーンが繰り返され、夏景では長い三シーンが深く重なりながら連続的に続き、短い秋景がこれに続く。その後断続して長い山中の冬景で終わる。緩やかに連続する広い水面は夏景のみで描かれ、春秋冬景は山中のシーンのみで構成されている。山水長巻ではそれぞれの季節がシーンの長さと連続・断続関係において特徴付けられ、対照的構成へ変化しているといえる。また、巻末の冬から冒頭の春への移行を比較すると、山水小巻では水平景から水平景への移行であるのに対し、山水長巻では水平景の左端に山岳景の始まりを示す懸崖が描かれており、これが春景の山岳の始まりを示す構成を見せ、山岳景と水平景の対照が、季節の繰り返しの中により明瞭に位置づけられているといえる。これらの季節構成と空間構成類型の対応関係を照らし合わせると、山水小巻の春夏景が山水長巻の春夏秋景に、山水小巻の秋冬景が山水長巻の冬景に対応している。

全体を通してみると、山水小巻と山水長巻の類似点と相違点は次の三点にまとめられる。

・山岳景と水平景の繰り返しによる構成という基本的構想、山岳景の背後に水平景が連続するというシーン間の基本的な空間的関係、山岳景の空間構成と全体に対する類型配置、以上三点は継承される。

・水平景において水平性が強調されること、懸崖付近が立体化・明瞭化することにより、山岳景と水平景がより対照的に構成される

・季節構成では、山水小巻の夏景までが山水長巻の秋景までに対応し、季節間の対照がますとともに季節の繰り返し表現が構築的になる。

四　考察　巻子の空間構成と鑑賞

これまで山水小巻と山水長巻を、山岳景と水平景というシーン区分を手がかりに分析し、山水長巻では山水小巻の全体構成が踏襲されながらも、より構築的・対照的に構想されていることを明らかにしてきた。巻子に限らず、当時の山水画は山水臥游といわれるように、人々が普段のあわただしい生活の中にあって、自然の中にある本来の生を生きる契機になっていたと考えられている。[15] 対象としてきた二つの巻子は、いずれも冒頭に高士が童子を伴って右から左へと歩みを進める姿が描かれており、山水画に臨む人は巻子を展開させながら高士に自分を重ねあわせ、描かれた山水を体験すると考えられている。

ここでは本稿の分析の出発点であるとともに、結論の骨格をなしている山岳景と水平景について、鑑賞における山水の体験の様相を検討する。つぎに、これまで鑑賞形式にまとまった見解を見ることができない山水長巻の鑑賞について、山水小巻との間に見られた空間構成の対応関係から考察を試みる。

山岳景と水平景の鑑賞：まず山水小巻・山水長巻とも、水平景に該当するシーン内においては、山水の空間的な連続性を確認することが出来る。全てのシーンにおいて地形は主に左右に連続し、鑑賞者は川沿いに歩んだり、また舟に揺られたりしながら巻子の右から左へと山水を体験することになる。一方、山岳景では両側に懸崖等の巨大な岩山の一部が示され、シーン内部には主に奥行きのある空間が構成されていた。水平景と山岳景の接続部にあたる懸崖等は、地形のまとまりとしては山岳景に含めて捉えることが出来るが、この懸崖部分とシーン内部に展開する奥行きのある地形の間には、空間的な断絶関係が示唆されているように思われる。

C③を例にとって確認してみたい（図6）。このシーンは手前に配された岩山や樹木・建物とその奥で

図6　山岳景と水平景の鑑賞

立ち上がる懸崖にはじまり、懸崖の足下には小径が奥へと回り込む。右側の水平景C②は家並みが横方向に連続するシーンで懸崖との間には空白が挟まれている。山岳景の中央部には、屈曲しながら奥から手前へ流れる谷川が描かれており、奥は霞み手前には橋が架けられている。左側も同じく手前には岩山と樹木が重ねられ、奥には足下に小径が回り込む懸崖が現れ、C④の葦の生い茂る水辺と集落そして広大な水面へ接続する。左右ともに懸崖の手前に岩山や樹木が重ねられこれらが中央部の谷川まで連続することで、画面構成上は強い違和感を伴うことなくシーンを展開させることが可能となっているが、両側の水平景と山岳景中央部の谷川とが空間的に連続しているとは考えにくい。まず、右側の水平景は山中であるものの、建物群を水平に遠望する眺めであるのに対して、山岳景中央の谷川は泡沫が捉えられるほどに近寄った眺めであり山水との距離感が大きく変化している。また、左側の水平景で描かれる水面と谷川の地形の相違の実際を考えると、懸崖部分には相当の空間的距離が含まれていると考えられる。

巻子の右から左へ、高士と自分を重ね合わせて山水を体験する鑑賞者は、この断続をどのように体験するのだろうか。懸崖の足下にはいずれも水平景側を回り込む小径が描かれていた。水平景を旅してきた鑑賞者はこの小径に沿って山中へと進み、画面には描かれていない山中の山水を体験した後に、谷川に出会っているのではないだろうか。この谷川のシーンは山水長巻に臨む鑑賞者が違和感を抱く場面としても知られている。なぜなら谷川にかけられた橋を高士達が左から右へ向かって、つまり巻子全体の方向では終わりから始まりに向かって歩を進めているからである。冒頭で自分を重ね合わせた高士が最後まで旅を続けるという期待が裏切られると紹介されることもあるが、山中の一場面が前後の連続性から切り離された形で示されているという理解にたてば、画面構成上の左右に拘泥することなく高士とともに旅を続けることができるだろう。

懸崖等における空間的・時間的断続は囲繞型・断続型・重層型のいずれの山岳景においても同様に確認することが出来る。また足下の小径は、山水小巻の六箇所の懸崖等のうち三箇所に、山水長巻の八箇所のうち七箇所に確認することが出来る。山岳景と水平景の対照は、単に空間構成のみならず、鑑賞者による山水の経験様態においても、水平景の連続的な空間・時間の体験と、山岳景における断続的な空間・時間の体験という対照的をなしているといえるだろう。両者をつなぐ懸崖等の表現は、山水体験の観点からも巻子構成の要として理解できる。そしてこの懸崖等の表現が山水小巻から山水長巻へ立体化・明瞭化している点は、こうした山水体験の対比の明瞭化として捉え直すことも可能だろう。

山水長巻の鑑賞形式：山水小巻と山水長巻の全体構成は、実際の寸法の相違、つまり鑑賞形式の相違が想定されるにもかかわらず、空間構成という観点から比較すると多くの対応関係が見られた。両者の縦幅には倍近い相違があり、空間構成が継承されていても描写の密度には相違がある。しかし、山水長巻の構想において山水小巻の鑑賞形式、つまり鑑賞者が自ら展開させる画面のプロポーションや全体の構成に対する展開の様相も念頭に置かれていたという仮定にたてば、山水長巻の鑑賞幅もこれに対応させて考えられていた可能性を指摘できるだろう。つまり、山水小巻が鑑賞される縦幅二一・五cmに対し肩幅六〇—七〇cmはおよそ一：三の横長プロポーションであり、これを山水長巻に置き換えると、縦幅三九・二cmに対して約一二〇cmの鑑賞幅となる[16]。当時の鑑賞における所作については不明な点が多いが、この場合、自らが座したまま巻子を展開させるという形式とは明らかに異なった鑑賞形式が想定されることになり、逆に山水長巻において、少なくともこの一般的な鑑賞形式が念頭に置かれていなかった可能性も指摘できる。

むろん、両巻とも鑑賞幅は厳密なものではないし、同じ人物の同じ形式による鑑賞であったとしても、手繰り方の微妙な変化により、目の前に広がる山水のまとまりは無限に変化する。しかし、具体的な展開が多様であったとしても、鑑賞においてそれらは巻子全体の中に関連づけられるだろう。本稿で明らかにしてきた山岳景と水平景の空間構成および山水経験様態の対照は、鑑賞者にとっての山水の骨組みである同時に、制作者にとっても山水構想の中心的な手法または形式であったのではないだろうか。これらの可能性を考察として示し結とする。

付記
本稿は『日本建築学会計画系論文集』、第六五二号、二〇一〇年六月掲載の原稿を一部修正し再録したものである。

註
1 宮次男他編：角川絵巻物総覧、一九九五年。美術史用語では巻子装の水墨山水図は絵巻物に含まない。
2 島田修二郎：禅林画賛、毎日新聞社、一九八七年。

3　美術史の分野においては、雪舟の真筆如何が明確に提示されることはほとんどない。本稿では雪舟の真筆および制作年代順については、次の論文に従った。山下祐二：雪舟画の本質—逸脱について、国華、一二七六号、二〇〇二年、十九—三二頁。山水小巻については習作的性格から真筆としない見解もあり、鑑定が難しい作品とされている。

4　日明貿易等を通して日本へもたらされた山水画の多くは当時規範として扱われ模写を通して受容されるが、図巻構成においては、先行する作品の部分をつなぎながら長大な構図を制作する手法がすでに中国において伝統的に継承され、当時の日本においても理解されていたと考えられている。夏珪による図巻の構成法については、小川裕充：宋元山水画における構成の伝承、美術史論業第十三号、東京大学大学院人文社会系研究科・文学部美術史研究室、一九九七年、一～四〇頁。雪舟による図様や意味の継承については後述。

5　山水長巻を雪舟の人生と重ね合わせる理解は一般的で多くの概説書に散見される。橋本治：わかりやすいもの 雪舟筆「山水長巻」、ひらがな日本美術史、第二巻、新潮社、一九九七年他。禅宗の理念と結びつけるものとしては、大橋良介：雪舟とヨーロッパ—『山水長巻』における「自然」、文化における〈自然〉、人文書院、一九九六他。

6　夏珪による図巻との関連で山水小巻が扱われることがあるものの、本格的な研究は行われていない。

7　東京国立博物館、京都国立博物館編：雪舟：没後五〇〇年特別展、毎日新聞社、二〇〇二年三月。

8　本研究では原寸大の複製を制作しこれを繰りながら研究方法の検討を行った。山水長巻は肩幅程度の繰り幅では画面の展開が小刻みに過ぎ、付人等により画面が展開されこれを鑑賞した可能性も考えられる。

9　図中におよその転換点を示した。山水長巻に関しては次の文献にもとづいて確認した。島尾新：雪舟の「山水長巻」風景絵巻の世界で遊ぼう、小学館、二〇〇一年。山水小巻に関しては九州国立博物館、畑靖紀氏からご教示頂いた。記して感謝したい。

10　意味を伴う図様のまとまりについては、美術史の分野において詳細な検討が行われている。継承の様態がまとめられているものとして次の二つの論文が挙げられる。山下裕二：夏珪と室町山水画、室町絵画の残像、中央公論美術出版、二〇〇〇年、十二～三一頁。畑靖紀：山水長巻研究—その〈かたち〉と〈意味〉をめぐって、天開圖畫、二号、雪舟研究会研究誌、一九九八年、三～二七頁。畑による論文では、意味を伴うまとまりに対する鑑賞者の理解等、作品をとりまく社会的な環境をふまえた鑑賞形式への言及も見られる。

11　秋冬山水図（東京国立博物館所蔵、国宝）の冬景でも用いられている有名なモチーフで、これがシーンのつなぎの役割を担っている可能性はすでに指摘されているが、巻子全体の骨格をなすモチーフとして注目されることはない（前掲注9、八二～八三頁）。本稿で山岳景と水平景の区分として注目する懸崖等十四箇所のうち、十一箇所で岩山の一部が描かれているが十箇所で下部が抉れた懸崖となっている。三箇所では山岳景中央部の岩山表現により両側に懸崖等の立ち上がりが示唆される。

12　図3、4において構成要素の配置の様相はシーンで区分せず連続的に表現し、主な構成要素のみを引き出し線で示した。また方向性の模式化はシーンごとに行い、巨大な岩山による方向性を山岳景においてはグラデーションで、水平景においては点線で表した。

13　C⑤の左端の部分は空間構成としてC①と共通点が多いが、シーン全体の構成という観点からC⑤は山岳景断続型に区分した。

14　山水小巻では観瀑のシーン、山水長巻では山市晴嵐のシーンである。

15　小野恭平：山水の楽・序説―中世詩画軸の題詩からみた、日本建築学会計画系論文集、第五五一号、二〇〇二年一月、三二一～三二七頁他。

16　巻子全体では山水小巻の方が横長であるが、山水小巻の夏景までの構成が、山水長巻の秋景までの構成に置き換えられていた。該当部のプロポーションがほぼ同じ（一：三三）になっている点も注目される。

図版出典　図表中の山水小巻は京都国立博物館データベース、山水長巻は便利堂刊行の絵巻物シリーズ四季山水図巻より引用の上加筆。その他図表中の図版は筆者作成。

制作論の歴史的展開

幻想建築論

――テキストのなかの建築――

笠一　覚暁

建築には「幻想の建築（architectura visionarios）」もしくは「空想の建築（architectura imaginaria）」と呼ばれるカテゴリーのものがある。これは言ってみればイメージによってのみ示された建築ということであるが、建築も芸術であるとするとこれは不思議な言葉であろう。建築以外の芸術は、音楽であれ絵画・彫刻であれ、文学であれ、その表現は総てイメージによるものであるのにこれらはことさら「幻想」や「空想」とは呼ばれない。それはつまりイメージ表現がこれらの芸術創造の本質であり、それ以外ではあり得ないからである。ところが建築は、イメージではなくあくまでそこに現に建っている「現実の建築（architectura actualis, architectura realis）」を創ることが本質である。これに対して、「描かれなかった絵画」や「書かれなかった小説」は存在し得ないが、「建てられなかった（unbuilt）」建築および「建てることの出来ない（unbuildable）」建築は、テキスト、図像や模型によって表現されたイメージとして「幻想の建築」もしくは「空想の建築」として存在することが出来るのである。

それでは何故「建てられなかった建築」「建てることの出来ない建築」が求められイメージされるのであろうか。それは「現実の建築」が創っているのは、それが住宅であれ、王宮、寺院であれ工場であれ、それらは総て我々の現実の「生活空間」だからである。この「建てられた（built）」建築や都市は現実に我々の「生きている空間」であり「生きられる空間」である以上、如何に美しく如何に快適に創られていてもそれは我々にとっては常に「不完全」であり、「理想的」な空間ではない。従ってそこには常にもっと美しくもっと快適にして「完全」な空間、「理想的」な空間、全的に満足出来る本来的空間への希求が生まれるのである。建築設計、建築の制作はこの希求を実現すべくその都度実践されるのであるが、出来上がるのは「現実の建築」でしかない訳であるから、この希求は遂に成就されることはないのである。この意味で建築の制作は始めから挫折している投企(Entwurf)であると言って良いのだが、しかしそれ故にこそこれは永遠に創造し続け得ることの保証であり、その都度その都度の挫折が次なる創造すなわち投企、制作に動機を与えエネルギーを与えているのである。

さて、このようにこの本来的空間は現実にはあり得ないのであるから、それはつまり、unbuilt 従って unbuildable な「理想的空間」のイメージによる現前、すなわち幻想によってしか到達出来ないのである。「幻想建築」とは従ってユートピア(utopia)なのであるが、このユートピア希求は必ずしもあるべき未来へ向けて投射されるのみではない。それはかつてあった過去の「黄金時代」へ、またそのよすがである「廃墟」へ向けて投射されたりもする。ユートピアは完全完璧な不死不易の世界であり、従って過去、現在、未来がそこで一致し、歴史が終結して時間が超越された理想郷、理想空間なのであってみればこのことは当然であろう。

それではこうした「幻想建築」は一体何時頃に出現したのであろうか？　それは建築を制作する者が、口伝とギルドの掟に従って建てる中世の石工ではなくて、主体的に設計、制作をおこなう「建築家」となって自らの理想の建築造形を求め始めたとき、すなわちイタリア・ルネサンスにおいて始まった。建築家は勿論、王侯貴族や自治体などから注文を受けて建築作品を創って行くのであるが、そうした注文を受けるためにも自らの建築デザイン能力の高さや考え方、設計法などを施主になる可能性のある人々に知って貰う必要がある。このために彼らは自らの建築論を記した「建築書」を著したのであった。従って当然にこのテキスト(画像、図面も含めた意味で)の裡に、彼の理想とする建築ないし都市のデザインが、決して実現されることはないデザイン、「幻想建築」として現れるのである。

こうした建築書は古代ギリシアにおいても書かれていたことは分かっているが、それらは全て失われて伝わっておらずその内容は不明であり、従ってそこに「幻想建築」の叙述があったか否かも不明である。唯一伝わった古代の「建築書」は共和制ローマ末期から帝政初期に活動していた凡庸な建築家ウィトルウィウスが、ギリシア建築書と自らの建築実践に基づいて著した『建築十書』(森田慶一訳『ウィトルーウィウス建築書』、東海大学出版会、一九六九年)であった。古代建築を理想のものとしたルネサンス建築家にとってはウィトルウィウス『建築十書』は、従ってまさにバイブルとなったのであり、これは西洋建築に永続的な影響を与えた。ウィトルウィウスの叙述は曖昧なものであったため、それは却って多様な解釈を許すことになったのであって、十九世紀までの建築論は全てある意味でウィトルウィウス建築論のパラフレーズであったとも言えるのである。

さて、上述したように、ウィトルウィウス『建築十書』を読んだ上で建築実践を行ったルネサンス建築家がそれに倣って自らの建築論を著そうとするのは当然の帰結であった。その最初のものが、イル・フィラレーテ（Il Filarete）、本名アントニオ・アヴェルリーノ（Antonio Averlino）（一四〇〇年頃―?）が一四六一年頃に著した『建築書（*Trattato di architettura*）』であって、このなかに最初の「幻想建築」が現れるのである。

フィラレーテ（philaretos, フィラレトス、美徳愛好家、美徳の友と言う意味のギリシア語に由来する）はフィレンツェに生まれ、ギベルティの弟子となりブロンズ鋳物師及び金細工師として出発したが、一四五一年にミラノ公フランチェスコ・スフォルツァの公国技術顧問となり、以降は建築家として公の為に一四六五年頃まで働くことになった。フィラレーテの建築書の大部分が執筆されたのは恐らく一四六一年から一四六二年の間であって、最初は二十四書からなる構成であった。この書物（手稿、出版されることはなかった）は当然のことながらフランチェスコ・スフォルツァに捧げられているが、後に、ミラノとフィレンツェに建てられるべきメディチ家の為の建築群が説明された第二十五書が増補された手稿が書かれ、この書物はまたピエロ・ディ・メディチにも捧げられているのである。ヴァザーリに従えばこの第二十五書とピエロ・ディ・メディチへの献辞は一四六四年に付加されたものであった。従ってこの書物の手稿はスフォルツァ公に献じられた二十四書構成のものと、メディチ公に献じられた二十五書構成のものとの二種類が存在しているのである。つまりこの書物は、あまり成功した建築家とは言い難かったフィラレーテが、自分の建築的想像力、建築的理想を自由に展開してパトロンに示し、より多くのまた大規模な設計の発注を獲得することを意図して書かれたものであった。ミラノをまさに去らんとするときに、故郷フィレンツェの支配者に捧げた一書を付け加えていることがそのことを良く物語っているであろう。

さて、この建築書は建築を論ずるのに対話による「物語」という形を採っている。物語はフィラレーテがミラノのスフォルツァ公の宮廷での晩餐において、ある貴紳が建築が高貴な芸術であることを否定するのを聞き、また他の貴紳が幾何学は建築において本質的知識であることは認めるがその理由を聞きたいものだというのを聞いて、建築を職とする者を代表して席上で発言をするところから始まる。彼はまず建築芸術の起源について語る。神は人間を、肉体、魂、知性、才能を備えた完全なものとして創り、それ故その身体は、その各部分がそれらの性質（クァリタ）と寸法に応じた美しい比例が賦与されて整えられ組織されている。この人間、すなわちアダムは食物の次に住まいを必要とし、住まいを建てるにあたってアダムは、自分の身体から採られた寸法や比例や性質や身体各部の構成を建物に適用したのであったと言う。このアダムが最初に建てた家がいわゆる「原始の小屋」でこれが建築の起源なのである。これは勿論ウィトルウィウスに倣ったものであるが、このアンソロポモルフィックな、すなわち擬人観的な建築論に感銘をうけた公は自らに捧げられた都市、スフォルツィンダの建設をフィラレーテに命じる。その後は、公と公爵夫人ビアンカ・マリア・ヴィスコンティ（ボニファチオ・ベンボの描いた彼女の肖像画がミラノのブレラ絵画館に残っている）、長男ガレアッツォ・マリアの三人に対して都市スフォルツィンダの建設の過程が段階を追って語られ、そのなかで具体的な建築例と照応しつつフィラレーテの建築論が述べられて行く。このスフォルツィンダが最初の「幻想建築」なのである。

物語はスフォルツィンダの外港の建設中に「黄金の書」なる古代の書物が発掘されたことによって新しい展開を見せる。このギリシア語で書かれた書物は公の宮廷詩人であるイスコフランチェ・ノティレント（フィラレーテの友人で協力者フランチェスコ・ダ・トレンティノの名前のアナグラム、改綴に近い名である）の手で翻訳されるのだが、それはこの地にかつて存在したゾガリア（ガレアッツォのアナグラム）王の支配する古代ギリシア都市プルージアポリス（富裕な都市の意）の、建築家オニトニアン・ノリヴェラ（アントニオ・アヴェルリーノのアナグラム）によって設計された都市計画や建築について記したものであった。そうしてスフォルツィンダに計画され建築中の主要な建築のデザインとプルージアポリスのそれらとは不思議なことに多くの点で一致していたのであった。従ってプルージアポリスはスフォルツィンダのモデルとなったのであり、これに基づいて以降の建設が進められることになる。このようにしてスフォルツィンダは古代ギリシア都市をモデルとしたルネサンス理想都市の計画となったのであり、その叙述のなかであるべき建築と都市のデザインが語られるのである。

この理想的城塞都市スフォルツィンダはどのような都市であったのか。全体図（図1）を見るとスフォルツィンダは円形平面の城壁に正方形が二個四五度の角度をなして重ねられた凹凸十六稜星型平面の城壁の凸になった八稜が内接するという平面を持つ二重城壁を廻らした都市であった。都市中央には広場が置かれ、そこから星型平面城壁の十六の稜へ向けて放射状に道路が走っている。円形城壁に接する稜には塔が置かれ、凹の稜には市門が置かれる。中央の広場は理想的比例と考えられた一対二の比を持つ矩形の広場が三つ連なって構成されている。その中心にある最も大きな広場には東側に大聖堂、西側に大公宮殿が置かれ名実ともにスフォルツィンダの中心をなす。北側は小さな広場に接していて、市行政府すなわち執政官宮殿、市庁舎、市財庫、監獄などが置かれる。南側は更に中ぐらいの大きさの広場に面し、これは常設市場の広場であって、守備隊長公邸、食堂、居酒屋、公衆浴場、娼家に囲まれている。

全体図には以上の主要施設しか描かれていないが、本文の叙述およびその他の図面によると、更に、十六本の放射状道路のそれぞれにも市の立つ小広場が設けられる。この広場も柱廊で囲まれ、その外側に水路を廻らし、広場中央にはギリシア十字平面の教会堂が置かれている。そうして貧民、職人の住宅、商人、貴紳、大司教の邸宅などが、その社会階層に応じて都市内に配置されているのであるが、小広場も含め各建築の具体的な配置場所は記されていない。

以上に見る限りこの都市の形態はしかし、ウィトルウィウスが述べ、アルベルティが述べたような古代ローマ的でもなければ古代ギリシア的でもない。これはむしろフィラレーテの生まれ育ったロンバルディアの中世城塞都市の理想化である。彼はウィトルウィウスとアルベルティの都市概念は意識的に斥けたが、古代ギリシアに関する正確な知識を持っていた訳ではない（彼の知っているギリシア建築とは実はビザンティン建築であった）ので、必然的に自分の持つ唯一の都市形態であり、かつ現実のものである中世都市形態の理想化へ向かわざるを得なかったのである。後述するようにスフォルツィンダがギリシア的（というよりプラトン的）であったのは、都市組織とその社会秩序組織の対応を考えたところにあったのであった。しかしその観念は具体的な都市形態としては提示されなかったのである。

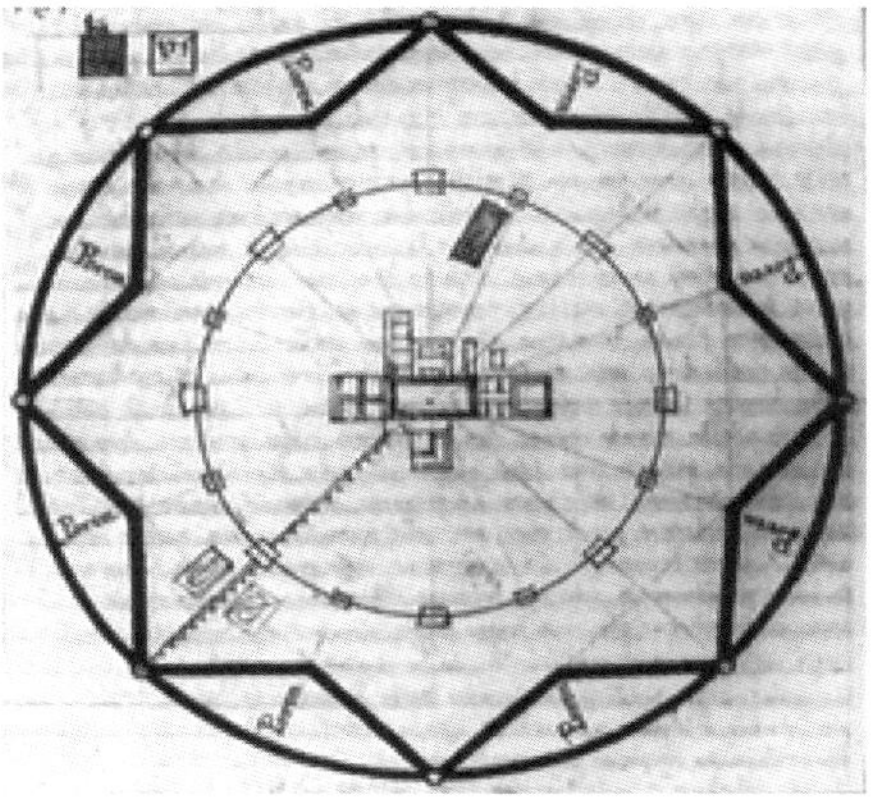

図1　スフォルツィンダ

円に内接する正方形という都市形態はウィトルウィウスの理想人体の概念に由来するであろうし、また、凸八稜の星型はカバラ的魔術的象徴に由来するものであると考えられるが、いずれにしてもそれは都市の完全な状態、理想的な様態をシンボライズするものであった。こうした理想都市の星型平面の観念は後述するディ・ジョルジョを経て近代まで永く受け継がれることになった。しかし最も重要なことは、ウィトルウィウスやアルベルティの語られた観念としての都市ではなく、ここで初めて都市が

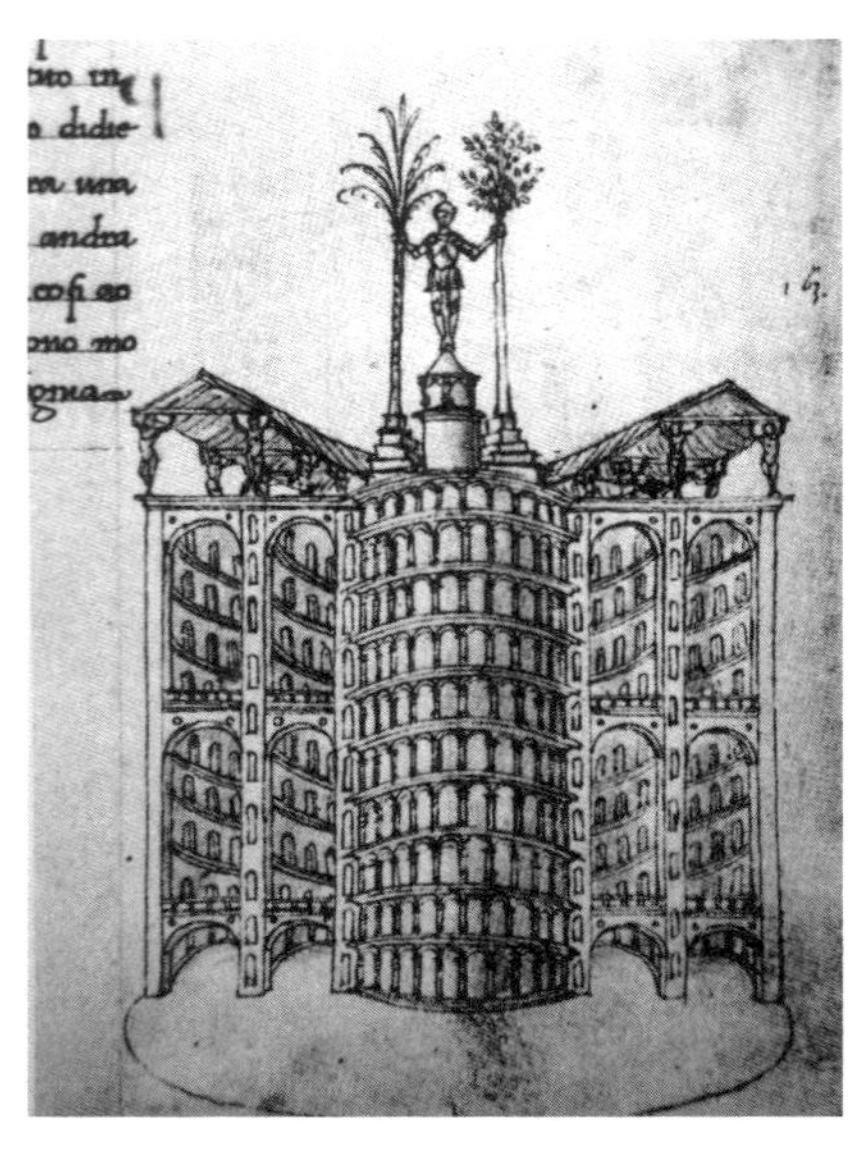

図2　悪徳と美徳の家

具体的かつ可視的な形姿をもって提示されたということにある。都市国家の理想的社会構造が都市および建築デザインに表現されていなければならず、そのような都市に住むことによってこそ住民は理想的都市国家の責任ある市民であるべく啓蒙されるのである。

このようにフィラレーテにとっては建築ないし都市はその社会を体現しているものであり、理想的建築ないし理想的都市のデザインと建設は、理想的社会の実現と同義なのであった。従って都市および建築は住民に対する教育的、啓蒙的色彩を帯びる。スフォルツィンダの計画においてこの理念を集約的に象徴している建築が「悪徳と美徳の家」（図2）である。頂には回転する巨大な「美徳」の女神像を戴くこの七層（図面では十層になっている）円筒形の建物は、内部が多くの小室に分かれており、それらの小室のそれぞれが学芸の諸分野また倫理的諸範疇に充てられており、市民はこの建築内部を廻ることにより啓蒙され教育されるのである。例えば自由学芸七科（文法、論理学、修辞学、算術、幾何、天文学、音楽）に充てられた七室を廻って市民はこれを学ぶのである。また七層のデザインは四つの基本的美徳と三つの神学的美徳を象徴し、かつ七つの大罪を象徴しているのである。こうした都市および建築デザインおよびその美学が啓蒙的教育的性格を持ち得るということ、すなわち社会改革的手段になり得るという楽天的思考は、後述するフランス革命期の建築家、ルドゥーの啓蒙主義的ユートピア建築論を遥かに先取しているとも言え、そうであればモダニズムをも先取していたと言ってもよいであろう。建築ないし都市デザインに初めてユートピア的性格を与えたのはこの書物だったのである。

フィラレーテの建築論を更に発展させた建築論を展開したのはフランチェスコ・ディ・ジョルジョ・マルティーニ（一四三九年―一五〇一年）であった。彼はシエナ生まれであるが、シエナ共和国は中世以来のそのライヴァル、フィレンツェ共和国に匹敵する優れた都市国家で、その技術、テクノロジーの局面に限って言えば、それはフィレンツェを凌駕していたと言ってよい。貧しい下層階級の出身であったディ・ジョルジョは、個人的才幹の優劣が客観的に判定される技術家として出発し、軍事技術とりわけ要塞の計画で知られるようになった。当時はマスケット銃や大砲などの火器が急速に発達、普及しつつあった時代であり、火器を用いた攻防が要塞築城のありかたを根本的に変えてしまったのである。銃砲を用いて完全に要塞を防禦する為に、総ての要塞城壁を死角なく射線でカバーすることが可能な突出した稜に堡塁を設けた多角形の要塞プランを考案したのは彼だったのである。このプランは航空機が兵器として用いられるまでは有効で、近世を通じて用いられた。我が国でも函館の五稜郭の築城にその影響が見られる。

ディ・ジョルジョは一四七四年頃にウルビーノ公フェデリーゴ・ダ・モンテフェルトロの知遇を得て、ウルビーノ公国首席建築家として活躍した。一四八二年にウルビーノ公が没するが、一四八八年まで彼はウルビーノに留まり、翌年ウルビーノを去ってシエナに戻り、シエナ共和国首席建築家および首席技術者、共和国統治評議会員、大聖堂建築家に任命された。しかしシエナに引き籠った訳ではなく、ウルビーノ、ミラノ、パヴィア等に招請されて働き、ブラマンテ、レオナルドと共に、パヴィア大聖堂やミラノ大聖堂の交差部角塔の設計に携わっている。更に、一四九一年に招かれてナポリ王国に旅し、その野戦防御システム構築の指導に当たった。一四九五年にはフランス軍に占領された同国のカステル・ヌオヴォの爆破を行ってフランス軍を退却せしめている。一五〇一年、六十二歳で彼はシエナ近郊の農場に引退したが、同年十一月にそこで死んだ。

さて、彼の『建築、技術および軍事論（*Architectura, ingegneria e militare*）』の最初のものは一四七〇年代後期に執筆されたと考えられ、現在フィレンツェのラウレンツィアーナ図書館所蔵のアシュバーナム361と呼ばれる写本と、トリノの王立図書館所蔵のサルッツィアーノ148写本とが伝わっている。アシュバーナム手稿を見ると、その内容は城郭、要塞、水工、教会堂、劇場、オーダー、人体比例、宮殿、邸宅、各種建築構造、材料、庭園、透視図法、測量、各種機械装置、野戦築城、火砲など、軍事技術から建築に至るきわめて多岐にわたる内容が、多数のイラストレーションを用いて述べられている。この内容から見ても、フランチェスコが彼の建築論の執筆を始めた動機はやはり、庇護者ウルビーノ公に読んで貰って建築および技術に対する理解を深めて貰うためであったことは明らかである。このアシュバーナム手稿は一時期レオナルドが所有し研究していて、数箇所に彼の書き込みが残っている。サルッツィアーノ手稿は勿論アシュバーナム手稿に一致する内容のものであるが、一四八五年から八六年にかけて描かれたと見られるローマ建築遺構の図集が付加されている。

ディ・ジョルジョもまたウィトルウィウス起源のアンソロポモルフィックな建築観——人間と建築との間のアナロジイ——を採っ

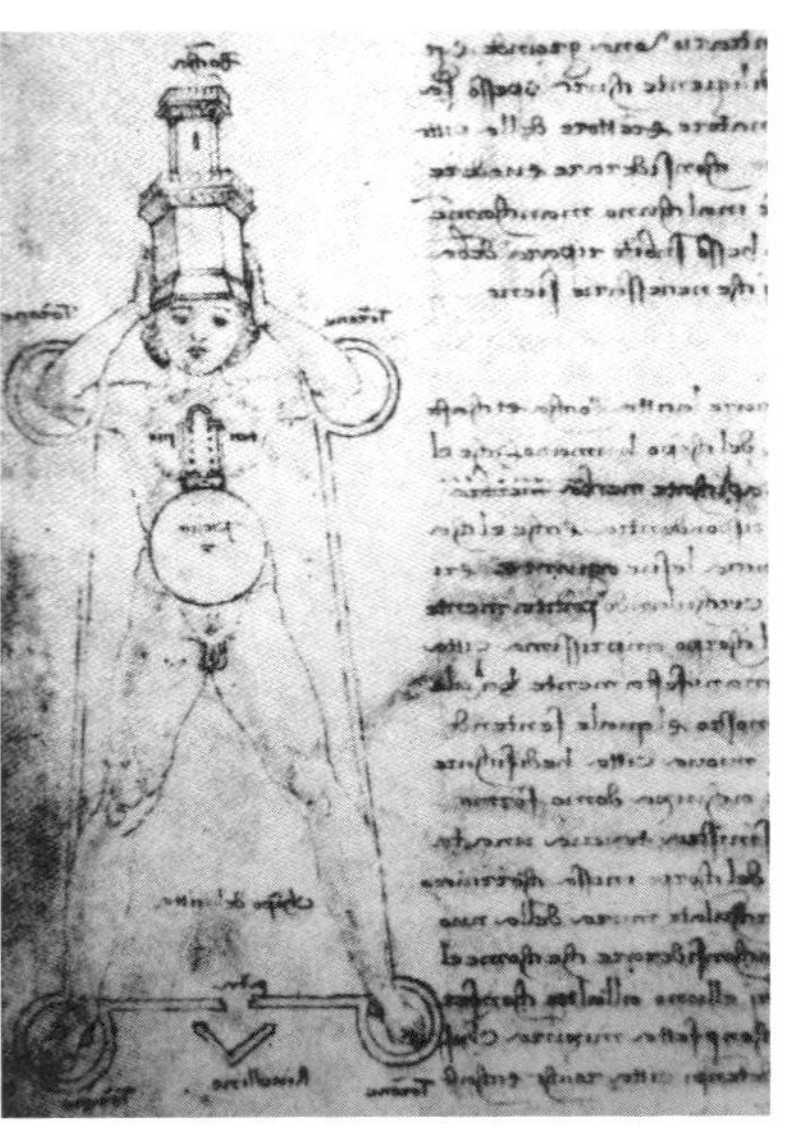
図3　理想的人体としての理想都市

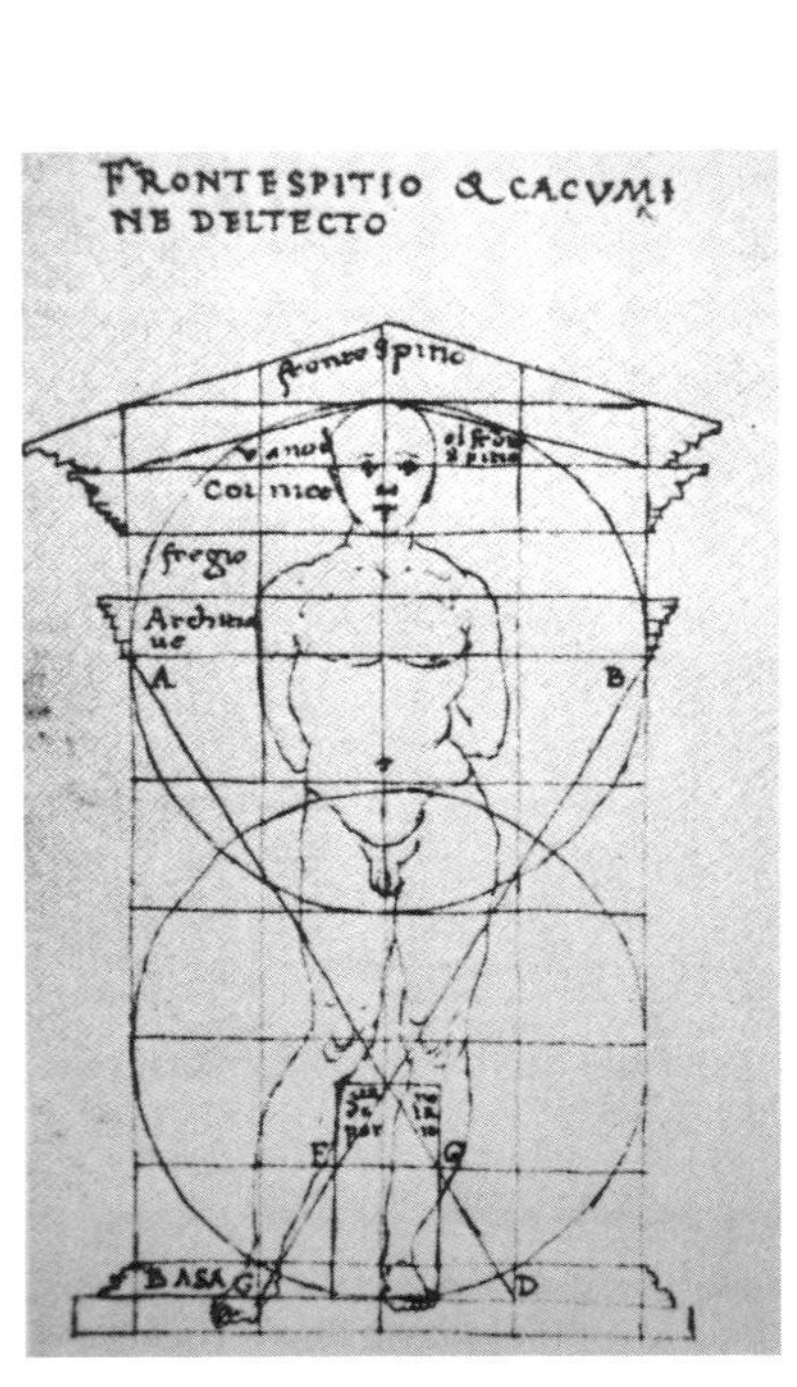

図4　理想的人体としての教会堂ファサード

ており、このアナロジイを具体的に都市と建築に適用した。彼は「都市の身体」について語り、都市の「高貴な構成要素」としての城塞は都市の頭部であり、広場はそこから全ての食物が配られる都市の臍であるという。そしてこの論に基づくアンソロポモルフィックな理想的城塞都市の図を掲げている（図3）。また教会堂建築についても、教会堂は「人体の形と比例を持ちつつ、頭が人体に於いて最も重要な部分であるように、教会堂にあっては内陣が最も重要な部分であり教会堂の頭部でなければならない」といい、そのことは教会堂ファサードにも妥当し（図4）、また建築各部の比例にも妥当するのである。

上述のフィラレーテおよびディ・ジョルジョの著作は手稿に留まって出版されることはなかった。建築書の最初の出版は一四八二年のアルベルティの『建築書（*De Re Aedificatoria*）』（相川浩訳『アルベルティ建築論』、中央公論美術出版、一九八二年）であるが、これにはイラストレーションはなくまた幻想建築の表現もなかったのである。イラストレーションの入った建築書の最初の出版はフランチェスコ・コロンナ（一四三二／三三年―一五二七年）が一四九九年に出版した『ポリュフィルス狂恋夢（*Hypnerotomachia Poliphili*）』であるが、実はこの書物はその全体が幻想建築の叙述であったと言えるのである。

本書の題名に見える「ヒュプネロトマキア」はギリシア語の「ヒュプノス・眠り」と「エロス・性愛」と「マケー・戦い」の合成

語であって、「ポリュフィルス」は主人公の名前である。直訳すれば本書の題名は「ポリュフィルスの眠りのなかでの性愛の戦い」という意味で、その内容はポリュフィルスが夢の中で見た恋の物語であり、その構成はダンテの「神曲」に倣ったと思しいが、基本的に本書は中世伝奇物語の伝統を引いた文学作品、幻想小説である。ところが、ポリュフィルスが恋人ポリアを探し求めて彷徨する間にそこここで出会う建築のデザインとその説明が、ユリウス・フォン・シュロッサーの言を借りれば「ウィトルウィウスに関するロマンティックに文学化ないし小説化された注釈」となっているのである。

一体、著者は建築論に仮託してエロティックな寓意的恋愛譚を書こうとしたのか、それともその逆であろうとしたのか判然としないが、いずれにしてもその発想は特異であり、これは奇想の建築書といってよい。しかもこの恋愛譚中の世界に織りなされているものは建築論ばかりではなく、古代の錬金術、医学、植物学、測量学、庭園論、音楽理論などに関する該博な知識であり、それらがロマンティックな空想によって彩られて至るところに鏤められていて、本書は古代に関する空想的な百科全書の趣をもなしている。とりわけその庭園論、「詩の様に構成され詩の様に読まれる庭園」というアレゴリーとロマンティシスムの結びついた象徴的庭園構成のアイデアは後の盛期ルネサンスおよびバロック期の庭園デザインに大きな影響を与えたと思しい。

本書には著者名は記されておらず匿名の書なのであるが、冒頭の章から第三十八章までのそれぞれの表題の最初の一字を取ってつなぎ合わせると「Poliam Frater Franciscvs Colvmna Peramavit.（修道士フランチェスコ・コロンナはポリアを非常に愛している）」という三十八字の句になることを、一五一一年にある読者が発見して彼の持っていた本書に書き込んだメモが現在まで伝わっている。彼はまた、このフランチェスコ・コロンナはドミニコ派の修道僧であり、現在ヴェネツィアの聖ジョヴァンニ・エ・パウロ教会付属修道院の一員であるとそこに記していた。ポリフィルスとは「ポリア＋フィロ」、即ち「ポリアを愛する人」の意であり、本書はポリフィルスが自らの夢のなかの体験を一人称で物語っている体裁を採っているので、このことからこのコロンナが本書の著者であるとされたのであった。しかし他に一冊の著作も知られていない一介の修道士、聖職者が古代学や異教に関する該博な知識を持ち、しかもこのようなエロティックな物語を著すとは誠に考え難く、著者に関しては不明であると言っておくべきであろう。

さて、恋人ポリアを求めて夢のなかを彷徨うポリュフィルスが最初に遭遇した建築は途方もないものであった（図5）。その建築は、正面にコリント式ピラスターを付けペディメントを載せた入り口――偉大なる門＝マグナ・ポルタ――があり、屋根には階段状

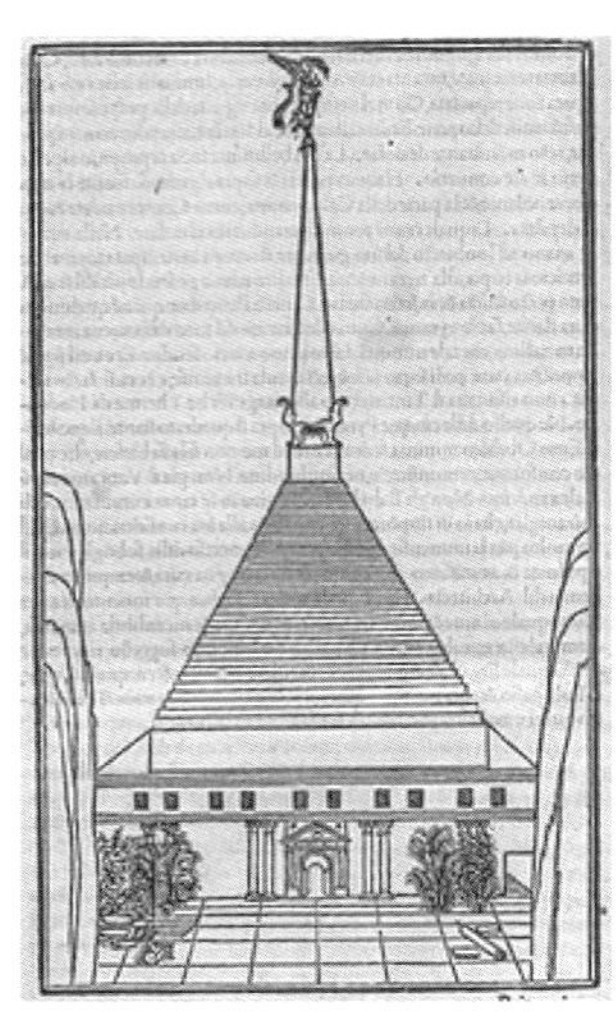

図5　ピラミッドとオベリスクを載せたマグナッポルタ

ピラミッドを載き、その上にオベリスクが聳え、その天頂には回転する像が載っているというものであり、彼はその美しさに圧倒される。彼はマグナ・ポルタの前に立ちそのファサードに魅惑されるが、しかし、直ちにその構成原理を理解する。彼はファサードの構成を計測し、コリント式ピラスターのプリンス、台座を構成している正方形が基準単位となって、ステュロバテスからペディメント頂部に至るファサード全体が横六等分、縦四等分されて、全部で二四個の正方形で構成されていること、そのことによって調和が生まれていることを認識する。次いで彼は上述の建築デザインの構成法を音楽になぞらえる。つまり建築家は、建築のマッス全体をどのように部分に「転調」させて行くかという構造図式を考えねばならない。それは細かく分割することによって与えられるが、それは音楽家が楽曲全体を小節に分割して構成するのと全く同様であると言う。即ち、音楽家はまず楽曲の「調」と速度、テンポ、時間分割を決め、その裡に、音を比例的に音階的部分にわけて配列するのである。同様に建築家は正方形の構成として建築の全体の形姿をデザインし、次いでそれを細かく分割して各部の大きさ、寸法を決め、それらが全体として調和をもたらし、その形の「調」と「転調」とをもたらすべくデザインするのである。この様な建築的形態の比例的調和と音楽的調和との類縁については、既にアルベルティもディ・ジョルジョも指摘していたことであるが、初めて具体的に両者を結びつけて方法論として叙述したのは本書が初めてであった。音楽と詩と性愛が混淆したこの建築こそまさに幻想建築と呼ぶべきものであろう。

　ウィトルウィウス『建築十書』のイラストレーションが付けられた最初の出版は一五一一年刊のフラ・ジョコンド編のものであったが、ウィトルウィウスが組積造の諸形式を説明するために言及したハリカルナッソスのマウゾレウム（マウソロス王霊廟・前三五〇年）の簡単な想像図を描いている。この霊廟は古代世界の七不思議の一つであり、ルネサンス期の読者にとっては古代の黄金時代を象徴する建築のひとつであって、想像を逞しくしたのであった。ウィトルウィウス『建築十書』の不正確だが最も美しいといわれる版は一五二一年出版のチェーザレ・チェザリアーノによるイタリア語版であるが、ここにもこのマウゾレウムが描かれている（図６）。

図6　チェザリアーノによる
ハルカリナッソスのマウゾレウム

図7　リウィウスによる
ハルカリナッソスのマウゾレウム

港湾とそれに面した建築の配置はジョコンド版に従っているが、壮麗な霊廟及びそれを取り巻く建築のデザインは明らかに十五世紀ロンバルディアのものである。これはチェザリアーノがローマにすら行ったことがなく、古代建築に関する意匠的、様式的知識を欠いていたことによるのであって、彼は必要なときには身近にあって知悉しているデザインを適用したのであった。チェザリアーノのイラストレーションはその後のウィトルウィウス出版にも強い影響を与えており、例えばリウィウスによるドイツ語版にもこのマウゾレウムの図が引かれている。しかしながら建築のデザインがドイツ後期ゴシックに変えられているのが観てとられるであろう（図7）。

トマス・モア（一四七八年—一五三五年）は一五一六年に『社会の最善政体とユートピア新島についての楽しく有益な小著（*Libellus vere aureus, nec minus salutaris quam festivus, de optiomo rei publicae statu deque nava insula Utopia*）』なる長たらしい題名の書物を出版した。省略した『ユートピア』（平井正穂訳『ユートピア』、岩波書店、一九八七年）という題で良く知られているこの書物は、モアの考えた理想的な政治体制、経済体制、文化をもつ国のありようを書いたもので、彼の生きた現実の英国、ヨーロッパの政治、社会問題を論ずる際のよすがとすることを意図したものであった。ユートピアは、ギリシア語のou-toposに由来するとすればそれは「何処でもない場所」の意であり、eu-toposに由来するとすればそれは「素敵な場所」の意味であるが、この両者を含意した「不可能な理想郷」ということであろう。モアの描くこのユートピアの具体的な形姿は三日月型の島であり、湾口は十一マイルの幅

図8　モアのユートピア

で中央には海中に聳える見張り塔が立つ。島の中心線に沿って河が流れており、同規模同形の四十四個の町があるという（図8）。ユートピアの基本的性格は孤絶性、平等ということに基づく規則性、規格性なのである。

このことはトンマーゾ・カンパネッラ（一五六八年―一六三九年）の理想都市、一六〇二年刊の『太陽の都市（*Chivitas Solis*）』でも同じで、この都市はタプロバナ島（セイロン）にあり、丘の上に築かれていて、直径二マイル、周囲七マイルの円形をなしている。都市は七つの惑星の名がついた七重の城壁で囲まれており、城壁には東西南北の四つの市門がある。都市中央、すなわち丘の頂上には広大な広場があり、中央にはドームを戴く円形神殿が建つ。この神殿の祭壇には蒼穹と大地を表す二つの球が置かれ、ドーム内側には一等級から七等級までの星々が鏤められ、それらが地上の事象に及ぼす影響を記した詩編が安置されている。市壁には自然科学とそれがもたらしたあらゆる有用な発明や考案が描かれており、子供達はこの「絵画の輪（orbis pictus）」を観て科学を努力せずに学べるのである。円形は理想都市のルネサンス的概念であるが、ここでは世界の宇宙的概念、宇宙的宗教のシンボルであり、また啓蒙の手段となっているのである。

一四九四年、シャルル八世のイタリア遠征において戦争における大砲の優位が実証されると、ディ・ジョルジョが創始した築城論は大きく発展して、十六世紀半ばには軍事建築という新しい専門領域を形成していた。アルブレヒト・デューラー（一四七一年―一五二八年）の『都市、城郭、村落の要塞化（*Etliche underricht, zu befestigung der Stett, Schloß, und Flecken*）』（一五二七年）（下村耕司編著『アルブレヒト・デューラー「築城論」注解』、中央公論美術出版、二〇一三年）を嚆矢として多くの書物が出版され、その多数においてディ・ジョルジョのものの発展形といって良い様々な多角形プランの理想的城塞都市が提案されていた。そのうちで「幻想建築」ないし「幻想都市」の観点から見て挙げておかねばならないのは、シュトラースブルク市建築家であったダニエル・シュペックリン（シュペックルとも）（一五三六年―一五八九年）の『城塞の建築（*Der Architectura von Vestungen*）』（一五八九年）に描かれた「驚嘆すべき家」（図9）とフランスのジャック・ペレの『築城論（*Des fortification et artifices d'architecture et Perspective*）』（一六〇一年）に描かれた「高貴な王室の家」である。シュペックリンの「驚嘆すべき家」は、岩山と一体化した高層建築であって最上部に「栄光に満ちた楽しみの家」と呼ばれる

図9　驚嘆すべき家

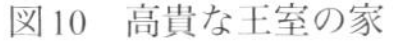

図10　高貴な王室の家

シャトーが建っている。ペレの「高貴な王室の家」（図10）は二十三角形理想城塞都市中央の八角形広場に立つ高層ビルであって、文章では二十階建てとされており、五百人を容れるとされている。築城という極めてリアルな文脈に於ける提示であるにもかかわらず、両者ともにその機能や目的については何も記されてはいない。従ってシュペックリンもペレも脳裡に浮かび上がったこれらのユートピア的なイメージに唯々魅了されてこれらを描いたのであろう。

建築家フィリベール・ドロルム（一五一〇年―一五七〇年）の友人であったフランソワ・ラブレー（一四九四年頃―一五五三年頃）は、ドロルムの「理想的建築」概念に影響を受け、その名作『ガルガンチュアとパンタグリュエル（*Gargantua et Pantagruel*）』（一五三二年）（渡辺一夫訳『ガルガンチュアとパンタグリュエル』全五巻、白水社、一九四七年）の中に幻想建築を創造している。それが「汝の好むところをなせ」という規則に基づく修道院――ラブレーは「反修道院」と言っている――「テレマ（意志）」の建築である。このあらゆる放縦を認めるような反修道院的な規則は、実はこのテレマ修道院に住む人々は「五、六ヶ国語を読み書き話し、それらの言語で詩や散文を書き、幾つかの楽器を演奏できる」教養のある人々であるので、その創造的美徳を最大限に発現させるためのものなのであった。この人々の理想的貴族社会が住まうユートピア建築が「テレマ修道院」なのであって、それはロワール河畔に立つ辺の長さが三百十二ペースの六角形平面、六階建て九千三百三十二戸の住居が入った巨大な建築である（図11）。「ボニヴェ、シャンポール、シャンティイの各シャトーの百倍も壮麗」なこの建築はこのように六で除せる数、桁の数を足すと六になる数で構成されている。ラブレーはウィトルウィウス、アルベルティそしてコロンナの『ポリュフィルス狂恋

図11　反修道院「テレマ」

図12　ガリヴァーとラピュタ

夢』に通暁しており、この建築の意匠の記述には『狂恋夢』のイラストレーションから採られたと思われるものが多い。この六という数はウィトルウィウスの言う完全数であり、その倍数の十二は実は黙示録においては、天上のイェルサレム、すなわちキリスト教的ユートピアを表す数なのである。「テレマ」はヨーロッパ文化の二つの源流、ギリシア・ローマの古典古代とキリスト教とを総合したユートピアだったのである。

このような文学作品に描かれた魅力的なイメージの「幻想都市」と言えば、時代は二百年ほど降った一七三五年にその完全版が出版されたアイルランド出身のジョナサン・スウィフト（一六六七年―一七四五年）が著した『ガリヴァー旅行記（*Gulliver's Travels*）』（平井正穂訳『ガリヴァー旅行記』、岩波書店、一九八〇年）の第三編に出てくるラピュタであろう。魅力的、と言ったのはラピュタが、宮崎駿が『天空の城ラピュタ』でダイナミックかつロマンティックに描いたように、天空を飛行する都市だからである（図12）。この都市は日本の遥か東にあるバルニバービ国の首都で、下部に大きな磁石を嵌め込んだ巨大な島であり、磁鉄鉱鉱脈が豊富なバルニバービ国の上空を磁石の斥力を利用して飛行しているのである。しかしながら、スウィフトの述べるこの都市のありようは唾棄すべきものである。このラピュタは飛行という特権を用いて随時地上を一方的に攻撃できるので、バルニバービ国を一方的に搾取する存在なので

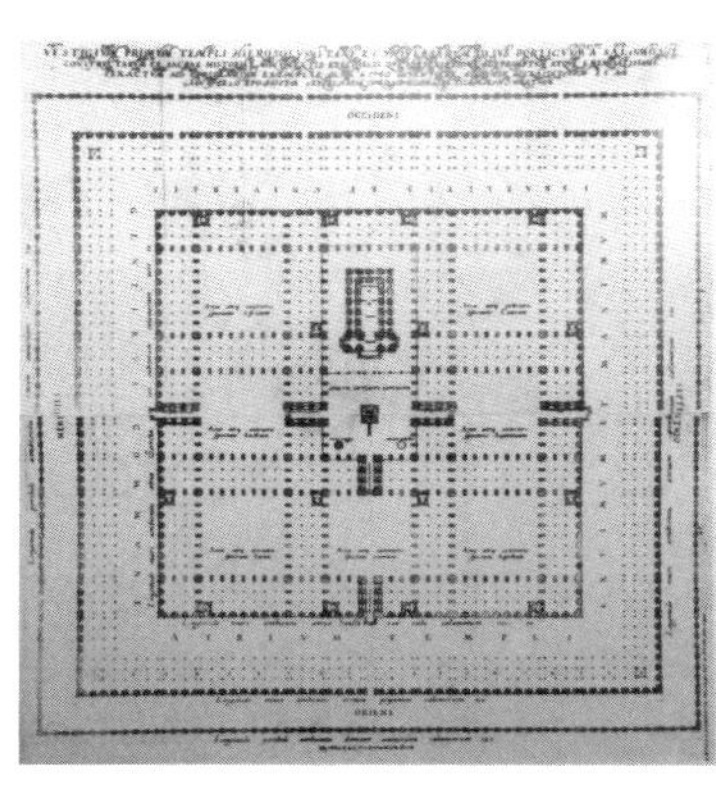

図13　ソロモン神殿平面

あった。これは英国のアイルランド支配を風刺したものであるが、『ガリヴァー旅行記』全体が当時の英国社会の風刺による批判なのである。この世紀末にはフランス革命が勃発するのであり、批判に基づく社会改良、都市改良が時代の気分だったのであった。

建築であれ人体であれ形あるものには全て、それらには最も美しいプロポーション、理想的比例が存在するというのは、古代ギリシアが創り出した概念であるが、しかし、例えば人体に関しては、この概念がウィトルウィウスとレオナルドを経由して、最も美しい比例の女性像を求めるという現代のビューティ・コンテストやファッション・モデル界をも支配しているのである。この概念がキリスト教に結びつくとそれは「テレマ」に採用された「神聖比例」、天上のイェルサレムの比例ということになり、アルベルティによればそれは人体の形態を模したというノアの箱船の比例であり、ドロルムは箱船のみならず契約の聖櫃およびソロモン神殿の寸法にあると考えていた。こうしたキリスト教的理想比例観念は十六―十七世紀の建築家にあっては前衛的なものであったが、それはスペイン王フェリペ二世（一五二七年―一五九八年）の宮廷において探求された。フェリペ二世は「新しいソロモン王」といわれ彼の宮殿エスコリアルは「ソロモンの新しい神殿」と呼ばれており、ソロモン神殿の復元の探求が王の側近の学者たちによって行われたのであった。イエズス会士ファン・バウティスタ・ビリャルパンド（一五五二年―一六〇八年）は建築家でもあったが、その三巻に亘る浩瀚な『エゼキエル書注釈』の第二巻（一六〇四年）にエゼキエル書の叙述に基づいたソロモン神殿の復元を示している（図13）。この復元神殿の持つ寸法比例がキリスト教的神聖理想比例なのであるが、彼はこれがウィトルウィウス理論と完全に一致すると主張する。つまり彼は古典古代的理想（キリスト教から観れば異教的、邪宗的である）とイエズス会的キリスト教的理想を一致させたのであるが、それを彼はカバラ哲学、ヘルメス学の神秘思想を援用して行ったのであり、最終的にはウィトルウィウスも旧約聖書思想の派生であると見なすまでに行き過ぎてしまうのである。彼のこの放恣なヘルメス学的想像に基づく幻想的復元はバロック・ヨーロッパに広範な影響を与えた。エスコリアルもその平面がこの復原に重ねられているといわれる。かのニュートンもビリャルパンドに影響を受けたことを述べているのである。

建築家ではヨハン・ベルンハルト・フィッシャー・フォン・エルラッハ（一六五六年―

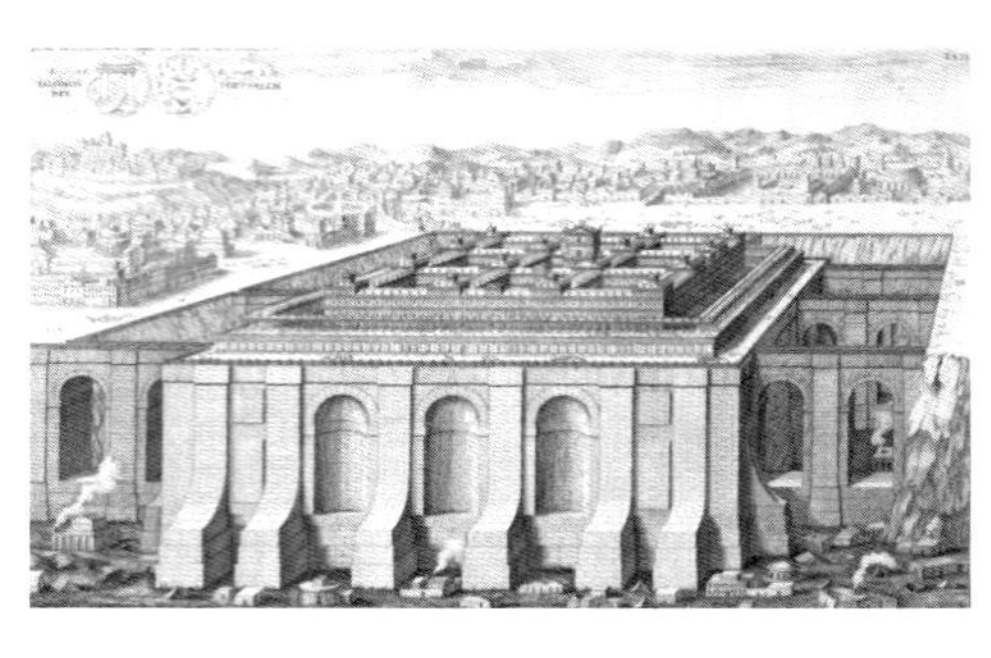

図14　ソロモン神殿

図15　バロック宮殿の提案

一七二三年）も強い影響を受けた。フィッシャー・フォン・エルラッハはベルニーニに学び、イタリア・バロックを中部ヨーロッパに適合させた建築家で、ヨーゼフ一世から三代に亘るハプスブルグ家の神聖ローマ皇帝に仕えた宮廷建築家であって、作品ではシェーンブルン宮殿やカール教会堂が有名である。フィッシャー・フォン・エルラッハはまた建築史の祖とも謂われるが、それは彼が『歴史的建築大要（*Entwurff einer Historischen Archectur*）』（一七二一年）（中村恵三編『フィッシャー・フォン・エルラッハ「歴史的建築の構想」注解』、中央公論美術出版、一九九五年）を著したからである。この書物は五部に分かたれていて、第一部はソロモン神殿、世界の七不思議、ユダヤ、アッシリア、エジプト、ギリシアの建築、第二部はローマ建築、第三部がイスラム建築および支那や日本などの極東の建築、第四部は彼自身の作品、第五部は古代の花瓶のデザインを扱っている。要するに世界の有名な歴史的建築を、可能な限り実証的な証拠に基づいて、しかし証拠の少ないところでは放恣な想像を駆使して、大型銅版画に描いたものであり、従ってこの書物は「最初の比較世界建築史」であるとされたのである。そうして第一部に出てくるソロモン神殿はまさにビリャルパンドの復元に忠実なものであった（図14）。フィッシャー・フォン・エルラッハはまた、歴史的建築ではない自らの設計例に一部を割いているが、これは建築書は第一義的には施主、パトロンに建築家の設計能力を売り込むためのものであるという伝統に忠実だったからであるのと、恐らくは建築家パウル・デッカー（一六七七年―一七一三年）の影響であろう。

デッカーはこれという程の建築作品は遺していないが、優れた銅版画家でもあった彼は、自分の理想とする宮殿や庭園などのデザインを迫力ある精緻な銅版画による豪華な図集にまとめ「王侯にふさわしい建築家（Fürstlicher Baumeister）」（一七一一年）と題して出版した（図15）。この書物は可能的施主である王侯貴族を魅了し、良く読まれた（観られた）のみならず、バロック建築全体に大きな影響力を及ぼしたのであるが、その大きな理由は彼の建築空間の表現法にあった。それは立体である建築を観たときに受ける実際の視覚的印象を忠実に、しかし劇的に再現する方法、すなわち洗練された遠近法、透視図法である。

基本的な一消点透視図法は、ブルネレスキやアルベルティ、デューラーによって発展させられていたが、それをシェーナ・ペル・アンゴロ、またヴェドゥータ・ペル・アンゴロと呼ばれた二消点透視図法に変えて、画面に正面方向だけでなく左右方向への奥行きを与えて無限感を構成し、画面の空間を劇的なものにしたのは、フェルディナンド・ガッリ・ダ・ビビエナ（一六五七年―一六四三年）である。彼は元来は祝祭の際に建てられる仮設建築の建築家であり、舞台装置家であった。反宗教改革のもとで宗教的祝祭、世俗的祝祭は益々劇的に表現される必要があり、またオペラが誕生して華やかな劇場舞台が要求された。フェルディナンドはこうした仮設的な幻想的空間の創造に令名があったのであり、彼の『民生建築のための幾何学、修正された透視図法（*L'architettura civile preparate su la geometria, e ridotta alle prospettive*）』（一七七一年）（図16）はその設計の手法を示したものであった。このフェルディナンドの方法がデッカーに大きな影響を与えたのである。

こうした劇的な空間を過去の「廃墟」に求めたのが、ジョヴァンニ・バッティスタ・ピラネージ（一七二〇年―一七七八年）であった。彼は建築家でもあったがローマの建築景観銅版画家として、十八世紀にはヨーロッパ中で知られた存在であった。彼は古代ローマの建築が現代も含めて歴史上最も優れたものであるという信念をもっており、ローマ建築の廃墟を迫力のある多数の銅版画に描いた。これがローマを訪問したヨーロッパ各地の人々の格好のスーヴェニアとなって良く売れたのである。しかしその廃墟空間を多少の誇張を入れて壮大に劇的に描いたので、その銅版画を観たことがローマを訪れるきっかけになった様なひとは、例えばゲーテの様に現実のローマの印象があまりに違うのでがっかりするのが常であったといわれる。彼はローマの廃墟を考古学的な手法も用いて調査し、調査結果を銅版画に記録し『ローマの古代遺跡（Le Antichità Romane）』（一七五六年）と題する堂々たる大判の四巻本として出版した。この中に収められた二五〇枚の銅版画の裡で最も迫力があり魅力的なのは「古代アッピア街道とアルデアティーナ街道の交差

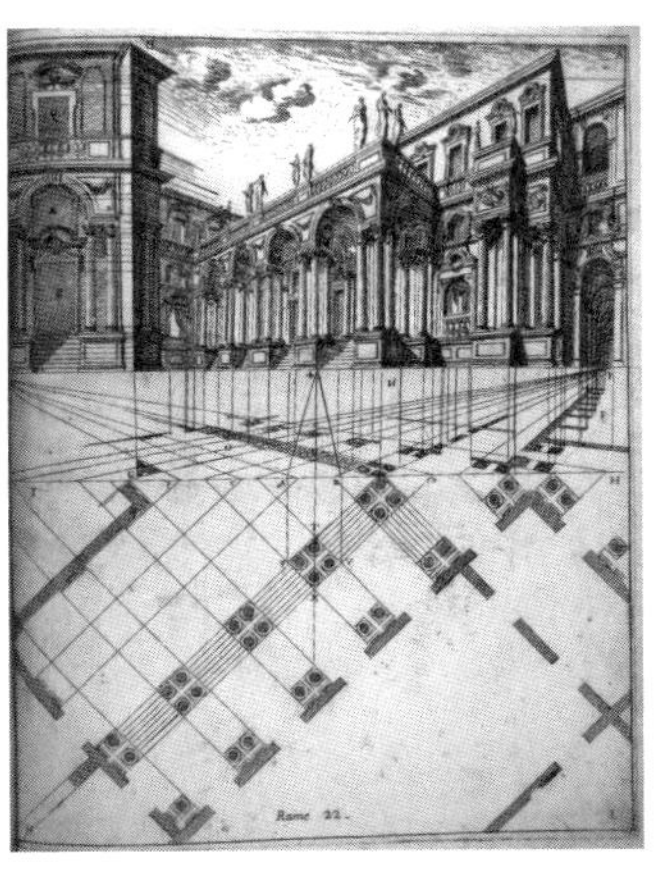

図16　ダ・ビビエナの二点透視図法

図17　古代アッピア街道とアルデアティーナ街道の交差点

図18　カンプス・マルティウス復元図

点」(図17) である。ここで彼は古代ローマに関する該博な考古学的知識を駆使して、墓碑や彫像、石棺、神殿、円堂、オベリスクなどの残骸や遺跡を幾重にも積層し積み上げられた廃墟を描いている。これは勿論、考古学的、建築史学的な復原ではなく、ピラネージの古代ローマへの偏愛とその放恣な想像力によって創造された「幻想的廃墟」だったのである。こうした考古学的、建築史学的想像力、彼の言う「推論的考古学」は当然に、廃墟の表現ではなく、それが廃墟になる前の全き姿の「推論的復原」を求めることになる。「推論的復原」とは一体何なのであろうか。それは過去を設計する、デザインすることであった。ピラネージはローマのカンプス・マルティウス地域の考古学的証拠を「推論的」に創造し、それに基づいてローマ時代のカンプス・マルティウスを「推論的」に復原、すなわち「幻想都市」壮大なローマを設計してしまったのであった (図18)。

一七八九年にはフランス革命が勃発するが、この十八世紀に現在「革命的建築家」と呼ばれる三人の建築家がいた。エティエンヌ＝ルイ・ブレー (一七二八年―一七九九年)、クロード＝ニコラ・ルドゥー (一七三六年―一八〇六年) およびジャン＝ジャック・ルクー (一七五七年―一八二六年) である。「革命的建築家」と名付けたのは建築史家エミール・カウフマン (一八九一年―一九五三年) であるが、実はこれらの建築家は皆、王党派であり革命によって投獄され、弾圧された人々、言ってみれば革命によって命運を断たれた建築家なのであって、革命側に立ったことはないのである。ところがこの「革命的建築家」という呼称が、左翼イデオロギイがあたかも人類的な良心のように誤解されていた二十世紀にあって、彼らが誤解されて評価される原因となったのであった。彼らの建築は政治的に、ではなくて建築デザインの上で「革命的」だったのである。

そのことはブレーにおいて最も顕著であるが、建築から機能性、実用性というものを殆ど剥奪し、建築を空間の純粋な表現、それも壮大な記念性を持つものに還元してしまうことにあった。そのことは彼の「ニュートン記念堂」（図19）に端的に表れている。それは基壇に支えられた直径百二十五メートル以上はあると思われる中空の巨大な球体である。球体の殻には多くの小さな穴が穿たれており、その穴から太陽光が差し込んでおり、内部から観ると満天の星空が現前する。要するにニュートン宇宙を象徴した立体であり空間であって、視覚的印象が全てである建築である。彼は政府の建築部門の顕官であり、建築アカデミーの第一級会員であったにもかかわらず、建築は第一義的には「絵画」でなければならないと考えていたのである。そうして美しく感動的な視覚的印象を与えるものは整った幾何学的基本立体、比例そして人間的尺度を超えたスケールだったのであった。ブレーは建築が与える視覚的印象をその建築の「性格」と呼んだが、逆に言うと、建築はそれが何のために建てられるかというその目的、すなわちその「性格」を表した視覚的印象を与えるべくデザインされなければならないということになる。これが「語る建築（アルシテクチュール・パルラント：architecture parlante）」という概念であり、建築はコミュニケーションとなってしまったのであった。

図19　ニュートン記念堂

この概念を個々の建築ばかりでなく、都市そして社会にまで適用することを考えたのがルドゥーである。彼は王制下でパリ上級社会の建築家として成功した人で、一七七一年にフランシュ・コンテ地方の王立施設管理官に任命され、ショー（アルク・エ・スナン）の製塩都市の設計と建設を行った。しかし革命が勃発して失脚し、彼は逮捕されギロチンは免れたものの投獄されたのである。出獄後、彼は建築家として再起の途を探ったが成功せず、建築的遺書として自らの設計案を纏めた三巻本の出版を全財産を投じて企てたが、『芸術、慣習、立法との関連において考えられた建築（*L'architecture considerèe sous le rapport de l'art, des moeurs et de la legislation*）』（白井秀和編著『ルドゥー「建築論」註解1・2』、中央公論美術出版、一九九三、一九九四年）と題された一書を出版したのみで没したのである。死後十年経って遺された設計案銅版画を、娘が補遺として二巻本に纏めて出版した。それらに収められているデザインはやはりショーの製塩都市の計画であって、彼はルネサンス以来の伝統に則っ

図20　製塩都市鳥瞰

図21　樽職人の家

図22　河川監督官の家

て、理想的な社会を容れた理想都市を計画した。この都市の建築はこの理想社会の「性格」を表現する、すなわち「語る」ものでなければならず、これらを設計する建築家にはこのことによって社会を「純化」するという役割が与えられているのである。

現在も一部が遺るこの製塩都市は従って完全無欠な形態と考えられた円形を採る（図20）。円の中心にはこの都市の監督官の住居が建ち、この中心を通る軸線上に製塩都市としての主要な建築が置かれる。そうして中心から離れていく同心円上にこの社会の社会的地位ヒエラルキーに応じて住居が配置されるのである。そうしてそれぞれの住居は、その住人の職業、すなわちこの製塩都市社会における住人の「性格」を表すようにデザインされる。例えば塩樽の樽職人の家は樽のたがの形を示す同心円のファサードを持たねばならず（図21）、河川監督官の家はその中央を貫いて河が流れ出してこなければならないのである（図22）。ここではこれらの住居が居住可能か否かということ、その機能性はもはや問題ではなく、ここでもまた、都市と建築は観るためだけの三次元的「絵画」に帰着してしまうのである。

ルクーの造形にはしかし、ブレーのような単純性に由来するある種の爽快さもなく、ルドゥーのような社会性の表現もない。そこにあるのは彼が好んだ様々な建築様式、支那建築、エジプト建築、ヒンドゥー建築、ゴシック建築、バロック建築などの放恣な混淆であり、時にはそれにポルノグラフィックな形態や神秘主義的形態、獣の像などをコラージュしたビザールな――言うところの「悪趣味（mauvais gout）」な――建築、ある意味ではディストピア的な造形であった（図23）。彼はその卓越した製図能力、デッサン力もあって嘱望された若手建築家であったのだが、革命が彼の将来と財産の全てを奪い去り、革命後は内務省の地図製作工として糊口をつないだ。しかし建築実践への思いは断ちがたく、様々な計画案を精細な筆致の図面に表現したがもとよりこれらは建てられる筈はなかったし、出版されることもなかった。こうした逆境が恐らくは彼のパラノイア的なグロテスク趣味を目覚めさせたのであろう。彼はこうした怪畸な建築デザインを精緻で美しい水彩画の図面に表現し、これらを絵画として売ろうとしたのであったが、この試みも実らなかったのである。一八二五年、ルクーはこれらの図面をフランス王立図書館に寄付したので、現在まで伝わることになったのであるが、綺想の建築として最も純粋な意味での「幻想建築」は彼の作品であるかもしれない。

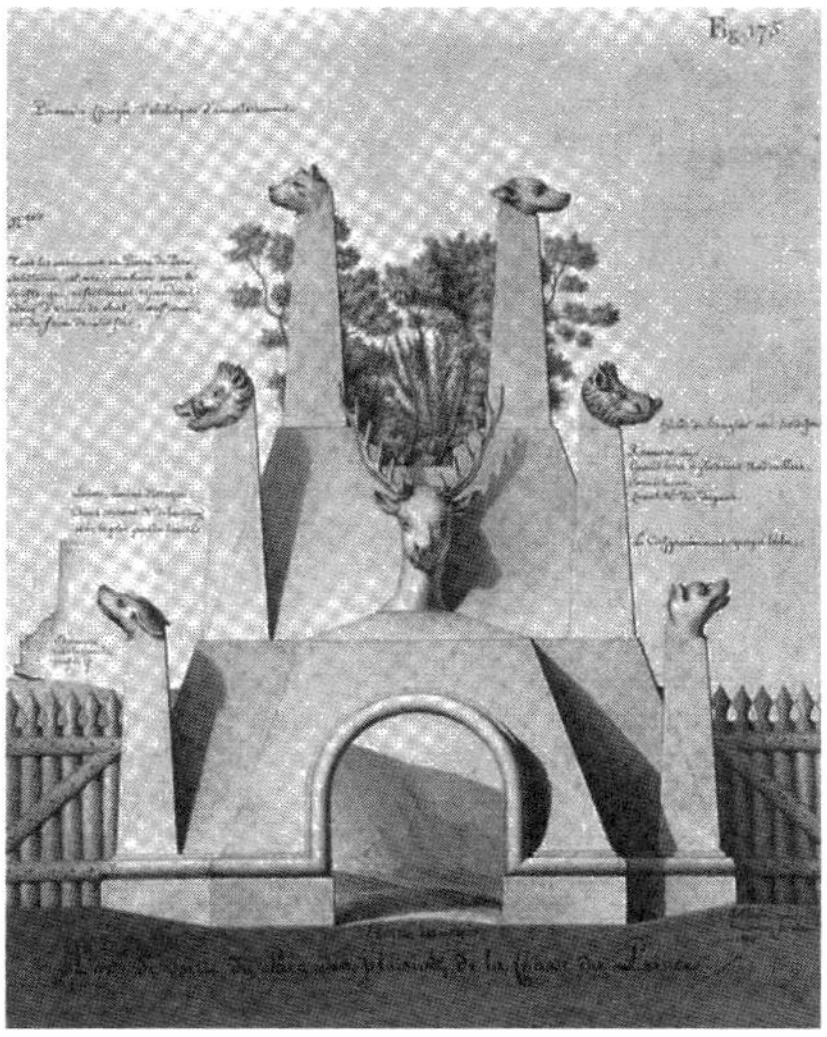

図23　狩猟地の門

十九世紀になるとユートピア的社会主義思想が発展して来るが、この思想の具現化としての「理想社会＝理想都市」の観念が現れてくる。その代表として、ここではフランスのシャルル・フーリエ（一七六〇年―一八三七年）のものを挙げておく。フーリエはその四運動論を社会および都市に具体化した方策を『普遍的統一理論（*Théorie de l'unité universelle*）』（一八二二年）において述べている。それを観ると都市は六つの同心円で構成された放射状都市で、中央に丸い広場がありそれを囲んで建築で構成される第一の円がある。第二の円は街路で第三の円は再び建築で構成され、広場を含めてこの三つの円が町なのである。第四の円は街路であり第五の円は大工場群、第六の円は郊外に接する広闊な公園的な大通りで、ナポレオンの実施したバスティーユ広場の競技設計に刺激されて着想されたものであり、様々な彫像や記念碑が置かれている（図24）。この自治

図24　ファランステールの都市

図25　建築的ファンタジィ

都市に土地や生産手段を共有化した数百家族の共同体、ファランステールが共同生活をするのである。不思議なことにこのファランステールが入る町の建築はヴェルサイユ宮殿などに範を採った宮殿スタイルのデザインなのであった。

　この社会主義思想は二十世紀に一つの実験国家に結実する。革命によって誕生したソヴィエト連邦である。ロシア帝政の圧政を打破し農民や労働者を解放した革命は、当然に精神的自由を万民に保証しようとするものでもあった。従ってロシア・アヴァンギャルドと呼ばれる革命初期の芸術には、瑞々しい若々しさが感じられる尖鋭なものが多かったのである。ところが共産主義の本質は全体主義なのであるから、こうした自由な芸術活動は抑圧されてゆく運命にあり、スターリン独裁体制のもとで完全に圧殺されてしまうのである。その短命であったロシア・アヴァンギャルドにおける幻想建築といえば、やはりそのヴィヴィッドな美しさからいっても、ヤコフ・チェルニホフ（一八八九年—一九五一年）の作品を挙げねばならない。チェルニホフはウクライナ出身の建築家であるが、建築家としてよりも建築レンダリング画家、幾何学的装飾デザイナーとしての方が有名であった。『建築的ファンタジィ（*Architekturphantasien*）』（一九三三年）は美しい色彩とシャープな幾何学的形態でもって様々な建築や建築群、都市の透視図的レンダリングを提示した書物であるが、幾つかある彼のこの種の著書中で傑出したものである。機械や工場、発電所など、テクノロジーというものがロマンティックであった頃の時代精神（*Zeitgeist*）が瑞々しく捉えられている（図25）。

　建築レンダリングと言えば二十世紀アメリカに生まれた新しい都市、高層建築都市を描いたヒュー・フェリス（一八八九年—一九六二年）を忘れてはならない。彼はセント・ルイスのワシントン大学で建築を学んだ建築家であるが、実施された建築作品は恐らく無い筈である。偶然にもチェルニホフと同年に生まれた彼は、同じように経歴の早い時期から建築よりもむしろ建築レンダリングに特化していったのであった。彼は一九一二年にニューヨーク市に移住するが、当然に仕事はニューヨークの建築家のプロジェクトのレンダリングであり、従ってスカイスクレーパー、摩天楼建築を描くことが殆ど総てであった。一九二〇年には彼は自らのスタイルを確立していたが、それはモノクロームの木炭画のような茫洋としたタッチで、夜間、朧気な照明が当てられて霧や雨のなかから霞みながら立ち現れるネオ・ゴシックの高層ビル、という現代都市のデモーニックな雰囲気を表したものであった。一九一六年、ニューヨーク市にゾーニング法と呼ばれる建築規制が課せられる。これは高層ビルの容積をその敷地面積に応じて制限するというもので、高層建築都市の高密度化にたいし制限を加えるものであった。現在の我が国の斜線制限と似たような制限で、高くなるにつれて建築はセット・バックしなければならないというものであった。しかしこの制限が具体的にどのような影響を高層建築デザインに与えるのかに関しては殆どの建築家が理解していなかった。そこで、建築家ハーヴェイ・コーベットがフェリスにこの制限が高層建築の形態をどう変えるのかを図示して欲しいと依頼したのである。この依頼の実行の過程で彼は一冊の書物の出版を思いついた。そして出版されたのが『明日のメトロポリス（*The Metropolis of Tomorrow*）』一九二九年）である。この書は三部からなっており、第一部は既に実施された高層建築、第二部はゾーニング法が適用された時の可能的高層建築、第三部が「空想されたメトロポリス（An Imaginary Metropolis）」と題されたレンダリング集である。ところが予想に反して最も魅力的なパートは、第三部「空想されたメトロポリス」ではなくてむしろ第二部なのである。逆説的になるが、想像力は全く自由に解き放たれた時よりも、何らかの制限を加えられた方がより豊かに働くようである。しかしこの未来のメトロポリスはネオ・ゴシックの中世的カテドラルの鐘楼が林立しているような過去的未来、すなわちユートピア＝ディストピアのイメージであって、サイエンス・フィクションにも大きな影響を与えた（図26）。例えばバットマンのニューヨークすなわちゴサム・シティ、スカイ・キャプテンの未来都市、ブレード・ランナーのロス・アンジェルス、そう

図26　メトロポリス

図27　シカゴ・トリビューン新社屋コンペ応募案の例。右側のものはブルーノ・タウトの案である。

してスター・ウォーズの未来都市はフェリスの直系なのである。

一九二二年、近代建築（Modern Architecture）の展開においてエポック・メイキング的になった競技設計が米国で行われた。それはシカゴ・トリビューン新聞社の社屋を「最も美しい高層オフィス・ビル」として提案するというものであった。シカゴは高層オフィス・ビルの発祥の地であり、それに特化したシカゴ派と呼ばれた建築家グループは、実は現代の超高層ビルデザインの原型を創ったのであった。そうしたシカゴにおけるコンペであるから、当時の前衛的建築家はヨーロッパからも多数エントリーしたのである。しかし時代の建築デザインの主流はなお様式折衷主義であり、高層建築であればそれは当然ネオ・ゴシックであって、果たせるかなジョン・ハウエルズ（一八六八年―一九五九年）とレイモンド・フッド（一八八一年―一九三四年）の提案したネオ・ゴシックの案が一等になって建築されたのである。ちなみにフェリスはこの一等案の美しいレンダリングを描いて前掲書に収めている。シカゴ・トリビューン社はこの応募案全部を集成した『シカゴ・トリビューン新社屋競技設計作品集（*The International Competition for New Administration Building for The Chicago Tribune*）』（一九二三年）を刊行した。当時の前衛的建築家の殆ど総てが参加したこのコンペの作品集はある意味でモダニズム建築のマニフェストでもあったのである。それに収められている折衷主義ではないデザインを見ると、当然にモダニズムの先駆である抽象的幾何学的形態のデザインがあるのは勿論だが、過去の様式の折衷ではなくてそのパロディであるデザインが散見される（図27）。これらはまさにその半世紀後のポスト・モダニズム建築を幻視したものだったのである。

参考文献（参照文献は文中に掲げてある。）

ハンノ＝ヴァルター・クルフト、竺覚暁訳。『建築論全史Ⅰ・Ⅱ』、中央公論美術出版、二〇〇九年―二〇一〇年。

Hanno-Walter Kruft, *Städte in Utopia*, C.H. Beck, 1989

Franco Borsi, tr. *Deke Dusinberre, Architecture and Utopia*, Hazan, 1997

University of St. Thomas ed. *Visionary architects, Boulee Ledoux, Lequeu*, University of St. Thomas, 1967

Robert Klanten and Luckas Feireiss ed., *Beyond architecture*, Gestalte, 2009

George Collins, *Visionary Drawings of Architecture and Planning 20th Century thorough the 1960's*, MIT Press, 1979

Christian W. Thomsen, *Visionary Architecture*, Prestel, 1994

Ernest Burden, *Visionary Architecture*, McGrow-Hill, 2000

Niel Bingham, et. Al. ed. *Fantasy Architecture 1500-2036*, Hayward Gallery Publishing, 2004

図版出典

1 Antonio di Pietro Averlino（Filarete, c. 1400 - c. 1469）, *Libro architettonico*, the Codex Magliabechiano, c. 1465; held in the archives of the Biblioteca Nazionale Centrale di Firenze.

2 Antonio di Pietro Averlino（Filarete, c. 1400 - c. 1469）, *Libro architettonico*, the Codex Magliabechiano, c. 1465; held in the archives of the Biblioteca Nazionale Centrale di Firenze.

3 Francesco di Giorgio Martini（1439-1501）, *Il Trattato di architettura civile e militare*, Codice Magliabecchiano n.141（c. 1470s）, Biblioteca Nazionale di Firenze.

4 Francesco di Giorgio Martini（1439-1501）, *Il Trattato di architettura civile e militare*, Codice Magliabecchiano n.141（c. 1470s）, held in the Biblioteca Nazionale di Firenze.

5 Colonna, Francesco（1432/33-1527）, *Hypnertomachia poliphili, vbi hv mana omnia non nisisomnivm essedocet atqve obiter plvrima scitv sane qvam digna com memorat*, Venetiis, 1499. 金沢工業大学「工学の曙」文庫所蔵。

6 Vitruvius Pollio（fl. 25 B.C.）, *Di Lucio Vitruvio Pollione De architectura libri dece traducti de latino in vulgare affigurati*, Ed by Cesariano Cesare di Lorenzo, Como, 1521. 金沢工業大学「工学の曙」文庫所蔵。

7 Vitruvius Pollio（fl. 25 B.C.）, *Vitruvius Teutsch Nemlichen des aller Namhafftigisten un Hocherfarnesten...*, Nürnberg : Johan Petreius, 1548. 金沢工業大学「工学の曙」文庫所蔵。

8 Thomas More（1478-1535）, *Libellus vere aureus, nec minus salutaris quam festivus, de optimo rei publicae statu deque nova insula Utopia*, Leuven, 1516.

9 Daniel Specklin, *Der Architectura von Vestungen*, Strassburg, 1589.

10 Jacques Perret, *Des Fortifications et artifices d'architecture et Perspective*, Paris, 1601.

11 Charles Lenormant（1802-1859）, *Rabelais et l'architecture de la Renaissance : restitution de l'abbaye de Thélème*, Paris, 1840.

12 Jonathan Swift（1667-1745）, *Voyages de Gulliver*, Paris, 1727.

13 Juan Bautista Villalpando（1552-1608）, *Ezechielem Explanationes II*, Roma, 1604.

14 Johann Bernhard Fischer von Erlach（1656-1723）, *Entwurff einer historischen architektur*, Vienna, 1721. 金沢工業大学「工学の曙」文庫所蔵。

15 Paul Decker（1677-1713）, *Furstlicher baumeister*, Augsburg, 1711-1716. 金沢工業大学「工学の曙」文庫所蔵。

16 Ferdinando Galli da Bibiena（1657-1743）, *L'architettura civile preparate su la geometria, e ridotta alle prospettive*, Considerazioni pratiche, Parma, 1711. 金沢工業大学「工学の曙」文庫所蔵。

17 Giovanni Battista Piranesi（1720-1778）, *Le antichita Romane*, Roma, 1756. 金沢工業大学「工学の曙」文庫所蔵。

18 Giovanni Battista Piranesi（1720-1778）, *Campus Martius antiquae Urbis*, Roma, 1762.

19 Étienne-Louis Boullée（1728 -1799）, *Cénotaphe à Newton*（1784）, held in the Bibliothèque nationale de France.

20、21、22 Claude-Nicolas Ledoux（1736-1806）, *L'architecture consideree sous le rapport de l'art, des moeurs et de la legislation*, Paris, 1804. 金沢工業大学「工学の曙」文庫所蔵。

23 Jean-Jacques Lequeu（1757 -1826）, *Porte de sortie du parc des Plaisirs, de la Chasse du prince*, c. 1800, held in the Bibliothèque nationale de France.

24 Hanno-Walter Kruft（1938-1993）, *Geschichte der Architekturtheorie*, 2 Auflage, München, 1986.

25 Iakov Georgievich Chemikov（1889-1951）, *Arkhitekturniie fantazii*, Leningrad, 1933. 金沢工業大学「工学の曙」文庫所蔵。

26 Hugh Ferriss（1889-1962）, *The Metropolis of Tomorrow*, New York, 1929.

27 Chicago Tribune（ed.）, *The international competition for new administration building for the Chicago Tribune*, Chicago, 1923. 金沢工業大学「工学の曙」文庫所蔵。

ヴィンチェンツォ・スカモッツィの建築制作論

下川　勇

はじめに

画家レオナルドや彫刻家ミケランジェロといった、現代でも有名な芸術家たちが活躍したイタリア・ルネサンス。諸芸術作品の完成度が高まるにつれて、マニエリスム芸術とバロック芸術がその存在感を増し、イタリア・ルネサンス期が終焉を迎えるのは十六世紀。この時代にヴィンチェンツォ・スカモッツィ（Vincenzo Scamozzi 一五四八〜一六一六年）は生まれ、イタリア・ルネサンス最後の建築家として、古典主義（またはウィトルウィウス主義）に連なる建築論を完成させた。これには『普遍的建築のイデア（*L'Idea della Architettura Universale*）』（Venezia 1615）というタイトルが付けられ、後に古代の様式を模した建物を建設しようとするヨーロッパ諸国で広く参照されることになる。本論は、この建築書の諸概念に光をあて、彼の建築制作論を代弁しようとするものである。

スカモッツィの建築制作にかかわる諸概念については、すでに筆者は学位論文で取り上げている。学（scienza）、発想（invenzione）、素描（disegno）がそれである。この三概念は、彼の建築理論の幹を形成し、例えば古典主義建築理論に見られる建築六原理なども、この幹から派生する建築原理として取り扱われている。古代ギリシャ哲学を引用した議論も、この三概念の正当性を証明するためのものであったとみられる。

頁数にも限りがあるので、本論では種々の背景は割愛するが、スカモッツィの建築理論には、もう一つ重要な概念が存在する。それは技の熟練（peritia dell'arte）と言い、彼が職人の領分と位置づけている概念である。スカモッツィの建築理論は、建築家が学を修め、その上で発想し、その発想を素描（図面化）し、そして最後にその素描を職人に渡すところまでを対象としている。建築家は優秀な職人を選ぶ能力を具えていなければならないとするが、職人の手仕事に口を挟むことはできないので、建築家の仕事は素描までと、スカモッツィは考えている。したがって、彼の建築制作論は素描で完結するということになるが、建築家の領分と職人の領分を分離している彼にとって、理論と実践（技術）の関係を論じることは、建築を学と定める最も重要な議論であった。本論の全体にわたって、この理論と実践（技術）に関する話が登場するので、注目してほしい。

一　『普遍的建築のイデア』とはどんな建築書か

背景の割愛を述べたばかりだが、『普遍的建築のイデア』（以降『イデア』と表記する）の特徴については触れておこう。ウィトルウィウス（紀元前八〇年頃—紀元前二五年頃）を手本として建築書を著したアルベルティやパッラーディオなど、イタリア・ルネサンスを代表する建築家の足跡を辿るように、スカモッツィは父親のすすめでラテン語の学校に通い、ウィトルウィウスの建築理論を研究し、理想的な建築への問いを深め、[1]『イデア』の構想へと至った。親交のあった歴史記述家ロドヴィーコ・ロンコーネは、当時のスカモッツィを「我々の時代のウィトルウィウス」[2]と讃えていた。

一五九〇年から一六一五年の四半世紀を懸けて、スカモッツィは八〇〇頁に及ぶ『イデア』を著した。長きに渡る執筆期間である。実在するのは六書分（第一、二、三、六、七、八書）、当初予定していた残りの四書分（第四、五、九、十書）は、寿命を案じて執筆を諦めたようである。しかし、この四書分は構想として『イデア』の第一書に記されているので、私達は彼の考えを知ることはできる。そこで、『イデア』の特徴を、スカモッツィが典拠としたウィトルウィウスの建築書（以降『建築十書』と表記する）との比較によって確認してみる。

両建築書の比較にあたって、各書の内容が纏められている目次を参照する。『建築十書』の目次は森田慶一の邦訳書[3]を参照し、これを簡略化して記すことにする。『イデア』については、一九九七年に通称パッラーディオ・センターから出版されたファクシミリ版を参照し、実在する六書分は目次が長々とした文章であるため、主旨を損なわない程度に要約して記し、構想止まりの四書分は、第一書に記されている文章からキーワードを抽出して記すことにする。

ウィトルウィウス『建築十書』

第一書　建築・建築家の定義、動物の身体構造と土地の健康性、城壁と塔の構造、建築の割当、悪気流を避けるための配置
第二書　家屋の起源、万物の元素、原料、素材
第三書　神殿の構成要素と形式、柱間形式の種類
第四書　オーダーの起源と種類、柱上部の装飾、神殿へのオーダーの適用
第五書　公共建築の種類と構成、港
第六章　気候の影響、住家の構成要素と配置、ギリシャの住家、基礎工事
第七書　壁の構造と装飾、壁画とその原料
第八書　水脈探査、水や温泉の性質、水を引く方法
第九書　天空と惑星、占星術、日時計の原理や使用法や発明の由来
第十書　機器（メーカネー）の起源、その必要性と種類と用途

スカモッツィ『イデア』

第一書　建築の起源と変遷、建築家の能力、古今の著名な建築家の論議と作品、建築家の名声と報酬、建築家と施主と親方の関係、建築工事の諸経費
第二書　敷地の性質と種類、港、環境の種類、その性質と変化と影響（日時計）、要塞の形態と配置場所
第三書　私的建築の種類、古代住宅の由来と形態、邸宅と地域性の関係、旧来の水を引く方法と器械、貯水槽の設備と効果

第四書　公共建築と各階級に相応しい建物の種類
第五書　宗教建築、修道院、学習施設
第六書　オーダーの起源、その種類と定義、柱装飾および壁面装飾の規制、装飾に関する有益な論駁、古代の比例と尺度
第七書　建築材料の生産、その性質と準備物と用途、石の性質と種類
第八書　基礎の種類と用途、旧来の壁製作の手法、橋のヴォールト
第九書　完成に向けての様々な仕上げ
第十書　改修すなわち美と用を備えた建物への変換

さて、両建築書の内容には共通する部分が多く見られる。スカモッツィがウィトルウィウス主義の建築家であることに異論はないだろう。しかし、『イデア』の目次を改めてよく見ると、『建築十書』の第九書と第十書の各項目が存在感を失っていることに気づくだろう。知られる話だが、ウィトルウィウスは建築を、家を建てる術、日時計を造る術、器械を造る術の三部門に分類し、これによって『建築十書』を構成している。スカモッツィも「建築は（ウィトルウィウスも言うように）家を建てる術、日時計を造る術、器械を造る術という主要な三部門に分けられる」[4]と述べており、ウィトルウィウスと同じ考えを示している。ところが『イデア』では、日時計を造る術と器械を造る術は大きく取り上げられることはなく、各書で僅かに扱われているだけである。これは恐らく、十六世紀にいたって、天文や機器製造の理論と技術が進歩したためと思われるが、ウィトルウィウスに同意する三部門の表記は、それほど意味を持つものとは思えない。むしろスカモッツィが別の所で述べている建築の射程、すなわち、博識と訓練により得ることのできる予見（procognizione）、場所や構造や装飾の選択といった建設的手法（edificazione）、居住を可能にするための諸々の仕上げ（finimento）、古びた建築を美しく快適にするための修復（restaurazione）という四つのカテゴリーによって、『イデア』は記述されていると考える方が自然である。そして、この四つのカテゴリーが、『建築十書』の家を建てる術に内包される建築的手法であることは、実に分かり易い話だろう。

『建築十書』の枠に収まる『イデア』、このような特徴が見えてきた。だが、これは『イデア』が『建築十書』のコピーであること

を意味するのだろうか。スカモッツィのオリジナリティは存在しないのだろうか。

『イデア』にはウィトルウィウスを批評している箇所が幾つか見られる。例えば、ウィトルウィウスがピュテオスを否定的に論じているのに対してそれをスカモッツィは、ピュテオスがプリエーネのミネルヴァ神殿を計画し、その詳細を書き留めた人として称賛に値するので、「それゆえ私たちとしては、ウィトルウィウスはピュテオスをそれほど痛烈に批判するべきではなかった」[6]と述べている。[5]あるいはまた、『イデア』第六書・第五章の表題「オーダーについて、ウィトルウィウスの後に異なる考えを論じた人々について、つまりそれ以上でもそれ以下でもない五つ存在しなければならないオーダーについて」からは、ウィトルウィウスではなく、当時のオーダー論に準じていることが分かる。この僅かな例を見ても、スカモッツィが無反省的にウィトルウィウスを参照していたとは考えにくい。イタリア・ルネサンスの建築家達は、その人文主義的趣向から、ウィトルウィウスの『建築十書』に典拠を求めた。このうち建築のオーダーに関する論考を著した建築家も見られたが、ウィトルウィウスの偉業を引き継ごうとする、とりわけ理論を強調して十全な建築書を著そうとした建築家も見られた。だが、スカモッツィも含まれる後者の建築家達は、単にウィトルウィウスを引用するのではなく、当時の思想や独自の理想を織り込みながら建築書を著していったのである。

1　理想的な建築家像

スカモッツィの場合、独自性が特にあらわれているのは、第一書で述べられている建築家（延いては建築）の定義づけである。これは、彼の建築制作にかかわる考えを知る上での重要な論点なので、確認しておこう。

ウィトルウィウスは建築家に特別な職能を与えたが、その内容を明確に規定しているわけではなかった。[7]これに対してスカモッツィは、手作業を本分とする職人を引き合いに出し、建築家の特別性を規定しようと試る。彼は建築家の職分を示すために、ウィトルウィウスの「建築家を公言している人々が真実技術によってでなく、まちがって建築家と呼ばれている」[8]という一節を引用し、同時代の人々の様子を紹介しながら、次のような問題を提起している。

我々の時代には次のような人々が数多く見られる。それは読み書きの術や大いに必要な事物を研究したり観察したりする術を熟知していないにも関わらず、尊い学問に没頭し、優れた知性や研究者に相応しい高貴な職業に専念する人々である。こうしたことは、その大部分が卑劣で低級な精神を具えた利益に執着する人々に由来するのである。(9)

極めて厳正な意見である。貴い学問に相応しくない精神をもった人が、貴い職業に就いているという分析である。さて、建築家とそうでない者とを区別しなければならない必要性を示したスカモッツィは、「建築家の知識は多くの学問と種々の教養によって具備され、この知識の判断によって他の技術によって完成された作品もすべて吟味される。それは制作と理論から成り立つ」(10)とのウィトルウィウスの文章を引用し、さらに「それ故、みずから建築家を公言するものは両方（筆者補足：制作と理論）共に精通していなければならぬと思われる。こうして、建築家はまた天賦の才能に恵まれていなければならないし、学習にも従順でいなければならぬ」(11)というウィトルウィウスの考えに同意を示しながら、自らも建築家に必要な能力を列挙していく。

それ故、大いなる道理として我々は、建築家に多くの責任を負わせるのである。つまり、天賦の才や身に付けた学（scienza）によるもの同様、建物やそれらの各部分や装飾の全種類の理解と認識、そして種々の発想（invenzione）や素描（disegno）や原形を規定する術などである。……さらに作品を組み立てるために経費をしっかりと間違わずに計算したり、材料を考慮したりといった方法を入念に検討する術をも熟知していなければならない。さらにはまた、統率力があり、すべてを良い方向に導き、最後までよく指示のできる棟梁を選ぶ術をも熟知していなければならない。(12)

建築家は、天賦の才や学的知識は勿論のこと、始まりの思考から終わりの建設まで、建築制作にかかわる全てを熟知しておく必要があると述べられている。まさに理想的な建築家像だろう。

2 建築家と職人の差異、すなわち理論の優位性

このように理想的な建築家像が示されたわけだが、さらにスカモッツィは、ウィトルウィウスが論理的証明を省いていた建築家と職人との関係を明確にすることに拘り、建築家の特別性を証明しようと試みる。

スカモッツィは、エレアからの客人と若きソクラテスを対話させ、政治家の知識とそうでない人の知識との相違を証明しようとしたプラトンの次の文章を参照し、考察を再開する。「ところがじつは、さらに建築家というものもすべて、この当人自身は自分で手をくだして働く職人ではなくて、職人たちの支配者なのだ」。[13] この一文は、国家を運営する政治家のかわりに、例として建築家がたてられ、建築家の知識の特殊性を示そうとした命題であり、プラトンによって次のような結論が導かれている。すなわち、計算を専門職とする計算家が判定のみを目的としているのに対し、建築家は判定を行い、なおかつ「職人たちのめいめいに適切な指示を与えながら、指示された仕事が完成するのを見届ける必要がある」。[14] したがって、建築家の知識と計算家の知識とは、ともに知ることだけを目的とする純粋な知識となるが、「その一方が判定のみをくだし他方が命令をくだすのだという点で、相互に異なっているのではないか」。[15] このようにしてプラトンは、建築家を命令をくだす知識の所有者として、職人を命令を受ける者として定義づけるに至っていた。スカモッツィはこの教義を引用して、建築家と職人との間に境界線を引いて、建築家を支配する者、職人を支配される者と定めて、アルベルティの言葉を借りて次のような結論を導くことになる。「手法については（アルベルティが言ったように）、建築家が頭の中で構想したものが後に実行に移される際には、職人の手や手段は建築家の道具になる」。[16]

このようにしてスカモッツィは、建築家と職人を区別することに成功した。そしてプラトンの言うように、建築家は「職人たちのめいめに適切な指示を与えながら、指示された仕事が完成するのを見届ける必要がある」ことも認め、建築家の純粋な理論知とともに、職人を支配するための制作にかかわる技術知をも熟知する必要性を認識するに至っている。

最終的にスカモッツィは、建築家に「職人としてのみならず哲学者としても」[17] 存在するべきことを明言するが、しかしながらこの彼の思考は、究極的には「建築は思索的な学（scienza）である」[18] といった、理論と技術を二分する特徴的な結論を導くことにもなった。

この結論は明らかに、作品分析のために理論が存在するとしていたウィトルウィウスの考えに対し[19]、作品を制作するために理論が存在すると考えていたスカモッツィの独自性があらわれている。制作と理論は建築家に必要なものであるが、その制作は理論を根拠にしているので、理論こそが建築のイデアなのだという結論である。

なぜここまで建築＝学の形に拘ったのだろうか。周知のとおり、イタリアの十六世紀は、芸術家と職人との区別が次第に意識され始めた時期にあたり、絵画と彫刻の優劣も盛んに議論されていた。このいわゆる諸芸術比較論争と彼の学への拘りを切り離せないでいるのは筆者だけであろうか。『イデア』の扉絵に表現された理論と実践の寓意像を眺めていると、建築が諸芸術の上位に位置するべき存在であるというスカモッツィの強い意志が感じられてならない。

二　建築は学である

本論の冒頭で述べたように、建築制作に関わる直接的な議論は、建築家の領分すなわち学、発想、素描を通じて行われている。この三概念は、建築家が建築制作を実践する上での学び、その学びによる発想、その発想を図面化する素描という順序を持っており、したがって学は、建物を完成に導くためのスタートであり、この内容如何で発想に変化を生じさせる性質をもつ。

1　scienzaとは、どんな言葉

scienzaはラテン語のsciēntia（知識・学・原理・理論）に由来し、語根sci-からなるラテン語の動詞scīre（sciō：わたしは知っている・理解する）を語源に持つ。また、この語はイタリア語のsapereと関連する。sapereはラテン語のsapere（原義は味わう。後に分別をわきまえる・知るへと転義する）に由来し、sapiō（わたしは味わう・理解する）を語源に持つ。ダンテは『饗宴（Convivio）』の中でconoscenzaとcognizioneを、scienzaの同義語として用いたようである[20]。conoscenzaはラテン語のconōscere（cōgnōscere）に由来する。conōscere（cōgnōscere）は接

頭辞con-（cum-）を伴ったnōscereであり、nōscō（わたしは認識する・経験する・知っている）を語源に持つ。そしてcognizioneはconōscere（cōgnōscere）の過去分詞cōgnituから派生したイタリア語の形容詞cognitoの派生語である。このようにscienzaは、scīreという語源から派生し、sapiōという語源、そして拡大的に捉えるならばnōscōという語源にも関連しており、知に関わる包括的な語であると言えるだろう。

このscienzaは、イタリア語辞典では「神が現実の、あるいは起こりうる、または現在の、あるいは未来の事柄を知る知的能力」、あるいは「より一般的には、知識（sapere）、学識（dotrina）、また秩序があり一貫性のある認識の全体」、またあるいは「特に固有の方法によって、行為に関する特殊な秩序をともなった認識に到るために、人間の思索的な活動を分類した様々な部門のそれぞれ」と定義されている。(21)

このような意味をもつscienzaをスカモッツィは次のように説明している。「（scienzaは）神と人間が創造した作品の原因についての研究であり、良い生き方や道徳的な行為を教示するものであり、この世界に唯一、人間に幸福をもたらすことのできるものである。……scienzaは真実によって編まれた知性の衣であり、精神的、自然的もしくは自然をも越えうる存在である。……scienzaは一方から他方に伝えられるゆえ、我々の知性と精神に内在する。……scienzaは具体的な言葉をもつことから疑わしい点はなく、したがって教えることも学ぶこともでき、事物すべての基準となり尺度となる」。(22)

このスカモッツィの考え方は、およそ上記のイタリア語辞典の解説と同じと見てもいいだろう。邦訳するならば学もしくは学問と表現できるだろう。

2　建築と学と術

知の包括的な意味をもつ学であるが、スカモッツィは、学には「活動的すなわち行為的学と理論的学がある」(23)と言っている。通常、このような知の二面性を示す際には、古代ギリシャ哲学を介在させ、純粋知と経験知の議論になるが、議論好きのスカモッツィにしては珍しく、この二面性は直接、建築に結ばれている。

「建築は理論的には思索を通じて、数、寸法、形態、材料、本来的な教訓、人為的なもの、そしてその他を利用する」[24]とあるように、スカモッツィは建築を精神の抽象化、思索の所産としている。彼が「建築は思索的な学である」とか、「建築はとても高尚で卓越した学である」[25]と主張するのは、このような思索至上的な思考による。この時、学は建築の目的となり、建築の上位概念として設定されることになる。

一方、学は「事物すべての基準となり尺度となる」とも考えられている。「建築家の目的は、疑いなく大いなるヴェヌスタとデコロを獲得することにある」[26]と述べ、学を通じて、建築作品の完成の状態にかかわる建築原理ヴェヌスタとデコロの獲得を目指そうとしている。この時、学は建築の方法となり、建築の下位概念として位置づけられることになる。

このようにスカモッツィは建築と学の関係性を巧みに操りながら、学を建築制作の基本に設置し、建築家に学の修得を義務づけた。では、建築家が修得すべき学とは一体どのようなものなのだろうか。スカモッツィはこれを術（arte）[27]として論じている。

術には四種類あると、彼は述べている。それは「学識的（dottrinali）で自由的（liberali）なもの、現実的（attuali）もしくは力学的（meccaniche）なもの、そして模倣的（imitatrice）なもの、行動的（operative）もしくは実際的（pratiche）なもの」[28]である。学識的で自由的な術は自由学芸（arti liberali）と総称されている。この術は「力学の術（arti meccaniche）とは異なり学と呼ばれる」[29]との言葉どおり、学の術として、「手仕事ではなく、ただ知性のみを駆使する」[30]ものとされている。自由学芸には七学科あり、そのうちの三科は「精神哲学に属し博識に由来する」[31]ものとして、文法、弁証法、修辞学が含められている。この三科は、学における哲学の優位から、残りの四科よりも上位に位置づけられている。残りの四科は数学の科目、すなわち算術、幾何学、天文学、音楽である。これらは数的基準や秩序を生み出すための科目とされている。これらの科目設定は、古代以来、時代や編成者によって包括する範囲や組み合わせに違いはあるが、スカモッツィは中世の流れを汲んでいると思われる。[32]さらに遡れば、プラトンの所謂学問論（すなわち上位の問答法と下位の数学科目）に結びつくことになるだろう。これは、スカモッツィが方法よりも観念を重要視していることを示している。

上位・下位に分類される学としての自由学芸に対して、力学の術、模倣の術、行動的もしくは実際的な術は、実技的な術と言えるだろう。

力学の術は、「見事な器械や道具を製作するために、人間の思考に加えて才能や手を巧みに利用する」術であり、「荷物を上げたり運んだり、自動的に水をひいたり」するための術である。これは、人間の労働を助ける器械や道具の製作に限定された術で、スカモッツィはこれを「建築に支配される」ものとしている。[33]

模倣の術は、自然や術そのものの模倣の術であるとスカモッツィは考えており、この術を「学と命名したプリニウスの見解には反するが、絵画、彫刻、装飾に属する」[34]という、諸芸術の統合が目指されていた当時としては、反時代的な見解を示している。視点を変えて制作的な議論を見ると、「画家や彫刻家、そしてその他の多くの立派な作り手にとって、多くの様々な形を見出すことはとても容易なことである。それは彼らが絶えず自然もしくは術を模倣するからである。それに対して建築家は、その者たちとは異なり、自然や人為的なものを直接利用することができないため、常に様々な形を研究していくのである」[35]としている。スカモッツィは、建築家に人体比例図を用いて建物を制作するよう求めているのだが、これは数学を経由する図形の研究であり、彼にとって学となる。一方、画家や彫刻家は自然そのもの、術そのものを真似る制作方法であり、学とはならない。彼はこのような考えを持っていた。

行動的もしくは実際的な術は、現実的な建設行為にかかわる術だが、農業や猟などのように安定した収入がなく、また永続性を持っていないため、スカモッツィはこの術の取扱いを避けている。[36]

三　知性に内在する美しい理念から生まれる発想と素描

観念的な上位の学と数学的な下位の学に分類される自由学芸により、建築家は発想（invenzione）し、素描（disegno）することになる。この発想と素描は、スカモッツィの論考では並置されている場合が多い。それは、この二つの概念・方法が連係的な関係にあること、別の見方をすれば、思索と制作という論理的に分離が難しい関係にあることにも起因している。つまり、発想から生み出されたイメージを素描するという、建築制作では常に対になる関係にある。

発想と素描は、建築制作では中心的な作業である。私たちの建築設計におけるエスキスと製図の関係にあたる。スカモッツィは素描を発想の付随的な作業と見なしていた。これは彼の特徴であるが、思索至上的な思考では、素描すら手仕事になるのだろう。自由学芸を基本として発想し、それを素描する限りにおいて建築は学となるが、この素描は、画家や彫刻家もおこなう芸術表現の手法である。スカモッツィとしては、発想こそが完結された建築の姿である、実はこのように考えていたのではないかと、筆者は思う。

このような筆者の憶測にかかわる発想と素描について、以下、その建築制作の内容を見ていこう。

1　invenzioneとは、どんな言葉

invenzioneは、ラテン語のinventiōneに由来し、後期ラテン語の動詞inventāreを語源にもつ。このinventāreは、invenīreからの派生語である。invenīreは、イタリア語のdentroと同義のin（場所的：内で・内部に、時間的：間に・内に）と語根ven-, vent-を導く動詞venireすなわちveniō（わたしは来る・達する）から構成されており、探しあてる・ものを得る・知る・悟るなどを意味とする。[37]このように語源を見ていくと、invenzioneが本来は「内に来る」という意味あいをもつ言葉であることがわかる。また、イタリア語辞典[38]によると、invenzioneは次のように定義されている。「新しい目的、成果の発案（ideazione）、創造（creazione）、導入（introduzione）、あるいはまた生産の方法、一般的には労働をより軽減することのできる方法や新しい活動を確定することのできる方法、人間の進歩に貢献することのできる方法……などの発案、創造、導入」、「より抽象的な意味において、イメージによって思いつくこと（concepire）、考えつくこと（ideare）の行為」、「芸術家が自ら現実を抽象し、あるいは現実を観念的に解釈しながら芸術制作に材料を与える想像の創作行為」。このように定義されているinvenzioneをスカモッツィはどのように考えていたのであろうか。

偉大なる神の至高の恩恵により、唯一人間にのみ、知性や記憶や意志といった能力をそなえた理性的な精神が与えられた。それゆえ博識や教養という手段を用いて実行される研究や勤勉さによって、従順で本来的な人間が絶えず潜在的な能力を洗練していくことができると考えられる。この洗練された能力によって、人は良い判断を行うことができ、その判断によって道理を探究することができるようになり、この道理によって原因や同一物の認識に到るのである。この法則によって人間は博識になり、最終的には我々の知性に内在する美しい理念が生まれるのである。この美しい理念によって建築家は、自らが望む事柄の、素晴ら

しい invenzione や優美な disegno を身につけるのである。[39]

この一節には、スカモッツィの理想とする建築家の知の構造が示されており、invenzione が「知性に内在する美しい理念」、言わば神を根源とする精神の産物と認められている。

このように認められる invenzione を、彼は、ウィトルウィウスの「inventio とはわからない問題を解明することであり、新しい事柄の理法を柔軟な頭で見いだすことである」[40]という一節を引用して、はっきりとその意味を示している。これは、私たちが普段使用する「発想」という言葉に近い概念であろう。このように見ていくと、彼の invenzione は、語源に沿って「内に来る」何か、頭の中で創り上げられる何かが想定されており、また、イタリア語辞典が示す一般的定義にもおよそ合致していると見なされる。

2　ミクロコスモスとしての人体と数的図形

スカモッツィは、発想（invenzione）の際に用いられる形（forma）について論じている。「事物すべては我々の知性によって明瞭になり、形によって完全になるのだから、形の優れた認識と熟知に到達することができるように論じていく。……形は美しい発想を見いだす大いなるきっかけになり、素描のきっかけにもなる」[41]。形は、美しい発想（そして素描）を導く「きっかけ」を与えるもの、つまり発想の源になると、彼は考えている。

スカモッツィによれば、形には数的な形と感覚的な形がある。数的な形には自然の形（forma natural）と数学的な形（forma mathematica）とがあり、感覚的な形には人為的な形（forma artificiale）がある。[42]自然の形と数学的な形は数によって把握され、人為的な形は経験によって把握されるという考えである。さらに、自然の形と数学的な形が建築あるいは建築家の形と呼ばれるのに対して、人為的な形は「人為的なもののなかでその形が職人の仕事の目的になる」[43]とされ、職人に関連づけられている。このような形の分類によると、彼が建築家に要求している発想が数的領域にあることは明白である。これはまた、発想が自由学芸の下位とされる数学の科目により成立していることを示してもいる。

さて、自然の形には二つの捉え方があると、スカモッツィは考えている。そのひとつは「潜在的なもの」であり、これは「劣化しやすい素材に関連づけられる前に、知性的に抽象的にイメージされる」もの。[44] もうひとつは、「素材そのものに実在する」もの。[45] そもそも自然の形は、「動物、特にすべてにおいて最も卓越した形に守られた人間に見出すことができる」とされる。[46] これは、イメージとしての形と被造物の形態が自然の形であることを示している。自然に対するイメージと被造物の形態は多様であるが、スカモッツィは主として人間（人体）の形態を建築の制作に関連づけている。

「偉大なる神の至高の恩恵により、唯一人間にのみ、知性や記憶や意志といった能力をそなえた理性的な精神が与えられた」。しかしながら、こうした人間の知性をもってしても、自然の形に建築の最終目的を見いだすことは容易ではないと、スカモッツィは述べている。なぜなら、人間の身体には「ギリシャ語のミクロコスモス、すなわち小さな世界」[47] が内在しているからである。[48] したがって、「小さな世界」そのものである人体、言い換えれば「至上の奇跡」[49] ともたとえられる人体としての自然の形を完全に把握することは、「人間の判断では十分でない」。[50]

だが、人間は知性を駆使してこの形を具現化することができるという。それは、自然の形を図形化すること、建築に直接関係づけることができない人体の形態から、規範的な数値を抽出することによって普遍化することである。

> 建築家は、その他の者たち（画家や彫刻家）とは全く異なり、自然的なものや人為的なものを適切に利用することができないかぎり、常に形を研究し、第三の形を見いだすのである。[51]

つまり建築家は、自然、主として人体を直接利用することができないため、人体の形を研究し、そこに第三の形すなわち数学的な形を見いだすことによって、自然（人体）の普遍的構造を理解する、彼はこのように考えているのである。

スカモッツィは人体の数を次のように設定している。

> 髪の毛の生え際から顎まで――1、顎から喉もとのくぼみまで――1/2、喉もとのくぼみから乳房・乳房まで――1、乳房から

臍まで——1、臍から性器まで——1、性器から太腿の中間まで——1、太腿の中間から膝関節まで——1、膝関節から膝下の中間まで——1、膝下の中間から足首まで——1、足首から踵まで——1/2、喉もとのくぼみの中間から肩の先端まで——1、肩の先端から肘まで——1・1/4、肘から手首まで——1・1/4、手首から指の先端まで——1

スカモッツィは、この人体から抽出された数によって円形、正方形、長方形という図形を構成し、それぞれに相応しい建築空間や都市空間を設定している。円形は「他の如何なる形よりも空間を完全に取り囲むもの」[52]であり、その他の図形を生み出す原初的な図形となる。つまり、「円形によって、規範的な形すべて、すなわち面や等角などが生じる。この規範的な形は、宮殿や聖堂、広間や応接間や各部屋、その他の公用の部屋に容易に利用することができる」[53]としている。そして、この円形に内接する正方形は、「少なからず空間の節約とともに敷地を囲み、区画内の配置を通じて快適になり、立面や外観に調和をあたえる」とした上で[54]、「教会や修道院やその他の公的なもの、町や郊外の私的なもの、そしてヴィッラにおいても頻繁に利用されている」と図形の長所を述べている。[55]もうひとつの長方形は、スカモッツィはこれをあまり薦めていない。その理由は二つあり、そのひとつは都市計画上の問題である。つまり「多くのものを包囲する必要のある城塞について考えると、多くの空間を閉じ込められないし、内部の区画整理を十分に都合よく繰り返し行えない」[56]という理由。もうひとつは見栄えの問題として、「たとえこの図形が方形の素晴らしい外観を生み出すように思われるとしても、ある場合には釣り合いの取れた、符合した側面をつくり得ない」[57]という理由をあげている。

頭の中で思考する発想は複雑になりやすく奇想に陥りやすい。したがってスカモッツィは、自然の形から導かれた数学的な形によって発想する建築制作の方法を論じた。この発想の定義は、プラトンの「真・美」に通ずるものがある。『ピレボス』におけるプロタルコスとソクラテスの対話の中でプラトンは、プロタルコスに真実の快楽のあり方をソクラテスに問わせ、ソクラテスにその所在が単純な形態に潜在する美にあると答えさせている。この単純な形態とは、直線・円、それに基づいて構成される平面・立体など、まさに自然の本来的な姿であった。[58]このプラトンの解釈は、芸術に対してイデアの模倣である自然から絶対美を抽出する方法を提示するものであり、これはスカモッツィが述べている発想の方法と一致する。

発想に関するスカモッツィの論考には、素描という言葉が寄り添っている箇所が数多く見られる。このことは先にも述べたところである。発想は学（自由学芸）を根拠とする思索的な制作方法であるが、素描（disegno）とはどのような状態なのだろうか。disegnoは、ラテン語のsīgnumからきており、動詞dēsīgnāreを語源に持つ。このdēsīgnāreは、接頭辞dē-と語根sign-を導く動詞sīgnāreの合成語であり、dēは、あるものから由来した、という意味を持ち、sīgnāre（sīgnō）は、記号で記す・彫る・知らせるなどの意味を持つ。[59] すなわちdēsīgnāreは、何かあるものを表示する、このような意味を持つといえる。disegnoには本来このような意味があるが、スカモッツィはこれを「線によって自らの意図を具現化するものである」[60]としている。

3　二つの素描

スカモッツィは、この素描を二つに分類している。ひとつは建築家に固有の素描であり、もうひとつは画家や彫刻家が用いる素描である。この素描の違いは、両者の制作的態度の違いに起因している。彫刻家については、「彫刻家は象徴性を手段として、様々な自然や物体の特徴、つまり姿勢や動きを制作する」とし、画家については、「画家はある種の方法において、人間の行動の多様性、自然物、人工物、そして想像物を感覚的に表現するだけの詩人を模倣する」[61]としている。このような画家や彫刻家は、つまり「十分な教養、数学、素描するための美しい発想や方法を持ち合わせていない」[62]、このようにスカモッツィは断言している。この主張は、古典的には間違いではないだろう。そして建築家については、「むしろ建築は、思索と形、さらにはその他の普遍的なものに関係しているので、数学や自然哲学になぞらえることができるし、事物の形や本質を認識させなければならないので、建築家は雄弁家にもたとえることができる」[63]、このように位置づけている。この議論は、建築家と画家・彫刻家の素描の相違を、先に詳しく見た、学である自由学芸と学ではない狭義の模倣の術との相違として示した、彼の建築制作論において特徴的な部分である。スカモッツィは、建築家の素描を素描の学（scienza del disegno）と呼び、画家・彫刻家の素描を素描の技（arte del disegno）とあらわしている。

フランス語のデッサンや英語のデザインにあたる素描（ディゼーニョ）が、美術史上で意義を持ち始めたのは、建築・絵画・彫刻を素描の姉妹芸術としたヴァザーリによる。ヴァザーリ以前にも素描は、諸芸術において、制作上の必要条件として議論されてきた。それはすでに初期ルネサンスではアルベルティが、素描の理論を絵画理論や建築理論の中枢のひとつに設定していることからもわかる。[64]また、ギベルティが『回想録』で、素描の理論を彫刻家の補助学として設定していることからもわかる。このように諸芸術における素描の意義は以前より認識されていたが、ヴァザーリは素描を諸芸術に通底するものとして、所謂『列伝』に明記していた。

ヴァザーリはこう述べている。「われわれの三つの芸術、すなわち、建築・彫刻・絵画の父である素描は、知力に導かれながら、その尺度において唯一無二の自然のよろずの物の形式あるいは観念に似た、一つの普遍的判断を、多くの物からひき出すのである。それがために、人間や動物の体のみではなく、さらに植物においても、また建物や彫刻や絵画においても、全体が諸部分とのあいだに、また諸部分が互いのあいだや全体とのあいだに持つ比例というのを、それ（ディセーニョ）は認識する。さらに、この認識から、ある種の着想［筆者注：concetto］や判断が生まれ、頭のうちでそれが形をなし、ついで手によって表されることになるものを素描と呼ぶ。したがって、この素描とは、以上のようにして心のうちに生じた着想、また他のばあい、頭のうちで想像し、観念の中でつくり上げた着想を、外に表出し明確化したものにほかならないと結論できる」。[65]これは、当時、諸芸術間の優劣論争の絶えなかった事態に、ヴァザーリが素描という概念を通じて、建築、絵画、彫刻を統合なしえた意義深い文章として知られるが、数的比例が着想の源となり、それを素描するというこの論理は、スカモッツィも同じである。ただ違うところは、スカモッツィの数的比例は、建築のみが対象となるという点である。これはスカモッツィの発想→素描という理論が、伝統的理論に恣意的解釈を加えたものであることを表している。

この、伝統的理論に恣意的解釈を加えた動機が問題になる。古代ギリシャでは、建築および建築家・技術者は、それぞれアルキテクトニケーおよびアルキテクトンの語があてられていた。この語の由来の、主として始原・原理を意味するアルケーと工匠・職人を意味するテクトンの語が示すように、建築家の技術は、事物の原理・原因を知る工匠の術として理解されていた。建築は最初から、知的活動の所産と見なされていたのである。一方の絵画・彫刻は、プラトンによってファンタスティケー（仮象をつくる術）すなわち単なる模倣の術とされ、建築の制作とは異なる低級の技術とされ、理想の国家から追放されていた。[66]この考え方は、イタリア・ルネサンス期に持ち込まれ、たとえ建築は社会的な地位が低くとも、絵画・彫刻とは区別された知的な芸術と見なされていた。このような歴史によると、スカモッツィの恣意的解釈とされ、発想→素描の考え方は、正統といえる。

また、別の見方をすれば、スカモッツィの時代に流行していたマニエリスム思想との関連を、疑うこともできる。ヴァザーリのディゼーニョ論には諸芸術が数的比例に陶酔している様子を見ることができるが、十六世紀後半には、数的比例から美を抽出する方法に、感覚的方法が加えられたり、感覚的方法のみの新たな美の創造法が主流となっていたようである。その顕著な例として、画家のフェデリーコ・ツッカロ（Federico Zuccaro 一五四二～一六〇九）が、『彫刻家・画家・建築家のイデア（*L'Idea de' Scultori, Pittori, e Architetti*）』（一六〇七）という著書の中で、素描を内の素描（disegno interno）と外の素描（disegno esterno）に分類し、内の素描を神から導かれる知的創造とし、外の素描を内の素描の具現化としている。(67) このツッカロの内の素描は、観照的な知による創造とされ、ヴァザーリやスカモッツィの数的な素描とは異なるものである。ツッカロがこの著作を発表したのが一六〇七年、スカモッツィの著作が一六一五年、両方の時期に着目して、両論に何らかの関連があると言ってしまうのは唐突だろうか。このマニエリスム芸術は、反古典主義とも言われ、経験に依存した感覚的な手法によって制作される芸術であり、(68) 発想→素描に学を結ぶスカモッツィの方法とは、相反するものである。スカモッツィが十六世紀後半のマニエリスム芸術を視野に入れて論じていたのであれば、先に述べた恣意的解釈は、恣意的とはならず、イタリア・ルネサンスの建築理論としては、唯一、古典主義的な視点から当時を正統に認識していたことになる。

以上、スカモッツィの建築制作を、彼の建築理論を構成する主要三概念である、学（scienza）、発想（invenzione）、素描（disegno）を通じて見てきた。彼が考える建築制作は、十分に学を修めている建築家が、その学を使用して自然（人体）から図形を導き、それを補助として発想すること、そして、その発想を線によって具現化するために素描すること、このような内容であった。議論の推移を、このように単純化すると分かり易いだろう。これがスカモッツィの建築制作論の根幹である。本論では紹介できなかったが、建物の造り方に直接かかわる建築六原理は、すべて発想の段階で吟味される議題である。また、材料の用い方等の現実的な問題は、本論の冒頭で述べたように、技の熟練（peritia dell'arte）にかかわる議論である。本論では、建築家の領分と職人の領分に区別するスカモッツィの建築制作論の性格に従い、また彼が「建築は学である」と主張する意志を尊重して、建築家に特化した考察をおこなった。以降、機会があれば建築六原理や職人の領域にも触れ、スカモッツィの建築制作論の全容を紹介したいと考えている。

註

1　「アクイラの優れたパトリアルカ、ダニエーレ・バールバロ猊下によって注解されたウィトルウィウスを精読する際、努力のすえ、最後はついにヴィチェンツァのヴィンチェンツォ・スカモッツィ独りの力で成し遂げた。これは三度にわたって実行し、特筆すべき事柄の全てを書き留めた……。これを私は一五七四年の四月四日から始め、今日一五七四年の七月二日に成し遂げた。言うなれば一度目は朗読を聴いていた。二度目はZoppinoの解説（筆者註：詳細不明）を用いず朗読を楽しんだ。そして今日三度目には、それを批評した。これによって私は苦労を省みず価値ある成果を望む人に、これが如何に受け入れられるべきものであるかを知った。したがって私は、彼が完全にもしくは少なくとも論じた建築の最も難しく必要に迫られた問題や建築家の要求を見出しながら、如何なる研究をもそれに位置づけていきたいと考えている。このことを仮に多くの人々が理解しているならば、彼に依存していることを僅かでも知っている建築家としての自身を容易には自慢しえないことであろう。ヴィチェンツァのヴィンチェンツォ・スカモッツィ。」Werner Oechslin, "Premesse a una Nuova Lettera dell'Idea della Architettura Universale di Scamozzi", in *Vincenzo Scamozzi, L'Idea della Architettura Universale*, Centro Internazionale di studi di Architettura Andrea Palladio, 1997 (Venezia, 1615), p.XXIII.　この覚書は十九世紀の批評家レオポールド・チコニャーラが所蔵していたバールバロ版『建築十書』に掲載されている。またチコニャーラはスカモッツィの研究成果をこのように評価している。「私はヴィンチェンツォ・スカモッツィの長年の研究についての自筆の草稿を所有していた。そこには全てにわたって信じられぬほどの豊かさをもった、批判的かつ重要な所見についての手書きの注釈が添えられていた。」L. Cicognara, Catalogo Ragionato dei Libri d'Arte e di Antichità Posseduti dal Conte Cicognara, vol.I, Pisa, 1821, p.134.

2　*Tutte l'Opere d'Architettura di Sebastiano Serlio Bolognese...Et un' Indice Copiossimo Raccolto per via di Considerationi da M.Gio.Domenico Scamozzi*, Venezia, 1584, p.（a 3 r.）; Werner Oechslin, *op.cit.*, p.XXI.

3　ウィトルウィウス『建築十書』の目次については、森田慶一訳注『ウィトルウィウス建築書』（東海大学古典叢書）、東海大学出版会、昭和四四年所収の「内容詳細目次」を要約。

4　Scamozzi, *op. cit.*, Parte Prima, Lib.Primo, Cap.II, p.7.

5　ウィトルウィウスがピュテオスを批判している部分は、技術に内在する理論を見抜けなかったこと、すなわち「かれはそれぞれの技術が二つのこと、すなわち実技とそれの理論、から構成されていることに気が付かなかった」（ウィトルウィウス前掲訳注書、第一書・第一章）ことであり、スカモッツィが述べているピュテオスのミネルヴァ神殿については、ウィトルウィウスは正しく評価し、ピュテオスを優れた先人のなかの一人として位置づけている。これについては、同書、第一書・第一章および第七書・序に明記されている。

6　Scamozzi, *op. cit.*, Parte Prima, Lib.Primo, Cap.IX, p.27.

7　「教養のない人や経験の浅い人または建築の知識はおろか職人仕事の知識すら持ち合わせていない人」（ウィトルウィウス前掲訳注書、第六書・序・二六七頁）と述べるように、ウィトルウィウスは建築家と職人とを区別していたが、明確に相違は論じていない。また、建築家の教養についても論じているが、「不足を感じない程度に」（同書、第一書・第一章、二一頁）と、その内容を曖昧にしている。

8　同書、第六書・序章、七、二六九頁。

9　Scamozzi, *op. cit.*, Parte Prima, Lib.Primo, Cap.XXIII, p.68.

10　ウィトルウィウス前掲書、第一書・第1章1、五頁。

11　同書、第一書、第一章3、七頁。尚、筆者補足の部分は森田慶一著『ウィトルウィウス研究』（森田慶一評論集4）、彰国社、一九五七年、一三頁参照。

12　Scamozzi, *op. cit.*, Parte Prima, Lib.Primo, Cap.XXIII, p.68.

13　*Ibid.*, Parte Prima, Lib.Primo, Cap.XXIV, p.70. 邦訳は、プラトン『ポリティコス』（プラトン全集3）、水野有庸訳、岩波書店、一九七六年、一九九頁参照。

14　プラトン前掲邦訳書、一九九頁［259e］。

15　同書、二〇〇頁［260］。

16　Scamozzi, *op. cit.*, Parte Prima, Lib.Primo, Cap.I, p.6.　スカモッツィがアルベルティを参照した文章は次のとおりである。「一体誰を建築家と見なそうとするのか、説明すべきであろう。もちろん私は大工を思い浮かべはしない。建築家を君は他の最高の教養の力と対比しているのであり、事実、職人の手は建築家にとって道具でしかない。」相川浩訳『アルベルティ建築論』、中央公論美術出版、昭和五七年、五頁。

17　Scamozzi, *op. cit.*, Parte Prima, Lib.Primo, Cap.VIII, p.24.

18　*Ibid.*, Parte Prima, Libro Primo, Cap.III, p.11.

19　ウィトルウィウスが作品分析のために理論が存在すると考えていたことは、ウィトルウィウスの次の言葉から読み取れる。「……制作とは絶えず練磨して実技を考究することであり、それは造形の意図に適うあらゆる材料を用いて手によって達成される。一方、理論とは巧みにつくられた作品を比例の方法によって証明し説明しうるもののことである」ウィトルウィウス前掲訳注書、第一書、第一章、五頁。

20　Manlio Cortelazzo e Paolo Zolli, *Dizionario Etimologico della Lingua Italiana*, Nicola Zanichelli S.p.A. Editore, Bologna, 1988 を参照。尚、語源は Manlio Cortelazzo e Paolo Zolli, *op. cit.*; Tristano Bolelli, *Dizionario Etimologico della Lingua Italiana*, Editori Associati S.p.A., Milano, 1989 の二冊を使用した。

21 Manlio Cortelazzo e Paolo Zolliを参照。

22 Scamozzi, *op. cit.*, Promesso della Prima Parte, p. 1.

23 *Ibid.*, Promesso della Prima Parte, pp. 1-2.

24 *Ibid.*, Parte Prima, Libro Primo, Capo III, p. 11.

25 *Ibid.*, Parte Prima, Libro Primo, Capo XIII, p. 43.

26 *Ibid.*, Parte Prima, Libro Primo, Capo III, p. 11.

27 arteの語義については、裾分一弘著『イタリア・ルネサンスの芸術論研究』、中央公論美術出版、昭和六一年、第一章・第二節に詳しく紹介されている。その考察はダンテのarteの概念を通して行なわれ、かつ古代ギリシャの思想にまで及んでいるため簡単な説明で済むものではないが、イタリア・ルネサンスの芸術理論におけるscienzaとの関係においてarteの語義を参照すると、「scienzaに対するarteは、intellettoやingegnoに対する概念、「知」に対する「技」の語義を担うと考えられる。つまりarteは、scienzaに対する時は、「知」に対する「技」として、人類の諸活動の「技」的側面を表わす一般的抽象名詞として使用されているのである」（三五頁）とある。

28 Scamozzi, *op. cit.*, Promesso della Prima Parte, p. 2.

29 *Ibid.*

30 *Ibid.*

31 *Ibid.*

32 古代以来の学問の分類は、中世においてarti liberaliの原形である自由七学芸（羅artes liberalis）すなわち文法、論理学、修辞学、算術、幾何学、天文学、音楽として確立された。尚、この中世において、自由七学芸に対置されるかたちで力学的な術（arti meccaniche: 羅artes mechanicae）の概念が生まれた。

33 Scamozzi, *op. cit.*, Promesso della Prima Parte, p. 2.

34 *Ibid.*

35 *Ibid.*

36 「これ（行動的もしくは実際的な術）は我々の意図するところではないし、学に関するすべての考察、特にあらゆる術の考察という我々の目標に通ずるものではない」*Ibid.*

37 Manlio Cortelazzo e Paolo Zolli, *op. cit.*; Tristano Bolelli, *op. cit.*

38 *Ibid.*
39 Scamozzi, *op. cit.*, Parte Prima, Libro Primo, Capo II, p.8.
40 *Ibid.*, Parte Prima, Libro Primo, Capo XIV, p.46.
41 *Ibid.*, Parte Prima, Libro Primo, Capo XII, p.37.
42 *Ibid.* およびParte Prima, Libro Primo, Capo XII, p.42.
43 *Ibid.*, Parte Prima, Libro Primo, Capo XII, p.42.
44 *Ibid.*, Parte Prima, Libro Primo, Capo XII, p.37.
45 *Ibid.*
46 *Ibid.*
47 *Ibid.*, Parte Prima, Libro Primo, Capo XII, p.38.
48 人間の身体に内在する「小さな世界」は次によって構成されている。「魂の不滅、神の働き、体力を支える心臓、四肢の躍動、被造物の高位に君臨する像、その像を可能にする完全な球形、各部分の釣り合い（proportione）と対応（corrispondenza）、視界の卓越さ、顔それ自体のヴェヌスタ（美）と装飾、四体液、五感」。*Ibid.*
49 *Ibid.*
50 *Ibid.*
51 *Ibid.*, Parte Prima, Libro Primo, Capo XII, p.41.
52 *Ibid.*
53 *Ibid.*
54 *Ibid.*
55 *Ibid.*
56 *Ibid.*
57 *Ibid.*
58 プラトン『ピレボス』（51, B～D）、田中美知太郎訳、岩波書店、一九七五、二八八～二九〇頁参照。
59 Manlio Cortelazzo e Paolo Zolli, *op. cit.*

60 Scamozzi, *op. cit.*, Parte Prima, Libro Primo, Capo.XIV, p.47.

61 *Ibid.*, Parte Prima, Libro Primo, Capo XIII, p.43.

62 *Ibid.*, Parte Prima, Libro Primo, Capo XIII, p.44.

63 *Ibid.*, Parte Prima, Libro Primo, Capo XIII, p.43.

64 Il Polifilo版『L'architettura』を編集したジョヴァンニ・オルランディは、第一書表題「Lineamentum」を「Disegno」と伊訳している。

65 ヴァザーリの素描に関する引用文は、辻茂・他翻訳・註解・研究『ヴァザーリの芸術論』、平凡社、一九八〇年所収の技法論「絵画について」、一一七頁を参照。

66 プラトン『国家』（X, 595A〜）藤沢令夫訳、岩波文庫（下）、一九七九年所収の「第十巻」参照。

67 ツッカロの素描については、E・パノフスキー『イデア』、中森義宗他訳、思索社、八八頁―九七頁参照。

68 十六世紀後半のマニエリスムについては、若桑みどり『マニエリスム芸術論』、ちくま学芸文庫、一九九四年所収「第二章 プシコマキア――内面の葛藤」を参照。

ウィトルウィウスとギリシアのドリス式オーダー
――ヴィンケルマンと一八世紀ドイツ建築思潮の考察から――

市川　秀和

はじめに　――ギリシア・オーダー・ウィトルウィウス――

古典建築の「制作」を問題とする場合、今日的な捉え方とは根本的に異なり、「秩序」「法則」「模倣」などの諸概念や「人間形成」との実存的関係が極めて重要な意味を持つ。本論では、一八世紀ドイツ建築思潮での古代ギリシア志向に着目し、ヴィンケルマンとウィトルウィウス、ギリシア・ドリス式オーダーを具体的に考察することから、かかる問題にアプローチしたいと考える。

さて、ヨーロッパ建築史におけるウィトルウィウスの『建築に関する十書De architectura libri decem』（以下『建築書』と記す）が有する確たる重要性については、一五世紀ルネサンスの古典主義から一九世紀の歴史主義に至る建築思潮が「ウィトルウィウス主義Vitruvianismus」の変遷と指摘されることからも明らかである。つまりこの紀元前一世紀にラテン語で纏められた世界最古の建築書は、その後も長くヨーロッパ建築界を主導したと考えて過言でない。古代の世界観や建築思想、造形比例論、広範な諸技術などが体系的に編纂された唯一の書物として、まさに「古典」となって伝えられてきたのである。ところが、一八世紀以降の後期バロック・ロココから啓蒙・新古典主義への過渡期では、南イタリア・シチリア島などの旧ギリシア植民地都市に保存状態の良いドリス式神殿が幾つも発見されたことから、イギリス・フランス・ドイツ諸国の知識人らによって古代ギリシア建築をめぐる歴史上初めての本格的な考古学的実測調査が開始するとともに、ウィトルウィウス『建築書』の内容の正確さを検証する実証的究明が同時に始まった。これを機に当建築書に対する従来からの絶対的な信頼性が徐々に崩れ出し、「ウィトルウィウス主義の崩壊」への道に至ったと現在では考えられている。(1)

こうしてウィトルウィウス『建築書』の歴史的信頼性が、一九世紀末ヨーロッパでの近代人文科学の成立時期には著しく低下し、新時代の建築家や建築理論家から全く顧みられなくなった状況を、我が国でいち早く察知したのは森田慶一（一八九五～一九八三）であった。森田は、昭和初期にウィトルウィウス『建築書』のラテン語原典を使った邦訳に着手したが、この古代の建築書が既に当時の近代建築界では軽視されている事態を誰よりも承知の上での取り組みであったことを見落としてはならない。その地道な邦訳作業において森田が見出したウィトルウィウスへの確かな視座とは、古代ギリシアの世界へ通じる思想史的アプローチであり、具体的には「古典建築の美的概念（symmetria, eurythmia, decor 等の六概念）」の遡源的究明に他なく、それは昭和七年の博士論文「井トルー井ウスの建築論的研究」(2)として結実した。さらに昭和一八年には邦訳作業が全て終了し、日本初の刊行を迎えたのである。(3)

そこで一八世紀後半以降のウィトルウィウス『建築書』が、その信頼性を失い始めた事態とは、具体的に何を指しているのか。古典建築書として受け継がれてきた歴史や内容に対する批判は、何を根拠にして何に向けられたのか。これまでの我が国におけるヨーロッパ建築史上の一八世紀フランス・ドイツ研究に関して確認すれば、ウィトルウィウス『建築書』などに基づくオーダー・プロポーションをめぐるアカデミーでの論争が展開するとともに、当時の主な建築書に現れ始めた新たな「性格」論や「趣味」論等へと徐々に移り変わり、従来の硬直した古典主義から来るロマン主義へと変遷する思潮史動向、さらにその中心的な建築家の活動や作品の意匠などが主な主題として究明されてきた。(4)従ってウィトルウィウス『建築書』の記述そのものが、ギリシア考古学に拠る古代建築の実相と合致するのかどうか、比較した先行研究は、管見の限り海外では見られるものの、(5)我が国では未だ殆ど無いと言える。

こうした既存研究を踏まえて本論では、冒頭での論及どおり、古典建築の制作の本質に関わる「模倣」や「人間形成」などを探究することが主旨である。この遂行にあたり、まず十八世紀中期のヴィンケルマンとフランス・ドイツ建築思潮の関係から当時の動向を探り、そして古代考古学調査の進展に伴って再発見されたギリシアのドリス式神殿とウィトルウィウス『建築書』の記述、ルネサンス以降の建築書などと比較するとともに、さらにドイツ各地にギリシアを理想美として創造されたドリス式オーダーを持つ古典主義建築作品を具体的に取り上げ、ウィトルウィウス主義の変遷の一端を究明する。そして最後に、古典制作の模倣の意義や制作者の在り方をめぐって考え深めたい。それはまた、ウィトルウィウス研究から独自の建築論を構築した森田慶一が残した問題とも重なるものである。[6]では、以下の導入として、ヴィンケルマンに見られるバロック批判と古代ギリシアへの眼差しから考察を始める。

一　ヴィンケルマン『ギリシア美術模倣論』とウィトルウィウス『建築書』

一八世紀中期ドイツの芸術・思想界にてバロック・ロココから古典主義への転換を示す代表的な書物として、一七五五年に刊行された美学者ヴィンケルマン（J.J.Winckelmann, 1717-1768）の所謂『ギリシア美術模倣論』[7]が広く注目されてきたことは、周知のことであろう。この著作を通してヴィンケルマンは、当時のヨーロッパ貴族社会で最も流行していたバロック・ロココ様式が、古代人の最も嫌悪した見せかけの「誇張表現（Parenthyrsus）」[8]に当たると痛烈に批判し、古代ギリシアの美術作品に特徴的な「高貴なる単純さと静かなる偉大さ（eine edle Einfalt und eine stille Größe）」の在り方こそ「模倣Nachahmung」すべきと主張した。ここでの模倣（ミメーシス）とは、外的な形象を単に写し取る模写ではなく、より理想的な形象に高めるために内的な自然（ピュシス）を再現することであろう。言わば「写すこと」を超え、「見ること」から「創ること」への制作行為の契機であり、人間の主体的な在り方とも関わるものである。

かかるヴィンケルマンのギリシア志向から批判された作品例として彫刻や絵画の他にこの著作末尾[9]では、王侯貴族のプライベートな小宮殿・邸館における室内装飾の過剰さ（貝殻文様Muschelwerkなど）を取り上げ、この場所には不自然であって相応しくないと、ウィトルウィウスからみた立場で批判しているが、これについては既存研究では、完全に見落とされてきたと言わなければならない。このヴィンケルマンの論拠は、ウィトルウィウス『建築書』の住宅の装飾・仕上げに関する次の箇所を踏まえているものと判断される。

> これらの仕上げにおける装飾そのものは、その場に相応しいしかも様式の区別にちぐはぐのない品格を備えるように、それ固有のデコルの原則を保持すべきである。
>
> （ウィトルウィウス『建築書』・第七書第四章四[10]）

ヴィンケルマンが注目した小宮殿・邸館とは、一八世紀フランス宮廷社会での権威や体面を重視して厳格な礼節に縛られた公的生活を離れ、より自由で享楽的かつ快適な私的生活を求めた「別荘 maison de paisance」[11]に他ならず、ルイ一五世治世下の後期バロック・ロココ建築を最も象徴するものであった。さらにフランス的ヨーロッパとも称讃された十八世紀、特にフランス宮廷文化の受容に積極的であった隣国ドイツの建築事情を目の当たりにしてきたヴィンケルマンが、そのギリシアの古典的眼差しで批判したとも読み取ることができる。しかしまた先の引用文からその批判の論拠がウィトルウィウスの住宅に関する「デコル decor」論に基づくとすれば、ヴィンケルマンの視座そのものもフランス啓蒙主義の建築思潮の影響にあったと指摘しなければならない。つまり当時のデコル論は、一七世紀後期にフランス人建築家クロード・ペロー（Cl.Perrault, 1613-1688）がウィトルウィウス『建築書』の仏訳（一六七三年）に当たり、デコルをビアンセアンス bienséance の語で新たに捉え直したことに始まって、その後の建築思想の重要概念として広まり、特にコルドモワ（J.-L.de Cordemoy）やロジエ（M.-A.Laugier, 1713-1769）の建築書において最も顕著であった。ヴィンケルマンの記述から、その背景にある同時期のフランスでの新たな建築思想が垣間見えてくるのである[12]。

ところがヴィンケルマンのギリシア志向あるいはバロック批判に確認されるフランス啓蒙主義の影響は、これだけではない。この本文冒頭の書き出しの言葉「良き趣味 der gute Geschmack」は、フランス語の「bon goût」に由来し、本文中でもかなりの頻度で使われている。さらにこのヴィンケルマンの著書を一躍有名にさせたあの言葉「高貴なる単純さ」でさえも、フランス啓蒙期の文芸思潮から借り受けた「la noble simplicité」に由来するのである[13]。因みにプロイセンのフリードリヒ大王（1712-1786）は、その建築家クノーベルスドルフ（G.W.Knobelsdorf, 1699-1753）とともに「フリードリヒ・ロココ」と呼ばれるフランス流の優雅な宮廷建築文化を創り出しただけでなく、古典主義様式による厳格な都市空間としての王都ベルリンの基礎も築いたことで知られている。フリードリヒ大王は、一七五四年一月のベルリン・アカデミーにて、その敬愛した建築家の死を深く悼み、「ギリシアの高貴なる単純さ La noble simplicité des Grecs」[14]を備えた秀逸な建築作品を残したと、フランス語で追悼演説を行った。この大王の言葉からもヴィンケルマン以前のドイツの宮廷や知識人には、フランスに発する「高貴なる単純さ」の概念がいち早く受容されていたことが明らかである。

以上の考察から明らかとなった、ドイツのヴィンケルマンを通して見た一八世紀中期のギリシア志向とともにバロック批判を深く捉えるには、その背景としてウィトルウィウス『建築書』への回帰、そしてフランス啓蒙主義の波及が広がっていた実情を見落としてはならない。またヴィンケルマンのギリシア再評価と模倣への視座は、古典制作と人間・世界の繋がりを考える上で示唆深い。ともかく一八世紀後半のフランス・ドイツの趨勢はバロックから古典主義へと転換し、その目指す古典とは、ルネサンス期のような「ローマ」ではなく、遥かに古い「ギリシア」であった。ヨーロッパ世界の一五世紀と一八世紀それぞれの古典主義には、人間と世界、建築、社会などに通底する事象も多い反面、古典の立脚点をローマとギリシアのどちらに据えるのか、それは極めて大きな差異となるのである。

二　ウィトルウィウス『建築書』におけるドリス式オーダーの真相

ドイツ一八世紀の美学者ヴィンケルマンによる同時代のバロック批判と古代ギリシアへ向けた視座は、美術や思想の分野だけでなく、建築思潮史においても決して看過できない。これを機にギリシア建築の再発見、特にそのドリス式オーダーの真相を求めた動向が活発になるのであった。ここでの考察の手始めに、通常一般的な「ドリス式オーダー」の基本をまず押さえておきたい(15)。

古代ギリシア神殿の今日見られる「石造」の原型は、ペロポネソス半島のアルゴス等から出土した紀元前八世紀末のテラコッタ製・家屋模型から「木造」であったと現在のところ考えられている。またウィトルウィウス『建築書』の記述（第四書第一、二章）によれば、ギリシア建築の様式にはドリス式・イオニア式・コリント式の三種があり、この内の最も古いドリス式の起源は「木造」であるが、後に「石造」となってからも横架材のフリーズのトリグリフが、かつての木造の梁端部であったことを示していると書かれており、以上のことから次の図解のように今日理解されているのである（次頁・図1）。

またドリス式オーダーの基本構成は、一本の円柱がアクバスとエキヌスによる柱頭とフルーティング（彫溝）・エンタシス（胴張）の付いた柱身より成り、他のオーダーとは異なって柱礎を有しない。横架材のエンタブレチュアは、コーニス・フリーズ・アーキトレーブの三部より成り、特にフリーズは、端部からトリグリフとメトープが交互に配置される。なおその横架材両端のトリグリフは端部に必ず合わせるために、その中心軸と柱の中心軸は一致しないものの、他のトリグリフは柱の中心と合わせる、あるいは柱と柱

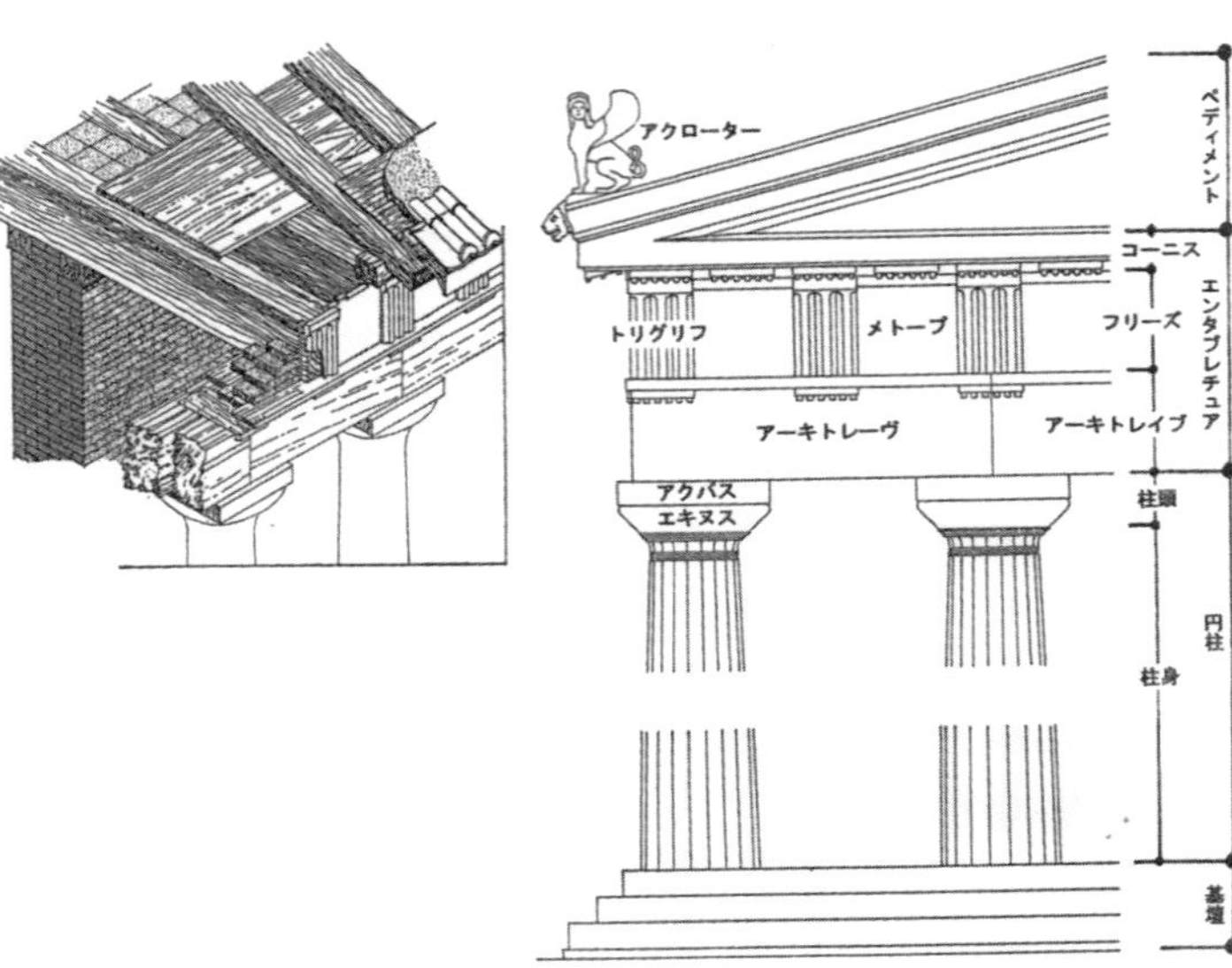

図1　「ギリシア・ドリス式オーダー」の基本図
左：初期の木造形式　右：ドリス式オーダーの基本図

の中央に置かなければならない。そしてそれぞれの寸法比は、柱の下部直径（モドゥルス）を基本に割り出されており、オーダーと建物全体が厳格な比例関係によって構成される。

以上の内容が、ギリシア・ドリス式オーダーに関する現在の一般的な認識であろう。さらに付け加えるならば、ウィトルウィウスによる「ドーリス式の柱が男子の身体の比例と強さと美しさを建物にもたらしはじめた」（第四書第一章六）に基づき、ドリス式のオーダーは通常、剛直性・堅牢性を持つ男性的な造形意匠として性格づけられ、優美で女性的なイオニア・コリントとは対比されている。

ところが、こうしたドリス式オーダーの基本構成に関する現在の認識と、ウィトルウィウス『建築書』の記述を詳細に比較すれば、実のところ全く異なっているのである。すなわちウィトルウィウスは、ギリシア建築を最も象徴するドリス式について、紀元前二世紀のイオニアの偉大な建築家ヘルモゲネスHermogenesでさえも神殿建造に当たってドリス式を避けてイオニア式を採用した例を挙げて、ドリス式による建造の問題点、つまりトリグリフと柱間の関係の難しさを特に強調した（第四書第三章一）。具体的には次の引用のごとく、トリグリフの位置は各円柱の中心軸に合わせて通常配置されるべきであるが、隅部の柱のトリグリフは例外であってフリーズの端に合わせなければならず、よって隅部の柱間寸法は縮小してしまい、こうした方法は間違っていると論及したのであった。

> トリグリュプスは当然円柱の中央象限に対応して定められるべきであり、またトリグリュプスに挟まれてつくられるメトパは

高さと幅が同じであるべきである。これに反し、隅の柱ではトリグリュプスは中央象限にでなく端のところにつくられる。それで、隅角のトリグリュプスに接してつくられるメトパは正方形とならないで、トリグリュプスの半分だけ幅で横長となる。しかし均等なメトパをつくりたいと思う人たちは端の柱間をトリグリュプスの幅の半分だけ縮める。これは、メトパを長くして得られたにしろ、柱間を縮小して得られたにしろ、誤っている。

（ウィトルウィウス『建築書』第四書第三章二）

ギリシアのアルカイック・クラシック期におけるドリス式神殿は、フリーズ端部にトリグリフを合せるために両端の柱間が基準の柱間よりも縮小するものの、建物全体の美的調和や人間・世界との秩序関係を損なうことはない。しかしヘレニズム・ローマ期のウィトルウィウスはこれを認めず、新たな方法を提示したことになるのである。それは円柱上部にトリグリフを合わせるやり方を両端の円柱にも適用し、全て同一の基準柱間となる配置構成へと単純化するとともに、フリーズ端部の空きに通常の半分のメトープを新たにはめ込むことで違和感を無くす処理を施した（図2）。これは実際のギリシア・ドリス式とは異なり、言わばウィトルウィウスによる新たな創造と捉えても過言でなく、これは現在「ローマ・ドリス式」と呼ばれ区別されている。要するに、ウィトルウィウスによってギリシアのドリス式の秩序構成は改変されていたのである。確認のために、この建築書の中の該当する箇所をさらに引用しておきたい。

トリグリュプスがこのように配置されると、トリグリュプスとトリグリュプスの間にあるメトパは幅と高さが同じになり、両端の隅では1／2モドゥルスの幅で半メト

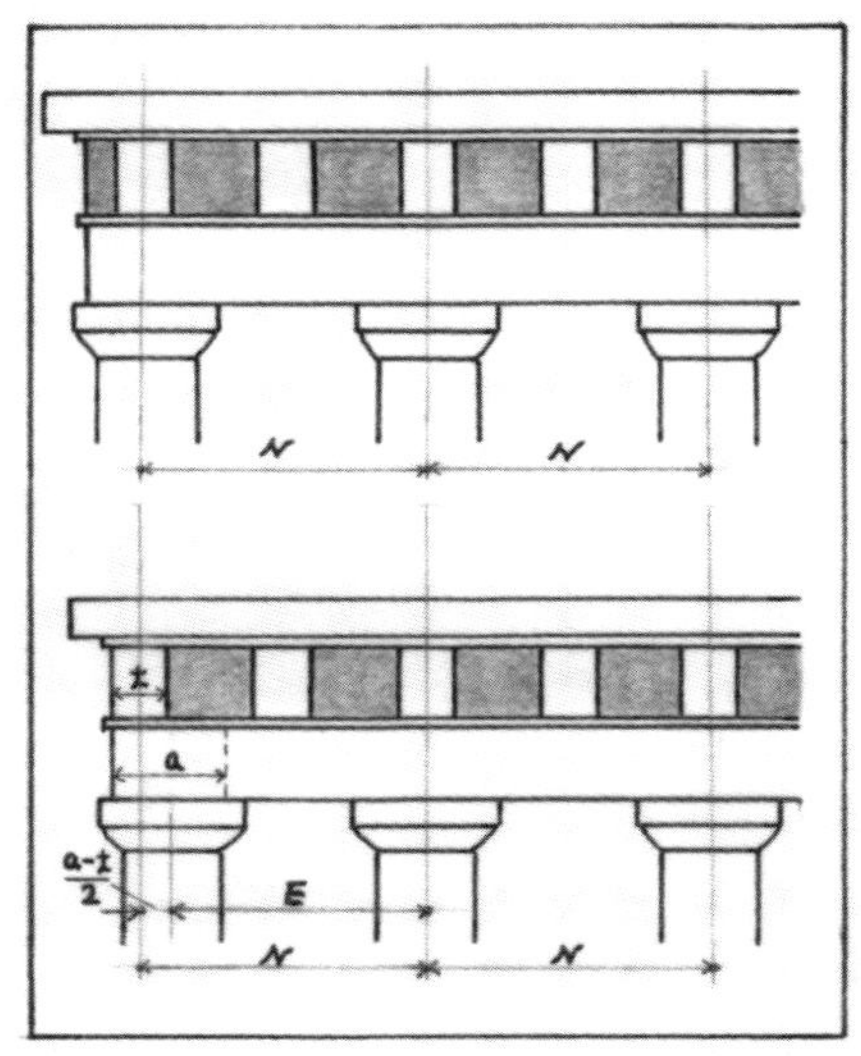

図2　ドリス式神殿立面の隅部における
トリグリフ・メトープと円柱の位置関係
上：ウィトルウィウスのドリス式オーダー
（ローマ・ドリス式オーダーともいう。
古代ローマとルネサンス以降、この形式に則って全て創られるようになった。）
下：ギリシア・ドリス式オーダー
実際のギリシア神殿における隅部の柱とトリグリフの関係は、ウィトルウィウスと異なる。

パが刻まれるであろう。こうすると、実に、メトパや柱間や格間の工合の悪いところが、配分が均等になされているから、すべて修正されている筈である。

（ウィトルウィウス『建築書』第四書第三章五）

こうして新たに創出したウィトルウィウスによるドリス式オーダーの方法が、一五世紀のルネサンス以降に至っては、古典古代のドリス式オーダーとして何ら疑いもなく受容され、そのうえ柱礎等の追加とフルーティング等の除去が施されるとともに、他のイオニア・コリントに近い寸法比となっていっそう装飾化して固定化した。因みにアルベルティ（Leon Battista Alberti, 1404-1472）がラテン語で著した『建造について De re aedificatoria』（一四八五）[16]では、ウィトルウィウス『建築書』に記述されたドリス式のトリグリフと柱間の難儀な配置関係には一切論及せず（第七書第九章）、ウィトルウィウスの新たな方法をそのまま受け入れたことから、その後のセルリオ（S.Serlio, 1475-um1554）やヴィニョーラ（J.B.Vignola, 1507-1573）スカモッツィ（V.Scamozzi, 1548-1616）らに受け継がれ、他のオーダーとともに「古典建築の五つのオーダー」として総合的に体系化されたと考えられる。[17]ウィトルウィウスからルネサンスを経て十七世紀フランスのペローや十八世紀イギリスのギッブス（J.Gibbs, 1682-1754）に至るドリス式オーダーを比較対照したものが、右の図3である。それぞれのドリス式にはプロポーション上の変容がありつつも、フリーズ部分を確認すれば、全てウィトルウィウスの方法（ローマ・ドリス式）を忠実に踏襲しており、本来のギリシア・ドリス式に基づくものでないことが明らかである。これはすなわちルネサンス以後の建築家たちに、ギリシア本来のドリス式オーダーに関

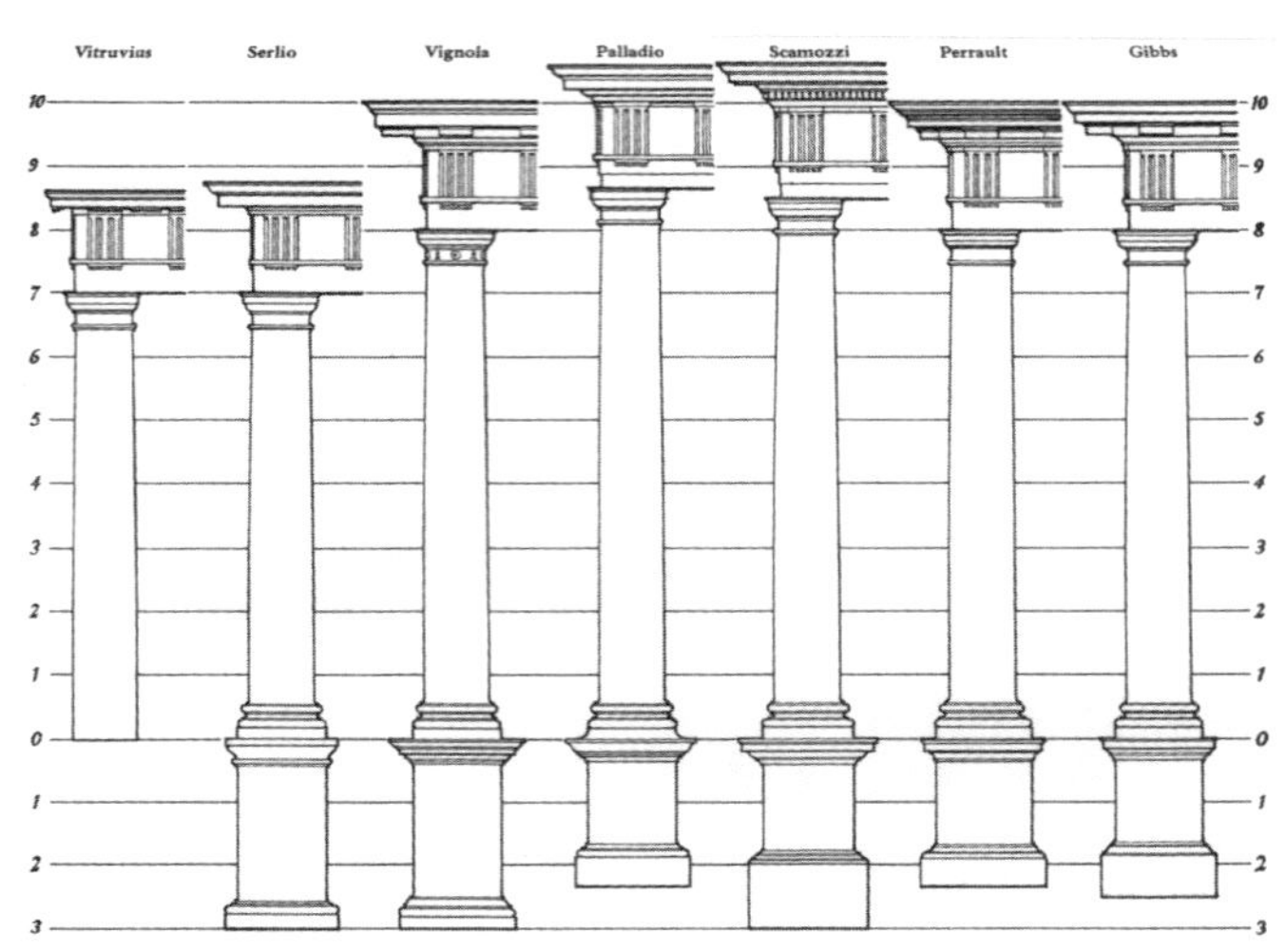

図3　ドリス式オーダーの歴史的変遷
（左から）ウィトルウィウス・セルリオ・ヴィニョーラ・パッラーディオ・スカモッツィ・ペロー・ギッブス

する根本的な知識や体験が完全に欠落していたことによるであろう。さらにこのウィトルウィウスが行ったドリス式の新たな方法を糸口にして、古典建築の様式や模倣、人間と世界などについて深く考えることが可能となるのではなかろうか（後述）。ともかく一八世紀後半から高まるギリシア志向のなかで、次に考察する南イタリア・シチリアなどからギリシア神殿が再発見されて現地調査が進むと、かかるドリス式オーダーをめぐる歴史的真相が明らかになっていくのである。

三　ギリシア・ドリス式オーダーの再発見とヴィンケルマンのウィトルウィウス批判

ドイツ・ザクセンの王都ドレスデンにて執筆した『ギリシア美術模倣論』を一七五五年に出版して一躍注目されたヴィンケルマンは、直ちにイタリアへ旅立ち、同年一一月にはローマへ到着した。ちょうど当地では、ナポリ南郊でヘルクラネウム（一七三八）とポンペイ（一七四八）が相次いで発見され、古代ローマへの関心が高まるとともに、続いてさらに南下したパエストゥムやシチリア島のアグリジェントなどで古代ギリシアのアルカイック・クラシック期のドリス式神殿が良好な保存状態で発見されたばかりであった[18]。これにより今まで未知の世界であったギリシア建築の力強い堅牢な均斉美が広く知れ渡り、「ローマ建築」の合理的な造形美よりも人びとをいっそう魅了し始めたのである。これによって南イタリア・シチリア、さらにギリシア本土にまで現地調査を求めて旅するフランスやイギリスの知識人たちが、前世紀以来の「グランド・ツアー」の伝統を活かして数多く出没した。このように一八世紀後半の南イタリアにてギリシア再発見の探索に盛り上がる中で、ヴィンケルマンも最初のドイツ人として参加したのである。

そこでヴィンケルマンは一七五八年の早春にナポリへ旅行し、南近郊のパエストゥムを訪ね、古代ギリシアのドリス式神殿を実際に初めて体験した。その前後にパンクラツィの最新情報『シチリアの古代遺跡』（一七五一）等を取り寄せるとともに、ローマを拠点に南イタリア・シチリア島を隈なく調査していたイギリス人建築家ロバート・ミルン（Robert Mylne, 1734-1811）から現地の情報やギリシア建築に関する様々な知見を収集していた。さらにこの後もヴィンケルマンは、ナポリ調査を三度（一七六二、六四、六七）も実行した。こうしてヴィンケルマンは、一七五八年のパエストゥムでのギリシア・ドリス式神殿を目の当たりした初体験をもとに、かかる

図4　アテネ・パルテノン神殿のドリス式オーダー
スチュアート・レヴェット
『アテネの古代遺跡』1762年

シチリアに関する情報を援用して「ギリシア建築」について執筆し、それを翌一七五九年にドイツ・ライプツィヒで刊行されていた学術雑誌「美学美術叢書」第五巻第二号に「シチリア島アグリジェントの古代神殿建築について」と題する短い論文として発表したのである。(19)これは僅か九頁程の分量で、しかも一枚の図版も無かったものの、あの『ギリシア美術模倣論』によって有名になったドイツ人研究者のものであったことからも広く注目され、その後の建築思潮史への影響も多大であったろうと考えられる。このヴィンケルマンの論文がまず強調したのは、パエストゥムやシチリア島アグリジェントなどに幾つもの良質なギリシア神殿が現存する事実であり、そして最も古い剛直な建築様式の「ドリス式オーダー」を有する古典建築の卓越さであった。

そしてギリシア・ドリス式オーダーに関する確かな知識を現地体験から獲得したヴィンケルマンは、その調査に基づく新たな知見が、古代建築に関する唯一の書物として伝わっているウィトルウィウス『建築書』の記述と合致するかどうか、比較検証したものと思われる。当時の知識人からみて、この古典建築書の記述内容を疑うことは全く考えられず、その信頼性は絶対的なものであったろう。ところがヴィンケルマンが現地で確認した古代ギリシアのドリス式神殿の知見は、ウィトルウィウス『建築書』の記述と合致しない。しかもその合致しない相違点は、単純な実測ミスで済む程度の僅かなものではなくて、これは明らかに何らかの意図で以て変更されたことをヴィンケルマンは即座に洞察したのであろう。ここから具体的に見出した相違点とは、横架材のフリーズを構成するトリグリフとメトープの隅部の収まりが、現存する神殿のものとウィトルウィウスの記述とでは全く別々の手法となっていたことである。前述したように古代ローマのウィトルウィウスがギリシアのドリス式の秩序構成を敢えて避け、新たに別の方法（ローマ・ドリス式）を提示した事実が露呈したわけである。さらにドリス式オーダーにおける部分と部分、部分と全体とのプロポーションについても、ウィトルウィウスの記述は実際のギリシア・ドリス式とは異なることが明らかとなった。

かかるヴィンケルマンのウィトルウィウスへの批判的な指摘は、その前後に刊行されたル・ロワの『ギリシアの最も美しい建造物の廃墟』（一七五八）やスフロの『パエストゥムの古代神殿平面図集』（一七六二）、スチュアート・レヴェットの『アテネの古代遺跡』（一七六二、図4）などの美しい実測図面と共にヨーロッパ各地へ徐々に伝搬した。ルネサンス以来、決して疑うこともないウィトルウィウス『建築書』の「誤謬」が、ヴィンケルマンを機に露呈するに至って、真のギリシア建築の復原探究が本格的に始まった。

四　ドイツ一八世紀におけるギリシア・ドリス式古典建築の模倣と創造

これまでの考察から、ウィトルウィウスによってギリシア本来のドリス式オーダーとは異なる方法が新たに創り出され、一五世紀ルネサンス以降では、この新たなローマ・ドリス式をそのまま受容し展開したが、一八世紀に至って古代ギリシアの真のドリス式神殿が再発見されるにともない、ヴィンケルマンの批判などからドリス式の歴史的真相が解き明かされたという思潮史的経緯を究明してきたわけである。なおウィトウィウスが論及したドリス式の難しさは、古代ローマあるいはルネサンス以降の建築家たちも全く無関心であったわけでなく、その証左にドリス式は他のオーダーと比べると歴史的に使われた実作例は少ない。しかし一八世紀後半の啓蒙主義期でのギリシア志向[20]では、敢えてドリス式を採用することが「建築家の栄光」として絶讃された。例えば当時の有力なフランス建築理論家ロジエは、その『建築試論』（一七五三）で「ドリス式オーダー」の制作に挑む栄誉に対し、次のように述べた。

ドリス式オーダーは、困難な棘の道を突き進みながらも自分の熟達した腕を発揮しようという建築家には、いつでも特に好まれるものであろう。そこにはそれ以外の者には近寄り難い拘束と束縛とがあるのだ。だから、これを正確に実現に移した例を眼にするのも同じく稀である。このオーダーをことのほか困難にものに仕立て上げているのは、フリーズを飾るトリグリフとメトープとが交互に配されている点である。トリグラフは常に長方形の形をとらねばならず、他方、メトープは正方形の形となる。

このような分割がなされるときわめて具合が悪い。……

今日に到るまで、無知な人々は私が述べている不都合をまったく感ぜず、この二つの困難に足を止めることなど少しもなかった。

したがって、ドリス式オーダーの使用に関わる時には、建築家はその仕事の困難をかんがみ、一度兜の緒を締め直してからトリグリフとメトープの厄介で危なかしい分割を厳密にきわめていかねばなるまい。それを厳密に実現に移していくとなるとやたらに手間がかかるもので、それに成功した時に得られる栄光以上の栄誉はない。

ドリス式の円柱はもっとも美しくもっとも完全である。

（ロジエ『建築試論』第二章第二項「ドリス式オーダーについて」）[21]

ロジエの『建築試論』は、一八世紀の「古典主義のマニフェスト」と現代の研究者から評されるほど、当時のギリシア志向に拠る古典主義建築思潮を推し進めた最も有効な理論書の一つであったことは間違いない。そのロジエが、ヨーロッパ古典建築の源流としてのギリシア建築を象徴するドリス式に対して、その難しさを克服した建築家に最大の讃辞を明確に述べたことは、同時代の建築家に多大な影響を与えたと考えてよいであろう。例えば、フランスの革命的建築家と称されたルドゥー（C.-N.Ledoux）は、その多くの実作にドリス式を採用し独特な建築意匠を表現したことで知られる。なおロジエがドリス式を評価したのは、ギリシアに基づく古典主義理論を標榜するための一つの論拠としたことはもちろんだが、その背景にフランス固有の古典主義の精神が働いたとも考えられる。イタリア・ルネサンスの建築家のなかでも特にドリス式を好んだのは、ブラマンテ（D.Bramante）[22]が挙げられる程度であるのに対し、フランスでは十七世紀バロック隆盛期においても古典への志向は根強く、多くの建築家がドリス式の採用に積極的であった。フランソワ・マンサールの「メゾン・ラフィット」（一六四二）やル・ヴォーの「ヴォール・ヴィ・コント」（一六五六）、アルドゥアン・マンサールの「アンヴァリッドのドーム」（一七〇六）、セルヴァンドーニの「サン・シュルピス聖堂」（一七四九）などが注目に値するであろう。従ってロジエが、新たに古典主義を主張するに当たっても「フランス精神」の伝統を考慮していたと思われる。[23]

次にヴィンケルマンの『ギリシア美術模倣論』（一七五五）とロジエの『建築試論』（一七五三）が全く同時期に出版された経緯から

も一八世紀中期という時代が、ドイツやフランスはもちろん、ヨーロッパ全土に古代ギリシアに向けた新たな古典主義思潮の大いなる展開に極めて重要であることを確認しておこう。そして先のヴィンケルマンの考察で見たように、当時のドイツ建築思潮にとってフランス啓蒙主義の影響は多大であった。まず一六八五年の「ナントの勅令廃棄」によるフランス・ユグノー教徒のドイツ移住は、フランス宮廷文化や最新の建築事情を齎した。特に北ドイツの中核的な宮廷都市ベルリンやドレスデン、カッセルなどではユグノーを積極的に受け入れたことにより、フランス人建築家を招聘するに至るのである。こうした背景から一八世紀ドイツの最初のドリス式建築[24]とは、一七一三年のフランス人建築家ジャン・ド・ボートによるベルリンの兵器廠（図5）であり、正面中央玄関のファサードにドリス式オーダーが使われている。これに続いてフランス人建築家ルジェらの影響の下でブッシュ[25]が一七六五年に設計したルードヴィヒスルストの宮廷教会[26]（図6）は、正面全面にドリス式神殿ファサード[27]を採用し、古典建築志向が強調されている。さらに七〇年代以降のエルドマンスドルフの庭園パヴィリオン（図7）やラングハンスのブランデンブルク門（図8）では、ドリス式の使い方が部分的な装飾意匠としての扱いから完全に抜け出し、建物の全体設計に採用されているものの、フリーズのトリグリフはウィト

図5　ベルリン・兵器廠 1713年

図6　ルードヴィッヒスルストの宮廷教会 1765年

図7　デッサウ・庭園パヴィリオン 1774年

ルウィウスの方法に留まっている。ところが九〇年代に至ると、ヴィンケルマンの古典精神を受け継ぐ建築理論家シュティーグリッツ（C.L.Stieglitz）がギリシアのドリス式建築を「高貴なる単純さと崇高性」[28]と性格づけて絶讃し、さらに古典学者ローデ（A.v.Rode）がウィトルウィウス『建築書』の新たな独訳（一七九六）[29]を成し遂げた機運の中で、アーレンスの古代ローマの邸館（図9）[30]やギリーのフリードリヒ大王記念碑構想案（図10）が、実際のギリシア・ドリス式建築の秩序構成に則った秀逸な創作に達し、一八世紀末にはギリシアの本来の模倣に基づく真の古典主義の制作へ到達したと言えよう。ところが一九世紀に入るとハーラーシュタイン[31]のようにギリシア本土での現地調査から精密な実測図やそれに基づいて構想した復元的な計画案（図11）が数多く作成され、またシンケルの新衛兵所（図12）のように敢えてトリグリフなどを省いた個性的な擬古典的表現が徐々に誕生し始めた。この後も考古学の実証成果によるポリクノミー Polychromie を含むギリシア建築の厳格な復元作業が進展するとともに、建築家個人の表現を強めたロマン主義的作品が主流となるつれて古典の秩序から逸脱し、「ウィトルウィウス主義」に拠る古典精神は終焉していくのであった。

おわりに　――古典制作にみる秩序と人間形成――

本論の結びにあたり、これまでの考察も踏まえ、ヨーロッパ古典建築の制作における秩序や模倣、人間形成について、森田慶一の思索に導かれて考え進めたい。それは森田がウィトルウィウス『建築書』に拠る独自な体系的建築論の構築に当たり、「古典の本質」にみる秩序や法則、制作などをその基底に据えており、本論にとって最も示唆に富む視座を有しているからに他ならない。[32]

古代ギリシア建築を特徴づけるドリス・イオニア・コリントの三つのオーダー形式は、紀元前八世紀以降の環エーゲ海周辺各地で形成され始め、クラシック期には当地の民族性を象徴した古典建築様式として確立した。古代ギリシア人は、人間界を含む全宇宙のあらゆる事象を内と外の「秩序」原理（数論的・幾何学的）に則って理解し、かかる秩序を有する造形だけに調和の美を認め、それを「善なるもの」、「好ましいもの」と受け取ると同時に、その造形を全ての宇宙秩序・コスモスに参与する一つの物象として制作しようとしたのである。かかるギリシアの造形や制作に関する森田の論述を、ここでぜひ引用しておきたい。

図8　ベルリン・ブランデンブルク門 1789年

図11　建築家・考古学者ハーラーシュタインの
バルハラ計画案 1815年

図9　ヴァイマール・古代ローマの邸館 1797年

図12　ベルリン・新衛兵所 1818年

図10　フリードリヒ大王記念碑構想案 1797年

理性的なギリシア人は……物の形を常に明確に見、その中に秩序と法則の支配する調和を感じとった。かれらは可視的現象を調和ある形態として意識にのぼせ、宇宙秩序に参与する一つの物象として作ろうとした。調和ある形を整えること、それは空間構成を人間の目で受けとめうる限りにおいて幾何学の簡潔な命題に従わせることであった。ギリシアの造形はそういう理性の上に成立していた。甘く美しい形が求められるのではなく、厳しい整った形が求められたのである。こういう形の受容と制作の身構えは必然的にギリシアの造形芸術を明晰な、冷厳な、高貴な、完結した、秩序ある、節度を保った、そして格に従ったものとして規定する。建築もこの例に漏れるものでない。

（森田慶一（一九六二）『西洋建築史概説』彰国社、十頁）

古典建築においてはオーダーを中核とするシュムメトリアの法則を通じて内と外の秩序を創り出し、人間の身体や自然、宇宙と関わり合うことができると考えた。このギリシア民族のオーダーの様式がローマ帝国へ受け継がれ、さらにルネサンス期を経て、全ヨーロッパの統一的な「古典」の建築様式として成立した。本論での考察の通り、古代ローマのウィトルウィウスによりギリシアのドリス式は改変され、新たなローマ・ドリス式が提示されたが、それは古典の枠内の「転調」であり、内と外の秩序原理を逸脱するものではなかった。だからこそ「ウィトルウィウス主義」がヨーロッパ古典主義建築を主導したと今日考えられているのである。

さらに一八世紀ドイツのヴィンケルマンが、ギリシア造形美を「高貴なる単純さと静かなる偉大さ」と性格づけて再発見し、ギリシアこそ真の「模倣」に値するとした立場には、内と外の秩序によって宇宙と関わりを持つ古典制作の在り方が捉えられていたに相違ない。先に言及したように古典制作の模倣には、外的な模写に限定されず、内的な秩序に拠る本質としてのピュシスを再現することが求められた。これによって模倣が単なる模写を超えて創造行為の契機となり、制作行為へ達する通路となるのである。そして古典の制作行為から成る作品は、作者の主体性と決して無関係ではなく、「いくつかの建造を手がけたおかげで、ぼくはぼく自身を建造したように思う」（ヴァレリー）[33]と詠われたように、古典の高貴な作品は、作者の実存（モラリティ）と不離相即である。かかる古典制作と人間形成は「最大の自由が最大の厳格から生まれる」という「古典主義的自由の境地」からのみ拓かれると考えてよい。

註

1 G.Germann：Einführung in die Geschichte der Architekturtheorie. Darmstadt, 3.Aufl.1993では、目次を一瞥して明らかなとおり、ウィトルウィウス『建築書』が発見された一五世紀のルネサンスから一九世紀の近代に至るヨーロッパ建築思潮史を、ウィトルウィウス主義の変遷「開始→展開→擁護→崩壊→終焉」によって捉えている。次の文献等も同様な視点を提示している。
E.Forrsman：Dorisch, Jonisch, Korinthisch. Vieweg, 2.Aufl.1984
H-W. Kruft：Geschichte der Architekturtheorie. 2.Aufl., Muenchen 1986（笠覚暁訳（二〇〇九―二〇一〇）『建築論全史Ⅰ・Ⅱ』中央公論美術出版）

2 森田慶一（一九三八）「井トルー井ウスの建築論的研究―特に数個の建築論的概念に就いて」京都大学博士論文（『森田慶一建築論集』所収）。なお森田の大正一一年の京都帝国大学着任後の研究動向、そして大倉三郎や元良勲、増田友也、前川道郎など門下生への継承展開については、拙著（二〇一四）『「建築論」の京都学派―森田慶一と増田友也を中心として』近代文藝社を参照されたい。

3 森田慶一訳（一九四三）『ウィトルウィウス建築書』生活社。なお古代のウィトルウィウスとその建築書が、一九世紀ヨーロッパの建築界から全く注目されない時期に、他方で「西洋古典学資料」（ギリシア・ラテン語）としての学術的校閲がドイツにて厳密に進められ、次の三著作が編纂された。これらは現在まで最も信頼ある原典として知られ、森田も邦訳に当たっては、これらを原典として積極的に使用した。
Vitruvii de architectura libri decem, ad antiquissimos codices nunc primum ediderunt V. Rose et H. Mueller-Stribing, Leipzig 1867
Vitruvii de architectura libri decem, iterum edidit Valentinus Rose, Leipzig 1899
Vitruvii de architectura libri decem, edidit F.Krohn, Leipzig 1912

4 なお森田の邦訳出版後のヨーロッパにおけるウィトルウィウス研究はかなり進展し、我が国でも森田に続く研究の深化が今後期待される。フランスについては、白井秀和（一九八三）「フランス啓蒙主義建築思想における「性格」について」日本建築学会論文報告集 第三三〇号などに始まる同氏の一連の研究や土居義岳（二〇〇五）『アカデミーと建築オーダー』中央公論美術出版、三宅理一（二〇一〇）『パリのグランドデザイン』中公新書などが主なものであろう。またドイツについては、杉本俊多（一九九六）『ドイツ古典主義建築』中央公論美術出版や川向正人のゼムパーと歴史主義建築論、堀内正昭のルント・ボーゲンシュティール建築史、石川恒夫のシンケルと一九世紀ドイツ建築論、そして拙稿「ヴァイマール精神の建築思潮研究（一九九六）」（日本建築学会計画系論文集 第四八二、五〇五号）などが、管見の限り注目に値する。なお海外の研究文献については数多いために省略する。

5 Vitruv-Kolloquium.17./18.Juni, 1982, Darmstadt 1984 に収められた諸論文などから、近年の研究動向が知られる。

6 本論の着目点を言い換えれば、十八世紀中期以降のギリシア考古学の揺籃期において、ウィトルウィウス『建築書』がどのように受け止められたかを明らかにすることに他ならない。それは、かつて森田慶一がその博士論文の末尾で論及した今後の残された課題「ウィトルウィウスにおけるギリシア的なるものとローマ的なるもの」を究明することにも繋がるであろう。なお既にこの課題にプラトン・アリストテレスに拠る哲学思想史的アプローチを試みたのが、元良勲（一九五五）「ギリシアに於ける建築的秩序原理の研究」と田中喬（一九七六）「建築（的）事象の研究」である（共に京都大学博士論文）。さらに大倉三郎は、ウィトルウィウスのシュムメトリアやオーダーを一九世紀ドイツの建築家ゼムパーと比較し、森田の残した課題に応えようとした。大倉三郎（一九五四）「ドリス様式の起源及び発達に関する諸説批判論考」京都工芸繊維大学工芸学部研究報告 第三号を参照されたい。

7 そのほか、本論と同じくウィトルウィウスとギリシア考古学に着目したのが次の渡辺論文であるが、ドリス式の十分な考察はない。
渡辺道治「ウィトルウィウスと古代ギリシア・ローマ建築 ―ウィトルウィウスの記述と考古学的資料の対比から―」
二〇〇二年度日本建築学会大会（北陸）建築歴史・意匠部門研究協議会資料(2)『ウィトルウィウス二〇〇〇年』

8 J.J.Winckelmann（1755）Gedanken ueber die Nachahmung der griechischen Werke in der Malerei und Bildhauerkunst. Reclam, 1995
邦訳：沢柳大五郎訳『ギリシア美術模倣論』座右宝刊行会　一九七六年
「Parentyrsus」を「誇張表現」と訳すに当たっては、次の文献を参照した。小田部胤久（一九九三）「「高貴なる単純さと静かなる偉大さ」ヴィンケルマン『絵画と彫刻におけるギリシャの作品の模倣についての考察』の研究」神戸大学文学部紀要 第二〇号。

9 ヴィンケルマン上掲書の第一六六～一六八段である。

10 ウィトルウィウス『建築書』の訳文について本論では、全て森田慶一の邦訳（東海大学出版会一九六九年）から引用する。

11 拙稿（一九九九）「十八世紀初期フランスとメゾン・ド・プレザンス」日本建築学会計画系論文集 第五二三号などを参照されたい。

12 白井秀和（一九八三）「ビアンセアンスとコンヴナンス」日本建築学会論文報告集 第三三三号を参照されたい。

13 白井秀和（一九八四）「高貴なる単純さと古典主義建築」日本建築学会論文報告集 第三三九号を参照されたい。

14 G.Rodenwaldt：Griechisches und römisches in Berliner Bauten des Klassizismus. Berlin 1956, Nachdruck 1979, 3s.

15 ドリス式オーダーとギリシア建築全般に関するドイツ語の基本文献を主に参照し、また邦文では二人の村田氏のものが重要であろう。
C. Hoecker：Metzler-Lexikon antiker Architektur. Sache und Begriffe. Weimar 2008
G. Gruben：Die Tempel der Griechen. München 1966, 3.Aufl., 1980
H. Knell：Grundzüge der griechischen Architektur. Darmstadt, 1980
村田潔（一九四四）『ギリシャの神殿』築地書店

16 村田数之亮（一九八七）「ギリシア神殿建築の成立（上）（下）」西洋史学第一四五、一四六号
L. B. Alberti：Zehn Bücher über die Baukunst, ins Deutsche übertragen, durch Max Theuer. Leipzig, 1912. Nachdruck 1975
H. -K. Luecke：Alberti index：Leon Battista Alberti, De re aedificatoria, Florenz 1485：Index verborum. Muenchen 1975
邦訳：相川浩訳（一九八二）『アルベルティ建築論』中央公論美術出版

17 R. Chitham：Die Säulenordnungen der Antike und ihre Anwendung in der Architektur, Wiesbaden, 1994 などを参照した。

18 F. Krauss：Paestum-die griechischen Tempel. Gebr.Mann.Verlag. 5.Aufl. 1984
T. Lutz：Die Wiederentdeckung der Tempel von Paestum. Diss., Freiburg 1991

19 J. J. Winckelmann：Anmerkungen über die Baukunst der alten Tempel zu Girgenti in Sicilien.（Bibliothek der schönen Wissenschaften und freyen Künste.5(2), 1759）in J.J. Winkelmann BD.3：Schriften zur antiken Baukunst. 2001
拙稿（二〇一二）「ヴィンケルマンのギリシア建築論（1）シチリアの古代神殿」日本建築学会大会学術講演梗概集（建築歴史・意匠）参照。

なおヴィンケルマンには、このほかに論考「古代人の建築論 Anmerkungen über die Baukunst der Alten.1762」があり、別稿で取り上げたい。

20 ペヴスナーは「ドリス式の復興」と捉えた（鈴木博之・鈴木杜幾子訳『美術・建築・デザインの研究Ⅰ』鹿島出版会一九八〇年 参照）。

21 M. -A. Laugier：Das Manifest des Klassizismus. Nach dem Essai sur l'architecture（1753）.Uebersetzt von H.Boeck. Muenchen 1989
本文の引用文は、三宅理一訳（一九八六）『ロージエ　建築試論』中央公論美術出版からのものである。

22 オナイアンズ（日高健一郎監訳）『建築オーダーの意味』中央公論美術出版二〇〇四年の二六四頁を参照した。

23 フランス建築については、M.Hesse：Klassische Architektur in Frankreich.1600-1800. Primus Verlag. 2004 などを参照した。

24 ドイツのドリス式建築の全容については、E.Forssman：Der dorische Stil in der deutschen Baukunst. Rombach Verlag. 2001 を参照した。

25 G. Dettmann：Johann Joachim Busch. Der Baumeister von Ludwigslust, Carl Hinstorffs Verlag. 1929

26 H. -J. Kadatz：Friedrich Wilhelm Erdmannsdorff. Berlin. 1986

27 F. Grundmann：Carl Gotthard Langhans（1732-1808）Bergstadt Verlag. 2007

28 C.L.Stieglitz：Geschichte der Baukunst der Alten. Leipzig 1792, 175s
拙稿（二〇一一）「シュティーグリッツと十八世紀ドイツ建築思潮」日本建築学会大会学術講演梗概集（建築歴史・意匠）を参照されたい。

29 ローデについては、拙稿（二〇〇三）「啓蒙都市デッサウと古典学者ローデ」日本建築学会北陸支部研究報告集 第四六号を参照されたい。なおウィトルウィウス独訳の後にローデは、建築図版のみを編集刊行したが、その中には当時のギリシア考古学による最新の正確な神殿建築

図も含まれていた。これについては、A.Rode：Kupfer zu Vitruvs Zehn Bücher von der Baukunst. Berlin 1801, Nachdruck ca.1980を参照されたい。

30 A.Beyer：Das Roemische Haus in Weimar. Carl hanser Verlag. 2001

31 Ausstellungskatalog：Carl Haller von Hallerstein in Griechenland. 1810-1817, Dietrich Reimer Verlag, 1986

32 森田慶一（一九七八）『建築論』東海大学出版会は、三七年後の現在まで増刷され続けており、我が国での稀な古典建築書であると言える。

33 森田前掲書所収のヴァレリー「エウパリノスまたは建築家」（一九三三、邦訳）を参照されたい。

図版出典

1 H.Berve,G.Gruben：Griechische Tempel und Heiligtümer, München 1961, 114s.（各部分の和名表記を行った）

2 筆者作図

3 R.Chitham：Die Säulenordnungen der Antike und ihre Anwendung in der Architektur, Wiesbaden, 1994, 33s.

4 C.Gurlitt（Hrg.）：Griechische Baukunst nach J.Stuart und N.Revett：Anriquities of Athens（1762～1794）Berlin 1922, Tafel 5.

5、6、8、9、12 筆者の現地撮影

7 E.P.Riesenfeld：Erdmannsdorff. Der Baumeister des Herzogs Leopold Friedrich Franz von Anhalt-Dessau, Berlin 1913, 66s.

10 A.Rietdorf：Gilly. Wiedergeburt der Architektur, Berlin 1943, 59s.

11 H.Kiener：Hallers Entwürfe zur Glyptothek und Walhalla, Münchner Jahrbuch der bildenden Kunst 1923, 114,118,119s.

廃墟論

――制作論の彼方へ――

白井　秀和

一　アクロポリスと「建築の反逆者」

浩瀚な『ル・コルビュジエ事典 *L'Encyclopédie Le Corbusier*』（パリ、一九八七年。邦訳、中央公論美術出版、二〇〇七年）には、この事典の監修者であるジャック・リュカンの手になる、意欲的な項目「アクロポリス：すべては、そこで始まった…… Acropole : Tout a commencé là ⋯」が収められている。この項目の中で、リュカンは、「アテネ、パルテノン。《純粋なプリズム》の形をとった建築」と標題の付いたところで、以下のように書いている。

一九一一年――ル・コルビュジエが味わった様々な力強い感動の中でも、おそらく最も力強いものは、アテネのアクロポリスの発見、とりわけパルテノンの発見であった。その一生を通じて、ル・コルビュジエは絶えずこのことを言い続けた。パルテノンは、建築の原初的な確立の象徴として存在するのである。すなわち、それは本質的なものに凝縮されて、《理性（司令塔）》として周りの風景に自らの様々な姿を見せつける、まさしく立方体に他ならないのだ。パルテノンを目にすることは、一つの行程の到達を表わしている。すなわち、ここで東方への旅が現実に終了しており、その後の行程はもはやこの発見を確認し続けることにしかならないであろう。しかし、このパルテノンを目にすることはまた、幾つもの新しい発見の発端でもあったのだ。すなわち、《ぼくはまだ、一人前の男ではなかったのだ。前に開かれた人生と向かい合ったぼくは、おのれの性格を発展させる必要があった》。感情とは、それゆえ一個の身体上・心理的上の強烈な衝撃なのである。つまりそれは、一つの始まりを告知しようとするものなのだ……（原著、二〇頁、筆者［白井］訳）。

リュカンの表現は正しい。これから開かれる自らの長い道程を、ル・コルビュジエは覚悟しているのである。

そして、リュカンは、次の頁の「アテネ、アクロポリス。《見た目の無秩序》の幻惑」と標題の付いたところで、エルネスト・ルナン（一八二三―一八九二）というアクロポリスを畏怖した先達の名を挙げる。

一九一一年――シャルル＝エドゥアール・ジャンヌレ［引用者注：ル・コルビュジエのこと］は、エルネスト・ルナンの言い回しを思い出す。その有名な《アクロポリスの丘上の祈り》をジャンヌレは、他ならぬアテネの地で読んでいたのだ。それは、次のような言葉で始まる。《アテネがわたしに与えた印象はわたしが今までに感じたものとは比べものにならないくらい遥かに抜きん出た、最も強烈なものである。完成という事実の見られる場所が一箇所はある。二箇所とはない。アテネがその一箇所である。わたしは未だかつてこのようなものを脳裏に描いたことがなかった。それはペンテリック大理石の形に結晶してわたしに現われた理想に他ならなかった［引用者注：ルナンの言葉については、引用者注：この部分は杉捷夫訳を援用する。ただし、一部表記を変えている］》。そして、岩の上でジャンヌレはおそらく、エルネスト・ルナンがそこで掴み取った、《古典派になる》という決意を、自分のものとしたのである。すなわち、《おんみの言葉を学び、そのほかのものを忘れるように努めましょう》（原著、二一頁、筆者［白井］訳）。

「アクロポリスの丘上の祈り Prière sur l'Acropole」は、『イエス伝』（一八六三年）で名高いE・ルナン（Ernest Renan）が一八八三年に著わしたものである。『幼年・青年時代の思い出 *Souvenir d'enfance et de jeunesse*』に収められている。ちなみにリュカンは、一九一〇年にアテネで刊行されたものを引用しているが、これはまた、一九四八年パリ刊行のルナン全集第二巻にも収められている［引用者注：邦訳は、一九五三年に岩波文庫から出ている］。この全集からの引用が、同じ『ル・コルビュジエ事典』（パリ、一九八七年）の、ジュリアーノ・グレスレーリによる執筆項目「古代」にある。原著の四四頁に書かれた、このグレスレーリの文章は、以下のようである（邦訳は筆者［白井］による）。

一九一一年、ギリシャに向けて旅立つ前に、ジャンヌレはウィリアム・リッターに、かの有名な《アクロポリスの丘上の祈り》がエルネスト・ルナンのどの著作にあるのかを、ことさらに尋ねていた。この神殿との出会いは、まったくの偶然などではない演出に沿って、この著名な作家によって示されたのと同じようなやり方で展開していったに違いない。一八八三年のルナンにとってと同様に、ジャンヌレにとってギリシャ神殿は、象徴の中の象徴、すなわち他のあらゆる建築作品が比較対照される際の規範的創造となるであろう。《父なるパルテノン》と《母なるアクロポリス》が、一瞬の昂揚の中で、消すことのできない痕跡を残すことになる屈服という行為へと、ジャンヌレが降下してゆくのを決定づけるのである。

ル・コルビュジエが、ブザンソンのアクロポリスの上に位置するロンシャンの礼拝堂という《自らのパルテノン》の、ステンドグラスの上に刻まれた祈りを捧げた当の対象——ノートルダム＝デュ＝オー［引用者注：「高みの聖母マリア」の意］こそは、キリスト教徒たちの聖母マリアによりもはるかに、ルナンのアテナ女神に似てはいないだろうか。すなわち、《あなただけが若い、おおコーラよ。あなただけが純潔である、おお、ヴィエルジュよ。あなただけが健全です、おお、イジーよ。あなただけが力強い、おお、ヴィクトワールよ。（……）世界は、その野蛮なきずなを斥け、おんみに帰ることなくしては、救われないでしょう（過ぎ訳）》。

これはまさに、危機の瞬間にあってさえ、ためらうことの一切がなくなるような場所へと、建築が永遠に回帰することを表わしているのである。

それから20年後、第四回CIAM（シアム）会議に参加した建築家たちとアクロポリスの丘にもう一度登ったとき、ル・コルビュジエはアクロポリスとの最初の出会いを、絶対的真理の発見のように思い出すことになるであろう。この出会いがあればこそ、パルテノンに規範としての価値が付与され、パルテノンとの決定的な因果関係が打ち立てられることになったのである。すなわち、《ぼくは、行動し、調和のとれた人間味ある作品をつくり出そうと努力してきたのだ。ぼくはそれを、自分の心の深いところで、自分の腹の底で、このアクロポリスとともに遂行したのだ》。

この最後のル・コルビュジエの言葉は、実は、一九三三年八月のアテネにおける第四回シアム会議の際になされた《空気―音―光》という講演の中のものであり、この講演の速記録が、同年に刊行された『ラルシテクチュール・ドジュルドュイ *L'Architecture d'Aujourd'hui*』誌の11月号に「アテネでの講演 Discours d'Athènes」という題目で収録された（八一―八九頁）。そして、一九四八年には、英語本としてニューヨークで出版されたル・コルビュジエの著作『空間の新しい世界 *New World of Space*』にも、この速記録の最初の部分（「Discours d'Athènes」では、八一―八二頁にあたる。）の英訳が掲載されたのであった。

先に引用した、リュカンの項目にあった、《ぼくはまだ、一人前の男ではなかったのだ。……》の部分もここにある。重要と思われるので、この言葉が含まれる、この英語本の六六頁の文章全体の邦訳を引用してみたい。これは、先ほど述べたように、一九三三年にアテネで開催された、シアムの第四回会議のときのものである（(1)、(2)、(3) および傍線は、引用者［白井］による）。

ぼくは23年前にアテネに来たことがある。そのときぼくは、21日間をアクロポリスの上で過ごし、絶えず動きまわり、その感嘆すべき光景を目にすることで自分自身を成長させていった。この21日のあいだに自分が成しえたことを、ぼくは自問してみる。ぼくが知りえたことは、何にも帰しえない真実という考えを、そこで手に入れたということだ。アクロポリスの上にある様々なものがもつ人間を超えた様相に打ちひしがれてしまい、ほほ笑むこともなく明かりも灯さないひとつの真理――しかしそれは力強く無情なほどに不変なものである――に圧倒されたぼくは、その場を立ち去った。(1) ぼくはまだ、一人前の男ではなかったのだ。前に開かれた人生と向かい合ったぼくは、おのれの性格を発展させる［引用者注：しっかりした人間になる］必要があった。(2) ぼくは、行動し、調和のとれた人間味ある作品をつくり出そうと努力してきたのだ。ぼくはそれを、自分の心の奥深いところで、このアクロポリスのイメージを抱きながら遂行した。このぼくの努力は、正直で、忠実で、忍耐強くて、真摯なものであった。

ぼくがここで感じた真理は、ぼくを主人公にしたのだ。つまり、何かを、ほかのものと入れ替わり久しく確立し続けているものにとって代わる何かを、提示しうる何者かに仕立てたのだ。

だからぼくは、革命家と呼ばれているのだ。西ヨーロッパに帰り、さまざまな学校の教えにつき従おうとしたとき、ぼくは、これらの学校がアクロポリスの名を嵩にきていることを知った。アカデミーがへつらいをまき散らす怠惰な連中によって、惑わされていることが分かった。ぼくは、考察し、ものをよく見て、問題の根底にまで向かってゆくことを学んだのだ。

（3）アクロポリスが、ぼくを反逆者に仕立てた。

ぼくは次の言葉に、確たる信頼を置き続けている。すなわち、「明確で、明澄で、力強くて、秩序立っていて、荒々しくもあるパルテノン――優美と恐怖とからつくられた風景の中へと投げ入れられた、あの雄叫び。強さと純粋さに捧げられた、このモニュメント」に（Le Corbusier : *New World of Space*, 1948, New York, p.66より。筆者［白井］訳）。

ここで傍線を引いた部分の原文は、（1）が、I was not yet a man and, in the face of the life that was opening, it remained for me to develop character. であるが、そのフランス語原文は、Je n'étais pas encore un homme et il me restait, devant la vie qui s'ouvrait, à devenir un caractère. である。また、（2）は、I have tried to act and to create harmonious and human work. I have done it with the image of this Acropolis in the depth of my spirit. であり、そのフランス語原文は、J'ai essayé d'agir et de créer une œuvre harmonieuse et humaine. Je l'ai fait avec cette Acropole au fond de moi, dans le ventre. である。

さて問題は、（3）の傍線部分である。「アクロポリスが、ぼくを反逆者に仕立てた」とは、どういう意味であろうか。『*L'Architecture d'Aujourd'hui*』誌の11月号所収の「Discours d'Athènes」八二頁にある、そのフランス語原文は、C'est l'Acropole qui a fait de moi un révolté. であり、この英語訳の文では、The Acropolis made me a rebel. という単純なものである。Révolté あるいはRebel すなわち、反逆者とは何か？　その答えは、日本語の本の中にある。二〇〇〇年一月、王国社刊の磯崎新著『ル・コルビュジエとはだれか』の六五―一一二頁には、「私にとってのアクロポリス」と題されたきわめて刺激的な文章が綴られている。その冒頭部分の六六頁には、「近代建築家のなかで、ル・コルビュジエほどアクロポリスについて語った建築家はいないだろう。生涯のうちに、無数といっていい程の文章を書き、かつ本として出版した彼は、もしかするとアクロポリスしか語らなかったといえるかもしれない」という興味津々たる、核心を突いたとしか言いようのない、それこそまさに、文章がある。続けて、「私にとっても、ル・コルビュジエのアクロポリスは何にも増して決定的な言葉となっている。それは「建築」へはいる戸口がみつからずに彷徨しているさなかに、啓示としておそいかかる。そんな種類のものだった」とあり、次に、ル・コルビュジエ自身が発した、

「――アクロポリスが私を反逆者にしたてた」(Le Corbusier, "New World of Space")

という印象的な言葉が置かれているのである。

磯崎は、自身も建築への道に思い悩んださなかに、この言葉が発する意味の重さを考察せざるをえなくなったことを吐露している。以下はその貴重な独白録である(前掲書、六六—六七頁)。

アクロポリスもル・コルビュジエも、それまで私には本を介してしか知りえていなかった。おそらく、その時期までに、建築にかかわる数多くの書物を読んでいたが、すべて空しい言葉に思えて、もはや建築を放棄せざるをえない、という土壇場のような気分であった。そんなある日にル・コルビュジエのアートワークだけをあつめたカタログの片隅にみつけたこの一行が私を建築に留まらせた。発表したすべての仕事が不可避的に論争的となり、ボザールのような既成の権力者たちだけでなく、コミュニストのような最左翼の理論家たちからも同時に批判の的になりつづけたル・コルビュジエが、その長い困難な時代をきり抜けえたのは、彼がアクロポリスで得た啓示、すなわち「建築」とかかわりえたという決定的な体験を反芻しつづけたことによるものではないか、と私には思えた。なによりも、それだけの決定的な体験を与えるアクロポリスが、地上に存在している、と考えるだけで当時の私は満足であった。それよりもひきつけられたのは、ル・コルビュジエのレトリックである。あまりに完璧な「建築」であるが故に、反逆者ならざるをえない。そこにル・コルビュジエがひそませたのは、既成の建築があまりに堕落・頽廃してしまったために、それを改革せざるをえないのだ、という主張だったかもしれないが、私には、アクロポリスという決定的な基準(カノン)が存在するために、その完璧の美にたいして反逆を試みる以外に残された道はないではないか、という反語的な姿

勢がむしろ強く作用していた気もする。ともあれ、アクロポリスは殆どすべての建築家がまず感じたように、私にとっては、歴史的な遠い遺産というだけでなく、日常的にかかわる建築の、ひとつの基準になったのである。

［引用者である］筆者が傍線を引いた部分——あまりに完璧な「建築」であるが故に、反逆者ならざるをえない——これが、磯崎の答えである。磯崎は、「アクロポリスが私を反逆者にしたてた」の一行を、先に挙げた『空間の新しい世界 *New World of Space*』（磯崎は、これをル・コルビュジエのアートワークだけをあつめたカタログと言っている）から見つけたものの、この一行がル・コルビュジエのいずれの著作から引用されたのか分からないとしている。だが、筆者がすでに挙げたように、それは一九三三年八月の《空気—音—光》というアテネでの講演の際のものである。それはさておき、磯崎は、この一行の重みを感じさせるのは、ル・コルビュジエがその生涯の最初と最後に出版した本が、いずれもパルテノンにかかわっていることである、という鋭い指摘をしている。つまり、前者が『建築をめざして』であり、後者が『東方への旅』なのだが、厳密にいえば、最初の本は、一九一二年の『ドイツの装飾芸術運動』、さらには一九一八年の『キュビスム以後』あたりであり、最後の著作も『東方への旅』と同じ年に出た『調整・手直し *Mise au point*』なのだが……。しかしそれはともかく、磯崎の言っていることはほぼ正しい。アクロポリスもしくはパルテノン——それらがまさしくル・コルビュジエの運命を決定づけたのであった。建築家としての出発点——それが、一九一一年のアクロポリスもしくはパルテノンの発見 découverte、あるいは両者との出会い rencontre なのであった。

アクロポリスすなわちパルテノンは、ル・コルビュジエにとって、決定的な規範——磯崎の言葉では、基準（カノン）——となって、ル・コルビュジエの先の建築家としての道を歩ませた。それが、幾何学的思考の極みたるル・モデュロールなどに反映しているともいえよう。また、住宅を考える際の standart、すなわち標準の問題にも当然のことながら繋がっているのであろう。しかし、ル・コルビュジエの心の奥底には、そうした合理的デカルト的思考以前に、アクロポリスすなわちパルテノンからの啓示があったといえよう。それは、優れて精神的なものであり、いわば「建築の真髄」とか「建築の本質」とかいうような、核的存在、つまりは「建築の存在性」に他ならないのではなかろうか。

磯崎は言う。「アクロポリスは、単純に大理石塊の集積場でありながら、その全体の場所を貫通し整理する透明な秩序が充満しているのだ」(前掲書、七五頁)。この磯崎の言う「透明な秩序」こそは、筆者の言う「建築の存在性」であろうか。
このように、ルナンを経由してアクロポリスを同じように畏怖したル・コルビュジエは、「反逆者」として、アクロポリスから旅立った。しかし、また、そこに帰るのだ。思うにそこには、建築家として成功したル・コルビュジエの、寄って来たるものへの回帰がある。そのときに、重要な鍵語になるのが、まさしく「廃墟」という言葉なのであった。思えば、ル・コルビュジエがアクロポリスの丘上で目の当たりにしたものは、すでに「廃墟」となってしまっていたパルテノンだったのである。磯崎もこの点を重要視する。実に「廃墟」とは、建築家の想像力を刺激してやまない(言葉を換えて言えば、「制作」への、とば口に他ならない)。そういえば磯崎も好んで「廃墟」を描き、論じていたではないか。ジョン・ソーンも、ジョーゼフ・ガンディーも。また、あのピラネージも! それゆえ次の第二部では、他の廃墟論も援用しつつ、引き続き磯崎のアクロポリス・パルテノン論を「廃墟」の観点から分析し、更には筆者がとくに研究している、19世紀フランスの建築理論家・考古学者アントワーヌ=クリゾストーム・カトルメール・ド・カンシーの廃墟論の全体を明示することで、この問題を検討してみたい。

二　アクロポリスという「廃墟」

ギリシャ美術の権威であった澤柳大五郎は、その学究成果のエッセイ的集大成ともいえる『ギリシア美術襍稿』(美術出版社、一九八二年)において、「パルテノン」なる項を設け、次のように記している。

パルテノンはいま廃墟である。/屋根、天井はもとより、軒廻りも損傷甚だしく、神室の壁は三方が失はれ、祭神の像も室内圓柱も跡方なく、その餘の彫刻も元の場所から剥ぎ取られてヨーロッパの美術館に散らばっている。洵に無慙な姿である。/それにも拘らず、ひとがパルテノンに就いて語る時、廃墟として語るのではなくて、前五世紀建築の傑作として、古典建築中の古典、「神殿中の神殿」として語っているのである。基督教の聖堂やモスクや佛教寺院が建築として語られる時、たとひ多かれ少なかれ後代の増改築を経ているにもせよ、現に建築空間としての機能を果しているものに就いて語るのであって、無住の廃墟に就いて語られることはまづない。／……既に信仰の場でもなく、遺構とはいへても生きた建築空間とは云い難いパルテノンに就いて、後代の聖堂や城館と同列に論ぜられるのは、思へば不思議ではなからうか。何故か、それに対する答へは今遽かにはわたくしにも出来ない。が、その問は姑く措いて、ただ與へられた事實として受入れ、故人を語ること生ける人を語るが如し、といふに近いものではなからうかと云ふに止めて置く。……パルテノンの繊細で雄渾、端正で凛然とした、いや言葉では名状し難いあの姿はやはり類がない。それはプロピュライアと城壁に囲まれたアクロポリスの上のアテナの聖域全体、エレクテイオンとの見事な照應、ペンテリコン大理石の材質とその精緻な仕上げ、そして絶妙の比例などが相俟って生ずる効果には違いないが、それだけでは尽くし難いものがある（六一―六二頁。ただし一部表記を変えた）。

まさに意を尽くした賞讃の言葉がここには横溢している。讃歌はなおも続く。

然り、パルテノンは生きている。固い冷たい重い物質であるのに、あのペンテリコンの大理石からは生命の息吹が感ぜられる。美術作品の古典性を言葉で云い表はすのは至難であり、且つ空しい。アポロン的、均衡、調和、秩序、静謐、端正、高雅。写実と様式との緊張と平衡、自然そのままと自然離れとの融通無碍の渾融……いくら文字を並べてみても、形の語る言葉ならぬ言葉は概念の言葉には移し得ない。／まづアクロポリスに立って心ゆくまで眺めること、アクロポリス美術館、またブリティシュミューズィアムで大理石の語る言葉、その沈黙の言葉を聴きすますこと、それが第一である。古典美とは何ぞや、その問に最も的確に答えて呉れるのがパルテノンの建築と彫刻である（同、六九頁）。

ここには、廃墟も何も超えて存在する、「古典美」の極致としてのパルテノン、が語られている。――アポロン的、均衡、調和、秩序、静謐、端正、高雅――これらの形容はすでにわれわれにも近しい。しかし、言葉を超えたもの、語るに空しいもの――それがパルテノンなのだ。いわば、「存在性としての」パルテノン。そこまで言わずとも、「廃墟」の姿がなおも、その存在性を、一層醸し出す、いや表出させているのである。仮に、メンテナンスを施されたなら、この存在性はどうなるであろうか。その答えは、磯崎新の前掲書にあった。

［ル・コルビュジエに大きな］衝撃をもって襲いかかる力をみせるアクロポリスの秘密はなにか。そのひとつに、ここがいかにも無惨に破壊され、廃墟として、瓦礫の堆積となる寸前の状態をかろうじて保持している、そのあぶなげな有様が古典主義の時代の古代憧憬、新古典主義の時代の幻想に満ちたロマンティシズムをかきたてていたことも事実である。これが建設当時の多色に彩色された姿態のまま現在に伝わっていたら、これだけの感動をはたして与えただろうか。仮に最大限の努力を重ねて、薬師寺西塔のように建設時とそっくりの姿に復元されていたとしたら、いま、私たちを同じ関心のもとにひきつけるだろうか（『ル・コルビュジエとはだれか』王国社、七六―七七頁。［ ］内は引用者（白井）の補足。以下同様）。

明らかであろう。ここには復元という永遠の問題が横たわっているのである。創建当時のまま――それは、果たして意味を持つのか？　創建時のオーラとでも言ってよいものは、「廃墟」の中にしか存在しないのではないか？　そのことを、「廃墟」のパルテノンが教えてくれる。磯崎は続ける。

明らかにいえることは、それが廃墟として、単なる石塊へと還元されていくにはまだかなり多くの細部が断片として残存し、それが、圧倒的な力をもって視る人間へと迫ってくることである。かつての完成時の壮大さを空想のなかで組みたてさせ、ときにはいっそうの完璧性を想起させる（同、七七頁）。

さらに、

ル・コルビュジエにとって、［アクロポリスの、そしてパルテノンの、］破壊され、地上に横たわった円柱の部材は、彼にヨーロッパのルネッサンス以来の全歴史をあえて否定させる行動にかりたてる。そのとき、パルテノンは、根元的な「建築」の祖型として、存在していた、といえるだろう。彼が、「アクロポリスが私を反逆者にしたてた」と語るとき、その初源に決定的な「建築」としてのアクロポリスがあった。これはメタ・テキストとしての「建築」であると同時に、完璧な比例と寸法と構成をそなえた実在物でもある。彼の眼には、その古典性を復活させ継承しようとした全建築史が、単なる形態の模倣にすぎず、それ故に決してその初源の完璧性には到達しえない、大きい間違いをおかしていたという認識が、ここであらためて確認される（同、七九頁）。

メタ・テキストなど、いかにも磯崎好みの言い回しであるが、ここでは、アクロポリスのもつ「初源の完璧性」が筆者の言う「存在性」に他ならないという、重要な指摘をしておきたい。

続いて磯崎は、『アポロの杯（さかずき）』（朝日新聞社、一九五二年）という、作家三島由紀夫のギリシャ紀行文を取り上げながら、廃墟を論じてゆく。

三島の「――空の絶妙の青さは、廃墟にとって必須のものである。もしパルテノンの円柱のあいだにこの空の代りに北欧のどんよりした空を置いてみれば、効果はおそらく半減するだろう。あまりにその効果が著しいので、こうした青空は、廃墟のために予め用意され、その残酷な青い静謐は、トルコ［引用者（白井）注：正確にはヴェネツィア］の軍隊によって破壊された神殿の運命を、予見していたかのようにさえ思われる」を引用したあとで磯崎は、

「廃墟」は不意と偶然の集積によって、予期しなかった美を生みだす。かつて完璧であった姿をかい間みせながら、崩壊してきた時間の経過を直接的に感知させることによって、それは悲劇をみる感動につらなってゆく……

と書く（同八九―九〇頁）。アクロポリスは、このように、多くの文学者や建築家たちを魅了してきたのである。そして磯崎は、ル・コルビュジエが、このような意味を担った廃墟から運命的ともいえる啓示を授かり、この、西欧の文化の根底にある絶対的基準としての「建築」を象徴するアクロポリス――を拠り所として、この基準を独自に展開する道に自らをかけた、と結論付けるのである（同、

九三頁)。続けて磯崎は、ポール・ヴァレリーの、あの盛名を馳せた著作『エウパリノスあるいは建築家』を挙げる。そこでは、自然のつくり出す秩序と対置される、人為的な、理性の産出による秩序が賞讃され、

「廃墟」は、その理性的秩序が、自然的秩序によって浸蝕されていく過程をそのままみせているのだ(同、一〇〇頁)。

という。磯崎はここで、パルテノン=「機械」=立方体と規定したル・コルビュジエは、このエウパリノスを語ったヴァレリーのように、明晰な論理の展開をなしたとし、そこには、ウィトルウィウスの影があるとも言う。すなわち、

[ル・コルビュジエは、]「機械」と立方体を手がかりに、新しい造型を組みたてたのだが、その論理の展開はエウパリノスが最後に建築の基本的属性として用・美・強をとりだしたように、ウィトルウィウスの基本原理に従っている。それを機能・比例・構造と置きかえてみれば、ル・コルビュジエの関心のありかの殆どすべてを覆うことさえできる。個々の作業は常に詩的実践にうらづけられながら、明晰そのものでもあった(同、一〇一―一〇二頁)。

アクロポリスに「機械」と立方体を直観的に認めたル・コルビュジエは、ヴァレリーと同じように、建築を、明晰なる理性の産物と見つづけていた、と磯崎は言う。そして、ついには次のような重要な独白を行なう(同、一〇四―一〇五頁)。

私たちが近代建築と呼び、それを殆ど絶対的基準として教えられていたのは、様式的な西欧の建築から完全に離脱した別種の理論ではなく、アクロポリス以来の正統を受けついだ、理性により合理的に再解釈された「建築」だったのである。……おそらく、私の困惑はこのようにまで明晰に定義づけられ、幾多の変革の試みも確実にのみこんでしまう、私のこの「建築」という超越的なメタ概念の所在を確認する手だてを容易に見いだしえなかったことにあるだろう。それは論理の世界に所属するのではなく、おそらく詩学そのものだったのかも知れない。詩的体験を介してのみ内側から立ち現われてくる論理なのだ、とい

いかえた方がいい。

磯崎の語ることは、正しい。凡百の建築家にこのようなことが語りえるであろうか。磯崎は、磯崎こそは、まさしくメタ・ル・コルビュジエではないだろうか？

とはいえ、いかにも磯崎は冗長にすぎる。それは、詩的直観に目覚め、理性の導きに従うという、「詩的体験を介してのみ内側から立ち現われてくる論理」に魅入ってしまった者の宿命かもしれない。そこで、もっとダイレクトに、いやあっさりと「廃墟」を語ったもう一人の日本の建築家の言に耳を傾けてみよう。香山壽夫である。その最新刊『建築を愛する人の十二章』（左右社、二〇一〇年）の第一章「建築はいつも私達と共にある」の一四―一五頁には、こうある。

廃墟とは、沈黙している建築のことである。現世的な意味を全て捨て去って、廃墟は全く黙している。しかし、黙しているが故に、それが発している深奥の声は、私達の全身をゆさぶり、魂の奥底に響く。現世の束縛、制約から一切解き放たれた廃墟なる建築は、建築とは何か、人はなぜ建てるのか、という根本的な問いを私達に問いかけるのである。

廃墟からの問いは、建築家にとって永遠の問いである。偉大な建築家は、廃墟に向かいあい、問い直し、学んできた。若き日のル・コルビュジエの旅のノート・ブックは、廃墟と格闘する彼の観察、思索の記録である。彼の耳に響いた、建築の沈黙の声の記録である。

ルネサンスの時代以降、古典主義・ロマン主義、等々、建築家は廃墟と向いあいつつ、自分の道を探ってきた。十九世紀にフランスにおいて確立されたアカデミックな建築教育においては、古典古代の廃墟を実測し模写し、そして復元を試みることは、教育の必須の過程とされた程である。

――若き日のル・コルビュジエの旅のノート・ブックは、廃墟と格闘する彼の観察、思索の記録である。彼の耳に響いた、建築の沈黙の声の記録である――。これは的確な表現である。磯崎の冗長さを払拭した簡素さがここにはある。われわれは、（磯崎の場合と違って、）余り頭を悩ませずに、耳を傾けることができる。だが、われわれを、もっと力強く納得させる、「廃墟」を巡る、いや「建築」を巡る言葉があった。それは、稀代の碩学、加藤周一の言葉である。最近刊行され始めた、『加藤周一自選集』の第二巻［一九五五―一九五九］（岩波書店、二〇〇九年）の三〇八―三〇九頁にそれはある。一九五九年のこと。才色兼備のZ嬢とアクロポリスの丘に登った加藤は、次のように言う。

われわれのみることができるのは、決してアクロポリスではなく、アクロポリスの廃墟である。それは全く別の二つのことだ。私はギリシアにヨーロッパの起源をみはしなかった。しかしそこに廃墟の美を発見したヨーロッパを感じたのである。ヨーロッパの精神とは、廃墟に美をみる精神に他ならない。木造建築は廃墟をのこさないだろう。ギリシア人たちが石造建築に到達したのは、ヨーロッパ文化の発展にとって、決定的なことであった。

――ヨーロッパの精神とは、廃墟に美をみる精神に他ならない――。この言葉は、筆者の心を激しく打った。思うに至言ではなかろうか。「廃墟に美をみる」は、今までの磯崎等の言説を超えて、すぅーと胸に入ってくる。「廃墟」のもつ力とは、このようなものなのだ！

アクロポリスとアクロポリスの廃墟とは、別のものなのである。ここに、復元の根本原理を解き明かす鍵があるのではなかろうか。さて、加藤のいう、「廃墟」の美は、最終章に預け、以下では、19世紀初期――つまり、ロマン主義華やかなりし頃に書かれた、フランスの考古学者・建築理論家カトルメール・ド・カンシーの「廃墟」論に移ろう。

カトルメール・ド・カンシー、A.-Ch.（一七五五―一八四九）は、その大部な二種類の著作、『分野別百科全書―建築 *Encyclopédie méthodique—Architecture*』第三巻（一八二五）と、そのダイジェスト版たる『建築歴史事典 *Dictionnaire historique d'architecture*』第二巻（一八三二）において、項目「廃墟」を設けて以下のような論考を認めた。両者の記述は、殆ど同じである。以下に、その全文の、筆者による邦訳を提示してみたい。

＊＊＊＊＊＊＊＊＊＊＊＊＊＊＊＊＊＊＊＊＊＊＊＊＊＊＊＊＊＊＊＊＊＊＊＊＊＊

（以下、『建築歴史事典 *Dictionnaire historique d'architecture*』第二巻、一八三二年、三九七頁。全体をとおして傍点は原語斜字体）

崩壊、廃墟 ruine, ruines［訳者注：廃墟という場合は複数形の ruines になる］

この言葉は、単数形および通常の意味では、建物に迫っている、もしくはもうすでに陥っている老朽化状態や崩壊状態を表わしている。ある建造物が崩壊（*ruine*）の危機にある、といわれるのは、すなわち、住宅にやがて訪れる崩壊を予見しているのである。それゆえ、多くの場合に単数形で、この言葉は好んで用いられ、またときおり複数形で、完璧な崩壊状態を指し示すために用いられる。その理由は、複数形が建造物の各部分の崩壊した状態を表現することで、現実のイメージ（画像）をより巧みに与えるからである。こうやって、しかじかの事故が建物の崩壊を促したとか、どこそこの場所で建物の廃墟（*ruines*）を目にしたとか、いわれるのである。

（以下、同書、三九八頁）

とりわけ、記念建造物の多くの残骸・遺跡については、時間が経ってもなおその残存物を忘れさせることができなかった古代都市の、あの大規模な残骸について語る場合には、パルミュラやスパラトの廃墟が引き合いに出されるであろう。相当の規模の断片や散乱した建築資材が残されている、荒れ果てた（リュイネ）［訳者注：廃墟となった］広大な建造物の場合にも、同様のことがいわれる。こうやって、ローマのコロセウムの廃墟を調査するとか、アテネのパルテノンの廃墟を巡察するとか、いわれるのである。

現代の崩壊現場に、廃墟という名前を与えることができるかどうか、また与えてしまうかどうか、いずれにしてもこの言葉が、古代の残骸・遺跡に適用されるときにのみ、一般的な関心を呼び起こすことは間違いない。老朽化するにつれてこれらの残骸・遺跡は一層われわれの評価を受け、それゆえに保存されるべき資格を獲得することになるわけである。

古代の記念建造物の廃墟は、建築にとっても、またあとで取り上げる絵画部門にとっても、学習と研究と模倣の優れた対象になっている。

実際のところ、ギリシャ建築は、永い間中断されていたさまざまな伝統によってよりもむしろ、記念建造物の廃墟によって、自らの寿命を超えて、またその作者たちよりも永く生き残ってきたのであった。まさしくこのことこそが、諸芸術の再生の際に、大規模な構造物の実施方法やこの建築術の原初的概念や審美眼の諸規則が見いだされた理由なのである。ギリシャ建築は、古代の廃墟において保存された明確な資料の数々の効果によってのみ、現代の人々の許に導入されたのである。現代の最も著名な建築家たちのそれぞれが忘れ去られた伝統の切れた糸を結び直して、プロポーションの原理や規則の数々を再認識しようと努力した際の拠り所となった、あの基本的な論考のすべてが、これらの廃墟からまさしく出来したのであった。これらの廃墟を参照することで、各種オーダーのさまざまな断片の比較対照が、これら断片のもつ普遍的なプロポーションと個々の細部の分析をとおして確立されていったのである。これらの比較対照から、審美眼はまさしくその導きのもとに、オーダーの寸法のあれこれを決定するのにふさわしい適正な平衡・釣り合いの数々を引き出すことができたのである。そして、これらの平衡・釣り合いは、ありとあらゆる用例にとってぶれることがないために、混乱した幻想がもたらす逸脱に抗する楯の役割を、常に担ってきたのである。

しかしながら、廃墟の数々から学ばれた古代芸術の批評は、それが素材としてあるいは対象として、ローマの傑作の遺物やローマの記念建造物の残骸のみを扱う限りは、どうしても不完全なものであったことは認めざるをえない。ただ偶然のみが、それらの喪失もしくは保存を決定したのであった。最も良く保存されたものは、大半の場合、最も近い時代の芸術の場合であったと、おそらくは断定できるであろう。

しかし、踏査し比較対照するべき廃墟の最も多い領野は、諸芸術の歴史と理論の探究に対して開かれているはずである。年代記という松明は、すべてに共通するただ一個の名称の元にそのときまで一緒くたにされていた対象の数々を、解きほぐすはずであり、また、そのことによって、あらゆる所で現場にある廃墟の数々から生じる数えきれないほどの遺産を、時代や国家や流派によって系統的に分類するようになるはずである。

実際のところ、古代世界のあらゆる地域が、旅行者たちによって巡察され、踏破・遍歴されるようになった。南イタリアは、ギリシャ建築の廃墟が明るみにだされるのを目の当たりにした。シチリアでは、多かれ少なかれ荒れ果てた（リュイネ）「訳者注：廃墟となった」神殿の数々において、ギリシャのドリス式オーダーの様式に対して、明確な日付を供給した。ギリシャはわれわれに、その最も美しい記念建造物のいくつかを再現せしめた。そのあらゆる最も古い都市の状況は、そこになおも残存する廃墟によって、認識され確認される。小アジアは、あらゆる方向に拡がり、その注目すべきものとして挙げられた最も有名な遺跡は、イオニア式のオーダーからなる数多くの範例を生みだした。

エジプトは、その永遠の廃墟のなかでなおも存続していると言えるのだが、エジプトそのものの不易な審美眼と常に均一なその作品とに対する認識を三千年前にさかのぼらせる権威の数々を、歴史的な批評に与えたのであった。旅行者たちの熱意が、エジプトをはるかに越えて、後世その帝国やその芸術の力に屈した衰退した国々を制覇したのであった。結局のところ、メロエ、すなわちナイル瀑布の向うに位置するいくつかの土地にまで、エジプトの廃墟に対する認識を押し拡げたのであった。

北イタリアでは、またヨーロッパのさまざまな地方では、古代の廃墟の探究と学習とが、なお一層活動的かつ豊饒に行なわれた。古代エトルリアの書き言葉と話し言葉は、多少なりとも判読でき理解されうるものとなったがゆえに、われわれには、この古代の国は初期ギリシャの審美眼の系列下に多かれ少なかれあり、初期のローマ人たちにこの審美眼の種子と文化とを広めることになったものとして提示されたのである。その古代の廃墟の中から、自らの過去の存在の系統上の名称を探しだそうという高貴な野望をもたなかったイタリアの都市などは存在しないのである。フランスは、かなりの数の地方において、またとりわけ南部の地方において、ローマの壮大さの遺物でなおも満ちみちた土壌を活用したのであった。そしてわれわれは、ヨーロッパの他の国家に共通した熱情が、ローマの権力とその諸芸術の実践とを示す古代の証であるあらゆる種類の廃墟から、毎日のごとく嬉々としてほとばしり出る様を見ているのである。

こうして日々、学術的な収集品の中に、古代の廃墟の財宝の数々が増大し拡がってゆく様を目にするのである。到る所でその有益な影響が増加し撹拌してゆくこれらの収集物は、それをたとえ改革精神という退廃的な行為から必ずしも全面的に守り切ることがないとしても、あらゆる芸術が貴重な教訓を見いだす場となるのであり、結局は、真なるもの・美なるもの・壮大なるものという原理へ向かう数々の道へと、あらゆる芸術を連れ戻すのに常に適切なものとなりうるのであろう。

（以下、同書、三九九頁）

われわれは、一般的に廃墟が、とりわけ古代建築のそれが、絵画と特定のかかわりをもっていると述べていた。

かなり古くから、古代の建造物の廃墟は、画筆を鍛えてきた。ラファエッロの経歴を辿れば、レオ十世の要望に応えるべく、この偉大なる芸術家が自らの時代になおも存在した主要な記念建造物の遺物をデッサンによって復元させることに腐心したばかりか、当然のことながら、これらの遺物を描いたこと、すなわち廃墟の絵画と呼ばれるものをつくり上げることにもなったのを、われわれは目にするのである。

風景画術が発展してゆき、独自の領域となるにつれて、とりわけローマという、自らそこに包み込まれた有名な数々の廃墟によって他のどの都市ももちえない性格を帯びるという事態に到っているこの都市が、絵画に対して、その構図の基盤を風景画によって装飾するという発想を全く吹き込ませることがなかったなどと考えることは、実に困難なのであった。すなわち、どれくらい多くの風景画が、いくつかの古代の廃墟の多かれ少なかれ自由な表現によって豊かなものになったかを、言いあてることなどできるのであろうか。

しかし、この分野では、他の多くの事例に見たように、廃墟の表現のみが、いわば孤立し際立った一部分を形成するに到ったのである。すなわち、古代の廃墟をひたすら描いた画家たちが現われるに到ったわけである。いく人かの画家は、この分野において、多かれ少なかれ荒れ果てた（リュイネ）［訳者注：廃墟となった］記念建造物をたいそう忠実に描きだしたため、これらの絵は、建築家たち自身によって、有益に利用・参照されうるようになったのである。こうした画家の一人に、有名なパンニーニがいた。彼は、建築家の知識を画家の審美眼と才能に結びつけることで、きわめて巧みに自らの絵画の素材を構成し、きわめて正確に絵画をつくり上げたのであった。ピクチャレスク（画趣性）との関連のもとに、廃墟の絵画を組み上げる術、素材の上に光の効果を正確に模倣する術、そして偶然の出来事のすべてをもって老朽性という効果の数々をそこに再現する術が、はっきりと現われたのであった。こうした術こそは、非常に特殊な学習が要求される術であり、しかも専ら絵画の領分なのである。

ここでは、建築にかかわることだけに限定するため、われわれは、不規則な庭園というジャンルが、その造作において嬉々として導き入れた古代の廃墟の模倣などについて、続けて話してみよう。この種の庭園をつくる人々はしばしば、視点場として小高い丘の上に建つ、破断した円柱とか、散乱した石片とか、毀損した壁素地とか、エンタブレチャーや柱頭の断片からなる、荒れ果てた（リュイネ）［訳者注：廃墟となった］古代の記念建造物の模造品を置くことを考えているのである。

＊＊

さて、カトルメール・ド・カンシーは、この項目ではわずか一箇所にパルテノンの名を述べるのみである。しかし、ギリシャ建築のもつその廃墟の価値はきちんと認識している（ちなみに、フランス語のruinesには当然のごとく、「廃墟」のみならず、「遺跡」の意味が込められている）。

ギリシャ建築は、……記念建造物の廃墟によって、自らの寿命を超えて、またその作者たちよりも永く生き残ってきたのであった。まさしくこのことこそが、諸芸術の再生の際に、大規模な構造物の実施方法やこの建築術の原初的概念や審美眼の諸規則が見いだされた理由なのである。

また、プロポーションやオーダーの原理にも大きく寄与した。

現代の最も著名な建築家たちのそれぞれが忘れ去られた伝統の切れた糸を結び直して、プロポーションの原理や規則の数々を再認識しようと努力した際の拠り所となった、あの基本的な論考のすべてが、これらの廃墟からまさしく出来したのであった。

そして、

これらの廃墟を参照することで、各種オーダーのさまざまな断片の比較対照が、これら断片のもつ普遍的なプロポーションと個々の細部の分析をとおして確立されていったのである。これらの比較対照から、審美眼はまさしくその導きのもとに、オーダーの寸法のあれこれを決定するのにふさわしい適正な平衡・釣り合いの数々を引き出すことができたのである。そして、これらの平衡・釣り合いは、ありとあらゆる用例にとってぶれることがないために、混乱した幻想がもたらす逸脱に抗する楯の役割を、常に担ってきたのである。

さらに、ギリシャ建築の廃墟の意味が力強く語られる。

南イタリアは、ギリシャ建築の廃墟が明るみにだされるのを目の当たりにした。シチリアでは、多かれ少なかれ廃墟化した神殿の数々において、ギリシャのドリス式オーダーの様式に対して、明確な日付を供給した。ギリシャはわれわれに、その最も美しい記念建造物のいくつかを再現せしめた。そのあらゆる最も古い都市の状況は、そこになおも残存する廃墟によって、認識され確認される。

結局は、古代の廃墟において、真なるもの・美なるもの・壮大なるものという原理への回帰が、あらゆる芸術にもたらされ、貴重な教訓が見いだされることになる。廃墟の役割はまさしく、芸術の原理そのものへとわれわれを導くことにあるとされるのである。

結　「廃墟の美（学）」へ

以上、二部にわたってル・コルビュジエの建築思想形成に深くかかわったパルテノン／アクロポリスを中心に、その根源にある「廃墟」の問題を考察してきた。そこでは、磯崎新の論考を主に参照しながら、ル・コルビュジエの（ウィトルウィウスを超えた）ギリシャ建築への憧憬を明らかにした。ところで、廃墟の問題については、18世紀のフランス建築アカデミーの議事録（*Procès-Verbaux de l'Académie Royale d'Architecture*）によれば、一七七二年一月七日の会合で行なわれた、（ギリシャ神殿の発掘に関する著作で名高い）建築家ダヴィッド・ル・ロワの講演で、Les ruines de quelques monuments lui montrent l'origine de l'architecture, d'autres la perfection.（記念建造物の廃墟には、審美眼を備えた人に［lui］、建築の起源を示すものや、建築の完璧性を示すものがある）との言葉が発せられたのであった（Tome VIII,

Paris 1924, p.117)。ここで、起源origineや完璧性perfectionを示す「廃墟」とはまさしく、「建築」の原理に他なるまい。そして、それゆえに、「制作」と深く結びついているに相違ない。

さて、筆者は最後にやはり、加藤周一の言葉を援用して、この論考の掉尾を飾りたいと思う。それは、先に挙げた『加藤周一自選集』第二巻の三〇九頁にある。

「しかし廃墟の美とは何であろうか」とすでに私は書いたことがある、「われわれがそこで歴史を思い出すというようなことでは決してない。歴史を思い出すのは、別の問題である。死の感覚ということでも、無常の感慨ということでもおそらくない。そういうことではなくて、かつてその建築を生み出した社会、その信仰、その生活感情から全く切りはなされた純粋の形をみるということである。廃墟の美は、純粋の形そのものの美だ。しかし純粋な形は、また、ある純粋な状態における精神だろう。なぜなら精神は形において自己を外在化する他ないものだからである。……」。ヨーロッパの美学は、その後、「芸術のための芸術」を通って、「純粋」芸術にまで行った。そうならざるをえない理由が、はじめからあったのである。精神についていえば、ヨーロッパとはプラトニズムの世界だ。つまり現象の背後に、普遍的な観念の実在を信じる。

「廃墟の美は、純粋の形そのものの美だ。しかし純粋な形は、また、ある純粋な状態における精神だろう」。そして、引用部分の最後の一節、「ヨーロッパとはプラトニズムの世界だ。つまり現象の背後に、普遍的な観念の実在を信じる」において読み込まれるように、やはりパルテノンのもつ意義は、筆者がこの論考で何度も述べてきた、その「存在性」にある。この「存在性」こそは、加藤の言うヨーロッパ文化に脈々と流れるものである。「ヨーロッパの精神とは、廃墟に美をみる精神に他ならない」と喝破した加藤に倣って、筆者は、ル・コルビュジエがパルテノンに見た、その高い精神性をこそ、万感の思いを込めて、ここで、「廃墟の美（学）」と呼んでみたいのである。

言葉を換えて言えば、それはまさに、制作論のはじまりなのかもしれない。なぜならば、「制作」とは、決して「無からの創造」などではなく、既存のものの過去の在り様を出発点として始まるものに他ならないからである。ただ単に、壊れたものの再生や復元をめざすのではなく、それこそ、壊れたものを新たに「制作」することの、重要な契機として、「廃墟」は存在する。ゲオルク・ジンメルが言うように、廃墟の周りが美しい自然であることで、芸術と自然の合作としての、「自然美と芸術美の一体化した美としての廃墟の美」（青山昌文『美学・芸術学研究』放送大学教育振興会、二〇一三年、八二頁）が存在するように、「ものをつくる」とは、かつてつくられたものという存在をとおして感知される、朽ちることのない「存在性」（これは、ハイデッガーの言う「存在」であろうか）を核とした、新たな行為としての「制作」に他ならず、それは、大いなる（神の「制作」物たる）自然と一体化した、（ハイデッガーの言う）存在者なのではあるまいか。だが、その背後には、見えざる「存在性」が、「廃墟―制作」の、好ましき循環［性］を差配しているのである。

注記

本稿は、平成15年度〜平成17年度科学研究費補助金（基盤研究（C）（2））研究成果報告書『ル・コルビュジエの建築理論にみるウィトルウィウス的原理への遡及』（課題番号：15560557）の一部をなすものである。また、第一部については、平成22年9月の日本建築学会大会のシンポジウムの会場にて発表したものである。今回、制作論にむかうに当たって本稿を再録したのは、「制作」をめぐるあれこれの観念論的考察を行なう前に、廃墟論をとおして制作を見とおしたいがために他ならない。制作からその終末の廃墟まで、を辿る建築の運命を、逆照射したいとの意向が強くあるためである。このとき、そうした人間の営為の背後に、いやその営為そのもののなかに、文中で何度も言及された「存在性」の影が、常に付きまとう。これは、筆者が、『建築論事典』（彰国社、二〇〇八年）の項目「ブレ」において論じた、「姿なき姿なる、建築制作における「存在性」の問題に行き着く。この項目では、建築家ブレが繰り返し述べる、「mettre en œuvre（使う・つくる・実現する、などの重層的意味をもつ）」という、まさしく制作そのものに関わる問題を、ハイデッガーの思索に絡ませて論じているが、本稿においては、この制作の問題の彼方にあるもの、としての廃墟の問題を、ル・コルビュジエとパルテノンの対比（おお、これこそまさに、制作論の王道への、とば口ではなかろうか）をとおして、さらにカトルメールの「廃墟」論をとおして、若干ながら言及したわけである。

美しいものをつくろうとする意志は、究極的には、美しい廃墟をつくろうとする意志に他なるまい。こう言えば、まさに「磯崎新・的」な言説になってしまいそうである。とはいえ、この言葉にも、一片の真理はあるであろう。その意味で本稿が、のちに開かれることになる、制作をめぐる、あれこれの観念的考察への、良き道標となってくれることを期待したい。

制作と思索

建築制作とオートポイエーシス

迫田　正美

序　建築の制作的契機

建築は他の芸術とは異なり、純粋な想像力や創作の初発における情動、あるいは自然や人物などの直接的な印象などによってのみ制作が開始されるわけではない。通常建築の制作にはその前提として要求される機能があり、目指すべきテーマがあり、前提となるコンテクストがある。建築制作における構想（conception）は内的な創造的発想のみによるのではなく、何らかの反応的構想（reactive conception）であることが指摘される。更に、与えられまた想定された敷地（自然）のコンテクストに触発され、要求されるプログラムに対応して構想が開始される。そしてその構想は何らかの美的価値ないしは感性的価値へと向けられた構想でもあり、構想から完成へと至る諸々の段階で、要求されたプログラムの実現が合理性において判断されつつ、何らかの美意識あるいは感性によって判定、選択、推敲されながら作品へともたらされる。それは制作である限り、他の在り方でもあり得るもののひとつとしての、唯一の作品へ向けての構想の開始である。そのような建築作品の備えるべき特質を強、用、美、の三つの理念と六つの要素として挙げたのは古代ローマの建築家ウィトルウィウスであった。これらの理念はその背後にあってそれらを統括する宇宙（自然）のもつ量的・質的秩序と究極的目的としての「善」という古代ギリシアの形而上学の理念によって、実在に対して正に「上から」規定される構造の中にあった。一方で制作のプロセスからみれば、これらの理念や要素は完成された作品がもつべき性質として目指されると同時に、それぞれは制作の初発的な契機ともなり得るという構造をもっている。

本稿は、制作者であり生活者でもある人間の行為を、有機体としての生命の作動のあり方とその作動のプロセス、環境との相互作用という生命システムの基本的な作動の動態として捉え、建築制作における生命システムの作動の動態を通じて、つまり「下から」の考察によって右に挙げた諸理念へと至ろうとする試みである。

そこでは生命システムの作動から考察を進める限り、生命の生息環境としての環境（ニッチ）と生態系（エコシステム）という今日的問題にも関心する必要があろう。建築論は時代を超えて変わらない原理的な事象を追及するものである一方で、その時代の状況に「ふさわしく」適応しなければならないとすれば、現代は強・用・美の概念の背後にあった「環境（自然）」という項目を主題的に取り扱うべき状況にある。また、オートポイエーシスは自己生成の作動という運動（行為）の理論であり、自己の生成と環境の形成がひとつの事態として捉えられること、環境と相互作用する自己が観察者として知覚する自己ともなることから、知覚（感性と理性）、行為（身体の運動と変容）、環境などをシステムの作動として相互に横断するように語ることのできるシステム論となる可能性を持っている。本稿がオートポイエーシスという生命論に注目するのはこのようなシステムの特徴に着目するからである。

一　オートポイエーシス・システム

1　オートポイエーシス・システムの概要

まず本稿で参照するオートポイエーシス・システムについて、その概略と要点を整理しておきたい。オートポイエーシス（autopoiesis）[一]という概念はチリの神経生理学者であるウンベルト・マトゥラーナとフランシスコ・ヴァレラによって提出された。彼らは鳩の色覚に関する研究を進める中で光のスペクトルと神経系の反応の幾何学との間にまったく関連性が見いだされないという実験結果をもとに、生体における色覚をはじめとする知覚が、生命システムの作動として、環境とは独立に、自律的に生じているという仮説によってこの理論の形成を開始した。オートポイエーシス・システムとは、自己を表すautoと制作を意味するpoiēsisとを合成した造語であり、通常自己生成システムと邦訳されている。オートポイエーシス・システムの用語が初めて使用されたのは、彼らの一九七二年の著書においてであり(2)、当時彼らはそれを機械との対比でオートポイエティック・マシーンとして定義していた。生命システムとの比較において、「自動車のように、それが機能することによってそれ自身とは異なる何かを生産する機械」をアロポイエティック・マシーン（allopietic machine）と定義する。一方で生命システムはその構成素（components）の産出過程の連鎖が閉じた閉域をなすことによってそれ自身を産出すると同時に自己と環境とを境界づける。このような生命システムの特性をオートポイエティック・マシーンとして定義したのである。この当初の定義は後に彼ら自身によって、また様々の分野へのこの概念の応用の中で修正され、あるいは変更されているのであるが、以下では右に挙げた著書にしたがって当初の定義を挙げておく。

オートポイエティック・マシーン＝構成素の産出、変換、変形の諸プロセスのネットワークとして有機的に構成され（organized）、単位体（unity）として規定された機械であり、それらの諸構成素（components）は、（i）それらの相互作用と変換を通じて、それらを産出した諸プロセス（諸関係）のネットワークを再生産し、実現する。（ii）そのようなネットワークとしてそれが実現するトポロジカルな領域を、その特徴を特定する（specifying＝記述する）ことによってそれらが存在する空間の中に具体的な単位体としてそれ自身を構成（constitute）する(3)。

生命システムをそれ自身の構成素の産出プロセスのネットワークとみて、その継続的、再帰的な産出のあり方を機械と類比的に述べたものと考えれば、直観的には単純な定義として理解できる。しかし、彼らがこのシステムについて、その自律性を説明する論理として、自己言及システム（self-referred system, auto-reference）という言葉を使い、「入力も出力もない」というシステムの特性を挙げたこともあって、先にも述べたように、様々に解釈され、誤解や論争を生み、修正や定義の変更をうけることとともなったといわれている(4)。ここでそれらの論争や修正について論じる余裕はないので、このオートポイエーシス・システムがもつとされる特徴について簡単にまとめる。

2　オートポイエーシス・システムの特性

オートポイエーシス・システムの基本的な性格は、通常左の四つの特徴をもつこととして説明されている。一．システムの自律性、二．個体性、三．自己と環境との境界の自己決定、四．入力と出力の不在、これらの四点である。

最初の定義で使用されたマシーンという語は後にシステムという語に置き換えられる。オートポイエーシス・システムはシステムの構成素を産出するプロセスのネットワークが再帰的（recursive）に作動するシステムであり、システムの作動が一つの閉じた円環をなすように閉じられた領域をつくり出すことが、自己の生成であると同時に自己と環境との境界を決定することでもあるという特性を持つ。

これらについての詳細については、註に挙げた河本氏の諸著作に詳しいので、そちらを参照してもらいたい。ここではオートポイエーシス・システムの概念が、生命の内部に視点をおく、生命の現象学として構想されたということだけを述べておく。主・客のノエシス―ノエマの関係で記述される生命体の現象学が観察者による外からの現象学であるとすれば、オートポイエーシスは生命の内において生命の内部で生命現象を記述するものとして構想された生命の内的現象学である。意識の志向性に基づいて理解したのでは、四番目に挙げた入力と出力の不在ということが理解不能であり、以下の考察についても、その理解に少なからず影響すると思われるので、以下にその概略を示しておく。

観察者からみれば生命システムが環境との間で物質的、作用的やり取りをしていることは明白であり、入力も出力もともに観察される。しかし、システムの内的視座（視座という語は不適当であるが、比喩的にこのように表現する）としての自己にとっては、自己の変形や状態の変化の起源について、それが内的なものか外的なものかを判定することは原理的に不可能である。入力と出力の不在とは内的現象学にとってはそれがそれとして現象することの枠外にあるという事実を示している。

そして、ウィトルウィウスの建築の三要素を制作と生活行動という生命システムの作動と環境の在り方の変容の視点から考察しようとする本稿にとって自己の生成と環境との境界の自己決定ということに加えて、システムの認知領域（記述領域）と言語領域の生成、および言語的行為（communicative behavior）に関するオートポイエーシスの独特な理解の仕方、およびそこでの自己と環境（niche）の記述とシステムの自律性に関わる生命システムそのものとしての脱目的性（目的論の不在）ということが重要な論点となる。オートポイエーシスは再帰的・反復的に自己を生成するシステムである。したがってシステムの作動そのものは円環的な作動を繰り返すだけであるから、システムの自己にとっては、目指される目的や実現の方法、手段などをそれとして知ることができないし、知る必要もない。生成システムである以上、観察者から見れば生成プロセスを原因と結果の関係として要素的に取り出すことは可能であるが、それはあくまで外からの観察者による記述でしかないのである。

システムの作動のあり方からみた制作システムはアロポイエーシス・システム、オートポイエーシス・システム、ヘテロポイエーシス・システムの三つに分類される。それらをあえて簡略化した図式を左に示す。

アロポイエーシス・システム（allopoiesis system）＝機械などによる線型的な制作（制作物がそれを制作した機械それ自身とは異なり、機械の構成素とはならない）

オートポイエーシス・システム（autopoiesis system）＝生命に特有の自己自身を再帰的反復的に生成する自己制作（システムによる産出プロセスがそれ自身システムの構成素となる）

ヘテロポイエーシス・システム（heteropoiesis system）＝オートポイエーシスがその作動において自己以外の制作物を制作する（システムの作動と相即的な事物の制作）

これらの定義から見ると建築の制作を含む工芸や大工仕事などはヘテロポイエーシスとして位置づけられると考えられる。

図1　アロポイエーシスシステム

図2　オートポイエーシスシステム

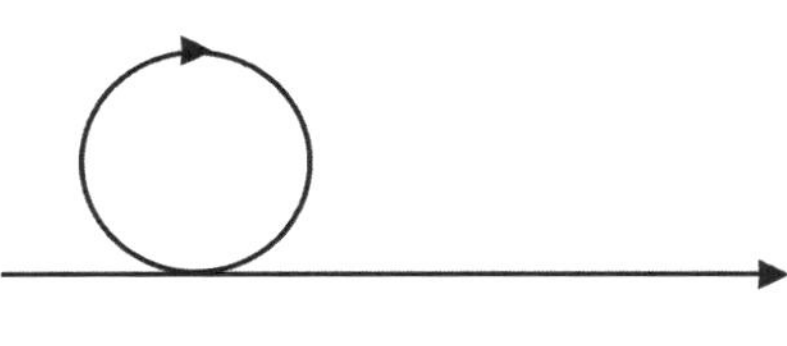

図3　ヘテロポイエーシスシステム

3　システムの自己とその環境

オートポイエーシス・システムは生命の自己生成に関する理論であるから、環境は生命が自己生成することがそのまま自己と環境との境界決定であるというあり方で記述される。したがって、あらかじめ指定された環境の中にシステムが生成するのではなく、生成プロセスのネットワークが再帰的に閉じたシステムとして生成することと並行してそのシステムの環境が自己と境界づけられたものとして現れるのである。そしてそれが生命システムの現象学である以上、生命に主題がおかれ、記述されるのであるが、本稿では、生体ではなく、むしろそこに生成する環境とシステムの作動を主題化することで、建築的制作についての考察を試みる。そこでは自己の現われと記述、認知領域と記述領域の生成（認知システム）、心的システムの作動としての思考（思考を構成素とする心的システム）、システムの実在空間における構造化として作動する身体システム、および環境に相即する行為システムなど、システムの自己と位相を異にする諸システムの作動のあり方と相互の関係、相互の方向づけ行為に基礎づけられたコミュニケーションと言語領域の生成などについての諸論を参照しながら、そこでの自己と環境との表現、記述が主な問題となる。

マトゥラーナの初期の著作の中で相互的な方向付け行動からコミュニケーションを導き出す議論において、行為者と環境の記述について述べられていることは、ここでの考察にとって示唆的である。現在の様々なシステム論として修正される以前の当初の論述に基づいて、システムの再帰的作動によって自己と環境との境界が決定され、記述されるという、システムの作動と環境の記述について以下にその概略を示す。

4　相互的方向づけとしてのコミュニケーション（システムの諸領域の生成とシステム間の関係）

相互作用用領域と認知領域　まず、二つ以上の有機体の相互作用領域と認知領域、記述領域について、マトゥラーナの定義を挙げておく。有機体は自己と環境の境界を自己決定する個体としての自律的システムであり、システムの産出プロセスの連鎖としては閉じた閉域を形成している。一方で、環境と相互作用する有機体はそれぞれの有機構成の構造によって異なる相互作用領域をもつ。それは「単位体がオートポイエーシスを失うことなく経過していく変形のすべて」からなる領域である。観察者にとっては、有機体が環境の中で有効に行為することが認知が行われたということであり、認知領域とは「オートポイエーシス・システムが同一性を失うことなく入っていける相互作用の領域」でもある。観察者はこの実体と相互作用領域の双方を観察するものとして、システムの相互作用の中での変形の原因として、システムに作用しているように見える外的な実体としてそれらを記述することができる。したがって有機体の認知領域は記述領域でもある。

言語領域と共感行動　次に有機体とは生命システムであり、それは「相互作用する単位体であり、特徴づけられた場所（ambience:雰囲気）の中に存在する」ものである。今、有機体（1）と有機体（2）の相互作用領域が幅広く一致しているとき、そこに観察者（3）が二つの有機体とその環境について観察しているとする。まず、有機体（1）の行為が有機体（2）の変形の原因となっていると観察者（3）がみるときも、相互作用においてそれぞれの有機体の行為はあくまでそれぞれの有機体の構造によってのみ決定されている（自律的である）。相互作用する二つの有機体がそれぞれの発生的な構造変化の回路を相互に他者の内で選択するようになるとき、「連結した個体発生を生み出す」のであり、このような発生を通じて特定されるのは共感（合意）行動（consensual conducts）であり、そのような共感行動を触発する領域を言語領域（linguistic domain）と呼ぶ。そして「言語領域は、ふたつの独立したオートポイエーシス・システムの個体発生のカップリングから生じる共感的領域[5]（consensual domain:合意領域）であり、生体にとってのコミュニケーションとは本来情報伝達的なものではない。」というのである。

共感的相互作用と方向づけ行動　したがって、有機体が他の有機体の行動に変化をもたらすにはふたつの方法があることになる。一方は「二つの有機体が互いに他を方向づけるように相互作用する」場合であり、他方は「他の有機体を、現在の相互作用とは異なる相互作用領域の一部へと方向づけること」によって生じるという。そして後者の場合に二つの有機体はコミュニケーションしているのである。

環境の第一次記述　先の記述に続いて、このとき観察者（3）が観察する有機体とその環境について以下のように説明されている。有機体の行動について「現在の状態はいつもそれ以前の状態により特定されており、独立した運動によって調節可能な範囲が制限されている。（中略）さまざまな種類の行動が、さまざまな相互作用領域をつうじ、つまり異なった因果連関をつうじて有機構成の根本的円環の維持に適合している。」としたうえで、「有機体の生態的地位（niche: 生息適地）」は、有機体が参入可能な相互作用の全クラスの集合である。（中略）観察者から見れば、有機体の行動はいずれも生態的地位の現実化（realization）のように見える。これが環境の第一次記述（first order description）である。[6]」

環境の第二次記述　観察者（3）にとって有機体（1）の生み出す自身の生態的地位の第一次記述は有機体（1）の行動（behavior）それ自体の意味に加えて、有機体（1）の認知領域（第一次記述はこの領域にある）とは独立に有機体（2）の認知領域の内で有機体（2）を相互作用へと方向づけるように見える。

この相互作用から一方の有機体と並行してはいるがそれとは無関係な行為（conduct）が確保される。方向付けの行動（orienting behavior）によってひきだされた行為は指示的（denotative）である。この行為が指示するのは、他方の有機体が適切な行動をとったときに、他方の有機体がそれ自身の生態的地位の中で出会い、第一次記述するような環境の特徴である。（中略）方向づけの行動は、観察者にとっては第二次記述であり、これは観察者がそれが指示していると思っているものを表している。対比すれば、一方の有機体の方向づけ行動は、他方の有機体にとっては内包的（connotative＝暗示的）であり、他方の有機体の認知領域内での相互作用を含んでいる。この相互作用がもし実現されれば、他方の有機体の生態的地位を第一次記述する行動が開始される。[7]

これがコミュニカティブな相互作用（コミュニケーション）であり、コミュニケーションにおいては「方向づけ行動が内包しているのは、方向づけるもの（orienter）ではなく、方向づけられるもの（orientee）の認知領域の機能であるとされる。

行動の記述的表現　一方の有機体の第一次記述は他方の有機体の神経システムに特殊な活動状態をひきおこし、それは相互作用で生み出された関係を具現している。これは他方の有機体（orientee）の第一次記述としての行動の表現（representation）であり、この行動が一方（orienter）の方向づけ行動に内包されていたものである。この行動の表現は神経システムの相互作用の単位として扱われる。「他方の有機体は、自分自身の生態的地位の第一次記述の表現と、まるでそれが独立した実体であるかのように相互作用することができる。」のであり、さらにこの表現は「方向づけの相互作用を含む行動全般の表現と相互作用を行う領域を生み出す。」これが先に挙げた言語領域であり、これらの表現は、あたかも生態的地位における独立した実体であるかのように扱われる。

相互的調整行動としてのコミュニケーション　ここでは、行為の記述によって引き起こされる内的状態によって具現される行動の表現、そしてその表現との相互作用としての言説、それが生み出される領域としての言語領域という関係が明らかにされる。コミュニケーションとは情報のやり取りではなく、「ある社会的単体のメンバー間に相互的にひきおこされた調整行動」だということになる。

行為と知覚の相即　調整行動は相互に行動（動き）を調節するだけでなく、それに対応する神経システムの状態の変化の調節でもある。神経システムは行動の表現と相互作用するのであり、それは神経効果器による運動の調整（身体システムの作動）であるとともに、神経システムの状態そのものの調整（知覚システムの作動）でもある。マトゥラーナは自己の神経システムにおいて「自分自身の状態―これは独立した実体であるかのようにみえる―との相互作用」からなる神経生理学的プロセスを思考と定義しているが、このようなプロセスのネットワークを心的システムとして位置づけるならば、感情や感性の働きはこのような有機体の構造としての身体の内的状態（神経システムの状態を含む）とその変化への感知として位置づけられる。つまり行為と知覚とは相即的（coherent）関係にあり、感性的作動はこれらとはモードの異なる作動（気づき＝awareness）であることになる。

環境と行為（身体）の相即　したがって、生体の相互作用領域は認知領域と重なるわけであるから行為システムの作動（変容と推移）は環境と相即的であることになる。

認知の志向性と感性的作動における環境との相互浸透　右のようなコミュニケーションのあり方は生命システムにおける認知領域、言語領域の生成と生物の成長及び進化などの生物学的事象を理論づけることを目的として考察されているが、建築的環境におけるニッチの認知と感性的作動に注目する本稿では、コミュニケーションのあり方ではなく相互行為における環境とその記述（表現）、および生体の内的状態変化との関係が問題となる。個々の行動は行為環境の特性の記述（表現）であると同時に自己の状態変化の感知とその観察者による観察事実（出来事）という側面をもつ。システムの自己言及性が再帰的構成の作動のあり方の表現であるとすれば、システムの生成において空間内に実体化する身体の行為は有機体としての自己の記述であると同時に自己・環境の相互浸透的作用の事態に関する自己参照でもある。これは例えて言えば、晴れ渡った青空に対して、それを感知することが身体あるいは自己が空の青さに染まっている状態とも表現できる。このとき身体は、空気や風のすがすがしさや、その感知に伴う身体のポーズの変異（運動）とその自己受容感覚とも連関しながら作動している。したがって、建築という高度に技術的な制作物も基本的にシステムの作動としての制作行為による産出であるとすれば、実体的に実現される（realized）ものは自己（社会システムとカップリングして生きる）の行為環境（niche）の特性の記述的意味の構造化を含み、建築的環境は生体により制作された一定の特性を構造化したニッチ、あるいは雰囲気づけられた空間（ambience）としてあることになる。

二　建築的環境とオートポイエーシス

1　ヴォリュームとニッチ

行為するものはそれ自身のニッチについて記述しているのであり、方向づけ行動は方向づけられるものの認知領域、方向づけられるものの行為するニッチが含まれる相互作用領域（これは既に特徴づけられた空間（ambience）であって、単に境界づけられた環境（environment）とは区別される）の機能を暗示し含んでいるという。観察者が見る二つの有機体の相互行為とそれぞれのニッチ（とその変化）および観察者の認知領域に含まれる相互行為の領域（環境）の全体の中で、方向づける行為は、それによって引き出された行為の中で出会われる新たなニッチの特性を明示的に指示する。これらの有機体は実はそれ自身観察者となり得るのであり、有機体の発生の中で歴史的に形成され学習されていくこのような行為と環境の表現と記憶（あるいはピアジェのいうシェマの発生）は、それを具現化する有機体の内的状態とともに、個々の行為とは独立に環境の中に特徴づけられるニッチの表現、つまり行為のリスト（conduct repertoire）とニッチの性格（ambience）としてこれらを蓄積していくことになる。この行為のリストが環境の歴史性として蓄積され、個々の行為は特徴づけられたニッチの意味の具体化（realization）として働き、更にそれらを実体として再構造化することになる。

真っ直ぐな道は真っ直ぐに歩行する有機体（人間）のスムーズな歩行という行為によって第一次的に記述される性格づけられた

ニッチを表現するとともに、行為のスムーズさは感性的気づきとして感知される。高速道路の緩やかなカーブは、そこを高速で疾走するクルマの運動によって記述される性格づけられたニッチとして記述される。行為は有機体の構造によって規定されるとともに、そのような行為のニッチを、特徴づけられた環境の中に発見し、出会うことによって実現されるのであり、それぞれの行動の中で歩行のスムーズさや疾走するクルマの疾走感も同時に感知されているのである。行動の表現はそれが特定する環境の特性を表現するとともに、ニッチの性格の記述は観察者としての自己の内的状態として感じ取られているはずである。環境における行動によって相互行動が調節されるだけではなく、行動が具現化する内的状態も調節され、それとして気づかれている。

生体の行動はそれ自身の環境としてのニッチ（niche）の特性を記述・表現しており、したがって構造化されているが、そのニッチは行動において出会われるものとして雰囲気づけられた環境（ambience）の中に見出されるのであり、この環境（ambience）は物理的環境としてのsurroundingsあるいはenvironmentにより基礎づけられている。そして相互作用領域としての空間（ambience）は行動によって記述されるそれ自身の性格と行動を予示するのであり、有機体の行動をガイドするように知覚されることになる。

2　行為システムとニッチ／環境（ambience）と振る舞い（behavior）

物理的実体としての構造を獲得した生命システムは二次的システムとして実在する空間において行為するシステムとなる。

実在空間における有機体としての身体運動としての行為において、システムは知覚システムと相即的に作動しており、構造化された自己と環境との境界づけを認知するが、ここでの自己と環境はシステムの自己と環境との位相的空間とは異なった次元にある。

行為する身体システムは自己の周辺にある事物を自らの行為システムに取り込み、いわば同化し、実体的空間（環境）の中にトポロジカルな（場所的な）関係性の構造を実現する。この関係性は行為の進行とともに持続的に変形と組み換えを繰り返しながら観察者から見て一定の始まりと帰結を持った因果論的説明を可能とする出来事となる。しかし、行為する自己にとって行為することは自己の構造の変形と内的状態の変異として自覚され、気づかれているが、自己の内的視座にとっては継続する変形と創発の経験として感知されるだけである。オートポイエーシスシステムとしての自己はここでは観察者には隠蔽されており観察者としての自己による自己知覚として自己言及的に表出されかつ参照されている。

個々の行為はそれ自身のニッチを伴っており、観察者にとって行為はニッチに関する第一次的記述として認知される。行為者にとってニッチは雰囲気を持った環境（ambience）として自己の行動をガイドすると同時にその行為によって環境自身の特性を発現する。環境（ambience）の特性の顕現を誘発する行為はそれに続く行動（conduct）との相互作用（interaction）を通じてコミュニカティブな状況を作り出す。マトゥラーナはこのコミュニカティブな相互行為をコミュニケーション相互行為の基礎として、言語的コミュニケーションの説明の端緒として語っているが、ここでの観察者は行為者にとっての他者としてのみ想定すればコミュニケーション（言語領域）となるが、作動するシステムの自己、身体的構造として物理的に実在する自己は同時に知覚システムの作動としては観察者としての自己でもあり、いわば自己の振る舞いと環境のあり方の変形との相互作用としてコミュニカティブな作動を行い得るのであり、このことは観察者からは環境における行為者の行動の調節として説明される。

3　環境と行為（知覚）との相即と浸透

ニッチにおいて人間としての骨格を前提として構造化された身体を変形させせつつ作動する身体を伴う行為システムは、二本の足をもって大地に立つことにおいて本質的に垂直性を与える重力に対して身体の重心を保持しつつ安定した姿勢を保つよう調節を行う。この時重力の効果はそれとして知覚されるというよりも日常的には隠蔽されている。しかし、この重力の垂直性は身体の安定的姿勢の維持という行為において、それと直行する水平性を与えるものであり、地平の水平性を顕現させ、この地平が日常的知覚と姿勢の維持においては支配的な基準となっている。重力は生体にとっては不可視であり、地平は可視的である。一方で地平は知覚の限界点において境界づけられており、これが行為システムの構造化された場所的境界（行為する自己とニッチ）と境界づけられた環境の背景（地平）をなすものである。

水平な地面という実体としての大地性は行為システムの個々の行為にとって自己の安定と安心という物理的、感性的基礎を保障し、自己の身体的姿勢の維持という行為における調節の基底にあるものである。重力を構築された建築的構造に対する外力として見た場合には、構造物の形態の保持と安全性の確保に対する構造物の内的合理性として理解できるが、それは生命システムにとっては安全性への信頼と環境に対する安心という内的状態への気づきであり、これは日常的に作動する行為や快適性への気づきに対しては背景化し、それとして意識されることがない。

行為システムの作動においてとり集められた諸要素と要素的行為は行為システムの構成素となるが、これらはオートポイエーシスシステムとして自己を産出するというよりは構造的に変形されるのであり、これらの変形は自己の行動に由来すると同時に構成素自身の存在の性格によって決定される。したがってここで言われる環境には二面の意味がある。生活環境を構成する物理的実在およびその背後にある地平としての環境と、行為においてシステムに取り込まれ自己と共に変形し新たな意味を発現する行為のニッチ（場所）としての環境である。行為と環境は道具的な連関である前に行為システムの作動と相互作用し、それとして感覚的に気づかれるものとして自己の内的視座にとっては内でも外でもないというあり方（浸透）によって構造化される。ただし、そこには自己の視座からの遠近というトポロジカルな構造化とともに手元的と手前的という差異が存在する。これは道具的に自己と同化するというよりは焦点化と背景化というシステムの作動の結果として見るのが適当と思われる。行為において焦点化されるものは観察者にとっては行為の対象として知覚され、使用されている道具的存在は手元的に一体に見える。行為する自己の視点からは道具的に手元化された実在は自己にとっての身体がそうであるように、隠蔽化され背景化している。むしろ背景化された存在の先にあるものが焦点化された対象であり、自己と焦点化されたものとの間（あいだ）が空間的隔たりとして測られ、行為システムの境界が行為の場所を形成し、システムの境界づけにより環境化されたものとの全体が観察者にとっては空間として知覚される。このシステムの外（観察者によって知覚される）は行為するシステムにとっては行為の背景として自己（システム）と境界づけられた環境であるしかなく、背景化されたものとして規定される。行為する自己も観察者としての視座を持ち得るためにこれを自己の定位する空間として知覚することができるのである。

4 行為（システムの作動）と世界

存在論的には地平の地平としての不動の大地は原理的に焦点化（対象化）不可能なものとしてあり、制作物の出現の中に隠蔽されつつ開示される（ハイデッガーの用語では大地の隠蔽とその立ち上がり）ものとされるが、作動するシステムにとっては行為の場所としてのニッチの個別的な性格の表現として相互行為を基底的にささえるものとして背景的に感知されている。人が人として重力に対する調節を行いながら行為するとき、大地の大地性は環境に対する安全性への信頼と安心感として潜在的に感知されている。道具の制作はそれ自身としてはヘテロポイエーシスとして自己以外のものの制作であり、作品それ自身の生成プロセスはオートポイエーシス的なシステムの作動を行うものではないが、建築的制作は自己の行為環境の存在的実現として自己の行為システムと環境の内へと編入可能なものとして制作される限りにおいて自己言及的なシステムの行為的作動の産物であるといえる。ユクスキュルのいうように生物が自己の環世界（Umwelt）をもつのに対して、人間は社会的・文化的・歴史的環境として意味づけられた世界をもつという。この世界は制作され実現されたものとしての広い意味での環境世界、具体的には住居であり、都市であるようなもの、それは自然のもつ特性に適合するように場所が選択され、形態と素材が選択されて実現されたものである。この意味で制作物は自然の本姓と自己の特性がともに表出したものとして存在する。また、道具的制作物はそれ自身以外のものを制作するという意味でアロポイエーシス・システム（allopoiesis）の側面を必然的にもつ。建築的制作物も例外ではなく、それは一定の機構を備えたものでもあり、個別の目的に対して作動する部分を持つ。しかしそのことはやはり観察者の視点による出来事に対する事後的な反省的思考によって現れる事柄であり、行為システムとして行為する自己の行為の出来事の中ではあくまで行為システムの構成素として行為に内的である。行為の進行に伴って焦点化されるものは次々に推移してゆき、それと同時に他の要素は背景化される。この背景化には二様があって、ひとつは図―地の関係としての背景化であり、もう一方は手元存在的に身体化されるという意味での背景化である。一連の行動を部分的に取り出したときに、その帰結となっているものが観察者から見た行為の目的であり、そこへと至る過程が手段として意味づけられ、因果関係として理解されるのである。

このように行為に内的なもの、行為によって集められ取り込まれた要素と行為の環境（ambience）とは行為する自己によって因果論的・反省的に判断される以前に感覚的、感性的にとらえられている。それらは行為においてシステムの自己の内的状態の変化として感知され、気づかれているると同時に事後的に反省的に自覚される。環境の快適性とは、行為において感覚的・感性的に気づかれるものが観察者にとって環境と行為者のあり方として理解されたものである。快適性は行為する自己にとってのそれと観察者にとってのそれとに弁別される。観察者にとっての快適性は観察者の参加する社会的文脈（環境）と観察者の自己の特性によって判断されるが、行為者のシステムの自己にとっては行為に先立つ文脈など、そのような背景はあるにせよ、あくまで内的状態変化という感性的気づきとしてしか顕れないのである。

5　行為における快適性の感知と自覚

快適性は環境の温湿度状態や太陽光や風、目に映る景観など、システムに外的な項目によって測られ、それらの数値的影響作用と生体の生理的状態との相関関係で考察されてきた。つまり対象を客観化する科学的方法では外的要因と観察者の視点から考察する以外にはない。しかし、このような外的要因の数値的データと生体の生理的状態変化の観察的事実関係は、計画学的にはたいへん有用なツールとなるが、生体の実感している感性的快適性に直接とどくものではない。行為の利便性や合理性も計画学の有力な指標とはなるが、そのことと快適性は並行する事象ではあるが、因果論的に関連づける根拠は存在しない。

太陽や光は眼球の存在によって自らの存在の意味を実現するという。苦みやうまみは味覚の受容器によって食物の持つ意味として実現される。感覚器官がそれぞれの感覚質の意味を実現するように存在するにしても、雄大な景観を前にした時の感動や驚き、初めて体験するうまみに出会った時の感動や喜びなどは太陽や食物の存在の知覚という以上に自己の内的状態の励起状況、新たな経験の獲得を伴う。生命システムが作用的関係としては内も外もないというように環境と相互浸透しているとして、相互浸透の作用的実現には内的状態の変化、励起という事態が随伴しているのであり、それがたとえ不快なものであるにせよ、そのこと自身に生命システムの作動に対する端的な悦びへの気づきが常に伴っている。生命システムのテレオノミィは観察者による説明的記述に属するのであり、テレオノミィとは無縁であるという生命システムにとって内的状態の変形、差異化ということに伴う悦び（苦みなども含めて）、感性的感動が生命システムの作動に随伴している。これは反省的思考やフィードバック的作動以前の事態である。つまり観察者としての自己のコミュニカティブな相互作用以前のダイレクトな自己への気づき（awareness）に属する事態である。知覚（perspective）や認識（cognition）とは異なる働きなのである。

三　建築制作とオートポイエーシス

生体の行動は環境の構造と自己とのカップリングを前提としており、実体としてはシステムの構造としての身体と構造化された環境（niche）との相互作用のように観察される。相互作用の中で身体は変形と運動を行うと同時に、このような身体（したがって環境）の変形に対応する調節を行っている。調節作用において、これと並行してシステムとしての身体が自身の内的状態（inner state）について気づいている（awareness）。この時行為者は行為の環境と相互作用するとともに、自身の内的状態とも相互作用することができるのであり、そのことによって建築の制作において図面や模型を通してエスキスを実現し、図としてそれを観察・判断するとともに、内的実感としての場所（ambience）と自己との関係を感知し、調節するように作動することが可能になる。

1　諸システムの作動としてのエスキス

建築の制作は基本設計における反応的構想の実現に向けた設計図やドローイングによる作品の表現の過程と、実施設計及び実際の建設プロセスを経た作品の完成までの過程とに分割して考えると、いずれも制作者としての建築家にとってはヘテロポイエーシスであるが、基本設計のプロセスにその性格がよく現れている。そこではイメージを表現するスケッチやスタディ模型の作成など、様々な方法で構想が表現され、多くのエスキスが描画、作成される。基本設計の終局までの様々なエスキスの制作プロセスは身体システムの運動と相関する描画として、また全体としては行為システムの作動として分析することができる。行為システムは認知システムと相即的な作動であり、自ら制作したエスキスを表出されたものとしてそれと相互作用する心的システムによって反省的思考や吟味、判断といった理性的思考を行うと同時に、自己の内的状態の変化への感知としての感性的側面からも吟味される。システムの自己と行為システム、認知システム、身体システム、感性的作動などは、位相を異にしながら同時に、そして相互に関連を持ちながら作動する、複層的なシステムの作動と考えられる。これらのシステム間には、相即、相互隠蔽などの相互的関係があり、感性的作動は環境ないし対象の雰囲気の（相互）浸透など、様々な作動のモードを持つが、ここではエスキスの進行に直接かかわる行為システムとそれと相即する知覚システムを中心に見てみる。

行為は連続性をもつものであるが、それを分析するためには一定の要素に分割する必要がある。しかしベルグソンが指摘するように、行為を無限に分割して要素化してしまうと、要素の意味が判別できなくなるのであるから、一定の持続をもつものとして行為の要素的区分はある程度まとまりを保持する程度の要素的行為として区分しなければならない。このような条件で区分された要素行為による制作物の生成は行為システムの環境を変容させるだけでなく、同時にシステムの自己自身も変容している。このように変容した環境と自己のもとに提示される生成物ないしその状態が、それに続く行為の初期条件となり、行為が連続的継続的に行いうることが制作的行為システムの成立条件であり、それらが再帰的反復的なシステムの作動と相即的に作動可能なとき、制作プロセスの要素となる。

制作行為、および制作知（pieēis）においても要素的行為の継続がエスキスやモデル的表現を生成し、それと並行して制作者の自己変容が生じることが、接続するさらなる制作行為の初期条件となることによって制作が継続される。再帰的反復的なシステムの作動は、制作物（エスキス）の漸次的な進展を実現するたびに、並行して自己を変容しつつ継続することとなる。

2　ヘテロポイエーシスとしての建築制作

ヘテロポイエーシスとはオートポイエーシスとしての自己の作動と相即的に制作プロセスが進行する事態であった。観察者から見れば（制作者としての自己も観察者として作動する）制作者が自らの手でエスキスを制作するように見えるが、システムの自己にとっては自らの作動の副産物（自己の構成素ではないもの）の生成とみなされる。制作（行為システムの作動）の初発からひとつのエスキスが作成されるまでの過程を要素単位的行為として区分すると、すでに述べたようにエスキスの生成による自己と環境の変容とエスキスと自己との相互作用としての反省的思考によるエスキスに対する理性的判断と感性的吟味を経たエスキスは次に続く制作行為の初期条件となる。このようなエスキスの作成までの要素的行為を継続的に反復するプロセスとして図式的に表現すると左の図のようになる。図中の小さな○は制作プロセスの初期条件、大きな円環はシステムの作動、円環の線の太さと位置の変化はシステムと環境の変容を表し、枝分かれした矢印はエスキスの生成プロセス、四角形は個々の段階のエスキス、両矢印はエスキスと心的システムの相互作用としての反省的思考と感性的相互浸透、太線は制作プロセスの進行を表している。また、円環と制作プロセスの接触は両者の相即を表す。

エスキスの生成と自己との相互作用をフィードバック回路とみなして各時点でのフィードバックを制作の完成へ向けた段階的な上昇と捉える考え方が一般的であるが、作動するシステムの自己にとっては上昇も下降もなく、ただ初発に予期された作品の完成されたイメージと各初期条件の変容による構想的イメージの変更との差異の大小が測られるだけである。もちろん完成イメージへの接近の強度に関する感性的感知はある種の上昇感や完成への期待の高まりとして感知されるにせよ、行為システムの作動と制作プロセスの進行だけを図式化すると、フィードバックを介した上昇と観ることはできないのであり、制作行為における創発の経験と観なすべきである。

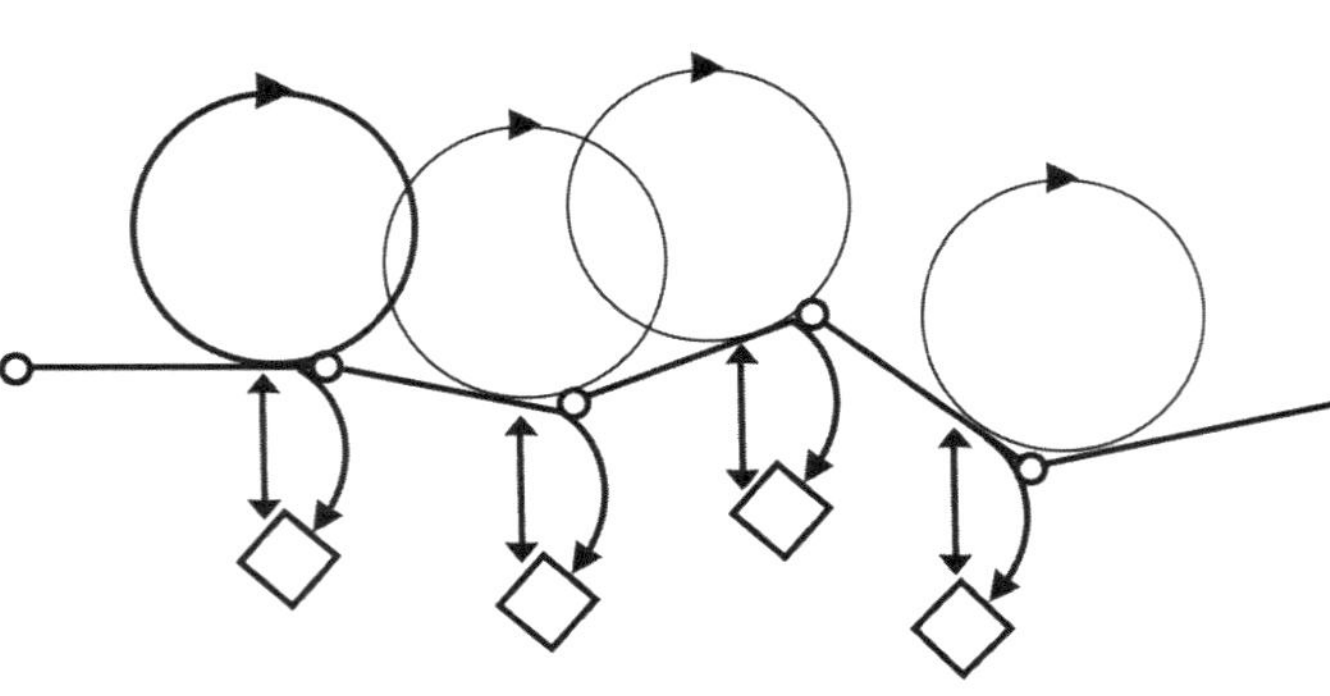

図4　エスキスの生成と建築制作のプロセス

3　エスキスによる制作　観察者としての制作者と行為者としての制作者

芸術や建築の制作の体験やプロセスについて考察しようとするとある種の困難が現われる。建築は世界内存在としての生活者が生き、住まう生活世界を構成しているはずである。では建築制作の途上においてエスキスや図面で表現された作品はどのように観察され、理解され、判断されるのであろうか。というのは建築の制作は他の芸術作品の制作とは異なり、作品を直接制作するわけではなく、設計図として一度完成（構想）した後に実際の建設が行われるという過程を経るのであり、セルフビルドのような制作の在り方を除くと建築制作の第一義的制作物は図面であり、模型（model）の形をとる。

一般に芸術の創作において芸術家は制作者であると同時に制作されつつあるものの観照者として美的判断を行いつつ制作するといわれる。このとき創作者は制作者であるとともに観察者でもあるという在り方をする。建築の制作も、それが制作である限りにおいてこれと同じ動態の中にあるといえるが、観察の在り方ないしは対象化の在り方が異なっている。芸術創作における創作者による観察が作品を前にした観照する観照者としての観察であるとすれば、建築家のそれは環境を雰囲気づけられた環境（アンビエンス）として、そこに身を置くことで現実化する環境（ニッチ）において、行為者として作品を生きる場面と、そのように生きられる環境を、さらにその外から観察する観察者として、自身の作品と対峙する場面との、二様のあり方で制作を遂行する。この場合、ニッチとアンビエンスは内部空間でも外部空間でもあり得る。建築の制作は一定の雰囲気をもったアンビエンスを実現する実在的環境を、そこで様々な行為環境としてのニッチと出会うことのできる質的環境として実現することと言い換えることもできるであろう。

ここで美的体験、感性的体験はニッチにおけるアンビエンスの体験という現象学的な記述に関わる記述的領域が、身体的な行動の調節として気づかれるという在り方で感じ取られている状況であるが、この感じ取りの内容は言語的表現のボキャブラリ―をはるかに超える広大な領域をもっている。粋とか侘びなどの内実は言葉で理解できるものではなく、いわば行為知として体験するしかないと云われるのもそのためである。行為的体得、行為知とは行為の実現によって自己のあり方を変えること、創発的な出来事として気づかれることであり、それらを自覚的に反省することによってしか言語的な表現は実現しないのである。

前にも述べたが、建築の制作は他の芸術の制作とは異なり、作品を直接制作するのではなく、図面や模型などのモデル（model）の制作と、そのモデルを範型とした二次制作としての実施設計およびその実現としての技術的産出へと進む。各段階においてフィードバックが重ねられると考えることもできるが、それらはリニアーな過程であり、ヘテロポイーエーシス（変形・変更）としての性格を含む。しかし、建築制作は言葉ではなく図面や模型、すなわち現実の作品のモデル（model）によっておこなわれる。モデル（model）はアンビエンスのムード（mood）を表現し、行動の形式（mode）を予期的に内包（connote）する。建築制作はモデル（エスキス）によって遂行されることで、右に述べた制作における内的感知と外的観察の双方を可能にしている。心に浮かんだ感覚・表象的イメージは、形と並行して空間の雰囲気（ambience）を伴う表現であり、エスキスはその具体化であるが、実在へともたらされ、線や立体として表現されたエスキス自身は、心的な感覚・表象的イメージとは一定の差異をもち、心的イメージは充分には表現できないとも考えられるが、一方でエスキスは心的イメージを一面では超えていることがあり得る。心的システムはこの心的イメージと対象化されたエスキスとの双方と相互作用することができる。このとき、同時に感性的な作動が随伴しておりmodelが内包するambienceの感知も行われている。Ambienceの性格はそこで相互作用的に誘発される行為を予示的に内包しており、このような行為の体験を感性的感知と反省的思考によって吟味することが可能となると考えられる。

4　制作行為における自己と環境の変容（生活世界の生成）

一方で建築的制作のプロセスとしてのエスキスにおいて、プロセスを開始する初発における初期条件は生活世界における自己（歴史的に生成される途上にある）と提示された建築作品として内的な諸条件および生活世界に内的な敷地の地勢的、景観的なコンテクストであり、予持的にイメージされる作品の萌芽的イメージが制作者の反応的構想（reactive conception）であるならば、それも含めてこれらは初発における生活世界に内的な事象と考えられる。

この事態は制作の終局的局面としての作品の実在空間への実現（realization）によって一応の完結を見るが、これも自然と生命の継続的作動の中の一局面に過ぎない。このことは実在のレベルでの環境の変容である以上、そこに境界づけられた制作者・生活者のあり方の変容でもある。これは身体的な変容というよりは、ものの見方や経験のあり方、行為のモードの変容であり、この事態の全体は引続き作動する制作プロセスの初期条件の前提となり、創発的経験の基盤ともなるのである。

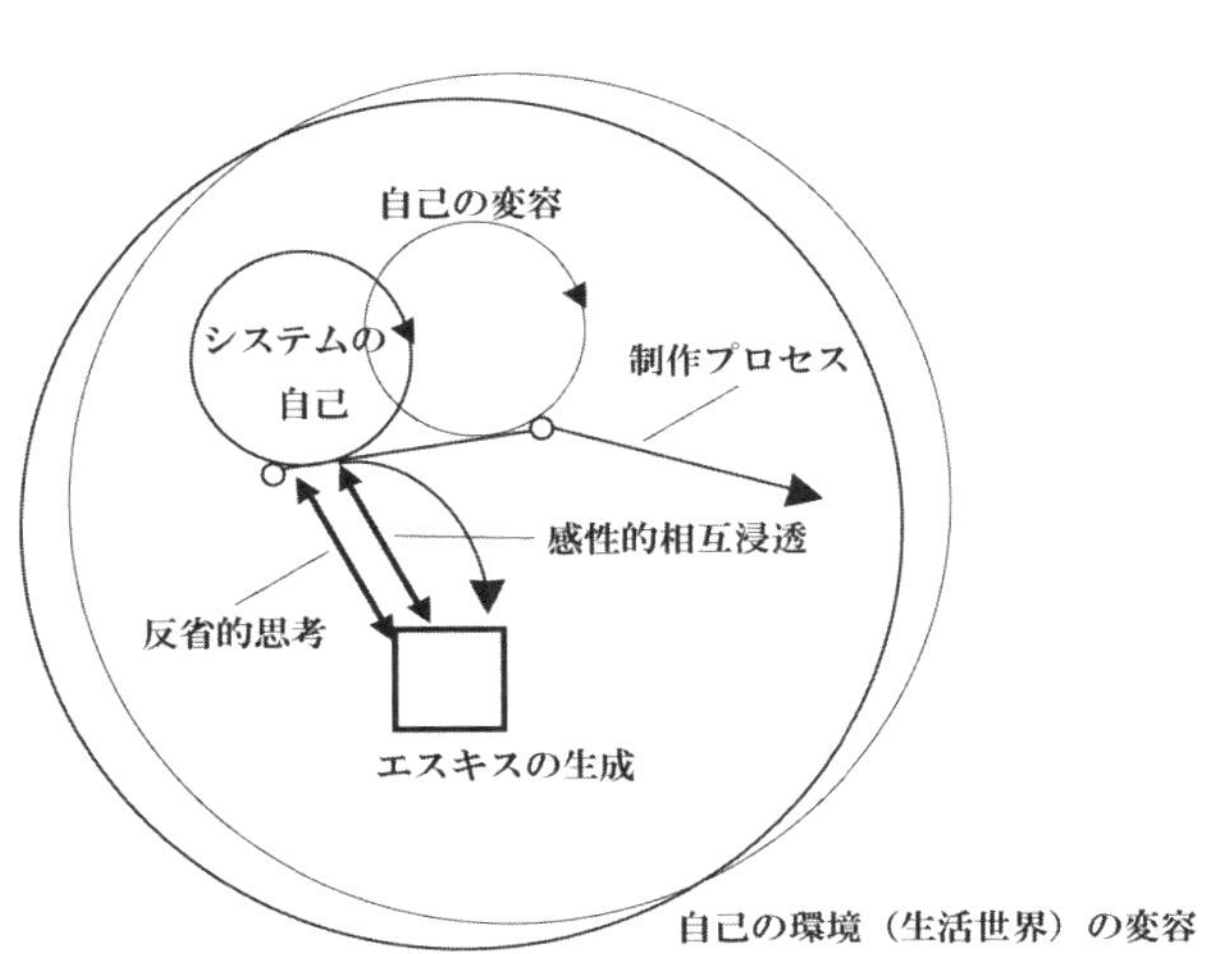

図5　制作行為における自己と環境（世界）の変容

四　オートポイエーシスと建築の三つの理念

1　考察の範囲

これまでの考察からウィトルウィウスの提示する強・用・美、およびそれらを実現する条件としての六つの理念との関連についての考察を目指すわけであるが、ここでは森田慶一が彼の建築論の中で枢要な問題として位置づけた効用性（快適性を含む）と美の概念に焦点を絞って考察を進める。六つの理念については更に詳細な検討が必要であり、ここではこの問題に触れる余裕はない。ただ、少なくともオートポイエーシスとしての人間の作動（行為と理性、感性的作動など）からの考察は、作品にとって外的と位置づけられる本質的原理としてのdecor（ふさわしさ）とそれに先行する一層普遍的な概念とみなされるoikonomia（distributio）[8]から内的原理とされる四つの理念へと遡る方向性をもつことが必要であり、oikonomiaは家政という生活環境の維持と運用にかかわる経済的適合性（economy）だけではなく、自然と人の動態としての生態系への適応性（ecology）の両面に関わるものとして位置付けなければならない。以下では、森田慶一の『建築論』の枠組みを参照しながら、この自然（世界）のうちに在る制作者の制作プロセスの作動に基づいて考察を進める。

2　建築における効用性と快適性

建築の制作プロセスに効用性に関する合理的判断と美的価値に関する感性的判断が介在することは疑いようがない。構造美（合理的判断）と感性的な美（感性的判断）との関係はどちらも形態や素材についての直観的判断として容易に折り合いがつくように見える一方で、人間の行動に関わる効用性に関する判断は行為の有効性や効率性などの合理的判断に包含される側面と、行為の質、快適性の範疇に属する感性的判断が介在する側面とがあるために、建築の用と美を互いに独立に見るのか、相互の関係性を認めるのか、そしてそれらをどのように関連させるのかについて様々な立場があり得るのである。

快適性も欲求とその充足という事態と見れば、そこに目的と手段の関係を見出すことができるのであるから、快適性の問題は効用性の問題の中に包摂される。その場合は初発にある欲求そのものの社会的・倫理的問題と充足すべき範囲の問題が残るだけである。しかし、くつろぎ感や気持ちよさなど、快適性をいう場合に取り上げられる尺度は温度や湿度、明るさや通風などの環境工学的指標や、座り心地や作業による疲労の軽減などのような人間工学的に数値化できる指標に収まるであろうか。感じや心地などは知覚認識される対象というよりは、行為において感じ取られる感覚的感性的事象であり、身体的に感知される以外に表現しようのない事象である。また感性に関わる以上そこに何らかの美意識による判断が含まれていることも予想される。簡素な和室にくつろぎを覚える者もあれば豪華なソファーにくつろぎを感じる人もあるであろう。そして、それぞれの「くつろぎ」の質には自ずから差異がある。人が人としてどのような欲求をもつかということは倫理的問題であるとともに生き方の問題でもあり、生活のスタイル、行動（ふるまい）のモードの選択の問題でもある。生活やふるまいのモードの選択である以上、それは上品さや謙虚さ、厳格性などとともに、風流や粋（いき）、侘びや数寄といった人としての生き方を含むような日本的文化のもつ美意識の諸相とも通底しているはずである。

これらは建築の制作におけるテーマやモチーフになり得る事象であり反応的構想の対象ともなり得るものである。それは効用性という概念に包摂することのできない事象でありながら、人間の生活行動と関わるという共通項を持っているのである。以下ではこのような感性的事象について、制作のプロセスの諸局面で効用性の概念とどのような相関の中でそれが働いているのか、その動態的あり方について生命システム論を手掛かりにして明らかにしていく。

3　効用性と美的なもの

建築は他の諸芸術とは異なるといわれる。その要点は効用性と空間（人間の生活空間）を構成するという点に求められてきた。これまで効用性（用）と芸術性（美）の連関について様々な議論がなされてきたし、様々な立場でこの連関を制作の方法へと位置づける試みがなされてきた。このことは古代ローマの建築家ウィトルウィウスが用・強・美を建築の三つの原理として挙げ、それを実現する六つの要点を示した建築書を著わしたときもそうであったし、ゼムパーが様式論において形式あるいは様式を材料と工法と目的との関連で論じたときも、オットー・ヴァーグナーが近代生活に相応しい近代の建築のあり方を必要と愛というふたつの概念の基に語ったときも、この同じ連関が問題にされていた。建築の分野では、美や崇高、聖性などを実現するために建築作品が備えているべき要点あるいは制作法の側から、つまり制作の方向からこの問題への接近が試みられ、多くは問題を制作された作品がもつべき性格、資質として語る方向に向けられてきたという歴史がある。

一方で、美学や芸術学では、それが感性の学として成立したことにもよるが、芸術作品のもつ美的特質をいかにして主観的または普遍的に捉えることが可能であるかが主要なテーマとなってきた。効用性も美も対象に備わる価値の判断に関わるものとして、人間の認識や認識能力の問題として考察するという方向性がある。カントが示したように純粋理性と実践理性を峻別し、対象を理解する能力としてアプリオリに備わった理性や悟性に加えて美や崇高を判断する能力としての判断力を想定するとしても、それらは峻別されるのであり、そこからは美の自律性が主張されることになる。しかし、理論的、観念論的に美の自律性を主張しえたとしても、現実の建築の体験に照らしてみると、真・善・美（利・快）とがそれぞれ独立した能力によって別々に理解・判断されているというようには感じられない。そこにこれらの相互の連関を探る作業が要請され、事実カントの美学を継承したフィヒテやシェリングは、このような因果論的理解と対応すると思われる効用性の問題と判断力に依存する美の問題を理論的に関係づけようとした。しかし、そのために絶対的自我や主客の無差別的同一性といった概念を導入した上で主観における統一の能力を想定するか、フィッシャーやリップスらによる感情移入説のように、一般的に主観と客観との間での投影という形をとるような理念が提案されもした。これらは建築における効用性と美の連関の問題以前の美的対象と主観の関係、対象と主体の心的状態との関係についての議論であるが、これらの議論から派生する形で効用性と芸術性について、概念としてこの問題に接近しようとすると、悟性と判断力のような二つの能力の間に横たわる大きな溝を埋めるための別建ての理念を、主観のがわにせよ客観のがわにせよ、どこかで導入しなければ収集がつかないように思われる。

制作の側からにせよ、享受の側からにせよ、言語をもって、つまり理性的に解明し記述しようとする以上、基本的に理性を基本にして感性に関わる事柄に対処することになるため、畢竟理性を中心にした論理とならざるを得ない。それに対して建築における効用性と美との問題に対して、効用性の側から、つまり合目的性、理性の概念から接近するのではなく、作動する自己の美的判断に関わる感性の作動と、理性の作動の連関から接近する方法のひとつがオートポイエーシスによる接近である。

建築における感性に関わる事象は美や聖性といった現象や超越に関するものだけではない。むしろ日常的には快適性が身体と精神とに関わって、感覚的・感性的事柄として現象しているはずである。芸術学においても美的感情と快とは密接に関連づけられてきた。一方で建築の効用性に関しても、それは単に合理性や経済性を追求することとして規定してしまうと、ある種の飛躍なしに美的価値と関係づけることはできないであろう。また、社会性や倫理性などの価値と関連付けて、規範と自由、標準化と創造性などの対概念の中に位置づけようとすると、そこに美徳などの類概念が挿入されるか、あるいは関係性がまったく抜け落ちてしまいかねない。感性の問題は言語的な規定やそれに基づく構造的記述では接近しようのない性格をもっていると思われる。

知識のような論理的理性的に理解されたものと、感性によって体験された事象の記憶について、それらを想起する場面を思い浮かべてみると、知識は知識として対象化して想起できるが、悦びや清々しさなど、感性的記憶はもう一度同じ状態に自分自身のあり方を変更することでしかそれらは想起されない。理性的事象は対象化して取り出し考察することができるが、感性的事象は自身の状態としてそのまま体験する以外にはないのである。

美的体験や快適性の体験は将に体験されるものであり、判断や思考よりはその体験に伴う心的な生体の内的状態の変化の感知、感動の体験であり、それらは行為者の身体的実現としてしか観察され得ない。カントなどの云う感性的判断という用語自身、認識能力という思考の類同物として感性的出来事を把握しようとする側面をもっていると考えられる。感性を悟性（理解力）を基本にした生得的能力として位置づけると、それは対象の把握と比較されるような主客の関係から逃れることができない。そこで、本稿では制作論としての建築論において、感性的事象をどのように位置づけ、それがどのような場所で、どのように働いているのかに着目し、論じることを試みたい。

これらを森田慶一の建築論の組み立ての中で問題として立てるとすれば、建築作品の主要な感覚質とされたヴォリュームがどのように知覚され、また、そこでどのように行動が行われるのか。そして、そのようなヴォリュームがもつとされる雰囲気が行動に伴って生じる感性的な事象と感情や情動とがどのように関係づけられるのかを明らかにすることが必要である。森田の云う環境（物理的・事物的存在様態）と、それらによって形を与えられるヴォリュームと行動の関係とは、建築の効用性が発現する行為の出来事の中にある。そしてヴォリュームが既に雰囲気づけられた空間として規定されるのであるから、このような環境の中での行動に伴って感性と情動の作動が生じるという事態は、情動の作動と美的な感性の作動とがひとつの出来事の動態の中で現われる、そのような事態として考察されなければならない。

森田の云うヴォリュームがambienceとしての環境ということに対応するとすれば、建築の制作において実在として実現されるものはこのようなヴォリュームを基礎づけ実現する構造化された物理的環境ということになろう。

建築の効用性から除外された心的な要素と感性的要素は、効用性が現実の事物的実在としての存在様態の側に包摂され得るとしても、それらの構築された環境（ヴォリューム）のもつambienceとして、作品そのものの属性としてのみ規定されるというわけにはいかない。その作品の在り方そのものが何らかの美的要素をもつと判断されるのは、作品と対峙する人の行為によるのであり、作品がそこにある環境の中の出来事において判断されるのである。しかもここで環境とは生態学的な環境であるだけでなく、地理的、歴史的実在としての環境であり、具体的にはある国のある文化的コンテクストに支えられているはずである。

4　効用性における快適性の位置づけ　生体の内的作動と快

森田によれば、自然的なものへと至るとされる必然的な用の基礎となる安全性への信頼と安心とを実態として実現するのはシェルターである。シェルターとしての建築によって感得される快について、森田は『建築論』の注の中で「必然的な要求に伴う快は、根源的には、不意に襲いかかる死の恐怖からの一時的にしろ解放される快、生きていることを自覚する快、健康を自覚する快である。健康に伴う快は、生体の内部環境のはたらきによって引き起こされる快である。」と述べている。[9] ここで注目されるのは、快を「生きていること」、「健康を自覚すること」における自覚に求めていることである。存在の様態から建築論を構成する彼の立場からみると、ここでの自覚とは反省的思考として把握されていたともいえようが、ここでは自覚ということをオートポイエーシスの視点から見て、生命にとっての自身の内的状態への気づき（awareness）として位置づけ、それとして明確に対象化されることのない、環境と自己との相互浸透として位置づけることになる。このような事態は快適性とはどのような関係にあるであろうか。

まず、不意に襲いかかる死の恐怖からの解放とは、状況としては安全への信頼と安心であるという状態に他ならない。安心という心の状態はそれとしてどのように主題化することができるのか、それとして安心という状況を示すのにはある種の困難を感じざるを得ない。快適性との関連でいえば、清々しさなどの感覚のように意識の前面に現れてくる状況と比較すると、この安全性への信頼と安心ということは日常生活の大前提であり、日常的には様々な快適性の感覚を基底において支えながらその背後に隠れてしまっている。それが意識されるのは安全が脅かされたとき、危険が迫っているときである。シェルターがシェルターとして現象的に現われるのも、そのような差し迫った危険に遭遇した場面である。安心ということはあらゆる快適性に先立つ基本的な心的状態でありながら、意識の背後に隠れてしまっている。快適性には、このような意識の背後に隠れてそれとして表面化しない感性的作動の基底的要素があることになる。

次に、生の自覚や健康の自覚による快とは欲望の充足という限りのない欲望追求というよりは、アリストテレスの云う中庸ということに近い。ただ生きていること、そして健康に生きていること、そのことが快と呼ばれるとすれば、これらは生の悦び、健康であることの悦びと言い換えることもできよう。そして、それらは「生体の内部環境のはたらきによって」、つまり有機体としての生命の働きによる生命システムの内的状態（inner states）によってもたらされる快である。それは事物的な目的―手段、欲望の充足などとは異なる事態である。ここでは必然的な用の中に、悦びという感情的で感性に関わる快の在り方が既に内包されている。しかし、建築が基本的に備えるべき必然的な用において、風雨や強烈な日差しを防ぐなどの目的に対応するのは屋根や壁などの建築の各物理的・事物的要素であり、それらの事物性が目的―手段関係の中で捉えるべき用を実現するのであるが、健康に生きることの悦びは、その起源としてはオルガニズムとしての生体の働きとそれを可能にする生態学的環境との関係に求めざるを得ない。森田のいう「必然的な用が自然なものへと至る」ということはこのような事態を示している。ところが、必然的な用と生の悦びの実現は、全体を外から観察すると、全体としては生の悦びを目的とする手段―目的の体系に包摂されるようにも見える。しかし、悦びを感じている生体は、その悦びの感情を伴いつつ生きているのであり、生きることにおいて悦びを感じる事態と事物的に必然的用が実現され、そこに生の営みが可能となるという事態とは、事物的世界と生体内部の世界という、相伴的ではあるが、相互に独立に働く事態である。ここでの事態は必然的な用の実現と健康に生きることの悦びが並行し、伴っているのであり、健康に生きることの快が生体の内部環境の働き、即ちオルガニズム（有機体）の内的状態のあり方（inner states）として規定されるのであれば、事物的用の実現のあり方ではなく、生命のシステムとしての振る舞いとその環境との関係の中に快の問題を探ることが要請されよう。

狭義の用、実用とは実生活における手段と目的を実現する機能の実現およびその技術の問題として規定されていた。しかし実生活において機能的に行動すること、行動が合理的で経済的であることだけが生体にとっての実用の内容であろうか。生活行動がスムーズに行われることに伴う気持ちのよさ、清々しさ、合理的に整えられた室内に満ちている清潔感、そのようなものが森田が除外した心理的要素ではないであろうか。これらの清々しさや清潔感が物理的・事物的実存在からは除外されるとすれば、目的―手段関係として行為する場合の実用は事物的な実存在に割り振られ、同じ行為において清々しさを感じるときには現象的実存在に、即ちヴォリュームのもつ雰囲気にその起源を求めるということになるのであろうか。ここでも問題は行為する生体の在り方、生命システムの振る舞いと環境との関係に問題が集約されているように思われる。

5　制作における感性的作動と反省的思考

ここまで自己生成システムの作動により実体化される身体の作動としての行為システムの視点から環境と快適性の関連についてみてきたが、建築的環境について、環境を制作された実体の存在様態として記述するのではなく、生命システムの作動における自己と環境との、その都度の生成・推移の事態として、システムの内的視座と観察者としての自己との交差する出来事として、動態的に捉える必要性が示されたと考える。焦点化と背景化の継起的転換として遂行される行為において、行為システムに取り集められ、内化される環境と、背景化し、ニッチとして行為環境へと編入される環境と自己のあり方のダイナミズムの中で、一方では合理的に観察され理解される技術的知覚的視点と直接に内的に気づかれる感性的な事態とが並行的ではあるが、システムとしては多元的に作動し、かつそれぞれが異なったモードで作動している事態が示された。

自己の内的状態の感知としての感性的な気づきにはノエシス―ノエマ的な意識の志向性のような概念は適用できないのであり、そのように感じている自己と環境のあり方を認識するのは観察者の志向的意識をもった心的、身体的、行為システムの作動による。意識の志向性を前提にした観察者のシステムの作動は自己と環境のあり方およびそれらの相互作用を認識することができるが、生命システムの自己にとっては自らの内的状態の変化に気づいているという事態でしかないのである。従って、快適性の自覚のあり方にはシステムの自己による気づき（感性的作動）と観察者としての自己による自己と環境との相互作用の認識（反省的思考）というシステムの異なる二つの作動が関与していることになる。

効用性（環境の利便性、行為の合理性と行為のスムーズさ、など）に対しても同様の事態が働いている。環境（ニッチ）の性格はそこでの行為（生命システムの作動）のあり方を規定する。行為システムはその作動によって自己と環境との境界を（観察者から見て）継続的に変容させながら、その都度の環境と相互作用することによってシステムの構造としての身体の運動と変容（自己受容感覚と呼ばれるもの）を感知するとともに、その運動の様態（運動のスムーズさの度合い＝強度）について気づいている。そして観察者としての自己は自己と環境（ニッチ）との総体について認識し、効用性について判断するのである。

このような感性的気づきと理性的認識の複層的作動は強（構造的合理性と素材と形態を持つ実在的構造）にもあてはまる。構造的環境の中で観察者としての自己は形態の中に合理性を認識し、行為者としての自己は行為的作動の中で安全性への信頼と安心感という感性的事象の基底をなす背景化された感性の作動を行うのであった。強と用のそれぞれに感性と理性が複層的に作動していることは主に感性的事象に関連する美の現象にもシステムの作動を通じて接続する可能性を示している。

以上、システムの作動としては脱目的論的でありながら、行為、認知、身体および心的システムなどのシステムの複層的作動とそれらに先行しつつ並行する感性的感知ということが、制作論的契機として制作行為の継続を保証し、また作品のもつ特性を理解し、感知するという生命システムの動態について、その一部を示すことができたものと考える。

先にdécorとoikonomia、とりわけecologicalな視点からの考察が生命システムから建築制作論について考察する場合には基本的であることを指摘したが、一方で人はシステムの作動としては環境（自然）と相互浸透する全体として健康に生きていること（sound life）の悦びを脱目的論的に実現することを継続する事態を目指している。健康に生きることの実現、これは生命システムと環境との相互浸透の中で生成しているのであるが、それは自然（世界）の動態と人の生きることとが共鳴的に作動することの持続と維持を目指すことに他ならないのである。したがって、建築制作論は時代にふさわしい新たな自然学との連関を求めなければならないだろう。

最後に、本稿では触れる余裕がなかったが、制作論としてのシステム論的アプローチは社会システム論（規範、慣習、地域性など）に基づく価値論および倫理論との連関を包含する必要がある。したがって社会的・倫理的側面からの考察が必要となることを付言しておきたい。

註

1 オートポイエーシスの英語表記としてこの綴りを用いる。

2 Humberto Maturana and Francisco Varela, *Autopoiesis and Cognition*, D. Reidel Publishing Company, 1980, pp.70-71. この著作はAutopoiesis –The

Organization of the Living, 1972, とBiology of Cognition, 1970, の二つの論文を所収。河本秀夫『オートポイエーシス　生命とはなにか』、国分社、一九九一年として邦訳が出版されている。

3 同書、七八―七九頁。

4 マトゥラーナらの論文の邦訳については基本的に河本秀夫の訳に従ったが、本論の理解を容易にするため一部原文にしたがって修正し、括弧書きで原語と訳語を補った。オートポイエーシスの詳細については河本秀夫の著書に詳しく解説されている。『オートポイエーシス2001』新曜社、『システム現象学　オートポイエーシスの第四領域』新曜社などを参照。

5 カップリングとは「複数の単位体の行為が、それぞれ他の行為の関数となるように作用するとき、つねに生じる」と定義されている。
Autopoiesis and Cognition, p.136.

6 同署、二八頁。

7 同書、二八頁。

8 森田慶一『ウィトルーウィウス建築書』、東海大学古典叢書、一九六九年、二三頁および注五七六頁。

9 森田慶一『建築論』東海大学出版会、一九七八年、注、三二四頁。

イサム・ノグチの制作における転換

――ユネスコガーデンを事例として――

今村　友里子、熊澤　栄二

序

1　背景と目的

イサム・ノグチ（一九〇四―八八）は「彫刻家」でありながら、家具や照明のインテリアデザインや舞台美術等、その活動域は多岐に渡った。[1] 建築の領域においても、公園や庭等、ランドスケープにおいて数多くのデザインを残している。特に『モエレ沼公園』[2]（二〇〇五）がグッドデザイン大賞を受賞する等、[3] 建築実務面での評価は高い。その一方で、学術面では評価が定まっていないのが現状である。[4]

またノグチはランドスケープ制作において、ルイス・カーンや丹下健三といった現代建築を牽引した建築家と共に制作を行っており、ノグチの制作思想を読み解くことは、そのまま現代建築におけるランドスケープの影響を明らかにすることも期待されるところである。

本稿では、ノグチの制作史上の転換点となった *Gardens for UNESCO*（1956-58）（以下、「ユネスコガーデン」とする、図1、[5] 図2）[6] に注目

することでノグチが拓いた新しい造形理念とともにその転換点の制作史的意義を明らかにしたい。(7)

2　対象と資料

ユネスコガーデンに関して、以下のノグチの言葉がある。

> 私が行くべき道を示すことができるこれほどに適切で有益なことは無かった：庭をつくる経験を通して私の知識はより深みへと向かい、それは彫刻のジレンマを解決することができると思った彫刻と空間の間の関係を越えて、私たちの環境の有機的な構成要素としての彫刻へと向かう新鮮なアプローチを示した。(8)（*A Sculptor's World*, p.166）

ノグチにとってユネスコガーデンは「彫刻と空間の間の関係（the relation between sculpture and space）」から「私たちの環境の有機的な構成要素としての彫刻（sculpture as an organic component of our environment）」へと制作の手法が変化した転換点であった。「私たちの環境の有機的な構成要素としての彫刻」についてここでは詳述を避けるが、ノグチの作品展開を考慮して、この彫刻を仮にランドスケープなるものと置くならば、この次元へと転換するに至った作品であるユネスコガーデンを対象として考察することは、ノグチのランドスケープの本質を明らかにすることに繋がることが予想される。

図1　ユネスコガーデン俯瞰写真
（ジャルダン・ジャポネ部分）

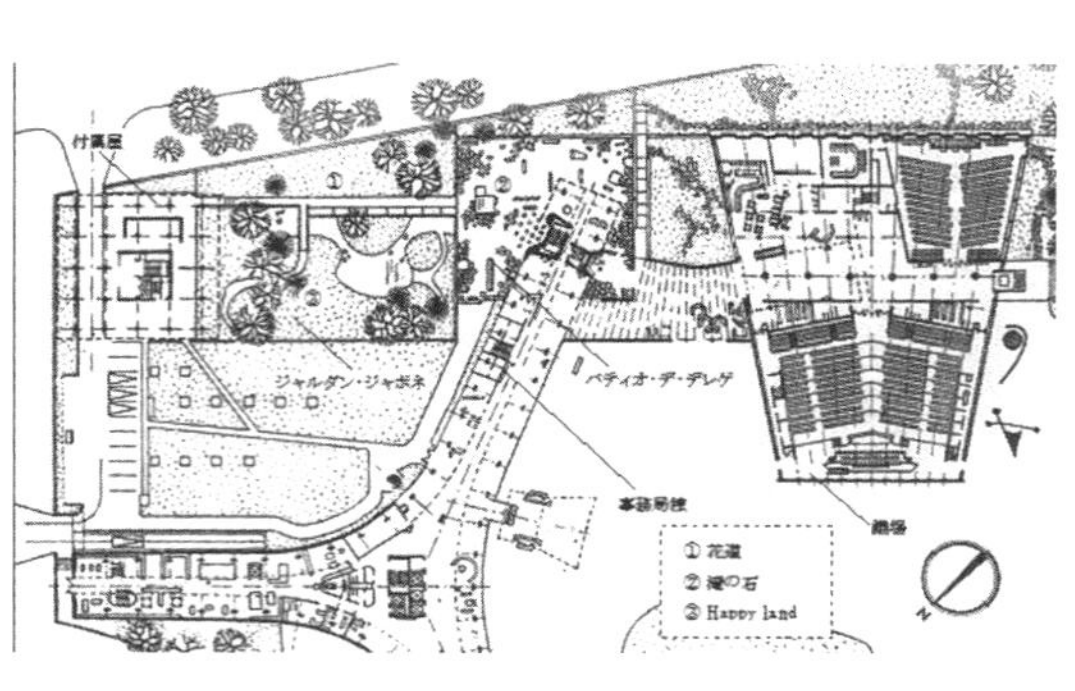

図2　ユネスコガーデン配置図

また、ユネスコガーデンの制作意図を明らかにするにあたり、ノグチ自身による作品に関する言葉が重要な手掛かりとなる。詳しくは二章で述べるが、ノグチ唯一の自叙伝的作品論の体裁をもつ*A Sculptor's World*を基本資料として考察を進める。加えて、文献解釈に対する裏付けとしてユネスコガーデンにおけるノグチのパートナーである佐野藤右衛門[9]（一九二八―）へのインタビューを行った（平成二三年二月一三日）。ノグチ自身の言葉に併せて、佐野の言葉も考察の資料として扱うことにする。

一　ユネスコガーデンの成立背景

1　「日本庭園」としてのユネスコガーデン

考察の端緒として、ユネスコガーデンの制作状況を以下整理する。ユネスコ本部棟[10]の完成に合わせ、世界各国より、六人の芸術家が選出された。スペイン出身のパブロ・ピカソとジョアン・ミロ、イギリス人のヘンリー・ムアとフランス人のジャン・アルプ、アメリカからはアレクサンダー・カルダーとノグチであった[11]。

特にノグチにあっては、できれば東洋人の芸術家も入れたがっていたユネスコ側にとって打って付けの人物であった[12]。

ユネスコガーデンとして、ノグチは最初事務局棟の一端に位置するほぼ三角形の小さな区域のみを与えられていたが、それに加えて付属屋に面した反対側の沈床の場所にも何かするべきであると主張した。そこは元々カルダーのモビールのために計画されていた場所であり、「扱かいにくい関係の中に置かれていた」[14]とノグチが言う通り、カルダーのモビール[13]は邪魔であった。心情的にもカルダーの彫刻についてノグチは否定的であった。「芸術をすること自身に理由を見つけること」が重要でありそれ故に革新的であろうとするノグチに対してカルダーは「反動的である」との旨の発言を残している[15]。

花道のような道をつくりたいと言うノグチの提案に対してユネスコは三万五千ドルの支出を約束したが、その後もノグチは検討を進め、花道だけではなく沈床の場所全体も庭にすべきであると思い至った。ユネスコ側の予算の不足を考慮してノグチは日本政府の協力を要請したらどうかと提案し、結果的にそれに関する交渉等はノグチ自身が行うことになった。最終的にノグチは外務省等の協力により、庭に用いる石を日本政府が負担する約束をとりつけた。[16] これらの状況から鑑みて、ノグチの意思とは別に、ある程度「日本庭園」らしさを要求された状況については想像に難くない。

さらに庭をつくる段階でもまた、日本から招聘された庭師である一六代目の佐野藤右衛門が制作の助手を務める等、「日本庭園」をつくる状況は必至であった。

しかし「日本庭園」に対するノグチの立場を見てみると、「ユネスコガーデンは例外ではありますが、私はそれを日本庭園にすることに何らかの義務感と同時に、一種の日本庭園への敬意のようなものを持っていました。だから、それは日本庭園でありながら日本庭園ではないのです。私は現代的な石庭をつくりたいのです。」[17] の発言からも、ノグチは伝統から学びはするが、飽くまでも目的は「現代」の彫刻庭園であったことが分かる。[18]

2　ユネスコガーデン成立の外的な問題

ノグチはユネスコガーデンを完成させるにあたり、造形とは別に次の問題にも直面していた。

第一に、ユネスコガーデンをノグチの意思とは別に「日本庭園」にせざるを得なかった背景として、日本人とアメリカ人のハーフであると言うノグチの人種的立場の問題である。第二に、カルダーへの批判に見られるような「選出された芸術家」としての、ノグチ自身の現代彫刻家としての立場が敢えて造形として差別化を図るために庭と言う形に向かわせたと言う問題もある。

しかし以上の問題はユネスコガーデン成立にあたってのノグチの社会的立場に由来する問題であることからも、なるほど「外的な問題」乃至はユネスコガーデンの謂わば必要条件であり得たとしても、ノグチの造形の転換と言う彼の深層を説明する問題とはなり得ない。

しかも造形の転換と言うのは、ユネスコガーデン一作品のみに関わることではなく、寧ろ庭の制作全体における造形の転換と捉える必要がある。[19] そこで、造形の転換と言う課題を明らかにするために、ユネスコガーデンと言う個別の問題を一端離れ、ノグチにとっての庭の制作と言う「内的な問題」に向かう必要がある。[20] そのためにノグチが作庭全体を通して何を実現しようとしていたか、その意図を明らかにする。そこからもう一度ユネスコガーデンにおけるノグチの内面的なところに迫ることにする。

3　小結

一章ではユネスコガーデンの成立過程を整理することで、「日本庭園」をテーマにすると言う必然性に関して考察を行った。また、この状況はノグチの人種的・社会的立場に拠るところであり、ユネスコガーデンをノグチの造形についての転換点として説明するための外的条件と位置付けた。

二　ノグチにとってのgarden

1　作品論としての*A Sculptor's World*

ノグチの内的な問題から迫るために、ノグチが庭の制作を通して如何なるイメージを実現しようとしていたかを見てみよう。

*A Sculptor's World*はノグチ唯一の自伝であり、ノグチ出生二年後の一九〇六年から一九六五年までのノグチの人生譚が記され、作品に関しては一九六六年までのものが網羅的に解説されている。また、ノグチが自身の作品の意図について自分の人生と重ねて体系的に説明した唯一の解説書である。[21]

空間に関する作品はノグチによって"heater" "playground" "garden"と三カテゴリーに分類され、ノグチ自身の制作の意図によって作品の解説が付されている。これらの記述には、三つの作品カテゴリーすべてが「カテゴリーの主旨」部分と「カテゴリーの主旨を踏まえた上での作品説明」部分で構成されており、論述のスタイルに一貫性を認めることができる。また、全ての作品がノグチの制作意図から説明されていることからも *A Sculptor's World* はノグチの自伝であること以上にノグチ自身による作品論と見做すことができる。[22]

さらに garden の説明部分では、一般的な庭園概念を超えてノグチ自身によって新しい庭の概念が提案されている。そこでユネスコガーデンの考察にあたり、まずは *A Sculptor's World* の中での garden の定義を基に考察の観点を導くことにしよう。

2　新しい庭の概念：個の彫刻と全体の彫刻

私は（原初として）空間を拓く・彫刻することとしての庭を考えるのが好きだし、別次元の彫刻的経験や使用（個々の彫刻を超えた全体的な彫刻空間の体験）を探求することとして庭を考えるのも好きだ。[23]

これはノグチ自身が garden の定義を表明した部分である。なお garden の定義は、管見の及ぶ限りこの他には *A Sculptor's World* の中には見出されなかった。

先の引用より、ノグチは garden と言う作品を「空間を拓く・彫刻すること（sculpturing of space）」[24]に加え、「別次元の彫刻的経験や使用を探求すること（groping to another level of sculptural experience and use）」と定義している。

"sculpturing of space" の説明としては、「空虚なる空間は目に見える大きさや意味は無い。スケールや意味は、何らかの思慮深い物や線が導入された時に加わるのだ。これこそが彫刻と言うこと、いやむしろ彫刻的な物が空間を形づくると言うことなのだ。それらの機能はイリュージョニストのようだ。」[25]と言うことから、ノグチは garden になる前の空間を空虚（empty）なものと捉えており、そのようなスケールも意味も持たない状態に導入された物や線等が garden としての空間を形づくる（create space）として解説している。sculpturing と動詞的な表現を加えることにより、彫刻することで空間が拓かれていくと言う、彫刻の働きについて述べているとの解釈も可能であろう。またこの定義の言い換えとして "beginning" とされていることから、このような彫刻の働きこそ庭の制作の原初であるとのノグチの意図が読み取れる。これは、個の彫刻が空間を如何に拓いていくかと言う謂わば彫刻の作用に関する定義である。

これら個別の彫刻によるgardenの定義に加え、「別次元の彫刻的経験や使用を探求すること（groping to another level of sculptural experience and use）」の説明としては、さらに「個々の彫刻を超えた全体的な彫刻空間の体験（a total sculpture space experience beyond individual sculptures）を探求すること」と言い換えられており、gardenでの彫刻の在り方は、個々の彫刻を超えて、全体的な彫刻空間と言われている。ここで“a total sculpture”とは、単に「個々の彫刻（individual sculpture）」の総和の謂いではない。その理由として“individual sculpture”としての総和の彫刻を超えて（beyond）、単数である全体そのものとして扱われている点に注目したい。

さらに「それぞれの要素の大きさと形は、その他のものと（彫刻することで）もたらされた空間と完全に相対的な在り方をしている。彫刻的存在が不完全であることは、全体に対する意義に由来している。[26]」と言われており、gardenの中において彫刻的なものの存在は不完全であり得、その理由としてそれらの意義は全体の中で成り立っている（be of significance to the whole）からであると、「全体」への依存が述べられている。従ってgardenの中においては、個々の彫刻よりも全体の彫刻の在り方が先行すると読み取ることができる。

3　小結

二章では個々の彫刻と全体としての彫刻の在り方、即ちgardenとの関わりの仕方を示した。特に個々の彫刻の働きと全体としての彫刻の働きは、そもそも次元が異なる。

このことから少なくとも、ノグチの言うgardenの中には「個」と「全体」と言う次元の異なる二つの彫刻の層がある。従ってユネスコガーデンにおいても同様の層の差異を前提に、次章ではユネスコガーデンにおける「個」と「全体」の彫刻と言う観点から考察を行う。

三　ユネスコガーデンに見る「個の彫刻」

1　ユネスコガーデン内の「個の彫刻」の事例

ユネスコガーデン内の石灯籠を、ノグチは『ルナー（*lunar*）』と呼んでいる。これは、ノグチの制作史上一九四〇年代によく見られた作品、『ルナー』をモチーフにしている。[27]

また『パティオ・デ・デレゲ』[28]内の座席に関しては、「上面が座れるようになっているコンクリート群の一角は、私が考えていたものが如何に斬新で格調高い茶会の類であったのか、よく示唆している。しかし誰もまだそこを使用しようと敢然と挑んだ者はいない。」[29]と言われ、コンスタンティン・ブランクーシ[30]の作品 *"Table of Silence"* のオマージュ[31]でもあるこの作品（図3）[32]を通して、ノグチが構想していた新しい形の茶会が暗示されていたのである。

さらに、『パティオ・デ・デレゲ』と『ジャルダン・ジャポネ』の間に一際目立つ石がある（図4）。[33]この石は後ろから一回り小さい石に支えられ、ノグチ曰く「人」の字を表している。岩の正面にはカリグラフィーとして「和」の字が表され「平和」を意味する。[34]「個の彫刻」を見ていくと、庭の中で、灯籠、座席、滝といった具体的な役割は果たしつつも、それ自身で完結した意味を持つことから個としての要素は強い。またこれらの彫刻の特徴として、「平和」の意味に価値を求めたり自身や他者の作品のオマージュであったりと、彫刻を介して象徴的意味を表示させている。

これに関してノグチは「庭の中にある全てのものはこのように個人的なひねりを加えられた。だからそれは正統な日本庭園として考えられているわけではないのだ。しかしながら、日本の伝統は最大の自由を許すと言うことをしっかりと心に刻むべきである。」[35]と言う。むしろノグチの自由闊達な造形の根拠が、意外にも伝統に依拠していたのである。

2　石としての伝統

ではユネスコガーデンの中で、このような自由な造形を許す「伝統」に対してノグチの態度は如何なるものであったのか。ノグチの言葉から彼の伝統に対する取捨について考察を進める。

揺るがしがたい伝統を学び、しかしなおそれを制御することは、一つの挑戦である。私の努力は日本人によって有史以来の私たちに伝わった岩の信仰と、現代と言う時と現代の要求とを繋ぐ方法を見つけることだった。日本では、石への崇拝は自然の鑑賞へと変化した。彫刻の本質を探すことは、同じ結末を私に運んでくるように思える。(36)

図3　石灯籠と座席

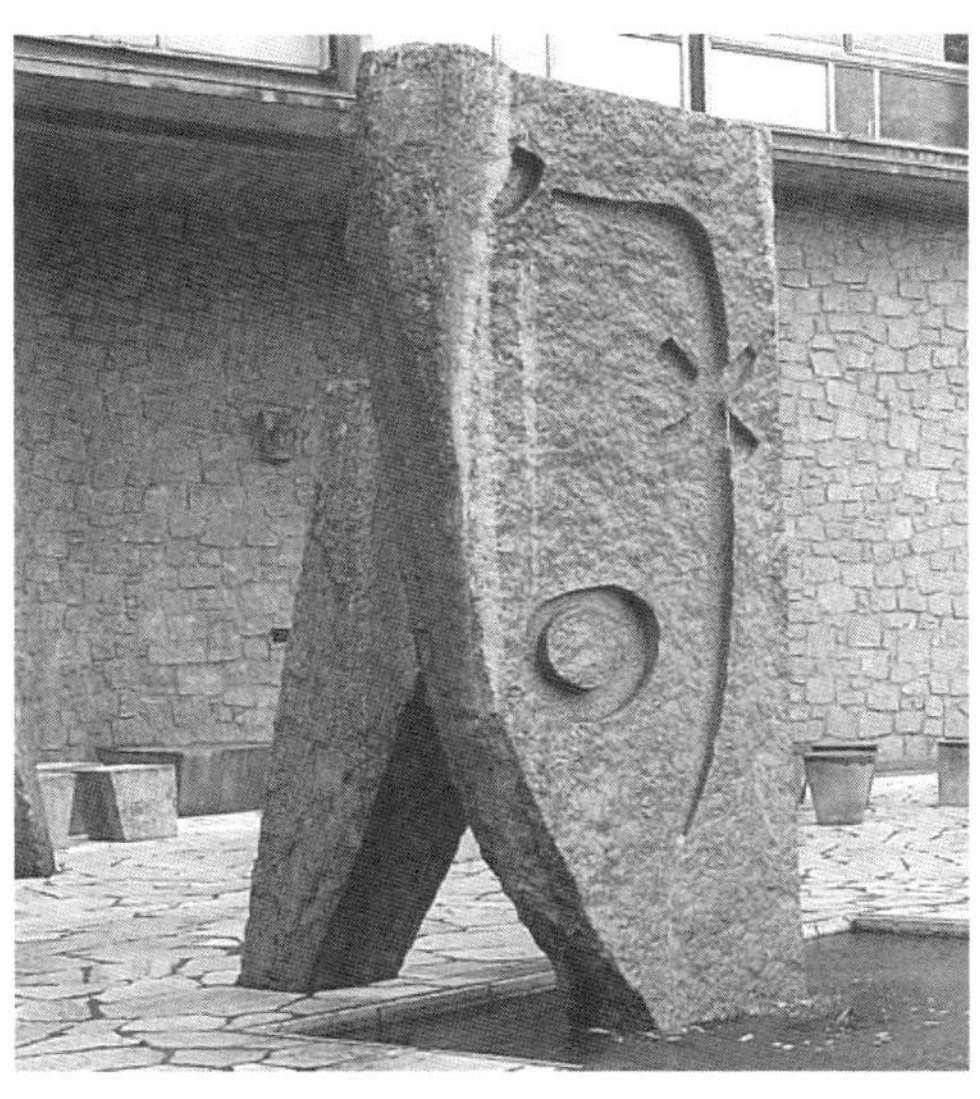

図4　「和」が刻まれた滝の石

このように、伝統を学び尚且つ超えようとするノグチの姿勢の中心には「石」が掲げられている（図5）。(37)

確かに、ユネスコガーデンの内部で、ノグチの造形性が強いものの他に、個物としての存在感が強いものとして、自然素材を挙げることができる。(38) それは、主に石と植物であり、これらもノグチにとって空間を拓く

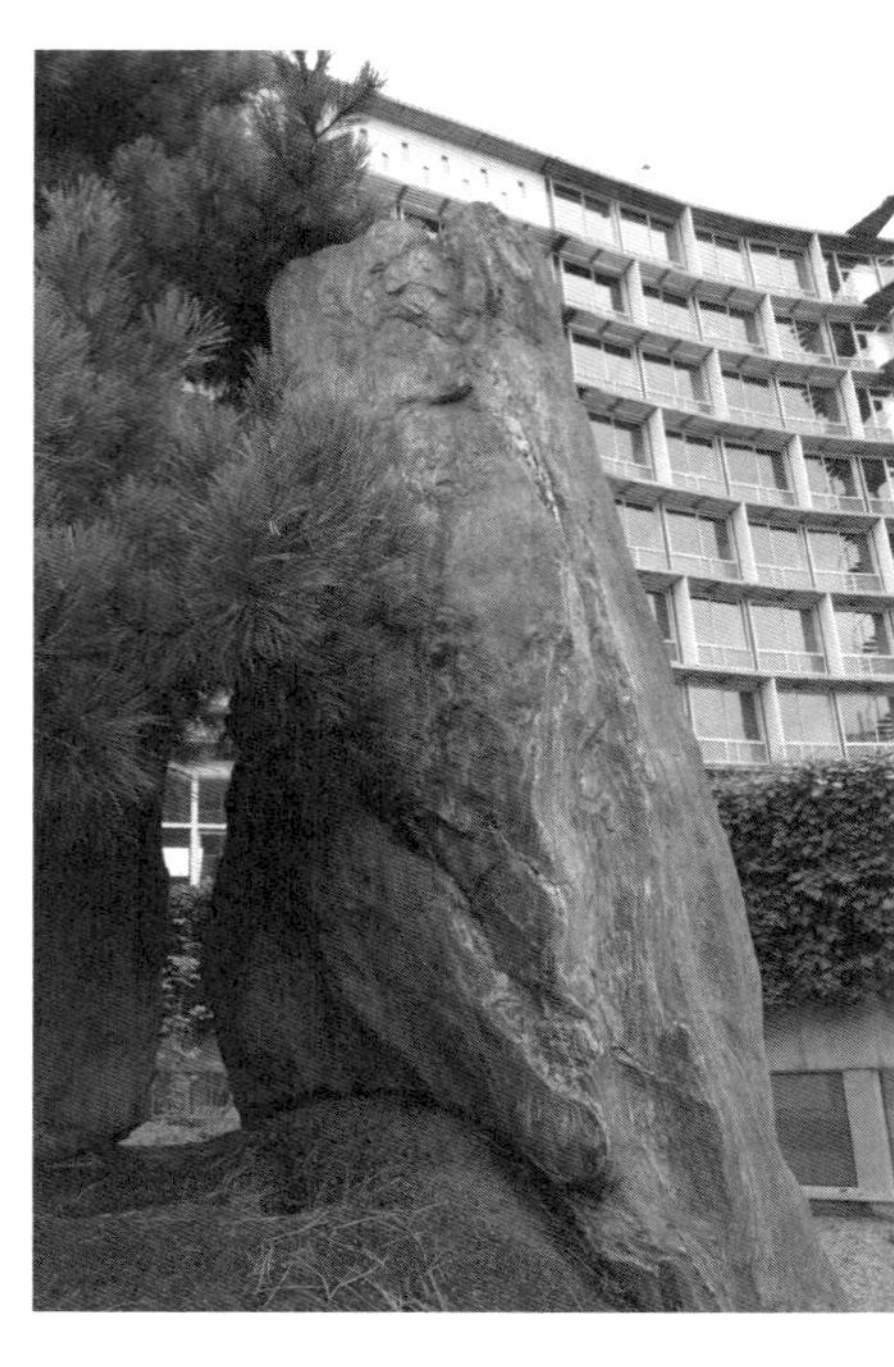

図5　ユネスコガーデン内の石

(sculpturing of space) 個の彫刻である。後にノグチは「私は特に日本庭園に興味があったわけではありませんでした。第一に、それはあまりに伝統的すぎます。私は、日本庭園から発展させると同時に、そこから自由でありたかったのです。そして、今なお石など、手にできるあらゆる素材を使いこなしたいのです。[39]」と、「日本庭園」そのもの以上に、素材への興味を語っている。例えばノグチは「蓬莱」と言う石組の形式を除いて、自分の造形を死守しようとしていた。[40] この出来事も、単に形式としての日本庭園を守ろうとしていた訳ではないことを端的に示していると言えよう。[41]

> より正直に言えば、私は純粋な日本庭園を作りたいと願ったことは無いと言うべきである。もしもそうしていたならば、ユネスコガーデンはスケール感を逸していたのだ——この点に関しては完璧ではないかもしれないが——少なくとも私は手近な素材で最善を尽くしたのだ。[42]

素材への興味に関するこのノグチの言葉においては、日本庭園の不完全さが指摘され、その理由として「スケール感を逸する」可能性があるから、としている。さらに以下のようにも発言する。

> 植栽が多くて雑多なことは自分でも分かっている——しかしどんな植栽が巨大な近代的建築に匹敵できると言うのであろうか。厳格に孤立する石を除いて、どんな石が巨大な近代的建築に匹敵できると言うのであろうか。[43]

巨大な近代建築に孤立する石が匹敵するとの旨は些か逆説的ではあるが、形式的な日本庭園の手法ではノグチが注目する「スケール感」の問題を解決できないと言う限界点が示されている。

そもそも、与えられた土地では「日本庭園」をつくることが困難であったことも考慮する必要がある。日本庭園の手法として、限られた場所に適切なスケール感を導入する手法として借景等が考えられるが、ユネスコガーデンの周りには山など、自然として取り入れるものは無い。この敷地で日本庭園を制作するならば、庭の中のみで完結した、謂わば閉じた庭にするのが常法であろう(44)。

しかしノグチは敢えて近代建築までも含めて庭の制作としており、ここに庭の制作者としての革新性を認めることができる。ノグチは庭の形式を超えて近代的な建物と石との対比と言う新たな課題を自ずから引き受けることで、日本の伝統に深く沈潜し、反って日本庭園の形式を棄却する立場に立ったと言えよう。

換言するならば、日本的な精神を踏襲しつつ、庭と庭を囲繞する環境との新しい関係性を創造しようとしていたのである。ユネスコガーデンの様相を見てみると確かに日本庭園らしさは薄い。「日本庭園」としての雰囲気を欠くことになったのは、自然素材、つまり石と木の大きさとユネスコ本部棟の建物とを調和させようと言う新しい課題に取り組んだ結果によるものである。

また、本節冒頭の引用文からはノグチによる素材への、有史以前の日本人がかつて持っていた崇拝にも似た石への期待が見える。即ち、巨石とは言え一個の石が巨大な近代建築に拮抗し得ると言うのである。これはノグチによる素材の新しい理解として特筆すべきものである。素材の一つ一つに、絶対的な存在感を見出しているからこそ、ノグチはユネスコガーデンと言う場所の中で革新的な素材の使い方をせざるを得なかったのではないだろうか。つまりノグチが言うところの「伝統」とは、石の絶対的な存在感を理解し、活用することであると言えよう(45)。

3　小結

三章では「個の彫刻」に関する事例を考察し、その結果「象徴性」ならびにノグチの造形的意図が強く表れていたことを指摘した。また、「個の彫刻」としての自由な造形を許しているものは「伝統」であり、それは形式としてではなく「石」の個としての絶対的な存在感であった。ノグチのこの石の絶対的な存在感の理解を基礎として、個の彫刻の「象徴性」乃至は「自由な造形」が可能となることを明らかにした。

四　ユネスコガーデンに見る「全体の彫刻」

1　ユネスコガーデン内の「全体の彫刻」の事例

次に、ユネスコガーデン内の「全体の彫刻」を見ていくことにする。(46)

「パリにおいて空間を関連づけるために、より善き何かがなされるべきであると確信を持つようになった。」(47)とノグチは言う。当初与えられた土地は、本部棟の前の三角形の土地だけ（現『パティオ・デ・デレゲ』）であったが、その場所の前には沈床の場所（現『ジャルダン・ジャポネ』）が広がっていた。ノグチはそこに関しても、「初め私は低いほうの一部を持ち上げそこに青葉と木を含ませることによって二つの階層を結び付けることだけを望んでいた。しかしながら、模型を念入りに作っていくにつれて、もし下の場所に岩などを導入することで大きな彫刻的作品に変換することが出来れば、それは私の理想となることが私には明白となった。」(48)と言っており、最初に宛がわれた土地に加えて沈床の場所を全て用いることを望んでいた。これはノグチの言葉通り、場所から制作の発想を得、沈床の場所全体を大きな彫刻にしようとしたと言う証左である。

またノグチは「これは回遊式の庭で、それが実に楽しく、この中を歩くとすれば、それによって全てのものの相対的な価値を知るに違いない。低いほうの庭の真ん中の舗装された一段高くなった場所は"Happy Land(浄土)"を思い出させる。そこに到着しまたそこから出発する――やがて合間に飛び石の障害がある――それは長い旅路の場所であり、ダンスや音楽や庭の周りの全てのものや周囲の建物の全ての階から見るための場所である。」(49)と言っている。"Happy Land"の使われ方は、ダンスや音楽や庭の周りの全てのものや周囲の建物の全ての階から見るための舞台の如き場所である一方で、「長い旅路（voyage）」の中の出立の場でもあり、庭全体の使われ方により意味が付与されているのである。“voyage”つまり「回遊」によって全てのものが相対的に働いていることを知り、またユネスコガーデンは、その「回遊」を誘発させる行為の場なのである。それは、個々のものがその都度毎に全体の中から意義づけられている動的世界であり、回遊による見方は多視点的であると言う千変万化する世界である。

このようにユネスコガーデン内での「全体の彫刻」とは、庭を構成する個々のものが有機的に関連し合いながら全体として機能し存在する庭、即ち「全体としての庭」と言うべきであろう。

2　自然としての garden

では、そもそも「全体としての庭」とは如何なる現象を言うのだろうか。ユネスコガーデン全体の様態に関わる説明としては、次のものがある。

> 素晴らしい庭は簡単には自然と区別することができない。つまり、石灯籠のような明白なものを何も携えない。(50)

このようにノグチは、庭と自然の近さを見ていることが分かるが、ここで言う庭と自然との近さとは如何なるものであるのか。ノグチによる、日本庭園への肯定的な文を見てみる。

> 日本庭園における彫刻的な質は個々の彫刻だけではなく、寧ろそれ自身の全体性の中の庭なるものから引き出されてきたのである――各要素（木も然り）は庭の全体性の一部なのである。(51)

このように、庭の彫刻的な質は「全体性」に由来するものであり、総じて、「全体性」が庭そのものであると解するべきであろう。よって、「自然物」や「個の彫刻」としての各要素（個）と、庭そのものの「全体性」はそもそも次元が異なるのである。前の引用文と併せて考えると、ノグチが目指した「素晴らしい庭」とは個々のものを含んだ全体の様態が「自然（nature）」そのものであると、ひとまずは理解できる。では、「自然」とは何を意味するのだろうか。ノグチは以下の見解を示す。

日本の庭はレジャー[52]の質の真価を認めることに基づき――つまり精神的な目的の自覚、言い換えれば時を超えたものと時の移ろいにあるものを互いに結びつけることの自覚に基づき、乃至は岩の永遠性と草木の儚さ、即ち自然――に基づいている。[53]

即ち「自然」とは自然物の集合ではなく、「時を超えたもの」と「時の移ろいにあるもの」を結びつけるものであるが、誤謬を畏れず換言するならば、物と言うよりは働きの謂いであろう。

どんな庭師もあなたに次のように語るであろう、庭を形づくるものこそ岩である、と。庭師は岩のことを庭の「骨格」と呼ぶ。例え巨木であっても、あらゆる植物は逍遥の道際の草――植物は儚いものだから――のごとく扱われる。しかし庭の本質的なところは、岩の不動の配置を通して維持されるのである。[54]

そして、庭の全体としての骨格は石の不動の配置によって維持されるのであり、それと比較すればいかなる巨木であろうと儚いものであると、石と植物に対して明確な次元の違いを示すと同時に石への偏重を窺うことができる。

三章で論じた様に、ノグチは個としての石に近代建築と拮抗し得る「大きさ（存在感）」を見ているが、ここでは石に、庭そのものである「全体性」を維持する働きも重ねて見ているのである。

つまり、ノグチにとっての庭とは単に個物としての材料（material）の扱いを超えて、「時を超えたもの」と「時の移ろいにあるもの」と言う次元の違うものを結びつける働きであり、その働きと様態こそが「自然」なのである。単に自然物の総和と言うことではなく、「自然」として別次元のものが重なり合いその働きを受け入れる場が「庭」である。これこそがユネスコガーデンの制作を通して獲得された新しい庭の概念であったと言えよう。

ところでノグチは形としての日本庭園らしさを求めてはいないが、日本庭園に敬意を払い、素晴らしいと認めていることは注目して良い。三章で示したように形式としての「日本庭園」を称賛しているのでは無いのだとしたら、日本庭園から受け継いだものとはまさしく、儚さとして変化していくものの底にある悠久の自然の働きに気づく場所としての「庭」の理解と言えるであろう。(55)

3　小結

以上ノグチの作庭の言葉より、場所からの制作の発想と、個別のものが全体の中で意義づけられている様態が見届けられた。その全体とは庭そのものであること、また全体としての庭と「自然」が極めて近い概念であることを明らかにする一方で、自然とは単なる自然物の総和ではなく、次元の違うものを結びつけている働きそのものであることを示した。加えて「自然」と「自然物」と言う次元の違うものが重なり合う場所が、ノグチの言う「庭」なるものであり、庭の「全体性」は逆説的であるが個々の石に表示された絶対的な存在感乃至は不動性に担われていることを明らかにした。

総じて、ノグチがユネスコガーデンで実現したgardenとは、石の絶対的な存在感を恰も舞台として、自然の立木、近代的建築、さらには石もが個々の彫刻として関係し生成される刻々と変化する世界であり、この「空間乃至は環境全体」を彫刻と捉える新たな制作の立場こそノグチがユネスコガーデンの制作で開眼した点であったと言えよう。

五　ノグチの制作における自然

1　*A Sculptor's World* における自然

四章では、ノグチのユネスコガーデン制作における「自然」への重視が見られたが、それはユネスコガーデンのみの特殊な事象なのであろうか。これまで基本資料として扱ってきた*A Sculptor's World*の中から、ユネスコガーデンの制作に関する以外の「自然」の用例を確認する。[56]

以下の文は、ノグチが一九二七年にグッゲンハイム奨学金賞を得た際に提出した申請書の一部を、ノグチが再び*A Sculptor's World*中に引用した文である。

私は自然の眼を通して自然を見ること、そして特別な尊敬の対象としての人間を無視することを強く望む。抽象的彫刻表現のための果てしない領域が、花や木、川や山、そして鳥や獣や人に正当な場所が与えられるその中に実現されるだろう。実際に精神と物質の良きバランスは芸術家が完全に、彼自身が自然の統一の研究の中に沈んだ時、つまりまったくもって自然の一部(まさにこの大地の一部)へと今一度成る時にのみ成立する。それはつまり奥にあるものと、生命の要素を見ることだ。[57]

ノグチは、「自然の眼を通して自然を見ること」により、人間を特別視するのではなく、自分自身が自然乃至は大地の一部であると言う立場から抽象彫刻を捉えようとする。この時点ですでに、ユネスコガーデンのように自らを取りまく全体性を「自然」の用語に見ていることが分かるが、しかしながらその意図は、飽くまで抽象彫刻のテーマを自然の中に求めると言う立場であり、「個の彫刻」の中に如何に自然を表現するのかと言うことに留まる。

次に一九六五年におけるノグチの制作の状況について書かれた文を見てみよう。

彫刻はあらゆるものから作られるであろうが、それ自身の本質的な彫刻的質に対して価値をもつ。しかしながら私には、人間より前から生きている木と石の自然素材は、私たちの存在のリアリティーでもって私たちを満たすより大きな包容力を持っているように思える。意味の問題として、それらは大地と同じように親しい。私たちの時代において、私たちは自然を支配することを考えるが、最終的には私たちから逃げるのを見出すだけだ。[58]

ノグチは、自然素材の存在の長さ（古さ）に由来する大いなる包容力が私たちの存在に働きかけるからと、自然素材の材料としての優位性を示す。ここにはユネスコガーデンで見られたように時を超えた石の存在感への信頼がある。

さらに自然は「支配できない」とする。仮に自然が支配できるものであるとするならば、自然とは全体を俯瞰するがごとく対象化し得るであろう。しかしノグチは、自然が「私たちから逃げるのを見出すだけ」と、自然を対象化し扱うことは不可能であると言う。このように、材料としての「自然素材」は認識しながらも自然そのものを扱うことは不可能であることを示す。これは逆説的に、このような自然そのものへの眼差しがあるからこそ、石と言う自然物に絶対的な存在感を見ているのであろう。

日本では年老いた人の最後の趣味は石——ただの石、自然の石、目利きにとってはすでに出来上がった彫刻——だという。これは必ずしも正確ではない。重要なのは神聖化する観点だ。それは何からでも、例えば彫刻、あまつさえ古靴の片割れからでもつくられる選別と配置なのだ。[59]

続く文章ではこのように言い、ここでもやはり自然石への傾倒が見える。そしてユネスコガーデン内の「個の彫刻」として石が存在しているように、単なる一個の石が彫刻に成り得ると言う見解を示す。そしてその方法は石自体の「選別」に加え、「配置」と言う全体性への関係づけによるものであることが分かる。

*A Sculptor's World*を見る限り、ノグチにとって「自然」と言うテーマが、如何に彫刻表現と関連づけられるかと言う点において語られている。その中でも二〇年代は、自分を取りまく全体性をもつ「自然」を抽象彫刻と言う「個の彫刻」の中に表現しようとし、六〇年代では、対象化できないと言う「自然」の性質と、絶対的存在感を「自然素材」に見出している。よって、制作としては選別や配置と言う表現の問題が強く語られている。

2　晩年における自然

ではこの「自然」と言う言葉の使われようは、制作史を通して変化は無いのであろうか。ノグチ晩年の一九八八年の言葉から、「自然」の意味を確認する。

以下の言説は、彫刻とノグチ自身の関係が自然と言う語でもって最も端的に示されたものである。

自分が見つけるものが彫刻。そういえば、自然も自分が見えたら、自然が見えているの。見えてないうちは自然はないし、何もないんですね。そういえば、彫刻はただ自然を教える方法じゃないかと思う。自然のところを人に教えているということなんです。だから、べつにいい悪いというんじゃなしに、目がさめればいいということ。それがわかってくると、彫刻がわかってくる。(60)

ここでの「彫刻」はもはや一個の石ですらなく、「自然を教える方法」であり、「目がさめる」と言う働きである。ノグチへと自然のところを教え、ノグチの目をさます。つまり「彫刻」と言う行為が、ノグチ自身の自己の在り方と密接に語られている。「目がさめればいいということ。それがわかってくると、彫刻がわかってくる」と、自己理解の問題と、制作することが不即不離の事柄として語られている。そして自然は、自分（ノグチ）が自覚することが無ければ存在すらしない。このような「自然」とはどのような意味なのであろうか。

この庭(61)は自然への賛歌だと言われるかもしれませんね。私はこの庭をたいそう楽しんでいます。水が出ようが、台風が来ようが、この庭はまったく何の影響も受けません。草をはじめあらゆるものが沸き出すのですが、流されてなくなるものは何もないのです。(62)

ノグチはこのように「庭」を「自然への賛歌」と言うことで、庭と自然の近さを示す。庭（自然）の見かけは、すべてが沸き出し、そして失うと言うことの中で変化しようとも、庭（自然）それ自体は「まったく何の影響も受けません」と言う自然の絶対的な不動性を示す。即ち、ここでの自然（庭）とはもはや「あらゆるもの」と言う物の次元ではなく、一切を生み一切を無に還す、物の次元を支える大いなる働きのことであろう。(63)

さらにノグチは自然に関して以下のように言う。

自然の中に入って、自然が自分のいいようにするじゃない。それがぼくは美しいと思うの。だから、彫刻がそこまでひと回り戻ってからの生活が、人間のいないところまで続くはずだと思うの。これから人間というのはどうなるかわからないけれども、ぼくは彫刻は続く感じを持っているから。人間はもうインフォメーションの時代に入っちゃって、思い出がない、あとがないというようなところに来ていると思うんですよ。それで、思い出がない。あとがないという感じのところに、彫刻以外にその気持を出すものがないんじゃないかと思う。だから昔考えていた、神様の代わりのものになっちゃうんじゃないかと思う。(64)

ここでノグチは、「自然が自分のいいようにする」と自然自体が意思を持っているかのような自発性を示す。そして、そのような自然の在り方に回帰した時、彫刻は「人間のいないところまで続く」と、人間を超え出た彫刻の在り方を示唆する。だからこそ彫刻を「神様の代わり」と呼び、自分自身の作為から超え出た存在として扱っている。

また本節冒頭に引用したように、「彫刻はただ自然を教える方法」と言われており、彫刻とはもはや自然を表現することではなく指し示す存在であると言う点において、ノグチ自身の制作における作為性は消失してしまっているのであろう。彫刻とは、ノグチの意思を表現することではなく、ノグチの意思の彼岸としての自然そのものを指し示す働きにまで昇華されている。

「自然への賛歌」と言う表現はそれ故、ノグチの制作の極北を端的に示している。ノグチの制作、つまり「彫刻すること」は、自然の大いなる働きを謳うことである。彫刻と言う行為はもはや純粋に自然を指し示す（謳う）ことである。だからノグチ自身が「目がさめる」ことが重要なのである。自然は、ノグチが自覚することなしには無である。ノグチが自然を謳う（彫刻する）と言う行為の中においてのみ、ノグチの自己はあり、また自然もある。つまりノグチの自己と自然は一元となっている。このように晩年における制作とは、「自然への賛歌」として、自然・自己の根源を謳う（彫刻する）ことに外ならない。(65)

3 小結

以上ノグチの制作史における「自然」の用例を確認した。その結果、*A Sculptor's World* においての自然は、「全体そのもの」として捉えられることはあっても、飽くまで個の彫刻に向って自然をどのように表現するかと言う問題に繫留されていた。一方晩年、ノグチの関心は個の彫刻表現から制作することそれ自体へと深化していた。「自然への賛歌」、即ち「彫刻すること」の中においてノグチの自己と自然の一元を自覚していたと言えよう。

結

初めに、ユネスコガーデンでの成立背景からノグチの制作における内的な問題、つまりノグチの庭づくりにおけるコンセプトに触れる必要を明らかにし、次にノグチにおける“garden”の定義から、「個」と「全体」の彫刻と言う考察の観点を導いた。ユネスコガーデンの中で、「個」の彫刻と言う場合、ノグチの造形が強いものもあれば、自然素材としての個物を指す場合もあった。特に三章一節であげたような象徴性の強い彫刻は、ノグチの意図が強く表れ、個性的である。しかし四章一節では、むしろノグチは場所全体からの制作イメージを持っていたことを指摘した。

そして庭「全体」の様態とは「自然」であることを示した。「自然」とは、単に自然物があると言うことではなく、「時を超えたもの」と「時の移ろいにあるもの」と言う一つ一つのものが受け入れられる場の働きのことであった。個の彫刻の特徴を受け入れて、ノグチのユネスコガーデンと言う場所は歩きまわるたびに千変万化する一つの世界を意味していた。そのような「自然」としての庭の全体性を支えるのは、日本庭園の伝統の真髄としてノグチが理解した「石」であった。石は近代建築に匹敵でき得る個としての存在感を持つ一方で、庭の「骨格」として全体を担う存在でもあった。そして五章では、ユネスコガーデンの制作において見られた「自然」と言う言葉の使用が、制作史を通して変化していることを明らかにした。

*A Sculptor's World*を見る限り、ユネスコガーデンの年代では自然は個の彫刻を通して表現されるものである。しかしながらユネスコガーデンでは、自然の「全体性」そのものからの制作の発想がされている。このような意味で、*A Sculptor's World*の年代中でもユネスコガーデンの制作は特異であると言える。しかし未だ、晩年で見られるようなノグチ自身の自己の在り方と自然とが一元的にあるような意味は含まれていない。制作史における「自然」の意味の変化においても、ユネスコガーデンはやはり転換点であったと言えよう。

さて、本稿の冒頭において、ユネスコガーデンにおけるノグチの制作の転換をノグチ自身の言葉を借りて、「彫刻と空間の間の関係」から「私たちの有機的な環境の構成要素としての彫刻」であると示した。上の考察を敷衍するならば「個の彫刻」から「全体の彫刻」への転換と捉えることは論を俟たない。しかし、「私たちの有機的な環境の構成要素としての彫刻」と言う概念は、*A Sculptor's World*を通じて僅かに一度、触れられるに留まる。晩年における「自然への賛歌」と言う作為性を超えた彫刻の在り方が、全体の庭に対する「有機的な」彫刻として朴訥に予感されたのではないだろうか。

謝辞

本研究を行うにあたり、株式会社植藤造園会長、佐野藤右衛門氏に貴重なご助言を頂きました。ここに、深く感謝の意を表します。

本文は、「イサム・ノグチのgardenにおける制作意図の研究　ユネスコ・ガーデンを事例として」（『日本建築学会計画系論文集』第六九四号、二〇一三年一二月）を大幅に加筆・修正したものである。

註

1 イサム・ノグチ初のプロダクトデザインとして有名なゼニス・ラジオ会社の『ラジオナース』（一九三七）を嚆矢として、ハーマンミラー社の『コーヒーテーブル』（一九三九）、岐阜提灯をモチーフにした『AKARI』（一九五一）等が現在でも定番製品として生産されている。

2 モエレ沼公園は一九八八年からノグチがマスタープランを構想し、没後はイサム・ノグチ財団のショージ・サダオ監修のもとアーキテクトファイブが設計を担当し完成したノグチ作品の集大成である。

3 モエレ沼公園は内藤廣の推薦のもと、平成一四年度に受賞した。「グッドデザイン賞」を受賞するのは、公園では初めてのことであり、受賞概要では「公園のマスタープランは彫刻家のイサム・ノグチによるものであり、「公園全体が大地に刻まれたひとつの彫刻である」と言う氏の考え方に基づき、シンボリックでスケールの大きな造形作品として整備を進めている」（Good Design Award, http://www.g-mark.org/award/describe/28248?token=3xmxVrkqL, 二〇一四年八月現在）と評価されている。また、ノグチの制作活動全体に関しては、通常の彫刻の範囲に限らず豊饒な世界を展開し、多くの芸術家に影響を与えたとして、一九八六年に精神科学・表現芸術部門において京都賞を受賞している。その他にも同年、日本建築学会創立一〇〇周年記念文化賞を「建築と関わりをもつ造形（彫刻・造園）」として受賞。一九八八年には、死の直前に勲三等瑞宝章を叙勲された。

4 ノグチに関する建築的な観点からの研究としては、Ana Maria Torres, *Isamu Noguchi: A Study of Space*, Monacelli, 2000（邦訳『イサム・ノグチ空間の研究』相馬正弘訳、マルモ出版、二〇〇〇）やMartin Friedman, *Noguchi's Imaginary Landscapes*, Walker Art Center, 1978が挙げられる。ただしノグチの「ランドスケープ」に関して、作品全体を通した体系的な解明には未だ至っていない。また、日本国内においても、ノグチの制作全体に関わる研究は為されていない。

5 Marc Treib, *Noguchi in Paris: The UNESCO Garden*, William Stout Publishers, 2003, p.99より掲載。

6 アレクサンドル・ペルシッツ、樋口清訳「パリのユネスコ館」（『国際建築』二六巻、一〇号、美術出版社、一九五九、一八頁所収）より掲載。

7 ユネスコガーデン研究に関する嚆矢としては、Marc Treib, *Noguchi in Paris: The UNESCO Garden*を挙げるのが至当であろう。Treibは、敷地のもつ特異性、ユネスコ本部のアート・プログラムの問題やその政治背景からノグチのデザインの原点と展開までを幅広く論じている。

山吹知子の研究「イサム・ノグチの備前焼作品と《ユネスコ本部の庭園》についての考察」（『岡山県立美術館紀要』一巻、二〇〇八、三七―八〇頁所収）と「イサム・ノグチの《ユネスコ本部の庭園》に関する考察」（『岡山県立美術館紀要』三巻、二〇一〇、四三―五一頁所収）では、ノグチ来日当時の新聞等の資料から徳島での石組みの試作の状況を時系列的に整理し、当時の協力者の日記を全文公開するなど、特にノグチがユネスコガーデンの制作に取り掛かる準備段階における事実関係を中心に明らかにしている。

また、内山尚子「イサム・ノグチの《ユネスコ庭園》をめぐる「日本庭園」の意味について」（『お茶の水女子大学比較日本学教育研究センター研究年報』七巻、二〇一一、一二一―一三六頁所収）は、ノグチの庭園作品の契機となったユネスコガーデンを美術思潮史の観点から位置づけ、再検討を行った研究である。

以上の既往研究は、ユネスコガーデンがノグチの制作史における転換点となった背景に関する研究と位置付けることができるが、本研究で試みているように、ランドスケープ・アーキテクトと言う観点からノグチを捉え、制作史全体におけるユネスコガーデンの制作の意図を明らかにしようとする論点は含まれていない。

なお、ドウス昌代『イサム・ノグチ宿命の越境者 上・下』講談社、二〇〇〇及びDore Ashton, *Noguchi East and West*, University of California Press, 1993では、ノグチのクロノロジー的な観点からユネスコガーデンを取り上げているが飽くまで紹介に留まるものである。

8 Isamu Noguchi, *A Sculptor's World*, Harper & Row Publishers, 1968.

9 「佐野藤右衛門」は、京都・嵯峨野にある造園業「植藤」の当主が代々襲名する名前である。創業天保三年、代々御室御所に仕え、植木職人として御室仁和寺の造園工事に携わっている。ユネスコガーデン以来、ノグチの最晩年までを知る人物であり、現在のユネスコガーデンの管理にも携わっている。注の中で、佐野のインタビュー（二〇一二年二月十三日）によるものは「佐野」と表記する。

10 ユネスコ本部の竣工は一九五八年、建築面積は全体で三ヘクタール、Y型平面の八階建の事務局棟、二階建の議場、四階建の付属屋の三棟が建設された（ペルシッツ、前掲書、一三―二五頁）。

11 最終的に一二人の芸術家が、ユネスコ本部棟を芸術作品で飾っている（同書、一三―二五頁）。

12 ドウス、前掲書、下巻一六三頁を参照のこと。

13 カルダーのモビール作品"Spiral"は現在、一九五六年に増築された四番棟の前に設置されている。

14 Noguchi（1968）, *op.cit.*, p.165f.

15 Paul Cummings, *Artist in Their Own Words, in: Isamu Noguchi Essays And Conversations*, Harry N. Abrams, Inc., 1994, p.138.

16 Noguchi（1968）, *op.cit.*, p.166.

17 Cummings, *op.cit.*, p.151.

18 "*Reader's Digest Garden*"（1951）ですでに、ノグチは日本の庭師とともに庭をつくっている。よって、ユネスコガーデンでのノグチの制作は、「日本庭園」の基本を学ぶ時期ではなく、ノグチ自身が「日本庭園」から新しい庭の制作を行う時期である。"*Reader's Digest Garden*"での日本庭園としての制作は、*A Study of Space*（Torres, *op.cit.*, pp.62-67）が詳しい。佐野は「日本庭園」をつくるためと言うよりも、「ノグチの手伝い」

をするために呼ばれたと言う。制作における主と従の関係ははっきりとしており、佐野はノグチ自身のコンセプトを如何に実現させるかに苦心したと語る（佐野）。

19 Torresの*A Study of Space*でも、ドウスの『イサム・ノグチ宿命の越境者』においても、「環境の有機的な構成要素としての彫刻」へと向かった制作の転換点であることは論じられていない。

20 ノグチの作品はノグチの人生全体の足跡であると佐野も語るように、一作品のみを考察するのではなく、ノグチの制作全体を通してユネスコガーデンを理解する必要がある（佐野）。

21 日本では*A Sculptor's World*の翻訳本として、小倉忠夫訳の『ある彫刻家の世界』（美術出版社、一九六九）が出版されている。しかしこれは、出版後四〇年経過した現在、晩年の考察も踏まえて再検討する必要がある。

22 ノグチの作品の意図に関して纏められている資料としてはIsamu Noguchi, *The Isamu Noguchi Garden Museum*, Harry N. Abrams, Inc., 1987もある。ただしこれは作品論と言うよりは、自身の美術館のカタログである。*Noguchi in Paris: The UNESCO Garden*（Treib, *op.cit.*）でもユネスコガーデンはノグチにとっての"garden"と言う観点からは纏められていない。"garden"に関する論考としては*A Sculptor's World*が優れて一九六〇年代までのノグチの意図を表している。

23 "I like to think of gardens as sculpturing of space: a beginning, and a groping to another level of sculptural experience and use: a total sculpture space experience beyond individual sculptures". (Noguchi (1968), *op.cit.*, p.161)

24 "sculpturing of space"の訳として、小倉忠夫は「空間の彫刻」としているが、ノグチの原文は"sculpture of space"ではなく"sculpturing"とし、動詞のニュアンスが含まれていることに注意したい。ノグチの"space"をここでは訳として仮に「空間」とおいているが、意味としてはむしろ「世界」に近いものである。と言うのも、「私たちにとっての彫刻の本質は、空間の知覚であり、つまりは私たちの存在の連続体である。」(Noguchi (1968), *op.cit.*, p.28)と、空間（space）が、極めて「私たちの存在」と近いところで述べられているからである。また、「動き、光、そして時間、それ自身もまた空間の質である。」(*Ibid.*, p.28)と言われ、このことからもノグチの言う"space"とは何か先験的な空間ではなく、動き、光、時間といった変化する質と共にあるものである。また、「私は空間を定め、空間を活気のあるものにし、それに意味を与える者が彫刻家であると言おう。」(*Ibid.*, p.28)とも言い、"sculpturing"の動詞のニュアンスが説明されている。

25 "An empty space has no visual dimension or significance. Scale and meaning enter when some thoughtful object or line is introduced. This is why sculptures, or rather sculptural objects, create space. Their function is illusionist". (*Ibid.*, p.161)

26 "The size and shape of each element is entirely relative to all the others and the given space. What may be incomplete as sculptural entities are of significance

to the whole". (*Ibid.*, p.161)

27 『ルナー』は、"*Lunar Infant*"（1944）等のノグチの作品シリーズの一つで、中にライトを持ち、光を発する彫刻である。後の『AKARI』に至る、ノグチによる光の彫刻の探求の一つでもある（Noguchi（1987）, *op.cit.*, p.242, 258）。

28 ユネスコガーデンは、『パティオ・デ・デレゲ（各国代表の庭）』と『ジャルダン・ジャポネ（日本庭園）』とから成る。

29 Noguchi（1968）, *op.cit.*, p.167より。ノグチは死の直前にユネスコガーデンで行われた茶会の大成功を受けて、「もうこれで何もいらない」と漏らしたと言う。佐野の前でノグチが涙を流したのは、その時が初めてであった（佐野）。

30 一九二七年の訪仏を機に、ノグチはブランクーシに師事している（Noguchi（1968）, *op.cit.*, pp.18-21）。

31 Noguchi（1987）, *op.cit.*, p.103.

32 著者による撮影。

33 Treib, *op.cit.*, p.85より掲載。

34 *Ibid.*, p.64.

35 Noguchi（1968）, *op.cit.*, p.167.

36 *Ibid.*, p.167.

37 著者による撮影。

38 ユネスコガーデン内の石は全部で八〇トンを超え、植物は桜、梅、木蓮、竹等がある（UNESCO Artist, http://www.unesco.org/visit/uk/frames/v4/artis.htm, 二〇一四年八月現在）。

39 Cummings, *op.cit.*, p.151.

40 ドウス、前掲書、下巻一六一頁より。また、佐野の発言によると、「石組」と言うのは日本人的な考え方であり、ノグチは「石」自体をどのように生かすかを見ていたと言う（佐野）。

41 「日本庭園」としての外的な評価に関しては田井洋子・佐々木邦博「イサム・ノグチのコネティカット・ゼネラル生命保険会社庭園とユネスコ本部の庭園」（『ランドスケープ研究』七〇巻、五号、二〇〇七、三五九―三六四頁所収）に詳しい。また、芥川賞作家の平野啓一郎は、「これを「日本庭園」として理解しようとする限り、彼のここでの様々な独創は、無知と無理解とによる無惨な模倣の集積としか見なし得ないであろう。」と、「日本庭園」としてユネスコガーデンを評価することに疑問を呈している（『イサム・ノグチ 生誕一〇〇周年 X-knowledge HOME 特別編集』二巻、株式会社エクスナレッジ、二〇〇四、一七八頁所収）。

42 Noguchi（1968）, *op.cit.*, p.167.

43 *Ibid.*, p.167.

44 佐野もまた、閉じた箱庭と言う方法以外には、あの場所で「純日本庭園」は不可能であったと語る（佐野）。

45 佐野は石と建物の関係について、二億年のものに僅か五〇年のものが立ち向かう構図だと言う。ノグチの言う「石の大きさ」は、単なるサイズの問題ではなく石の存在感としての大きさが関わることがこのことからも窺えよう（佐野）。

46 なお管見の及ぶ限り、ユネスコガーデンを「全体の彫刻」と言う観点から考察している研究は見つけることができなかった。

47 Noguchi（1968）, *op.cit.*, p.166.

48 *Ibid.*, p.166.

49 *Ibid.*, p.167.

50 *Ibid.*, p.167.

51 *Ibid.*, p.168.

52 一九四九年にノグチは、レジャーに関しての論文を書く目的でボーリング財団から奨学金を得ている。レジャーに関してノグチは「人間の生活には、仕事に向かう時間のほかに、いわゆるレジャーと呼ばれる時間がある」と言い、レジャーには「トランキリテ（静けさ）」と「内省（リフレクション）」があると言っている（イサム・野口「世界に庭をつくる」『芸術新潮』十一巻、七号、新潮社、一九六〇、七二―八〇頁所収）。

53 Noguchi（1968）, *op.cit.*, p.168.

54 *Ibid.*, p.166.

55 佐野もまたユネスコガーデンには、形ではなく日本庭園の真髄である「誠」があると語る。例えばパティオ・デ・デレゲは、西洋で言う“stage”ではなく、神道で言うところの「舞台」であった。またユネスコガーデンの各場所は、舞台、屏風、花道、沢渡り、心字池であり、“Happy Land”は野点の場所であると言う。このようにノグチは日本での経験や、神道、仏教の深い理解を自分の造形として表現していた（佐野）。

56 *A Sculptor's World*の出版は一九六八年である。構成としては前半部分が一九〇六年から一九六五年までのノグチ自身の人生譚が語られ、後半部分が一九六六年までの作品解説となっている。*A Sculptor's World*の中で「自然（nature）」の語は三八あるが、ユネスコガーデン以外の作品解説部分に関しては「自然」の用語を使うことはあっても、「自然」の意味の解釈に有益なものはなかった。本節で挙げた言説はノグチの当時の制作全体に関して説明している前半部分からの引用である。

57 Noguchi (1968), *op.cit.*, p.16.

58 *Ibid.*, p.39.

59 *Ibid.*, p.39.

60 イサム・ノグチ、米倉守「創造の現場から」（『みずえ』九四九巻、美術出版社、一九八八、三五頁所収）。

61 「この庭」とは、ノグチが晩年までの約二〇年間を日本での制作拠点として過し、自身の作品の一つでもある牟礼の庭園のことである。

62 イサム・ノグチ「Isamu Noguchi Japan House 講演」（一九八八年四月二六日）（『イサム・ノグチ庭園美術館』美術出版社、二〇〇九、一三頁所収）

63 nature の原語であるピュシスに関して、木田元は以下のように言う。「〈ピュシス〉は〈ピュエスタイ（生ずる・生える・発現する）〉という動詞に由来する―少なくとも、アリストテレスでさえもそう信じていた―のであるから、万物を〈ピュシス〉と見ていた早期のギリシア人は、存在者の全体を〈おのずから発現し生成してきたもの〉と見ていたにちがいない。『古事記』のもっとも古い位層に見られる古代日本人の自然観にも、万物を〈葦牙の萌え騰るがごとく成る〉と見る見方がうかがわれるが、古代のギリシア人もそれと似たような見方をしていたと考えればよい。古代の日本人はそうした生成の原理を〈ムスヒ〉と呼んでいる」（木田元『ハイデガーの思想』岩波書店、一九九三、一五五頁）。ここでノグチが言う自然は、この意味での「ピュシス」及び「ムスヒ」に近いと理解できる。

64 イサム・ノグチ（一九八八）、前掲書、四一頁。

65 芸術家の制作に関して、小坂国継は以下のように言う。「画家は物を描くことによって、物と自己自身を直感する。物の本質は描くという行為をとおして直感され、また画家は描かれた絵の中に、じつは自己自身を見るのである。絵はいわば画家自身の分身であり、画家は描くという行為によって自己自身を直感する。したがって、描くということは知ることであり、直感することである。行為はすなわち直感である。こうして直感即行為であり、行為即直感であるといえる」（小坂国継『西田哲学の基層―宗教的自覚の論理』岩波現代文庫、二〇一一、一一八頁）。ノグチにおいてもまた、「彫刻すること」をとおして自己自身を直感する。特に晩年におけるノグチの制作では、自然石を直接彫ることそのものへと向って行くが、それは彫刻することの中に自然・自己の根源を見ると言うことの直接的な現れであろう。

還元することを実現すること

――スティーヴン・ホールの建築することについての思索から――

小野　育雄

はじめに

スティーヴン・ホール（Steven Holl, 一九四七年―）は作品形成する一方で、自らの方法についてつよく関心を示す建築家として知られている。建築史家ケネス・フランプトンのデータによれば[1]、スティーヴン・ホールは一九七四年から二〇〇二年までに計画案やインテリアデザインのみというものも含め一一〇の作品をつくっている。そして同データによれば、それら作品化とともに述べられる、建築することについてのホール自身の思索の言葉を掲載する書籍は、一九七七年から二〇〇二年までに三七ある。これらホールの言葉に含まれる建築することを思索する道（方法）を示す構造の解き明かしを本稿は企図するものである。

本稿は、その肝要部において、現象学的還元についての二図式の構造に示唆されて[2]、ホールの言葉にみえてくる、建築することを思索する方法論を示す構造を解明していくものとなるのであるが、ホールの方法論をこのようなかたちで構造解明した先行研究は見られない。

一　ホールの言葉の構造

ホールの方法論にもっとも影響を与えたものとして現象学者メルロ＝ポンティの思索が知られる。ホールの思索の中で幾度もメルロ＝ポンティの思索が参照される。たとえばホールはこう記す。

絡みあいは、内から外に交替する「あいだ」をもつ。われわれの身体は建築空間の実体を通じて動く、と同時に、われわれの身体は建築空間の実体と一体化する[3][4][In, 16]

このホールの言葉においては、感じる・見る・動くわたしという身体の項と、「建築空間の実体」やわたしの身体ほかという項、すなわち知覚しつつ動くものと知覚されるもの、この対となった二項の関係のことが記述されている。「われわれの身体は建築空間の実体を通じて動く、と同時に、われわれの身体は建築空間の実体と一体化する」とは、知覚されるものが、知覚しつつ動くものつまりわたしという主体（身体）の「外」に（客体として）ある、と知覚しつつ動くもの（わたしという主体）にとらえられている、と同時に、知覚しつつ動くもの（主体）は、自身である当の知覚しつつ動く自己の身体が、知覚されるもの（客体）の側の一部となっているとも（動いて・感じて・見て）気づく、すなわち、自身（主体）が、「外」にあるはずだったもの（客体）と一体化していることに驚く、そのことをホールは記述している。ホールはこのような〈交替する〉事態を記しつつ、メルロ＝ポンティに倣い、その事態を〈あいだ(between)〉や〈絡みあい(intertwining)〉と呼ぶ。「絡みあいの建築(an architecture of intertwining)[In, 7]」をつくっていくとも記す、ホールの用いる〈絡みあい〉という語は、メルロ＝ポンティの用いた重要語にあたる。ホールはつぎのようにくり返す。

三次元のなかで、身体という自己自身を、建築という複数のランドスケープで織り上げられたもののなかに挿入し、かつそれを逆に身体のなかへ挿入するという、相互挿入は、同一性と差異を産する。自己自身のこの挿入とは、自己を建築という他なるものに絡みあわせることである。[5] [In, 16]

〈絡みあい〉という、〈あいだ〉という事態を自覚するとき、建築的存在において当のこの事態を含蓄する「現象的建築（a phenomenal architecture）[In, 16]」という概念もホールに生まれる。〈現象的〉とは、〈あいだ〉に〈自覚的〉ということである。メルロ=ポンティが客観的身体（corps objectif）に対峙させた現象的身体（corps phénoménal）、その〈現象的〉と同じ語の用い方である。[6] 科学の行なう世界経験の態度としての自然主義的態度において出会われる客観的世界の、いわば手前にある、生きられた世界（生活世界）へ還って記述される身体が、現象的身体とよばれる。生きられる世界としての知覚野すなわち自然的世界への還帰は、日常性[7]（非反省的生活）としての自然的態度に終始するのみではかなえられず、徹底的反省（réflexion radicale）としての現象学的〈還元〉（現象学的態度への〈還元〉）とともに開示される。[8] ホールは

「絡みあいの建築」が日々の体験による現象的建築と結ばれる[9] [In, 7]

と記す。

開示される〈絡みあい〉とは、ゲシュタルト理論における反転図形の動性が示すような事態であり、相互侵蝕的事態、相互包摂の事態であって、メルロ=ポンティによれば、「わたしの右手が物に触れようとしているわたしの左手に触れるとき」わたしという「触る主体」が触れられるものの地位に移」る、といった、手というわたしの身体の二重性の例によってまず説明される。そこでは、触れるもの（見るもの）と触れられるもの（見られるもの）という対の二項と、それら二項のうちでの相互反転がとりあげられる。メルロ=ポンティは、その例とともに他の諸々の二項についても記述するなかで、二項は〈裂開（déhiscence）〉と呼ばれる対化（accouplement、Paarung）においてあり、それら二項に裂開する事態そのことを含め、相互反転し（絡みあい）、ひとつの、実体的には解釈できない〈肉（chair）〉=〈存在（l'Être、Sein）〉を織り上げている、と論じる。つまり逆に、二項の成立を、この〈肉〉の裂開=〈存在〉の表現とみ

る。(10)

ここにおいてホールの言葉を簡明に図式化してみよう。

自己 ―――― 建築という他なるもの
(身体という自己自身) (建築という複数のランドスケープで織り上げられたもの)
(われわれの身体) (建築空間の実体)

図式1

中間の実線は対への裂開とともに二項の相互侵蝕的、相互包摂的事態をあらわす。この時この図式のもつ構造を指す概念が、〈現象的建築〉である。ホールは「現象的建築というこの鮮やかな交叉(this fresh chiasma of a phenomenal architecture)[In, 16]」と記す。

二 フィジクスとメタフィジクス――siteの二重の意味

前節にみたホールの言葉が示す構造は現象学的〈還元〉の〈終局〉において開示される事態であったが、現象学的〈還元〉の〈全幅〉構造を図式として示すものの一つとして、図式2(11)がある。

Nは自然的態度、Eは自然主義的態度(形相的態度)、Tは超越論的――事実的態度、Φは現象学的態度である。N―T、E―Φは超越論的移行にあたり、N―E、T―Φは形相的移行にあたる。したがってこの図式においては〈還元〉のルートとしてN―T―ΦのルートとN―E―Φのルートがあらわされている。この二ルートを考えたのは、TとEの態度へ適切な位置を与えうるためであっただろう。NからΦへという〈還元〉の移行を逆行すれば〈超越〉の移行となる。ホールのとりあげる〈絡みあい〉や〈あいだ〉の事態とは、Nの自然的態度からΦの現象学的態度への現象学的〈還元〉とともに、「始元的な体験(primordial experiences)[In, 11]」世界(自然的世界)としての生きられている世界への還帰(世界内属存在的還帰)(12)として開示される事態であった。ホールはつぎのように記す。

われわれの目指すことは建築を思索の或るレヴェルへ高めるとともにつよい現象的なるものをもつ空間を実現することである。[13]

［In, 16］

〈あいだ〉や〈絡みあい〉に建築家が覚醒しつつ制作するとき、〈あいだ〉や〈絡みあい〉が建築作品において建築家の制作によって増幅されてあらわされうる、「つよい現象的なるものをもつ空間（space with strong phenomenal properties）を実現」できる、とホールはとらえている。ホールにおいては、建築家が建築する（建築作品を詩作＝制作する）なかで考えるときのその思索が、存在の秘密を解き明かす思索たりうるのであり、そうした建築家による建築作品は、身体のもつ神秘な謎を、あるいは身体と世界との神秘な謎めいた関係が織り上げている存在を、みごとに増幅してみせてくれるもの、ととらえられている。

ホールは建築することを、そのsiteをつぎのように記す。

siteは建物のフィジカルなそしてメタフィジカルな礎なのである。

siteと建物との機能的な諸相の解決、つまり諸ヴィスタ、陽光の諸角度、サーキュレーション、アクセス、これらの解決は、「フィジクス」である。この「フィジクス」は建築の「メタフィジクス」を要求する。〔略〕

建物は、場所と融合することによって、状況の意味を集摂することによって、フィジカルな、機能的な諸要求を超越する。〔略〕siteを照顧することは、そのsiteのもつ「脈絡」のごく平易な複製品をつくることではない。つまり、場所の相貌を明らかにすることは、その場所のもつ「見かけ」を確認することではないであろう。したがって、見ることの習慣的な仕方は当然遮断されることになるであろう。

建築とsiteとは、体験的な結びつきを、メタフィジカルなつながりを、詩的なつながりをもたねばならないであろう。〔略〕

或る建物は一siteをもっている。この一状況内に、その建物の諸志向が集められている。〔略〕〔略〕建築と自然が場所のメタフィジクスにおいて接合される。[14]［An, 9-10］（〔　〕内は筆者による補

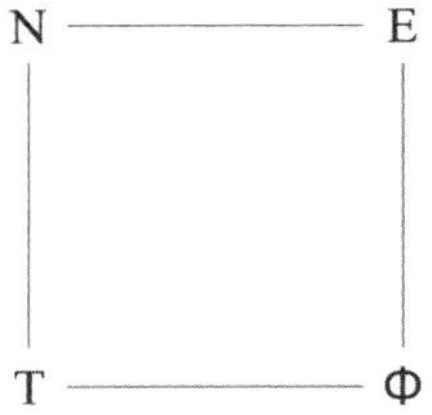

N — E
T — Φ

図式2

記。以下同様。）

siteは状況（situation）、場所（place）、自然（nature）とも言いかえられ、建築（architecture）が建物（building）とも言いかえられている。自然の事象としてのsiteと人間の事象としての建築とのフィジクス（physics）におけるむすびつきのための解決が、メタフィジクス（metaphysics）におけるむすびつきを要求する、と語られている。メタフィジカルなつながりは、体験的な結びつき、詩的なつながりとも言いかえられている。

今日、平均的日常性においてsiteを見るとは、ホールにとってもわれわれにとっても、実在する景観の部分としての物質（客体）としてのsiteを見ることである。このことは図式2のNの自然的態度に属する。建物を景観の部分としてたんに物質として見ているとき、われわれは同じ態度に属する相において見ている。われわれが、見る者である自己の身体を、反省以前の見るという知覚においては知覚の主体とたんにとらえるのも、同じ態度に属する。自然的態度の知覚には、それによって自己自身に自己を隠し、それ自身に与えられる〈現象〉を忘れて対象の構成に向かおうとする傾向がみられる。図式2におけるEの自然主義的態度に属する諸科学（sciences）の行なう客体的世界の構成（対象の構成）の、この自然的態度への湧出も、その傾向に含まれる。（そのとき、siteという語によって代表されているその場所の状況を含む一切は、建設することなどとの関係において、siteという道具として見られている。siteはさまざまなものからなりたっているが、siteのこの場合のsite性がそれらのもののなかに隠れていて、日常的にsiteを見るとは、siteという道具として、それの働きにおいてそれらのものを見ている。それが見定めるようなものであるかどうかは疑わしいにもかかわらず。）

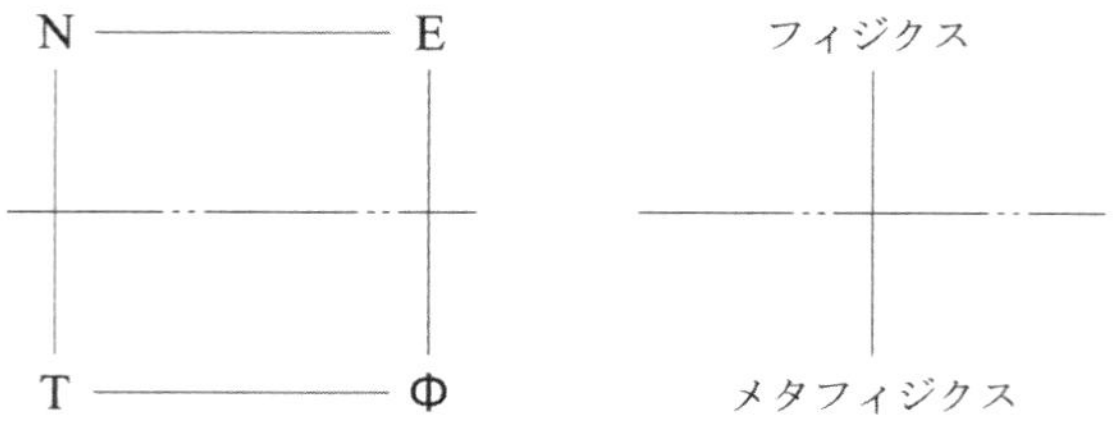

フィジクス

メタフィジクス

N　E

T　Φ

図式3

フィジクスとは、〈物理としての自然（physis）についての学〉のことであり、図式2におけるEの自然主義的態度（形相的態度）に属する。フィジクスに含まれるものとして「siteと建物の機能的諸相の解決」をホールはまずあげている。

そしてホールは、建築するとき建築家が、siteを、建築する建築を、それらのむすびつきを、フィジクスの属する態度においてや自然的態度においてとらえることからいったん離れ、すなわち〈還元〉し――「見ることの習慣的な仕方は当然遮断され」[15]――、手前の、生きられる世界（生活世界）へと還帰して、とらえねばならない、と考える。その意味でホールの用いる語メタフィジクスとは、超越論的移行を経る〈〈肉〉＝〈存在〉についての論〉[16]のことである。図式2におけるTの超越論的――事実的態度やΦの現象学的態度に至り開示される還帰を意味する概念である。

ホールの考える建築することにおけるフィジクスとメタフィジクスを図式化してみよう。図式2に存在論的と存在的を区別する存在論的差異の閾を示す二点鎖線をあえて引くと、図式3の左の図式となり、二点鎖線の上方が存在的な相、下方が存在論的な相であるが、この左の図式に対応させて、ホールの考える建築することにおけるフィジクスとメタフィジクスをえがくと、図式3の右の図式になる。ホールにおけるフィジクスとメタフィジクスの差異とは存在論的差異である。存在論的差異の閾を示す二点鎖線を越えフィジクスの相からメタフィジクスの相へ向かうことが超越論的（現象学的）還元の移行である。――簡潔に整理しておこう。見ることの習慣的な（現在において常識的とよばれる）仕方が、Eの自然主義的態度とNの自然的態度であり，〈現象〉を忘れて対象の構成に向かおうとする傾向をもつ。建築することという人間の事象である制作をはじめるとき（この制作するということが〈すむ〉ということを含むならば、制作することになんらか手を染め始めてのちさらにつくり了えてからも）自然の事象にあたるsiteを前にして，site（と制作）を，日常性において（今日ではフィジクスの湧出を含みつつ）とらえる相がNであり、（siteと）制作を、フィジクスそれ自体によってとらえていく相がEであり、そして、制作とsiteを、ホールのそうよぶメタフィジクスにおいてとらえていく相がTの超越論的―事実的態度とΦの現象学的態度である。――

三　還元という方法におけるidea-designの両義

ホールにあっては、建築家は、現象学的移行、生きられる世界としての自然的世界への還帰、すなわち、メタフィジクス、において、siteを、制作する建築を、それらのむすびつきを、とらえるとともに建築制作することとなる。先ほどの引用箇所に含まれる言葉、

「siteを照顧することは、そのsiteのもつ『脈絡（context）』のごく平易な複製品をつくることではない。つまり、場所の相貌を明らかにすることは、その場所のもつ『見かけ（appearance）』を確認することではないであろう。したがって、見ることの習慣的な仕方は当然遮断されることになるであろう」とは、超越論的（現象学的）移行の端緒についてふれるものであった。ホールはさらにつぎのように言う。

> siteは固有であり、したがってdesignを主導するidea、designを主導する力は、周囲環境の置かれているその場所をめぐって発生しなければなりません。はじめは直観的に漂います。言葉や文章を書きとめ、ドローイングやスケッチをたくさん描きます。或るideaへ至るようになるまでにどれほどかかるのか知る方法はありません。[17]［GA, 23］

還元の移行そのことが語られている。その〈還元〉を通じて、メタフィジクスにおいて、生きられる世界への還帰とともに、「或るideaへ至るようになる」、ideaが「発生する」と言われている。ideaは「designを主導する（drives）」と言われ、ideaという語は、この箇所に限らず、designと対になるように用いられる。

そしてideaは、つぎのように、コンセプションともコンセプトともオーダーとも言いかえられるが、しかしideaという語が用いられるときには、「卓越する（excellent）コンセプト」、「或るイデア的なもの（an ideal）」といった特別な意味において用いられる。

> 建物のsiteは建物のコンセプションをつくりだすたんなる因子以上のものである。[18]［An, 9］
>
> 新しい作品が固有の諸条件をことごとく反転させるものであったとしても、その作品のオーダーは、或る相貌を体現しようとするし、抽象的空間のもつ一般性とは別ものそこにしかない或る個別の意味を照明して際立たせようとする。或るイデア的なものは個別的なものにおいて存在する。[19]［An, 9］
>
> site、文化、プログラムが与えられると、或るオーダーが、或るideaが、かたちづくられるといえる。しかしそのideaはまだコンセプションにすぎない。[20]［An, 10］

コンセプトはばらばらな諸部分を厳密な志向で結びつける隠れた糸としてはたらく。[21]［St, 22］

ideaは、抽象的事象ではなく、建築のプログラムと融合され、建物を作用させる原理として発現するものである。[22]［QP, 119］

卓越するコンセプトとはどんなものか。その強さあるいは弱さをどのように解釈できるであろうか。複雑な諸要素の多重な関係がひとつのコンセプトによってまとめあわされるのである。或るコンセプトの明確さ、明瞭さは、或る状況に限定されており、siteとプログラムに意味を築くことができる。組織するideaは、ばらばらな諸部分を厳密な志向で結びつける隠れた糸である。組織するideasは、ばらばらな建築諸要素をより大きなひとつの全体へ束ねてゆくことのできる発見的考案である。[23]［In, 15］

建築はコンセプトと形態の有機的つながりである。[24]［In, 15］

全一的な表現のなかに何重もの諸ファクターや諸要素を包み込んでいるidea[25]［In, 15］

ideaとdesignとの対化に対応するように、designを言いかえるかたちで「形態」、「複雑な諸要素の多重な関係」、「ばらばらな諸部分」、「ばらばらな建築諸要素」などが用いられている。ideaはそれらを「より大きなひとつの全体へ束ねてゆくことのできる発見的考案」、「厳密な志向で結びつける隠れた糸」などと言われる。超越論的な移行に基づけられたideaの形相的意味が言われているのである。

四　方法論の構造――生きられる世界

ホールのideaとdesignとの対化、メタフィジクスとフィジクスとの対化、これらへは、つぎの図式4の有する構造にさらに示唆されることで、より適切な構造的布置を見いだすことができる。

建築制作者であり建築思索者であった増田友也（一九一四―一九八一）が、現象学的〈還元〉にかかわる構造を存在論の構造図式として示したものである。[26] 増田は、「存在論的な差異、あるものとあるということとは全く違う」、「ありつつあるものがありつつある以

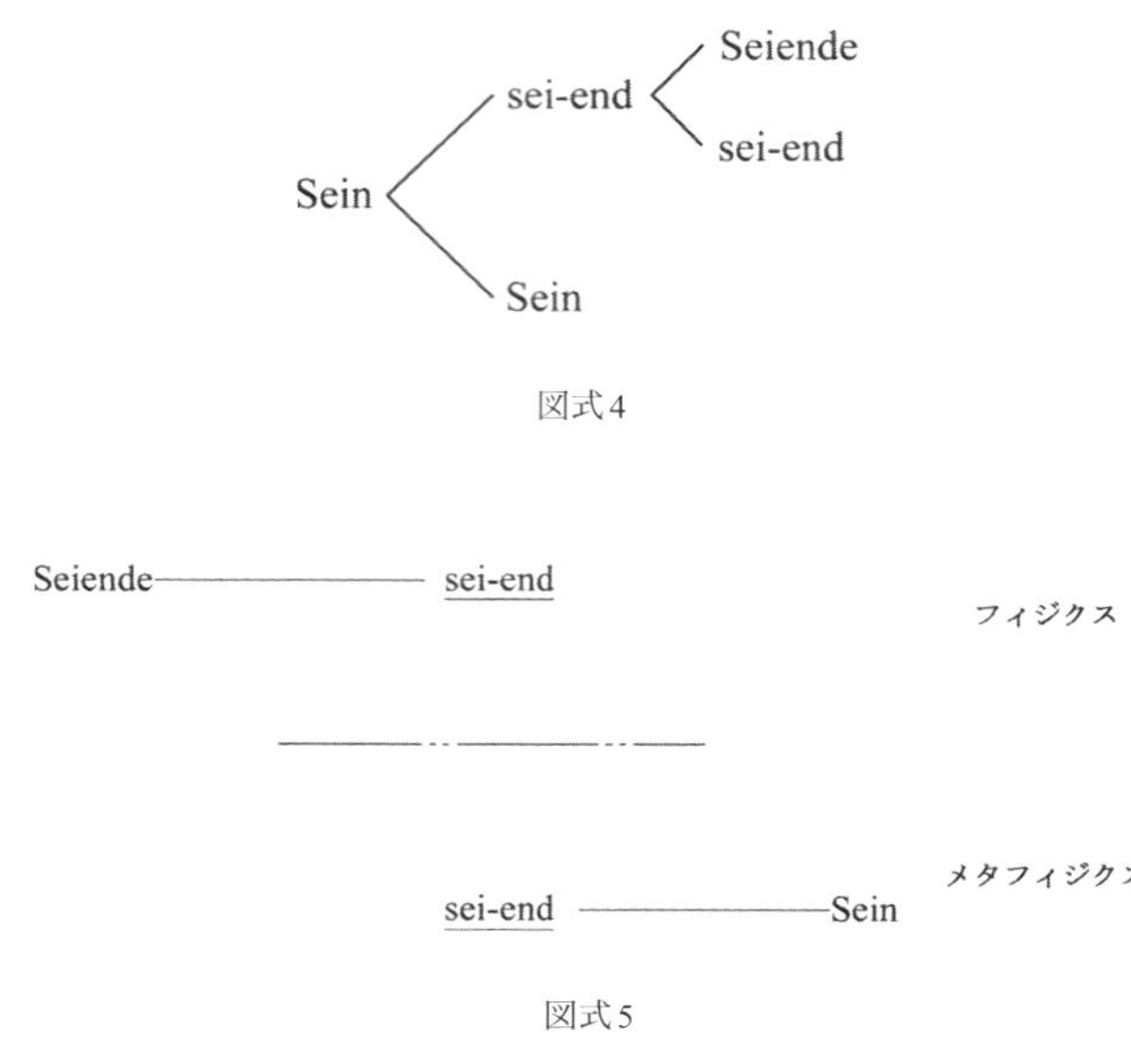

図式4

図式5

前にはあるのですね。ありつつあってしまえば、Seiende」、「ありつつあるものがあってしまえばものになるし、ならない前はSeinがあって」、「中途半端な状態、そういう中間的領域、それをいまsei-endというもので、あらゆるあるもののありつつあるその途中の状態としてものを全部見ていく」、「分かりやすく言うと、SeinはSeinとsei-endとに分かれる。そしてこのsei-endの方は、これ自体ありつつあるということとsei-endと、そして大文字のSeiendeと、こういうふうに分かれる。つまり二義性は両義性が二重になっている」、「存在論的差異というのは、非常に図式的に考えれば、こういう二乗の構造をもっている」と説明する。(27) この増田の説明をもとに図式4を図式3と対応させて図式5をえがきうる。

ホールの言うideaはメタフィジクスに所在していた。ideaはSein（ある）の直後のsei-end（ありつつある）にあたり、designはSeiende（あるもの）になる前のsei-end（ありつつある）にあたる。designはフィジクスに所在する。ホールにおけるSein（ある）は、〈あいだ〉とよばれる〈絡みあい〉によって織り上げられる〈肉（flesh）〉[In, 16]であり、Seiende（あるもの）は、siteという場所のもつ〈見かけ（appearance）〉[An, 9]、とホールの言うときのその〈見かけ〉などにあたる。これらを図式化するとつぎのようになる。（図式6）

ホールは言う。

〔siteとの〕或るつながりを通して、延長される動機を通して、建物はsiteにたんにみかけのうえで合わせてつくられたにすぎないもの以上のものとなる。(28) [An, 9]

> siteの最初の知覚から養われてきたideasや、発端の思索への熟慮や、存在する地形の見直し、これが、創作の骨組みとなりうる。このような創作は、普遍的空間（ユニヴァーサル・スペース）とは別ものの相対的空間をとおして焦点を合わされる。それは有限な領域〔個別の土地〕におけるものである。建築とは、ひとつの延長である。つまり、或る場所に関して絶対的な意味を創設する、ひとつの様態変化である。[29]［An, 9］

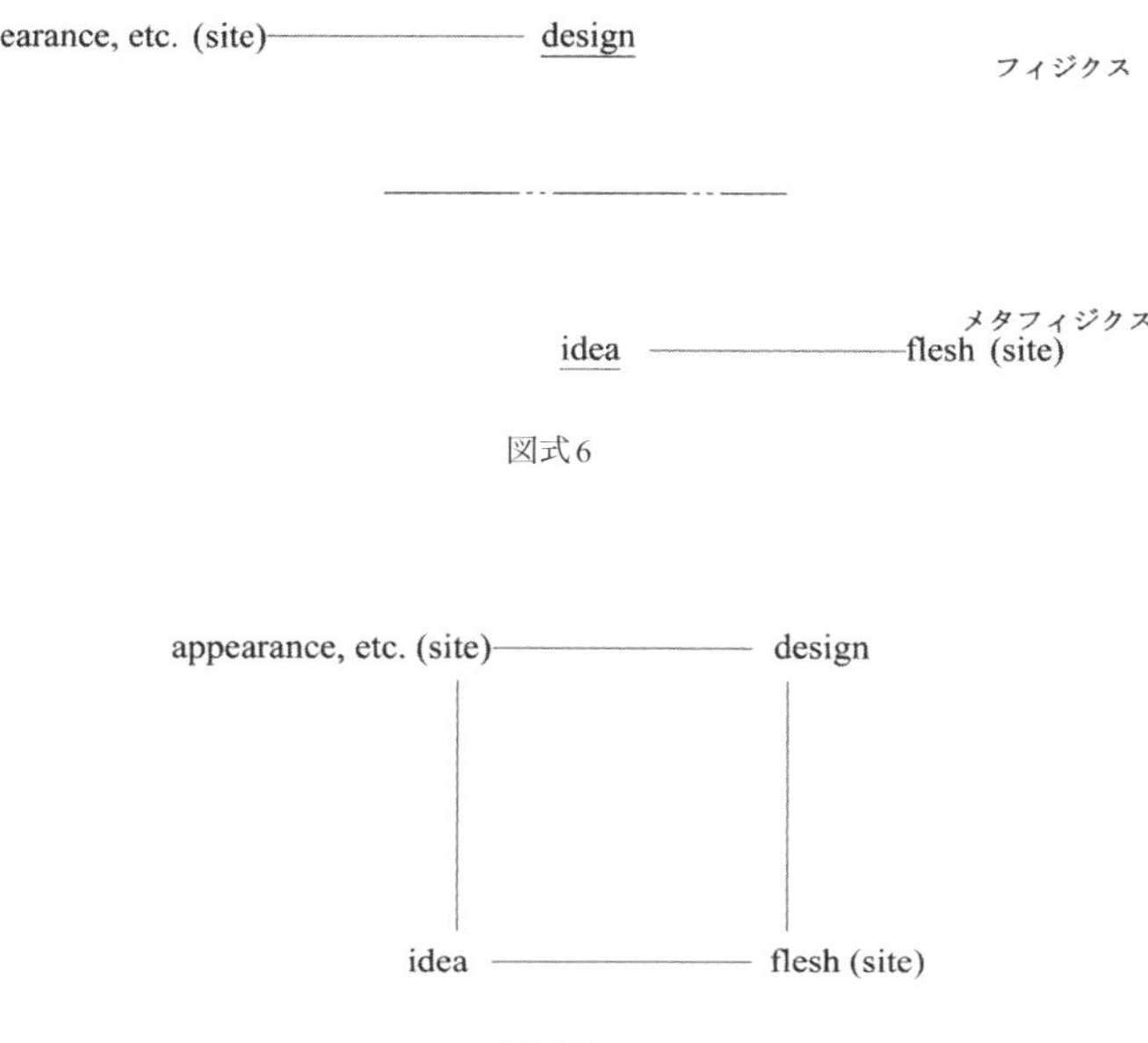

図式6

図式7

> 建築的思索はideaによって創始された現象を通じた働きである。「つくること」によってわれわれは、ideaが現象へと延長する種子にすぎないことを自覚する。[30]［An, 11］

> 建築作品を体験することの本質、いいかえれば建築作品の基底的感覚的な現象、これは、そのコンセプチュアルな志向のなかにしっかりと入れられている。たとえコンセプトと現象とのあいだの直接的な結びつきがゆるいようにみえるときでも。[31]［TM, 115］

ideaは、「現象へと延長する種子（a seed for extension in phenomena）」にすぎないと、「延長される動機（an extended motive）」等であると言われているが、ここで言われているideaからの現象への延長とは、図式6における、ちょうどideaとdesignとの狭間の、切るがしかし結ぶ、二点鎖線あたりに所在することにほかならない。

この図式6ではしかし還元と超越の移行が全一的には示されない。したがってこの図式6に加えてそれと同伴する図式をえがくために、ふたたび図式3と図式2に帰りえがいたものがつぎの図式7である。図式7の上左から下右へ、ideaもしくはdesignの位置を経るルートで、還元の移行がなされ、逆の方向のルートで超越の移行がなされることを示す。その断片をあらわすホールの言葉の一例としてたとえば、図式7と図式6におけるideaとfleshとの間にあたる還元と超越について、「メタフィジカルに不可分であり、現象学的に絡みあう（metaphysically inseparable, phenomenologically intertwined）［QP, 129］」というものもある。つまり、ホールにおいて建築家はこれら還元の移行と超越の移行の可逆性のうちに制作していくことになる。しかしこの図式7では、増田の言う二義のsei-endの切れるとともに結びあうかたちでの対化と重なり合う、ホールのideaとdesignの対化が示せない。その、designを主導するidea［GA, 22/ 23/ 25/ TM, 115/ In, 11/15］、というホールの言葉にあらわされるフィジクスに所在するdesignとメタフィジクスに所在するideaのつながりは、図式6により明示される。

図式6も図式7もそれぞれ全体が「存在論の地図（ontological map）［In, 15］」であり、二点鎖線以上が存在者の地図である。図式7には二点鎖線を入れなかった。四者の関係がたんにリニアなルート上の関係にのみあるのでなく、四つの態度としての四者がさまざまな組みあわせでそれぞれが映しあうダイナミックさをもつことも含みあわすことができておらねばならず（そのダイナミックさに含まれる重要な明示すべきひとつのかたちとして図式6の諸対化のかたちもあり）、図式7において二点鎖線を引くとこのダイナミックさを削減させて見せてしまうおそれがあるからであり、すでに図式6で二点鎖線が引かれ存在論的差異の閾の位置は明示できているからである。この意味でも図式6と図式7とは一対となって補完し合うかたちでホールの方法論の存在論的構造を示すものとなる。

まとめ

第二節において、ホールの方法論へのメルロ＝ポンティの思索の影響が見られ、現象的建築というホールの概念を指し示す言葉の構造が図式化された。第三節では、現象学的還元にあたる行為とともに開示される事態に覚醒しつつ制作することが建築家の目指すこととホールにはとらえられているということ、が見られ、同時に、現象学的還元にかかわる図式である図式2の有する構造に示唆されて、ホールの考える建築することにおけるフィジクスとメタフィジクスが図式化される。そこではホールにおけるフィジクスからメタフィジクスへの移行とは現象学的には超越論的移行のことであることが示される。第四節では、ホールにおいてideaとよばれることが、メタフィジクスとよばれる現象学的還元の移行においてみいだされるということ、が明らかになるとともに、そのideaが、超越的─存在的位相に所在するdesignとの対化においてもあるということ、が見られた。第五節では、前節までの考察にもとづくともに、増田友也の示した構造図式である図式4とそれを説明する増田の言葉に示唆されて、ホールの方法論の存在論的構造の全幅が図式化をともなって考えられる。

現代建築の動向のなかで、建築が「深み（depth）＝奥行き（depth）の次元を欠いている[32]［GA, 32］」と言うホール[33]は、切実な問題を提起しているように思える。かれ自身がこの時代の建築家であり、自らの蘇生の道を手探りするかのように実作をくり返している。そして作品化という実践以上にかれの論理（ロゴス）は妥当にみえる。ゆえに、かれの作品形成にかかわる言葉がもつ構造の、本稿のごとき解明も、いまくり返し為されるべきであるように思える。

註

1　Kenneth Frampton, *Steven Holl Architect*, Electa Architecture, 2003（Electa, 2002）、pp. 382-403の「chronology of works」とp. 409の「bibliography」内「Writings by Steven Holl」。

2　図式2と図式4。

3　The intertwining has a “between” that alternates from within to without. Our body moves through and, simultaneously, is coupled with the substances of architectural space

4　本文中におけるホールの言葉引用文献の略号は以下による。
（本文中では略号の後に引用部頁番号を記す。）
［An］; Steven Holl et al., *Anchoring, Third Edition*, Princeton Architectural Press, 1991.
［St］; S. Holl et al., *Steven Holl*, Artemis & Arc en Reve Centre d’Architecture, 1993.
［QP］; S. Holl et al., ‘Questions of Perception: Phenomenology of Architecture,’ *a+u Special Issue*（July 1994）, a+u Publishing, 1994.「知覚の問題──建

築の現象学」（『a+u 建築と都市 一九九四年七月別冊』エー・アンド・ユー、一九九四年）。

[GA]; S. Holl et al., 'Steven Holl', *GA Document Extra 06*, A.D.A. EDITA Tokyo, 1996. 「スティーヴン・ホール」（『GA Document Extra 06』エーディーエー・エディタ・トーキョー、一九九六年）。

[TM]; S. Holl, 'Twofold Meaning', *Kenchiku Bunka* (August 1997), SHOKOKUSHA Publishing, 1997. 「特集 スティーヴン・ホール 二重の意味」（『建築文化 一九九七年八月号』彰国社、一九九七年）。

[In]; S. Holl et al., *Intertwining*, Princeton Architectural Press, 1998.

5 ホールの言葉については、日本語への翻訳が右文献に含まれる場合にも、本稿のために右文献の原語からすべて翻訳し直している。

In a three-dimensional triad, the reciprocal insertion of the body – oneself – in the interwoven landscapes of architecture yields identity and difference. This insertion of oneself is an intertwining of one in the other of architecture.

6 たとえば、Maurice Merleau-Ponty, *La Phénoménologie de la perception*, Gallimard, 1945.（モーリス・メルロ＝ポンティ『知覚の現象学1』竹内芳郎、小木貞孝共訳、みすず書房、一九六七年、一八四頁。）

7 ハイデガーのいう「日常性（Alltäglichkeit）」のことである。Martin Heidegger, *Sein und Zeit*, 1927.（マルティン・ハイデガー『存在と時間 I』原佑、渡邊二郎共訳、（中公クラシックス）中央公論新社、二〇〇三年、一〇九頁、「現存在の日常性というこうした無差別のすがたは、なにものでもないものなのではなく、この存在者の一つの積極的な現象的性格なのである。こうした存在様式から出て、こうした存在様式のうちへと帰るのが、すべての実存することのありのままのすがたなのである。われわれは現存在のこうした日常的な無差別のすがたを平均性と名づける」。）

8 前掲書（註記6）、一一二—一一三頁。

9 an "architecture of intertwining" is connected with a phenomenal architecture of everyday experience

10 Merleau-Ponty, M., *Le visible et l'invisible, suivi de notes de travail*, Gallimard, 1964.（M・メルロ＝ポンティ『見えるものと見えないもの 付・研究ノート』滝浦静雄、木田元共訳、みすず書房、一九八九年。）さらに、Merleau-Ponty, M., *L'Oeil et l'esprit*, Gallimard, (1961) 1964.（M・メルロ＝ポンティ『眼と精神』滝浦静雄、木田元共訳、みすず書房、一九六六年。）及び、前掲書（註記6）。

11 筆者がここにえがいた図式2は、前田忠直に筆者が京都大学大学院の「建築論特論」において教示された、オスカー・ベッカーによる図式である。ベッカー(Oskar Becker, 'Die Philosophie Edmund Husserls,' in (*Kant-Studien 35*, 1930) *Husserl / Wege der Forschung; Band XL*, Wissenschaftliche Buchgesellschaft, 1973) によるものは、つぎの前田の書に示され説明されている。前田忠直『ルイス・カーン研究——建築へのオデュッセイア』鹿島出版会、一九九四年、一九五頁。

12 世界内属存在的というニュアンスは、右註記7に引いたハイデガーの語りにきかれるし、メルロ＝ポンティのつぎのような語りにきかれる。
徹底的な反省（réflexion radicale）は自分自身が非反省的生活に依存していることを意識しており、この非反省的生活こそ反省の端緒的かつ恒常的かつ終局的な状況である、ということでもある。現象学的還元とは、一般に信じられてきたように観念論哲学の定式であるどころか、実存的な哲学の定式なのであって、それゆえハイデガーの〈世界＝内＝存在〉(In-der-Welt-Sein) も、現象学的還元を土台としてのみ現われたのである。（前掲書（註記6）、一三頁。）

13 Our aim is to realize space with strong phenomenal properties while elevating architecture to a level of thought.

14 It〔site〕is its〔building's〕physical and metaphysical foundation.

The resolution of the functional aspects of site and building, the vistas, sun angles, circulation, and access, are the "physics" that demand the "metaphysics" of architecture. ...

Building transcends physical and functional requirements by fusing with a place, by gathering the meaning of situation. ... Illumination of a site is not a simplistic replication of its "context"; to reveal an aspect of a place may not confirm its "appearance". Hence the habitual ways of seeing may well be interrupted.

Architecture and site should have an experiential connection, a metaphysical link, a poetic link. /...

A building has one site. In this one situation, its intentions are collected. ...... Architecture and nature are joined in a metaphysics of place.

15 ホールの述べるこの「遮断」は、フッサール（Edmund Husserl）により現象学的に用いられはじめ、メルロ＝ポンティも受け継ぐ「エポケー(εποχη)」にあたる。Edmund Husserl, *Ideen zu einer reinen Phänomenologie und phänomenologischen Philosophie, Erstes Buch, Allgemeine Einführung in die reine Phänomenologie*, (1913-) 1950.（エトムント・フッサール『イデーン　Ⅰ―Ⅰ』渡辺二郎訳、みすず書房、一九七九年、一三九頁以降。）

16 ホールの「メタフィジクス（metaphysics）」の語の用法は、本質存在と事実存在の裂開以前の〈存在〉（＝〈現象〉）をみようとする態度を意味するゆえ、フッサールの「非実在（Irrealität）」に符号する。前掲書（註記15）、五三―五五頁。

17 the site is unique, and therefore the idea that drives the design, the force that drives the design has to be generated around that locus of circumstances. In the beginning I intuitively drift. I'll write words and sentences make a lot of drawings and sketches. There's no way of knowing how long it will take to get to an idea.

18 The site of a building is more than a mere ingredient in its conception.

19 Even when a new work is an inversion of inherent conditions, its order attempts to embody an aspect, or illuminate a specific meaning distinct from

generalities of abstract space. An ideal exists in the specific;

20 When site, culture, and program are given, an order, an idea may be formed. Yet the idea is only conception.

21 The concept acts as a hidden thread connecting disparate parts with exact intention.

22 ideas are not abstractions – but become fused with architectural programs and emerge as the working principles of a building.

23 What is an excellent concept ? How can we interpret its strength or weakness ? A manifold relation of complex elements are held together by a concept. A concept's distinctness and clarity is limited to a situation and can build meaning into a site and program. The organizing idea is a hidden thread connecting disparate parts with exact intention. Organizing ideas are heuristic devices that can tie disparate architectural elements into a larger whole,

24 It is an organic link between concept and form.

25 the idea that wraps manifold factors and elements in a whole expression

26 図式4は、増田友也が『建築以前』と題する講義（一九七三年）でえがいている図式（増田友也、『増田友也著作集 V』、ナカニシヤ出版、一九九九年、四一頁）を筆者がここにえがき直したものである。この増田の図式も、右註記11にふれた前田忠直の書にすでに示され論じられている。

前掲前田書（註記11）、一九八頁。

27 前掲書（註記26）、四〇―四二頁。

28 Through a link, an extended motive, a building is more than something merely fashioned for the site.

29 Ideas cultivated from the first perception of the site, meditations upon initial thoughts, or a reconsideration of existing topography can become the framework for invention. This mode of invention is focused through a relative space, as distinct from universal space. It is in a bounded domain. Architecture is an extension; a modification establishing absolute meanings relative to a place.

30 Architectural thought is the working through of phenomena initiated by idea. By "making" we realize idea is only a seed for extension in phenomena.

31 The essence of experience, the basic sensory phenomena of an architectural work, is bound up in its conceptual intentions, even if the immediate bond between concept and phenomena seems loose.

32 [architecture today, it] lacks the dimension of depth

33 ホールの言う〈深み＝奥行き〉とは〈現象的〉身体における事柄のことであり、〈絡みあい〉や〈交叉〉という語によっても示されることに重なりあう事柄のことである。

附記

本稿は以下の拙稿の再録である。

「スティーヴン・ホールにおける建築的現象」（ARCHITECTURAL PHENOMENA IN STEVEN HOLL）（『日本建築学会計画系論文集』第六一七号、二〇〇七年七月）。

アルド・ファン・アイクの建築思想にみる都市的なるもの
——後期思索における「開け」の意味——

朽木　順綱

はじめに

二〇世紀前半から後半にかけてもたらされた建築思潮における転換のひとつに、空間から場所への関心の移行を挙げることができる。近代建築のみならず、近代芸術に広く受容された抽象という方法概念がやがて表現手法として表層化し、本来その依拠するところであったはずの世界経験のリアリティとの接触が失われはじめるとき、近代建築がかつて新たな媒体として見出した空間なる概念もまた、われわれの生活世界から乖離してゆくことになり、その問い直しが図られたのである。[1] 端的に空間から場所への移行は、建築の根拠への探求におけるひとつの到達点であったということができるだろう。

アルド・ファン・アイク（Aldo van Eyck, 1918-1999）はこのような転換の兆しを目撃しつつ成熟期を迎えた建築家のひとりであり、設計活動だけでなく、同時代への批評や提言を精力的に行った。すなわち、ＣＩＡＭ（近代建築国際会議、全一一回、一九二八—一九五九）の終焉が決定的となった第一一回オッテルロー会議において、かれは独自な建築思想のもと、当時はまだ先駆的であった「場所」への問いをいち早く表明する。かれによれば、「場所」とは「空間が理解されるための、手に触れうる焦点（tangible points of focus）となる」とされ、これまでのＣＩＡＭをはじめ、近代建築においてほとんど観念的に論じられるのみであった「空間」に先立つ事柄として、まさに身体を伴い具体的に経験されるといわれる。[2] さらに「場所」が備えもつ資質として「内部（interior）」が見出され、これが人間の「心の内部」へと架橋されることで、「家郷において安らいでいる（at home at home）」[3]という、住まいの本来的な情態が実現されるといわれる。以降、一九六〇年代を中心に、かれはこうした「場所」概念を基点として、「場所と場合（place and ocasion）」[4]、「場所の束（bunch of places）」[5]、「仲介的場所（inbetween place）」[6]などの鍵概念を数多くの論考をとおして相次いで発表し、国際的な注目を集めることとなる。そしてファン・アイクの歩みに並行するようにして、同時代の建築家や建築批評家たちの多くもまた、この「場所」概念への関心を共有し、抽象的、理念的に偏向したかつての建築思想への反省的視座を相次いで表明することとなったこともよく知られる。[7]

その後、七〇年代以降のファン・アイクの活動は実践的側面への傾斜を強めることとなり、七一年から八三年にかけては、テオ・ボッシュ（Theo Bosch, 1940-1994）との協働による設計活動が試みられた。この間に探求されたのは、数々の具体的なプロジェクトを通して、六〇年代に表明されたかれの思想がオランダ国内の歴史的都市においていかに適用されうるかであったということができるだろう。[8] 換言すれば、七〇年代においてかれの建築思想じたいが新たな展開をみることは概ねなかったとみなすことができる。[9] ただし、このボッシュとの協働の最後期に発表された「アムステルダムの単親家庭のための居住施設」（通称「母の家」、一九八一年竣工）については、続く八〇年代以降のファン・アイクの建築思想が新たな展開を迎えたことを示唆する点で、特筆すべき作品といえる。近年刊行されたかれの著作集においても指摘されるように、この作品はファン・アイク後期の代表作であるが、[10] たとえば六〇年代の代表作「アムステルダムの孤児院」（一九六三年竣工）のような打放しのプレキャストコンクリート構造による水平的な配置構成とは異なり、狭小で変形した都市特有の敷地において繊細な鉄骨のフレームを積層し、内外装に多様な彩色を施すなど、これまでにないまったく新たな設計手法を採用することによって、歴史的街並みとの調和を実現し、高い評価を獲得することになる。作品への関心は当時の国内外においてきわめて高かったものの、救護施設という性質上、公開が容易ではないため、本作品のみを収録した作品集[11]（以下本文中では『作品集』と表記）が出版されるに至ったという。[12]

さて、『作品集』の序言には、右のような出版の経緯が記されるほか、「母の家」が実現される契機となったという「ファン・アイクの哲学」が、この『作品集』のうちに「自身の論述の引用」を通して明らかにされることが予告されており、さらにはこの『作品集』

がファン・アイクの思想を理解するための「参考文献」のひとつとなるよう意図されたものであることも示されている。[13] この『作品集』以前のかれの建築思想や作品に関する刊行物が、六〇年代までの掲載頁を合本した雑誌記事の再録集のみであることに鑑みれば、[14] この『作品集』がそれまでの活動から一線を画し、協働期を経て新たな思想的展開を迎えたことを刻印する里程標とするべく、建築家自らによって目論まれたものであると位置づけることができるだろう。すなわち『作品集』には、六〇年代にひとつの充実を得たファン・アイクの思索が、その後どのような道程を辿ることによって「母の家」の実現へと至ることとなったのか、その消息が建築家自らの言葉によって詳らかにされていると考えられる。

はたして、『作品集』をその刊行の契機たる「母の家」という建築作品そのものの特性も参照しながら概観すると、先述した六〇年代の思想からの変容を端的に読み取ることができる。それらを先取りして粗描すれば、かつて自らが提示し、その後の建築思潮の方向性を決定づけることとなった「場所」概念への問い直しを契機に、「開け（openness）」という概念が新たに提示されていることであり、また、かれの母国オランダの都市風景を描いた絵画作品などへの関心を通して、建築空間の構想という制作行為に先行して既に存在している外部あるいは他者としての都市が、どのように了解されうるのかが問われていることであると要約できる。かれの問いを極言するならば、建築家の制作を通して、われわれは知られざる他者との共同の世界たる、都市へといかに開かれうるか、という問題にも通じるとも見なすことができるかもしれない。ともあれ、建築家がおよそ二〇年を経てかつての充実期の思索をみずから検証し、新たな手法による建築作品とともに自らの思想の変転を打ち明けていることの意味は大きい。本稿ではまずこの点に注目し、ファン・アイクの後期思索を読み解くことを通して、かれの建築思想が至り得たひとつの水準を見定めるとともに、建築制作におけるその意味の解明を試みてみたい。

一　「開け」への転回——空間概念についての問い直し

前章で注目された『作品集』においては、ファン・アイク自身もまた、六〇年代以降の建築思潮の動向を振り返りながら、次のように述べている。ここでは、建築の今日的状況と、かつての自らの鍵概念とが照らし合わされている。

小さな単語でありながら大きな意味をもつ語、すなわち空間の意味は、まさに空洞化しつつある。……（中略）……いまや空間というのはまったく別の言葉、効果を伴わない魔法の言葉となっている。それゆえ何年かの間、わたしはこの言葉を使わないようにしていたのだ（ずっと秘密裏に続けてきたことではあるが）。「空間について話すことはやめ、場所をつくりだすのだ（provide that place）」とわたしは主張した。「さしあたり、そのことから始めよう」と付け加え、語気を弱めてはいたが。（『作品集』八一頁）

本稿冒頭で概説したとおり、六〇年代にかれが表明したのは、「空間」という語がややもすると陥りうる抽象的、観念的意味からの忌避であった。右の言でファン・アイクが回顧し引用している自らの言とは、はじめてかれの「場所」という概念が主題として特集されることになったオランダの建築誌『フォーラム』における、掲載論考からの断片である（一九六〇—六一年第三号、一〇七—一一七頁）。この論考では「空間と時間とが何を意味しようとも、場所と場合とはそれ以上の意味を有する」ともいわれ、「ひとのイメージにおける」空間と時間とをそれぞれ「場所」「場合」と定義しなおし、それらを「人間の帰郷（homecoming）を助け、人間を『包含する（include）』こと」のできる、新たな概念と位置づける試みがされている。そのうえでわれわれは「自らとともに安らいで（at home with himself）いる」ことができるのであり、こうした様態こそがはじめて「空間が『空間』となる」ことなのだと表現される。すなわち、ファン・アイクは自らが定義を留保していた「空間」をここであえて意図的に重畳化することにより、その概念じたいの再構築を企てているのである。[15]そもそも、右の引用部において「空間」という語そのものには「大きな意味」が認められているように、広く知られたS．ギーディオンの著作に言及するまでもなく、二〇世紀初頭の近代建築がこの概念とともに切り拓いた新たな可能性については一定の評価がなされているといえる。しかしその一方で、「空洞化しつつある」としていったん否定的な判断がなされることで、さまざまな予見や臆見を排し、再びかつての概念本来の意味を取り戻しさらには豊穣化することが企てられている。すなわち「空間が『空間』となる」ために、「場所」という概念への遡行として切り拓かれた、六〇年代のかれの思索の迂路がここであらためて辿り直されているのである。さらに注目されるのは、かつての思索を右のように回顧したうえで、かれが以下の言を続けることである。

すると驚くことに、こんどは場所という言葉が新しい呪文のようにあれやこれやと無数にあらわれ、かつての空間と同じように虚ろなものとなった。以来、その新しい言葉（かつての「空間」もそうであるように、どちらにも悪い意味はないのだが）は、あらゆる建築家の口から涎のごとく垂れ流されることとなった。……（中略）……しかしそのことは、いかにして「場所」もまた効果を伴わない魔法の言葉になってしまったのかを示すこととなった。そしていかにその言葉が、建築家によって何の見返りも得ることなく、浪費されてしまったのかを（「言語」とは本当のところ、建築家たちに浸透してはいないのだ）。（『作品集』八一〜八三頁）

ファン・アイクによれば「場所」もまた「空間」と同様に、もはや「効果を伴わない魔法の言葉」として、本来の意味が失われたのだという。時を経て「言語」なき「言葉」として空疎化し、いまや本来の意味が見失われつつあるという点では同じ事態にあるといえる「空間」と「場所」の両概念に、かれの批判はいまや等しく向けられることとなる。

ところで、右の引用部末にみられるような、かれの「言語」への反省はこれまでにも幾度か表明されており、それらはつねに自らの新しい思索の幕開けを宣言するかのように、建築家としての活動の転換期に符合する点が注目される。たとえば一九四七年、二九歳にしてはじめてＣＩＡＭの国際的舞台に立ったかれは、第二次世界大戦による中断を経たＣＩＡＭの再開に際し、あらためて確認されるべきその目的が「変革された言語を発展させ、これと同じように変革されつつあるものを表現できるようにすること」であると位置づけた。ここに認めることができるのは、近代の本質を「言語の変革」として見なし、そのことを表層ではなく、「態度の変容」として徹底すべきであると説く若き建築家の洞察の深度である。[16] あるいは、ＣＩＡＭ崩壊後、チーム一〇時代の嚆矢となり、自らの「場所」概念の表明の場ともなった先述のオッテルロー会議においても、かれは「建築家たちが発展させた言語は、先駆者たちの時代が過ぎた今では、それ自体にしか一致せず、それゆえまったく硬直してアカデミックになり、文字通り抽象的になってしまっている」と述べている。[17] つまりかれは、度重なる「言語」への言及をとおして、二〇世紀初頭における「空間」の発見とともに築き上げられた近代建築の理念としても、同世紀後半において自らが至り得た「場所」の身体性や具体性としても、つねにその土壌としての「言語」、すなわち思惟態度への反省が伴わねばならないことを見失うべきではないと、その度ごとに警告し続けていたのである。このように建築家としての誕生期、充実期のそれぞれの画期を予示するかのような「言語」への言及、すなわち反省的態度の表明が、建築家としての後期と呼びうる時期に差し掛かったこのときに、また改めてなされていることは注目されるべきであろう。いまやかれは「場所」の形骸化をも超え、さらに深い「言語の根」[18]から、新たな概念の提示を試みるのである。

いま二〇年を経ていうならば、開け（openness）がもたらされるべきである。……（中略）……もはや「さしあたり、このことから始めよう」などと付け加えようとは思わない。（『作品集』八三頁）

かれは、六〇年代に自らが「場所」を提示した、かの論考を省みつつ、新しく「開け」なる概念を唱えようとしている。ただし、「このことから始めよう」と同調者へと呼びかけることが「もはや」避けられているのは、かつてのように語気を弱めることによって結局は「言葉の浪費」へと陥ってしまうことを危惧してのことであろうか。あるいは「空間」や「場所」とは異なり、「開け」の有する資質が、それほど安易には理解しえないことを暗示してのことであろうか。かれは「開け」を次のようにも説明する。

いま危ぶまれているもの、真に必要とされ、また解決されねばならないものとは……（中略）……ある種の開けである。その開けにおいては、いわば囲繞（enclosure）が本来的に内在している（innate）、すなわちア・プリオリに含まれている。何故に一方が他方を排除しえようか。つまり開けとは必ずしも空間を排除したり、滅したりするものではない。たとえそのように考える道理をもつ人がいたとしても。空間はむしろ開けの内において囲繞され、留まりうる。（『作品集』八三頁）

六〇年代の思索において「開け」に相関する概念には、「閉鎖と開放（closed and open）」として、かれの鍵概念「対現象」を構成する一概念である「開放」を挙げることができる。[19] しかしこの引用部にみられる、八〇年代の思索における「開け」には、たんなる「閉鎖」の対義語としての「開放」とはまったく異なる次元における意味が与えられていると考えることができる。なぜなら「閉鎖」とやはり同語源でありながら別の意味を付与された「囲繞」なる概念が「ア・プリオリ」なものとして措定され、もはや「開け」の対義語としてではなくむしろ「本来的に内在する」資質として説かれているからである。いわば六〇年代の「対現象」における「閉鎖と開放」の対義とは層を異にして、「開け」がそれじたいとしてすでに、ある超越的ともいえる事態であることが示されているのである。それゆえもはや「道理」として解することを超えているとまでいわれる。そしてこのとき、かつて鍵語であった「空間」とは、「囲繞」によって「開け」の内に留まるという。ここでの「空間」とは無論、ファン・アイクがかつて抽象的と批判した意味ではなく、新たな再定義によって人間的意味が回復された『空間』であると見なしてよいが、こうした再定義の契機となっているのが、「開け」に内在するという「囲繞」なる資質であると解される。このような、「空間」に対する「開け」の先行性は次のようにも論じられる。

開けはあらゆる空間分節の行為に先立つ。ア・プリオリに存在し、その行為によって「内部化」される。このようにして開けは、建築という手だてによって適切に再構成され、手に触れうるもの（tangible）となる。（『作品集』八三頁）

「開け」が、「建築という手だて」以前の事柄として明示されていることが注目される。また、ここでは「内部化」として動詞化されているが、閉じることではなくむしろ「開け」の存在を前提として、逆説的に「内部」がもたらされるといわれるのは、先の引用でみたような、「開け」には「囲繞」が内在することによって「空間」が留められるという理路に符合する。建築によってこのように具現化される「内部」が、「手に触れうるもの」としてわれわれの身体的経験へと接続されるのは、本稿冒頭で示されたような「空間が理解されるための、手に触れうる焦点」としての「場所」の資質が、ここにおいてもなお保たれているからに他ならない。つまり「開け」は、「場所」にも先行し、「場所」の実現の根拠ともなる概念であると解される。かつての思索において「場所」とは、「空間」に先行するものであるとされていた。よってこれらの解釈に従えば、ファン・アイク自らが「いま二〇年を経て」と述懐するように、「空間」以前の「場所」から、「場所」以前の「開け」へと、六〇年代から八〇年代に至り、かれはさらなる遡行的問いの次元に辿り着いたということができるだろう。それではこの問いの先に、建築として「再構成」されることとしてのみ具現化される「開け」の構造、つまりそれじたいとしては具現化されることのない、いわば原構造ともいうべき構造は、どのように見定められているのであろうか。

二 「開け」の構造——外部性としての「超越的なもの」の肯定

前章末に提示された問いを考察するにあたり、六〇年代におけるファン・アイクの言をあらためていくつか振り返っておきたい。

外部(exterior)は、人手による(man-made)環境に先立つ。それは人手による反作用によって内部化されることでなんとか相応しいものにされる。[20]

(訳注:測りえない)神秘(mystery)とはこのようにして(訳注:測りうるものとなって)、すくなくとも部分的には近接可能なものとなるにいたる。超越的なもの(the transcendental)は、手に届く範囲に(within reach)持ち来たらされる。[21]

これらの言では、先行して存在する「超越的なもの」から、「人手」や「手に届く範囲」という身体的な近接を経て、生活世界が建立される事態が論じられており、前章で引用された「開け」についての言説に重なる内容をほぼ同様に確認することができる。「開け」なる概念そのものには言及されていないものの、その先行性がこれらの六〇年代の言においてもすでに「超越的なもの」として了解されていることから、前章での解釈の妥当性を裏付ける言であるとみることもできるだろう。ただし注意しなければならないのは、先に「開け」とされていた部分が、ここで引用した二つの言のうち後者においては「外部」や「神秘」ともいわれており、たとえば「外部」とは「無限の外部」であり、「理解不能で、触れることができず、予知できない」もの、さらには「人間の平静を乱すもの」[22]とも記述されている点である。つまり「外部」がわれわれにとって必ずしも好ましいものとされず、否定的な意味づけがなされていたのに対して、前章での「開け」は、新たに見出された概念として、むしろ肯定的な意味が付与されているという差異である。

六〇年代の「外部」から八〇年代の「開け」への、こうした転回は何を意味するのか。この問いに示唆を与えるのが、やはり『作品集』において数多く発語される「囲繞」なる概念であると考えられる。前章の引用部にみた他にも、「囲繞を可能にする開け」あるいは「開けという意味は、囲繞という意味を否定することなく包摂する」などといわれ、「囲繞」は「開け」につねに相伴う資質として述べられる。一方、六〇年代において確認される「囲繞」への言及は、上記の「外部」についての文脈に関する限り、物的な意味を伴う「建造された囲繞」として述べられるに過ぎない。すなわち、この「建造された囲繞」とは、「内部化」によって「手に届く範囲へと持ち来たらされる」ためのひとつの仕方であり、建築の具現化のあり方として示されている。こうした物的な「囲繞」はむしろ「包囲」と言い換えてもよいであろう。先にみた、六〇年代の言における「外部」への否定的な態度に重ね合わせて解釈すれば、ここでの「包囲」とは「内部」と「外部」とを決定的に差異づける物理的契機であり、「内部」の優位性や親近性を保障する事物であると考えられる。これに対し八〇年代においては、「囲繞」とは物的な「手の届く範囲」のみならず、それ以前の「開け」においてすでにあるといわれている。つまり、かつて「外部」として否定的に捉えられていた、物的な近接性以前の超越的な圏域において、じつは「囲繞」はすでに先行的に含意されているのだとかれは述べるのである。よって転回の意味はこう解釈される。両年代の思索の双方において「囲繞」はともに「内部」を生成する契機ではありながらも、二〇年を経て、それは「包囲」として理解されるわれわれの「手に届く範囲」を超えてもありうるものとして再定義されている。そして、「囲繞」がわれわれの見知らぬ「外部」においてすでに、予め含意されていると捉え直されることで、「外部」もまた「理解不能」として斥けられることなく、「開け」として再解釈され、肯定的に受容されるに至ったのだ、と。『作品集』における次の言は、この解釈を裏付けるものとして注目される。

人々がさも熱心に素材や建設の助けを借りて、未踏の(virgin)、開けた(open)、外部の空間から減じようとしているものは、たいていその過程において閉じてしまい(close)、「内部化」されることはない。……(中略)……外部の空間において建造することは、境界付け、包囲(enclosure)、分離、縮小へと帰結する。ゆえにわたしは、意識的に努力しない限りこのような境界付けの行為のなかで失われかねないある資質を、特別に強調するのである。すなわち、開けを。……(中略)……まさにこの資質は、とりわけ建築家が保持するよう求められている。建造を手だてとして再構成し、(特別な配慮と能力がなければ)ややもすると閉じかねな

いものを、開き保つ（keeping open）よう求められているのである。（『作品集』八三頁）

「未踏の」外部までもが「開け」に同一視され、こうした資質が否定されるどころかむしろ「減じられる」べきでないと論じられる。また、ここでもやはり「開け」は「閉じる」こととは次元を異にしており、さらには「閉じる」ことが「内部化」と相反する事柄として否定的に述べられている。この言にみられるように、かれは「開け」を通して、かつて否定的に言及していた「外部」を、そのまま受容しようとするのである。一方「包囲」などの具体的な建造による「内部化」もまた、六〇年代のようにそれじたいとしてただちに肯定するのではなく、「開け」を保持する限りにおいて容認するようになる。もはや「内部」と「外部」とはかつての単純な対立構造を脱し、いわば測りうる「内部」においてなお、測りえぬ「外部」の「開け」が保持されているという、相互の包摂関係として理解しなおされるのである。このようにかれの思索の二〇年間は、かつて見られることのなかったさらなる迂路を辿ることとなる。それは端的に、「内部」への遡行の先に見出された外部性としての「開け」への反転であり、「内部」への遡行が「場所」を経験する主体にとっての実存的な空間論とするならば、「開け」への反転とは、そのような主体そのものを成立させるような、主体以前の空間論であるということができるだろう。

三 「開け」における「光」と「色」

前章末に引用された言に続く段落で、かれは唐突ともいえる次のような一文を挿入する。

それゆえ開き、開き保つのだ。そうすることができなければ早晩、まったく空間でなくなってしまうようなものを。そのような不気味な見通しに直面しても、空間が光（light）を持ち来たらし（bring）、そして光が囲繞を打ち明ける（reveal）ことを忘れてはならない。（『作品集』八三頁）

いくらか啓示的な記述であるが、これまでに明らかにされてきたような「開け」に包蔵される「空間」にあっては、「光」が訪れるといわれる。あるいは、この「光」によって、前章で注目された「囲繞」が現出するともいわれる。「光」とは何を意味するのか。この言の後で「スペクトルは普段われわれの周りに、同時にいくつかの色成分によって、部分的、断片的にのみ顕現する」と述べられることから、上の言での「光」とは、さしあたり物理的な明るさや光学的特性を伴う一般的な概念と見なすことができ、その特性として「色（colour）」が見出されていることを読み取ることができる。じつはファン・アイクの「色」への関心は、すでに五〇年代に「空間的色彩主義（spatial colourism）」と題した宣言文が発表されるなど、その端緒が初期思索に開かれながらも、その後、積極的に探求されることのなかった主題のひとつであった。それから三〇年近くを経た『作品集』には、右に引用した「光」と「開け」についての言の他にも、一九五七年のものとされるかつての自らの言説が断片的に再録されていることが注目される。その経緯は、かつて遂行された「光」と「色」の思索が、後期に至って「開け」の思索とのあいだにひとつの共鳴をみたことを物語っていよう。再録される断片は、次のようなものである。

われわれが色を「見る（see）」というのはただの事実としての事柄（a matter of fact）にすぎない。同じことは空間にもいえる。それゆえ「光がなければ色はない」という言説は、それ自体のほかには何の関わりももたない。一方その逆、つまり「色がなければ光はない」という言説は、まったく別な理（order）を有する。なぜなら光がなくてもいつでも色を「見る」ことができる者を、色の意味へと導くからである。

われわれが知っているのは、色が、ここ、そこ、かしこに、かつて、いま、まもなく現前する（present）ことだ。われわれは色を思い出し（remember）、色に憧れ（long for）、色を夢見る（dream）のだ。（『作品集』九一頁）

われわれが「色」を「見る」ということの内に、「思い出し、求め、夢見る」という時間的契機を含んだわれわれの多様な経験が見出され、たんなる「事実としての事柄」からの移行が企てられている。いわば「色」を「見る」ことと「知る」ことの差異、つまり事実（fact）と現実（reality）との差異が示されているといえる。異文においても、たんに物的な「可視性」としての常識的な視覚構造と、そこからの脱却として、「眼のうしろの空間にはつねに色がある」[23]として描写される心的経験との差異という、同様の事柄が述べられている。

「色」に関わるファン・アイクのこのような思索は、やがて六〇年代以降には、主導語「イマジネーション」が自在に織りなす心的経験の空間・時間的変容と、そのような経験の多義化、多重化として開かれる世界の「リアリティ」として、序章でみた「場所」や「内部」をも含んだより広汎な問いへと包摂されてゆくこととなる。それゆえ、右の引用部分でも「同じことは空間についてもいえる」といわれ、「色」の事象が「空間」の事象にも重ね合わせられることとなるのである。そのあとで「光がなければ色はない」のではなく、「色がなければ光はない」と言い換えられるのは、われわれにとって「光」は、決してそのもの自体としては捉えることができず、見知らぬものに属する一方で、「色」こそが「部分的、断片的にのみ顕現」しつつもそれゆえに生きた経験として認識されるからであるが、こうした「光」の秘匿性と「色」の現前性との根本的な差異は、前章においてみた「開け」そのものの超越性と、その「再構成」としてのみ具現化される建築的な「囲繞」との差異にも重なり合う。[24] 後期思索をまとめた『作品集』においてあえてこうした初期論考を収録することで、そこにすでに「開け」への転回の兆しがみられることをファン・アイクは示唆していると考えられる。しかし引用部においては、「開け」と「囲繞」、「光」と「色」についての記述が平仄を合わせながらも、もっぱら主題とされているのはあくまでもわれわれの「色」への近接性であり、六〇年代の「場所」や「内部」と同様の、「色の意味」としての親密さを伴った経験への傾斜が指摘できることはいうまでもない。それゆえ「光がなくてもいつでも色を「見る」ことができる」とまでいわれるのである。ファン・アイクの真の意図は、初期論考と八〇年代の後期思索とが構造的には符合しつつも、むしろ符合するがゆえに浮上する、思索の方法における決定的な差異を提示することにあると考えられる。それは「開け」への転回によって、「光」と「色」とが、たんなる光学的な現象としてだけではなく、超越性や現前性という、いわば空間・時間に関わる存在論にも共鳴する概念となって重奏化されてゆく過程でもある。以下の言は『作品集』で述べられた、後期論考の一部である。

空間は光を前提(presuppose)とし(幸いなことに闇にもなお光はある)、光は可視性(visibility)を前提とし、そして可視性は……色の現前(presence)を前提とする。このことがはじめてひとつながりのもの(sequence)となったのは、スーラ以降のことである。(『作

品集』四三頁）

「闇にもなお光はある」の一言によって、ここでの「光」がもはやたんなる明度や輝度として測りうる、光学的な物理量ではないことが示されている。そして、「ひとつながり」とされる、「空間」―「光」―「可視性」―「色の現前」からなる論理的連関において、「色の現前」がひとつの極として提示されながら、「空間」や「光」もまたその対極に位置づけられている。「空間」のさらなる極として「開け」が言及されないのは、「開け」がもはやわれわれの論理をもはみ出しているからであろうか。そして「可視性」が、これらの両極を切り結んでいる。かつて六〇年代に「可視性を超える」[25]こととして、われわれの身体的経験を基点としつつ心的作用圏への接続が試みられた視覚についての問いが「可視性」―「色の現前」の連関として示されるとすれば、右の言ではもう一方の連関への問い、すなわち「可視性」から「開け」の彼岸へと超越する問いをも示しているといえる。すなわち後期思索における「開け」への転回は、このような反転した両者の問いの交叉を方法とすることで可能になったと考えられるのである。引用部末において一九世紀末の点描画家（Georges Seurat, 1859-1891）への敬意が表明されるのは、「色の現前」として画布に結像された単色の点のひとつひとつが、「意味」を伴う物的形態あるいは輪郭を直接に象ることから超越しているとともに、自らを見せることなく「色」を送り届ける「光」の戯れが、多彩な点描の余白として「開き保たれた」空間に、痕跡となって留められていると解釈されるからではないだろうか。画家もまた建築家とは異なる方法によって、本章冒頭に引用された言で「開き、開き保つ」こととして見届けられる「空間」の生成と「光」の到来とを、画布のうえの「色の現前」に描きとどめ、われわれに教えているのである。それではファン・アイク自身は、自らの制作においてどのように「開け保つ」のであろうか。そしてそのような「開け」にはどのような「空間」が生じ、「光」が訪れるのであろうか。いまいちど後期思索において「開け」が主題化される契機となった作品「母の家」も参照しながら、このことが問われなければならないだろう。

四　作品における「開け」――「透明性」の実現

ファン・アイクの思索における「開け」への転回が表明されたのは、「母の家」の作品集においてであることは本稿冒頭で述べたとおりである。すなわち、かれの作品史における「母の家」の特異性と、かれの思索の転回とは無関係の事柄ではない。むしろ次の言に示されるように、「開け」への導きのひとつは、「母の家」における施主からの求めにあったという。以下は『作品集』からの引用である。

わたしがつねに耳にし続けたのは、「われわれが求めているのは開いた家なのです」ということだ。もちろん、このことは様々な事柄を意味するだろう。大いなる意味をもつこともあれば、ほとんど何も意味しないこともある。……（中略）……開いている、然り。決してそれは気まぐれなものでも、漠然としたものでもない。つまり、開いていると同時に守られているということだ。（『作品集』三九頁）

同様のことは、同じく『作品集』に収録された施主の手記、「施設が「開いた」建物となって、中央集権的、階級的な構造を伴わないようにすると同時に、「閉じた」建物となって、入居者に避難所をもたらし、かれらが自分自身の場所であると見なすことのできる場所を提供できるようにすること」[26]が要求されたという記述によっても裏付けられる。おそらく施主の言における「開いている」ことは、もとは施設の性質に関わる素朴かつ実際的な要望として発語されたものであり、それゆえファン・アイクもいったんは「大いなる意味をもつこともあれば、ほとんど何も意味しないこともある」として、態度を留保している。しかしかれ自らがすすんでこのことを「然り」と引き受けるとき、「開け」はラディカルな自覚を伴って、個別の作品を超え、かれ自身の制作思想における新たな転機として捉え直されることとなるのである。

端的に「「開け」とは、内側へと開き、内部を内から外部へ向かうにつれて露わにしてゆく（disclose）ことでもある」ともいわれる。[27]本稿第二章での考察にしたがいつつこの言を読み解けば、かつて六〇年代にかれが追求してきた「内部」の親密さが、さらに「外部」においても見出される契機として、あるいはこれまで否定的に捉えられてきた「外部」の超越性を「内部」においても許容し、さらなる「内部」の深化を可能にする契機として、かれは施主の要求を読み替えたといえる。このことは、かれのいう「施主が開いた家を求めたという事実は、まさに時宜を得て訪れた」[28]という回想によっても確かめることができる。こうした回想を挿し挟みながら、自らが引き受けた「開け」の建築的な具現化について、かれは次のように見定める。

ここ数年、わたしは囲繞という別の考えと照らし合わせながら、透明性（transparency）という考えを再評価することに取り組んできた。……（中略）……この個別の事例としても、一般的にみても、努力を虚しくすることなく、透明性を有しながらも正しい類の開け（それは正しい類の囲繞を前提とする。逆もまた然り）へと至るためには、それ（訳注：「母の家」計画）は好都合である。[29]

ここでも施主からの求めが、もはや個別の事例を超える意味をもちはじめたことが打ち明けられる。前章までの考察で明らかにしたように、物的、身体的な近接性をともなうものとしてかつて言及されていた「建造された囲繞」（「包囲」）が、むしろそうした建築的な具現化に先行する「開け」の次元においても「囲繞」なる資質それじたいとして見届けられることによって、「囲繞」とは「開け」において予め内在する資質となり、「内部」を生成する契機としてみなされるようになる。そのような思索を経て、先に引用した「内側へと開き、内部を内から外部へ向かうにつれて露わにしてゆく」こと、いわば「外部」の「内部」への畳み込みと、「内部」の「外部」への露呈、すなわち「外部」と「内部」とがなす交差配列ともいえる事態が、[30]この引用部では「開け」と「囲繞」との「正しい類」の関わり合いとして述べられることとなるのである。反対に、「誤った類」の「開け」や「囲繞」はともに「空虚（void）」に陥ることでもあるといわれる。[31]

さらに引用部で注目されるのは、このことが「透明性」という資質のもとに実現されるといわれることである。引用部分は『作品集』掲載の論考からのものであるが、この論考そのものが「透明性」と題されること、また同論考においてはじめて「開け」への言

図一　ピーテル・デ・ホーホの絵画
（出典：Eyck, A. van, *Writings, Volume 2, Collected Articles and Other Wrintings*, SUN publishers, 2008, p. 497）

及がなされることから、「母の家」以後のかれの思索における転回の背景には、かつての「包囲」なる概念を、あらたに「ここ数年」取り組んできたという「透明性」なる概念へと接続することによってはじめて、「開け」にも内在しうる「囲繞」として、「再評価」することができたという経緯があったことがわかる。「透明性の助けを得れば、矛盾する二者はもはやひとつにされる必要などない」[32]とされるのは、「開け」へと通じた「透明性」によってはじめて、「外部」と「内部」とが「囲繞」のもとで相殺されることなく調停され、相互に包摂しあうからであると解される。一方、両者を相殺することは先に述べた「空虚」につながり、「空間は消滅し、虚ろさ(emptiness)だけが残される」[33]といわれる。つまり「透明性」とは、「外部」と「内部」とが織りなす襞を平板化することなく、その多重性そのものへの見通しを可能にすることであると解される。

ところでファン・アイクは、「透明性」に言及しながらも、それが「流行上の理由からではない」[34]ことを断っている。たんに「丸見えである」のではなく、「人間的な意味」[35]における「透明性」とは、具体的な建築作品においていかにして実現されるのか。興味深いのは、かれが『作品集』のなかで自国オランダの画家、ピーテル・デ・ホーホの都市風景画（*Women beside linen cabinet*, 1663, 図一）を例示し、ここに「透明性」の先駆的な具現化を見出していることである。絵画は次のように評される。

> 透明性による、空間の多様な奥行と知覚可能な距離。……（中略）……
> ピーテル・デ・ホーホは、開けと透明性とによる囲繞がもたらす事柄を、われわれに美しく示してくれる。それはかれが開かれた扉を、窓を、戸口を、廊下を、小径を、ひとつながりの視線に沿って描くときである。……（中略）……このことが示すのは正しい意味での囲繞をもたらすような開けなのであって、物質性の否定やガラスの多用に依存する事柄ではない。（『作品集』八三頁）

ファン・アイクがデ・ホーホの絵画において注目するのは、幾重にも重なり合いながら内部空間へと入り込む外部の都市風景であり、外部空間へと溢れ出した内部の親密性である。これらが「はじめからおわりまで見通せる」[36]ように描かれた透視図とは、まさにすでにみた「透明性」の解釈、すなわち「外部」の「内部」への畳み込みと、「内部」の「外部」への露呈とが、ひとつながりの事柄として具現化された事例に他ならない。かれが否定するように、このような「透明性」はたんに視線を遮るものがないことや、物理的な光線の透過性のみによってもたらされるものではない。それは「空虚」に過ぎないからである。無論、実際の可視性が否定されるわけではないが、デ・ホーホの絵画の画面外左側や右上側に想定されているであろう窓の明るみや、透視図の消失点付近に最も明るく描かれ、白い光へと溶け込んだはるか窓外の町並みなどを考えれば、かれのいう「透明性」とは、個別的な現在の視認性を超え、空間経験における記憶や予期を随伴した知覚としての、いわば実存的な生活空間の感覚を伴う資質であると解され、さらにいえば、このような実存的な生活空間を生成する「開け」が、絵画に描かれる室内空間に先立ってすでにあったのであり、それはいわば白紙状態としての画布のような、超越的な「光」であったのではないかと考えられるのである。絵画内の光は、あるものは絵画の枠外から訪れ、またあるものは透視図上の消失点、すなわち絵画における無限遠から訪れている。すなわちこの絵画そのものが、画題としての室内と重層しつつ見知らぬものへと「開き保たれて」いるのであり、「空間」が持ち来たらせる「光」の痕跡なのであり、光が打ち明ける「囲繞」の記録なのである。「透明性」を得た「囲繞」のもとで「内部」と「外部」は折り畳まれ、「奥行」が生成されてゆく履歴が、そこには描き留められているといえる。

デ・ホーホの作品が「透明性」の絵画的具現化であるならば、「母の家」はファン・アイク自身による「透明性」の建築的具現化である。かれは『作品集』のなかで「開けの意味の再評価によって囲繞の意味へと接近するために、わたしは光の重要性について、そして光のグラデーション、さらには透明性について特別な強調をする」[37]と述べ、「透明性」が「開け」や「光」に相関する概念であることをあらためて示唆している。そして、「光のグラデーション」とは、これまでにみた「透明性」によって折り畳まれる「外部」と「内部」の襞に関わる概念であると考えられる。作品の制作にあたっては、これらの概念がどのような手法となって実現されるのであろうか。「母の家」においては、その着想の発端が次のように述べられている。

ついに足場が外されたとき、鉄のフレームはまだ灰色の下塗りのままであった。……（中略）……ここに至ってまさに明らかとなったのは、細い鉄骨に視覚的な現前性を与えることができるのはアクティヴ・カラーのみであり、求められた開けに必要な囲繞の感覚を生み出すために、これが不可欠だということであった。（『作品集』八七頁）

作品を際立たせる独自の色彩計画は、まさに建設工事のさなかにおける現場での着想を端緒として、右のような言とともに着手されたのである。ここでいわれる「アクティヴ・カラー」が、「光」と「色」の変容体としての「虹」として計画され、連続的な六つのスペクトル列を構成する各色が、諸室の配置に対応して割り当てられることになるのである。

図二　ファン・アイクによる「母の家」の立面写真（出典：Ligtelijn, V. ed., *Aldo van Eyck Works*, Birkhäuser, 1999, p.185）

『作品集』に掲載された、建築家自らが撮影した「母の家」の立面写真（図二）には、前面道路に停車する色鮮やかな黄色のトラムが捉えられており、その色は、作品を構成する「虹」のスペクトルと同色である。作品を構成する各色相の重なりあいは、都市空間にまで拡張されることで、もはや建築作品の内部における個々の主体の経験のみに閉じられてはいない。ときに街路に往来する無数の色彩によってスペクトルの列が破られ、ときにトラムの停車とともに訪れる調和によって再構成されるべく、開かれているといえる。その意味において、「透明性」のもとで見通される外部と内部との重層化とは、都市的な建築に固有の特質として位置づけることもできるだろう。あるいはこうした見通しを可能にするような視覚、すなわち「ひとりひとりの世界がその視覚によって共同の世界へと開かれる」[38]といわれるような、主体からは見えない「奥行」の向こう側にまで開かれうる視覚の構造そのものが、すでに都市的な含みをもつということを、この写真は示しているとも考えられよう。

結　ファン・アイクの問いの転回の意味――他者への／からの眼差しとして

『作品集』の刊行後、オランダにおいて著名なある建築賞をファン・アイクが受賞（一九八二年）したことを機に、さらなる著作の刊行が企てられる。これはファン・アイクに縁のある人々のインタビュー集であるとともに、ファン・アイク自身の主要な論考や素描を再録したものであり、一九八六年に出版された[39]。この著作の巻末において、かれは『作品集』で述べた「開け」についての自らの論考から、再びその断片を収録している。それは本稿第二章末から第三章冒頭にかけて引用された言説である[40]。こうした巻末での再録は、著作そのものが結部において「閉じて」しまうことに対する逆説的表現であるとともに、「開け」という概念が、やはりかれの後期の思索において枢要な意味を担っていたことを物語るものであるといえるだろう。著作のなかの一頁全体を用いて断片が中央に大きく配置され、さらにその左には、断片を枠付けるかのように縦書で「開け、さもなければ閉じてしまうものを」と標記されている（図三）。注目されるのは、断片の上下に小さく配置された詩の一節である。マーク・ストランド（Mark Strand, 1934-）なる詩人の名が記されたその一節を試みに逐語訳すれば、次のようなものである。

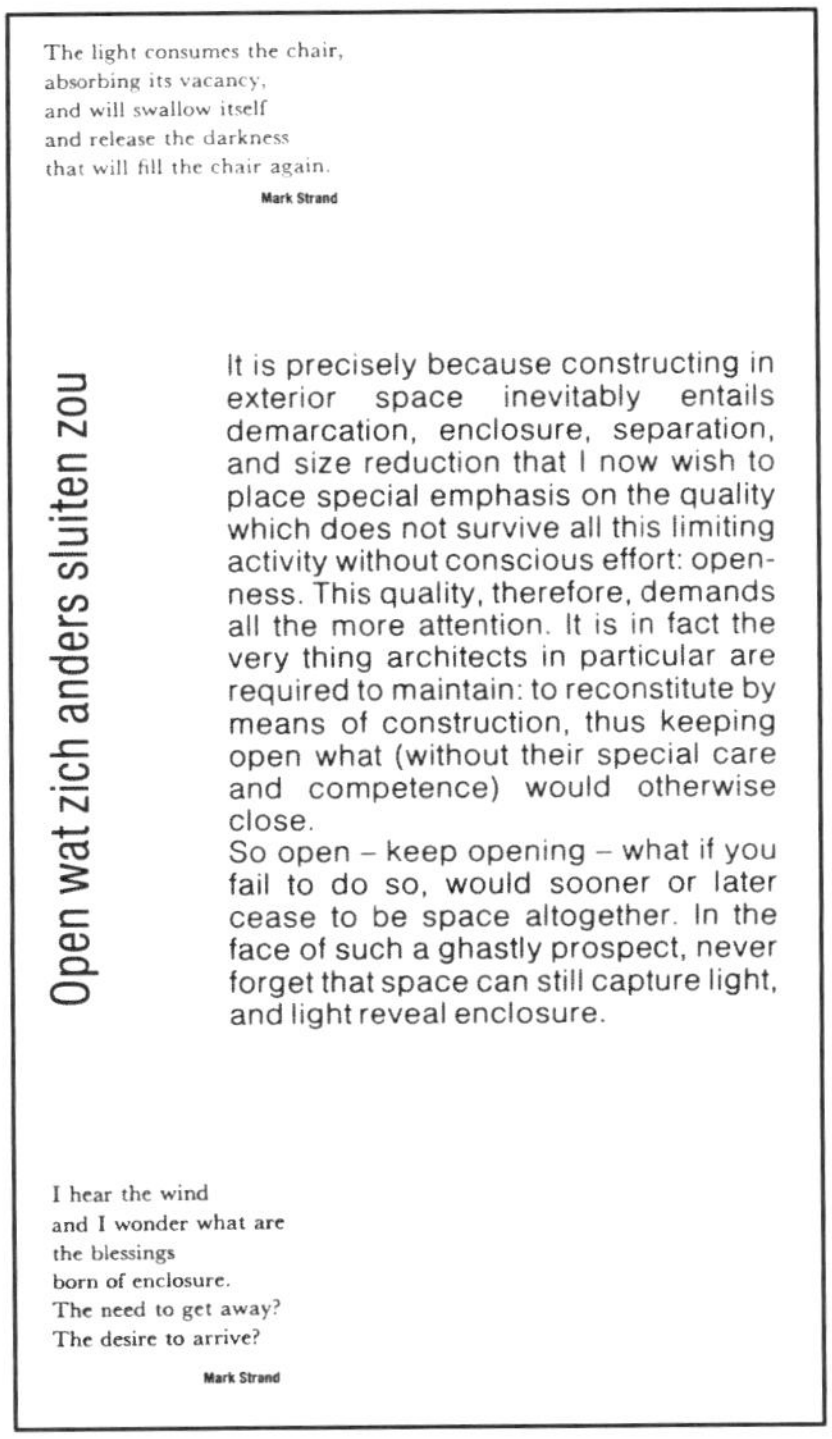

上
光は椅子を覆い尽くし
空いたその座を手に入れる
そしてやがて自らをも飲み込み
闇を解き放つであろう

The light consumes the chair,
absorbing its vacancy,
and will swallow itself
and release the darkness
that will fill the chair again.
Mark Strand

Open wat zich anders sluiten zou

It is precisely because constructing in exterior space inevitably entails demarcation, enclosure, separation, and size reduction that I now wish to place special emphasis on the quality which does not survive all this limiting activity without conscious effort: openness. This quality, therefore, demands all the more attention. It is in fact the very thing architects in particular are required to maintain: to reconstitute by means of construction, thus keeping open what (without their special care and competence) would otherwise close.
So open – keep opening – what if you fail to do so, would sooner or later cease to be space altogether. In the face of such a ghastly prospect, never forget that space can still capture light, and light reveal enclosure.

I hear the wind
and I wonder what are
the blessings
born of enclosure.
The need to get away?
The desire to arrive?
Mark Strand

図三　ファン・アイクの著作の一頁に配置された言説と詩の断片
（出典：Strauven, F. ed., *Niet om het even... wel evenwaardig: van en ovr Aldo van Eyck*, Stichting Rotterdam-Masskant, 1986, p. 160）

椅子を再び満たすであろう闇を

The light consumes the chair,
absorbing its vacancy,
and will swallow itself
and release the darkness
that will fill the chair again.

下

風の音が聴こえる
何であろうか
囲繞から生まれる
祝福とは
それは退去の必要であろうか
それは到来の願望であろうか

I hear the wind
and I wonder what are
the blessings
born of enclosure.
The need to get away ?
The desire to arrive ?

同書のなかで明示されることはないが、この典拠を詩人の詩集[41]に求めれば、「ルーム（The Room）」と題された作品であることが明らかとなる。この詩じたいは一一三行からなり、ファン・アイクによって引用されるのは上の一節が九四行から九八行、下の一節が三三行から三八行である。ファン・アイクとともに雑誌『フォーラム』の編集委員を務めた建築家ヘルマン・ヘルツベルハーによれば、この詩は一九九九年一月一六日に行われたファン・アイクの葬儀において、遺族である孫のひとりによって朗読されたものでもあるという[42]。このことからも、この詩そのもの、あるいはこの詩によって示唆される「開け」の思索が、没する直前に至るまでファン・アイクを主導するものであったことを窺い知ることができるだろう。

さて、本稿は詩の解読そのものを目的とするものではないが、冒頭をはじめ、途中においても「わたしは部屋の後ろにいて／あなたがいま入ってくる（I stand at the back of a room / and you have just entered.）」という一節が繰り返し挿入され、これらがこの作品を構造づけていることは明らかである。そして、「わたしはここにいる。あなたにはわたしが見えるだろうか。（I am here. Can you see me ?）」と問いかけられる一方、「あなたがいま入ってくるが、／あなたにはわたしの声は聞こえない（You have just entered / and cannot hear me.）」と判じられ、また「わたしは部屋の後ろにいて／あなたには私が見えていると信じている（I stand at the back of the room / and I believe you see me）」とも独白されているように、反復される一節をなしていた二行がそれぞれ別の節へと分離されており、部屋の後ろにいる「わたし」と、部屋に入ってくる「あなた」とは、同じ「部屋」にありながら、あたかも位相の違う時空に隔てられているかのようである。「あなた」は「黒いコート」を身につけ、「やがてあなたはコートを脱ぐだろう／やがて部屋の白さは／あなたの身体の肌となるだろう（Soon you will take off your coat. / Soon the room's whiteness / will be a skin for your body.）」といわれ、「あなた」の行為とともにこの「部屋」を身体化してゆく。そして両者は、詩の末尾近くで「わたしは行こう／あなたがここにいると告げるだろうから（I shall be gone. / You will say you are here.）」としてすれ違い、「部屋」は「あなた」に占められることとなり、「わたし」はそこから立ち去ることとなる。あるいは、「あなたがいま入ってくる／わたしは漂い、別の何処かに行こうとしているように感じる（You have just entered. / I feel myself drifting, / beginning to be / somewhere else.）」とも描かれ、「部屋」もまた、「とても大きく（so large）」「長い（long）」こと、そして「わたしのまわりで消えてゆこうとしている（the room is beginning / to vanish around me.）」こと、そして「やがてあなたのものとなるだろう（It will be yours soon.）」ということが記される。やはりこれらのことからも、「あなた」が「部屋」で落ち着き、居場所を見つけはじめるとともに、「わたし」の存在は広大な部屋のなかを「あなた」に気付かれることなく浮遊し、さまよい、やがて消滅してゆくように思われる。

このような「部屋」をめぐる「わたし」と「あなた」の交叉は、ファン・アイクにとっていかなる意味をもつのであろうか。先述の著作のなかで、特異なレイアウトとともにこの詩の一節によって縁取られたかれの論考の断片、すなわち本稿で解明を試みてきた概念である「開け」の構造に即しながら解釈すれば、「わたし」と「あなた」とは、「部屋」なる空間における、「開け」と「囲繞」、あるいは「光」と「色」の物語を繰り広げる、当の二者であると考えられる。なぜなら、やがて「部屋」を占有することになる「あなた」という主体に絶対的に先行して、「わたし」がすでにいるということ、そして、「あなた」が「ここにいると告げる」ことによって、「わたし」にとっての「部屋」が消滅してゆくという移ろいが、建築として「再構成」されることとしてのみ具現化されると解された「開け」の構造（第一章）や、自らを見せることなくわれわれに「色」を送り届けるという、「光」の秘匿性と「色」の現前性（第三章）に符合するからである。このことを第二章では、建築を経験する主体そのものを成立させるような、主体以前の空間論への転回であると解釈したが、引用される詩においてもやはり、このことは「あなた」と「わたし」とにおける「部屋」の主体の反転として重ねあわせることができるだろう。すでに「部屋」にいて、来訪者を迎え入れる「わたし」とは、翻れば、「部屋」において行為し、「部屋」を身体化してゆく「あなた」なる経験の主体にとっての他者である。「他者」のこうした非―主体性、あるいは前―主体性をあえて「わたし」として一人称化するという捩れた仕方によって、詩はわれわれに、鏡像のようによそよそしいわれわれ自身を対面させている。それゆえ詩の最後では、「あなた」は「わたし」のいた「部屋の後ろへと移る（and you will move / to the back of the room）」とともに、「あなたの名はもはや知られることはなく／わたしの名もまた知られはしないだろう（Your name will no longer be known, / nor will mine.）」として、両者がともに相対化され、透明化されることになる。もはや詩の語りは、「わたし」でも「あなた」でもない彼方から発せられるかのようである。本稿の考察を省みれば、ピーテル・デ・ホーホの絵画を成立させている視点もまた、描かれた空間に漂う前―主体性であったと解することができるだろう（第四章）。この視点は、空間において限りない手前にありながら、すべての光を凝縮させた、限りない彼方にある消失点にもつながっていた。このようにして、描かれた絵画という全体は、無限としての「開け」に相即することになるのである。建築もまた同様に、空間経験における主体性とは、主体が複数化され、外化されただけにすぎない「他我」ではなく、すでに「開け」において遍在してしまっているような、まったく見知らぬ他者によって見られているのであり、そして招き入れられているのである。主体が「空間」を「場所」あるいは「ここ」として身体化することとは、いわば他者による彼方への退引によって許されつつも、その居処を奪うことであるといえるが、そうした他者からあらかじめもたらされている受動性や、他者への有責性において、そこには原理上決して追いつくことのできない、他者への遅れがあることになる。つまり、建てられた建築作品という全体もまた、全体でありながら、あるいはそれゆえに、そこからつねにはみ出して無限へと連なってゆく「開け」を自らの内に捕捉しようとして、むしろ自らを解体することになるのである。このことがファン・アイクの引用した詩の一節に描かれた、不在の椅子をめぐる光と闇、退去と到来の交叉に他ならない。こうした消息を、ひとりの思想家による以下のような説明に沿って理解することが可能ではないだろうか。

「主体である」とは世界を観想する――世界から分離された――視座に立つことを意味しているわけだが、その主体の成立は、……（中略）……「家に住み着く」という出来事に基礎づけられている。この「住み着く」という行為は、その語が想起させるような能動的なものではない。……（中略）……何ものかが「家の中に私を迎え入れる」ことで、「私」が基礎づけられる、ということである。つまり、自我が「独り」になるためには、まず「誰か」がそこにいなければならないのである。……（中略）……「家」で私を待っている「他者」は単に超越を告知するだけのものではない。それは何よりもまず、私を「歓待する」のである。そこに「私のための場所」をしつらえるべく、「場所を空けてくれる」のである。……（中略）……「家」に私を迎える「他者」は、「家」の奥に身を退き、姿を消すことによって、その存在をあらわにする。(43)

主体が主体である以前において、空間はどのようであったのであろうか。それは詩においては、「あなた」が入ってくる以前の、それゆえ「わたし」もまた「わたし」として発話される以前の、詩題として仮設された「部屋」それじたい、すなわち「開け」そのものであったといえるだろうか。しかしそれはもはや詩という作品ですらない。建築がそうであるように、詩もまた、「開け」の静けさが破られ、「自我が「独り」になるためには、まず「誰か」がそこにいなければならない」と説かれるところの、主体性を構築するための先行的な解体という限りない矛盾を許容することによって、ようやく作品として運動しはじめることになるのである。ファン・アイクによる後期の建築作品は、このような絶えざる空間化と非空間化の往還の痕跡として理解することができるのではないだろうか。このような構築と解体の連環を、たとえば「母の家」における住宅性と都市性、あるいは主体性と他者性と読みかえることは可能であろうか。かつて六〇年代に「住宅は小さな都市であり、都市は大きな住宅である」[44]といわれた、その住宅と都市との連続性が重層化され、さらには住宅の内部、都市の外部までもが措定されることになったのである。すなわち、かの絵画作品に建築家が見出したであろう、「開け」へと訪れた「光」による室内と窓外の町並みとの交叉によって、住宅の内部に都市は内包され、あるいは住宅は都市によって解体されることとなる。ここでいう都市とは、もはや建築の集合体や街区としての物的な構成体のみを指すのではない。後期の思索において「光」が光学的な現象としてだけではなく、いわば空間・時間に関わる存在論にも共鳴してゆく経緯をみたように、都市もまた〈都市的なるもの〉として、存在論的な意味を帯びた概念となる。それは、本稿を通して考察しつづけてきた「光」、「他者」に相関するといえよう。すなわち〈都市的なるもの〉とは、後期のファン・アイクの思索および制作において、建築以前への遡源の先に見定められた事象として総称することができるだろう。

註

1　磯崎新は、こうした近代の建築理念の限界について、アルド・ファン・アイクの建築思想にも言及しながら次のように述べる。「これらの（筆者注：デカルト的無限定空間などの）時間・空間概念を使って近代建築の正統的な説明をしたジークフリード・ギーディオンの『時間・空間・建築』（一九四一）ではもはや説明不能ということはわかっていた。そして、アルド・ヴァン・アイクがプエブロ・インディアンの集落の文化人類学的調査を参照しながら、時間を機会と、空間を場所と読みかえるべきと説いている小さい記事を雑誌で見つけた。機会（オケージョン）と場所（プレイス）、つまり、いま、ここ、である。」（磯崎新「なぜ、ハイデガーは建築を語らないのか。」KAWADE道の手帖『ハイデガー　生誕一二〇年、危機の時代の思索者』河出書房新社、二〇〇九年、一五四―一五五頁。ギーディオンによる書名については原文ママ。）

2　Eyck, A. van, *Writings volume1, The Child, the City and the Artist*, SUN Publishers, 2008, p.69.

3　*Ibid*., p. 116.

4 Eyck, A. van, 'There is a garden in her face', *Forum : maandblad voor architectuur en gebonden kunsten*, G. van Saane, 1960/61, No.3, p. 121.

5 Eyck, A. van, 'steps towards a configurative discipline', *Forum voor architectuur en daarmee verbonden kunsten*, G. van Saane, 1962, No.3, p.82.

6 Eyck, A. van (2008a), *op. cit.*, p.55.

7 クリスチャン・ノルベルグ＝シュルツは近代建築史における「場所」概念の展開のなかに「空間から場所へ」のモーメントを認め、ここに現象学的態度を見出す（クリスチャン・ノルベルグ＝シュルツ著、加藤邦男訳『現代建築の根』A.D.A. EDITA Tokyo、一九八八年、一九六頁）。また、同時代の建築家らによる「場所」への参照について、次のように述べる。「「場所」という言葉は以前にもまして建築論争の前面に出てきているが、それは建築空間が抽象的な数学的空間とは異なるのだということを示すものである。そのことをライト、ミース、ル・コルビュジエらが理解していたことは明らかであるが、つぎの世代の追従者（エピゴーネン）たちは、場所をつくることをたんに機能的図式をそのまま建物にすることへと矮小化しがちであった（同書、四〇頁）。

8 ファン・アイクの全作品集において、ボッシュとの協働期に行われた歴史的都市における一連の街区計画が紹介されている（Ligtlijn, V., ed., *Aldo van Eyck Works*, Birkhäuser, 1999, p.174）。

9 近年刊行されたファン・アイクの著作集の巻末にまとめられた最新の著作リストをみても、七〇年代の著作数は六〇年代に比べて半数以下にとどまることがわかる。（Eyck, A. van, *Writings, volume 2, Collected Articles and Other Writings*, SUN Publishers, 2008, p.657-669）

10 Eyck, A. van, *Writings, volume 2, Collected Articles and Other Writings*, SUN Publishers, 2008, p.651.

11 Hertzberger, H., et al. eds., *Aldo van Eyck Hubertus house*, Stichting Wonen, 1982.

12 *Ibid.*, p.3.

13 *Ibid.*, p.3.

14 de Beek, J. van, ed., *Aldo van Eyck, projekten 1948-1961*, Academie van Bouwkunst, 1981.
なお、この再録集以外に刊行が計画されていたものに、かれの草稿"The Child, the City and the Artist — An Essay on Architecture — The Inbetween Realm"がある。これは一九六一年から六二年かけて執筆されたとされ（Strauven, F., *Aldo van Eyck The Shape of Relativity*, Architectura&Natura, 1998, p. 407）、長らく未公刊であったが、二巻からなる著作集（Eyck, A. van, *Writings, volume1 & 2*, SUN Publishers, 2008）のうちの一巻として出版された。

15 該当する論考における英・蘭対訳のいずれかにおいて「場所をつくり……」（蘭語：bezork die plek）「さしあたり……」（蘭語：Doe dit alvast）は確認できるものの、「空間について話す……」なる記述はみられない。ただし同論考の異文においては、この記述を確認することができる（Eyck, A. van, *Writings, volume 2, Collected Articles and Other Writings*, SUN Publishers, 2008, p.301）。

16 Giedion, S. ed., *A Decade of Architecture, C.I.A.M.6 Documents of Modern Architecture selected by O.M. Ungers and Liselotte Ungers*, Editions Grisberger Zurich, 1951, Kraus Reprint, 1979, p.37.

17 Newman, O., *CIAM '59 in Otterlo Arbeitsgruppe für die Gestaltung soziologischer und visueller Zusammenhänge*, Karl Kämer Verlag, 1961, p.27.

18 Eyck, A. van（2008b）, *op. cit.*, p. 167.

19 Newman, O., *op. cit.*, p.33.

20 Eyck, A. van,'The Medicine of Reciprocity Tentatively Illustrated', *Forum :maandblad voor architectuur en gebonden kunsten*, G. van Saane, 1961, No.6/7, p. 238.

21 Students at the Graduate School of Fine Arts, University of Pennsylvania, eds., *VIA 1, Ecology in Design*, Grossman Publishers, 1968, p. 102.

22 「内側」と「外側」については、これらが「対現象」として互いが相反することなく同時に実現するとされるが（Newman, O., *op. cit.*, p. 33）、「内部」と「外部」については、確認される限りのファン・アイクの言説において「対現象」を構成する二者とは位置づけられていない。このことは、当時の思索における「内部」に対する「外部」の決定的な差異を示唆するものとして理解できよう。

23 Eyck, A. van（2008b）, *op. cit.*, p.159.

24 主体の経験に絶対的に先行する他者性を自らの存在論の立脚点に据えたエマニュエル・レヴィナスは、「光自体を見ることの不可能性」のうちに存在の秘密を見出そうとしている。それはいわばファン・アイクのいう「可視性を超える」ことや、経験における空間的、時間的包摂にも相関する思索として、ひとつの示唆を与えるであろう。「見ることを可能ならしめる、存在することの光それ自体を見ることは可能であろうか。たしかに、存在することの光も主題と化すことがあるし、存在することも現出し、語られ、記述されることがある。だがその際、存在することの光は主題ならざるある光のうちに現前するのであり、主題ならざる光それ自体は、比類なき響きとして、沈黙の響きとして「聞く眼」に響くのだ。「沈黙の響きを聞く眼」という表現は破格の表現ではない。なぜなら、私たちの課題は真実の時間性に接近することであり、また、存在がその存在することを展開するのは時間性においてだからだ。」（E．レヴィナス『存在の彼方へ』合田正人訳、講談社学術文庫、一九九九年、八三頁）

25 Eyck, A. van（2008a）, *op. cit.*, p.79.

26 Hertzberger, H., et al. eds., *op. cit.*, p.29.

27 *Ibid.*, p.81.

28 Lasdun, D., ed., *Architecture in an age of scepticism : a practitioners' anthology*, Heinemann, 1984, p. 247.

29 *Ibid.*, p. 247.

30 加國尚志はM．メルロ＝ポンティのいう「世界の肉」についての論考のなかで、外的世界と内的自己との相互の関わり合いについて「「外」と「内」の、いわば回転扉のような二重の転回」を見取り、ここに「交差配列（キアスム）の構造を見ることができる」とする。ファン・アイクのいう「開け」を、「「外」の「内」への畳み込みと「内」の「外」への露呈」、あるいは「畳み込みと露呈の二重作動を矛盾なく遂行する襞（折り目）」という加國の表現を借りて解釈することもできるだろう。（加國尚志「世界の肉――メルロ＝ポンティとクロード・シモンについての小さな考察」KAWADE道の手帖『メルロ＝ポンティ――哲学のはじまり　はじまりの哲学』河出書房新社、二〇一〇年、一六三頁。）

31 Hertzberger, H., et al. eds., *op. cit.*, p.81.

32 *Ibid.*, p.81.

33 *Ibid.*, p.81.

34 Lasdun, D., ed., *op. cit.*, p.247.

35 Hertzberger, H., et al. eds., *op. cit.*, p.81.

36 *Ibid.*, p.83.

37 *Ibid.*, p.73.

38 M・メルロ＝ポンティ著、滝浦静雄・木田元訳『眼と精神』みすず書房、一九六六年、二六四頁。

39 Strauven, F., ed., *Niet om het even...wel evenwaardig: van en over Aldo van Eyck*, Stichting Rotterdam-Maaskant, 1986.

40 ただし部分的な異同はある。『作品集』において「空間が光を持ち来たらし（bring）、そして光が囲繞を打ち明ける」と述べられる部分は、前掲書の該当部分では「空間が光をとらえ（capture）、そして光が囲繞を打ち明ける」（一六〇頁）と言い換えられている。

41 Strand, M., *Mark Strand Selected Poems*, Alfred A. Knopf, New York, 2002, pp.93-96.

42 Hertzberger, H., *Space and the Architect, Lessons in Architecture 2*, 010 Publishers, 2000, p.287.
なお、著者ヘルツベルハー自らもファン・アイクの引用した一節と同じ部分「それは退去の必要であろうか／それは到来の願望であろうか」を著作の本文において引用しつつ、次のように述べる。ファン・アイクのいう「開け」と「囲繞」についての、ひとつの変奏とみなすことができるだろう。

空間とは憧れることであり、可能性を期待することであり、外側であり、旅の途上にあることであり、動的で開かれており、離れてゆくことである。場所とは休止であり、内側であり、救済であり、家郷であり、休息していることである。空間をつくることと、空間を離れることとは、分かちがたく結びついており、新しい解釈のための開けがなくてはならないのである。ここでの矛盾とは、何かを適切に、正しくつくればつくるほど、何らか特定の重要性をもった意味が、その事物により強く課せられてしまうということである。その重要性は、その事物を頑迷で不変なものにしてしまうのである。空間がより重要性をもった意味へと固定されればされるほど、他の意味づけや経験のために残された空間は失われてゆく。空間と場所とはお互いをなくしては存在し得ない。一方は他方を呼び寄せるのである。場所が熱のようなものであれば、空間とは燃料のようなものである。われわれは建築において基礎をなす初発的なものとして、両方を必要とする。表紙と裏表紙への視界を。（同書二五頁）

43 内田樹『レヴィナスと愛の現象学』せりか書房、二〇〇一年、一九〇—一九一頁。

44 Eyck, A. van (1960/61), *op. cit.*, p.121.

制作論としての建築術

建てることの知と住まうことの継承についての一考察

——東アフリカ、キクユ族の近代化を通しての反省——

田﨑　祐生

今日、住宅が商品化し、他の生活用品同様に、ブラックボックスと化して、そこに住まう私たち自身から乖離し、私たちと住まいとの関わりが急速に薄れてきているように感じられる。また住宅に限らず、建築物の高性能化は、建設技術の進歩に支えられてはいるものの、まさしく科学的に専門分化が押し進められ、それらを「建てること」を建築家として全一的に捉えることはますます困難になってきた。建築のアルケーはそうした建築物の工学的巨大さの背後により一層、遠ざけられ、そうしたアルケーの存在が意図的に忘れ去られようとしているのではないかとも感じる。私たち自身が、誰もが建築家として自らの住まいを建てること、そして自らの住まいに住まうことはもはや昔話と化してしまったのであろうか。「建築」は本来、古代のギリシアにおけるアルキテクトニケ・テクネー／建築家の術であることを周知せしめた森田慶一は『建築論』の冒頭で、「建築論」とは制作者としての建築家に、自らの建築家としての在り方について反省的に考え直す筋道を示唆するものであることを明記し、工学的に専門分化したビルディング・サイエンスとしての建築諸学の理論ではないことを教えている。[1]この建築論は、ある限られた範囲の中でのきわめて実用的な工学的理論であるのではなく、むしろ一見、その実用性を妨げるような、その工学的成果の前で一旦、立ち止まって反省的な思索を促し、アルキテクトニケ・テクネーという「原理を知る術」として、私たちをアルケーへ志向させせうる。そこには科学的な理論よりも、建築家にとっての原理的な、すなわち建築論的な論理が表立ってくる。それは制作者の論理であり、「つくること」、「建てること」について反省的に考えるための論理でもある。

「つくること」は具体的で両義的である。つくられた「もの」はどこまでも豊かな意味を有し、そうした「もの」への反省が新たな制作の契機ともなる。

「建てること」もまた何より「つくること」として、私たちの日常の暮らしと深くかかわっている。暮らしの場としての「家」、「住まい」に「住まうこと」は、この「建てること」とこうしたアルケーのレヴェルで通底しているのである。「住まうこと」と「建てること」については、すでにマルティン・ハイデッガーによって指し示され、建築の問題としても精緻な考察が行われてきた。(2)

本稿では、こうした先学の成果を手掛かりに、二〇世紀半ばの独立後、急速な西洋化、近代化を経験し、住まいをめぐる状況を一変させた東アフリカ、ケニヤ共和国の代表的な部族であるキクユ族を例として、「住まうこと」と「建てること」をめぐる問題を取り上げて、今日の私たち自身へのわずかながらも反省的考察の手掛かりとしたい。(3)

一　キクユランドと伝統的な住まいの建設

ケニヤ共和国は、アフリカ大陸の東側、インド洋に面する赤道直下に位置し、国土の中央には国名のもととなったキリニャガ、ケニヤ山が聳え、その西側には現在もなお活発な地殻変動を続けるグレート・リフト・ヴァレーが、ところどころに高さ数百メートルの断崖を形づくりながら、南北に縦断する。その国土の大半はサヴァンナや砂漠で、今なお多くの動物が生息する野生の王国であるが、ケニヤ山周辺は巨木にも恵まれた森林地帯を形成し、その南麓から首都ナイロビにかけては標高が一〇〇〇メートルを越える高原となっており、独立以前には多くの白人が農場経営のために入植し、ホワイト・ハイランドとも呼ばれていた。多くのアフリカの国々が独立を果たした一九六三年、いわゆる「アフリカの年」にケニヤもイギリスからの独立を果たし、翌年、共和国を樹立したが、その独立運動を主導したのが、この高原地帯で農耕を生業としてきた最大部族のキクユ族であった。西アフリカに起源を持つとされるバンツー語族に属するキクユ族は、二〇〇九年の国勢調査ではケニヤの総人口の約二〇％、六六〇万人を越えているが、彼らは一六世紀から一七世紀にかけて、他部族よりもかなり遅れて、ようやく現在のキクユランドに定住し始めたと考えられている。この地は北にケニヤ山、東にオル・ドイニョ・サブク山、南にゴング・ヒル、西にはアバーデア山塊により取り囲まれ、それらの山々を源とする数多くの水脈に恵まれ、農耕に適した高原地帯である。この定住の過程で、キクユ族は先住のンドロボ族やグンバ族などの弱小部族を追放あるいは吸収しながら、強大なカンバ族やマサイ族に対しては、自らの定住の遅れという不利を克服して対等な関係を築くために、マサイ族などが、ケニヤ山に結びつけて崇拝する至高神ンガイを同様に受け入れた。そしてンガイに関わる神話を作り上げることで、自分たちの定住権を正当化しようとしたのであろう。その神話では、キクユ族の始祖ギクユがンガイとともにケニヤ山の山頂に立ち、そこから眼下に広がる豊かな緑の中でひときわ高く生い茂る一本のイチジクの巨木を指し示されて、その根元に小屋を建てることを命じられたと言う。それと同時に、マサイ族に倣って年齢階梯組織や割礼などの社会制度を取り込み、衣服や化粧、ダンスなども真似ることで、カンバ族やマサイ族との融和的関係構築を図ったのであろう[4]。その結果、この高原地帯はキクユランドと見なされ、植民地からの独立後、あらためて彼らの所有権が認められ、今日に至っている。

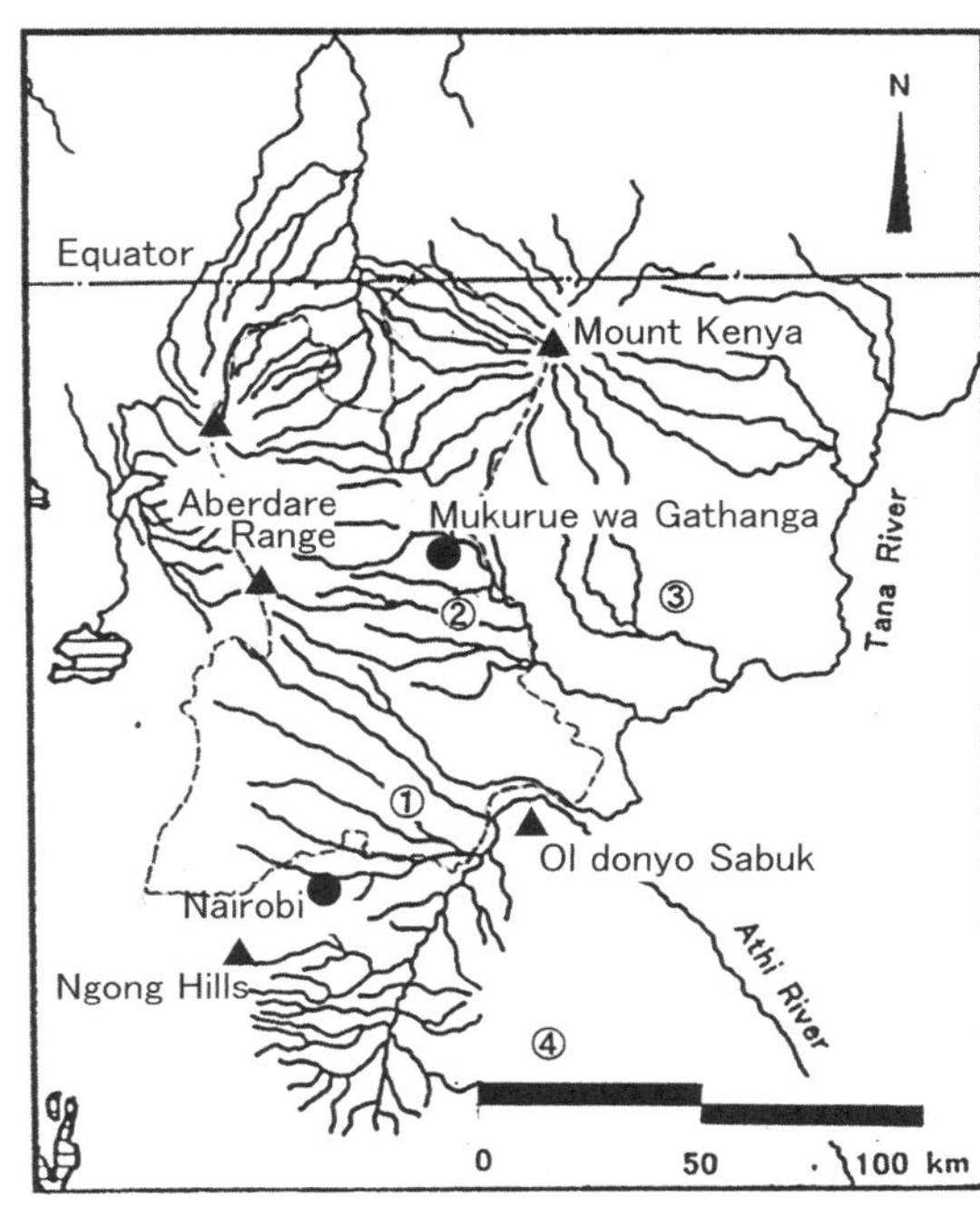

図１　キクユランドの水脈と聖なる山々
ケニヤ山やアバーデア山塊に源を持つ数多くの水脈によってキクユランド全体がほぼ網羅されており、緑の豊かさを保証している。聖なる山々に囲われたキクユランドのほぼ中央に、始祖ギクユが至高神ンガイから命じられて小屋を建てた場所、ムクルエ・ワ・ガタンガが比定されている。
（F.F.Ojany & R.G.Ogendo, *Kenya : A Study in Physical and Human Geography.* より引用し、一部、加筆）

こうしてキクユランドに定住したキクユ族の人々の住まいは、他のバンツー語族の住まいにも共通した円形平面で円錐形の草葺屋根を持ったありふれた外見であったため、一九世紀から二〇世紀にかけて、ヨーロッパ諸国から東アフリカを訪れた探検家や宣教師などのさまざまな記録にも特別の興味を持って取り上げられることはなかったが、後述するように、その住まいにはキクユランドの自然環境やキクユ族の世界観

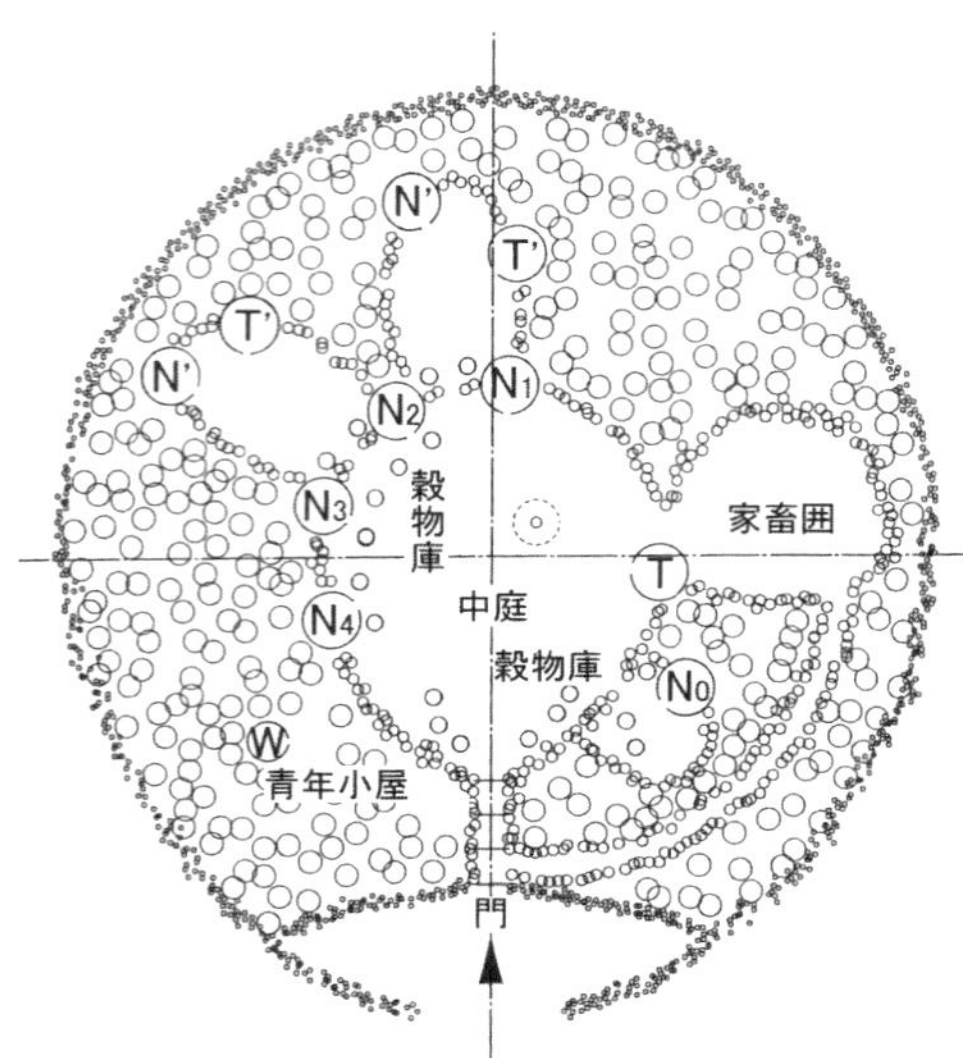

図3　キクユ族の家屋敷ムシイの配置図
外部からの不審者や獣の侵入を防ぐために、棘を持った樹木をフェンスにしたキクユ族の伝統的な家屋敷では、中庭のまわりにニュンバなどの小屋が配置されていた。夫の母親の小屋はティンギラの後ろ側に建てられ、結婚した息子は、それぞれの母親のニュンバの背後に小屋を並べて暮らした。息子は小さい間はティンギラで父親と一緒に寝起きをしたが、成長後は、同じ年齢階梯の仲間とともに共同生活を行ったが、ときにムシイの中に小屋を持つこともある。（T：夫のティンギラ、N1 ～ N4：妻たちのニュンバ、N0：母親の小屋、T'：息子のティンギラ、N'：息子の妻のニュンバ）
（田﨑祐生、「キクユ族の生活環境構成についての研究」、より引用し、一部、加筆修正）

図2　ミヒリゴ型の小屋と編み枝細工のイクンビ
キクユ族の伝統的な小屋は円形平面で円錐形の草葺屋根を持つありふれた外観ではあるが、外壁に用いられた厚板ミヒリガはサヴァンナの多い東アフリカでは特徴的である。穀物庫イクンビについても収納する中身やサイズなどから数種類のタイプをL.S.B.リーキーはかなり詳細に説明しているが、それらは共通して地面から持ち上げられた高床で、編み枝細工の大きな籠をその台の上に載せ、軽微な草葺屋根を載せている。
（田﨑祐生、「キクユ族の生活環境構成についての研究」、より引用し、一部、加筆修正）

を色濃く反映する特徴が隠されていた。ケニヤを植民地支配していたイギリスでは、キクユ族を植民地政府末端の現地役人として利用する狙いから、彼らの土地制度や部族内の統治組織などについての表面的で限定的な調査報告がイギリス王立人類学学会やアフリカ協会などを中心に行われたが、さらに踏み込んだ詳細なキクユ族の住まいや暮らしに関する記述は、後のケニヤ共和国初代大統領となるジョモ・ケニヤッタがイギリス留学中に著した『ケニヤ山にむかって』を待たねばならず、またイギリス人宣教師の息子としてキクユ族の社会で生まれ育ったルイス・シーモア・バゼット・リーキーの大著『一九〇三年以前の南部キクユ族』の第五章「集落と家屋敷」の中ではおよそ四〇ページにわたって、彼らの住生活について詳細な説明がなされている。[5]

キクユ族は伝統的にはまとまった村落をつくらず、一夫多妻制の大家族、ムバリを基本単位として、ムシイと呼ばれる家屋敷を、他の家屋敷から一定の距離を隔てて独立して営んだ。家族生活では妻たちの間に上下関係はほとんどなく、経済的にも一人一人の妻が独立して、それぞれが専有のニュンバと呼ばれる小屋を持ち、夫は妻たちとは別にティンギラと呼ぶ小屋を有していた。サヴァンナの灌木を切り開いた敷地の周りには野生動物や他部族の侵入を防ぐために棘のある蔓草を用いた生け垣が廻らされ、門を入った内側に広がる中庭にむかって右手側に夫のティンギラが、中庭の正面に第一妻のニュンバが建設された。その後、妻が増えるにつれて、中庭を取り巻くように反時計回りにニュンバが建ち並んでいくが、これらの形や大きさはほとんど同じであった。地面に描いた円に沿って穴を掘り、そこにミヒリゴと呼ばれる幅二〇センチメートル、厚さ五～六センチメートルで長さ二メートル程度の厚板を並べて外壁とし、その上に円錐形の屋根が草で葺かれた。ティンギラは夫と息子、来客の就寝に用いられるだけで、その内部はほとんど仕切られず、暖を採るための炉もない場合が多い。一方、妻のニュンバの中央には調理や採暖のための炉リイコが設けられるが、このリイコは祖先の霊ンゴマと繋がる場所と考えられ、特に年長の第一妻のニュンバは祖先との交流の場として特別視された。このようにニュンバの中央に炉リイコを設けることにより、屋根の頂部を支える柱を中央に立てることができず、炉の周りに正方形の四辺に沿うように高さの異なる柱イツゥギが並べられ、それらの上に円錐形屋根の内側に接する湾曲梁ミイキオが載せられた。ニュンバでは支柱イツゥギの間にも厚板ミヒリゴを立てて、その内部空間を細かに分節し、多様な場所を生み出した。木の細枝や蔓を編んでつくられた扉リイギを持った

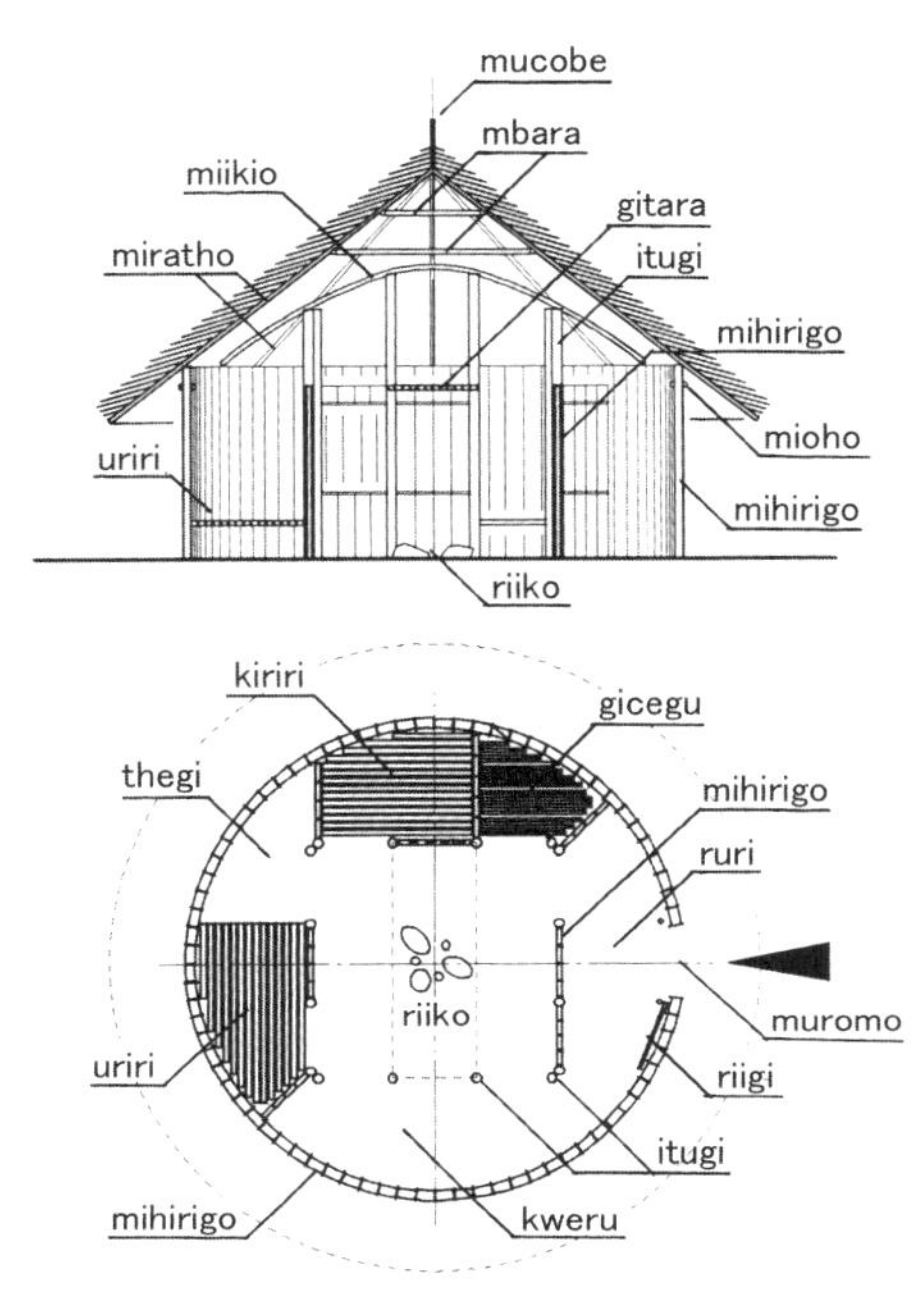

図４　ニュンバの断面図、平面図
小屋の中央に炉リイコを設けるために、屋根の中心を支える支柱が立てられず、その変わりにリイコのまわりに高さの異なるイツゥギを並べて、湾曲したミイキオを載せ、屋根の内面を支えるという独特の構造を持っている。垂木ミラトは輪状のムバラで緊結され、草で葺かれた屋根の頂部には雨水の浸入を防ぐためのムコベが刺し込まれた。また炉リイコの上部には薪を乾かすためにも用いられる棚ギタラが掛け渡される。
（田﨑祐生、「キクユ族の生活環境構成についての研究」、より引用し、一部、加筆修正）

入口ムロモを入った右手には子山羊や子羊を育てるためのギセグと呼ばれる低い簀の子床を張った一画が設けられ、その奥は娘の就寝の場キリリ、食器・調理道具など生活用品の置場テェギと続く。ニュンバのもっとも奥は妻自身のベッドが置かれたウリリで、入口の左側は、普段、夜間に家畜を収容するために使われるクウェルと呼ばれ、これらのさまざまな場所が炉リイコの周りに並ぶ。さらに炉リイコの上には、炉からの火花の飛散を防ぎ、薪を乾燥させるための棚、ギタラも設けられた(6)。

このようにニュンバに見られるキクユ族の小屋の建築的特徴としては、まず外壁などに用いられる厚板ミヒリゴが挙げられる。東アフリカのサヴァンナ地帯には草食動物の餌となるような灌木は多く生育するものの、小屋の建材となる喬木はきわめて少ない。キクユ族の家屋敷のまわりでも、ミヒリゴの材料となる大木は容易に見つからなかったであろうが、キクユランドの周囲を取り巻く山々、とくにケニヤ山まで行けば、大木も密生しており、直径が三〇センチメートルもの丸太をも入手可能であったろう。しかしながらそうした巨大な丸太を、イクイロと呼ばれる堅木のくさびや手斧だけで、板状に加工するのもまた大変な作業ではあったが、そうして得られたミヒリゴは、耐用年数も長く、代々、受け継がれる貴重な建材であった。また、その名前からも、後述するように、ミヒリゴは人間に近い霊を持つと見なされた樹木の代表象として、家族の歴史や祖先の霊とのつながりを実感させうるものであった。さらにもう一つの特徴は、イツゥギ、ミイキオなどを用いた複雑な骨組みである。他の部族の、同様の小屋の多くが屋根頂部を小屋中央に立てられた柱で支え、炉が必要な場合にも、その炉の位置を中央からずらし、中央には柱を設けて、小屋の建設を容易にし、構造的な強度も確保しているのに比べると、キクユ族のこのような面倒で複雑な対応は、祖先の霊ンゴマとの交流の場の重要性を建築的に指し示していると言えよう(7)。

キクユ族の伝統的な住まいの円形平面、円錐形の草葺き屋根というありふれた外見は、彼らがキクユランドに定住する以前から、他のバンツー語族とも共通する基本的特徴として、保持しつづけてきたものであり、祖先の霊ンゴマとの交流もまた、この特徴とともに、西アフリカからの長い移住の中でも受け継がれ、脈々と小屋内部の炉を舞台として行われ続けてきたものだと考えられる。一方で、キクユランドでの定住に際して、自分たちの権利を半ば政治的に主張するためには、上述したように、先住のマサイ族などと同じ至高神ンガイを受け入れることが必要であったのだろう。キクユ族の人々は、従来のンゴマとの交流を保持しながらも、ンガイの崇拝を、キクユランドの暮らしの中で建築的にも両立させ、彼らの伝統的な住まいを形づくってきた。ンゴマとンガイとのそれぞれに独立して関わるキクユ族の二重の世界観は、ありふれた外見でありながら独特の構造と内部空間を持つキクユ族のニュンバなどの小屋や家屋敷の空間構成に色濃く反映していると見なしえよう。キクユランドの自然的特徴に深く結び付いた彼らの住まいは、至高神ンガイとの神話的契約により、彼らの定住の権利を主張する証拠でもあり、炉リイコを中心とした日々の暮らしを通して、彼らの祖先との繋がりを継承する契機でもあったと言える。

祖先の霊ンゴマとの関係を重視したキクユ族の人々は、特別の理由なくして、家屋敷を移転することはなかったが、結婚の際には新たに小屋が建設されたし、また草葺屋根の小屋の内部で火を用いることから火事も多く、小屋を建設する機会は少なくなかったと言う。家屋敷の移転に際しては、複数の候補地から持ち帰った木の枝などをもとに、占い師ムンドゥ・ムゴによって新たな敷地が選ばれたが、敷地が変わっても、それまで受け継がれてきた家族の歴史を継承し、「住まい」の場所的同一性は保持されなければならなかった。「住まい」である小屋は、そうした意味の連続性の下で、いわば再建されなければならず、リーキーは家屋敷の移転の場合、解体された小屋の部材はすべて新しい敷地へ運ばれたと記している。上述したミヒリゴについては、ジョモ・ケニヤッタもまた、「(厚板ミヒリゴは)将来、とくに古い家をこわして新しい家をつくるときに使用される。建築材料のあるものを、家族はかなりの年数保存しておくが、これは神聖な遺物とも見なされている。」と語っており、実質的な負担軽減のための部材転用ということだけではなく、宗教的な意味の上でも、炉リイコの火とともに、マヒガ、マハギと呼ばれる炉石や屋根裏の煤のついた草ムラリも一緒に運ばれ、新しい小屋の中に置かれることで、敷地が変わっても、同じ小屋の再建であることを表す必要があった。

「住まい」にとって、こうした宗教的なルールは絶対的なものであった。その建設に当たっても、小屋を未完成のままで夜を過ごすと悪霊に穢されると信じられ、小屋は必ずその日一日で完成させることが求められたが、それはまた、家族だけでなく隣人たちの協力も不可欠であるため、部族や村落の共同意識の形成にも寄与したと考えられる。

建設当日の朝、家長である夫は、祖先の霊ンゴマに対してギタムビオと呼ばれる粥やビールを捧げて、作業への協力を依頼したが、これをジョモ・ケニヤッタはこれを「地固めの儀式」と記している。一見、日本の地鎮祭にも似た儀式の後、まず夫が、自分の指先から肘までの長さをムコノという基準長さとして、三〜五ムコノ、約二〜三メートルのひもの両端に木杭を結びつけた簡易コンパスを使って敷地の上に円を描いた。男性の参加者は長老の指揮のもと、その円に沿って、深さ二〇センチメートルの穴を掘り、ミヒリゴをその穴に立て並べ、上下二カ所で蔓草を用いて緊結して外壁を作る。同時に、円の内側では、長さの異なる支柱イツゥギを正方形の辺上に立て、湾曲梁ミイキオで結びつけ、それらの上に垂木を並べて、円錐形の小屋組が組み上げられた。その後の屋根葺きと外壁の仕上げは女性の仕事とされ、屋根が葺き上がり、扉が取り付けられると、内部の間仕切りなどの作業を残したままで、小屋の完成が宣言された。新しい炉に前の敷地から運ばれた火を点し、朝の残りのビールなどを撒いて、ンゴマの協力に感謝を示し、またケニヤ山に向かって、至高神ンガイに対して新しい小屋での家族の繁栄を祝福してくれるよう祈りが捧げられた。翌日以降、小屋の内部の間仕切りも出来上がると、今度は新しい敷地周辺に生えるムケウ、ムタクワァと呼ばれる樹木の枝を切り取って、小屋入口の両脇に刺し込み、その土地との一体的な結び付きが象徴的に示される。このように小屋建設にあたって、祖先の霊ンゴマには、家族の一員として、具体的な建設作業への協力が求められるのに対して、至高神ンガイへは、小屋の完成を報告し、その後の家族に対する祝福を請うだけである。このことからも、ンゴマとンガイそれぞれの特徴が端的に見て取れ、小屋建設はそうしたンゴマやンガイに関わるキクユ族の二重の世界観を再認識する契機としても重要であったと考えられる。。

二　キクユ族の信仰と樹木の意味

上述したようにキクユ族は、マサイ族やカンバ族とともに、至高神ンガイを崇拝し、さまざまな神話においてキクユ族とンガイとの関係、それはまたキクユ族とキクユランドとの関係を証明することが図られている。至高神ンガイはキクユ族の日常の暮らしと直接、関わることはなく、「ンガイは天に住み、ただ一人の人間のおこないや出来事には心を煩わせてはならない」と言われるように、日々の暮らしの中ではンガイに個人的な祈りを捧げ、煩わせることは禁じられさえするが、彼らの始祖ギクユとの契約的関係によって、キクユ族全体を絶えず見守り祝福する絶対的な存在である。

一方、祖先の霊ンゴマは、日々の暮らしの中で親密に交わり、家族の一員でもあるかのように扱われる。そうしたンゴマに対しては日常のさまざまな個人や家族の問題についての相談し、助力を頼んだり、時には至高神ンガイへの仲介を要請したりもする。キクユ族は、家族の中で病気や怪我などの不幸がつづいて起こる時は、祖先の誰かが、今の家族に対して不満を持ち、怒っているのだと考え、その怒りを鎮めてもらうため、ニュンバの炉リイコにビールなどを注いで、許しを請うた。そうした炉リイコは、ンゴマとともに暮らすキクユ族の日常生活の中心でもあり、ンゴマの地中の世界に向かって、その中心性を確保する。上述したキクユ族の小屋の特徴は、何よりこの中心性を反映したものでもあり、小屋建設にあたって、ンゴマもまたこうした小屋を「建てること」に加わることを求められたのであろう。

ンガイへの崇拝は日常の生活世界を越えて神話的で象徴的な世界の枠組を形づくり、その一方で、ンゴマとの交流は日常の暮らしの中での現実的で具体的な生活を規定する。ンガイの座所である四つの聖山を基準とする明確な軸を持つキクユランドという枠組はきわめて空間的であるのに対して、ンゴマとの交流の場、ニュンバは緑豊かなのキクユランドの混沌とした大地の上に無数に遍在し、それぞれが中心として場所的な広がりを示しうる。これらの中心は他の中心を排除するのではなく、それぞれが「ここ」として、キクユ族の世界を、キクユランド全体を、彼らの住まいの場へと集め来たらすとも捉えられる。。

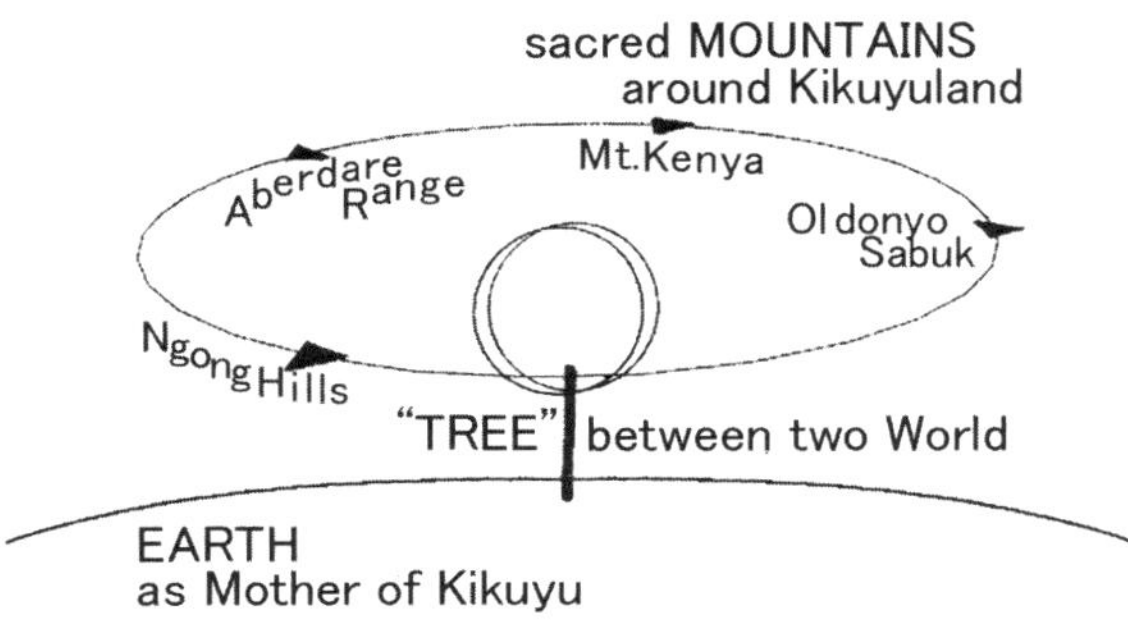

図５　キクユ族の二重の世界観と樹木の象徴的意味
地中に暮らすと信じられている祖先の霊ンゴマの世界とキクユランドを取り巻く山々を聖山とする至高神ンガイの世界という二つの世界のあいだで、キクユ族の人々は「母なる土地」との関係を重視して暮らしてきた。これらの二つの世界は、特別に人間に近い霊を持つと見なされた樹木によって結びつけられると考えられていた。
（田﨑祐生、「キクユ族の生活環境構成についての研究」、より引用し、一部、加筆修正）

こうした伝統的なキクユ族の世界観は、彼らの住まいの建材ともなる樹木に与えられた豊かな意味にも見出される。大地に根を張り、上空へ、周りの山々へと枝を広げる樹木はまさにこのようにきわめて特徴的な二重の性格を示すキクユ族の世界のシンボルである。ジョモ・ケニヤッタも「手でつくった神殿」を持たないキクユ族は、至高神ンガイへの祈りの場所や儀式、会議の場所として、ムグモ、ムクユなどの大木の下に集まると記しているが、これは樹木の象徴的意味を示すとともに、上述したように、ンガイが始祖ギクユに大きなイチジクの下に小屋を建てることを命じたという神話的起源と結び付けられ、ギクユの名前そのものも、文字通りには「大きなイチジクの木」を指すとも言われる。またヤンハインツ・ヤーンもバンツー諸語の考察から、樹木を「生者たちのもとへ訪れてくる死者たち、つまりロアたち、の通る道」であり、「神として祀られたものたちの住まう場所」であって、そうした樹木の中を祖先たちの言葉が自発的にわき上がってくると語り、樹木と祖先の霊との関わりの深さを示している。[8]

こうした大木への関心は、世界各地で宇宙樹、生命樹として、それぞれの神話的脈絡の中で見出され、また野生のイチジクを神聖視する種族はアフリカ全土に広く存在することをジョン・サミュエル・ムビティも記しているが、[9]農耕民であるキクユ族が、このように樹木や植物に強い関心を示すことは必然的で、樹木に対する豊かな知識は彼ら自身の存在基盤の一つであった。

国際農林業研究センターがまとめた『ケニヤの有用樹木草本選集』[10]には、ケニヤで利用されている有用植物が英語名、学名のほかにスワヒリ語と主要三一部族語による名称も列記されているが、所収の全二三一種の植物のうちで、キクユ語では九六種が同定され、部族語の中ではもっとも多い。カニョーロ神父が一九三三年に出版した『キクユ族、彼らの習慣、伝統、伝承』の中でも植物三四種、キノコ類一六種が紹介されているが、[11]リーキーはさらに詳細に、『一九〇三年以前の南部キクユ族』の巻末付録に四五一項目に及ぶキクユ語の植物名リストを挙げ、そのうちの五〇種類の植物を、伝統的なキクユ族の小屋との関わりで取り上げて、小屋建設におけるおよそ三五種の用途を記して、樹木と小屋との関わりの深さを教えている。ここに集められた植物の多くは、屋根葺用のイネ科の草や緊結用の紐として用いられる蔓草などを除き、ムフグやムタマイユのように「ムー」で始まる名前を持つ。キクユ語ではこのように樹木の名前のほとんどが「ムー」という接頭辞を与えられ、こうした接頭辞を持つ樹木は一般的に「人々の生におけるある重要な部分を潜在的に演ずることのできる霊を持つと信じられていた」とリーキーは解説している。こうした特徴的な樹木の名前に関しては、アーサー・ラッフェル・バーロウの大著『キクユ語文法』を踏まえてリーキーが著した『キクユ語の初歩講義』[12]において、より詳細な説明が見られる。その中で彼は意味の差異の点から、キクユ語の名詞を、単数、複数を一緒にして、一〇種類のクラスに分類しており、そのクラスⅠからクラスⅢの三つのクラスに属する名詞は、人間や動物など「霊を持つ」ものの名前であると言う。クラスⅠの名詞は人間を意味し、あるいは人間に直接、関わる霊を持つものの名前である。クラスⅡに属する名前を持つものの霊はクラスⅠの人間の霊よりは低次であるとされるが、人間との関わりの深さを認められ、ほとんどの樹木がこのクラスⅡに分類され、樹木一般もムティと称される。こうした樹木に比べ、総称としてニェキと呼ばれる草などの植物や動物一般はさらに低次の霊しか待たないとしてクラスⅢの名前を与えられている。

クラスⅣ以下のものは霊を持たない無生物を意味し、霊を持つ存在と明らかに差別化されるが、無生物でありながらも人間との関係が特別に深いものは霊を持つと見なされ、クラスⅢへと昇格される。例えば、妻の小屋ニュンバは、生物ではないが、クラスⅢに属する名前を与えられ、それは、単なる物理的な小屋という以上に、本来は、子どもが生まれ育つ「隠れ家、ねぐら」を意味するものであり、家族の永続を願うキクユ族にとって、祖先の霊ンゴマとの関わりと同時に子どもを介しての未来への継承の場として、まさに「住まい」として重要視されていることがその名前からも理解できる。

クラスⅡに分類された樹木の意味は、さらにそれらを建材とした小屋の部材にも引き継がれ、外壁などの厚板ミヒリゴや湾曲した交差梁ミイキオ、屋根の垂木ミラトなどのように、部材名称もまたクラスⅡの複数の接頭辞を与えられ、そうした霊を持った建材がニュンバをはじめキクユ族の住まいを構成しているのである。上述したように、リーキーは樹木の用途などを詳細に特定しているが、そこでは必ずしも樹木の名前と建材の名前とが限定的に厳密に対応していたのではなく、クロード・レヴィ＝ストロースがブリコラージュと呼んだ素朴で具体的な「つくること」が示唆するように、(13) さまざまな機能を必要とする建材はそれぞれにその目的に応じた手近な樹木を利用したであろうし、樹木の名前は、逆に、このクラスⅡに属する建材との関わりによって、特別にクラスⅡの接頭辞を与えられたとも考えられる。樹木の分類と小屋の建設とはまさに科学的にそれぞれに独立した体系として考えられていたのではなく、それらはお互いの基準となり、目的となり、樹木を建材として具体的に小屋を「建てること」を通して、混沌としてはいるものの、きわめて豊かなキクユ族の「野生の思考」の世界を築いていたのである。

三　キクユ族の二つの時間、二重の中心と「住まうこと」、「建てること」

キクユ族の伝統的な世界は、樹木を用いた妻の小屋ニュンバの中央に位置する炉リイコが代表象するところの無数に遍在する中心、キクユランドに遍在する無数の「ここ」に収斂しうる具体的な世界であった。それは彼らの祖先の霊ンゴマとの交流を通して、キクユ族が「部族の母」と呼ぶ土地深くに広がりを持ち、樹木に象徴されるように、至高神ンガイの聖なる山々に取り囲まれたキクユランドのあちらこちらで大きく枝を広げる二重性を有していた。こうしたンゴマとンガイとの関わりはまた、ムビティがスワヒリ語の「ササ」と「ザワニ」という単語を借用して説明している二つの時間、「現実的時間」と「神話的時間」と対応させて捉えられよう。[14]

キクユ族の時間意識は、アフリカで広く見られるように、未来への広がりが希薄で、彼らも主に現在と過去からなるところの現実的時間に暮らしていると考えられるが、リーキーも、キクユ族の時間は、幾分、近い過去に向かって広がりを持った現在を中心に、それにつづく未来、現在に先だった過去とさらなる過去からなると説明する。この過去の側にふくらんだ幅広い現在、身をもって暮らしている具体的な「今」において、キクユ族の人々は、亡くなったばかりで家族がまだ親しく覚えている「生きている死者」と、さらには死後、かなりの時を経て、忘れ去られてしまった祖先たちの霊であるンゴマと一緒に暮らしている。ムビティはこうした幅を持った「今」を中心とした時間、生きている人々とンゴマに関わる生きられる時間を、スワヒリ語を借用して「ササ」と呼び、この「現実的時間」は、一人一人の「私」の暮らしの中での具体的経験に依拠したものであると説明している。それ故、「ササはけっして一定の長さの時間帯ではない。年をとった人間ほど、ササは長いのである。……ササは人間が存在を自覚する時間領域である。」と考えられる。

この「今」を基点とした「ササ」に対して、ムビティは、「無窮の過去」を基点とした時間を「ザマニ」と呼ぶが、キクユ族においては、この「ザマニ」は、西アフリカからの長い移住の旅を終え、キクユランドに定住を始めるにあたって、始祖ギクユが至高神ンガイと契約を交わした部族の神話的はじまりと結びつけられる。「生きている死者」やさらにはその祖先としてのンゴマと具体的に結びついた「ササ」の流れは、キクユランド定住以前にも遡りうるであろうが、この「神話的時間」の「ザマニ」は、日常の暮らしに直接には関わらず、各種の通過儀礼や建設された小屋の繁栄を願う儀礼などにおいてのみ、彼らの暮らしの中に、すなわち「ササ」の流れの中に現出する。日常的には至高神ンガイを煩わせてはならないとされるように、ンガイと関わる「ザマニ」という時間の流れは、節目節目にしかキクユ族の暮らしに関わってはこないが、それは現実的な「ササ」と並行して流れるもう一つの時間であり、ムビティはまた具体的な個別の「ササ」をミクロタイム、それに対して「ザマニ」をマクロタイムと呼んで、「ザマニとササは重なり合い、両方を明確に区別することはできない。」とも説明する。そうした「ササ」と「ザマニ」は、空間的にニュンバの炉リイコやキクユランドに見出した二重性を連想させ、また上述したように、何より小屋の建設という「建てること」の行為を介して、それらが出会い、結ばれることが実感されるであろう。そこではもはや空間と時間といった区別はなくなる。例えばリーキーがキクユ語のクラスⅨに唯一、分類したハンドゥは「場所」を指すが、そのハンドゥという名詞には複数形クンドゥも存在し、このキクユ語の「場所」は、実際に物がそこに「在る」ことと具体的に関わる存在論的な性格を持つものであり、いわば空間と時間をともに含んだ場所論的な場所だとも言える。「土地は神秘な仕方で人間と死者を結び、人間生活の基盤を提供する。[15]」と言われる土地こそが、このような場所であり、キクユ族の人々にとって、土地はもっとも具体的に経験され、何よりも信ずるに足るものである。暮らしのあらゆる事柄がこの土地の上で、土地との関わりにおいて行われ、空間も時間も、日々の暮らしも家族や部族の歴史も、この土地に結び付けられている。

この二つの時間の流れが、キクユ族の暮らしの中で、それぞれの家族の暮らす場、それぞれの「住まい」という「ここ」における「今」という重なりの上で、「つくること」を通して、それは何よりも、小屋を、彼らの「住まい」を「建てること」を通して、結び付けるのであろう。

ルーマニア出身の宗教学者で、作家としても知られたミルチャ・エリアーデは、寺院や教会といった宗教建築物だけでなく、一見、きわめて世俗的な「家」もまた、もしくはそうした「家」こそが、世界の中心に位置することを指摘した。キクユ族の家屋敷や妻の小屋ニュンバにおいても見られたその中心性は、ニュンバという住まいを「建てること」によって、より一層、強められると考えられる。「創造はすべてこの世界の中心でなされるか、あるいは一つの中心から始まる[16]」という彼の言葉は、逆に、創造することによって、ものを「つくること」、家を「建てること」によって、その場所が「中心」となりうることを示している。こうした意味での「建てること」は宗教学的には宇宙開闢もしくは世界創造の繰り返しであり、エリアーデは「新たに建設するどの都市、どの家も、「世界の創造」をもう一度新たに模倣し、ある意味で、くりかえすことである。」と明言する。また彼は祭壇の建造について語っているが、聖なる所としての家に関しても、その「建造は、時間の象徴的な集積に」同一視し、時間を家という建物の中に「物質化すること」に等しいと考えることもでき、この意味では「建てること」は時間の再生でもあると言う。「住居の建造そのものも、世界創造の時と同じ太初の時に挿入されるのである。聖なる空間と同様、神話的時間も、人間が新しい業をはじめるごとに、無限にくりかえすのである。」と。

本稿で対象としたキクユ族の伝統的な住まいについても、こうした「建てること」の神話的な創造的意味が見出しうる。朝早くから、多くの人々の手助けを得て、さらには祖先の霊ンゴマにも助力を求めて、現実的な「ササ」の中で小屋が建てはじめられ、その日の内に、形式的にせよ、小屋を完成させなければならないという宗教的制約を踏まえて、その完成時に至高神ンガイへ祈りが捧げられる。この建設儀礼の形で現実的時間「ササ」は神話的時間「ザマニ」へと乗り換えさせられ、それは、ンゴマとともに一つの中心となる小屋を「建てること」に、ンガイが治めるキクユランド全体の空間構成の再認識を組み込み、小屋の中心がキクユランドの中心と重なり合わせることの可能性を保証するものでもあった。

近代が合理的に区別した空間と時間はかつてのキクユ族の世界では土地を介して強く結び付けられていた。空間における中心、周縁と時間における「ササ」、「ザマニ」とが、土地の広がりの上で関係付けられ、実存的に一体化されていたと言える。真木悠介もアフリカ人の土地との関わりについて、ムビティを引用して、次のように説明している。「アフリカ人はその土地と特別のむすびつきをもっている。なぜならその土地こそは、かれらのザマニとかれらのササとの、具体的なあらわれであるからである。かれらの土地こそがかれらにその存在の根を提供し、神秘なしかたで彼らの死者たちと生者をむすびつける。[17]」また「土地＝自然こそがかれらのすべての過去を現実化し、そのことによって彼らの存在を、たしかな恒常性として保証していたものであった。[18]」という北アフリカの一部族についての彼の考察は、キクユ族にもあてはまるであろう。キクユ族にとって、彼らの「住まい」そのものが、レヴィ＝ストロースが例に挙げる「チューリンガ」のように、「物的に現在化された過去[19]」と考えられ、そうした空間的ひろがりをも持った時間を現前化し、保証する「住まい」は、また何よりもそこで暮らすキクユ族の人々自身がその「住まい」を建設することを通して、その現前化を実感させうるのである。

本稿では、すでに目にすることが少なくなった伝統的なキクユ族の住まいを事例として取り上げ、そこには土地に結び付いた多層的な豊かな意味があふれ、緑豊かなキクユランドが与える樹木への関わりの深さが見て取れた。

しかし、キクユ族の人々の間でも、樹木についての知識や関心が急速に衰え、一九九一年に私たちが行った調査のヒアリングでは、かつての小屋の建設材料であった樹木の名前はわずか数語しか記録できなかった。この危機的な事実は、単にキクユ族やケニヤの問題として見過ごすことはできないであろう。

一九六三年の独立以後、ケニヤの政治や経済をリードしてきたキクユ族は他の部族以上に西洋化・近代化の影響を受け、ナイロビなどの都市部で賃金労働に従事する者も多いが、こうした表面上の発展の陰で、彼らが受け継いできた豊かな伝統的世界観が急速に失われてきている。ナイロビやその近郊に立ち並ぶ低層住宅の多くが業者による建て売りであり、もはやそこに住まう者自身が自らの住まいを建てるという機会はなくなってきている。私たちが調査した郊外の農村部においても、住まいのほとんどが平屋の長方形平面に変わり、トタン鉄板の切妻屋根をかけることが増えてきたという。そうした農村部の住まいは、まだ家族自身で建設されることもあるが、材木などはかつてのように自分たちで敷地周辺から自由に切り出してくることができなくなり、ほとんどの建材は、近くの町や、時にはナイロビにまで出かけて購入されるという。さらに石造や簡易なコンクリート造の住宅を建てるとなると、専門の建設業者や職人に任せざるをえなくなり、「建てること」というもっとも本質的な「住まい」との関わりが激減している。その代わりに建材費や業者への支払いのために現金収入が必要となり、家を「買う」ために、家族の一部が家を離れ、ナイロビなどへ出稼ぎに行かざるを得ず、より一層、家族と家との関係が希薄化する窮状を招いてしまった。西洋化・近代化という不可避的な社会変化の中で、西洋諸国や近代的な商品などへの素直な憧れを伴って、キクユ族の住まいは大きく姿を変えつつある。一緒に現地調査を行ったジョモ・ケニヤッタ農工大学の若いスタッフたちは、報告書の中で、住まいの近代化に対して、率直な希望を語っている。「伝統的建築は独裁的である。」として、新しい技術や建材のより自由な可能性に期待を寄せ、また建材の調達、運搬から建物の設計、建設、さらにはメンテナンスにいたるまでの専門技術者の関わりを高く評価し、利用者の多様な機能的要求に応えうる建物への専門家の関与の重要性を指摘する。[20] 人口の急増や都市部への集中が大きな社会問題になる中、ケニヤ各地で、外国からのさまざまな経済支援や技術協力を受けながら、住宅の工学的研究や住宅団地の開発が行われ、一定の成果を挙げつつある。家族の成長に合わせて容易に部屋を増築しうるフレキシビリティを確保することや廊下などの通路空間を屋外化して建設コストを抑制することなど、実用的な取り組みが広く評価されているが、そうした成果はまた私たちの現地研究『ケニヤの伝統建築』で調査されたケニヤ各地の住まいの現状においても、より素朴な形で見出されるものも少なくない。この現地研究の目的の一つは、すでにオランダ・ユトレヒト大学とナイロビ大学が行ったケニヤ各地の住環境に関する調査[21]と同様に、住まいの現状を体系的に捉えることを通して、ケニヤの建築教育における新たな取り組みの方向性を探ることであったが、さらにはそうした現状の背景として、各部族の伝統的な住まいや彼らの世界観まで聞き出すことも同時に目論まれていた。キクユ族に関しては、この現地研究に加え、多分野にわたる文献調査の成果も含めて、彼らの生活環境構成についての考察をまとめ上げたが、今後はさらにケニヤの他部族に関しても、詳細な現状調査とともに、それぞれの伝統的な住まいについても総合的に考察が展開されていくことが必要であろう。

かつて、数世代前までは、キクユ族の人々もまさに「誰もが建築家でありえた」ことを本稿では示してきた。「住まうこと」と「建てること」との近親性が指摘されて久しいが、ここで取り上げたキクユ族の伝統的な住まいは彼らの世界観とともに、「住まうこと」、「建てること」をめぐる実存的考察に、まさにその素朴な「建築家」との関わりにおいて具体的に問題を展開しうる可能性を豊かに有していることを信じている。古代ギリシアにおいて「建築家アルキテクトン」がアルケーを知ることを存在基盤としたように、かつてのキクユ族の「建築家」としての姿は、あらためて、私たちにとっても「住まうこと」とともに「建てること」の意味を考える新たな「アフリカの知的可能性」[22]を与えてくれるであろう。

私たちはまず「住まうことを学ばなければならない」と警告され、また「詩人という在り方にして住まう」べきことを示唆されてきた。「住まうこと」が私たちの基本的な存在様態であるとすれば、「建てること」は「住まう」という在り方に目に見える形を与える、具体的な住まい方そのものであろうか。日々のくらしで私たち自身が絶えず「建てること」を介して、私たちは「住まうこと」に気づき、「住まうこと」の可能性を見出し、「住まうこと」をこれからも受け継いでいかなければならない。それには、私たちも、かつてのように、誰もが「建築家」でなければならないであろう。そして私たちの誰もが在るべきこの「建築家」の姿について考える手がかりが、ここで紹介してきたキクユ族の、一見、ありふれた伝統的な小屋を通して見出せることを期待している。

註

1 森田慶一『建築論』東海大学出版会、一九七八年。森田慶一が提起した「建築とは何か」という建築論の問題は、京都を中心とした多くの研究者によって、実際の設計活動と並行して、多様に展開されてきたが、そこでも「住まい」は主要な問題としてさまざまに取り上げられている。とくに増田友也は「家と庭の風景」において、日本の「イヘ」について建築史的な考察をもとに独自の空間論的解釈を行う一方で「Ethnosの風景・素描」では建築学の枠を越えて、社会学や心理学、さらには西洋哲学などのさまざまな立場から「住まい」の問題を指摘し、晩年の「住居の根拠について」と題された京都大学での公開講義でも、マルティン・ハイデッガーの存在論なども独自に展開し、「住まい」をめぐる問題の可能性を示唆している。増田友也『増田友也著作集』第一～五巻、ナカニシヤ出版、一九九九年、を参照。

2 cf. M.Heidegger, *Bauen Wohnen Denken*, in *Vorträge und Aufsätze*, Teil II,1967. また「建てること　住まうこと　考えること」をはじめとしたハイデッガーの著作についての建築論の視点からの詳細な考察としては、中村貴志『ハイデッガーの建築論』中央公論美術出版、二〇〇八年、を参照。

3 本稿は、国際協力事業団（現・国際協力機構）のプロジェクト技術協力を続けてきたジョモ・ケニヤッタ農工大学建築学科でケニヤの主要部族を対象に行った彼らの住生活に関する実測アンケート調査の成果が契機となっている。その後、キクユ族について考察を進め、拙稿「キクユ族の生活環境構成についての研究」京都大学学位請求論文、二〇〇二年、にまとめたが、その内容は、一九九三年から二〇〇一年にかけて、日本建築学会の大会学術講演会や近畿支部研究報告会でも、一連の「キクユ族（ケニヤ）の住まいについての建築論的考察―その一～一三」として発表され、また同学会計画系論文集所収の「キクユ族の住まいの構成とその二重の中心性：「住まうこと」と「建てること」についての建築論的考察―その一」一九九九年八月、「キクユ族の小屋の建設プロセスと建設儀礼、その二つの時間：「住まうこと」と「建てること」についての建築論的考察―その二」二〇〇〇年二月、「キクユ族の「住まうこと／建てること」における樹木の建築的意味：「住まうこと」と「建てること」についての建築論的考察―その三」二〇〇〇年一二月、として公表されている。cf. P.G.Ngunjiri, Y.Tazaki et al.,

Traditional Architecture in Kenya, Jomo Kenyatta University College of Agriculture and Technology, Department of Architecture / JICA, 1992.

4 別の神話では、ンガイはマサイ族に槍を、カンバ族には弓矢を与え、キクユ族はンガイから鋤を与えられたとされ、キクユ族がキクユランドにおいて農耕を営むことを神話的に保証させようともしており、今日でも多くのキクユ族の人々がマサイ族を恐れるものの、自分たちの農耕民としての権利を主張して、所有する土地を拡大してきた。こうした彼らの土地所有欲の強さは、他部族から揶揄されたり、非難されることもあるという。

5 cf. Jomo Kenyatta, *Facing Mount Kenya*,1938（邦訳ジョモ・ケニヤッタ『ケニヤ山のふもと』野間寛二郎訳、理論社、一九六二年）. L.S.B.Leakey, *The Southern Kikuyu before 1903*, 1977.本稿中のジョモ・ケニヤッタ、リーキーからの引用は、特記ない場合はこれらの文献からのものである。またキクユ族の歴史については、ゴッドフライ・ムリウキによる諸研究が詳細で有益である。cf. G.Muriuki, *A History of Kikuyu 1500 〜 1900*, 1974.

6 クウェルは妻の出産の場所でもあり、また割礼を受けた息子がその傷の癒えるまでの数日間、休養する場所でもあって、出産や第二の誕生とも言える成人儀礼に深く関わる特徴的な場所である。ギタラもニュンバの中で唯一、地面から離れて独立した場所で、民話などでは人が隠れる場所として、異次元のような特殊な性格を与えられている。

7 一見、同じような円形平面、草葺屋根を持つ他部族の小屋では、直径が数㎝程度の丸太が外壁に用いられることが多く、ミヒリゴのような厚板を入手することがケニヤのサヴァンナ地域では非常に困難であることを示している。また一九九一年に実施した現地調査でヒアリングされたキクユ族の伝統的な小屋の外壁も、灌木を用いて骨組みを作り、その隙間にルスワゴと呼ばれる木の枝を挿し込んだ軽微なタイプのものばかりで、ミヒリゴについてはほとんど聞き取れなかった。リーキーはこうしたミヒリゴを用いない小屋についても、「材木の少ない地域や、非常に貧しく、知人たちの援助が得られない人々の小屋の壁は、厚板の代わりに灌木で作られた。」と記しており、数世代前には、キクユランドにおいても、すでにミヒリゴの入手は容易ではなかったと考えられる。またそうした外壁にミヒリゴを用いないルスワゴ型の小屋においても、ニュンバの内部はミヒリゴで仕切られたとリーキーは説明している。

8 cf. J.Jahn, *Muntu : Umrisse der neoafrikanischen Kultur*, 1961（邦訳J・ヤーン『アフリカの魂を求めて』黄寅秀訳、せりか書房、一九八七年）

9 cf. J.S.Mbiti, *African Religions and Philosophy*, 1969（邦訳J・S・ムビティ『アフリカの宗教と哲学』大森元吉訳、法政大学出版局、一九七〇年）そこではムビティの出身部族であるカンバ族とともにキクユ族の暮らしや宗教生活についても論じられており、それらをもとにアフリカ一般の世界観、宗教観や後述する時間観念などについても、興味深い考察を行っている。

10 cf. International Centre for Research in Agroforestry, *A Selection of Useful Trees and Shrubs for Kenya*, 1992.

11 cf. C.Cagnolo, *The Akikuyu: Their Customs, Traditions and Folklore*, 1933, p.295〜307.

12 cf. L.S.B.Leakey, *First Lessons in Kikuyu*, 1959. 一般的に、原バンツー語には一九のクラス、スワヒリ語には一四のクラスがあり、キクユ語には単数、複数を別にして一六のクラスがあると言われているが、リーキーはさらに細かく、キクユ族の暮らしの特徴に基づいて、単数・複数を一緒にして一〇のクラスに分けて説明している。このクラス分けも生物学的な明確な基準によるものではなく、むしろ人間の暮らしとの関わりの深さによって分けられており、たとえばクラスⅠに属すべき人間であっても、貧しい者はンギアと呼ばれてクラスⅢに降格され、キウグと呼ばれる障害者などはさらに生命のない対象を示すクラスⅣに分類され、また一定の年齢に達しながらも割礼を受けていない若者はキヒイという名前で、いわば異常な存在としてクラスⅣに属するとされている。

13 cf. C.Lévi-Strauss, *La Pensée sauvage*, 1962（邦訳C・レヴィ＝ストロース『野生の思考』大橋保夫訳、みすず書房、一九七六年）

14 ムビティ、前掲書を参照。アフリカ人にとっての時間を論ずるに際して、一般的な私たちの過去、現在、未来という単語、観念との混同を避けるために、リーキーは「先行するユニット」、「現在のユニット」、「継続するユニット」と呼び方を用いており、ムビティも、本書の中で「英語の過去、現在、未来という語の観念連合をさけるために、スワヒリ語の『ササ』という『ザマニ』を使うことにする」と特記している。

15 ムビティ、前掲書を参照。

16 M.Eliade, *Traité d'Histoire des Religions*, 1968（邦訳M・エリアーデ『エリアーデ著作集第三巻　聖なる空間と時間』久米博訳、せりか書房、一九七四年）の第十章「聖なる空間―寺院、宮殿、「世界の中心」」において、彼は「家」を「建てること」、聖なる空間の「建造」について、文学的に多様に論じており、住まいについての建築論的な考察には興味深い内容を持っている。

17 真木悠介『時間の比較社会学』岩波書店、一九八一年、で、真木悠介はこのようにムビティの言葉を引用しているが、大森元吉の訳と比べ、はっきりと土地との関わりがアフリカ人の存在の基本であることを明言している。

18 真木悠介、前掲書を参照。こうした土地との関わりの重要性は、アフリカに限らず、世界各地で認められてきたが、クリスチャン・ノルベルグ＝シュルツは、「ゲニウス・ロキ」の視点から、「古代から、ゲニウス・ロキもしくは「場所の霊」は人間が直面し、日常生活において折り合いをつけねばならない具体的現実として認知されてきた。建築するとは、このゲニウス・ロキを目に見えるように視覚化することであり、建築家の務めは、有意義な場所をつくり出すことにあり、そうすることによって建築家は人間が住まうのを助けるのである。」と語っている。Cf. Christian Norberg-Schulz, *Genius Loci Towards a Phenomenology of Architecture*, 1979（邦訳Ch・ノルベルグ＝シュルツ『ゲニウス・ロキ　建築の現象学をめざして』加藤邦男・田崎祐生訳、住まいの図書館出版局、一九九四年）

19　真木悠介、前掲書を参照。アランダ族のチューリンガについては、レヴィ=ストロース、前掲書において考察されており、真木悠介もこの例を引いて、紹介している。

20　cf. P.G.Ngunjiri, Y.Tazaki et al., *op. cit.* 現地研究『ケニヤの伝統建築』の報告書は、あらかじめ決められた調査項目や考察事項に従って、およそ二週間にわたって調査対象となる家族の家に泊まり込んだジョモ・ケニヤッタ農工大学建築学科のスタッフ自身が記録をまとめ、考察・意見を記入する形でまとめられたが、海外の留学経験もある若手建築家の関心は、当然ながら、西洋的な近代建築に向かいがちであった。

21　cf. J.J.Sterkenburg, *Housing Conditions in Rural Kiambu, Kenya*, Department of Geography of Developping Countries, University of Utrecht / University of Nairobi, 1978, J.Hinderink, M.Sonnema & V.T.Groenestege, *Rural Housing Conditions in Nyeri District*, Kenya, Department of Geography of Developping Countries, University of Utrecht / University of Nairobi, 1987.

22　山口昌男「アフリカの知的可能性」、『岩波講座　哲学13　文化』、一九六八年、所収、を参照。

茶の湯における制作の実相

――堀口捨己の茶の湯研究に拠る考察――

近藤　康子

序

昭和初期の日本では、京都美術館（一九三三）や東京帝室博物館（一九三七）などの設計競技において求められた日本趣味の是非をめぐる論争に代表されるように[1]、日本建築の本来的なありようが模索されていた。こうした時代背景のもと、堀口捨己（一八九五―一九八四）は日本建築独自の伝統のありかを探求するなかで、とりわけ茶室という遺構に現代的価値を見出し、これについての研究を遂行したことで知られる[2]。かれの研究は、その対象が茶室のみに留まらず、茶碗、茶杓、炭へと展開し、さらにはそれらの基底にある思想にまで深化した、包括的な茶の湯研究[3]としてなされた。

これまで堀口の茶の湯研究は、ギリシアの古典建築から現代建築にまでいたるかれの広範な建築思想全体にまで広がることが数多く論じられてきた。先行研究では、堀口が茶室に見出した「機能と表現との一元的な完成」たる「美」の位置づけを[4]、建築の本来的なありようとして現代へと敷衍しようとしたことが実証的に説明されている[5]。では、そのような「美」はどのようにして成し遂げられるのか。先行研究においては、「美」を実現するときのその方法についての堀口の思索がいまだ十分に問われていないようである。しかしながら、堀口が単に研究者としての立場に留まらず、同時に作品を制作する建築家としての立場をも引き受けていたことに鑑みるとき、その方法への考察も必要であろう。本稿では、目指されるべき「美」を実現する制作の問題を問うことを目的とする。

堀口の茶の湯への問いは、先述のように茶室、茶庭、茶道具などの作品を主題とした茶の湯の具体的側面から、茶人らの思想を主題とした理論的側面にまで及ぶ。この理論的側面については、作品の「背（うしろ）」や「源」、すなわち具現化以前の問題として茶の湯の思想を考察したものであると堀口自身が後に位置づけた[6]二つの論考が遺されている。「茶室の思想的背景と其構成」（一九三二年初出）[7]と「利休の茶」（一九四一年初出）[8]である。これらの論考には本研究が目的とする制作の問題が含まれていると予見され、以降の考察では、一章において論考「茶室の思想的背景と其構成」を、また二章において論考「利休の茶」を記述・分析し、かれの建築思想の構造の一端を明らかにする。

論考「茶室の思想的背景と其構成」は、一九三二年に板垣鷹穂と共編で出版された『建築様式論叢』に初めて収載されたもので、かれの初期の茶の湯論として知られている。この論考は、とりわけ社寺建築が主題化された日本建築史学の潮流のなかで発表された。建築史家の太田博太郎は、そのような背景のもとで茶室がとりあげられている点、さらには茶の湯の思想にまで及ぶ点において革新的であったと発表当時の論考の意義を評価している。[9]この論考は、以降一九六九年にいたるまで微少な修正を加えられながら計五回収録されている。[10]本稿では堀口の意図を十全に含んでいると考えられる、最終版としての「茶室の思想的背景と其構成」（一九六九）（以下、「思想的背景」と表記）を考察の対象とする。

論考「利休の茶」は、一九三五年以降の茶道史研究において、とりわけ千利休研究が大きく進展を遂げていた背景のもと、一九四一年『思想』誌に論考「利休の茶」（一）―（三）として発表された。この論考は北村透谷文学賞を受賞し、学術論文としてだけではなく文学作品としても評価が高いものである。近年の研究では「あらゆる史料を博捜して理想像としての利休の茶の思想、その表現に迫ろうとしたもの」[11]とされ、その研究の精密さと共に堀口独自の思想の展開が意義づけられている。論考「利休の茶」はその後手が加えられて、著作『利休の茶』（一九五一）、改訂版の『利休の茶』（一九七〇）に収録される。堀口によれば、最後に収録された一九七〇年までの間に史料の発見から多くの変更が加えられたと言われる。[12]本稿では、最終版「利休の茶」（一九七〇）（以下、「利休の茶」と表記）を考察の対象とする。なお、本稿で引用する言説のなかで、再録される際に大きく変更された箇所がある場合には、その都度言及する。

一　「生活構成」としての茶の湯――論考「茶室の思想的背景と其構成」を通して

1　「生活」の意味

論考において堀口は、まず茶室の「思想的背景」をなすものとして茶の湯の思想を考察し、そのうえで茶室の物理的構成についての考察を展開している。序章でも述べたように本稿で読み解くのは、こうした茶の湯の思想についての言説である。

茶の湯の思想に関する言説の冒頭において、堀口は「茶の湯とは一種の生活構成ともいうべきもの」［背景―七八一］であるとして、茶の湯を「生活構成」[13]という独自の言葉で定義づける。そして、その宗教性、儀式性、教養性などの諸側面に言及したうえで、改めて「芸術」という観点から包括的に捉えようとする。そのなかで堀口は、もっぱら岡倉覚三による茶の湯の定義を引用し[14]、その定義では「芸術」ではないと否定したうえで茶の湯を再定義する。二者による定義は、以下のとおりである。

「日常生活の形を備えた美の生活」[15]（岡倉覚三）
「日常生活の形式を借りて美を求める芸術」［背景―八〇四］（堀口捨己）

論考のなかで堀口の定義は、「生活構成の芸術」とも言い換えられる。つまり、堀口は「生活」そのものを「芸術」とするのではなく、あくまでも「生活構成」を「芸術」と捉え、「生活構成」なる語によって茶の湯における「芸術」の契機を言い表していることが伺える。ここでとりわけ着目されるのは、堀口の定義が明らかに岡倉の定義の仕方に基づいてなされていることである。「形」ではなく「形式」、「備えた」ではなく「借りて」、「美」そのものではなく「美を求める」とはどういうことか。このように表現が改められたところにこそ堀口の主張があると考えられる。以降の考察では、堀口によるこうした差異化の意図を読み解き、「生活構成」の意味を探る。

茶の湯が「生活構成」と定義づけられた言説を、先に一部引用したが、以下に改めて示そう。

茶の湯とは一種の生活構成ともいうべきもので、茶の湯の典型的な形式は茶会と呼ばれて、多くの場合、数人の人が会して、飲食し、観照し、また談話する行為が中心になって一つの完き形式に組み立てられている。［背景―七八二］

茶の湯のひとつの「形式」をなすものとして茶会が言及される。茶会は「会して、飲食し、観照し、また談話する」という具体的な行為を中心に実現するものとされる。これらの行為は「日常生活にほかならないように思われるであろう」［背景―七九八］とされ、集まる、食べる、見る、話すという日常的になされる生活行為であることが示されている。「生活構成」に「生活」概念が内包されるのは、茶会においてそのような生活行為が中心になされるからだろう。しかし注目すべきは、これらの行為が「形式」として生活行為からある側面のみが引き出され、単に生活行為そのままではないと示唆されていることである。それはどのような行為か。堀口はとりわけ客が茶室へ向かうときの行為をとりあげ、口を漱ぐ、手を清める、茶室ににじり入るといった行為の仕方や客同士の間隔などが「定められている」ことについて、いわゆる儀式との類似性を見出している［背景―七九八、七九九］。しかし儀式と類化され、日常的な生活行為と差異化された茶会の行為は、さらに儀式とも慎重に区別され、日常でも儀式でもないとされる。

（引用注：茶の湯の行動は）儀式としても何かを祝ぎ、何かを祭る、何かを葬う如き儀式ではない。茶の湯の行動は行動自身、茶の湯の他に目的はない。［背景―七九九、八〇〇］

儀式と茶会の行為との差異性が[16]、それぞれの行為において志向する対象に見出されており、ここに茶会の行為の特殊性が示されている。儀式における志向の対象は、儀式が捧げられるべきある「何か」に差し向けられているのに対し、茶会の行為における志向の対象は、茶の湯そのものとされる。換言すれば、茶会においては行為と目的とが重なり合うのである。

ところで、堀口は茶会を儀式だけではなく演劇とも照らし合わせて考察しており、「（引用注：演劇の）表現を観る者は、全くかけ離れた位置から見ていればよいのである。しかし茶の湯では、観照者は誰なのであろうか」［背景―七九六］と問いをたてる。堀口は、茶会における「観照者」を客であるとしながらも、次のように述べる。

客が劇の観照者のごとき位置に置かれていたと考えることは出来ない。演劇の例で言えば、茶の客はみな自身が演者で、各役が振り付けられているのである。［背景―七九七］

茶会の客は「観照者」ではあるが、「劇の観照者」とは異なることが指摘されている。すなわち演劇においては演者が「表現」し、客がそれを「観照」するとして、「表現」と「観照」の主体が明確に区分されているが、茶会においては客が「観照」する立場でありながら、また「表現」する立場でもあると言われるように、「表現」と「観照」の主体が重ね合わされているのである。このことはたとえば、茶会に参加した客が、供された懐石を残すことなく全て食べなくてはいけないとされたうえで、そのことが「茶の湯の欠くべからざる表現的一面」［背景―八〇三］と言われる。これは「飲食」という一事例ではあるが、先に「飲食し、観照し、また談話する行為」と並記して言われるように、客の行為一般に意味を拡大しても、それらが茶会においてはすべて「表現」となりうると理解することができるだろう。また「観照は、理論的には主観的存在に過ぎないものであるが、時には客観性を帯びて、何らかの意味で、茶会の表現に参加することはあるであろう」［背景―七九八］と言われる。すなわち客による「表現」と「観照」との重なり合いというのは、「表現」された内容を「観照」するそのことさえも、翻って同時に「表現」の一つとなるという重層性をもつのである。さらに、これらの行為が「茶会の表現」の「一面」あるいは「参加」すると言われることに着目しよう。つまり、茶会においてはある全体性をもった「表現」が目指されており、客の個々の行為がこの全体性のうちに把握されていることがわかる。換言すれば客の行為は、茶会という総合的な「表現」における部分的な要素をなし、茶会全体と相互に反映し合うと言えるだろう。

ここでは客の行為についてのみ注目したが、主人の行為についても考察しよう。堀口は茶会において「観照」されるべきものとして、茶室内の様々なしつらえに加え、炭をつぐ、茶を点てるという主人の行為をあげている。注目すべきは、堀口がこの主人の行為を「表現ではない。目的行動である」［背景―七九六］としていることである。客の行為とは対照的に、主人の行為は「表現」ではないとされる。「観照」される対象でありながら、「表現」ではないと言われる理由はなにか。堀口は主人の行為についても演劇と照らし合わせて考察しており、演劇として主人の行為をみれば「表現的意味よりほかにない。実際に茶を点てなくとも、茶を点てるように見えればよい」［背景―七九六］としている。ここでは演劇における「表現」のみに特化されたありかたが述べられている。翻って考えれば主人の行為は、客のために茶を供するという目的があってはじめて茶を点てる点において「目的行動」と解されているのであり、この点に限っていうならば確かにそれは演劇におけるような表現的意味しかもたない「表現」とは異なると言える。換言すれば、ここで堀口の否定している「表現」と、茶会において「目的行動」を伴った「表現」とは、別のものであると言うことができよう。その意味においては、主人の行為もまた客の行為と同様に茶会における「表現」の一つと解してよいだろう。

以上の考察から、茶会の行為のありようが明らかにされた。茶会の行為は日常的になされる生活行為でありながら、「表現」としてなされるものであった。そして、客や主人による個々の行為は、常に茶会の全体性と相互に反映し合うものであった。このことは、先にみた茶会における行為と目的との関係の重なり合いの根拠と言えるだろう。

さて、茶会において「観照」されるべきものとして、先に主人の行為に注目したが、それ以外にも茶庭、茶室、掛物、生花、茶器、茶器の配置、食物の味、茶の味、香の匂い、釜の鳴る音、ドラの音などがあげられている。これらの事物は「観照」の対象であるから、やはり上述の行為と同様に「表現」の一部と考えられる。堀口はなかでも茶室や茶庭などの建築設備について、次のように述べる。

> 庭、路地、茶室、あるいは待合、腰掛け、雪隠、手洗場（蹲踞）、すべて演劇における舞台装置だけの意味ではなくて、同時に日常生活の事物的な設備でもある。［背景―七九七］

茶会に関わる建築設備は、「舞台装置」という虚構であると同時に「日常生活の事物的な設備」と言われるように、日常的に用いられる有用性、信頼性をもった設備でもあることが指摘されている。ここでは建築設備のみが言及されるが、これらの建築設備を人間が日常的に関わり合う道具的意味をもつ事物として広義の意味で捉えるならば、ここでは言及されない上述の茶器や食物、香などについても、やはり道具のひとつとして建築設備と同様の事柄が言えるだろう。すなわち、上述の事物はすべて人間の行為に関わり合う道具として、日常的に用いられるものでありながら、茶会における「表現」の一部なのである。これらの道具のありようは、先にみた茶会の行為のありようと重なり合うと解され、これら個々の道具もまた茶会の全体性と相互に関わり合うと言えるだろう。

ではこのような構造をもつ茶会とは如何なるものか。本節冒頭において、堀口が茶の湯を「芸術」であるとして、岡倉による定義を否定していると述べたが、それは次のように言われる。

茶の湯は「日常生活の形を備えた美の生活」であり、「唯美主義の宗教」であり、「茶、花、絵画等を主題に仕組まれた即興的劇」であると「茶の本」では述べている。生活が生活である間は、宗教が宗教である間は、それは芸術ではない。……（中略）……調和ある生活が物語になる時、絵に描かれる時、劇に演ぜられるとき、はじめて芸術に成り得る。それらは一般に芸術と言われているものの関係である対象と、美的観照の関係が成立する芸術である。［背景―七九五］

ここでは、茶の湯における「芸術」の契機が語られている。それは、「生活が生活である」「宗教が宗教である」と言われるような、日常あるいは非日常のみのうちに留まるだけのありかたではなく、生活が物語や絵や劇という形式性を伴って、日常から非日常へと移行することである。先述したように、堀口が茶会を茶の湯の形式としていることに鑑みれば、この形式性という点において、茶会もまた「芸術」になるべきものであろう。堀口のいう茶会においては、どのような移行がなされているのだろうか。これまでの考察を考え合わせると、茶会においては日常的になされる生活行為、また人間が日常的に関わり合う道具が「表現」として意識的、自覚的に展開されており、この意味において日常から非日常へと移行していると言える。引用の最後をみよう。ここでは日常性を超えるその仕方において「芸術」になるべき対象が「美的観照」されることが示されている。(17) このことを、茶の湯においてみれば、茶会もまた「観照」される対象であることがわかる。しかし、茶の湯における「観照」の仕方は、文学や絵画や演劇における「観照」の仕方とは異なると思われる。なぜなら、文学や絵画や演劇においては、対象である生活のありかたを、生活行為とは別の、書く、描く、演ずるという方法を通して「観照」されると言われるように、その対象と方法とが区分されるが、茶の湯においては、方法そのものが生活行為である点において、対象と方法とが重なり合うと考えられるからである。換言すれば、茶の湯においては茶会そのものが一つの「生活」のありかたとして、絶えず自己反省的に「観照」されると言えるだろう。さらに、茶会において全体としての「表現」が目指されていると先に解されたことに鑑みれば、茶会において「観照」される「生活」のありかたは、こうした全体としての「表現」と解されよう。

以上の考察から茶会のありようが明らかにされた。茶会という全体は、個々の行為や道具と相互に反映し合いながら実現され、一つの「表現」として意識的、自覚的に展開されると同時にそのこと自らが「観照」されるのである。日常から一旦離れて、日常性のうちに忘却されようとしている生活そのものを自覚的に取り戻そうとする仕方において、茶会は日常性を超えていると言えよう。本節冒頭で注目した「生活構成」なる語は、日常性を超えるという「芸術」の契機を内包した「生活」のありかたを意味していたのである。

最後に岡倉と堀口の定義の差異に言及しよう。堀口は、岡倉が「形を備えた」とした箇所を「形式を借りて」と言い換えていた。つまり、日常的な生活行為から茶会へと引き出されたものが、それらの「形」ではなく、あくまでも「形式」であると厳密化しているのである。そして「備えた」ではなく「借りて」ということによって、仮設的な茶会のありかた、すなわち日常性を超えることによる非日常への移行を言い表していると考えられるのである。

2　「構成」の意味

前節冒頭において、堀口が茶の湯を「生活構成」と定義した言説を引用したが、ここでもう一度その引用をみる。茶会が「形式」「組み立て」という語を伴って記述されることに注目しよう。すなわち、茶会には何らかの構造を見出せるのではないか。茶会の行為が「中心になって」といわれるときの「中心」とは、こうした構造があることを示唆する表現であると解されよう。(18) ここに「生活構成」に内包される「構成」という概念がまた見出されると考えられる。以降では「生活構成」における「構成」なる概念を通して、

「生活構成」のありようを探る。

（前略）茶室の中では主人の好みからなる「見立て」と「取り合わせ」によって、それは器物の持つ視覚的効果や、飲食の味や、香等を素材として一つの個性によって貫かれ統一された構成の世界が開かれる。その世界ではよく和し、よく敬し、よく清く、よく寂なるが理想とされている。それは生活の最高の調和と美である。［背景―八〇一、八〇二］

主人が視覚、味覚、嗅覚などによって感覚される事物を対象として、それらを「一つの個性」に基づき「統一」することで、「構成の世界」を展開すると言われる。換言すれば、主人は事物を「一つ」に統合するという仕方において、「構成」するのである。引用の後半で言われる和敬清寂という言葉は茶の湯一般において使われる言葉であり[19]、堀口は次のように解釈している。『謹み』や『敬い』は対人的で、結果として『和』であって、清と寂は対物的な情感的方面を述べていたのであろう」［背景―八一八］と。すなわち、人間と人間との関係のありよう、人間と物との関係のありようが「調和」することが目指されているのだ。そして、このような「調和」という状態が「美」という資質を伴っているのである。序章における「美」の位置づけは「機能と表現との一元的な完成」とされていたが、ここでは機能性や表現性などの個別の問題を包含しながらも、より広い意味をもった「美」が語られていると考えられる。

茶の湯のごとき生活構成は、その目的が静かな調和であるのであるから、その構成の仕方いかんのほかにその質に関る（かかわ）ことが多い。すなわち庭園、建築および器具など、またそれ以上に人の構成自身の質に負うことが多いのである。［背景―八〇四］

「構成」がその「仕方」と「構成」対象そのもののありように依拠することが示される。「仕方」とは、見立てと取り合わせと言われる「構成」の「技巧」を意味していると解されるが［背景―八〇五］、これについては後に詳しくみる。一方で「構成」の対象とは、「庭園」「建築」「器具」、そして「人の構成自身」と言われるように物と人間との二者である。なかでも「人の構成自身」とは、主人と、主人がその茶会に招く客を指すであろう。堀口は「またそれ以上に」という語によって、物よりもとりわけ人間のありようの重要性を強調しているのである。このことで注目すべきは、茶会における「美」の実現が、主人という主体性だけではなく、客という他者にも委ねられていることである。客について次のように言われる。

> 正客は主人の性格や趣味やその日の気分を十分に知っていなければ、その日の茶会は完全には行なわれないと考えられている。……（中略）……その他の客も少なくともその茶会の調和を破るような人物や行為があってはいけない。［背景―七九七］

客が「主人の性格や趣味やその日の気分」への理解を求められていること、そして客の行為によって「破る」という表現がされていることが注目される。「主人の性格や趣味やその日の気分」とは、本節で初めに引用した文中の「一つの個性」、さらに言えば茶会の方向性の根拠となるものであろう。つまり、客は主人による「構成」の意図を理解し、その目的である「美」を客自身もまた実現させるために、主人による「構成」に参加するのである。このような仕方において客もまた「構成」すると言えるだろう。客は主人によって「構成」される客体でありながら、「構成」する主体でもあるのだ。ここで、先にみた岡倉と堀口の定義の差異性の根拠を確かめることができる。堀口は、岡倉が「美」とした箇所を、「美を求める」と言い改めていた。すなわち、かれは茶会に「美」そのものを見出そうとしていたのではなく、上述したように「構成」することとして、常に「美」なるものを追い求めるという動的な態度を重視していたのである。

さて、引用では茶会を「完全」に行うと言われるように、主人や客によるそれぞれの「構成」が、茶会の全体性に関わり合いながらなされる働きであることが示されている。ここに見出される個々の「構成」と全体性との関係は、前節で考察された行為や道具などの個々の「表現」と茶会の全体性との関係に重なり合うと考えられる。さらに前節でこのような相乗的構造を伴って展開されつつある茶会が、一つの「生活」のありかたであると解されたことから、次のことが言えよう。すなわち、茶会とは、「構成」することと「構成」されつつあるものとの、絶えざる相関のうちに実現する一つの「生活」のありかたである、と。そして、この意味において「生活」と「構成」という別々の二語は、その相関性を内包した「生活構成」として、新たな意味を獲得するのである。

二　「構成」の諸相――論考「利休の茶」を通して

1　茶道具の「組み合せ」

「利休の茶」は、「利休の茶の完成」「利休の茶の表現」「利休の茶の思想」「利休の茶の性格」の四章から構成される。[20] 第一章の「利休の茶の完成」において堀口は二つの茶会記を考察している。堀口の言によれば、それらは「古渓の餞の会」と「立石紹林一人客の会」と呼ばれ、それぞれ「鋭いはげしい茶会」［利休―二三二］と「穏やかな会」［利休―二三四］として対比的に位置づけられている。[21] とりわけ前者の茶会については「利休の茶の仕上りと同じく、日本の茶の湯の完さを見た」［利休―二三三］とされ、また「利休の茶の表現」「利休の茶の思想」「利休の茶の性格」において、各側面から利休の茶が考察されるなかで、それらの「完成」として常に参照されるなど、その重要性が示されている。一方で後者の茶会については、常に参照されるわけではなく、参照されたとしても必ず前者の茶会の後に言及されており、あくまでも「鋭いはげしい」と形容されるときの利休の茶の際立った特質を、「穏やか」という対極の側面から補完するものとして位置づけられていたと言える。堀口がこのようにまで注目した茶会とは如何なるものだったのか。[22] 以降ではこの前者の茶会についての論述を手がかりとして、さらに「構成」の意味を探る。

この茶会記がとりあげられた根拠が次の言に示されている。

> 掛け物を茶会の道具として、そのようにまで重く使うことは、他にそう例があるものではなかった。……（中略）……そのような稀な事柄を取り上げて、利休の茶を見たのは、物の組み合せを見立てる働きの冴えを見るにあった。それはすべての組み合せに通う取り合せの強さが、他に比ぶべくもないほどであった。［利休―二四一］[23]

堀口は、利休の掛物の使い方に着目しており、とりわけ見立てる働きに「冴え」を見出している。引用では見立てと取り合せという語が用いられるが、茶の湯一般において見立ては、事物を別の場面において転用する、取り合せは、組み合わせるという意味をもって使われる。[24] これらの意味をふまえて、引用をみよう。一茶道具の見立てが物の「組み合せ」という集合への働きと捉えられており、また取り合せと「組み合せ」という語が使い分けられている。すなわち、ここでは見立てたうえで取り合せることが「組み合せ」という語によって表現されていると考えられる。さらに前章で触れたが、この見立てや取り合せという働きは「思想的背景」のなかで「構成」の「技巧」とされる。つまり、前章の記述で言うならば、この「組み合せ」なる働きは、「構成」としての側面と解されるのである。このことに鑑みれば、堀口がこの茶会に見出していたものは、利休による「構成」であることがわかる。堀口はこの茶会について茶室や点前などについても詳述しているが、本節ではかれがとりわけ注目した掛物についての論述を通して、「構成」の内実を探りたい。

この茶会の概要を説明しよう。この茶会は天正一六年（一五八八）、千利休（一五二二―一五九一）の参禅の師である古渓宗陳（一五三二―一五九七）が、豊臣秀吉の怒りにふれて大宰府に流謫の身となったために、利休が古渓との別れを偲んで特別に開いた送別の茶会として知られる。[25] 主人は利休、客は古渓を含む大徳寺の禅僧三人、春屋宗園（一五二九―一六一一）、玉甫紹琮（一五四六―一六一三）と三井寺の本覚坊暹存（好）（生没年不詳）である。

堀口の言説をみていこう。まず客の一人である本覚坊について「利休の茶を助ける役があてられていたごとくである」［利休―二一六］とされ、この茶会の本来の客が大徳寺の禅僧三人と推察されていることがわかる。そして、この茶会において用いられ、堀口がとりわけ注目した掛物は、この本来の客が所属する大徳寺の開山の師が参禅した虚堂智愚（一一八五―一二六九）という高僧の墨蹟であった。堀口は、「臨済宗（りんざいしゅう）のうち、わけても大徳寺には縁が深く、それだけの因（ちな）みでも、この掛け物はまことにこの会にふさわしかった」［利休―二一六、二一七］と述べている。「因み」とは客と掛物との関係と解される。ここでは臨済宗という宗派上の関係のみが指摘されるが、「それだけ」でもふさわしいと言われるように、堀口が客と茶道具との関係性のありように着目していることがわかる。次の言をみよう。

それが誰の筆になったかは、茶の湯では、誰が持っていたかと同じように、その誰かを茶会の組み立ての中に、一人の人として見立てて働かせ得るからであった。……（中略）……その墨蹟に向うことは、その人に会うにも等しい心の引き緊りと、張りを覚えさせたに違いなかった。［利休―二六四］[26]

掛物が虚堂智愚になぞらえられたとされる。つまり、古の虚堂智愚というその人が、その茶会に参加する非実在の人として想定されているのだ。掛物と客との関係として先に宗派が見出されていたが、ここでは虚堂智愚その人と客との立場が見出されている。そして「引き緊り」「張り」と言われるように、このような関係性による客の「心」への働きかけが指摘されている。さらに、次の言をみよう。

（引用注：利休が掛物を見立てたのは）なかに書かれてあった詩の含みを、この茶会のために特に書かれたごとくに、生かして使うことにあった。……（中略）……この中の詩の「木の葉は枝をはなれて、霜気はきよい」と述べていた初めの句は、旧暦の九月でもあって見れば、季節にまあ合っている。頭角（とうかく）を表わした俊（すぐ）れた僧が禅門を出るという承句（しょうく）に至っては、全くそのときの古渓のために、特に選ばれた句としか思われなかった。東西南北、人なき境を悟り、急ぎ帰りきたって、この情を語れという句は、全く春屋や玉甫が古渓に対っての切な心持ちの表われそのもの、そのままであったであろう。利休や本覚の心も、また同じであったに違いない。［利休―二一七］[27]

掛物の詩の内容が、この茶会のために書かれたものとしてなぞらえられたとされる。具体的には引用の後半で語られ、三つのなぞらえが見出されている。一つめは時節である。時節の重ね合わせについて、堀口は「まあ合っている」という言葉で表現している。二つめは状況である。「僧が禅門を出る」という詩の内容を、古渓が太宰府に配流されるというその時の状況に重ね合わせている。堀口は「特に選ばれた」という言葉によって、この重ね合わせの重要性を表現している。最後の三つめは「急ぎ帰りきたって、この情を語れ」という内容を、古渓との別れを惜しむ気持ちになぞらえている。ここでは春屋、玉甫、利休、本覚坊の四人とも同じ心持ちであったとされるが、春屋と玉甫、利休と本覚坊とが二文に分けて書かれることから、前者と後者に差異づけがなされていると思われる。上述したように本覚坊が利休の手伝い役とされることから、利休がとりわけ詩の内容との重ね合わせにおいて真に主題化したのは、本当の客であるところの古渓そして春屋、玉甫であったと堀口は捉えていると言えよう。かれは「表われそのもの、そのまま」として、まさに客の心境にまで踏み込んだなぞらえの的確さを表現している。先に堀口が客と茶道具との関係性のありように着目していることを示した。堀口は掛物という一茶道具に、宗派、立場、時節、状況といった形式的なものから、形式性を超えた極めて個人的な「心」にまで及ぶ限りなく強い関係づけをなす利休の働きを見出していたのである。そして、このような働きこそ堀口が「冴え」を見出した利休の「構成」の仕方であることがわかる。また虚堂智愚その人をなぞらえるその仕方において客の「心」への働きかけがすでに指摘されていたが、このような「心」にまで及ぶ「構成」の仕方こそ、客の「心」に作用する本当の契機と捉えられていたと解される。かれは、この茶会を「鋭い」とした根拠を次のように述べている。「鋭いというのは……（中略）……隙のない見立てを思いつく心の働きの鋭さの謂い」［利休―二二二］と。堀口は上述した「構成」なる働きの強さを、何よりもまず利休自身の「心」の働きの強さとして把握していたのである。

2　茶会の「組み立て」

前節では、茶道具の「組み合せ」について考察した。堀口はこの茶会記の考察を始める前に次のように述べている。「千利休の茶会記を、例にとって、その組み立て方の一つに触れてみよう」［利休―二一一］と。堀口は茶会の「組み立て」というある全体性を実現させる働きのうちに、茶道具を「組み合せ」る働きを見出していたと推察される。前節において「組み合せ」が「構成」としての側面と解されたこと、また前章において主人や客による個々の「構成」が、茶会におけるある全体を「構成」すると解されたことに鑑みれば、ここでいう「組み立て」もまた、茶会の全体性を実現させる「構成」なる働きと言えるだろう[28]。堀口はこの茶会記の考察において、掛物、茶室、点前という三つの観点から言及している。このうち掛物については前節で考察した通りである。また茶室については、その茶室のありようが記されるに留まっており、茶会との関わりは言及されない。そして点前については、その茶会のために「特に」なされたものであったと言われ、点前と茶会との強い関わりが示唆される［利休―二一八］。以降ではこの点前についての論述を通して、さらに「構成」の内実を探る。

堀口はこの茶会の点前について以下の三点に着目している。一つめは、利休自身があまり好まなかった台子の点前を選んだこと、二つめは、利休自身が否定していた仕方で茶を点てたこと、三つめは、当時定式とされていた飲み廻しをしないでそれぞれの客に茶を点てたことである［利休―二一八―二二一］。まず台子の点前が選ばれた根拠について、堀口の推察が次の言に示されている。

寺方の名ある僧と、その餞のために、特に選ばれ掛けられた墨蹟を中心に、仕組まれた茶の湯には、日ごろの好き嫌いを全く超えて、この台子の茶、台天目の茶を選んだのである。かくして彼の四畳半の中に、一つの調高い纏りある世界が、ゆるぎなくも打ち立てられたのであった。［利休―三〇七］[30]

「寺方の名ある僧と、その餞」とは、前節で考察された古渓の送別の茶会であり、墨蹟とは先にみた虚堂智愚の掛物である。「特に」「全く」と強調されるように、墨蹟と台子の点前が、餞というまさに一つの目的のために選ばれたものであることが示されている。そしてこの一つの目的は、前章の記述で言うならば「一つの個性」のことだろう。引用の後半に着目する。「四畳半の中」と言われるように、堀口は墨蹟や台子といった物を空間的視座で捉えていることがわかる。つまり「一つの調高い纏りある世界」が打ち立てられるとは、「一つの」「纏り」といわれるある全体性、完結性をもった空間の実現が語られているのだ。「かくして」と前文が引用されることから、このような空間はすべての物が一つの目的のために選ばれてこそ実現されることがわかる。そして空間として「調高い」とされるのは、「墨蹟を中心に」という言に代表されるような物同士の関係性のありように起因していると言えるだろう。堀口はこのようにして茶会を実現させようとする利休の働きに「並々ならぬ心入れが潜んでいた」として、前節と同様にやはり潜在する「心」の不可欠性を示唆している。

次に茶の点て方について書かれた言説をみよう。まず、利休自身が否定していた点前で茶を点てたことについて、堀口は「むかし台子を出していたので、ことさらに古い手前をしていたのでもあろう」［利休―二二一］と述べる。つまりそのような点前をしたのは、上述した台子の点前が好まれた先人の時代に合わせるためであったと推察しているのである。一方でそれぞれの客に茶を点てたことについてては「一人一人に、茶の濃い淡いを見計らって……（中略）……心行くばかりにもてなした」[31]［利休―三〇八］と言われる。「心行くばかりに」と強調されるように、客の好みの加減に合わせた点前は他でもなく客をもてなすためであったとされていることがわかる。先に堀口がすべての茶道具を餞のために選ばれたものと捉えていることを示した。ここではその茶道具のための点前とされること、また餞が開かれる契機ともいえる客のための点前とされることから、堀口はやはりこの点前の仕方にも餞という目的を見出していると考えられよう。

さて、堀口は利休の茶の湯について史実から、「その時の宜き様子を茶の湯と観る茶の湯であった」[32]［利休―三〇七］としている。かれは、「古渓の餞の会のごときは、まさによくこの境を行ない得て、余すところなきように思える」［利休―三〇七］と述べ、利休の茶の湯がこの茶会においてまさに実現されているとする。次の言をみよう。

また彼のいうその時のよき様子を、茶の湯と悟ることは、その時の宜しさに従って、その処を得て、環によく調べの合った茶の湯を、茶の湯とすることであったであろう。……（中略）……利休の茶は、その侘び様式に纏め上げられた一つの世界であって、直に体験として、侘び人の静かな心を、その世界に遊ぶものの心に微風のように吹き込むものであったであろう。［利休―三一九］

利休の言う茶の湯が、堀口によって「その時の宜しさに従って、その処を得て、環によく調べの合った茶の湯」と解釈しなおされており、堀口が茶会というものを、その時、その場所においてしか成立しえない仮設的にしてかつ特設的なものと捉えていると解される。ここではそのような仮設性や特設性が「体験」という語によって語られていることに着目しよう。これまでの考察と考え合わせると次のことが言える。すなわち主人は餞というような、その時、その場所においてしか成立しえない茶会のために茶道具を選び、やはりその目的に沿った仕方で行為をなすことによって、台子や虚堂智愚などの歴史的な尺度を伴った時間性、そして非実在をも包含する空間性が重層化された経験の場をしつらえるのである。「侘び人」とは利休が目指すところの「侘び人」であり、「その世界に遊ぶもの」とはその茶会にいる主人であり客であろう。「心」を「吹き込む」と言われることからこのような経験の場は、その茶会にいる主人および客が経験を通して、茶人が目指すところの「心」をそれぞれの「心」で感じとる契機の場とも言えるだろう。先述したように、堀口は利休の働きに「心」の不可欠性を指摘していたが、まさにそのような「心」の働きにおいてこそはじめて、上述の目指されるべき茶会は実現されると考えられる。

3 「心」について

本章1節および2節の考察では、「構成」における「心」の問題について言及した。別の論考ではあるが、「利休の茶」と書かれた時期が近く、「構成」における「心」の問題を補完すると思われる「茶碗の生と躾」（一九四八年初出）[33]と題された論考がある。この論考は、堀口が茶会での経験を通して書いた随筆であり、ここでは「思想的背景」や「利休の茶」のように研究者という立場のもとに把握した茶の湯ではなく、堀口自身の展開した茶の湯が語られている。本節では、「生と躾」を読み解き、前節とは別の視点から「構成」における「心」の問題を取り上げてみよう。以下にその言説を示す。

> （前略）茶の湯の道具の使い方は、その形や色の調べを合わせるというだけでなしに、そのような生の命の持つ息吹きをも、他のそれらと合わせることに心入れがなければならないであろう。茶会そのものも、それがないのなら、生きた一つの如く纏め上げることは出来なかろうと考えるのである。［生と躾—二五〇］

形態や色彩によって茶道具を「合わせる」、またそれによって茶会を「纏め上げる」と言われるように、ここでは茶道具の「組み合せ」および茶会の「組み立て」が言及されていることが伺える。また「心入れがなければならない」とされ、それらの働きにおける「心」の不可欠性が示されている。しかし、「生の命」「生きた一つ」と言われるように、ここで必要とされる「心」とは、「生」なるものに関わる「心」であることが示唆されている。論考の表題でもあるように、堀口は「生」なるものを主題化しており、「生」について「私がここで言う茶碗の生というのは、言葉通り命のことで、茶碗の生き死にの謂いである」［生と躾—二四八］と述べている。堀口が茶碗に命を見出し、それを茶碗の「生」と言い表していることが示されるが、そのような「生」と「心」とはどのように関わり合うのだろうか。

> このような茶碗の生は、茶碗をただ物と見て、事物的にのみ取り扱おうとする心構えの人たちには、縁の遠い事柄である。……（中略）……ただ茶の湯というような、物の取扱いや見方に、その心を上げて、その限りを尽すに近いものなどには、明らかに、鮮(あざや)かに、現われて来るのである。［生と躾―二四九］

ここでは「生」に関わり合う「心」の問題が、「心構え」と言われるように態度の問題として記述される。まず、常識に絡めとられた日常的な態度が否定され、それは「ただ物」「事物的」と言われるように、視覚的に見える事物のみを見ようとする態度とされる。一方で茶の湯における態度が肯定され、「心」の問題として日常における即物的な態度と差異化して語られるが、それはどのような態度なのか。堀口は茶の湯における態度をまた「その物の内に深く潜み入り、深く感じ捕えるというごとき気構え」［生と躾―二五二］とも述べている。これらを考え合わせると茶の湯における態度とは、事物を見る人間が「潜み入り」「捕える」と言われるように、その事物に内属し、まさに一致しようとすることによって、視覚的に見える事物に密かに隠れた本性を見出そうとする態度と解される。[34] そして「現われて来る」と言われるように、このような態度のもとでこそ「生」なるものが、その事物のただなかから自ら生起し、人間によって「明らかに、鮮かに」感知されるのである。

本節冒頭の引用を見よう。ここで考察している「組み合せ」には、「生の命の持つ息吹き」と言われるように、上述の態度のもとで見出された「生」のありようが包含されていることがわかる。ここでは茶道具のみが言及されるが、堀口は「茶をたてる人も、飲む客も、皆おのおのが、一人一人生の傾きを色濃く持っていて、茶会の組み立ては、道具だけに係わる事でない」［生と躾―二五五］と述べており、客もまた茶道具と同様に「組み合せ」ることが求められていると解される。引用の後半に着目しよう。「組み立て」という観点のもとで解釈すれば、上述の「組み合せ」によってこそ、茶会を「生きた一つ」の如く「組み立て」うると理解される。ここでは、個々の「生」が茶会という全体にまで働きかけることが示されているが、茶会が「生きた」如くあるとはどういうことだろうか。堀口が「生」なる語を、物そのものではなくあくまでも人間が感知するものとして用いていることに鑑みれば、茶会が「生きた」如くあると言われるのは、茶会に「生」なるものが既在するのではなく、茶会に参加した人が自ら茶会を「組み立て」つつ、その茶会を特別な「生」ある経験として生きるまさにそのときにおいてこそ、茶会が「生きた」如くあると言える。また、茶会がそのように生きた「一つ」と言われるのは、前章で考察された個と全体との問題がみられていることによると考えられる。すなわち、客や茶道具といった個々の「生」なるものが、茶会全体を「一つ」の事象として凝集するのである。堀口はこのようにして茶会がまさに「生きた一つ」の如くあるということを、自身の経験として理解していたのである。

以上の考察から次のことが言えよう。堀口は文献研究を通して見出した「構成」における「心」の働きを、自身の経験を通して、先にみた茶の湯における態度として把握しなおしていた。そしてそのような態度のもとではじめて目指されるべき茶会が実現されうると捉えていたのである。またこのことは前章で考察された「美」の問題に関連すると考えられる。前章では常に「美」が追い求められるという「構成」の態度の問題が見出された。すなわち、このような態度のもとでこそ茶会は「生きた一つ」の如くあると経験されるのであって、そのことが「美」の一つのありかたとして捉えられるのだ。この意味において、ここでは「美」の実現の契機が語られているとも言えるだろう。

結

本稿の目的は、「美」を実現することとしての制作の問題を、堀口が如何なる思想のもとに把握していたのかを問うことであった。制作の問題を対象と方法の問題としてみてみると、茶の湯における制作の問題は、「生活」と「構成」の問題として読み解くことができる。

茶の湯は、茶会という一つの「生活」のありかたとして具体化される。この「生活」は、茶を飲む、話す、見る、というような日常的な生活形式に根差しつつも、常に「美」が目指されるなかで、そのことが自己反省的に顧みられ、また表現されるという仕方において日常から一旦切り離され、非日常へと移行している。堀口は、日常から非日常へのこうした移行の契機を、「構成」という働きとして捉えていた。「構成」とは、茶道具の設えや主客の行為など、茶会に関わるすべての事態を指し、茶会をその都度全体化する働きである。なかでも堀口が注目したのは、主人による「構成」であった。主人は、その時、その場所で行われる茶会のために、季節や状況、客の心境、さらには茶道具や客の「生」と言われる生命の様態をも含めて、茶道具や客を「組み合せ」る。堀口によれば、こうして設えられた場において、主人や客みずからがまさにそこに生きるとき、茶会そのものも生きた一つの如く「組み立て」られると言われる。つまり、茶会とは、「構成」することと「構成」されつつあるものとの絶えざる相関のうちに実現する一つの「生活」のありかたであった。堀口は、「生活」と「構成」とのこうした相関性を「生活構成」という一語で言い表していたのである。

序章でみたように堀口の茶の湯への問いは、建築の本質への問いとして敷衍されうるものであった。その背景には、茶の湯と建築の制作のうちに、日常に根差しながら同時に非日常へと移行するという構造の相似性が看取られていたのではないだろうか。

本文中における堀口捨己の言説引用文献の略号は以下による。

著書（本文中では略号の後にハイフンにて引用部頁番号を示す）

［背景］：堀口捨己「茶室の思想的背景と其構成」、『茶室研究』、鹿島出版会、一九六九

［利休］：堀口捨己「利休の茶」、『利休の茶』、鹿島出版会、一九七〇

［生と躾］：堀口捨己「茶碗の生と躾」、『堀口捨己歌集』、鹿島出版会、一九八〇

※引用文は原則として2字下げによる段落、または「……」によって示す。

※筆者により引用文を省略する場合、（前略）、（……中略……）と示す。

※筆者による内容補足を行う場合、引用文中に（引用注：……）と示す。

註

1　日本趣味が求められた設計競技への応募を拒否する日本インターナショナル建築会の声明発表や、牧野正巳、堀口捨己、谷口吉郎らによる、いわゆる日本趣味への批判的論考の発表などがあげられる。

2　堀口が日本の伝統的建築物を探求した契機については、堀口捨己「数寄屋造と現代建築について」、『建築文化』、一九五六、一月号や座談会「日本近代建築の展開のなかで」、『建築雑誌』、一九六八、八月号に詳しい。また、茶室に現代的価値を見出した根拠については、堀口捨己「建築の非都市的なものについて」、『紫烟荘図集』、洪洋社、一九二七に示されている。堀川勉『「アテネより伊勢」へ―近代日本の建築思想』、彰国社、一九八四、二〇三―二一五頁では、茶室へと傾倒する堀口の思想が、当時の思潮との関連のもとに考察されている。

3　堀口は、たとえば千利休研究において『利休の茶室』（一九四九年初出）と『利休の茶』（一九五一年初出）という表題の著作を発表しているように、茶室研究と茶の湯研究とを区別して発表している。堀口研究の第一人者である藤岡洋保は、堀口を総じて茶の湯研究者と記述していることから、本稿においてもかれの茶の湯研究および茶室研究を総合的に「茶の湯研究」と表記した。（藤岡洋保『表現者・堀口捨己―総合芸術の探求―』、中央公論美術出版、二〇〇九、ⅲ頁）

4　堀口捨己『紫烟荘図集』、洪洋社、一九二七、一二頁。

5　ＳＤ編集部編『堀口捨己』、鹿島出版会、一九八三では、建築家、建築史家、庭園史家、歌人としての側面が論じられるのに合わせて、茶の湯研究者としての堀口が語られている。磯崎新「様式の併立」、『見立ての手法―日本的空間の読解』、鹿島出版会、一九九〇では、堀口の建築作品における和風様式と洋風様式との接近、背離という問題が、茶の湯研究者でありながら現代建築家でもある堀口の内的な関係性に重ね合わせて考察されている。『堀口捨己の「日本」―空間構成による美の世界』、彰国社、一九九七では、堀口の広範な活動が年代順に詳細に纏められている。またこの研究のなかに収録された藤岡洋保の論考「『主体』重視の『抽象美』の世界―分離派時代を中心とした建築観の考察」では、「美」を探究する堀口の原点として分離派時代の建築思想が遡行的に考察されている。近年発表された藤岡洋保『表現者・堀口捨己―総合芸術の探求―』、中央公論美術出版、二〇〇九では、堀口の活動および思想が豊富な資料に基づき総合的に分析されており、本稿における主要な参考文献として位置づけられる。このなかでは堀口の茶の湯研究が、かれの思想全体のなかで俯瞰的に位置づけられたうえで、かれの思想形成に大きく影響したことが示されている。また茶の湯研究のなかでもとりわけ千利休研究を通して「美」への探求がなされたことが実証的に説明されている。

6　堀口は論考「茶室の思想的背景と其構成」を、茶室の「背にある心入れや、心構えを見取る」ために書いたものと位置づけている（堀口捨己『茶室研究』、鹿島研究所出版会、一九六九、六頁）。また論考「利休の茶」については「利休の茶室が、拠って来る茶の湯の思想的な向を纏めたもの」としており、この「思想的な向」は「思想の源」とも言われる（堀口捨己『利休の茶室』、鹿島研究所出版会、一九六八、一三頁）。これらの論考は茶室以前への問いが書かれたものと位置づけられるが、堀口は論考「利休の茶」について「彼の茶室とか、彼の炭とか、茶杓とか、好みの一つ一つの調べを見る前に、読まれることが望ましい」（堀口捨己『利休の茶』、鹿島研究所出版会、一九七〇、二七頁）と述べている。すなわち堀口の問いは、茶室のみに留まらず、炭や茶杓なども含めた作品一般を具現化しようとする、いわば包括的な作品以前への問いと言えよう。

7 『建築様式論叢』（一九三二）、『茶道全集巻の三 茶室篇』（一九三六）、『草庭―建物と茶の湯の研究』（一九四八）、『草庭―建物と茶の湯の研究』（一九六八）、『茶室研究』（一九六九）に収録。

8 『思想』（一九四二）、『利休の茶』（一九五一）、『利休の茶』（一九七〇）に収録。

9 堀口捨己『草庭―建物と茶の湯の研究』、筑摩書房、一九六八に収録された太田博太郎による「解説」参照。

10 一九六九年最終版が収録される際、堀口は一九三二年の発表当時を振り返り、「若い時に思い切った言葉をつらねたもの」ではあるが「この元をなす考えは今も持って」いると述べ、根本的な思想の変化はないとしている。（堀口捨己『茶室研究』、鹿島研究所出版会、一九六九、五―六頁）

11 熊倉功夫『近代茶道史の研究』、日本放送出版協会、一九八〇、二九頁。

12 堀口捨己「改訂版のはし書き」、『利休の茶』、鹿島研究所出版会、一九七〇、五頁。

13 「生活構成」という堀口の定義への注目が示されたのは、前掲書（9）における太田の「解説」が先駆的であろう。太田は、「生活構成」という語によって堀口が独自の茶の湯論を展開したことを指摘している。

14 堀口は「岡倉覚三氏の『茶の本』」を参照したと述べている［背景―七九五］。「思想的背景」は一九三二年に発表されたものであるから、堀口が参照した『茶の本』は雑誌『亡羊』（一九二七）に掲載されたもの、あるいはそれらが纏められて出版された岡倉覚三著、村岡博訳『茶の本』、岩波書店、一九二九と思われる。

15 堀口は岡倉の定義として以下の三つをあげている。一つめは「日常生活の形を備えた美の生活」、二つめは「唯美主義の宗教」、三つめは「茶、花、絵画等を主題に仕組まれた即興的劇」である［背景―七九五］。堀口はなかでも一つめの「日常生活の形を備えた美の生活」という表現に則って茶の湯を再定義しているが、管見によれば雑誌『亡羊』（一九二七）あるいは『茶の本』（一九二九）にそのような言説は見当たらない。おそらく『亡羊』に書かれた「日常生活の俗事の中に、美しきものを崇拝するに基く一種の儀式」（第一章「人道の盃」冒頭部）、あるいは『茶の本』に書かれた「茶は日常生活の俗事の中に美を崇拝する一種の審美的宗教」（目次）、「日常生活の俗事の中に存する美しきものを崇拝することに基く一種の儀式」（第一章「人情の碗」冒頭部）という言説を堀口が独自に解釈したのではないかと思われる。残りの二つの定義については「審美的宗教」が「唯美主義の宗教」（『亡羊』、第一章「人道の盃」冒頭部、あるいは『茶の本』、目次および第一章「人情の碗」冒頭部）、「花卉」が「花」、「即興劇」が「即興的劇」（『亡羊』、第二章「茶の諸流」末尾、あるいは『茶の本』、第二章「茶の諸流」末尾）と言い換えられているものの、『亡羊』あるいは『茶の本』に書かれた内容と同一と思われる。

16 引用では具体的な動作を指して「行動」という語が用いられているが、ここでは茶会における意味としての「行為」について考察する。

17 堀口は庭について書いた論考のなかで「庭を見て、芸術的なものを見とるということは、生（なま）の現実から離れた彼岸（かなた）のものとして、観照という心の場においてである」（堀口捨己「庭とは」、『庭と空間構成の伝統』、鹿島研究所出版会、一九六五、五頁）と述べる。またこのような事物の見方を「対象の中に心を打ち込み、その世界に潜み、その美しさに触れる」（同論考、七頁）とも言い換えている。これらを考え合わせると堀口は「観照」を「生の現実」と言われる日常から一旦離れた「心の場」において、「観照」する対象と限りなく接近しようとする方法的態度と捉えていたと考えられる。これと同内容と思われる言説が論考「建築における日本的なもの」（一九三四）にも書かれている。

18 次章で考察する論考「利休の茶」において、堀口は茶の湯と茶会とを差異化しており、茶の湯が亭主、客、茶道具、茶室、茶庭から「成り立つ」のに対して、茶会はそれらの「集まり」とされる［利休―二一二］。このこともまた、茶会に「集まり」としての構造が伴うことを意味していると考えられる。

19 和敬静寂は、茶道の精神を表現するのに用いられた禅語とされる。（桑田忠親編『茶道辞典』、東京堂、一九五六、六二七頁）

20 『思想』（一九四一）では、「利休の茶の完成」「利休の茶と掛物」「利休の茶と鷺の繪」「利休の茶の精神」「利休の茶の性格」「利休の茶の原流」という六章で構成されていたが、『利休の茶』（一九五一）ではこれらが四章に纏められた。

21 この二つの茶会の対比的構造は『利休の茶』（一九五一）において初めて見られる。

22 堀口は「古渓の餞の会」について一九三八年「利休の人物（回答）」（雑誌『瓶史』収載）のなかで既に言及しており、この茶会への関心の強さが伺える。

23 『思想』（一九四一）では、第一章「利休の茶の完成」以降の考察において、「古渓の餞の会」の内容はほとんど参照されない。この言説は『利休の茶』（一九五一）、第二章「利休の茶の表現」で加筆された。（一九七頁）

24 沢山遼、戸塚宗華『「見立て」と「取り合わせ」の美』、美術手帖、美術出版社、五八―五九頁、二〇〇九、一一月号参照。また、磯崎新：見立ての手法―日本的空間の読解、鹿島出版会、一九九〇、一二三頁によれば見立ては「仮に見なす」「なぞらえる」という意味をもつとされる。

25 中村昌生編著『数寄屋古典集成1―利休の秘法』、小学館、一九八七また、竹貫元勝『古渓宗陳―千利休参禅の師』、その生涯、淡交社、二〇〇六に詳しい。

26　『利休の茶』（一九五一）の第二章「利休の茶の表現」で加筆された。（二二〇頁）

27　掛物の詩の内容は以下の通り。「木葉辞柯霜気清　虎頭戴角出禪◯（◯はかんぬき。一の下に局）東西南北無人処　急々帰来語此情」［利休―二一三］。

28　「組み合せ」「組み立て」という二つの概念については、堀口捨己「利休の炭」、『利休の茶』、岩波書店、四五七―五八六頁、一九五一においても詳述される。堀口は炭の置き方が書かれた利休百首の一首について「組み合はされたものが、縁を切らすなとある如く、各〻深く結び付き合ひ、一つの組み立てに纏められ、然もそれらが各〻釣合ひとれたものでなければならぬことを、述べてゐた」（同書、五二七頁）とする。ここで言われる「組み合せ」は個々の炭の集合、「組み立て」は全体としての炭の集合体を意味していると解される。このこともまた「組み合せ」が茶会における個々の「構成」、「組み立て」が茶会という全体の「構成」を意味していることを裏付けていると言えよう。

29　堀口はこの点前を「台子の茶」「台天目の茶」と表現しており、これは天目茶碗を畳の上に置かず、台子という点茶用棚の一つに載せて扱う作法を指す。（桑田忠親編『茶道辞典』、東京堂、一九五六）本稿では千宗室監修：淡交テキスト新版 点前編30 風炉 台子の点前、一九七五に倣い「台子の点前」と表記した。

30　『利休の茶』（一九五一）の第四章「利休の茶の性格」で加筆された。（二六〇頁）

31　『利休の茶』（一九五一）の第四章「利休の茶の性格」で加筆された。（二六一頁）

32　「木村常陸介宛の傳書」（鈴木恵一編『千利休全集』、学藝書院、一九四一所収）が参照される。

「一　茶ノ湯ノ道に定る事はなし。
一　昨日は今日をくやみ、朝は夕を後悔する事、尤ニ候。
一　時宜は時によろしと書候、其時の能キ様子が茶湯にて候。」（二一〇頁）

33　『陶磁味』（一九四八）、『世界教養全集別巻1―日本随筆・随想集』（一九六二）、『現代日本建築家全集4 堀口捨己』（一九七一）、『堀口捨己歌集』（一九八〇）に収録。本稿では、論考「思想的背景」と「利休の茶」と同様に、最終版「茶碗の生と躾」（一九八〇）（以下、「生と躾」と表記）を考察の対象とする。

34　このような態度は、註17で言及した「観照」なる態度と重なり合うと考えられる。

附記

本稿は、近藤康子、朽木順綱、岸和郎「堀口捨己の建築思想に関する研究――茶の湯研究に見出される制作の問題」、『日本建築学会計画系論文集』、日本建築学会、第六六五号、一三二九―一三三六頁、二〇一一、七月号に、若干の変更を加えたものである。この論文については、「近代建築における茶の湯の受容と展開に関する研究」の一環として近藤が実質的に行い、共著者二名は前記研究の総括者の立場から助言を行った。今回、単著として採録するにあたり、共著者二名より承諾を得ている。

磯崎新による旧大分県立図書館の制作と制作論

西村　謙司

序

昭和六年（一九三一年）大分県で生まれた磯崎新は、これまでに数多くの建築作品と言論を発表している。その制作活動は当初より、都市と建築を主題とし、日本のみならず中国・中近東・米国・欧州の各所に設計した建築が建てられている。作品は住宅に比べ圧倒的に公共建築が多い。言論は、建築の他、芸術、哲学など多方面の分野で発表されているが、通常の作品批評と異なっているのは、その文章が制作者の視点から書かれていることにある。そのため、言論の中には、建築や芸術の作品論や制作論のみならず、制作者として自らを善い方向へ導いていくために、自身の作品や制作方法を、言論を以て自省的に再論考しているものがある。しかも、その種の文章は、一回切りの反省に終わらず、時間をかけて繰り返し更新されている所に特徴がある。特に、初期の作品、なかでも旧大分県立図書館に関しては、その作品が建てられて半世紀近く経っているにもかかわらず磯崎新の代表作であり続けていること、また、それが、解体される危機を経て、現アートプラザとして再生したことなどにより、数多くの言論が公表されている。本稿では、磯崎新による旧大分県立図書館の作品と言論の制作過程を見ることによって、建築作品と言論の関係とその関係の中から見出される制作論の構築構造を解明することを試みる。

論考に先だって、研究資料の確認をしておきたい。旧大分県立図書館に関する資料は、図面資料と文献資料があるが、両方とも何度も更新され続けている。本稿では、図面資料として、一九六二年六月一〇日の日付のある第一次案図面（以下、Ｉ案とする）、一九六三年三月三一日の日付のある第二次案図面（Ⅱ案）、一九六四年八月三一日の日付のある最終案図面（Ⅲ案）、および平成八年七月の日付のある大分市立市民アートプラザ整備工事図面（Ⅳ案）を取り上げる。[1] 文献資料は、図面の更新に応じて多数書かれているが、Ｉ案と同時期に発表された「孵化過程」（『美術手帖』一九六二年四月号初出：以下、文献Ｉとする）、Ｉ案の制作論としての「プロセス・プランニング論」（『建築文化』一九六三年三月号初出：文献Ⅱ）、Ⅲ案の実施設計完了後に書かれた「媒体の発見　続：プロセス・プランニング論」（『建築文化』一九六五年一月号初出：文献Ⅲ）を主たる文献資料とし、その後、Ⅲ案完成後に刊行された『空間へ』（一九七一年：文献Ⅳ）、『建築物が残った――近代建築の保存と転生』（一九九八年：文献Ⅴ）、『反回想Ｉ』（二〇〇一年：文献Ⅵ）を補足的文献として取り上げる。[2] 本稿は、これらの図面資料と文献資料を解釈することによって、建築作品と言論の相補的かつ重層的な関係のあり様を明らかにするとともに、個別の作品である旧大分県立図書館の制作過程を通して見る都市・建築の制作論のあり方の体系的な解明を試みる。

一　旧大分県立図書館の建設経緯と制作契機

先ず、旧大分県立図書館の敷地および建設経緯など、制作の初期条件と制作契機を確認しておきたい。

旧大分県立図書館は、南に大分市役所、大分県庁、東に府内城が隣接する大分の中心部に建てられた。近世の城下町を基盤に現代都市を構築する歴史都市にとって中心となる場所であり、この中心部を充実させることによって、高度経済成長期以降の都市の展望が開かれると考えられた場所である。磯崎の卒業設計の敷地もここに重なる。また、現在は別の建築物が建てられているが、図書館の北には、磯崎の処女作とも言われる大分県医師会館が建てられていた。

自然環境に照らして敷地を見ると、北に別府湾、南に上野丘、西に高崎山を望み、東に大分川が流れるといった地勢で、山と海に挟まれ一級河川が東限を限定づけるようにして形成されている大分市の中心市街地の中心部にあたる場所である。しかし、多くの中核都市の中心部がそうであるように、敷地の周囲には建築物が建ち並び、そこに立ってこれらの自然環境に開かれていると感じることができるような場所ではない。それ故、旧大分県立図書館は、周囲の広大な自然環境に開かれるものとしてではなく、今後発展していくであろう都市の中心部を構成する一建築物として建てられている。

　旧大分県立図書館の建設契機は、当時の市民が満足する図書館が無かったことと、大分市二代目市長の妻、三浦操による図書館建設費寄付申請（一九六一年九月二五日）を当時の県知事が受けたことにある。磯崎に設計依頼があったのは、既に隣接地に大分県医師会館を設計していたことと、その支援をした大分の文化人グループと知事の推薦による。[3] これらの政治的条件がこの建築の制作契機の一となっている。以後続くその関係を「大分にパトロネージュされる」[4] と磯崎は言うが、このきっかけを介して、昭和の後半、大分のみならず、福岡、北九州に続々と建築を制作している。そしてこれらの作品が、磯崎の初期作品群の大部分をなしている。

　一九六二年一月一三日付の大分合同新聞によると、「磯崎氏は建設候補地の県議会庁舎敷き地視察のため来県」、一月一二日に「県庁で知事と図書館建設について打ち合せ」したとある。また、「磯崎氏の考えでは図書館だけでなく、展示場、公民館、集会所など含めた総合的文化施設にしたい考えで、三浦氏寄贈の図書館を核として順次各文化施設を周囲に配置する計画。まだ建て物の規模、様式などいっさい具体的なことは決まっていないが、十二日県議会庁舎敷き地を視察したので、帰京後県社会教育課などと連絡を取りながら具体的な計画を作成することになっている」とあり、「建て物の規模」が具体的に示されていないなか、知事と打合せをし、敷地を見ることを契機として制作がはじめられていることがわかる。他方、施設構想に関して、首長ではなく、磯崎自身の「考え」が示されていることも注意しておきたい。翌一四日付では、「夏ごろまでには一応基本設計をつくり年内には具体的な建築設計を作成して知事に提示することになっている」とある。その予告通り、同年六月に基本設計が提出されたことが、現大分県立図書館

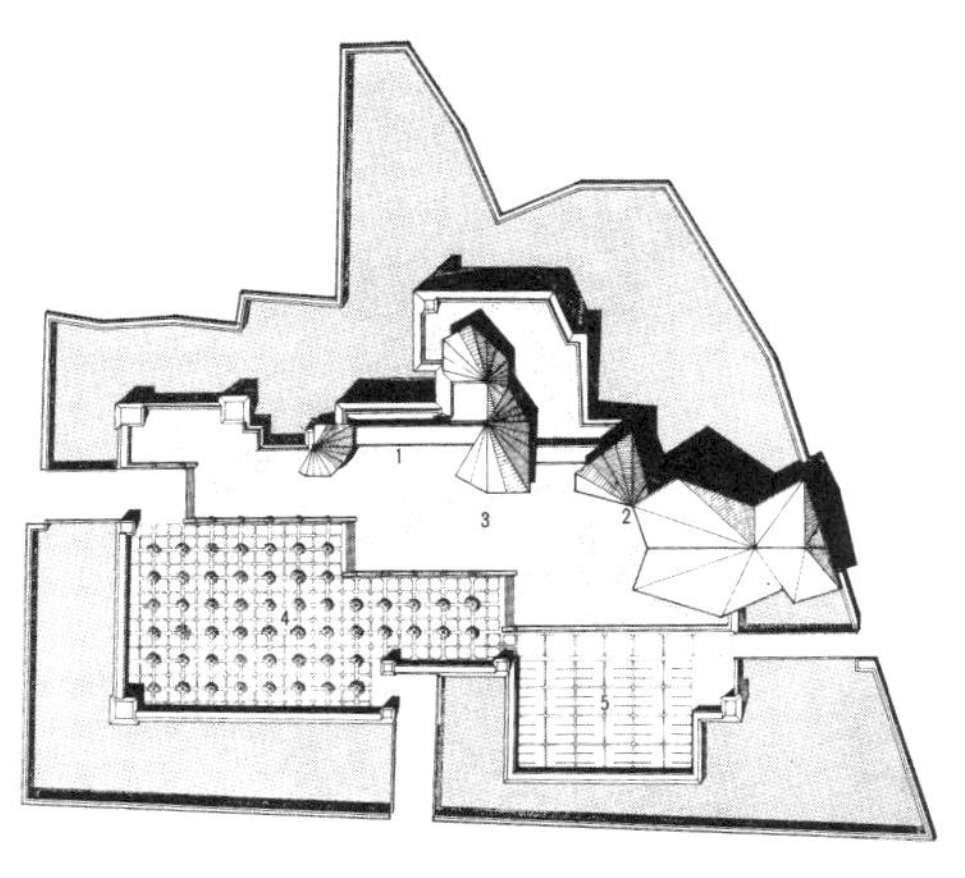

図１　大分中心地区開発計画　文化中心計画　1962—1964
（磯崎新：「年代記的ノート　1954—1964」、『建築』、中外出版、1965年２月、p.85）

に保管されている一九六二年六月一〇日の日付が記された旧大分県立図書館第一次案の青焼きを見ることで確認できる。また、敷地の周囲環境を含む文化施設構想に関しては、後日、「大分中心地区開発計画」、「文化中心計画　一九六二―六四」として「年代記的ノート　一九五四―一九六四」にまとめられているものを見ることができる。(5)

ちなみに、その「大分中心地区開発計画」は、図書館に隣接する府内城跡に構想された公民館、市民ホール、プロムナード等の施設整備計画であるが、府内城跡という歴史的遺産（当時の磯崎の言い方では「廃墟」(6)）を基盤に、その上に新しい集会施設群が重ねられて計画されているのを確認することができる（図1）。既に城跡として「城壁」（石垣）と二、三の櫓しか残されてないなか、「城を現代的にどう再構成するか」(7)が課題として挙げられ、遺された「城壁」を「手がかり＝スケルトン」(8)として基盤構造は変えずに、上空に浮かぶ小さな花々が「散開」するように屋根が架けられた分散型配置の小施設群によって構成されている。そしてその屋根の一部分は、城の境界を示す堀の上にまで架けられ、城壁との対照性を表示しつつ、堀の周囲をとりまく現代的環境との接合を試みている。

二　「孵化過程」（『美術手帖』、一九六二年四月号増刊）

磯崎の建築は、建築作品と言論が相互に補完的かつ自律的な関係をもって構築されていることを特徴としており、言論は、建築作品の制作と前後して同時期に別のメディアに一つの制作論として発表されている。そのため先ず、I案と同時期に発表された「孵化過程」を見ておきたい。それは、未来都市と廃墟のコラージュによる図像と一編の詩による作品であり、歴史的建築の象徴としてのギリシア神殿の廃墟に、新しい都市構築物を重ねて提案される未来都市像である。神殿の柱の延長上に、ジョイント・コアと称する「内部に垂直の動線を含んだ」中空柱を重ね、柱と柱を繋ぐ梁にあたる部分に空中の居住施設を配置することによって、地上の自動車動線と歩車分離して構築する都市居住形態の提案で、歴史的建築と現代都市が個々の独自性を発揮しつつ共存する都市像を提案するものである（図2）。

詩文には、都市の変貌が、「生成の過程の終点」を示す「巨大な亀裂」から噴出する「不定型な物質」が、閉塞した都市をのみつく

図3　空中都市
（磯崎新：『磯崎新の建築30』、六耀社、1992年、p.23）

図2　孵化過程
（磯崎新：「年代記的ノート　1954―1964」、『建築』、中外出版、1965年2月、p.68）

すことを契機に促進されるということ、また、都市が、閉塞と生成、破壊と孵化を繰り返しながら「常に固定せずに移行する状況」にあり、「限定し完成された全体像」を明示することなく「プロセス」としてあることが綴られている。加えて、都市の建築物はそれらの増殖を促進するエネルギーを蓄積・発散する場所であるが故に「孵化培養器」に見立てられる。このような都市において、建築制作者ができることは、湧出される「不定形な物質」に「運動の秩序」を見出し、その秩序を補完することにある。コラージュには、ギリシア神殿の柱のオーダーに人の動線を形成するジョイント・コアが重ねられ、縦横無尽に都市を駆け巡る水平方向に直線形で構築された車の道と垂直方向で並行に歩車分離して、人の生活環境が、空中で直線の梁型に則って構築されている。ギリシア神殿の柱の写真によるリアルな図像に「新宿淀橋浄水場跡開発計画」（一九六〇年）で提案されたジョイント・コアの絵による虚像を接ぎ木するように重ねている図像表現、身体尺度を越える巨大なスケールを示す構築物・高速に水平移動を可能にする自動車専用道路・多くの人々が群集することができる広場による環境表現、建築の分野では耳慣れない詩文による文章表現によって問題提起がなされているが、都市や建築を時間とともに移りゆく「プロセス」として捉えた上で、その「非完結状態を組織する方策」として発案された制作方法を提示するものであった。これは後の「プロセス・プランニング論」等にも継承される問題であるが、そこでは「目標が不在でありながら、それでもひとつの決定がなされなければならないという決定不可能性に対処するための方法を記述しよう」[9]として建築に関する言論が構築されている。同じ問題は、同時期の「都市デザインの方法」[10]や「空中都市」[11]でも取り上げられており、この問題に応えることが当時の磯崎にとって重要な課題であり、常にこの問題を底辺に据えて、旧大分県立図書館等の建築作品や言論の制作を行っていたことを知ることができる。

また、「孵化過程」と同時期に「空中都市」という作品が発表されている（図3）。これは、「孵化過程」の案をさらに検討し直し、その細部にまで手を加えた案で、「東大寺南大門の断面を一〇倍にしたスケールを持つ」[12]建築物が自在に広がる都市構想として提案されている。垂直方向に円筒の形で延びる柱型のジョイント・コアに南大門の貫（挿肘木）を象った水平方向のボックスビームが四方に貫通して形成されるモデルを一単位とし、それが「自在に広がり、成長していくためのシステム」[13]を提案するものであった。柱・梁による軸組構法を祖型とし「都市の立体的なインフラ・ストラクチュアをメガサイズで構想する」[14]プロジェクトであり、柱を幹、梁を枝葉とする樹木を寄せ集めて形成される人工的な住まいの林をもイメージさせる。

三　旧大分県立図書館　第一次案（一九六二年六月一〇日付）

旧大分県立図書館第一次案は、最終案と規模も形式も異なり、一部四階建の三階建の建築物として提案されている。立面図やパースを見ると、一階の外周を壁面で囲い、外から基壇として見えるデザインになっており、対面する城跡の城壁との意匠的な響き合いを大切にして計画されたことがわかる（図4）。建築物は、下部構造をなす基壇の上に、柱と梁の軸組で構成された上部構造が重ねられて建てられた城の建築構造を模して設計されている。そのため、見えがかり上、二階建の建築物として見え、スケールを押さえるようにして設計されたことがわかる。パースには、背景として高崎山と見られる山や入道雲、周囲の樹木が描かれており、ガラスの壁面で開放的にデザインされたエントランスホールから、西方にこれらの山々を見渡し、東方に府内城の城壁を借景として見ることができる計画がされている。また、断面図に一本の木が象徴的に描かれていたり（図5）、立面をつくる壁面に蔦が這わされている様子が描かれており、大分の雄大な自然物や敷地の歴史的背景に配慮した建築を制作しようとしていたことを垣間見ることができる。

平面図を見ると（図6）、中空柱としてのジョイント・コアを表していると見られる円筒の垂直動線を構成する階段室があるのを確認することができる。また、断面図を見ると、南北方向には六角形断面の中空梁が通され、東西方向には横長の長方形断面の中空梁（ボックスビーム）が架けられているのを確認することができる。中空なのは、その中に設備が埋め込まれ、構造と設備のシステムが一体化した「スケルトン」[15]としての梁を計画していたものと見られる。梁が通常のものと異なった形状と機能を有しているため、それを支える壁柱の位置と形状は、梁に従うようにして決められ、それが平面構成の基礎構造を規定している（図６参照）。また、この水平方向に延びる梁は、南大門と同様に、柱を貫通する貫のようにデザインされており、貫先の切断面が中空の空洞を見せながら立面を特徴づけている（図４）。そして、この貫状の梁は、さらに外部へ延長し、建築物の増築可能性を示すものとなっている。その増築は「プレキャストによる構造・設備・空間のユニット化」[16]によっても可能性が検討されている。この増築可能性の模索と検討は「プロセス」として変化し続け成長する建築の追求と常に蔵書が増加する図書館建築の計画要求から為されたもので、Ｉ案の提出後に、そ

図４　旧大分県立図書館　第一次案　パース
（大分県立図書館所蔵）

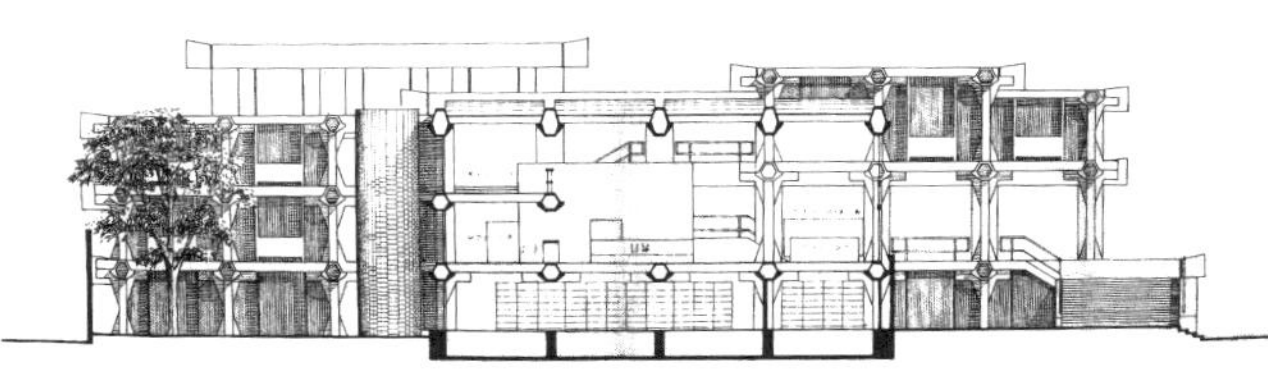

図５　旧大分県立図書館　第一次案　東西断面図
（大分県立図書館所蔵）

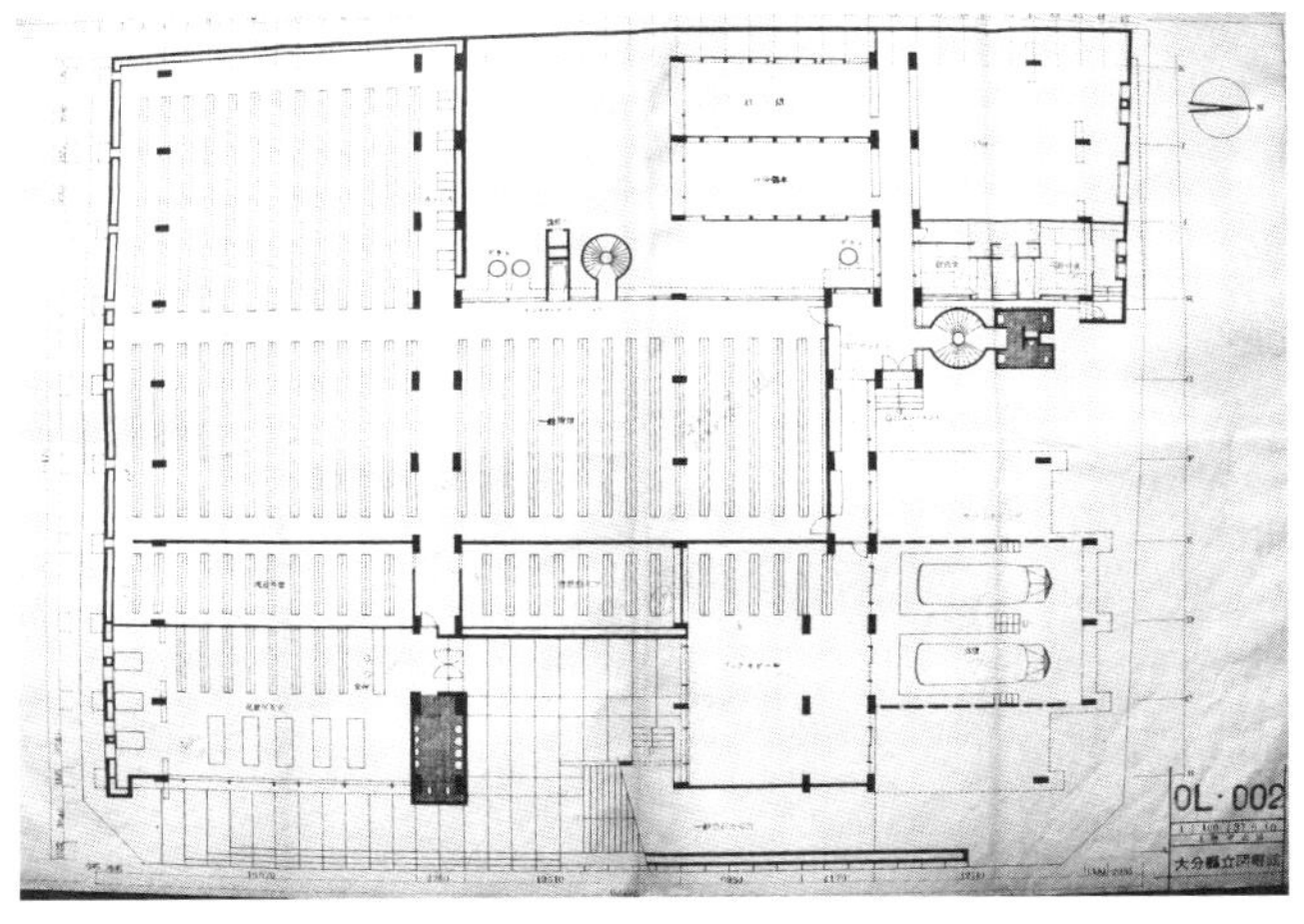

図６　旧大分県立図書館　第一次案　一階平面図
（大分県立図書館所蔵）

の機能と構造の関係に関する検討事項が「プロセス・プランニング論」で発表されている。

次に平面図に基づいてⅠ案の平面計画と寸法計画を見ていきたい。

Ⅰ案の平面図には、X軸を敷地の方位を表示する南北軸、Y軸をその東西軸に重ねて導き出された基準線が、X軸方向：一三九〇㎜、Y軸方向：四七六五㎜を基準寸法として、それぞれ四五本×一一本引かれている。図面から、一三九〇㎜は書棚の奥行寸法と人の身体寸法、四七六五㎜はブックモビールの自動車幅から決められていると解される。

柱は、その多くが壁柱となっているが、南北方向に向いたものと東西方向に向いているものがある。東西方向に長辺がある壁柱は、柱上の直方体中空梁（梁幅約一三九〇×二＝二七八〇㎜）を支えるために、二七八〇㎜間隔のペアで、東西方向に四七六五㎜ごとに一〇本配置されている。そしてペアになった壁柱の間は人の動線を確保する廊下となっている。この廊下が敷地の領域を三等分するように二本通っている。その北・中央・南の三つの領域分節は、二、三階のゾーン構成に受け継がれている。そして、この領域分節は、Ⅱ案、Ⅲ案にまで継承される。後述するが、Ⅱ案、Ⅲ案では、二つのペアウォールを骨格（スケルトン）として三つのゾーン（エレメント）が連結される構成となっている。

一階は、東西方向でも三分割され、全体が三×三の九分割で領域分節されている。東西・南北に長辺をもつ壁柱は、平面の全体に配され、スケルトンとして、個々の領域を限定するとともに、諸室（エレメント）を繋ぐ結節となり、書庫・倉庫・車庫、児童閲覧室等、個々の部屋を相互に連結している。二階は、中央ゾーンにエントランス・ブラウジング・レファレンス、南ゾーンに閲覧室、北ゾーンに管理・事務室を配し、基準寸法に秩序づけられた構造体（スケルトン）と連動しながら機能分節がされている。そして、各ゾーンを構成する諸室は、プレキャスト・コンクリートの壁体で自在に変形しうる「ブロック」[17]として捉えられ、スケルトンを軸に可変的に配置される。

全体として、東西方向と垂直方向に延びる中空梁とペアの壁柱が幹（スケルトン）としてあり、そこから枝状に南北の中空梁（六角形断面）と壁柱（スケルトン）が配され、さらに葉状に個々の諸室（エレメント）がブロック体の組み合わせで展開するというペアの樹状構成となっている。つまり、Ⅰ案と前後して発表された「孵化過程」のジョイント・コアや「空中都市」のコンセプトを継承し、それを現実に建つ建築物へと具体化するものとして、Ⅰ案が提示されていることを知ることができるのである。

四　「プロセス・プランニング論」（『建築文化』一九六三年三月号）

「プロセス・プランニング論」は、『建築文化』の「図書館建築の特集」に合わせて、当時磯崎が基本設計に取り組んでいた大分県立図書館の制作方法に関する文章を載せたものである。後に、「既に「プロセス・プランニング」と呼ぼうとしていた非完結状態を組織する方策を建物の設計へ適用できないか[18]」としてⅠ案の制作を試みたと言われており、丹下研究室で「東京計画一九六〇」に関わり、都市デザイナーを志向していた磯崎が、時間とともに常に変化し続ける都市のデザインを総合的に行う方法を模索する中で発想された「プロセス・プランニング」という方法を大分県立図書館の設計に適用する考え方を記した文章であることを確認することができる。すなわち、都市と建築の制作活動を行うなかで、「目標が不在でありながら、それでもひとつの決定がなされなければならない[19]」状況にあって、為される制作方法の記述を試みた文章であり、図書館建築の単なる作品解説ではない。「目標が不在」と言うのは、ここでは、都市は常に変化し続けるが故に、要求される都市の理想的全体像を「目標」として見通して都市デザインを行うことの困難と、常に蔵書が増加し続けることが予想される図書館の完成像（目標）を決定することの困難に対することの謂である。その問題に対して、制作者磯崎新の解決方法が提示されている。

また、建築作品の制作過程において、建築作品の「終末」を自覚した上で制作を行うことの重要性が指摘されている。磯崎が考える「終末」は、建築作品を生命が与えられた「一個の有機体」と見、その有機体、生命体として「成長する建築」の寿命を意味している。しかし、その「終末」は、建築作品の機能的価値、物質的価値、社会的価値、文化的価値の寿命を示しているだけでなく、制作者が制作行為を行っている際に変化し続けている建築作品のイメージの寿命、すなわち、制作者がある「決断」を下し、建築作品のイメージを固め、完成形へと齎す「瞬間」をも指示している。そしてこの未分節と分節の結節を為す「決断」の状況は、建築作品の制作の場合、その形態構築と同時に行われるため、「切断」と換言される。それ故、磯崎の建築手法の一つとして取り上げられる「切断」という鍵語は、建築作品に生命を見出して示される「成長する建築」と建築作品の形態が決定される以前の制作過程の状態を暗示するとともに、その終末状況を覚って決断・切断された建築の限界の赤裸々な表出を示している。そして、その限界を介して見出される建築の可能性が方向性を内在する「スケルトン」の構築という仕方で提示される。

この「スケルトン」に関して「プロセス・プランニング論」では、図書館の書庫の規模予測と連動して決められる書庫の形態の問題に関連づけて、その概念が導き出されている。すなわち、図書館の書庫計画に関して、一、クローズド・プランニング、二、オープン・プランニングの二者を既往事例として示した上で、「両方を批判」して「衝突」させ、「生成」や「創発的形質（EMERGENT）」と言われる「突発的でドラスティックな展開」を求める仕方の、三、プロセス・プランニングという方法が提示される。[20]

ちなみに、クローズド・プランニングとは、将来の成長（増築）の可能性を閉ざし、完結した全体像を提案するもので、建設後の建築物の変形を想定しない制作方法で、対して、オープン・プランニングは、成長の可能性に開かれてはいるが、モデュールに則る均質的な成長、一様な量的拡張に基づいた建築物の変形が想定されただけの制作方法である。この二者に対して、先ず、「時間的な推移の各断面が、つねにその次の段階に移行するプロセスと考え」[21]、不規則な展開に対して、その場その時の現況に応じて、動的にオリエンテーションを示し決定していく方法が模索される。そのオリエンテーションを具体的に表示するのが、成長する方向に向かって「クリティカル・ポイント」[22]として働く「スケルトン」である。スケルトンは、骨格、骨組、構造のことで、I案の一階平面図では、方向を有する壁柱が東西方向、南北方向の縦横に点々と展開するように領域全体に配置され、平面構成の基礎構造をなしているのを確認することができる。しかし、スケルトンは柱のみを示しているわけではない。スケルトンは、建築物を構成する諸エレメントがそれぞれの独自性を保ちながら有機的に共存するための結節を担い、総体として規模の増加とアクティヴィティの変動に対応する建築物の核として働く。また、建築物の構造と設備のシステムを一体的に体系化する基軸ともなり、建築物を支配的に構成する。つまり、スケルトンの構成によって、架構のシステムや設備系統が定まるとともに、諸エレメントとしての書庫、閲覧室、管理諸室、中央ラウンジ等の諸室の機能分節と配置パターンが定まるというものである。I案では、具体的に、壁柱と中空梁をスケルトンとして全体が構造化され、そのスケルトンのパターンによって、構造―設備のシステム、諸室の配置が体系的に方向づけられている。また、このスケルトンは、「プレキャストによる構造・設備・空間のユニット化」[23]によって、異なる階高とスパンに応じた柔軟な構成を可能にし、個々の諸室で体験される空間の独自性を保つことがめざされている。

書庫の問題に関して言うと、敷地を三×三の九分割して区画化された一階平面の西側中央部の倉庫、修理製本室に当てられている区画が将来の増築可能性の余白として想定されていると見られるが、Ⅰ案の青焼き図面では、あくまでもそこは、倉庫、修理製本室として計画されている（図6）。蔵書が増えた際は、スケルトンとしての柱がこの区画に延長され、書庫が増築されることが想定されていたのであろうことを窺い知ることができる図面になっている。この一区画分の増床で済めば、形態の全体性は保持されるように見られる。結果として、想定の限界、終末における限界が示された上で出された未完の完成像を暗示する完成形の提案となっている。

この「プロセス・プランニング論」が発表されたのは、『建築文化』の一九六三年三月号である。その一方で、現大分県立図書館には、一九六三年三月三一日の日付が記されたⅡ案の青焼き図面がある。つまり、Ⅰ案に基づいて書かれた「プロセス・プランニング論」の発表直後に[24]、Ⅰ案と異なるⅡ案が提出されているのである。すなわち、Ⅱ案の計画は、「プロセス・プランニング論」の執筆と前後して進められ、時期を重ねながらⅡ案の図面作成が試みられたと考えられる。言論と設計の密な関係を垣間見ることができる。上述したように「プロセス・プランニング論」はⅠ案を設計する過程で見出された制作方法を一般化する試みとして提示されたのであり、それに照らしてⅠ案を見直すことによってⅠ案の問題が改めて見定められ、その問題を打開する案の制作に取り組むことになったのであろう。同時期に制作されたⅡ案は「プロセス・プランニング論」で示された制作方法を基盤としてそれを具体化しつつその方法をさらに展開するものとして計画されたと解される。つまり、建築に関する言論を構築していく過程で、自己の作品の問題点を見出し自覚するとともに、新たなアイデアが生成・創出され、改めて作品の制作が試みられたと考えられる。作品の模索的制作を介して言論が構築され、言論の模索的構築を介して作品の制作が進められている様子、すなわち、往還する言論と設計の自覚的制作活動の中で、建築の言論を構築し、言論に基礎づけられた建築を展開させるという制作方法によってロジカルに制作が行われていた様子を窺い知ることができる。

五　旧大分県立図書館　第二次案（一九六三年三月三一日付）

旧大分県立図書館が、I案を踏まえてIII案が提出されてできたことは、磯崎自身が様々な文章に記しており、また、その両方が公表されていることから、その差異もよく知られている。その具体は、静的な建築物から動的なダイナミックな建築物へ変質し、脱モダニズムへの移行を先導するもので、ともすれば当時の常識を逸すると言われる程の表現になっている。[25] そのIII案が発表される一年半前にII案が提出されている。ここでは、I案と比較しながら、II案を見ていきたい。

II案は、基準寸法をX軸方向（南北）：二二五〇㎜、Y軸方向（東西）：二七八〇㎜として基準線が引かれ、平面が分節構成されている（図7）。二七八〇㎜は、一三九〇㎜の二倍であるから、I案の基準寸法が継承されていると解される。また、二二五〇㎜は、この建築物のスケルトンとなるペアウォール（二組の自立する壁）の幅（外法）となっている。この幅は、一枚の壁の厚さを四三〇㎜、その間を一三九〇㎜とすることによって決まっている。二二五〇㎜は、四五〇〇㎜の半分でありモデュールとして採用しやすい寸法である。II案では、この東西方向のペアウォールが二対、敷地の全体を南・中央・北の三ゾーンに領域分節するように通っている（図7）。つまり、I案の東西方向に二本通された中空梁とそれを支える二重の壁柱がII案では一体化され、ペアウォールに変形されて建築物の全体が構成されている。人の動線として機能する廊下を挟む壁状のスケルトンが建築の骨格となり、ペアの樹状構成を為しているというあり方は同じである。

I案と異なるのは、I案では南側に配置されていた閲覧室がII案では北側に配置され、北ゾーンの領域が全体の半分以上を占める構成になっているということである。また、I案の東西方向を貫く二本の中空梁（ボックスビーム）は、II案では南端と北端に配置され、二階分の高さをもつ中空柱と壁柱によって支えられている（図8）。（III案ではさらに壁柱がなくなり、中空柱を含む三つの巨大柱で中空梁を支える（図12を参照））。

また、ペアウォールは、平面の東端から西端まで貫いて通されており、それが建築物の最頂部まで立ち上がっている。そのため、建築物は、二つの大きなペアウォールがスケルトンとなって敷地全体を「切断」するという大胆な構成になっている。加えて、ペアウォールから南北方向両翼にＲＣ造の橋梁状の直方体構築物が突き出されており、それが東西方向を貫く中空梁に差し架けられている（図８）。橋梁状の構築物は、南・北ゾーンの三階の床と天井を構造化する梁が束状の物で繋がれてできた直方体の小屋組構築物である。つまり、II案では、ペアウォールの上部を巨大な中空の水平構築物が突き出すようにして形づくられた形態が提示されており、I案以上に、「孵化過程」や「空中都市」で示されたモデルが現実に造形された構成になっている。そのことを示すように、ペアウォールは、全体のスケルトンとして、連結構造体をなし、内部は、水平と垂直方向の動線を形成する通路や階段、および、空調をまかなうダクトとして機能している。

このペアウォールが採用された理由はいくつかあるが、その一つは、I案の基軸をなしていた将来の柔軟な構成と増築が期待されたプレキャスト・コンクリートで組み立てる構法を放棄し、現場打ちコンクリートによる構法を適用したことに起因している。当初、隣接の城跡に応じて、「基壇のようなものの上に、軽く組みたてられて[26]」構築される建築物のイメージが先行し、そのイメージとプレキャスト・コンクリートを重ね合わせながら構築する建築物を検討していたのが、現場打ちとすることで、発想が転回・反転し、「かえって空中を重いものが走っていい[27]」、そしてその「重量感を、長スパンをとることによって強調していい[28]」とし、そのように「目標が設定[29]」され「決断」されたことによって、「中央の壁が急速に成長をはじめた[30]」とされている。III案完成後に発表された「媒体の発見　続‥プロセス・プランニング論」では、このペアウォールの

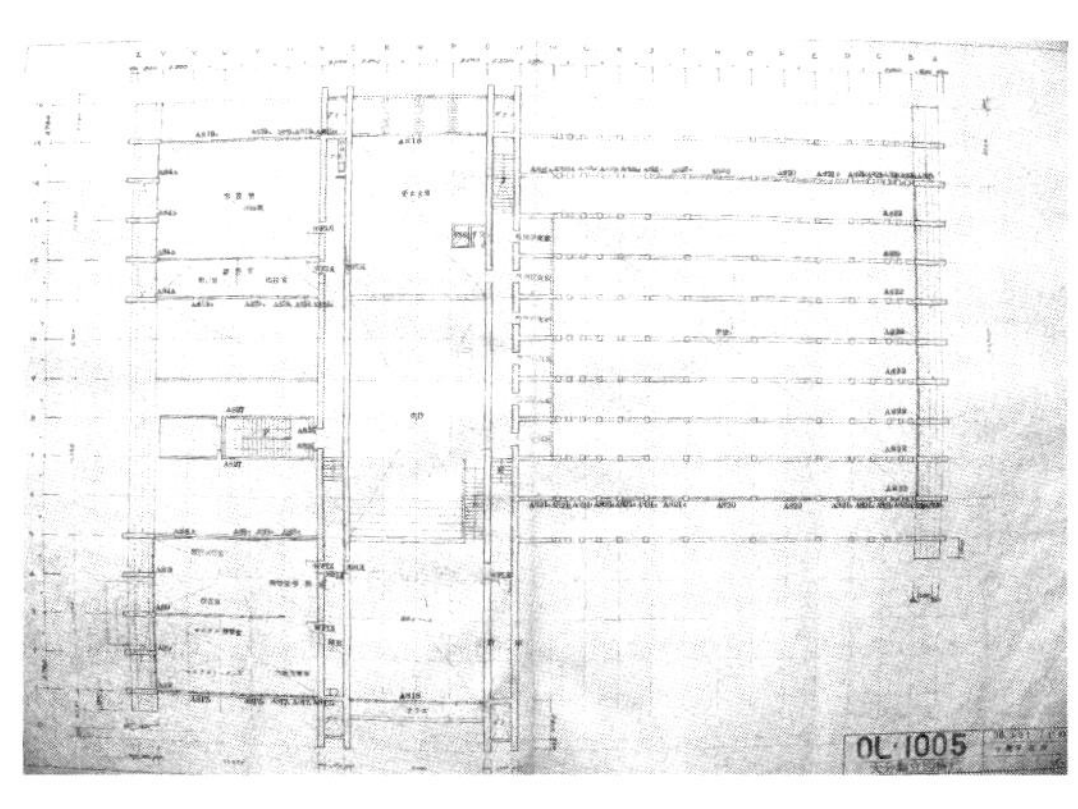

図７　旧大分県立図書館　第二次案　三階平面図
（大分県立図書館所蔵）

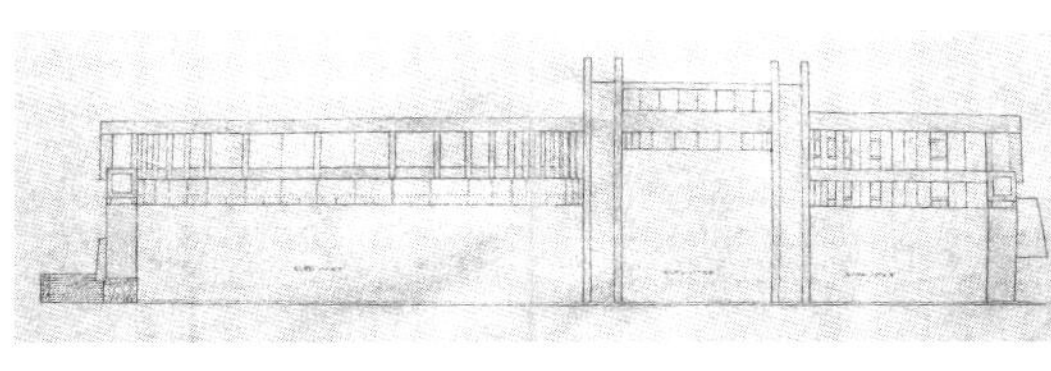

図８　旧大分県立図書館　第二次案　西立面図
（大分県立図書館所蔵）

発見を「《もの》の発見」[31]とし、旧大分県立図書館の重要な制作契機として取り上げている。

建築物の平面構成は、南・中央・北の三つのゾーンに分節されているが、I案と異なり、南ゾーンは、中央に外部を挟んで東と西のユニットに三分節され、北ゾーンは一体的に書庫・閲覧室になっている（図9）。

一階の南ゾーンは、一一一二〇（二七八〇×四）㎜×一一二五〇（二二五〇×五）㎜の東ユニットに児童閲覧室、一九四六〇（二七八〇×七）㎜×一一二五〇（二二五〇×五）㎜の西ユニットにブックモビール、用務員室等が配され、中央ゾーンは、食堂、便所、倉庫、書庫が東西方向にブロックを連ねるようにして配置されている（図10）。北ゾーンの内部は全て書庫となっており、ほぼ正方形で構成されている。そのため、東側の一画は外部の空き区画となり、一部自転車置場、一部をエントランスブリッジが架けられたほぼ正方形の基壇とし、外からのアプローチ部になっている。エントランスホールは二階中央ゾーン内にあるため、城壁（石垣）を模した基壇からペアウォールに開口を穿って形成された玄関口へ太鼓橋のようなエントランスブリッジが架け渡されて

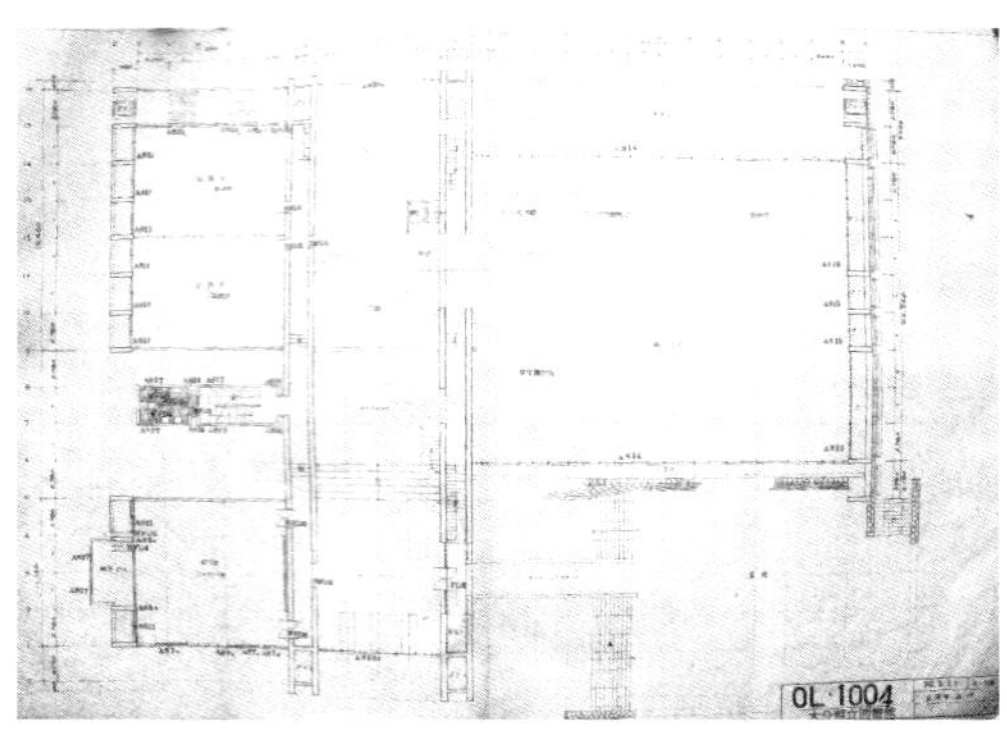

図9　旧大分県立図書館　第二次案　二階平面図
（大分県立図書館所蔵）

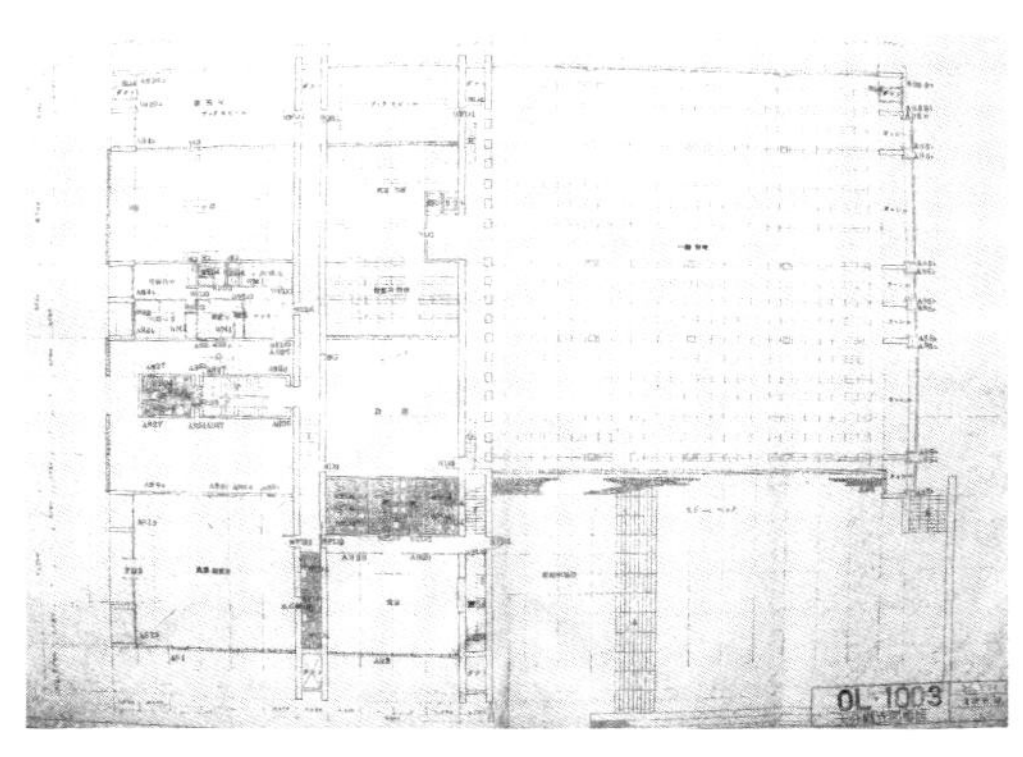

図10　旧大分県立図書館　第二次案　一階平面図
（大分県立図書館所蔵）

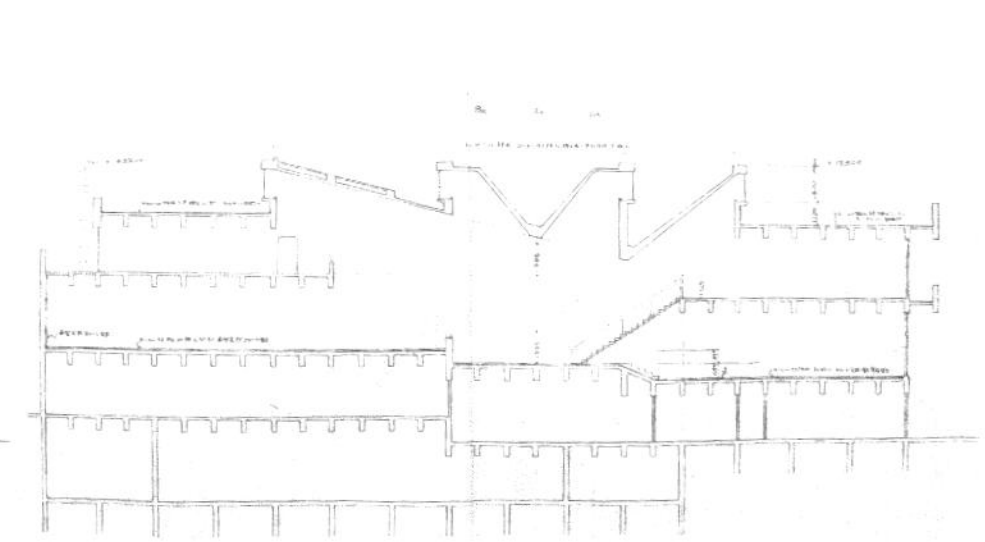

図11 旧大分県立図書館　第二次案　中央ゾーン東西断面図
（大分県立図書館所蔵）

いる。

二階も、一階と同様のゾーン構成であるが、二階内部の構造体がペアウォールのみとなっているのが圧巻である（図9）。南側と北側の外部に東西方向に壁柱が並列して設置されており、これが三階の橋梁状の小屋組構築物を支えている。そして、この三階部分を形成する小屋組構築物がそのまま二階全体の天井を構成している。南ゾーンの東ユニット（一一二〇㎜×一一二五〇㎜）を試写室、西ユニット（一六六八〇（二七八〇×六）㎜×一一二五〇㎜）を事務室とし、中央ゾーンは、エントランスホール、ブラウジング、目録室、レファランスが東西方向に連続して配置されている。北ゾーンは東・北・西の全てをガラスの壁面によって形成し明るい閲覧室としている。そのため、南のペアウォールを背後壁（ホリゾント）とし、そこから東・北・西の三方に開きながら突き出された舞台のような場所となっている。これらの諸室の移動は、もっぱらペアウォール内部の通路を利用することになっている。

三階は、南ゾーンの東ユニット（一一一二〇㎜×一一二五〇㎜）を視聴覚室、西ユニット（一一一二〇㎜×一一二五〇㎜）を管理・事務室とする。北ゾーンは全て中空構造体となっているため、機能はないが、コンクリートの梁と束でできた小屋組が面的に拡がり独特の雰囲気を醸し出していることが窺える。中央ゾーンは、三分節され、東を展示スペース、西を貸出文庫とし、中央部は吹き抜けとなっている。この天井は、断面図を見ると「V字型」[32]となってハイサイドライトによる外からの自然光を内部に取り込み、2階のブラウジングの上空を照らす（図11）。すなわち、中央部は垂直方向上部に上昇する空間となっており、北ゾーンの水平に拡がる大広間と対比的に構成されている。

六　旧大分県立図書館　第三次（最終）案（一九六四年八月三一日付）

Ⅲ案は、X軸方向（南北）：二二五〇㎜、Y軸方向（東西）：一三九〇㎜＋三三七五㎜を基準寸法として平面が分節構成されている。三三七五㎜は、二二五〇㎜の一・五倍なので、二二五〇：三三七五＝二：三という比率が採用されていると解される。ペアウォールの外法は、Ⅱ案と同様に二二五〇㎜とされ、X軸方向の寸法体系を基礎づけている。Ⅲ案では、城の砲口を彷彿させるペアウォール

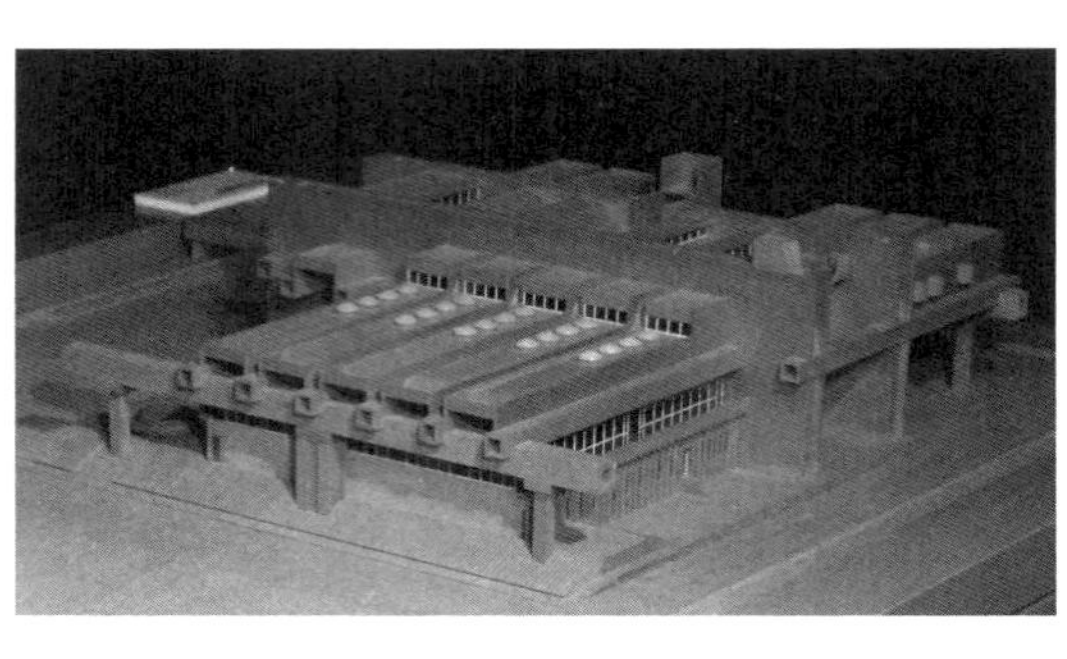

図12　旧大分県立図書館　模型写真

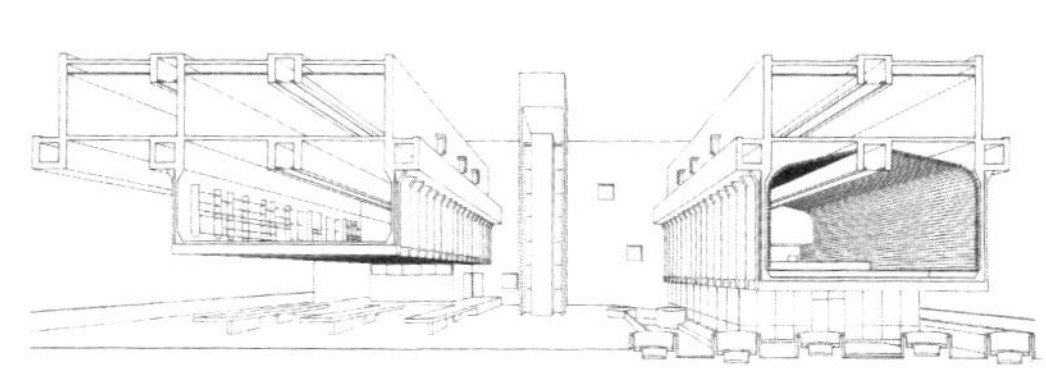

図13　旧大分県立図書館　最終案　断面パース
（磯崎新：『磯崎新の建築30』、六耀社、1992年、p.38）

を貫通する正方形断面の中空梁（ボックスビーム）が南北方向に横並びに一〇本設置されるが（図12）、この中空梁の外法寸法すなわち正方形断面の一辺の長さを一三九〇㎜とし、その梁間を四七六五（一三九〇＋三三七五）㎜とすることで、Y軸方向が体系化されている。

Ⅲ案では、Ⅱ案のペアウォールから南北方向の両翼に突き出された橋梁状の小屋組構築物に変わって、上述の正方形断面の中空梁がペアウォールを貫通して架けられている。Ⅱ案と比較すると、構造モデルは洗練され明確な構成になり、「空中都市」で提案された柱を貫き柱同士をつなぐ貫の表現に相応してきている。この南北を通る貫状の中空梁は、Ⅱ案と同様に東西方向を貫く中空梁に差し架けられている。さらにこの東西の中空梁を大きな三つの柱が支えるという構成になっている（図12）。Ⅱ案では、東西方向の中空梁は東西方向に並列された壁柱で支えられていたが、Ⅲ案では、これが三つの柱にまとめられ、全体が軸組構法で構築されているという表現を明確にしている。すなわち、Ⅲ案では、Ⅱ案の大きなスパンを飛ばすRC造の小屋組構築物が複合中空梁の構造体に変形し、中空の柱と梁による軸組構法としての表現と、二対のペアウォールと中空の貫状の梁によるペアの樹状構成の表現をさらに明確にしている。

全体として、ペアウォールと中空の柱・梁による構造体で大きく構造化されているため、Ⅱ案で提案された北ゾーンの閲覧室は、Ⅲ案でも無柱の大広間のままである。閲覧室の下部にあたる一階の書庫はこの中空の柱梁構造と別構成の小さな柱梁で構築され、書庫の天井（閲覧室の床）を支えている。また、この中空の柱・梁による軸組の構成を明確にするため、南ゾーンの二階部分は、Ⅱ案では一階から立ち上がる壁柱を構造体として床が支えられていたが、Ⅲ案では南北の中空梁に凹型の箱が吊られて室空間が構築されている（図13）。

建築物の平面構成は、Ⅱ案と同様、ペアウォールをスケルトンとして、南・中央・北の三つのゾーンに領域分節されており、一階は、北ゾーンの西側が書庫、東側が自転車置場、およびアプローチの基壇になっている（図14）。この基壇は、Ⅱ案では城跡の城壁（石垣）を模して壁面が石積となっていたものが、Ⅲ案では、防御壁とも見える斜めの「矢来板」による表現に変更されている。中央ゾーンは、東から西へ、諸室が連続してブロック配置されている。南ゾーンは、東ユニットが児童閲覧室になっているが、この部屋は、南北の中空梁に吊られた凹型の箱の下面を天井、ペアウォールを北壁、残り三方の壁をガラス面として形成されている。また、部屋の内外には円状のベンチが一一個ほど幾何学配置されているため、Ⅱ案で見られたような閉鎖的なユニットではなく内外が行き交う開放的な部屋になっている。同様に、西ユニットもⅡ案までは壁柱で区画化されていたものが、凹型の箱の下面の長方形によって領域が限定され、半外部の扱いとなっている。

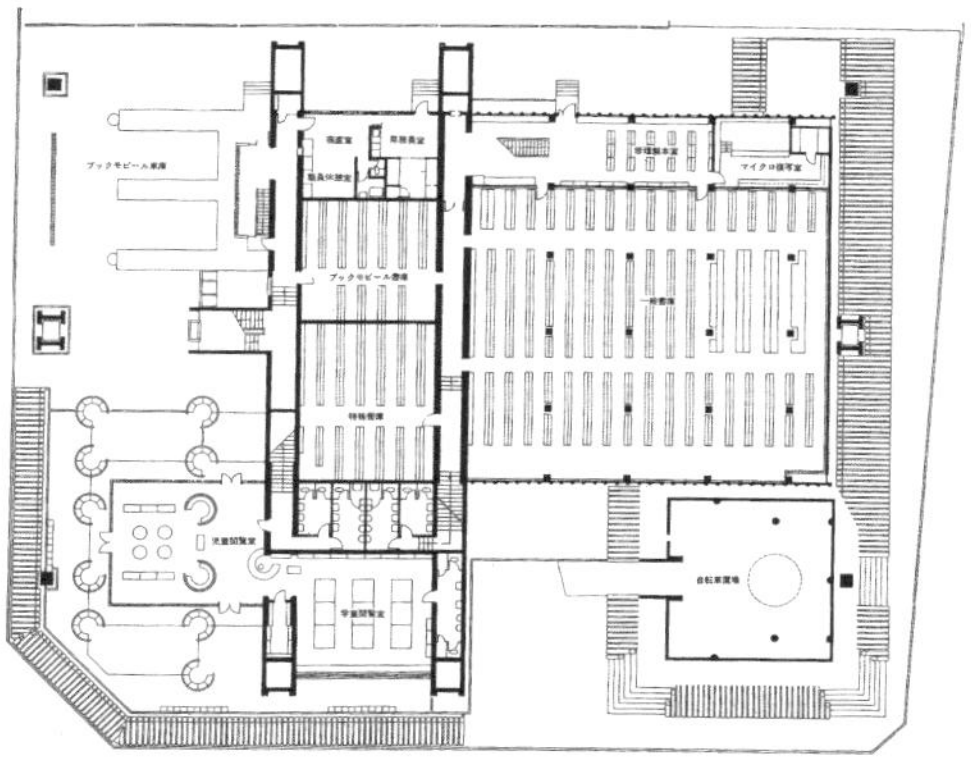

二階は、北ゾーンの西側は二五m四方のほぼ正方形平面の無柱の大広間となっている（図15）。Ⅱ案と同様、西・北・東の三方を外に開くオープンな部屋となっており、ペアウォールの壁面を背後壁とする舞台形式の場所として構成されている。北ゾーンの東側は、アプローチ部で、Ⅱ案では城

図14　旧大分県立図書館　最終案　一階平面図
（『新建築』、新建築社、1966年10月、p.128）

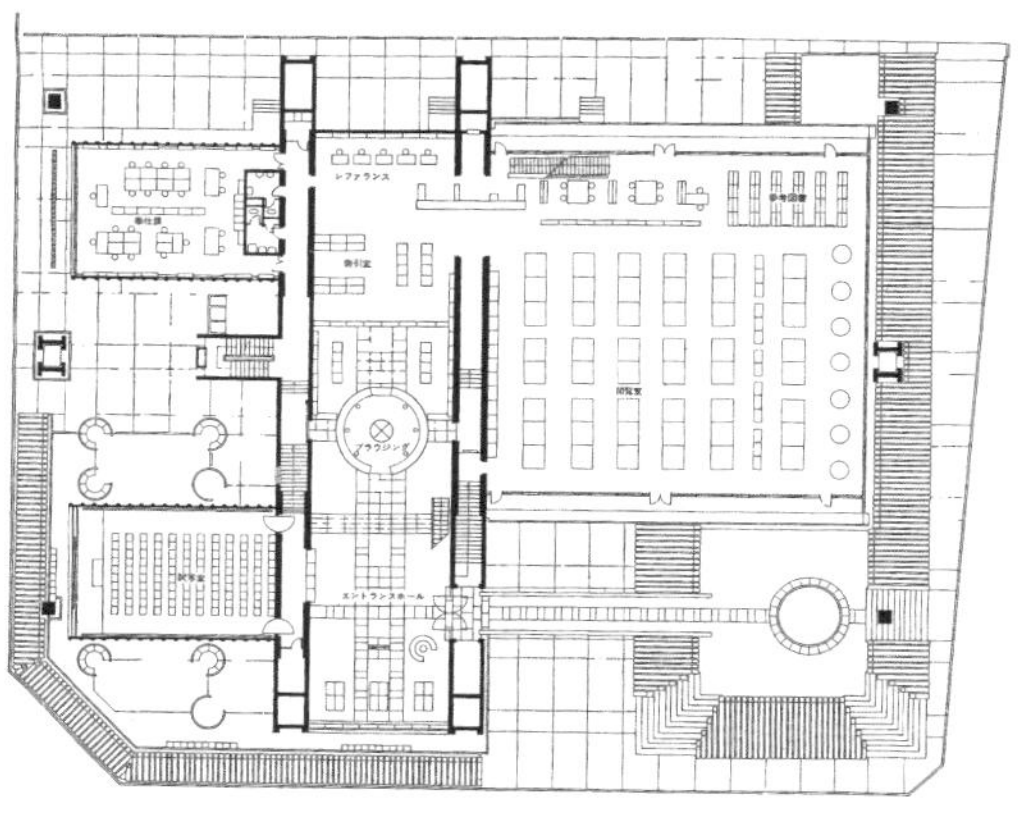

図15　旧大分県立図書館　最終案　二階平面図
（『新建築』、新建築社、1966年10月、p.128）

の石垣のような基壇であったが、Ⅲ案では、四方をひな壇積みとしたジッグラトのような台に、斜めの矢来板が南・東・北の三方に架けられている。これも正方形をモティーフとして平面構成されているが、その上部にアプローチするのは、正方形の隅角部からで、方位に対して四五度ずれた方向から正方形の対角線に沿って登るようになっている。その基壇上部から南方のペアウォールに向けて直線で形づくられたエントランスブリッジが斜めに架けられている。この造形もジッグラトを彷彿させる。（Ⅱ案では、太鼓橋のような形態であったが変形されている。）

中央ゾーンは、Ⅱ案と同様、エントランスホール、ブラウジング、レファランスが、東から西へ床をステップアップさせながら設置されており、奥行きと上昇感が感じられる構成になっている。また、ペアウォールの中央部にあたるブラウジングは、中心に×が記され、そのまわりを円で囲う線で表記されたテーブルが配され、中心を強調する象徴的な表現となっている。Ⅱ案と同様、この上部は吹き抜けになっており、ハイサイドライトによって上から光が注ぎ、垂直性を強調する空間となっている（図16）。ペアウォールの内部は、Ⅱ案と同様に廊下と階段になっており、この隙間を通らなければ、閲覧室、視聴覚室など諸室に行くことはできない。

南ゾーンは、東ユニット、西ユニットともに凹型の箱で形成され、内部は、閉鎖的な空間となっている。東は試写室、西は事務室である。これにより、北ゾーンや真下一階の開放的な場所との対照性が明確にされている。すなわち、人工地盤的に構築された二階の領域は、北ゾーンを背後を壁としながらも三方を水平方向に開いて展開する場所、中央ゾーンをペアの壁の挟間で垂直方向に上昇する場所、南ゾーンを室のように箱状で三方と上下を壁体に囲まれた閉じた場所として構造化しながら構成されていることを確認することができる。

三階は、北ゾーンは吹抜としトップライトからの光が閲覧室の全体を照らしているが、その広がり感のある閲覧室を俯瞰して見ることができる位置に特別研究室が設置されている（図17）。逆に閲覧室からもこの研究室の一部が見え、両者の間で、虚構空間を現象させる舞台と観客席の関係と同様、見る・見られる関係が構築されている。中央ゾーンは、中央部が吹抜となっているが、東と西には、ペアウォールの間に床が挟まれて浮遊する場所が形成されており、東は貸出文庫、西はレファランスとなっている。両者ともに中央部の吹抜方向に開口を設け、ブラウジングを見下ろすことができる。逆にブラウジングから目線を斜め上に見上げるとこれらの部屋が見え、ペアウォール内部のダイナミックな空間構成を体験できるようになっている。貸出文庫とレファランスの間の中央部に空中廊下が通っているのもこの空間を立体的に感じさせる重要な要素になっている。南ゾーンは、逆凹型の箱で形成された東ユニットに視聴覚室、西ユニットに管理・事務室が配置されている。

図面を見ることで上述のように、「プロセス・プランニング論」に裏付けされた平面・断面構成の成り立ちを知ることができるが、最終案では、このようなスケルトンとエレメントによる構成の他、建築物の中に取り込まれる光や建築要素の構成の工夫による空間構築が為されている。この光の造形に関しては、旧大分県立図書館がアートプラザに改修されて後の言論に多く記されているが、旧大分県立図書館の建築物の再構築をきっかけとしてⅢ案の制作契機が再認識され言語化されたと解され、Ⅲ案の制作論としても、Ⅳ案に関わる建築作品と言論の構築のあり方としても、興味深い。（Ⅲ案からⅣ案への再構築は、Ⅲ案までの機能的側面を全て抹消することが要求されていた。それ故、Ⅲ案制作時の制作論とのズレが生じるのは当然のことである。しかし、Ⅳ案制作時にⅢ案制作過程での重要な契機が再発見されてⅣ案と文献Ⅴ、Ⅵが制作されているのであって、それは、Ⅲ案の制作論とも重なる。）

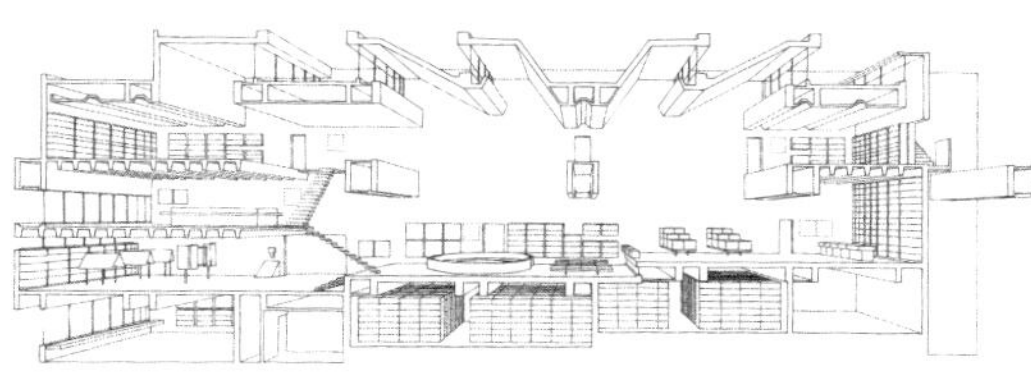

図16　旧大分県立図書館　最終案　断面パース
（磯崎新：『磯崎新の建築30』、六耀社、1992年、p.38）

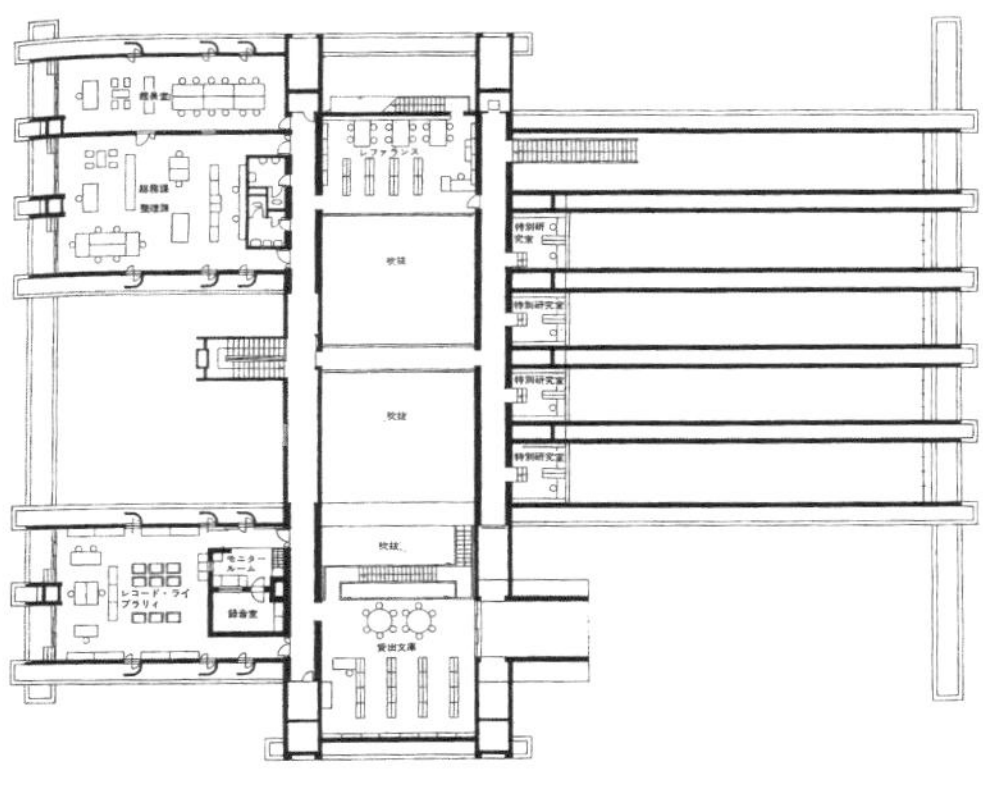

図17　旧大分県立図書館　最終案　三階平面図
（『新建築』、新建築社、1966年10月、p.129）

この光の造形とその空間体験に関しては、Ⅲ案の完成時に公表された数枚の断面パースとそれに関わる言論を見ることでその様子を窺い知ることができる。その一つに、ペアウォールで挟まれた中央ゾーンを東西方向に切断して、建築物の断面構成を示している図がある（図16）。後にこれは、「断面パースに、このルドゥーの光をモンタージュして使った」(33)と「タネ明かし」(34)されてそのパースの意味が説明されている。「ルドゥーの光」(35)とは、ルドゥー『建築論』の「貧者の家」の挿図

図18　貧者の家
（白井秀和訳：『ルドゥー「建築論」註解Ⅰ』、中央公論美術出版、1993年、p.79）

を指しており（図18）、これを磯崎は「空から光が落ちてくる。太陽から地上に光が射している。天上の雲の中には神話的な人物たちがいる。地上には木陰に人がいる。この木はすなわち建築なんだ、という、原型になるような絵」(36)と解し、ルドゥーの示した建築の原型に重ね合わせて自らの制作活動を行ったことを回顧している。そしてこの図に示された「空からの光」の表現を「モンタージュ」して断面パースを描いたと明かす。これは単に断面パースの表現に限られることではなく建築作品の制作においても重要な契機として働いていたのであろう。他の言論にも、中央ゾーンの「切断面」の「光」のあり方が設計時に重要な意味をもっていたことが明らかにされている。(37)磯崎はII案とIII案の間に長期間の海外体験をしている。そこでは、日本と西洋の建築物の「素材、空間、スケール、テクスチュア、光線」(38)の異同が経験され、III案に生かされたことが文献VやVIで明らかにされている。

　文献VIでは、教会堂の内部に座した時の「空間体験」について、

> ある日、啓示としかいいようのない建築空間を体験した。教会堂の闇のなかを、一条の光線が斜めに横切り、重なり合うヴォールトを照らしだしていく光景にひたっているとき、私の全身体感覚が、その闇の空間へと溶解していくのを感じた(39)

と語られ、この「空間の啓示」(40)・「啓示のような空間体験」(41)を契機として、III案が設計されたことを明らかにしている。それは、「第一案を見直すだけでなく、破棄してもういちど設計をやりなおさなければなるまいと考えたのは、あの空間の啓示を受けたからだった」(42)とされる程に、制作の重要契機として働いている。そして、「日本の伝統的な建築空間に欠落しているのは、光の扱いだと思い」(43)、西洋の「上から光が入ってくる空間」(44)を「日本の中で組み立ててみたい」(45)として、「この国では誰もとりあつかって来なかった」(46)「この

種の「空間」[47]をテーマとして建築作品の制作を試みるという壮大な制作指針が立てられた。

しかし他方、「闇につつまれた建築的空間のなかでの突然の啓示は、西欧の伝統的な建築の内部においてまず体験された。そのあげく気づいてみると、日本の伝統的な建築の内部にこそ、その不気味な闇は息づいているということがわかってきた」[48]とも言われており、「空間」の問題が西欧の教会建築でのみ取り上げられた個別の問題ではなく、「闇」と「光」に関わる「空間」事象のありようが世界歴史的に普遍的な問題であることに気づき、以後その普遍的な問題を課題として建築制作が試みられていくことになる。そして磯崎はこの問題に対して自身の立場から「私はその存在を具体的な建物や計画される案のイメージとして示さねばならない」[49]とする。さらにその方針は、Ⅲ案制作時から三〇数年後に当時を顧みて「これがいまだに完了していない私のその後の全部の仕事の課題となった」[50]と言われるほど貫かれ、磯崎の建築作品の制作活動の全てにおいて、そのことが念頭におかれて実践的な活動と究明が行われてきたとされている。旧大分県立図書館の制作は、そのような磯崎の生涯にわたって求められ続ける制作契機を生み出した活動なのであり、以後、その問題が恒常的に未解決の主題となり、その事を動機として、建築作品と言論の制作が行われることになるのである。

改めて、旧大分県立図書館の制作過程を見返して見るならば、旧大分県立図書館では、ペアウォールで挟まれた暗がりの中央ゾーンが構築され、その上部にV字に跳ね上がる屋根によるハイサイドライトが挿入されることによって「闇」と「光」が形象化されている。それはそもそも、磯崎自身が経験した回心とも言いうる「啓示のような空間体験」、すなわち、磯崎が自ら身をもって教会堂に座すことによって成立した「闇」と「光」による〈住まいの現象〉が拠り所となっている。磯崎は西洋の伝統的な建築内部での経験を介して、建築作品の制作者として、改めてその「空間体験」を自覚的に顧み、自らの「空間体験」を自身の作品に写すべく、中央ゾーンに於ける「空間体験」へと写像し形象化する事を為したのである。Ⅲ案の断面パースに示された「空間」は、その事の結像である。このような経緯を経て、Ⅲ案は、Ⅰ案と「プロセス・プランニング論」で提示された基盤構造の体系に重ねて、「日本建築になかった空間の実在と、架構の力」[51]の表現が追求されてその建築作品の制作が行われたのである。

実際に建てられた建築物は、ペアウォールや中空梁の「切断」面が外に明確に表現されて建築物の形態を完結させている。それは、「計画、空間、構造、設備を樹状のスケルトンに編成し、枝を伸縮させながら「切断」する」[52]ように制作されたと言われる如くである。

七 媒体の発見 続：プロセス・プランニング論 (『建築文化』一九六五年一月号)

「媒体の発見 続：プロセス・プランニング論」(文献Ⅲ)では、そのことが「時間のながれのなかで、不定形に運動する物質を、ある時点で切断したときの、その切断面がそのまま表現となるような建築を計画する方法を定式化してみた」[53]と記され、「切断」を鍵概念とするⅢ案の制作方法が言語化されている。さらに、同文献Ⅲに再録されたプロセス・プランニング論の要約の最後に、改めて「ある時点で切断するということは、それぞれの系列の展開を予想した移行過程の総体からえらばれた特定の方向を示している。その時点にふみこんでなされる決定は、あらゆる方向に終末を意識することから獲得されるダイナミックスにもとづいている」[54]という項目を付加してその論を完結させるとともに、「切断」が未完の完成像を暗喩して示す方向性をもった境界面として形象化され、建築物の形態を完結させていることを記している。

見てきたように、「ジョイント・コア」、「空中都市」、Ⅰ案、「プロセス・プランニング論」の制作を経て行われたⅡ、Ⅲ案の設計過程では、〈ペアウォールや中空梁の切断〉という形態が発見されることによって、制作の骨組みと方向性が定まり、造形の全体に完結性が見出されている。これは単に切断という形態操作が作品の全体をまとめあげているとして済まされるものではなく、Ⅲ案の制作以前に構築されてきた制作論が〈ペアウォールや中空梁の切断〉という造形を貫いていることに重要な意味がある。すなわち、都市や建築が未完結のままに成長し続ける「プロセス」と捉えられ、その中で制作を行うにあたっては、「終末」を想定した限りで為される「決断」の重要性が指摘され、その決断がⅠ案の設計では、成長するスケルトンの決断・切断という制作方法によって具体化された。そして、その方法が「プロセス・プランニング論」で一般化され言語化されていた。さらに旧大分県立図書館の場合、Ⅱ案、Ⅲ案と設計が更新され、その設計過程で〈スケルトンの切断〉、〈ペアウォールや中空梁の切断〉が表現として明確に形態化されることによって最終案としてのⅢ案がまとめられたのである。その設計過程で見出された「切断」による建築物の造形表現の意味が改めて言語化されて「媒体の発見　続：プロセス・プランニング論」というタイトルの制作論として再構築されているのである。このような作品と言論の制作過程を経て導き出された「切断」という鍵語は、以後の磯崎建築の制作の一つの手法として定式化していくが、その「切断」された建築物を見る際、単に「切断」面の形態を表面的に見るだけでは意味はない。その建築に於いては、形態の向こうに指示されている見えない虚構世界すなわち未完の完成像を想像しながら見ることが期待されているのであり、磯崎の制作する建築物の中では、そのような虚構世界を想起させる造形表現の工夫があらゆる手立てを以て為されているのである。そして、その建築物は言論と重ね合わせて見ることによって意味あるものになっていくのである。

結

これまでに見てきたように、旧大分県立図書館の制作にあたっては、先ず、「孵化過程」の言論に見られる「ジョイント・コア」や「プロセス・プランニング」に通底する計画方法が建築作品（Ⅰ案）の制作の基盤構造を構築していた。そしてその作品制作後に試みられた自らの作品解釈が「プロセス・プランニング論」という言論の制作契機となっていた。そして、さらにこの言論がⅡ案の制作契機として働いていたのも見てきたとおりである。このように磯崎による建築制作は、作品の模索的制作を介して言論が構築され、言論の模索的構築を介して作品の制作が進められるという方法、すなわち往還する言論と設計の自覚的制作活動として行われる。また、言論と設計の間を行きつ戻りつしながら行われる制作活動を通して、決定不可能性に応える都市や建築の制作方法の究明や「空間」現象の成立をめざす建築の構築といった普遍的な問題が追求されている。とりわけ旧大分県立図書館は、磯崎にとって、このような問題を導き出すことができた作品であったのである。また、この作品が世に公表されることによって多くの建築家や市民がその問題を共有する契機ともなったと考えられる。そして、「これらの私の建築家としての出発を支えた初源のコンセプトは、繰り返し立ち戻ってきた[55]」と言われるようにその後の制作活動に於いても同じ問題が繰り返し問い直されて制作が行われている。

註

1　I、II案図面は現大分県立図書館所蔵、III、IV案図面は大分市土木建築部建築課所蔵のものを参考にした。

2　文献Iは、磯崎新：「孵化過程」、『美術手帖』一九六二年四月号増刊、四五―五〇頁、美術出版社、一九六二、文献IIは、磯崎新：「プロセス・プランニング論：成長する建築／県立大分中央図書館をめぐって」、『建築文化』一九六三年三月号、三七―四七頁、彰国社、一九六三、文献IIIは、磯崎新：「媒体の発見／続：プロセス・プランニング論」、『建築文化』一九六五年一月号、一五二―一五七頁、彰国社、一九六五、文献IVは、磯崎新：『空間へ』、鹿島出版会、一九九七、文献Vは、磯崎新編：『建築物が残った―近代建築の保存と転生』、岩波書店、一九九八、文献VIは、磯崎新：『反回想I』、エーディーエー・エディタ・トーキョー、二〇〇一を参照した。また、旧大分県立図書館は、当時は、「県立大分中央図書館」や「大分県立図書館」と表記され、また改修後は、「大分市立市民アートプラザ」や「アートプラザ」などと表記されるが、本稿では、改修前のものを「旧大分県立図書館」、改修後のものを「アートプラザ」と表記し、「豊の国情報ライブラリー」（設計：磯崎新／磯崎アトリエ）と呼ばれている今の県立図書館を「現大分県立図書館」と表記する。

3　文献V、二四―二五頁、七三―七五頁参照。

4　文献V、五二頁。

5　磯崎新：「年代記的ノート　一九五四―一九六四」、『建築』、一九六五年二月号、中外出版、八五頁。

6　文献II、三七頁。

7　註（5）の文献、八五頁。

8　同上

9　文献VI、五五頁。

10　文献IVを参照。

11　註（5）の文献を参照。

12　文献V、七五頁。

13　同上

14　文献V、六五頁。

15　文献II、四五頁。

16　文献VI、五六頁。

17 文献Ⅲ、一五五頁。
18 文献Ⅴ、七五頁。
19 註（9）に同じ。
20 文献Ⅴ、七八、七九頁を参照。
21 文献Ⅱ、三九頁。
22 文献Ⅱ、四四頁。
23 註（16）に同じ。
24 文献Ⅵ、七一頁。
25 文献Ⅴ、二〇頁。
26 文献Ⅲ、一五五頁。
27 同上
28 同上
29 同上
30 同上
31 同上
32 大分合同新聞、昭和三八年五月二九日付記事。
33 磯崎新：『磯崎新の建築談義　＃一〇　ショーの製塩工場』、六耀社、二〇〇一、一二三頁。
34 同上文献、一二三頁。
35 白井秀和訳：『ルドゥー「建築論」註解Ⅰ』、中央公論美術出版、一九九三、七八―七九頁。
36 註（33）に同じ。
37 文献Ⅵ、五七頁、六〇頁。
38 文献Ⅴ、八二頁。
39 文献Ⅵ、五七頁。
40 文献Ⅵ、六〇頁。

41 文献Ⅵ、五七頁。
42 文献Ⅵ、六〇頁。
43 磯崎新：『磯崎新の建築談義　#〇五　ル・トロネ修道院』、六耀社、二〇〇四、一三六頁
44 註（33）を参照。
45 註（33）を参照。
46 文献Ⅵ、六二頁。
47 同上
48 文献Ⅵ、五九頁。
49 同上
50 同上
51 文献Ⅴ、八三頁。
52 文献Ⅴ、八五頁。
53 文献Ⅲ、一五四頁。
54 同上、（文献Ⅳで再録された際には、「特定の方向性」と訂正されているが、ここでは、文献Ⅲのママを引用した。）
55 文献Ⅴ、八五頁。

建築術史の建築―術・考

――大江宏の場合――

崔　康勲

私はこの能楽堂も近代建築そのものだと思っています。ただ近代建築が一時その性格を特に強調明確化するために、その代償として置き去りにしてきたものがある。もう一遍それを拾い上げて、近代建築をより完全な建築に仕立て上げたい。だから境目というより、まだその延長上にある、という意識ですね。ここらへんがポストモダニズムと呼ばれる概念とちょっと違う点だと思う。

（大江宏「混在併存から渾然一体へ」「新建築」一九八四年一月号、『建築作法』思潮社　一九八九年所収　一二七頁）

最初から私は根っからの近代建築の教育を受けてきたんですよね。まさしく日本では堀口捨己先生の岡田邸ができたり、谷口吉郎さんの水力実験室ができたり、それから土浦亀城さんの自邸ができた当時ですからね、私が大学に入ったのは。ほとんど日本の近代建築のでき始めのころですよ。だから切り落とされたものなどという意識は全然なく、非常に新鮮な魅力があるものとして近代建築をとらえましたね。

（前掲書　一二四頁）

近代の最大の遺産というのは、なんといっても空間というものをきちっと意識的にとらえるという見方を与えてくれたことですね。今までの伝統的な建築はこういう空間構成になっているから、ということで漫然と踏襲してきたものを、じかに空間というものを意識してとらえさせた。それから構造というものを意識させた。さらに比例を意識する。この三つは、古代から建築はみんな必ず備えていたものなのです。ただつくる人間がそれをどこまで意識的に的確にとらえ得るか。その自覚を促してくれたということが、われわれが受けた近代建築の最大の恩恵ですね。

（前掲書　一二四頁）

私は近代建築の立脚点の三要素、これはなにも近代建築ばかりではなく、古来建築全体に流れてきたもので、近代建築は特にその三つを抽出したという功績はあるものの、抽出されたものだけが実体になっていったんじゃやだめだし、それをもって洗練というのは違うんだということです。洗練というのは、いろんな要素が全部並立しながらシステマティックに相呼応し、リンケージされてゆく。そのシステムを研ぎ澄ましていくことが洗練です。

ですから、混在併存状態を再構成して形にまとめ上げることこそが建築である。これが結論かな。

（前掲書　一二八頁）

大作・国立能楽堂（正式名　国立劇場能楽堂　一九八三年竣工）を完成させた建築家・大江宏（一九一三年六月―一九八九年三月）の述懐の言葉である。読者は、作品の写真を見つつ、インタビューを読むであろう。最終講義（一九八四年一月）で大江は「一個の人間としての、あるいは建築家としての自己形成期であった一九二〇年代、三〇年代の意味を問い直すことこそ、同時に今日の建築の再出発のために不可欠と考えられる歴史意匠上の最大のテーマとして問題提起」を行う。大江は七〇歳であった。

（崔康勲「大江宏年譜」『大江宏　歴史意匠論』大江宏の会・南洋堂　一九八四年十月所収　一五三頁）

発言の第一段では、国立能楽堂が近代建築そのものだと確認されている。さらに厳密を期すべく、次のような記述を確認することができる。さきの述懐は竣工後の発言であるが、執筆時期からしても、設計過程・工事過程中のものである。国立能楽堂の設計・工事の過程にあって、大江の胸中に去来していたものの要諦が示唆されている。第二段では、堀口捨己、谷口吉郎、土浦亀城といった先行する建築家の作品が回想されている。大江の大学入学と同時期の出来事である。さらに第三段では、その近代建築のもたらした遺産について言及される。空間・構造・比例、この三要素は古代以来の建築の変わらぬ本質あるいは条件であり、これなくして建築は成立しえないとの確認がなされた。そして最後に、以上の近代建築との遭遇を契機として、最終的に、混在併存の状態の再構成によって「形」にまとめあげることが建築である、と表明される。集大成というよりは、問題がやや見えてきたという国立能楽堂への設計・工事過程でのこうした述懐は、一九三〇年代における日本への近代建築の紹介、それは同時に大江の学生時代の出来事であるがゆえに、近代建築の初心がいかに想起されていたかを物語っている。なお、この一九三〇年代の状況に対する大江の言及については、次のように記されている。文中のブルーノ・タウト、日光廟、伊東忠太は鍵となる人物・建物であることは、言うまでもない。

一九三〇年代に入って、たまたまブルーノ・タウトがナチスドイツに追われて日本へ亡命するということがあった。タウトは在日中日本の伝統的建築を見て回り、『日本美の再発見』その他の著作を発表した。そのなかでタウトは、伊勢神宮や桂離宮など日本の伝統的古建築にみられる合理的精神や、機能性志向のなかには、近代建築のそれにそのまま相通ずるものがあるとの見解を強調したのであった。タウトの著作が刊行された一九三〇年代の中期という時代は、折しも日本の民族的意識高揚の時期にあたり、日本の文化的遺産再評価に対する関心の強い時代であった。そのような社会的風潮に乗って、このようなタウトの主張には、強く時流に投ずるものがあったのである。なかでも時に近代建築の理念を信奉する層にとって、日本の伝統的建築と近代建築の間にある共通の価値基準を求め得るとしたタウトの見解には、強い共感を誘うものがあった。ところがそのようなタウトの主張に対して強く反論を唱えたのは伊東忠太であった。タウトより約半世紀ほど前に来日して例の大森貝塚を発見した、エドワード・S・モースがほめたものは日光廟であったことなどの例を引用して、タウトの説に反駁したのである。伊東忠太にとっては、近代建築そのものが飽き足らなかったであろうことは、想像に難くない。しかしそれ以前に、ある特定な、単一の尺度を多様に存在する建築に当てはめ、その価値を一律に測ろうとしたタウトの見方や姿勢に対する反発が、その根底にあったのではないだろうか。

（注――傍点は筆者付加　以下同様）

（大江宏「建築と文化」『建築概論』「新建築学大系第一巻」彰国社一九八二年、『建築作法』思潮社　一九八九年所収　二一〇頁）

一　インターナショナル、リベラル

本稿の主題は大江宏流というべき独特の制作論について、その一端を明らかにするべく目論まれた。本稿では、これまでほとんど顧みられることの少ない、日本建築学会における二つの座談会での大江の発言を追って、問題を解いていきたい。

「建築雑誌」一九七七年四月号は、主集として「創立九十周年記念講演会「近代建築の歩みを聞く」」を掲載している。記念講習会の出席者は村野藤吾・森田慶一・谷口吉郎・浦辺鎮太郎・大江宏の五名、聞き手は山口廣・平井聖・長谷川堯・横尾義貫である。

質問者に対して、大江宏は次のように答えている。

> 建築を選んだ動機を聞かれるたびにいつもそれが答えにくくて困るわけなのですが、果たして意識して建築に入ったのかどうか、どうもそのへんがしかとは思い出せないのです。気のついたときはすでにいつのまにか建築にはいっていた。そうとしか答えようがなくて、意識したとすれば、大学にはいって二ヶ月目ぐらいですか、その契機は今日の主題になっている近代建築ですね。特に国際的なレベルでの近代建築を意識して捕えたのはそれが初めてで、改めてそこから建築として意識したので、どうもそれまでは建築への意識は取り立ててはなくて、なんとなく日常の生活とズルズルとつながってしまっていたのですね。
>
> （創立九十周年記念講演会「近代建築の歩みを聞く」「建築雑誌」一九七七年四月号　一三頁）

続いて卒業後について次のように語る。文部省宗教局保存課での活動は、国史博物館の造営計画および神武天皇聖蹟調査であった。この件について、建築家・八束はじめからは、その著書『思想としての日本近代建築』（岩波書店　二〇〇五年）において鋭い指摘が提出されている。後にふれることになるので先を急ごう。

詳しくは建築史家の研究に委ねることにしたいが、もっとも重要な点は年代史的に言って、大江は一九三五年の入学と三八年の卒業を折りにふれて確認するが、この間は建築界にとって看過されざる事態が起きていた。「日本工作文化連盟」の発足（一九三六年）、板倉準三設計のパリ万国博日本館のグランプリ受賞（一九三七年）、大江の卒業設計「日本工作文化研究所」が、丹下健三・浜口隆一共々辰野賞となる（一九三八年）。次いで、連盟の機関紙『現代建築』の発刊（一九三九年六月—四〇年九月）へと続く。

> 大学に4月にはいって、2ヶ月目の6月におやじが（注——大江新太郎一八七九—一九三五）亡くなったのですが、私のおやじの同期の先生方には工大の前田松韻先生ですとか、横河事務所の中村伝治先生とか、そのひとつ上のクラスに大熊喜邦先生とか、佐野利器先生とか佐藤巧一先生とかがいらっしゃって、私が大学一年生ですし、弟二人がまだ専門学校とか、中学校であったものですから、その先生方から大江の息子だったらこういう道を進むべきであるというようなことから、特に私が自発的に希望した

形ではなく、他動的に文部省にはいる結果となったわけです。

はいってみてこれも意識したのははいってからですが、おもしろいことには、元来国史博物館の造営が担当ではいったのですがだんだん資材が苦しくなり始める頃だったので、なかなかそれが実際化しないために、内閣の二六〇〇年記念事業の方を手伝わされました。それは神武天皇の聖跡を調査して、そこに記念碑を建てて歩く仕事でした。それをいいことにして出張費で神武天皇の歩いた所をずっとくまなく歩いたことが非常に楽しかったですね（笑）。文部省というのはこんなに楽しいところか（笑）。全部官費で（笑）、東征の順に歩くのですから、こんなに楽しいことはないわけです。そんなことで文部省にはいるようなことになりましたのは、たいへん幸いだったと思います。これも意識せずにそういうことになったわけです。

（前掲誌　一三頁）

かつて筆者は、大江に対してこのあたりの事情について詳しく尋ねたことがあったが、前出の「大江宏年譜」（『大江宏＝歴史意匠論』所収）に記したとおりである。付記すれば、国史博物館造営計画はさることながら、神武天皇聖蹟調査については、史実ではないのだから厳密に場所を特定できるわけがない、と苦笑されていた。それでは何をなさっておられたのか、とのさらなる質問に対しては、和辻哲郎の『古寺巡礼』は卒業し、『日本古代文化』から『続日本精神史研究』へ、また津田左右吉の一連の書物の読解を通じて、日本における古代国家体制成立過程の、「血で血を洗う」抗争の織りなす実像を見極めようとしていた、との回答を得た。現代ではあまりにも当然ではあろうが、日本古代国家成立過程を東アジア、とりわけ朝鮮半島との関係について視圏を及ぼすこと、さらにその成立過程については、結果論的に歴史を美化するのではなく、実像に即して理解するようにとの教示を与えられた。徹底した歴史研究、それも建築史のみならず全体史としての総体を捉えること、あたかもその現場に居合わせているかのごとく、その渦中にある人間の在り様として、建築家あるいは制作者の実存に視線を及ぼすことを教示された。

いえ、それは学生の頃から私は図を書くことが一番好きでして、文部省に勤めながら、旅行のあいま、あいまにいわば内職の形で住宅を、――もっともあれは内職という感じは自分にはなかったのですが。尾崎咢堂さんの家とか友人の家、もう一つは中宮寺のお厨子など文部省に行きながら、自分にとってはいずれが本職で、いずれが内職という差別のない感じでやっていました。

（前掲誌　一三頁）

大江宏作品中の白眉とされる「中宮寺お厨子」（一九四〇年）については、ここにすべてがすでにして表出されているのではないかとの高い評価がなされているが、この完成度は、建築家以前の大江の前史に加えて、近代建築との新鮮な出会い、古代国家体制成立過程の探求、設計・創作への意欲、そして何よりも時局への応答（平和祈願）が可能ならしめたのではないかと感じざるをえない。本職か内職かという問題以前の問題、いかにも大江らしいと言わざるをえない制作態度であろう。

もうまざまざと覚えています。谷口先生の工大の水力実験室、天現寺の慶応、それに日吉の寄宿舎、その辺の印象はいまなお強烈に覚えています。私が大学に入ったのは一九三〇年代の中ごろですが、丁度ユイア（ママ）（UIA）（ママ）（注——CIAM）が成立してから七、八年めでした。一九三〇年代にはいるちょっと前ぐらいから国際的な性格が強まって、三〇年代に入ると、同じ近代でもそれまでのドイツ表現派的なものからインターナショナル的な近代主義へと急速な形成があった。どうも私の大学在学中のころがその新近代の日本における黄金時代じゃなかったか。それが谷口先生の作品などに最もクリアーに表れて、それを私は非常に純粋なものとして受けとめました。

（前掲誌　一八頁）

目のあたり現実に見てそれは強烈でした。一九三〇年の半ばといえば二・二六事件や日中事変が起こるとか表層面だけをみると軍国化の一方のようですが、一皮むけば中では国際主義的近代思想みたいなものが私達学生の内部にずっと形成されてきていた。その一番ピークのようなところで私ははじめて建築を意識したという記憶がつよいのですが。

（前掲誌　一八頁）

なお近代建築と日本の伝統についての戦後の日本的表現をめぐる問題について、大江らしい見解を述べている。大江においては、近代建築と折衷、あるいはそのいずれかに問題が回収されることは認めがたかった。

ちょっと私には違うように思われるのですが、大変その辺むずかしいところだと思います。広島の向かって右の記念館の細い柱とはりの比例構成のようなところを指して言っていらっしゃるのでしょうか？

私はどうもとりたてて日本とあまり関係ないように思います。さっき黄金時代と申しましたところの、それまでにすでにでき上がっていたインターナショナルな日本の近代建築の基調のほうが主体で、あるいは説明のときにはかりに日本というような言葉も使われていたかも知れませんが、作る側の本当のところは近代建築のモチーフそのものだっただろうと思いますが、その辺のきわどいところは簡単にお話すると危険だと思います。私がやっているものも単純に日本とか、伝統ということとそうすぐにはつながらないことなので、その点誤解のないように思います。

（前掲誌　二〇―二一頁）

それでは、大江にとって近代建築とは何だったのだろうか。

単純にスカッとした、すっきりしたスタイルだけに魅かれたという程度のことではなかったように思います。もっと理想主義的な重さをもって近代建築がわれわれに迫ったように覚えております。

大体一九三〇年代は、その前の大正の表現派的な姿、これは日本における近代建築の初段階と思いますが、もう一つその次の国際的な、いわばＣＩＡＭ的な段階の近代です。そこで一九三〇年代の日本において初めて実感された近代建築にはリベラルなものと同時にインターナショナルということへの理想がその基底にあった。それは単なる建築の姿、形だけのレベルの問題ではなかったように思います。

歴史的現象面だけをみればだんだん日本は軍国化していく、ファッショ化していく段階です。表層的にはたしかにそうでしょうが、しかし心情的内面にはそれとは逆に、あるいはそうであるが故に例えば映画などでも「パリの屋根の下」とか、「外人部隊」とか、「ペペルモコ」とか、連綿として毎年重い作品が出てきて、われわれはそれに本当に打ち込みました。あれだけ打ち込めた映画の時代は戦後なかったんじゃないかと思うぐらいに。それも一つには、一九三〇年代の日本があのような特異な事態にあればあっただけそういう映画に打ち込めた、その辺の事情と同じ心情から単に近代建築のすっきりした姿にただ魅せられたということだけではなかった。もっと本質的に、インターナショナルなもの、リベラルなものへの理想主義的な志向がことさら強かったのだと思います。
（前掲誌　二一頁）

それでは時局をにぎわしている一連の設計競技とは、大江にとって何だったのだろうか。

関心は大いに持ちましたですね。ただ先ほどから申し上げているような種類の、本当にわれわれの身も心も打込んで惚れ込んだような近代建築と、私達卒業以降に出たようなコンペの課題とでは関心の持ち方がおのずから全然別の種類だったということは確かですね。

そうですね。三〇年代のうちはまだよかったのですが、四〇年代の声を聞くと急激に悪化してくる。例のイタリア、ドイツ、日本との三国同盟ができるとか、二六〇〇年記念祭とか、その辺のところから急激にきつくなった記憶があります。さきほどおっしゃったような種類のコンペ課題が出るようになるのもその頃です。忠霊塔はそのちょっと前でしたか。

そういう種類のもののなかで一番早かったのですね。あとは大東亜圏記念館とか、タイに文化会館、その種のものは四〇年代に入ると陸続として出ましたが、関心は大いに持ちましたが、さっき申し上げたような三〇年代の国際的近代への強い魅力とはおのずから別のレベルのものと受け取っておりました。
（前掲誌　二三頁）

したがって、大江はこれら一連のコンペへの応募は行わなかった。同級生の丹下健三をして、「デカダンス」と呼ばしめたように、大江における時勢への抵抗が潜んでいたのかもしれない。しかも、それは確固たる自由人たらんとする信念にもとづくものであった。

以上の大江の発言を踏まえ、聞き手の一人である山口廣は、次のように後記している。

大江先生は学生時代をふり返り、昭和一〇年代に「日本において初めて実感された近代建築にはリベラルなものと同時にインターナショナルということへの理想がその根底にあった。それは単なる建築の姿、形だけのレベルでの問題ではなかったように思います。」と語られた。続いて全く個人的回想として「パリの屋根の下」、「外人部隊」、「ペペルモコ」といった重い映画作品に本当に打ち込んだと述べられたのが、読み返してみると深く実感を誘う。戦時体制の重圧が、あらゆる建築活動を押し止めたことは、歴史的事実としては知っている。しかし若者の心の底で、戦後再出発へ連なる準備が、どのように準備されたかを捉える手掛かりはまだ少ない。戦後建築の歩みを歴史として記される日もそう遠くはないであろう。そのためにもまだ思いを深くひそめねばならない。

（山口廣「言葉のはしばし――記念講演会後記――」「建築雑誌」一九七七年四月号　二五頁）

なお、本主集「創立九十周年記念講演会「近代建築の歩みを聞く」」に掲載された資料（論文再録）は次のとおりである。

村野藤吾　無目的なる現代建築様式の煩悶と其の解釈
森田慶一　構造に就いて
谷口吉郎　作品を捧げる
浦辺鎮太郎　若い時点と地点から
大江宏　混在文明へのアプローチ

二　西洋館への憧憬と武家住宅

ところで、ここまでは大江の学生時代（一九三五―三八）を、一九三〇年代という日本における近代建築との邂逅と時局への展開の中でふり返ってきたが、それでは実生活上においてはどのようなものであったのか。父・大江新太郎（一八七五―一九三五）と共に過ごした東京の山の手、文京区小石川原町での住まいについての回想とあわせて、当時を回顧しての友人の住まう西洋館への憧憬が語られている。酒井家の中級武士の居宅であったという和館については、入学後の製図の課題において、進めているうちに段々と日本家屋にどうしても行きついてしまうこと、周囲の近代建築をこなす学友とはどうも異質であったことがことごとく回想される。かくして、近代建築の衝撃を受け、実生活上の武家住宅と憧憬としての西洋館が複雑に同時存在することとなる。

それから小石川原町に移ったんです。いまの地下鉄の都営三田線というのかな、春日町から白山を通って、巣鴨を通って行く、あの白山の次が本郷曙町で、曙町はあの道の右側で、左側が小石川原町。その次が駕籠町で、駕籠町というのは、例の大和村のところです。小石川のいちばん高くなったところで、白山の方から行っても高くなったところですね。その高くなるちょっと手前のところでした。電車通りからちょっと入って家がありました。

家の前に松の木がありましたよ。これは酒井家の中級武士の家で、その家を借りたわけです。このとき近藤さんという酒井家の重役だった人がまだ近所に住んでいました。修（弟）はここで生まれたんですから大正五年にはそこに移っていましたね。それで、小学校はここから通ったわけで、その家には空襲で焼けるまでいました。

小石川のほうの家はそうじゃなくて幕末からのもと武家屋敷という感じだったですね。間取りは、さっきいった表通りね、そこに桝みたいなところがあって、その桝の一隅に松が生えていました。そのちょっと右に門があって、門を入って真正面に式台、唐破風のついた玄関、玄関は横長三畳でしたね、畳が敷いてあって。（中略）

ある時期から客間を籐椅子にしました。畳の上にじゅうたんを敷いて。高島屋かなんかに頼んだものでした。その前までは座っていましたけどね。われわれが小学校を出るころからはもう籐椅子になったような気がします。それから長六畳の両側に本棚をずうっと置いていました。

（「大江宏――わが軌跡を語る」『別冊新建築　日本現代建築家シリーズ第八号』一九八四年六月　一八三―一八四頁）

（数寄屋）じゃなかった。いわゆる武家屋敷ほとんどそのままで、玄関には唐破風がついていて、式台があって、それから化粧庇の寸面なんかもごつくって、框の勾配もつよい……。いまから考えればそれなりの良さはあったわけですけどね。こちらはまだ学生ですし、育ち盛りでしたから、友だちの家に行くと西洋館であったり、西洋間がくっついていて、それがうらやましくてしょうがなかった。

松井慶四郎という英国大使や外務大臣を務めた人の次男坊が、成蹊の尋常科からずっと死ぬまで親友だったんです。その松井の番町の家が典型的な西洋館で、結構広々とした芝生と大きな植え込みがあって、だいたいエントランスのドアからしてよく映画なんかに出てくるようなタイプのもので、そこを入ると吹抜けのエントランスホールになっていて、回り階段があって二階に行く。一階にはライブラリーとかダイニングがある。ほんとうに典型的なユーロピアンスタイルで、それがうらやましくてしょうがなかった(笑)。それも割に重苦しくない瀟洒な感じの洋館でした。そう。英国風ではありましたけれど、ドイツのようなゴツさじゃなくて、といってフランスみたいな優雅さとは一味違う。英国のあるタイプの紳士が持っているような独特のエレガンスなもの、そういう家だった。誰が設計したのか分かりませんがね。

（大江宏＋山口廣「近代数寄屋――鍵は一九三〇年代にある」「建築雑誌」一九八二年七月号、『大江宏対談集　建築と気配』思潮社　一九八九年所収　九二〜九三頁）

三　オーソドキシーとソフィスティケイテッド

本稿においてこれから取り上げるもう一つの座談会は、「建築雑誌」一〇〇〇号記念（一九六八年八月号）として、主集「日本建築の将来」が共通のテーマになっている。　座談会は四つのグループに分かれ、各グループの出席者は次のとおりである。

座談会1、市浦健・白井晟一・堀口捨己・前川国男・山本学治
座談会2、池辺陽・浦辺鎮太郎・大江宏・吉阪隆正・桐敷真次郎
座談会3、圓堂政嘉・大谷幸夫・菊竹清訓・林昌二・宮内嘉久
座談会4、磯崎新・川崎清・黒川紀章・剣持昤・原広司・村松貞次郎

である。座談会終了後、まとめとして司会者グループの桐敷真次郎・田島学・宮内嘉久・村松貞次郎・山口廣・山本学治による座談会がおこなわれた。

なお前もってこの主集にちなんで同時掲載された資料（論文再録）を示せば次の通りである。

伊東忠太　「アーキテクチュール」の本義を論じて其訳字を選定し我が造家学会の改名を望む（明治二七年六月号）

関野貞・長部宇平治・辰野金吾　我国将来の建築様式を如何にすべきや（明治四三年六月、八月号）

野田俊彦　建築非芸術論（大正四年十月号）

本稿ではさきの座談会「近代建築の歩みを聞く」（「建築雑誌」一九七七年四月号）での大江の発言に続くかたちで言及する。大江の発言は、「オーソドキシーとソフィスティケイテッド」「建築家の飯のタネは「術」だ」「愛着をつくり出すのが建築家」に集中されており、当時の大江の関心が分かる。

〈オーソドキシーとソフィスティケイテッド〉

世代的に見ると、オーソドキシーを失った世代が、このリストの大方を占めているという感じがするのです。私はオーソドキシーに対してソフィスティケイテッドをいつも対照的に考えるのです。さきほど話題になったところを例に出せば、専ら「物」についてゆくのはオーソドキシーに属し、人にかかわってゆこうとするのはソフィスティケイテッドの世界だと思うのです。

例えばまた先程浦辺先生が茶器の話を持出されたが、天正、慶長にあらわれた勧学院とか光浄院とか二条城はオーソドキシーだ。その厳然たるオーソドキシーに対して、ソフィスティケイテッドが茶の世界とか、利休とか、以後はそれに連なる近世の下世話にくだけた自由な世界として存在する。オーソドキシーとソフィスティケイテッド、物と人。茶を生み出したのは泉州堺です。泉州堺はオーソドキシーをガッチリ身につけていたからこそ、同時に本格的なソフィスティケイテッドを生み出し得たのだろうと思うのです。そういう日本の持っている文化の特有の伝統みたいなのを、ここにリストアップされている建築界では失ってしまったのじゃないか、つまりオーソドキシーがなくてソフィスティケイテッドだけというのは……。

（一〇〇〇号記念　日本建築の将来・座談会二「建築雑誌」一九六八年八月号　五三九―五四〇頁）

明治の国会議事堂論争に関連して「わが国将来の建築様式はいかにあるべきか」という座談会（明治四三年）を読むとおもしろいですね。あれはまさにオーソドキシー観念の凝り固まりです。ここではソフィスティケイテッドな意識はむしろ非常に希薄です。あれはある意味では過去の日本のオーソドキシーという遺産がまだそれなりに踏襲されていた。ぼくはそれに対してかなり好意的で、ある種の好感さえ感ずるわけだが、そういう遺産を失ったあとの近代建築家のソフィスティケイテッド意識だけがオーソドキシー不在のまま延々と今日まで尾を引いていることに対して寒心を覚えるわけです。

たしかに明治末の議事堂論議の場合の建築家の発言は、おっしゃるような明治武士の大言壮語風です。しかし私がここで指摘したいオーソドキシーとは、あくまでも創造活動のプロとしての建築家本来の特技を問題にしているのであって、厳然たるオーソドキシーが確立されないところに建築家の社会的職能の地位などありえないということがいいたいのです。無制約、自由、放任のなかでの創作にはそれなりの面白さがあっても、元来これは素人芸の本領であって、厳しいプロの道とは自ら別物であることをいいたいのです。これは建築についても、都市についても、また地域開発についても一様にあてはめることのできる原則です。建築家のソフィスティケイテッドな能力は決して低く評価されるべきではないけれども、そのためには是非とも確固たるオーソドキシーの裏付けがなければ建築家の意味を持たないと思います。

（前掲誌　五四〇―五四一頁）

〈建築家の飯のタネは「術」だ〉

いま一番問題なのは、建築家でなくてできるようなことをタネに建築家が食っているということです。いまの世界は甘い、恵まれているというけれども、その恵まれ方は、建築家が本来の能力に基づいて、それに対する当然の報酬として設計料をもらって食っているという食い方ではなくて、何も建築家という特殊者でなくてもできるようなことをネタにして食っているのだ。世間も何となしにそんなことで食わしているのだ。しかし、そんな飯のタネは非常に不安定なもので、いつ消えるともわからない。結局いま建築家の元手とするのは人間に対する理解、これは池辺さんのいうとおりたいへん希望的な基礎です。だけど基本としての人間に対する理解と、もう一つ人間と物とを愛着という形で結びつける特技、これは一つの術でなければならない。術というのは、そう一朝一夕に身に付くものではない。その時、その時の環境の変転に応じながらつねに体で、腕で、皮膚で覚えとってゆかなければならないという「術」への意識的な積み上げの努力なしに、ただ人間への理解という大雑把なエリート感覚だけでゆくと、いづれみんな食いっぱぐれる。これが第三（座談会3の世代）、第四世代（座談会4の世代）あたりが心配していることだと思う。

術というのはコンピューターみたいな後頭部には関係がなくて、専ら前葉部に関係があって、それには単なる術という指先の問題だけに止まらないわけです。体もいるし、皮膚もいるし、視覚からあらゆる感覚、それから脳細胞の全部が動員されないと術は成り立たない。そういう総合的な修練は鍛えないとできない。そこで初めて素人にできないのができる。そこを目標にしなかったならば、これは食えなくなるのは当たり前で、それが成立していた時代は、社会は建築家に十分金を払ったのです。ところが、素人でもできるようなことで飯を食っているのでは、そんなものに社会は金は払わない。だけど、こういう社会通念を作り上げてゆくには、まだ時間が掛かる。もし来世紀に期待が掛けられるとすれば、さっきの消費世界などはゆくところまでいってしまって、初めて何を人間に残さなければならないかということがある程度はっきりしてくると同時に、素人にはできない建築家の能力が評価されてきて、そこで初めて建築家は建築家として本格的に食うという時代がくるのじゃないか、などという考え方をするのです。

（前掲誌　五四四頁）

〈愛着を作り出すのが建築家〉

われわれの大きな対象は愛着ということです。愛着は単純に「作る」というプロセスだけではでてこないのです。それには「成る」という生態が、大きくあるのです。「作る」というのは人間が意思をもって形成してゆくことで、それに対して自ら成ってゆくもの、つまり形成に対して生成されるものがある。その生成の生態を意識し、その特質を掴んでゆかないと「愛着」は取扱われない。

（前掲誌　五四五頁）

この座談会の掲載は、「建築雑誌」一九六八年八月号であるが、東京オリンピックを了え、大阪万国博覧会を目前に控えた状況下で、大江は建築家の危機を職能におけるオーソドキシーの衰退にみている、そこからの建築家の再生を希求しているのだが……。周知のとおり、大江宏の歴史と地理への関心は相当なものがある。世界と日本、古今に及ぶ。該博な知識に裏打ちされて、しかも二度の世界旅行、さらに実作の創造を体験しての壮大な歴史像は垣間見ることさえ困難である。この座談会「日本建築の将来」が掲載された一九六八年八月号であることを考えると、「乃木会館」「普連土学園」「マリアン・ハウス」「九十八叟院」そしてその翌年には「料亭・胡蝶」が竣工した時であり、大江の「混在併存」がいよいよ具象的な形となって現れ始めたともいわれる。

この座談会での大江の発言は、したがって「混在併存」を解説することではなく、その動機の表明に意が注がれている。さらに「混在併存」の具現にあたっては、オーソドキシーとソフィスティケイテッドをめぐる議論は必至であることも首肯されるのである。

〈併存混在の原理——大江〉

ところがおやじは、ぼくが建築学科に入ったのが四月で、その二ヶ月あとの六月に亡くなってしまいました。ですから私が建築の専門を意識的に選んでからわずか二ヶ月で亡くなったのです。ところが、あとから考えてみると、むしろそれ以前それまでの長い間のことの方がほかの何よりも強い。私はわりに建築家そのものから感銘をうけなかったように思うのです。じゃあ、おやじの作品には感銘を受けたかという、その記憶もとりたててはないのです。何か建築でないものを通じてのこと、直接専門以外のことの無形の影響の方があとから振返ってはるかに強かったように思うのです。　（前掲誌　五四九頁）

大学に入っていろんなことを習いました。建築史を習い、コルビュジエを読み、パリの大学都市のスイス館の写真をみたりしたが、そういうものにはどうしても熱中したという覚えがないのです。当時はさっきお話が出たように近代建築時代というか、日本でもこのリストでいうと、第一世代の方々がいろんなことをいったり、書いたりしておられましたが、そういうものなのかなあというぐらいのところで、そういう、まことにどうもお話にならんのですが（笑）。それからタウトの桂離宮と伊勢神宮なども読んだが、どうもピンとこなかった。　（前掲誌　五四九頁）

ぼくは自分の作品にかなり打ち込めだしたのは、そういう諸々を疑いうるようになってからです。そういうものかと思っていた時は、どうも建築には情熱を感じえなかったですよ。ブルックハルトとか、ヴァザーリなどを読んでみてもどうもピンとこなかったのです。でもある時期からみんなそういうのはおかしいのじゃないか。もう一辺自分の体と相談してからにしよう。そんなことを具体的に意識し始めたきっかけは外国旅行です。はじめてヨーロッパ、地中海、西アジア辺りを旅行して、そういう諸々にはっきり疑ってかかっていいのだという確信を持って、それから非常に建築に情熱を燃やし始めた。（前掲誌　五四九頁）

一九五四年ですね。その時に一四ヶ国ぐらい回ったのです。春に出掛けて、秋の末に帰ってきて、その前半はそういうものかといったつもりでホイホイ見て歩いたが、最後の帰りがけの土壇場でこれはおかしいぞと思い出したのです。それで日本に帰ってきて、一応全部いままで教えられたこととか、本で読んだことはご破算にして、そこで初めて日光とか、二条城など魅力を感じ始めたのが最初のきっかけでした。

日光や、二条城に魅力を感じ始めてから後、茶室なども対照的なものとして意識的に見始めたのです。（前掲誌　五四九―五五〇頁）

続く以下の発言では、当代における「混在併存」の実践にあたっては、明治建築の日本人建築家の誕生の系譜が心中ひそかに事例として目されているかに思われる。ちなみに一見して数寄屋風の担い手と目される吉田五十八と村野藤吾をして、前者をソフィスティケイテッドの人、後者の基盤にはオーソドキシーにあるとの見解の表明は、鋭くも大胆であり、建築家ならではの慧眼というべきものである。一九三〇年代の近代建築の初心を放棄することなく隘路に追い込まれた近代建築の活路を見出す上で、混在併存とオーソドキシー（あるいはソフィスティケイテッド）は相補的であることは明らかである。いずれかが欠落すれば、すべては成り立ちえぬからである。建築創造における構成の芯は近代建築であると言い切る大江にとって、一九五四年の旅行に先立つ一九三〇年代のもつ意味は大きい。

比較的新しいものでは日本の明治建築です。特に明治の二〇年から三〇年代に魅力を感じたのです。それを作った人間達はおそらく相当な情熱を傾けたのだろうという気分が、相通じ合うと感じ始めたのです。それから数年後に「並存混在」という原理を何とか実現してやろうという野望を抱き始めたきっかけは、明治建築によったように思います。「並存混在」というのは西欧であろうと、日本の系統であろうと、あるいはアンダールシアであろうと私に取っては夫々がすべて身近な要素で、すべて古かろうが、新しかろうが地域を問わずシャッと出会わせて、そこにひどくショッキングな魅力と愛着を感じるといったそんな衝動をもう一辺フレッシュに体験したい。しかしこの原理は自画自讃で、これは素晴らしいと自分で興奮を感じているだけかもしれませんが……。

（前掲誌　五五〇頁）

どうもサイケなど新鮮なものとは思えないわけです。この原理を建築に表す造形の手段はえらくむずかしいのです。最近、（香川県立）文化会館などにそんなことを志したいと思って見事に敗退したわけですが。

私の希望はそんな感動を、何とか形に体験したい。死ぬまでにそういうのをじかに出してみたい。

そうじゃないのです。混在併存を何とかと、参議院の副議長公邸あたりもそれを意識して考え始めた今度こそ文化会館でと思ったが、やはりそれが形に体験できないわけです。そういう異質の要素の出合いみたいなところ、そういったものの中で、建築と人間との愛着を結び付けてくれる一つのモチーフがなりたち得るというところまではわかっても、それを物に表そうと思うと……。

だから文化会館はそれを望んで達しえなかった例です。

ぼくはそれにには全然疑念を持っていない。相互がミックスしてある調和がとられていくというかつてのインターナショナリズムは全く今日的な意味をもたない。今日の衝動は全然そういう方向とは違うだろうと思うのです。

相手をきわめて強く認識するということまでは、ぼくは賛成です。しかしその出てきたものをお互いに認め合うという生ぬるいことでは駄目なんで、これはぶつけ合いだ。そのぶつけ合いの出合いのビトゥウィーン・エレメントに出てくるショッキングな感動が、これからわれわれ人間のグローバルな情熱を受け止めてくれるのだという気がするのです。

〈村野藤吾のえらさ――全員〉

ソフィスティケイテッドとオーソドキシーとを健全に踏み分けてゆくということは、最低限建築家の基本的な道だと思うのです。おのずから関東と関西の違いはありますね。

村野さんと吉田さんの違いはたしかにあるように思います。吉田先生の才能はソフィスティケイテッドの面で抜群です。村野先生の本来的な基盤はオーソドキシーにあると思います。

（前掲誌　五五一頁）

〈構成の芯は、近代建築〉

で、何か少し方向づけが見えてくるのが一九六〇年ごろからで、「あれはあれ、これはこれ」として引出しにしまっておいて、必要なときに取り出して何ていう器用なことではないんだ、それでは一体それは何ごと……。

だんだんそうなってくるわけですね。「わが人生」という。それは適当に便宜的にって割り切れないもんですよ。

そうですね。だから、自分が大学で講義をすることをも研究室でみんなとダベることも、「追分の山荘」で寄り合いをすることも、みんな自分の人生そのものが何たるか、それをもう少しはっきりさせたいというようなことにつながり、それがもう建築そのものでね。

やっぱり一九六〇年だと思いますね。作品のかたちでその片鱗が表れはじめるのは「梅若能楽学院」とか「乃木神社社殿」だとか、さらにその萌芽みたいなものがややかたちになってくるのが「普連土学園」「香川県立文化会館」ですね。「普連土学園」はややこっち、「香川県立文化会館」はややあっち、というぐらいのところで、いままでの「あれはあれ、これはこれ」というのとは違うんですね。ですけど、回答は帰一しないわけです。

たしかに表皮は、梅若の能舞台の檜皮葺きであったり、あるいは副議長公邸の屋根であったりして、表皮はそうですけれども、ぼくの場合、中を通っている構成の芯みたいなものはあくまでも近代建築なんですよ。そこで近代建築を踏みはずした例はひとつもない。「あれはあれ、これはこれ」というときには、ややその辺は意識はしていなかったんだけれども、だんだん進むにつれて、やっぱり近代建築の筋はどうしたって欠かせないものであるということは、ますます意識としてははっきりあるわけです。「あれはあれ」「これはこれ」ということでは済まない。それを折衷するとかいう考えもまたないんです。

（「大江宏――わが軌跡を語る」『別冊新建築　日本現代建築家シリーズ第8号』一九八四年六月　一九三頁）

四　原理・規範・所作　原風景と原体験

日本建築学会機関誌「建築雑誌」に掲載された単行本には未収録の二つの座談会、

一　創立九十周年記念講演会「近代建築の歩みを聞く」（一九七七年四月号）

二　一〇〇〇号記念「日本建築の将来」（一九六八年八月号）

を素材に制作論的あるいは建築術的観点から大江の発言を追いかけてきたが、さきにふれたとおり、一九六八年は、「混在併存」を掲げてきた一連の六〇年代の作品が竣工しており、あわせてオーソドキシーが提起されたことはすでに述べたとおりである。一方、前者の座談会の背景は、「混在並存」を出でて、丸亀武道館、茨城県知事公舎・公邸、角館伝承館を経て、国立能楽堂への歩みが始められていた七〇年代の時期に相当する。そうしたこの二つの座談会の時間差を考えると、前者「近代建築の歩みを聞く」（一九七七年）は、大江にとっての国立能楽堂への基本姿勢を表明していたと考えられるであろうし、後者は（一九六八年）「混在並存」への回顧と再確認がなされていると考えられるであろう。オーソドキシーとソフィスティケイテッド、あるいは「術」の問題が一九七〇年代への創作意欲を見据えて再確認された意義は大きい。この座談会に臨む大江の実践的な態度でもあった。

その上で、大江の関心は常に原風景へと遡行する。鍵語――原風景は、したがって「ものごころ」がついて以来の大江の全過去の集積を意味している。詳しくは拙稿「大江宏年譜」（『大江宏　歴史意匠論』大江宏の会・南洋堂所収　一九八四年）を参照されたいが、一言すれば、大江の建築家としての歩みは、まさしく「人生」といわれるべきものである。別言すれば、その創作は未来を志向し、現在を確認しつつ、原風景の集積としてのおのれのすべてに対する「過去の制作」とも言われるべきものである。すべての過去を近未来へ向けて永続的に企投しつづけること、反復的になるかもしれないが、「建築術史の建築―術」とも言われようか。

建築の創造性は、「原理」「規範」それに最終段階の「所作」あるいは「作法」という相連なる三つの位相のなかで考えなければならぬ。単なる原理の発見は建築の創造とはなりえない。それが社会的普遍化の過程を経て実証され、さらに職能的技能の裏付けを決定的に得た時にはじめて建築の創造は本格的に完結するのである。建築が備えなければならぬもっとも基本的な資格は、普遍的、永続的、それに蓄積された職能的技能の所産が加わらなければならぬ。

（大江宏「原理・規範・所作――九十八叟院」「新建築」一九六九年四月号、原題「九十八叟院」、『建築作法』思潮社　一九八九年所収　一四二頁）

ではその心情的、感覚的に先立つものは何かといえば、各個人のなかにきわめて不分明、不鮮明なかたちですでに潜在しているイメージである。ただしそのイメージとは、決して単に無形の抽象的概念なのではなく、明らかにどこかで、いつか自分の原体験を通じて得られた原風景である。設計ということは、自分の原体験、ないしは原風景を明確なかたちに具現化してゆく過程にほかならない。この過程をあるいは創造とよんでもよいであろう。

（大江宏「日本料理店をつくる心構え」「店舗建築」一九八〇年五月号、前掲書　五五―五六頁）

いずれにしても無から有を生ずるなどということはありえないので、未だかつて例のないことを生みだすのが独創であるというようなことではないのである。必ずやその根源にはそのひと固有の原体験なり、原風景がもとになって創造が行われるのである。その原風景はつい昨日のそれかもしれないし、時として遠く時代を距てたそれかもしれない。また自分にごく近い身辺のそれかもしれないし、時には遠く海を隔てた異国のそれかも知れない。そのような原風景は時間や空間を越えて人個人それぞれに多様、多数に存在するものである。そのように時間、空間を超えて遠くおもいをはせることができ、ひろく目配りのできるということ、さらにそのような多様な原体験の累積の上に形づくられてゆくものが創造である。

うこと、さらにそのような多様な原体験の累積の上に形づくられてゆくものが創造である。

（前掲書　五六頁）

わたくしが一九三五年に建築学科の学生になるまでは、まったく建築というものを意識していなかったことは事実で、たとえば帝国ホテルに連れていってもらえるのが楽しみだったのも、そこでクリスマスならクリスマスパーティーの雰囲気に魅せられていたのであって、あの建物とかライトのこととかは一向に念頭にはなかった。けれども、あとから考えてみると、体の中には、もうすでに、建築に必要ないろいろの要素とか栄養分とかが入りこんでいたこともたしかなんですね。ところが、一九三五年からは、逆に知的な、意識の上での掌握ということで建築をとらえることになった。つまり、体でとらえるという、それまでのとは違った形で建築と向き合うことになった、ともいえる。

（大江宏＋宮内嘉久「歴史意匠の再構築」『大江宏　歴史意匠論』南洋堂　一九八四年所収　一六〇―一六一頁）

それまでの自分の中には、無意識のうちにこんなものが体に入っていたんだなということがはじめてわかってきた。それまで自分が意識しないままに浸りきっていたものと、いま教育を受けようとしている建築というものとは、あまりにも違うんだ、ということがまずあって、だけど、そんな、ぼくが初めて打ち当ったような事柄は、大学では教えてくれないし、誰も相手になってもくれない性質のものでしたから……。

（前掲書　一六二頁）

妙にぼくは、大正期の日本の、何というかアール・デコ的なるものといってもいいかもしれないような、それに惹かれ、また、そこから受け取ってきたものが別の一つの筋としてあって、片方では外国雑誌の刺戟とか、日本にも当時成立しかけていたインターナショナル・スタイルの影響とかによって、内部で葛藤がありながら、その別の筋というのはわりあい一貫していて、これだけは誰にも侵すことはさせないぞといった、もう古今東西を通じて……。

そういう一つの筋がわりあいはっきりと……。

それは一貫してあって、親父の線からもつながる。たとえば、西洋レストランへ連れていってくれたり、外国映画を観せてくれたり、大工道具の使い方や塗装の仕方を数えてくれたり、というような、あるいは、いやいやながら能にひっぱって行かれたり、という親父がぼくに与えてくれたものに結びついているわけです、その筋は。あのお厨子というのはその線上のものなのです。

（前掲書　一六六―一六七頁）

結　離見の見

大江宏はエセーの人である、とつくづく思う。対談を、座談をこよなく愛した人であったと思う。

他界する直前に編まれたいわば自選遺稿集『建築作法——混在並存の思想から——』（思潮社　一九八九年）に収録された諸論考は、論文というよりはエセーと表現すべきスタイルのもとにある。したがって、その論考は、一人の生活者としての状況への厳しい問題意識の視線から、大江の実存の只中に発生し、周囲の同学の士との対談あるいは座談を介して吟味され、やがて反芻されて文字と化す。そのプロセスは、設計過程、工事過程と同じく、すぐれて制作的、制作論的である。限界状況に対峙する実存の人たる面目躍如がある。たしかに、大江宏という存在はしばしば大建築家と目されている。しかし、世に言う巨匠と比べるまでもなく、その作品数・著作数は決して多くはない。むしろ少ないといわねばならない。日常的な生活での、対談・座談はもとより、思索に投ぜられた膨大な「時間」にわれわれは思いをいたすべきなのであろう。大江が登場すると、その場は、あたかも連歌・連句の場と化してしまうことは、これまでに幾度も経験してきたところである。大江から示されたお題をめぐって、参加者の皆が対等かつ自由な立場からの響宴（シュンポジオン）へと、おのずからその場は意図せずして成っていく……。

大江の座右の銘、「離見の見」（世阿弥）を含む一文をもって、筆を擱くことにしよう。

技術の進歩につれて、建築は常に自己を啓発しつづけなければならないと同時に美意識の変化や社会の欲求の推移に対して最も鋭敏でなければならない。しかもなお、日夜そのように変化しつづける自己をもまた常に離れた目で見据えることのできる、いまひとつの別の自己を自ずからのなかに堅持することこそが最も肝要である。いわばそれが、世阿弥の『花鏡』六段の中で説くところの「離見の見」である。それあってこそ初めて建築家は技術に対し、芸術に接近し、しかも人間の生活の質に対する提言を行いえるに足る人格的恒常性を獲得することが可能になるのである。

（大江宏『建築概論』「総論」「新建築学体系」第一巻　彰国社　一九八二年所収　二二頁）

——二〇一三年八月三一日脱稿、大江宏生誕一〇〇年の歳に記す——

参考文献

1　大江宏他『新建築学大系　第1巻　建築概論』、彰国社、一九八二年六月。

2　大江宏他『別冊新建築　現代日本建築家シリーズ8　大江宏』、新建築社、一九八四年六月。

3　大江宏他『大江宏＝歴史意匠論』、大江宏の会・南洋堂、一九八四年一〇月。

4　大江宏他『日本の建築家4　大江宏　間の創造』、丸善、一九八五年九月。

5　大江宏『建築作法　混在併存の思想から』、思潮社、一九八九年九月。

6　大江宏他『大江宏対談集　建築と気配』、思潮社、一九八九年九月。

7　崔康勲「ヘテロトピア（混在郷）への航海術　建築家・大江宏の思考回路」、日本建築学会大会（中国）建築歴史・意匠部門研究協議会、「近代日本における建築論・建築意匠論のルーツを探る」主題解説、一九九九年九月、二三―三〇頁。

8　崔康勲「「法政大学大学院」における「近代」の意味　建築家・大江宏の言説に関する方法論的研究」、日本建築学会計画系論文集、第五二五号、一九九九年一一月、三〇七―三一二頁。

9　崔康勲「「サンパウロ日本館」における「堀口捨巳」の意味（副題同右）」、前掲論文集、第五三九号、二〇〇一年一月、二八三―二八八頁。

10　崔康勲「「法政大学58年館」における「設計変更」の意味（副題同右）」、前掲論文集、第五四六号、二〇〇一年八月、二八三―二八八頁。

11　崔康勲「「サンパウロ日本館」をめぐる「論争」の意味（副題同右）」、前掲論文集、第五五三号、二〇〇二年三月、三一一―三一七頁。

12　崔康勲「「法政大学への遺言」における「建築」の意味（副題同右）」、前掲論文集、第五八一号、二〇〇四年七月、二〇三―二〇九頁。

13　崔康勲「堀口捨巳と大江宏のパルテノン体験　建築家の実存と方法」、財団法人朝鮮奨学会学術論文集、第二五集、二〇〇五年九月、六〇―六八頁。

14　日本建築学会編『建築論事典』、彰国社、二〇〇八年九月。

15　大江宏生誕百年記念事業企画委員会＋大江宏研究会『大江宏・考』、法政大学デザイン工学部建築学科、二〇一三年一一月。

作品生成論

ル・コルビュジエにおける「屋上庭園」の野生性

千代　章一郎

一　理論としての「屋上庭園」

本章では、建築家ル・コルビュジエ Le Corbusier（1887-1965）の全建築作品における「屋上庭園」の理論と実践の交差から浮き彫りにされる制作について考察する。

周知のように、二十世紀の建築作品の特徴的な形態の一つとして、工業技術の象徴としての陸屋根がある。ル・コルビュジエの「屋根」類型には、他にもモノル（Monol, 1919）と呼ばれる住宅に適用されるヴォールト屋根の系譜があるが、（1）とくにシトロアン（Citrohan, 1922）と呼ばれる住宅の水平スラブの陸屋根は、「屋上庭園（toit jardin）」という「新しい建築の五つの要点（les 5 points d'une architecture nouvelle: 1929）」の一つを実現するための最も有力な構造と見なされる。

ル・コルビュジエの「屋上庭園」の起源の一つは、おそらくオーギュスト・ペレ Auguste Perret（1874-1954）のフランクリン街のアパルトマン（1904）の屋上階テラスである。

J'ai passé la journée chez Auguste Perret. Dites vous que sur sa tour, avec ce jardin suspendu à neuf étages sur chaussée, c'est un roman de Verne réalisé. Et beaucoup de chez cet homme est pour séduire, pour impressionner, pour faire croire en des possibilités. Là, les Behrens et

Hoffman apparaissent des terriers, et des courtes vues : rien que des gens de talent. Or l’architecte doit être plus que cela : c’est le prophète et ses tables de la Loi : c’est l’homme qui voit plus avant que le musicien, parce que ses matériaux sont plus lourds…(2)

（オーギュスト・ペレと一日を過ごしました。高層の地上九階の空中庭園をどう思いますか。これはヴェルヌの小説です。多くの人々が魅了され、印象づけられ、その可能性を信じさせられます。ベーレンスやホフマンなどは、穴ぐらを掘り返す猟犬のようなもので近視眼的。それだけの才能です。しかし、建築家はそれ以上でなければなりません。建築家は預言者であり、戒律なのです。扱う素材が音楽より重いのですから、音楽家以上にもの見る眼を持つ人間なのです……）

第一次世界大戦末期、当時故郷のラ・ショー＝ド＝フォンに居を構えていた若きシャルル＝エドゥアール・ジャンヌレ（後のル・コルビュジエ）は、パリをたびたび訪れている。ペレのアパルトマンの最上階のテラスは下階より退いた形式で、屋根もマンサード屋根の形式を留めている。実際には「空中庭園（jardin suspendu）」と形容しがたいものである。それでも、破壊の渦巻く都市パリの地上の喧噪において、高層階から往年のパリの壮麗を眺めることができる。ジュール・ヴェルヌ Jules Verne（1828-1905）の SF 的世界の体験として楽園性を帯びているがゆえに、最上階のテラスはさながら空中に吊り下げられた「庭園」と感じられるのである。

しかし、自らの「屋上庭園」を機能的に正当化する理論において、庭園の楽園性は断片的にしか言及されない。つまりそれは、非言語的な主題であるがゆえに、実践的な制作活動においてのみ表現可能な体験なのである。

ル・コルビュジエは、自らの建築作品に実現される「屋上庭園」を極めて簡潔に正当化する。

Des raisons techniques, des raisons d’économie, des raisons de confort et des raisons sentimentales nous conduisent à adopter le tait-terrasse.(3)

（技術的、経済的、快適性、そして情緒的な理由から、我々は屋上テラスを採用する。）

具体的には、鉄筋コンクリートによる床スラブと柱の架構原理（Dom-Ino, 1914）を用い、最上階の床スラブを植栽によって被覆することで「屋上庭園」とし、構造部材の長寿命化を企てる。その快適性や情緒性については体系的に説明されてはいない(4)。屋上緑化による景観的な潤い、あるいは健康増進による精神の保養などは、一九二〇年代以降個々の住宅を中心とする建築作品での「屋上庭園」の理念として断片的に述べられているに過ぎない。(5)

「屋上庭園」の実践経験を重ねた後、第二次世界大戦後のマルセイユにおいて、ル・コルビュジエは集合住宅ユニテ・ダビタシオン (Unité d'habitation, 1946) の実現の機会を得て、「屋上庭園」の都市実現としての役割について言及する。

En bref, l'ardoise, le zinc ou la tuile sont devenus verts, les cités industrielles deviendront des surfaces vertes également. Enfin, les villages, les fermes elles-mêmes s'il le faut s'incorporeront à la nature par une nouvelle harmonie qui semble bien ne pas devoir être en conflit par définition avec le paysage environement. Vingt années d'expérimentation, de mise à l'épreuve, permettant d'affirmer aujourd'hui ces choses d' une manière absolument péremptoire.(6)

（要するに、スレートでも亜鉛でも瓦でも緑になって、工業都市は緑に覆われるようになる。最終的には農村も農場も自然と一体となって新しい調和をうみだして、周りの景観と齟齬をきたすことはない。二十年実験し、検証してきて、今ではこのようなことを自信を持って言えるようになった。）

しかし、都市的なスケールの「緑」は、個人住宅において自己完結する「緑」以上の問題を孕んでいる。周りの「自然」との関わりという問題である。

On peut diagnostiquer: 1° Le toit-jardin est le protecteur type de la toiture; il met à l'abri de la dilatation négative ou positive du béton armé.
2° Les toits des villes pourraient ainsi devenir des lieux pleins de poésie (note: installer un arrosage automatique par tuyaux perforés judicieusement).
3° On peut dès lors penser à des villages ou des fermes modernes, dont les toitures plates, ou en voûtes surbaissées, seraient recouvertes de terre (20ou 30cm).(7) Les vents feront le nécessaire, les oiseaux, les insectes; la nature y trouvera toujours son compte, elle a ce qu'il faut pour chaque circonstance.

（診断は可能である。1、屋上庭園は屋根の保護の形式である。鉄筋コンクリートの膨張伸縮を守る。2、市街地の屋根はそれで詩情豊かな場所となり得る（散水管を適切に配置）。3、村や農村の現代型として、これらは陸屋根または半円ヴォールト屋根の上を土で（20ないし30㎝）覆うことが考え得る。風が、小鳥や昆虫が必要な仕事をしてくれる。自然はいつも環境に応じて必要な役割を見つけ出す。）

農村というよりも、パリの自邸（Immeuble Nungesser et Coli - Appartement L.C., 1931）の屋上庭園に関する観察から導かれた「屋上庭園」の要約は、一九二〇年代のものとは異なっている。確かに、第一の論点、屋根被覆を含めた「屋上庭園」の技術的機能的効用についての内容は、一九二九年の理論と変わりがない。第二の論点もまた、快適性に関わるものであり、戦前から断片的に述べられていた主題である。

しかしながら、第三の論点である「自然」のはたらき、すなわち人工的に築き上げた「屋上庭園」における自然的なものは、ものとしての恒常的な「緑」としては掴み切れない制作的な主題である。実際、ル・コルビュジエはこの論文のなかで、「屋上庭園」を「手入れされた屋上庭園（toit jardin surveillés）」と「野生のままの屋上庭園（toit jardin laissé à l'état sauvage）」の2種類に分類している。(8) すなわち、ル・コルビュジエの「屋上庭園」の理論は必ずしもはじめから一貫したものではなく、建築制作の実践によって、発展もしくは変容し、その過程で「屋上庭園」における「野生的なるもの」が主題化されたと考えられるのである。したがって、本章の論考は、ル・コルビュジエにおける「屋上庭園」という人為的産物において、野生性がどのような過程を経て生み出され、概念として組み込まれていったかを明らかにすることに他ならない。(9)

二　建築作品における「庭園」

1　建築作品における庭園類型

ル・コルビュジエは「ピロティ」による地上の「解放された土地（sol libéré）」に対して、「屋上庭園」を地上の上部に設定された「獲得された土地（sol conquis）」として広義に解釈している[10]。つまり、ル・コルビュジエによる「解放された土地」と「獲得された土地」の分類は、単に「屋上庭園」を屋根の代替とするのではなく、「庭園」の大地との接触の有無を問題にしている（図1）。

ル・コルビュジエの分類に依拠し、ル・コルビュジエの『全作品集』Le Corbusier, *Œuvres complètes*, vols.8, 1928-1969（以下『全集』と表記）に掲載される用語を整理すると、地上の庭園である「解放された土地」は、建築的ヴォリューム前面の「前庭（parvi, jardin）」、建築的ヴォリュームや壁で囲われた「中庭（cour）」、そして柱で持ち上げられた建築的ヴォリューム下面の「ピロティ（pilotis）」に細分類できる。

一方、非地上の庭園である「獲得された土地」は、必ずしも最上階だけではない。上階の居室前面に設けられた「テラス（terrasse）」、建築的ヴォリュームの一部を抜き取った「空中庭園（jardin suspendu）」、建築的ヴォリュームを前面に押し出した「ロジア（loggia）」、そして建築的ヴォリューム最上面の「屋上庭園（toit jardin）」[12]に細分類できる（表1）。

図1　非地上の「獲得された土地（sol conquis）」と地上の「解放された土地（sol libéré）」[16]

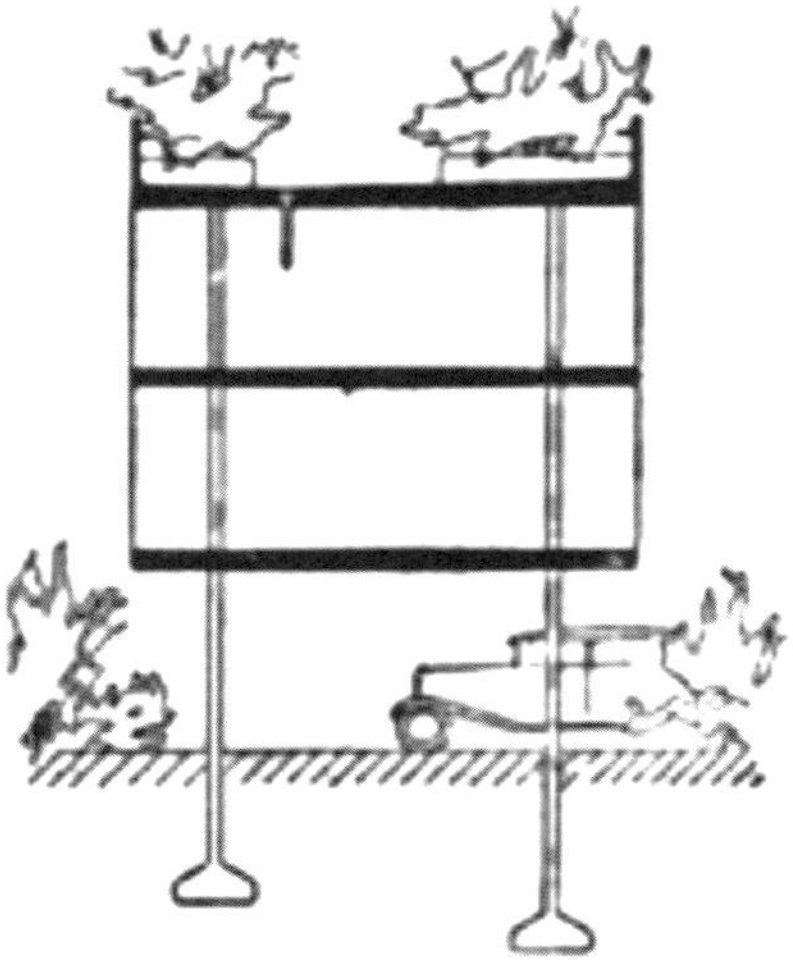

表1　庭園類型

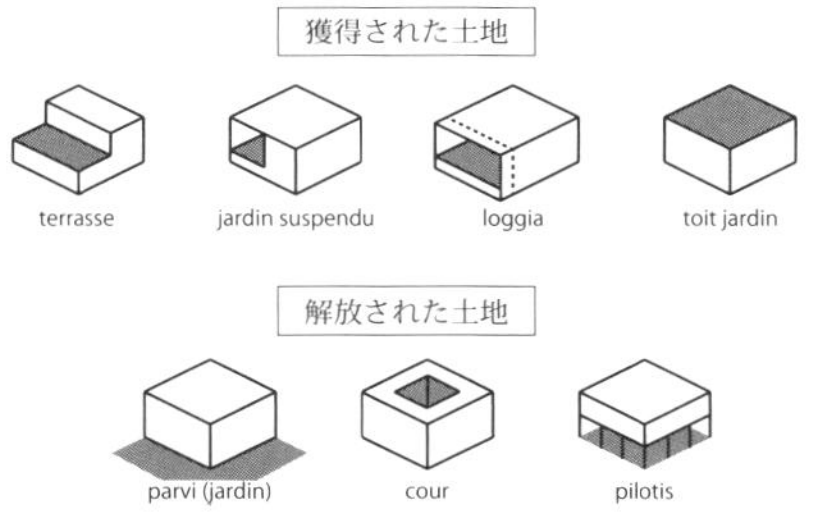

2　建築作品における庭園類型の経年的変化

ル・コルビュジエの建築作品における庭園の経年的変化は、表2、表3及び表4の通りである。経年的に見れば、一九四〇年代を第二次世界大戦を挟む社会的動乱の時期として除くと、「ロジア」が一九三〇年代から用いられるようになること、「空中庭園」の適用が減少していくことが明らかである。しかし全体的には、どの庭園類型も比較的恒常的に用いられ、数の上ではビルディング・タイプや敷地環境条件との際立った関連は認められない。

庭園類型の相互関連については、「解放された土地」の庭園類型間には相関が認められないが、「獲得された土地」については、一九三〇年代以降になると「テラス」、「空中庭園」、「屋上庭園」、「ロジア」の形式が相互に関連してくるようになる。[13] また、地上の「解放された土地」の「ピロティ」は、休息や余暇という点で「屋上庭園」と意味的にも類同してくる。[14] つまり、ル・コルビュジエの「屋上庭園」は初期において比較的独立した建築的要素であったものが、後期になるにつれて、「解放された土地」と「獲得された土地」とが形式的にも意味的にも次第に他の庭園類型と融合していくのである。

三　建築制作過程における「庭園」（表5及び表6）

1　「解放された土地（sol libéré）」の付加

ル・コルビュジエの『図面集成』Le Corbusier, *Plans*, vols.16, 2005（以下『集成』と表記）を用いてル・コルビュジエの建築制作過程を分析すると、地上の庭園である「解放された土地」のうち、「前庭」の計画に関しては敷地条件や設計条件に起因するところが大きく、建築制作過程において、ほとんど変化がない。一方、「中庭」と「ピロティ」に関しては、年代に関わらず、都市部や郊外の敷地にお

表2　建築作品における庭園類型（ル・コルビュジエの言説に依拠）

年	作品名	庭園類型						
		「解放された土地」			「獲得された土地」			
		前　庭	中　庭	ピロティ	テラス	空中庭園	ロジア	屋上庭園
1912	Villa Jeanneret-Perret	●						
1912	Villa Georges Favre-Jacot	●						
1914	Maison Dom-Ino	●						●
1916	Villa au bord de la mer	●						
1916	Villa Schwob	●						●
1917	Maisons ouvrières	●						
1917	Cité ouvrière	●						
1919	Maisons Monol	●						
1919	Cité ouvrière du Vouldy à Troyes	●						
1920	Cité ouvrière,Manufacture de Saint-Gobain	●						
1920	Le Pont-Vert	●						
1922	Villa Berque, Villa Montmorency	●						
1922	Maisons ouvrières en série	●						●
1922	Maison d' artiste	●						
1922	Maison Citrohan	●		●				
1922	Immeubles-villas	●	●	●		●		●
1922	Villa Besnus	●						
1922	Maison de week-end à Rambouillet	●						●
1923	Villas La Roche-Jeanneret	●		●				●
1923	Type hôtel	●						
1923	Villa Le Lac	●						
1924	Maison Canale	●			●			●
1924	Villa Lipchitz							●
1924	Villa Lipchitz - Miestchaninoff	●						●
1924	Villa Miestchaninoff	●						●
1924	Pavillon de l'Esprit Nouveau	●				●		
1925	Villa Le Lac	●						●
1925	Variante, Pavillon de l'Esprit Nouveau	●				●		
1925	Cité Frugès							●
1925	Villa Meyer	●				●		●
1926	Armée du Salut, Palais du Peuple	●		●				
1926	Garage Raspail				●			
1926	Galerie Pellegrini	●			●	●		●
1926	Maison Guiette	●						●
1926	Manufacture Frugès	●		●	●			●
1926	Maison Cumenge	●			●			●
1926	Maison minimum	●		●		●		
1926	Maison Ternisien	●			●			
1926	Villa Cook	●		●				●
1926	Villa Joseph et Hanau	●	●		●			
1927	Weissenhof-Siedlung	●		●				●
1927	Palais de la Société des Nations - Genève	●			●			
1927	Villa les Terrasses	●		●		●		●
1927	Villa Planeix	●			●			
1927	Centrosoyus	●		●				
1928	Immeubles-villas				●	●		●
1928	Projet Wanner	●			●	●		●
1928	Villa Baizeau	●		●		●		●

1928	Villa Ocampo	●				●		
1928	Ville Church	●		●				●
1929	Armée du Slut, Cité de Refuge				●			
1929	Imprimerie Draeger				●			●
1929	Maison Caneel	●		●				●
1929	Maison Jacquin	●			●			
1929	Maison Loucheur	●		●				
1929	Villa Harris	●		●				●
1929	Villa Savoye	●		●		●		●
1930	Aménagement carrefour Raspail		●		●			
1930	Apartement de Beistegui				●			●
1930	Cité Universitaire, Pavillon Suisse	●		●	●			●
1930	Ville Radieuse et Plan de Moscou	●						●
1930	Palais des Soviets	●		●				
1930	Villa Goldenberg	●						
1931	Lotissement							●
1932	Immeuble Invalides, rue Fabert							●
1932	Immeuble locatif S.Z.C.H.				●	●	●	
1933	Immeuble G.B.				●			
1933	Immeuble, 24, rue Nungesser-et-Coli				●			●
1933	Schweiz. Rentanstalt, RA			●				●
1933	Petite maison, projet C.M.A.				●			
1933	Lotissement Oued Ouchaia, Projet Durand			●		●		
1933	Maison locative, projet Ponsik			●	●			●
1933	Urbanisme, Plan Macia							●
1934	D.L.Dubois, étude							●
1934	Etude T CIAM							●
1934	Immeuble pour ouvriers, ZCHA				●			
1934	Villa Heng-Verlaine		●		●			
1937	Gratte-ciel Cartésien	●						
1938	Gratte-ciel, quartier de la Marine, cité des affaires				●			●
1938	Réorganisation agraire, ferme et village radieux	●						●
1939	Ideal Home, Arundell Clarke							●
1939	S.P.A., maisons pour ingénieurs et contre-maîtres	●		●				●
1939	Place de la Mairie	●						●
1939	Station biologique	●		●			●	
1940	Écoles volantes	●		●				
1940	Pavillon pour 40 hommes	●						
1944	Usine verte	●		●				●
1944	Recherche sur les unités d'habitation			●			●	●
1944	Unités d'habitation transitoires			●			●	●
1946	Marseille-Michelet, unité d'habitation	●		●			●	●
1946	Usine Claude et Duval	●		●	●		●	
1947	Palais des Nations Unies - New York	●	●		●			
1948	Basilique, La Sainte-Baume	●						●
1948	Projet Roq et Rob	●						●
1949	Villa Currutchet		●	●				●
1950	Maison du professeur Fueter,	●						●
1951	Ronchamp,Chapelle	●						
1951	Maison des pélerins							●
1952	Maisons Jaoul	●	●					●
1952	Unité d'Habitation			●			●	●

1953	Capitole							●
1953	Secrétariat	●					●	●
1953	Haute Cour	●					●	●
1954	Palais du Gouverneur	●		●				●
1951	Logis à bas prix 110㎡ pour "Village 750 habitants"							●
1952	Grille climatique		●					
1962	Musée							●
1953	City center			●				
1954	Village du gouverneur							●
1950	Maison des Péons, 110 ㎡				●			●
1953	Villa Chimanbhai	●		●		●	●	●
1953	Villa Hutheesing	●		●		●	●	●
1954	Mill Owners Association				●			
1955	Villa Sarabhai	●						●
1956	Musée, Ahmedabad	●						●
1956	Villa Shodan	●		●				
1953	H.E.M., étude d'habitation							●
1953	Maisons type La Rochelle	●	●					●
1956	Etude 2,26 x 2,26 / Logis à deux niveaux							●
1956	Maisons de vacances 3,66 x 3,66	●	●					●
1957	Cité universitaire, Maison de Brésil	●		●				
1957	Couvent de la Tourette	●	●	●				
1957	Unité d'Habitation de Briey en Forêt	●		●				
1957	Unité d'Habitation de Berlin - Charlottenburg	●		●				
1957	Musée d'Art Occidental	●		●				
1959	Maison des jeunes	●						
1960	Etudes d'unités							●
1961	Hôtel et palais des congrés à la gare d'Orsay	●		●				●
1961	Carpenter Visual Arts Center	●		●				
1962	Ecole maternelle sur le toit de l'unité							●
1962	Unité d'Habitation de Firminy	●		●			●	●
1962	Pavillon d'Exposition, Palais Ahrenberg				●			
1963	Piscine	●		●				
1963	R.H.O.,Centre de calculs électroniques Olivetti							●
1964	Ambassade de France – Brassilia	●		●	●			
1964	Hôpital - Venise	●		●				●
1964	Palais de congrès	●		●				

表3　建築作品における庭園類型の適用数

		～1920年代	1930年代	1940年代	1950年代～
「解放された土地」	「前　庭」	51	21	8	26
	「中　庭」	2	2	2	5
	「ピロティ」	16	14	7	18
「獲得された土地」	「テラス」	12	12	2	4
	「空中庭園」	12	2	0	2
	「ロジア」	0	2	4	6
	「屋上庭園」	28	24	7	27

表4　建築作品における庭園類型の推移

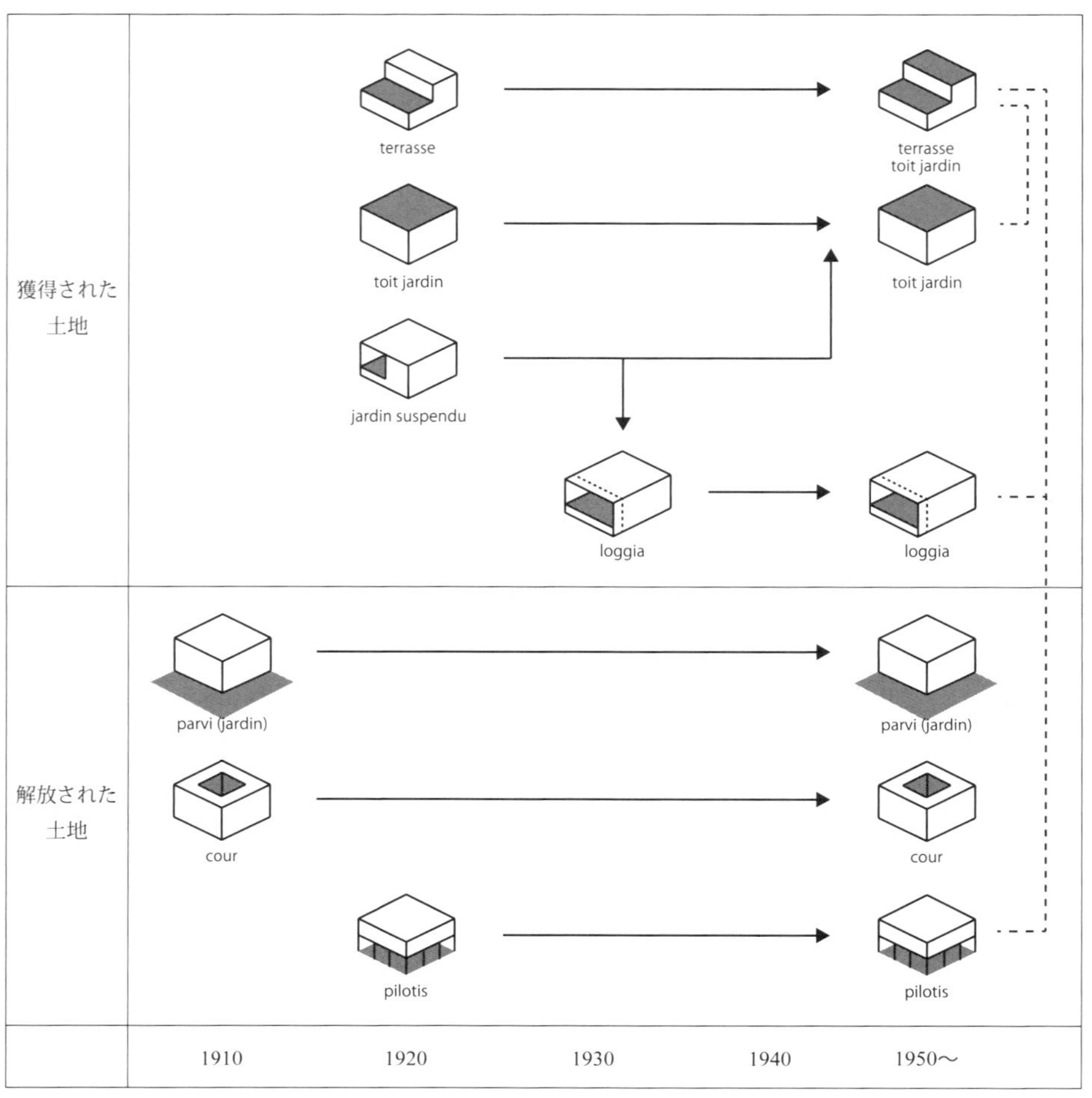

いて、初期案では計画されていない地上の「解放された土地」が後期案で付加されることがある。

「中庭」に関しては、ジョセフ、アノー邸（Villa Joseph et Hanau, 1926）の建築制作過程が典型の一つである。初期案では矩形に計画されていた住居棟が、最終案になると「中庭」を構成するようになる。これは、計画途中で必要床面積が増大し、敷地に沿って両端に建築面積が拡大され、結果として「中庭」が形成されたからである。

一方、「ピロティ」に関しては、海岸沿いに計画されたロスコフの生物学研究所（Station biologique, 1939）の建築制作過程が典型の一つである。初期案で地上階を充足していた建築物全体が、後期案では「ピロティ」として迫り上げられている。これは、外部の海からの景観を地上階へ取り入れることを意図した変更である[15]（図2、3）。

2　「解放された土地（sol libéré）」の削除

建築制作過程における「解放された土地」の削除は、事例数こそ多くないが年代に関わらず認められる。

ラ・ロッシュ＝ジャンヌレ邸（Maison La Roche – Jeanneret, 1923）の建築制作過程が典型の一つである。初期案では2つの住戸に囲まれるように「中庭」が配されている。しかし、「ピロティ」に支えられたヴォリュームが付加される一方で、最終案では住戸を密着させて「中庭」が削除されている。これは、ひとつの塊をなす2つの住居を計画する際の施主の多様な要望と、建築区域制限や古い樹木の尊重などの強い制約を満たすための計画変更である[18]（図4、5）。

また、レマン湖畔の小住宅（Petite Villa au Bord du Lac Léman, 1925）に関して、初期案では「ピロティ（pilotis）」を設けることによって

図2　ロスコフの生物学研究所の庭園（初期案）[16]

図3　ロスコフの生物学研究所の庭園（最終案）[17]

図4　ラ・ロッシュ＝ジャンヌレ邸の中庭（初期案）[20]

図5　ラ・ロッシュ＝ジャンヌレ邸（最終案）[21]

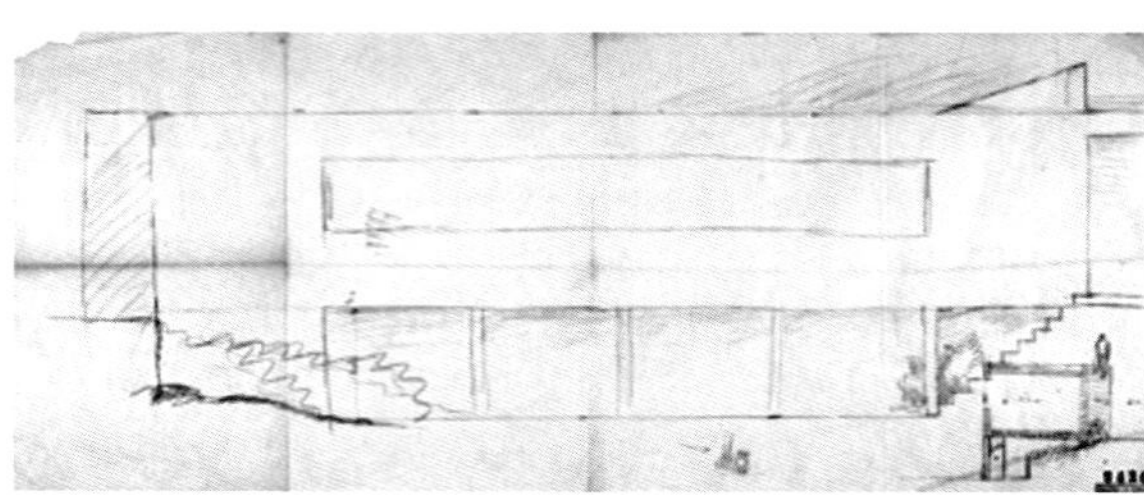
図6　レマン湖畔の小住宅のピロティ（初期案）[22]

図7　レマン湖畔の小住宅（最終案）[23]

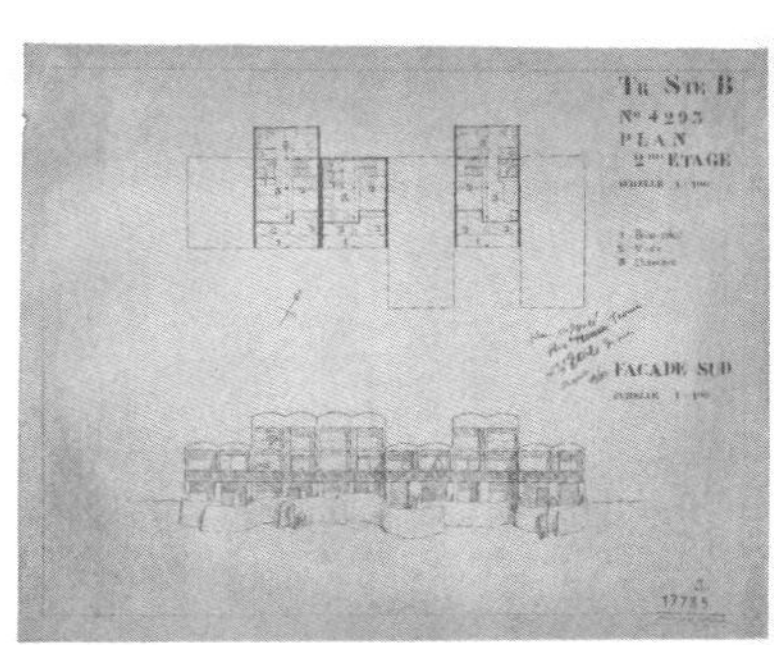

図8　平和と贖罪のバシリカ（初期案）[25]

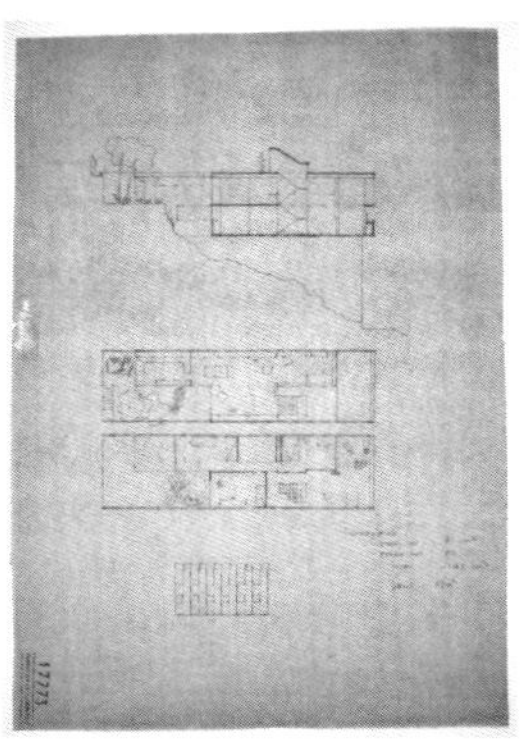
図9　平和と贖罪のバシリカ（最終案）[26]

住居下部の地盤面より低い位置に庭園が計画されているが、最終案では「ピロティ」が削除され、地盤面に接した住居となっている（図6、7）。施主である母親の要望、湖への容易なアクセスの危険性などが推測されるが、変更の理由は不明である。[19]

3　「解放された土地（sol libéré）」から「獲得された土地（sol conquis）」への転換

「解放された土地」から「獲得された土地」への転換は、一九四〇年代までに少数の事例がある。

傾斜地に計画された平和と贖罪のバシリカ（Basilique, 1948）に関して、初期案では塀に囲われた「前庭」に植栽を設けることで建築に自然環境が取り入れられている。一方、最終案では「前庭」を断念して屋根上に階段塔屋を設けることで、屋根上の歩行を意図した「屋上庭園」へと転換されている（図8、9）。これは、屋上庭園を視点位置とした景観に着眼を置いた変更である。[24]

4　「獲得された土地（sol conquis）」の付加

非地上の庭園である「獲得された土地」のうち、「ロジア」に関しては制作過程においてほとんど変化しないが、[27] 一九三〇年代以前の建築作品において、中層階の庭園である「空中庭園」が都市部の建築制作過程で付加される事例がある。

典型であるヴィラ型共同住宅（Immeubles-villas, 1925）に関しては、初期案での矩形の共同住宅が、最終案では各住戸の庭園として「空中庭園」が付加されている（図10、11）。戸建て住戸を積み上げた場合は、「屋上庭園」は原理的に不可能であるために、その代替案として考案されたと考えることもできるし、集合住宅の範型であったエマの修道院の参照と考えることもできる。[28]

また、建築制作過程での「屋上庭園」や「テラス」の付加は、敷地条件を問わず建築制作活動を通して数多く認められる。典型であるガルシュのヴィラ（Villa à Garches, 1927）やサラバイ邸（Villa Sarabhai, 1955）で

図10　ヴィラ型共同住宅（初期案）[30]

図11　ヴィラ型共同住宅（最終案）[31]

図12　サラバイ邸（初期案）[32]

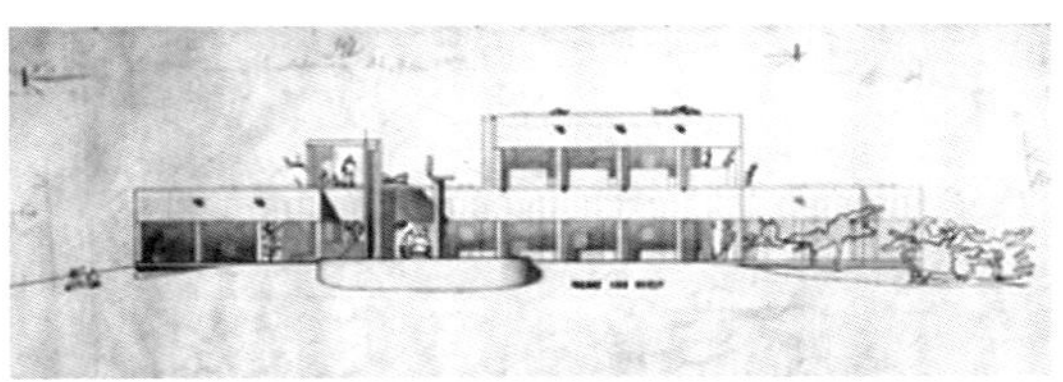

図13　サラバイ邸（最終案）[33]

図14　救世軍,民衆の宮殿の屋上庭園（初期案）[34]

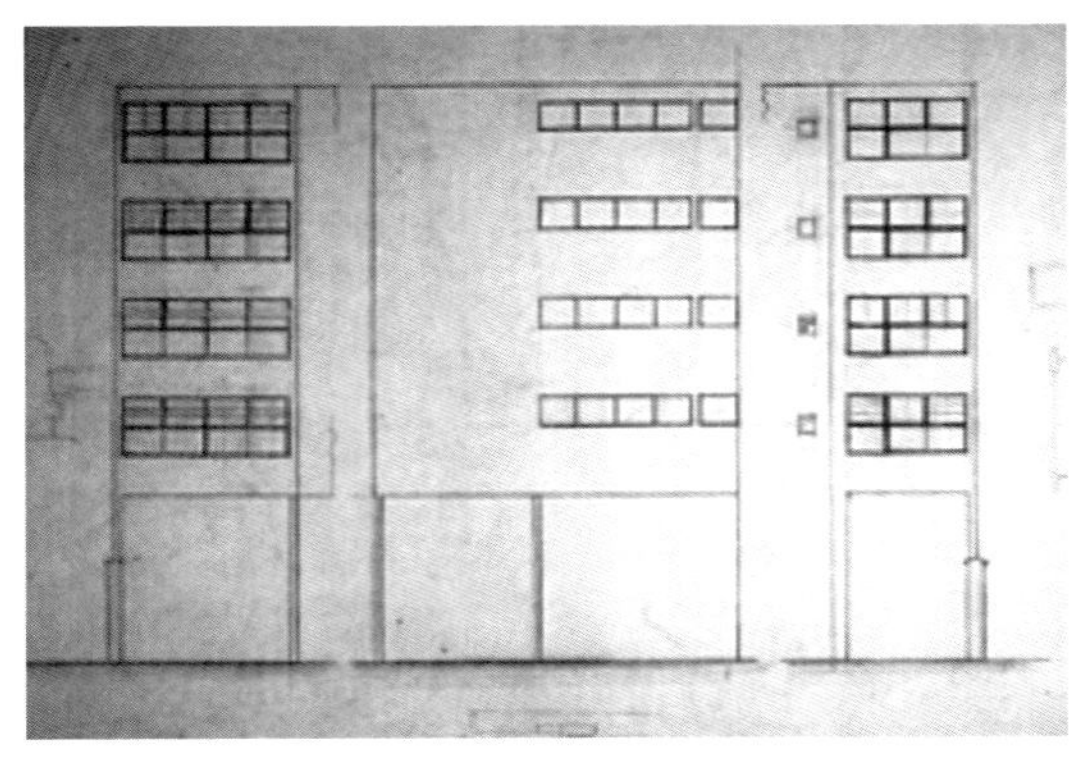

図15　救世軍,民衆の宮殿（最終案）[35]

は、環境負荷の対策と景観への配慮を理由として、初期案の屋根が最終案では「屋上庭園」として具体化されている[29]（図12、13）。

5　「獲得された土地（sol conquis）」の削除

建築制作過程における「獲得された土地」の削除は、年代を通じて数少ない。

救世軍、民衆の宮殿（Amée du Salut, Palais du Peuple, 1926）の計画では、初期案で計画されたパラソル付きの「屋上庭園」は最終案では宿泊室増加のために削除され、居室へと変更されている（図14、15）。

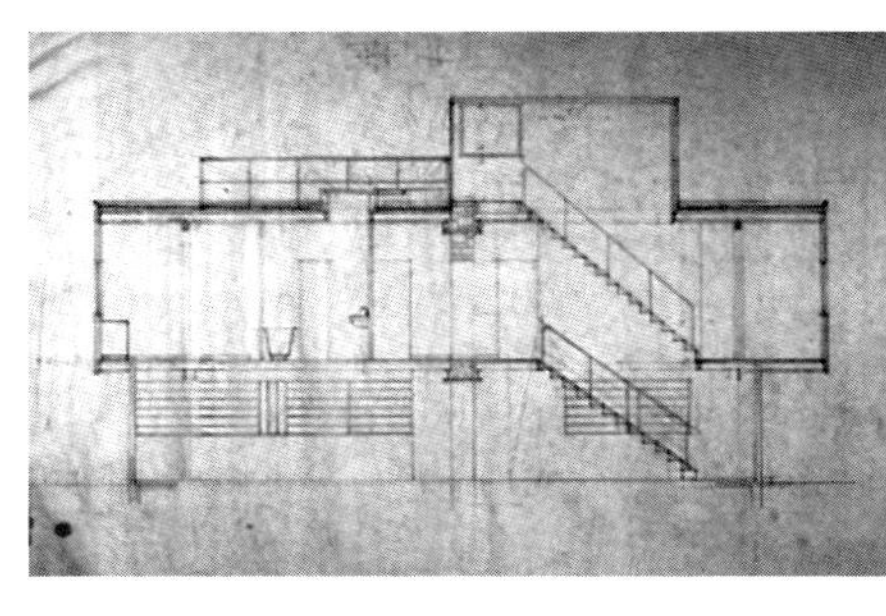
図16　ルシュール型住宅の屋上庭園（初期案）(36)

図17　ルシュール型住宅のピロティ（最終案）(37)

6　「獲得された土地（sol conquis）」から「解放された土地（sol libéré）」への転換

建築制作過程において、「獲得された土地」から「解放された土地」への変遷は、ほとんど事例がない。例外として、ルシュール型住宅（Maisons Loucheur, 1929）では、初期案の「テラス」が最終案では廃止され、一方で「ピロティ」下に庭園が付加された案が提案されている（図16、17）。建設費や構法の問題を鑑みて地上での活動が優先されたと推測されるが、変更理由には言及されていない。

7　建築制作過程における庭園類型の経年的変化

以上の建築制作過程における庭園類型の経年的変化は、表5及び表6の通りである。当然のことながら、ル・コルビュジエの建築

表5　建築制作過程における庭園類型の適応数

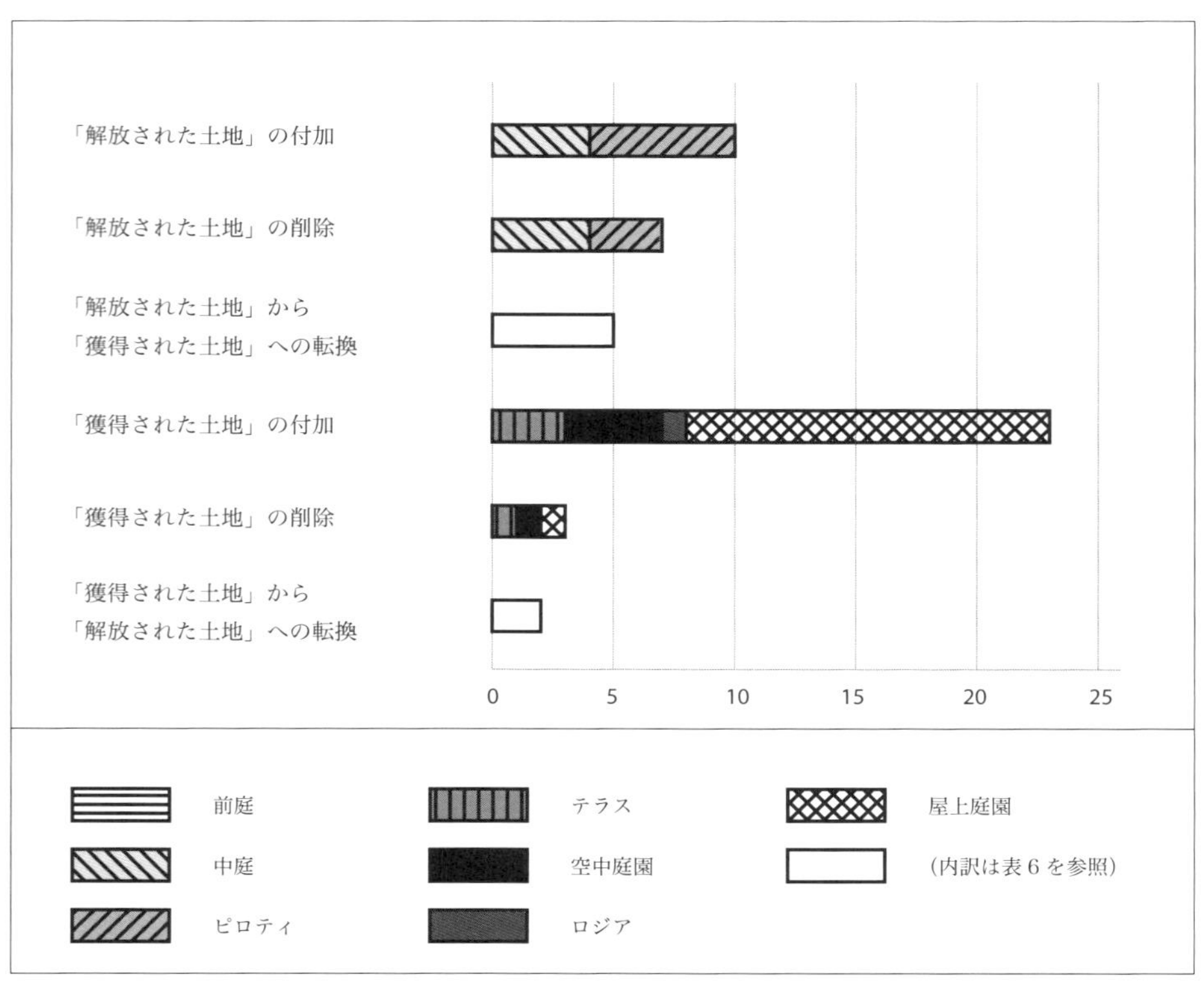

制作過程における「解放された土地」の計画は、敷地条件や建築プログラムの修正変更など外的諸条件に左右されることが多い。しかし、建築制作過程において、ル・コルビュジエは「解放された土地」の庭園形式を完全に断念することなく、地上の庭園への眼差しを持ち続けている。実際、最終案での「ピロティ」や「中庭」の付加などは年代を問わず経年的に一貫して検討しているのである。

一方で、建設費の制限される計画案が大半を占めるなかで、一貫して「獲得された土地」に関する削除が数少なく、むしろ付加が著しい。年代が後期になるにつれて、この傾向は顕著になる。なかでも「屋上庭園」の付加は敷地条件を問わず一貫して多く、「屋上庭園」が重要性を持ち続けていることがわかる。

表6　建築制作過程における「庭園」の類型変化

（該当項目を●で示す。また、初期案から最終案への変化に関して、付加を○、削除を×で示す）

年	作品名	庭園形式													
		初期案							最終案						
		「解放された土地」			「獲得された土地」＝広義の「屋上庭園」				「解放された土地」			「獲得された土地」＝広義の「屋上庭園」			
		前庭	中庭	ピロティ	テラス	空中庭園	ロジア	屋上庭園	前庭	中庭	ピロティ	テラス	空中庭園	ロジア	屋上庭園
1922	Maison Citrohan / type FLC20716	●				●			●		○		×		
1922	Immeubles-villas	●						●	●	○	○		○		●
1923	Villas La Roche-Jeanneret	●	●					●	●	×	○				●
1925	Villa Meyer	●	●					●	●	×			○		●
1925	Petite Villa au Bord du Lac Léman	●		●				●	●		×				●
1926	Armée du Salut, Palais du Peuple	●		●	●				●		●	×			
1926	Villa Cook	●		●					●		●				○
1926	Maison minimum	●						●	●		○				×
1926	Villa Joseph et Hanau	●			●				●	○		●			
1927	Palais de la Société des Nations	●	●					●	●	×					●
1927	Villa Planeix	●							●						○
1928	Ville Church	●		●					●		●				○
1928	Villa Baizeau	●		●				●	●		●		○		●
1929	Armée du Slut, Cité de Refuge											●			
1933	Immeuble, 24, rue Nungesser-et-Coli				●							●			○
1934	D.L.Dubois														○
1935	Musées de la ville et de l'etat - Paris			●							●				○
1936	R.A.M., habitation d'un médcin	●							●		○				
1937	Immeuble Félix											○			
1937	Vélodrome d'hiver, étude d'appartements	●		●					●		×				○
1938	Réorganisation agraire, ferme et village radieux	●		●					●		×				○
1939	S.P.A., maisons pour ingénieurs et contre-maîtres	●						●	●		○				●
1939	Place de la Mairie	●		●					●		×				○
1939	Station biologique	●							●		●				
1944	Unités d'habitation			●							●			○	○
1944	Recherche sur les unités d'habitation			●							●				○
1947	Palais des Nations Unies	●	●						●	●		○			
1948	Basilique	●	●						●	×					○
1951	Maison des pélerins														○
1951	Logis à bas prix 110㎡ pour "Village 750 habitants"														○
1952	Maisons Jaoul	●						●	●	○					●
1953	Villa Chimanbhai	●		●				●	●		●		○		●
1954	Mill Owners Association											○			
1955	Villa Sarabhai	●							●						○
1956	Musée, Ahmeddabad	●							●						○

四　「屋上庭園」の野生性

「屋上庭園」に関する言説を「手入れされた屋上庭園」と「野生のままの屋上庭園」というル・コルビュジエの観点に依拠して、『全集』やその他の著作から抽出すると、[8] 表7の通りである。

「手入れされた屋上庭園」を建築制作の初期から一貫して構想している。サヴォア邸からマルセイユのユニテ・ダビタシオンへの系譜でも明らかなように、ル・コルビュジエは植栽の有無に左右されないより人為的で彫塑的な形態を配するようになる。しかしまた同時に、母の家であるレマン湖畔の小住宅や自邸を「野生のままの屋上庭園」として言及するようになり、後のラ・トゥーレットの修道院（Couvent Sainte Marie de la Tourette, 1953）やインドでの諸計画案においても「屋上庭園」の野生性について言及している。

しかし、レマン湖畔の小住宅や自邸が竣工直後に『全集』に掲載された当時、「屋上庭園」の野生性に関する説明はない。むしろ、言及は事後的である。つまり、母の家や自邸における「屋上庭園」の経年的観察によって、第二次世界大戦後になってようやく、「野性のままの屋上庭園」への視座が獲得されたと考えられるのである。

それに対して、第二次世界大戦後の構想で、陸屋根のラ・トゥーレットの修道院やヴォールト屋根のサラバイ邸（VillaSarabhai, 1951）の「屋上庭園」は、竣工直後の記述に「野生のままの庭園」に関する言及があり、はじめから意図的な野生性を演出していることが分かる。もちろん、自邸とは異なる野生性である。少なくとも、サラバイ邸のあるインドのアーメダバードと自邸のあるパリ近郊とは同じ自然環境ではない。ラ・トゥーレットの修道院のような特殊な生活環境と自邸のような生活環境では、「屋上庭園」の意味そのものが異なっている。

いずれにしても、「手入れされた屋上庭園」と「野生のままの屋上庭園」の選択の基準が、合理的に説明されているわけではない。[38]

表7　建築作品における「屋上庭園」

年	作品名	手入	野生	言　説
1914	Maison Dom-Ino	●		
1922	Villa d'Auteuil	●		
1923	Maison de week-end	●		
1923	Villas La Roche-Jeanneret	●		*D'ailleurs, le toit-jardin poursuit un but précis; c'est l'isolant assuré contre la dilation des terrasses de béton armé.*（OC1, p.65） そもそも屋上庭園ははっきりした目的に従っている。鉄筋コンクリートのテラスの膨張収縮を保護することである。
1923	Villa "Le Lac"		●	*Nous sommes fin septembre. La flore d'automne s'est réveillée; le toit a verdi à nouveau: une toison épaisse de géraniums sauvages a tout recouvert. Le Jardin de toiture vit de lui-même, au gré du soleil, des pluies, des vents et des oiseaux porteurs de graines.*（Une Petite Maison, 1954, pp.44-45） もうすでに9月のおわりである。秋草が咲き始め、屋根は再び緑に包まれた。屋上庭園は自生している。太陽と雨と風と、種子を運ぶ小鳥たちの意のままに。
1924	Quartiers Modernes Frugés	●		*Le charme de ces jardins suspendus apparaît nettement*（OC1, p.82） 屋上庭園の魅力ははっきりと目に見える。
1925	Villa Meyer		●	*Ce jardin n'est point à la française mais est un bocage sauvage où l'on peut grâce aux futaies du Parc St-James se croire loin de Paris....*（OC1, p.89） この庭は少しもフランス式にしてありません。そうではなくて、野生の林にし、サン＝ジャム公園の大木と相俟って、パリから遠く離れているように思わせます。
1926	Armée du Salut, Palais du Peuple	●		
1926	Villa Cook	●		
1926	Maison Guiette	●		
1926	Maison minimum	●		
1926	Villa Stein/de Monzie	●		*En établissant un jardin sur le toit, on met à l'abri de la dilation, en été, la dalle de béton. En hiver, le jardin isole du froid. Le jardin est un complément logique du toit plat.*（OC1, p.145） 屋上に庭園をつくることで、夏はコンクリートの床版を膨張から守る。冬は寒さを防いでくれる。庭園は陸屋根への論理的な補助要素である。
1927	Villas Weissenhof-Siedlung	●		*ce toit-jardin est un authentique évènement architectural nouveau porteur de charme et de poésie, un magnifique luxe gratuit.*（OC1, p.150） この屋上庭園は実質的な新しい建築的事象として、新しいよさと詩情をもち込み、無償の素晴らしい豊穣を与えてくれる。
1927	Ville d'Avray / Villa Church	●		
1927	Palais de la Société des Nations	●		*Ici, tout en haut, sur l'immense Toit-Jardin, les haine peuvent cesser.*（Une Maison – Un Palais, 1928, p.155） この広大な屋上庭園の高みにあって、憎悪は消え失せる。
1928	Villa Baizeau	●		*la maison porte un parasol qui projette de l'ombre sur les chambres.*（OC1, p.176） 建物の上に傘があって全体に蔭をつくっている。
1928	Villa Savoye	●		*L'étage d'habitation, avec son jardin suspendu, se trouvera élevé au-dessus de pilotis de façon à permettre des vues lointaines sur l'horizon.*（OC1, p.186） 居住階には空中庭園があり、ピロティによって押し上げられ、地平の彼方の眺めを得られる。
1928	Immeuble Wanner	●		
1929	Appartement de Beistégui	●		*Le solarium. Si l'on reste planté sur ses pieds, on ne voit absolument rien que le gazon, les quatre murs et le ciel, avec tout le jeu des nuages.*（OC2, p.54） 日光浴場。立ったままでは、芝生と、4つの壁と、空にある雲の戯れ以外は何も見えない。
1929	Maison J. Canneel	●		
1930	Immeuble Clart	●		*La couverture des bâtiments devrait constituer le terrain par excellence de délassement et d'hygiène de toute maison.*（OC2, p.67） 建物の覆いは、すべての家に於いて、気晴らしと健康のためのこの上ない場所としなければならない。
1931	Immeuble Nungesser et Coli - Appartement L.C.		●	*Les vents feront le nécessaire, les oiseaux, les insectes; la nature y trouvera toujours son compte, elle a ce qu'il faut pour chaque circonstance.*（OC4, p.140）
1931	Immeuble Nungesser et Coli - Appartement L.C.		●	風が、小鳥や昆虫が必要な仕事をしてくれる。自然はいつも環境に応じて必要な役割を見つけ出す。
1933	Lotissement Durand Oued Ouchaia	●		

1933	Petite maison, CMA	●		
1934	Immeuble pour ouvriers ZCHA	●		
1935	Résidence du président d'un collége	●		
1936	Ministére de l'éducation nationale (avec O. Niemeyer et L. Costa)	●		
1939	Ideal home, Arundell Clarke et Entwistle	●		
1944	Unités d'habitation, recherches	●		
1945	Unité d'Habitation de Marseille	●		*Le toit-jardin est consacré: à la maternelle et garderie reliées à la crèche du 17e étage, à la culture physique, salle fermée et esplanade de plein air, piste de 300 m.* (OC4, p.179) 屋上庭園には、保育所と幼稚園と１７層の託児所はつながっている。体育場としては屋内室、屋外広場と 300*m* のコースがある。 *Toit-terrasse formant jardin suspendu et belvédère et comprenant: une salle de culture physique, une place d'entraînement et d'exercices en plein air, un solarium, une piste de course à pied de 300 mètres, un bar-buffet etc.* (OC5, p.194) 屋上テラスは空中庭園の形式で、見晴台であり、体育館、屋上のトレーニング場、日光浴場、300*m* のトラック、バー、ビュッフェなどがある。
1946	Usine Duval	●		
1949	Villa du Docteur Curutchet	●		*On a donc, tout d'abord, assuré par le dispositif général de la maison, la vue sur ce parc et l'on a créé une terrasse formant jardin suspendu, permettant précisément de goûter les bienfaits du ciel, de la lumière, du soleil et de l'ombre au-devant de la maison et au lieu utile.* (OC5, p.46) そこで先ず全体の配置として、この公園の眺めを取り入れるため屋上庭園を考え、同時に空の、光の、日当りの、日蔭の恵みを活かすようにと配慮した。(OC5, p.44)
1949	Roq et Rob		●	*la toiture voûtée étant recouverte de béton, de terre et de plantes grasses.* (OC5, p.60) 屋根はヴォールトとしてコンクリートで蔽い、その上に土と草木を生やす。
1950	Palais du gouverneur	●		*La toiture du Palais: jardins et kiosques pour les réceptions nocturnes* (OC6, p.106) 公邸の屋上。夜間の接客のための庭園と亭。
1951	Palais des Filateurs	●		*Le toit est utilisé avec le bar pour les fêtes de nuit.* (OC6, p.144) 屋上はバーを設け、夜の祝宴に用いられる。
1951	Villa Sarabhai		●	*Les demi-cylindres des voûtes, une fois l'étanchéité assurée, sont recouverts de terre et le dessus de la maison devient un magnifique jardin de gazons parfaits et de fleurs... séduisantes que l'architecte auteur des plans aimerait plutôt rares qu'abusives. L'architecte Le Corbusier déclare la guerre, en principe, aux jardiniers quels qu'ils soient qui, bien qu'étant envoyés du ciel, donnent un faux visage à la vie en imposant les plantes précisément exotiques et multipliant exagèrement des plantes dénommés « rares », faussant... sous le couvert de la nature, faussant l'ambiance même.* (OC6, p.114) 半円筒の穹窿は防水を確かめた上で、土で蔽い、住宅の屋上は立派な芝生と花の庭となる。……この計画を進めた建築家としては、その魅力的な所に花はふんだんにというよりは貴重なものとして見せたい。建築家ル・コルビュジエは宣戦布告する。一般に庭師というものはこの世の生活に間違った顔を作ろうとする。まるで異国風の樹木を押しつけ、「貴重な」樹木を過度に用いようする。歪曲である……自然を装って雰囲気を歪曲している。
1951	Villa Shodan	●		*Au-dessus, les locaux disposés dans l'espace d'un « jardin suspendu », à plusieurs niveaux, constituent trois appartements indépendants et cependant en contact.* (OC6, p.134) 上には「屋上庭園」があり、数層に、３つの部屋が独立していながら接した形で配されている。
1951	Urbanisation quartier Rotterdam	●		
1952	Unité d' habitation de Rezé	●		
1953	Couvent Sainte Marie de la Tourette		●	*La toiture du couvent lui-même, comme celle de l' église, sera recouverte d'une mince couche de terre laissée à l' initiative du vent, des oiseaux, et autres transporteurs de graines assurant une protection étanche et isotherme.* (OC6, p.42) 修道院の屋根も教会堂の屋根も浅い土の層で蔽い、風や、小鳥や、その他種子運びの手段の偶然にまかして、防水と保温の役目を保証する。
1957	Unité d'Habitation de Berlin - Charlottenburg	●		
1960	Unité d'Habitation de Firminy	●		
1961	Carpenter Visual Arts Center	●		

五　地上的なものと非地上的なものの交差

ル・コルビュジエの建築作品における「屋上庭園」は、「テラス」「空中庭園」「ロジア」など、その他の「獲得された土地」の庭園類型や「解放された土地」とも密接に関わっていく（二節）。確かに、「解放された土地」である大地の物理的制約に比べて、地上から押し上げられた人工的基準面は様々な操作が可能である。しかし、ル・コルビュジエは建築制作過程において「獲得された土地」へ逃避していくだけではなく、「解放された土地」の制作にも執着しているのである（三節）。こうして、本来極めて人為的な構築であるはずの「屋上庭園」の野生性が事後的に発見された挙げ句に「屋上庭園」の野生性が意図的に構想されるようになるのである（四節）。その契機は自邸や母の家での建築物の経年的観察であった。

したがって、ル・コルビュジエの建築制作における「屋上庭園」は、非地上的なものと同時に、地上的なものが現れてくる。

確かに、「野生のままの屋上庭園」はいまだ未成熟な構想である。「野生」といっても、なにひとつ同じ自然のはたらきなどないからである。しかしながら、「獲得された土地」は単に庭園の水平面を人為的に押し上げることだけを意味するのではなく、大地から天空へと拡がる野生への回帰という主題をも同時に内包している。野生への回帰的な眼差しは、決してノスタルジーではなく、制作者にとっての外部が宿命的に介在する、ある意味ではブリコラージュ的な作為でもあり、自然的環境と人為的環境が交差する建築制作の一端を示すものである。振り返ってみれば、若き日にペレの屋上庭園で感じたあの楽園性が、未知の戦争による幻滅と希望、破壊と建設が錯綜する世界に感じられたものであるならば、ル・コルビュジエの「屋上庭園」の野生性は単に植物的な生成のことではなく、制御不可能な外部をはじめから包含していたのである。

註

＊引用は全て原文ママ。FLC：ル・コルビュジエ財団図面番号。AFLC：ル・コルビュジエ財団文書番号。

1 千代章一郎、「ル・コルビュジエの建築制作における「屋根」の類型」、『デザイン理論』、五七号、二〇一一年六月、四五―五九頁を参照。

2 AFLC, R3-19-69, Lettre de Charles-Édouard Jeanneret à William Ritter, 1916.10.31.

3 Le Corbusier et Pierre Jeanneret, W. Boesiger et O. Stonorov éd., *Œuvre complète 1910-1929*, Girsberger, Zürich, 1929, p.128.

4 たとえば、南アメリカ大陸で自らの建築・都市理論を披瀝する講演でも、ル・コルビュジエは「屋上庭園」を強調せず、むしろ「ピロティ」による地上の土地利用の問題を説明している。註（8）を参照。

5 たとえば、表6におけるサヴォア邸（Villa Savoye, 1928）やベイステギ邸（Appartement de Beistégui, 1929）などの言説を参照。

6 AFLC, A3-1-305, Le Corbusier, pour “l' Homme et l'Architecture, le 30 Avril 1946”.

7 Le Corbusier, W. Boesiger éd., *Œuvre complète 1938-1946*, Girsberger, Zürich, 1946, p.140.

8 「獲得された土地」は後述するように「テラス」、「空中庭園」、「ロジア」、「屋上庭園」に細分類できる。しかしながら、『全集』の中で野生性に関して言及されるのは、「屋上庭園」のみである。

9 ル・コルビュジエによる「屋上庭園」に着目し、言説や素描、建築図面などを分析した研究は、建築制作に関する研究と比較すれば少ない。おそらく、ル・コルビュジエに特徴的な建築形態分析が依然として着目され続けていることが主要な要因であり、ル・コルビュジエの「屋上庭園」に関して主題的に研究したものは少ない。ル・コルビュジエの「庭園」に関する代表的な研究としては、都市論の文脈でその「緑」の理念的抽象性を批判したものが大半であるが（cf., Elizabeth Barlow Rogers, *Landscape Design : a cultural and architectural history*, Harry N. Abrams, Inc., Publishers, New York, 2001.）、ル・コルビュジエによる自然主義風の植栽空間を庭園史の中で通史的に位置づけたものや（cf., Marc Treib ed., *Modern landscape Architecture, A Critical Review*, The MIT Press, Cambridge, Massachusetts, London, 1993; Dorothée Imbert, *The Modernist Garden in France*, Yale University Press, New Haven, London, 1993; Isotta Cortesi, *Parcs publics, paysage 1985-2000*, Federico Motta Editore S.p.A., Milan, Actes Sud / Motta, Arles, 2000）、ル・コルビュジエの自然観に関する理念研究（cf., Stanislaus von Moos, et al., *Le Corbusier et la nature*, Fondation Le Corbusier, Editions de la Villette, Paris, 2004; Adolf Max Vogt, *Le Corbusier the Noble Savage*, The MIT Press, London, 1998; Sarah Menin, Flora Samuel, *Nature and Space, Aalto and Le Corbusier*, Routledge, London, 2003.）もある。しかし、ル・コルビュジエの建築制作における「屋上庭園」をその制作過程に踏み込んでその多様性やダイナミズムについて分析した研究はない。

10　cf., Le Corbusier, *Précision sur un état présent de l'architecture et de l'urbanisme*, G. Crès et Cie, Paris, 1930, pp.41-43; François de Pierrefeu et Le Corbusier, *La maison des hommes*, Librairie Plon, Paris, 1942, p.107.

11　出典：Le Corbusier, *La maison des hommes*, librairie plon, Paris, 1942, p.107.

12　もちろん、これらの再分類の名称が「解放された土地」と「獲得された土地」の両方に使用されることがある。たとえば、サラバイ邸（Villa Sarabhai, 1955）の「テラス」などは、明らかに地上面にも用いられている。

13　たとえば、1949年のロクとロブ（Roq et Rob）では、地中海を臨む段状の「テラス」が「眺望」という関連から「屋上庭園」の呼称に読み替えられている（Le Corbusier, W. Boesiger éd., *Œuvre complete 1946-1952*, Girsberger, Zürich, 1953, p.54）。また、1930年代以降になると、中層階に設けられた「空中庭園」は計画されなくなるが、たとえばチマンバイ邸（Villa Chimanbhai, 1953）のように、「屋上庭園」の上部に独立したパラソルを設け、パラソル下の空間を「空中庭園（jardin suspendu）」として再解釈されている（*Ibid*., p.163）。さらに、ハッスィシング邸（Villa Hutheesing, 1953）では、ロジア部分が「テラス＝庭園（terrasse-jardin）」とされている（*Ibid*., p.164は「屋上庭園」としている）。

14　たとえば、第二次世界大戦後のマルセイユのユニテ・ダビタシオンでは、「ピロティ」において本来の自動車交通よりも休息や余暇活動に重点が置かれ、「屋上庭園」の機能と類似している（*Ibid*., p.194）。

15　Le Corbusier, *Œuvre complète 1938-1946*, *op.cit*., p.23. ピロティを採用した理由が説明されているわけではないが、海への眺望を描いた透視図にはその意図が明白に示されている。

16　出典：FLC24483, 1939.6.16

17　出典：FLC24422, 1939.7

18　cf., Le Corbusier, *Œuvre complète 1910-1929*, *op.cit*., p.64.

19　しかし、ロクとロブ（Roq et Rob, 1949）のように、傾斜地において海の水平線に対峙する建築的ヴォリュームを計画する際は、最終的に「ピロティ」が適用されない場合が多い。

20　出典：FLC15113, 1923.3.12

21　出典：FLC15111, 1923.5.10

22　出典：FLC9420

23　出典：FLC9419, 1924.5.26

24　景観を描いた図面については、Le Corbusier, *Œuvre complete 1910-1929*, *op.cit*., p.90.

25 出典：Takamasa, FLC17735, 1951.2.23

26 出典：FLC17773

27 唯一、ユニテ・ダビタシオン（Unité d'habitation, 1944）の建築制作過程に「ロジア」の付加が認められる。初期案（FLC20522, 1945.12）で計画されていない「ロジア」が、最終案（FLC25349, 1947.1.23）には描かれている。

28 エマの修道院については、ル・コルビュジエは様々な文脈で言及している。とりわけ、集合住宅の原型であることは、「ドミノ」の構法を応用した集合住宅（Les maisons « Dom-Ino », 1915）の構想にも明かである（cf., Le Corbusier, *Œuvre complète 1910-1929, op.cit.*, p.24）。

29 Le Corbusier, *Œuvre complète 1910-1929, op.cit.*, p.145.

30 出典：FLC19087

31 出典：FLC19069, 1925.7.22

32 出典：Maisonnier, FLC6675, 1952.3.7

33 出典：Michel, FLC6695, 1953.2.13

34 出典：FLC12080, 1926.9.2

35 出典：FLC12090, 1926.11.21

36 出典：FLC18333

37 出典：FLC18252, 1928.12.15

38 たとえば、ラ・トゥーレットの修道院とでは、同じようなロの字型の建築形式であっても、異なる「屋上庭園」である。

プレイリー・ハウスの生成システム
——フランク・ロイド・ライトの思索と制作——

水上　優

一　序　——思索と制作

本研究の主題は、建築家フランク・ロイド・ライト（一八六七—一九五九）にとって建築制作そのことが如何になされたのかを明らかにすることである。数多の建築作品を設計した彼は、また同時に多くの言説を残している。[1] 思索と制作はライトの設計活動の両輪である。彼は生涯にわたって建築なるものへ向けて建築作品を制作し建築思想を深めていった。[2] 従って、主題解明は彼独自の思索とのかかわり合いにおいてなされねばならない。その建築思想は建築の根本的なあり方を問う思索であって、建築作品の個別のデザインを表面的に解説するものではない。従って、思索と制作のかかわり合いは、彼の建築思想における諸概念と作品個別のデザインやディテールとの対応関係の指摘といった静的なものではなく、建築のあり方に関する思想と制作された作品とのダイナミックな連関、すなわち建築思想の変容（modification）と作品の変容とのかかわり合いとして、考察されねばならない。周知の通り、彼の住宅作品はプレイリー・ハウスからユーソニアン・ハウスへと変化する。本研究において、作品の変容は住宅作品の変容の内に見定められる。本研究の全体構成を示せば次のようになる。

①プレイリー・ハウスにおける変容の意味
②ユーソニアン・ハウスにおける変容の意味
③プレイリー・ハウスからユーソニアン・ハウスへの変容の意味

ここで本稿の主題は①である。すなわち第一黄金時代におけるプレイリー・ハウスの「変容の事態」を明らかにし、この時期の建築思想とのかかわり合いの考察からその意味を明らかにすることである。

ライトの住宅作品の変容の事態は、いかにして考察されるであろうか。彼の住宅作品の特徴の一つとして、相似の平面構成の存在が指摘される。例えば、ヒコックス邸（一九〇一）とヘダーソン邸（一九〇二）は、ほぼ鏡像の平面を示す（図1参照）。食堂（D）と居間（L）と書斎（Lib）が一繋がりの大空間となっている点に注目すると、チェイニー邸（一九〇三）、ウェストコット邸（一九〇四）、Dマーティン邸（一九〇四）等々が、共通の空間的連続形式を持つ作品としてとり上げられる。これらはD—L—Lib[3]の空間的連続形式を同一にしつつ、異なる住宅として成立している。このような同一性と差異は、彼の建築思想といかにかかわるであろうか。

> なぜその物がそれであるのか、そしてあれこれ様々な生命の型（type of life）に属するそれら多様な貝殻全てになぜ一つの確かな志向が強く存続しているのか。物のこの内的生命の単純な秘密を掴んだとき、それはあなたが科（family）における違いの秘密を掴んだことを意味する。多様な種族（race）を意味する違い、別言すれば、真の相違を意味する。[4][5]

ライトは多様な貝殻のその全てに一つの確かな志向の存在を見ている。「私が探求し続けているのは、多様の中の偉大な統一である」[6]とも言われる。有機的建築の思想は自然に倣う思想である。自然

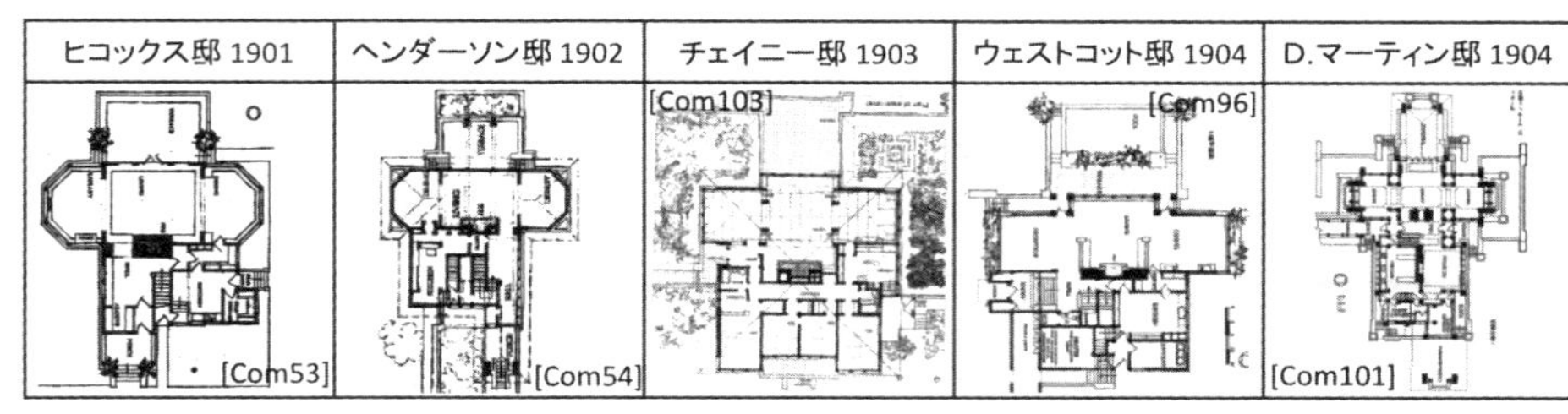

［図1］ ヒコックス邸と共通の空間的連続形式を持つ諸住宅

における多様と統一を、彼は自らの作品のあり方にも重ねているであろう。彼の住宅作品における「多様と統一」のあり方が、変容の事態の論点となる。引用文に「生命の型」が言われているが、多様と統一は貝という型の枠組み内に限らず、貝以外の様々な型との間にも見られている。自然に多様な生命の型があるように、彼の住宅作品にも、多様な「型（type）」[7]が見出されるであろう。

本稿の主題は、彼の住宅作品の「型」への注目からプレイリー・ハウスの変容の事態の全体像を掴み、この時期の建築思想とのかかわり合いを考察することである。

二　プレイリー・ハウスの多様な型

変容は変わるものと変わらないものによって規定される。各住宅の同一性と差異を論じる手がかりとして、次のような図式化を行う。[8]（一）住宅をその構成要素（部屋）に解体し、平面、断面に即して配置する（ダイアグラムA）。[9]（二）構成要素から形態、寸法などのデザイン的要素を取り除き、要素間のかかわり合いを示す（ダイアグラムB）。[10]（三）住宅と土地、居間と住宅のかかわり合いを、土地を黒、住宅を白、居間を黒として表現し、それによって居間と土地との接合の仕方（ゲシュタルト）を示す（ダイアグラムC）。[11]

ライトの初期の住宅作品をこれらのダイアグラムを用いて分析すると、主室を構成する要素の繋がり（ダイアグラムB）に次のような同一性が指摘される。すなわち「E（入口）―（Lib（書斎）、Re（応接室））―L（居間）―D（食堂）―Pa（配膳室）―K（台所）―SH（階段室）―E（入口）」という繋がり方（繋がり❶）、「L―E―D」という繋がり方（繋がり❷）、及び「E―LD」という繋がり方（繋がり❸）の、三種に区分できる。繋がり❶は、Eから主室ゾーン（L、D）と使用人ゾーン（Pa、K）を経てEへ戻るループが形成される。「L―E（―SH）―K」の連続が家族と使用人の区分・結節の場所となり、ここに配された階段は途中で主動線と使用人動線が合流するような入り組んだ構成をとるものが多い。独立以前の初期作品や多くのプレイリー・ハウスに見られる繋がり方で、ユーソニアン・ハウスにも若干数見られる。最晩年のユーソニアン・オートマティックの諸住宅もこの繋がりである。繋がり❷は、Eが、あるいは上階に主室のある場合にはSHが、LとDとの間で両者を分けつつ連続させる繋がり方である。初期からプレイリー・ハウス、

［表1］ プレイリー・ハウスの型

	繋がり❶			繋がり❷				
	自邸型	ヒコックス型	ウィリッツ型	チャーンリー型	バートン型	ハーディ型	ロビー型	デイビッドソン型
主階平面／断面図	［Com4］	［Com53］	［Com51］	［Com11］	［Com102］	［MG2-142］	［Com127］	［Com152］
ダイアグラムA	D K SH L E	D K L SH Lib E	K D SH E L	SH K L E D	K SH L D E	E S L D	SH K L D	K SH D E L
ダイアグラムB	［D K L］ SH E	⌒D K L SH Lib⌒ E	K ⌈D SH E L⌋	SH K ［L E］ D	SH K (L E D)	L S E S D	SH K (L D)	SH K <L E D>

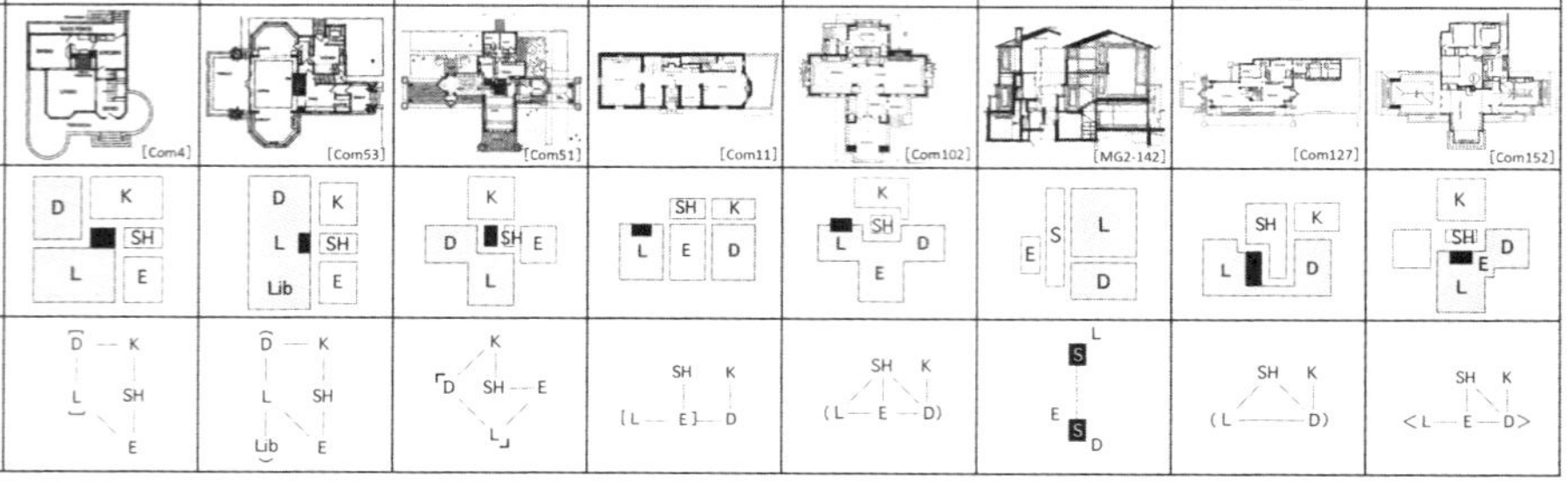

ユーソニアン・ハウスを通して散見される。繋がり❸はL内にDが含まれるものである。プレイリー・ハウスの時期にはほとんど見られないが、渡欧帰国後の住宅に散見されるようになり、[12] ユーソニアン・ハウスのほとんどはこの繋がりとなる。

このような繋がりへの着目から、共に繋がり❶である最初期のオークパークの自邸（一八八九）とプレイリー・ハウスの典型であるウィリッツ邸（一九〇一）との同一性が指摘される。しかしその一方で、後者において実現されたL—D間の空間の流動的な連続性は、前者との決定的な差異である。この差異を示すために、ダイアグラムBに構成要素の「空間的連続形式」を反映させよう。空間的連続形式として取り上げられるのは、要素（部屋）の繋がり方が、ⓐ互いの矩形平面の辺で接するもの（ダイアグラムBに［ ］で表記）、ⓑ連続する「一つの大空間」を志向するもの（同（ ）で表記）、ⓒコーナー（隅角）部分で接して「流動的な空間」を志向するもの（同〈 〉で表記）である。これによって、オークパークの自邸とウィリッツ邸との差異はⓐからⓒへの変容の事態として、ダイアグラムBにおいて［L—D］から〈L—D〉と示される。ライトの住宅作品の特徴である「型」は、このような構成要素の空間的連続形式への注目によって規定される。繋がり❶におけるⓐをオークパークの自邸型（以下「自邸型」と略記）、ⓑを「ヒコックス型」、ⓒを「ウィリッツ型」と、また繋がり❷におけるⓐを「チャーンリー型」、ⓑを「バートン型」、あるいは「ロビー型」、ⓒを「デイビッドソン型」とする（表1参照）。また繋がり❷では、断面的な繋がりに特徴を持つ「ハーディ型」も規定される。これらの「型」の概念の導入によって、同一型に属する個別住宅作品間の差異と同一性が型の展開として記述—分析される。また異なる型に中間的に属する作品への注目によって、型同士のかかわり合いが記述—分析されることになる。その全体像は或るシステムとして浮かび上がってくるであろう。

二―1　型によるプレイリー・ハウスの分類

一九一三年までのライトの全住宅作品（計画案を含む）[13]を先掲の「型」によって分類し、竣工年（計画案は計画年）順に配したものが表2である。[14]「自邸型」六〇件、「ヒコックス型」一七件、「ウィリッツ型」一九件、「チャーンリー型」三七件、「バートン型」七件、「ハーディ型」六件、「ロビー型」六件、「デイビッドソン型」七件、繋がり❸一〇件である。

全体を概観しよう。一八九〇年代における初期の住宅群のほとんどは、繋がり❶においてⓐ互いの矩形平面の辺で接する「自邸型」と、繋がり❷のⓐである「チャーンリー型」であった。一九〇〇年二月に雑誌発表された「プレイリータウンの家」が、繋がり❶でⓑ連続する「一つの大空間」を志向する「ヒコックス型」である。また同年七月に雑誌発表された「大空間のある小住宅」が、繋がり❶においてⓒコーナー（隅角）部分で接し「流動的な空間」を志向する「ウィリッツ型」である。ⓑは、一九〇四年に繋がり❷で展開し「バートン型」が成立する。「ロビー型」はハッサー邸（一八九九）にその萌芽を表しつつ、一九〇七年にトメック邸で成立している。さらに、繋がり❷におけるⓒである「デイビッドソン型」は、一九〇一年以降のいくつかの「チャーンリー型」の住宅にその萌芽を見せながら、第一黄金時代末期の一九〇八年に成立する。以上七つの「型」は、第一黄金時代の終わりとされる一九一〇年まで繰り返し採用されている。断面構成に特徴を持つ「ハーディ型」は、いくつかの計画案を経て一九〇五年にハーディ邸として成立し、以後第一黄金時代の期間中には見られないが、一九一三年にロサンゼルス近郊に実現したコンクリートブロック住宅、ストーラー邸とミラード第二邸（ラ・ミニアトゥーラ）に採用される。

二―2　型に見るプレイリー・ハウスの変容

繋がり❶の変容を見て行こう。一九〇〇年以前の住宅には「自邸型」と「チャーンリー型」しかない。前者はオークパーク等の分譲地に建つ比較的小規模な住宅に多く見られる。[15]E―（Lib、Re）―L―D―Pa―K―SH―E」なるループは、主動線と使用人動線が途

［表2］ 1923年までの住宅作品の型による分類一覧（作品名後の括弧内は関連する型を示す）

竣工（計画）年	89	90	91	92	93	94	95	96	97	98	99	00	01	02	03	04
自邸型	自邸			エモンド、バーカー、Tゲイル（以上3件プレヒコックス）、ブラッサム、ロバーツ	Wゲイル、ゴーン、ウーリー（プレヒコックス）	バグリー、マカフィー第1案、マカフィー第2案、ウィンズロー	Jボールドウィン案	ロバーツ改造、グッドリッチ、スミスデヴィン夫人案（プレヒコックス）	Gファーベック、Rファーベック			Jアダムス、フォスター、ブラッドリー（ウィリッツ）、ウォリスコテージ第1案	フリック	ハートリー、スペンサー	ランプ第1案	ランプ、Tゲイル夫人
ヒコックス型												ブレイリータウンの家案	ヒコックス	ヘンダーソン、メッガー案	チェイニー	ウェストコット、Dマーティン
ウィリッツ型												大空間のある小住宅案、ウォリスコテージ	ウィリッツ、ダヴェンポート	ロス		ヒース、クラーク案、ウルマン案
チャーンリー型			チャーンリー	マッカーサー、ハーラン	クラーク		ウィリアムズ、ムーア	ヘラー		ウォーラー案（プレバートン）	ハッサー（プレロビー）	ヒルズ、ジョーンズ	トマス（プレデイビッドソン）、フリック	リトル第1（プレバートン）、Wマーティン（プレデイビッドソン）、ダナ、モシャー案	ウォーラー別荘第2案（ハーディ）、フリーマン	
バートン型															バートン、ウォルサー、ロバーツ4棟住宅案	バーンズ案
ハーディ型																スカダー別荘案
ロビー型																
デイビッドソン型																
繋がり❸																

竣工（計画）年	05	06	07	08	09	10	11	12	13	14	15	16	17	18	19	20	21	22	23
自邸型	ブラウン（ヒコックス）ダロー夫人案（ウィリッツ）、Mアダムズ第1案、マーティン庭師コテージ	ニコルズ、ホイト、サイデンベッチャー案（ウィリッツ）、ビーチー	5000ドル耐火住宅案、ハント第1、フェビアン改装、ポーター	ストックマン、メルソン案（ウィリッツ、デイビッドソン）、ギルモア（ロビー）	ビタールトタウンアンドイン案、ウォーラーアパートA案、ラーウィル夫人案	ジーグラー、郊外住宅案（繋がり❸）		グリーン、リトル第2			ベリー、ルート、キア、キッサム、ロス、パーク（繋がり❸）	ボック							エニス
ヒコックス型	ジョンソン、サットン	ショウ案、ボックアトリエ案		アーヴィング	ボルチ、Mロバーツ案		Oジャクソン案、Hアダムス第1案				ブリガム								
ウィリッツ型	サットン第1案、第2案	グリッドリー、Wゲーツ案		ボーイントン、リトル夏の家案、	インガルス		エスペンシェイド案		ケロッグ案		ウッド案				シャンベイ案				
チャーンリー型	Hボールドウィン第1案、Hボールドウィン（プレデイビッドソン）、Mアダムス（プレロビー）、ギルピン案	フラー、ミラード第1（プレデイビッドソン）、ブラウン夫人第1案、第2案	クーンリー、マコーミック案	エヴァンズ、メイ（デイビッドソン）			シュローダー案（ロビー）、カッテン案		Hアダムズ		ブース、ホワイト改装案		バーンズドール						
バートン型	ブラウン案	デローズ		ホーナー															
ハーディ型	ハーディー初期案、ハーディー																	ロウズ案	ストーラー、ミラード第2
ロビー型		ビーチー初期案	トメック	ベイカー初期案A、B	ロビー		Aポーター第2案												
デイビッドソン型				デイビッドソン、Iロバーツ	ベイカー、ステフェンズ、スチュワート			メンデルソン案（ユーソニアン）				アレン							
繋がり❸	グラスナー						タリアセン、Aポーター第1案		ヒリー案		リチャーズ小住宅、アメリカンシステムビルド案	ヴォスバーグ（デイビッドソン）		福原		バーンズドール住宅B			フリーマン

中で繋がる階段が散見されるように（表3中O—2のダイアグラムB）、コンパクトな平面において主家族と使用人との区別・接続を志向するものである。O—1は矩形平面であるが、平面中央に位置する暖炉、ベイの突出、ポーチやテラスの付加には、コンパクトでありながら中心から周囲へせり出そうとする内部空間の動きが内包されている。広い敷地に建つO—3は、使用人専用動線を設けて使用人ゾーンを独立ウィングに纏め、LとDとポーチをそれぞれ別のウィングとする十字形平面を生み出した。しかし、LとDの関係は未だ［L—D］である。W—1は先述の雑誌発表案であるが、立面図はO—3とほぼ同一でありながら、内部空間は〈L—D〉となっており、「ウィリッツ型」成立過程において注目される。[16] O—2はLとDの間に引き込み戸のある「プレ・ヒコックス型」とでも呼ぶべきものである。[17]「ヒコックス型」も初出は雑誌発表のH—1であり、その実現がH—2である。[18]「ウィリッツ型」はW—2以降一六件、「ヒコックス型」はH—2以降一五件の住宅を生み出してゆく。本稿はそれらの間にあるデザイン的な差異（多様性）と同一性には立ち入らないが、他の型との連関に触れておこう。O—6は「自邸型」であるが、Lが緩やかに三つに区切られて「ヒコックス型」の空間的連続形式を備えている。H—4やH—5は「ウィリッツ型」とも見なせるような一体的かつ流動的な空間を生み出している。H—3やW—3は「ハーディ

［表3］　繋がり❶の住宅のダイアグラム（凡例は註3参照）

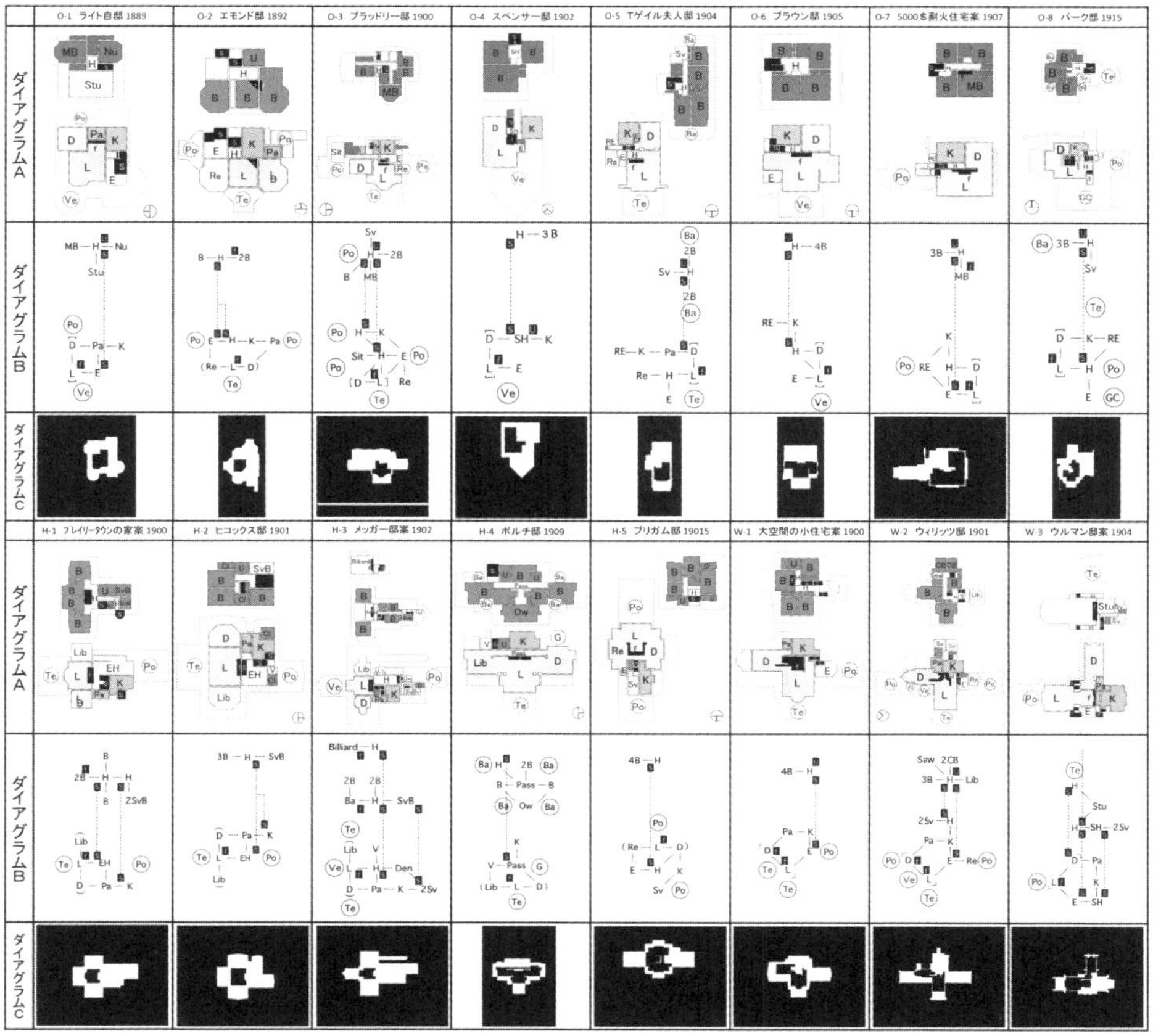

	O-1 ライト自邸 1889	O-2 エモンド邸 1892	O-3 ブラッドリー邸 1900	O-4 スペンサー邸 1902	O-5 Tゲイル夫人邸 1904	O-6 ブラウン邸 1905	O-7 5000＄耐火住宅案 1907	O-8 パーク邸 1915
ダイアグラムA								
ダイアグラムB								
ダイアグラムC								
	H-1 プレイリータウンの家案 1900	H-2 ヒコックス邸 1901	H-3 メッガー邸案 1902	H-4 ポルチ邸 1909	H-5 ブリガム邸 19015	W-1 大空間の小住宅案 1900	W-2 ウィリッツ邸 1901	W-3 ウルマン邸案 1904
ダイアグラムA								
ダイアグラムB								
ダイアグラムC								

型」や「デイビッドソン型」が備える「吹抜けL（上部バルコニー付き）」を持つ計画案である。[19] 吹抜けLは計画案では他の型にも見られるが、実現するのは上記二つの型でのみである。[20]

繋がり❷の「チャーンリー型」は「自邸型」に比して大規模なものが多い。ライト自身「ゾーンド・プラン」と称したC—6（表4）はその代表であり、主家族と使用人は平面上別ゾーンとして明確に区分されている。C—3、C—5も大規模な例である。[21] 繋がり❷における十字形平面への志向はC—2に始まり、リトル第一邸（一九〇二）ではまだ［L—E—D］であるが、B—1で（L—E—D）の「バートン型」となる。[22]「ロビー型」の最初の実現はR—2であるが、DとLがSHを挟んで二階で繋がる構成としてC—3が注目される。[23] 主階が一階の計画案R—1もあったが、[24] これはC—7に展開している。[25]「デイビッドソン型」は第一黄金時代末期の一九〇八年に

［表4］　繋がり❷の住宅のダイアグラム（凡例は註3参照）

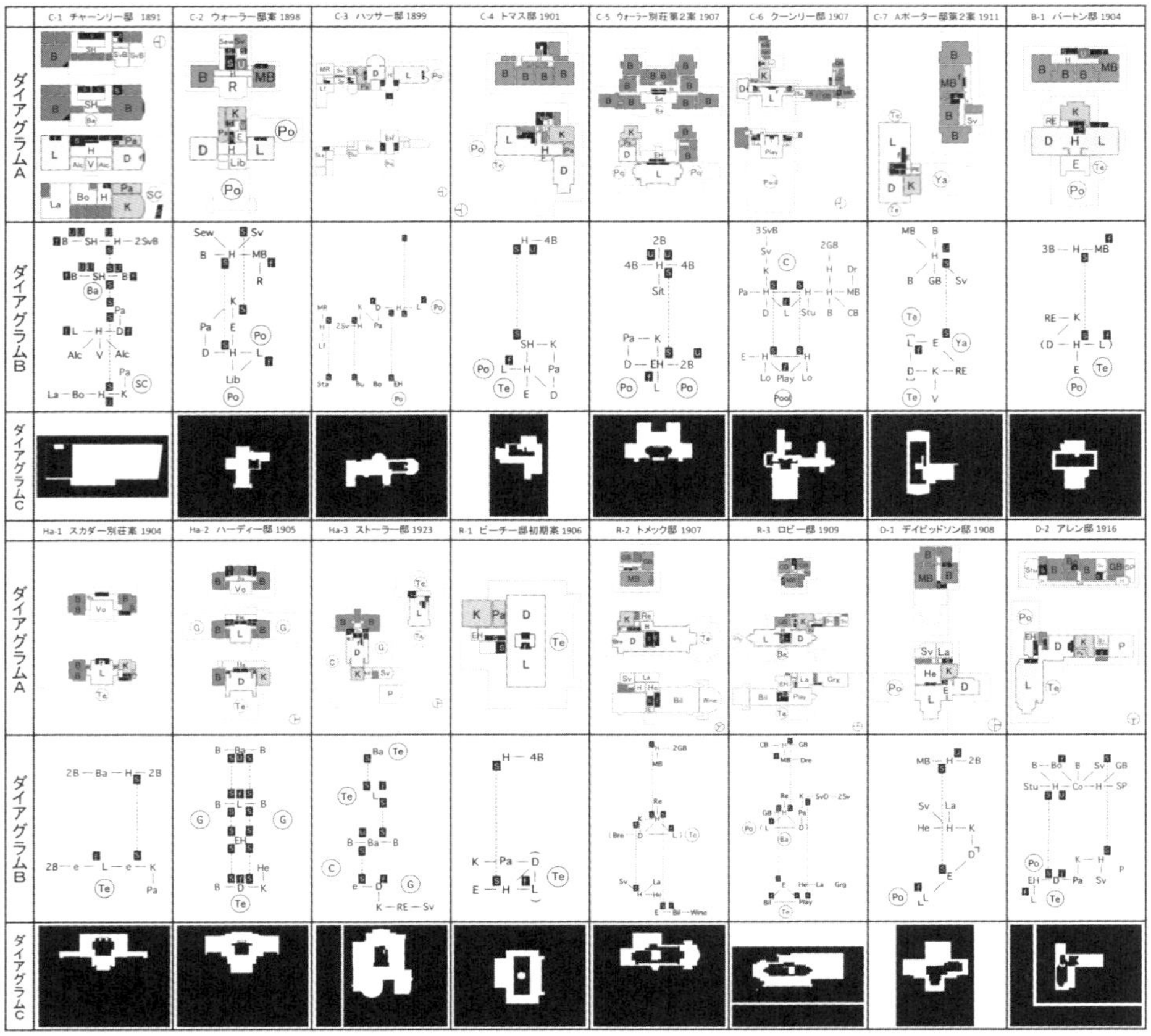

	C-1 チャーンリー邸 1891	C-2 ウォーラー邸案 1898	C-3 ハッサー邸 1899	C-4 トマス邸 1901	C-5 ウォーラー別荘第2案 1907	C-6 クーンリー邸 1907	C-7 Aポーター邸第2案 1911	B-1 バートン邸 1904
ダイアグラムA								
ダイアグラムB								
ダイアグラムC								
	Ha-1 スカダー別荘案 1904	Ha-2 ハーディー邸 1905	Ha-3 ストーラー邸 1923	R-1 ビーチー邸初期案 1906	R-2 トメック邸 1907	R-3 ロビー邸 1909	D-1 デイビッドソン邸 1908	D-2 アレン邸 1916
ダイアグラムA								
ダイアグラムB								
ダイアグラムC								

D—1で成立するが、C—4等にはその構成の萌芽が看取される。[26] また先述のとおり、H—3やW—3は吹抜けLを持つ先行案である。「ハーディ型」では、Ha—1は吹抜けLを持つものの、Dが明示されず、Ha—2において吹抜けLとDの断面的重層が成立する。[27] 両者共に見晴らしのよい傾斜地に建つ点で共通するが、先行するC—5は同条件下での「ゾーンド・プラン」である。

繋がり❸との連関にも触れておこう。「自邸型」はこの時期にあっても比較的多数実現しているが、それは量産住宅を志向して雑誌に発表されたO—7の実現案（ヴァリエーション）である。[28]「自邸型」の展開において重要な点は、それが十字形平面を志向しつつ他の型への萌芽を内包することだけでなく、量産化を踏まえたより単純な矩形平面を志向しながら、O—5を経てO—7に至る方向性も有していることである。そしてO—7の展開としてO—8が設計され、ここに造付けダイニングアルコーブが設けられていることが注目される。[29] ユーソニアン・ハウスが理想的アメリカ人「ユーソニアン」としての中産階級市民のための住宅であることを踏まえるならば、「自邸型」の変容はそこへの志向をも有しているのである。

「ハーディ型」はHa―2以来見られなかったが、一九二三年にコンクリートブロック住宅のHa―3やミラード第二邸に採用される。[30] 同年のフリーマン邸（繋がり❸）はHa―1からの展開である。D―2は純粋な「デイビッドソン型」ではないが、ユーソニアン・ハウスに通じるL字形平面を構成している。このように見れば、第二黄金時代のユーソニアン・ハウスの空間構成は、第一黄金時代のプレイリー・ハウスの空間構成とのかかわり合いの中で或る連続性を持って生じてくることが理解される。そしてその胎動は、後世に「失われた時代」と呼ばれた期間に、既に始まっているのである。

空間的連続形式に着目したこのような「型」による分析は、プレイリー・ハウスの展開の背後にあるシステムを示唆している。それらは繋がり❶の「自邸型」と❷の「チャーンリー型」から始まり、その他の型の萌芽を携えながら、空間的連続形式を実現する各型、すなわちⓑ「一体的な大空間」を実現する「ヒコックス型」、「バートン型」、「ロビー型」、ⓒ「連続的な流動的空間」を実現する「ウィリッツ型」、「吹抜けL」を実現する「ハーディ型」、そしてⓒと「吹抜けL」を実現する「デイビッドソン型」へと展開する。そして後半にはそれらの型がさらにかかわりあって多様に展開し、また同時に繋がり❸を志向し始めるのである。

三　第一黄金時代の建築思想

ライトにおいて、思索と制作は設計活動の両輪である。次に、プレイリー・ハウスがデザインされた第一黄金時代の建築思想を見ていこう。全五巻からなるライトの建築論集［CW1-5］には、一九一〇年までの彼の言説として一三件（講演録四件、雑誌論文八件、作品集解説文一件）が収録されている。まずこれらの言説から、自然に倣う有機的建築制作の背景となる彼の自然へのまなざしを見よう。そしてその自然観を踏まえ、プレイリー・ハウスの制作そのことを彼がどのように捉えているか考察したい。

三―1　初期の自然観と「様式化」概念

記録として残る最初の言説である講演「建築家と機械（The Architect and the Machine）」（一八九四）の中で、彼は次のように言う。

> 汝、家を造る者よ、自然へ進み行きなさい。自然のやり方をよく考えなさい。そして取るに足りないばかげたことをしてはならない。［CW1-23］

建築設計に対する彼の志向が端的に表明されている。有機的建築を標榜する彼の自然へ進み行くその行き方が、彼の考える自然のやり方が、すなわち彼の自然観が、まずもって考察の焦点となるべきである。講演ではまた次のようにも言われている。

> あなたの家をその敷地から素直に生長するように表現し、自然がもしそこで明示的であるならばその周囲に共鳴するように形作り、もしそうでなければ、自然ならばそうしたであろうごとく、静かで、本質的で、有機的であるように努めなさい。［CW1-23］

「建築が生長する」という捉え方は、建築のあり方を自然のあり方になぞらえて理解する彼の態度を示している。建築を自然と決して切り離さず、それを生長する有機的なものと捉える態度は、ライトの生涯において一貫している。この時期の彼の自然観への関心からここで注目されるのは、建築がその調和を志向する自然が一旦「明示的（manifest）」と言われ、周囲にあると言われ、その上で明示的でない場合も想定されている点である。すなわち、ここでは自然の外見的特徴が一旦自然として認められているのである。その後の講演「建築家、建築、施主（Architect, Architecture, and the Client）」（一八九六）では、次のように言われている。

> 自然は良き教師である。私は自然の子供であり、自然の教えを離れて繁栄し得ない。私は自然と同じように仕事をすることはできないが、恐らく、少なくとも私の作品を、自然において私が美しいと感じるものに共鳴するように形づくることができる。［CW1-31］

「私は自然と同じように仕事をすることはできない」といった、自らと自然との区別を自覚するような主旨の発言はこの時期にしか見られず、しばらく後には全くなされなくなることを指摘しておきたい。同時にまた次のようにも言われる。

> 自らのあり方が不自然であることを自らに言い聞かせなさい。それゆえ私は自然をコピーすることはできないし奴隷のようにそれをまねするつもりもないのだが、人工の物を形づくることをコントロールし、自然からその形態、機能、高貴な線のシンプルな真実を学ぶ心を持つのだ。［CW1-31］

自らのあり方が「不自然（artificial）」であるところの自覚、これがこの時期の彼の初発の態度であることを強調したい。自然に倣う彼の建築制作が、この時期にも、すなわち初めから、自然の外観の単なるコピーでないことは明言されている。しかし、それは自然の形態から発してその真実へ迫ろうとするアプローチを否定するものではない。講演では続いて次のように言われる。

> あなたの家の雰囲気は静かで落ち着いていて、森や草原から様式化（conventionalized）された控えめな幸福感であり、落ち着いた表面、シンプルな形態、完全な構造、広々としたゆとりである。［CW1-32］

住宅と自然とを繋ぐ概念として「様式化（conventionalization）」が言われている。この概念は第一黄金時代の彼の建築制作論の主導語であると言うことができる。一九〇〇年の講演「美術哲学（A Philosophy of Fine Art）」では、この概念が主題的に述べられている。

> 私が欲してきたこの芸術の基本的段階とは、自然の事象の本性の内的な詩を明らかにしながらそれらの様式化に関与することであった。それは文明の過程においてわれわれに偉大なレッスンをもたらすのだから。[CW1-42]

自然の事象の様式化は自然の表面的なコピーではなく、その本性の内的な詩を表現することであると言われる。とはいえ、文明のレッスンとして彼が例示するのは次のようなことである。

> エジプト人は蓮を「知り」、蓮を建築の高貴な石の形態に翻訳したのだ。すなわちこれが「様式化された」蓮であった。ギリシア人はアカンサスを「知り」それを石への翻訳において理想化した。これが様式化されたアカンサスであった。何であれあらゆる芸術のうちで、おそらく建築がこの教訓を教えるにもっとも適した芸術である。というのもそこでの訓練において、この自然の「様式化」の問題がもっとも上手く解かれるのだ。[CW1-43]

例示されているロータス柱やアカンサス柱は具象的なデザインを保っている。すなわち自然の本性の内的な詩としての翻訳でありながらも、その対象の姿、外見を留めている。この時期の作品として、ユニティ・テンプル（一九〇四）の柱頭やプレイリー・ハウスの特徴でもある色ガラスを用いた独特なアートガラスが想起される。プレイリー・ハウスでは、その一つひとつの建物に固有のアートガラスがデザインされるが、ブラッドリー邸（一九〇〇）のチューリップやダナ邸（一九〇二）の漆の木、蝶、Dマーティン邸（一九〇四）の「生命の木」のように、モチーフが明示されるものもある。このようなアートガラスの窓は、第二黄金時代のユーソニアン・ハウスでは見られなくなる。

一九〇八年には、ウィリッツ邸（一九〇一）、ヒコックス邸（一九〇一）、バートン邸（一九〇四）、ハーディ邸（一九〇五）トメック邸（一九〇七）等が既に実現し、プレイリー・ハウスが前章で論じた多様な「型」として展開中であった。この年に発表された論文「建築のために（In the Cause of Architecture）」に見られる「様式化」の概念は、それらの制作態度を踏まえたものとして用いられているであろう。

建物は内の人間の生活と外の自然の開花とのかかわりにおけるその最も高次の機能を果たす。建物をこの意味での生活の確かな引き立て役としながらそれらの間の真の和音の調和を展開させ維持するためには、広く単純な表面と高度に様式化された形態が必要である。［CW1-98］

自然と人間のかかわり合いが、建築の「最も高次の機能（highest function）」として捉えられている。それは両者の間の真の調和に見定められ、それとのかかわりにおいて、建築の役割、表面のデザイン、造形理念としての「様式化」が規定されている。ここで注目されることは「外の自然の開花（natural efflorescence without）」と「内の人間の生活（human life within）」とが、対比的に言われていることである。論文中には「建物とはそれらの壁の内の人間生活の背景あるいは枠組みであり、また、外の自然の開花の引き立て役である。」［CW1-95］との記述もある。「外の自然の開花」は明らかに自然が外側にあることを示唆し、「それらの壁の内の人間生活（human life within their walls）」は人間の生活が内側にあることを示唆している。「壁」が厳然と存在し、壁とのかかわりにおいて屋外と屋内が想定されている。建築は「背景（background）」、「枠組み（framework）」、「引き立て役（foil）」として「自然」と「人間」とを繋ぐ機能を果たすけれども、「内の人間の生活」と「外の自然の開花」とが壁を介して繋がると言われるとき、その限りで、そこには「内＝人間の領域／外＝自然の領域」としての両者の区別が先立っていわば前提とされている。

自然に進み行き、自然のやり方をよく考え、自然がそうしたであろうごとく努めて、翻訳し、自然に共鳴するように形づくることに専心しながらも、周囲の明示的自然の有無を問題にし、自身の不自然なあり方の自覚から出発し、自然の具象的な外見を自らの作品に受け入れ、そして「内＝人間の領域／外＝自然の領域」としての両者の区別をにじませるとき、そこには人間と自然との間の「或る距離感」が看取される。資料［CW1-5］において、「自然」が「外（without）」として捉えられることは先掲引用文以降見られない。また先だって言えば、「様式化」概念は二〇年代後半からほとんど使われなくなり、制作論の主導概念は「スタイル（style）」に変容する。第一黄金時代の記述に看取される人間と自然との間の「或る距離感」は、以後乗り越えられることになる。後年の彼の建築思想から振り返ってみれば、ここでは彼はまだ「自然―探究（nature-study）」の途についたばかりなのである。

三―2　プレイリー・ハウスにおける「六つの提言」

当時の彼の自然観を踏まえつつ、プレイリー・ハウスを設計する彼の建築観を見定めたい。先の論文「建築のために」は、「アーキテクチュラル・レコード」誌一九〇八年三月号に掲載されたものであるが、この号はライトの作品を纏めて紹介する初のライト特集号であった。この論文には、あるべき新たな住宅のコンセプトを箇条書き的に掲げた「六つの提言（proposition）」（I～VI）［CW1-87］が提示されており、当時彼が抱いていた住宅イメージの或る全体を伝えるものとして注目される。

まずIについて、ここでは単純性が単なる外見デザインの目的としてではなく、無意味なものの排除がなされた結果の高貴な美を伴った統一体（entity）として構想されていることが断られた後、以下の六つの論点が示されている。

1. 一つの建物は、それを建たせている状況、われわれの住まう状況、建築家が絶えず努めるべき簡素化の状況に応じて部屋数をできる限り少なくすべきであり、それゆえくつろぎと利便性が美と相伴うようにその部屋の全体的調和が注意深く考えられねばならない。どの住宅にも、一階には、入口と必要な作業部屋の傍に居間と食堂と台所の三つの部屋が必須であり、「事務室」の付設も可能である。とはいえ本当に必要なのは一つの部屋、居間であり、諸設備は建築的工夫によってそれから隔離されるか、あるいは仕切りによって内側に隠される。
2. 開口はその構造の統合的特徴として立ち現れるべきであり、もし可能ならば、その自然な装飾を形づくらねばならない。
3. ディテールへの過剰な愛着は一人の人間の短所であるという以上に、芸術あるいは良き生活の立場からより良きものを堕落させてきたのであり、それは絶望的な俗悪である。あまりに多くの家が、小さな舞台装置や書き割りでなければ、単なる小物屋、露店、ガラクタ屋である。装飾とは、あなたがそれを深く理解し、組織の全体においてそれが何か良き意味をもつことを確信するまでは、危険なものである。さしあたりそれを用いない方が良かろう。単に「豪華に見える」だけでは装飾の使用は正当化されない。

4．設備、備品の類は不快である。すべての付属物と共にそれらを構造のデザインに取り込みなさい。

5．絵画は壁を飾るよりも大抵それを損なっている。絵画は装飾的であるべきであり装飾として全体計画に組み込むべきだ。

6．本当に満足のいくアパートとは、その中にあるほとんどのあるいは全ての家具が、統合的な単位として全体にかかわりながら独自の計画の一部分として造りつけであるようなアパートである。

まず1．では、住宅の構成要素としての部屋が厳選され、その全体構成における調和の必要性が説かれている。特に居間（L）が重視され、入口（E）、食堂（D）、台所（K）が必須のもの、作業場（work room）、事務室（social office）が付属するものとしてあげられている。作業場や事務室は書斎（Lib）や応接室（Re）に相当する。ダイアグラムA、Bを用いた作品分析の方法論の妥当性を示唆している。また本研究における「型」の指摘は、部屋の構成の全体的調和の考察に資するであろう。

2．で言われる開口については、プレイリー・ハウスの特徴であるアートガラスが想起される。最初期のデザインは透明ガラスだけが用いられ、単純な菱形や、増築されたオークパーク自邸の食堂（一八九五）の窓に見られるような、単純な図形を反復させたものであった。色ガラスを用いて直線によって構成される独特なアートガラスが窓として住宅全体に一体的に展開されたのは、ヘラー邸（一八九六）辺りからである。以後プレイリー・ハウスでは、前節でも触れたように、その一つひとつの建物に固有のアートガラスがデザインされる。このようなアートガラスの窓は、バーンズドール邸（一九一七）やエニス邸（一九二三）を最後に、第二黄金時代のユーソニアン・ハウスでは見られなくなるものである。言い回しに触れておくと、ここでは「構造の統合的特徴（integral features of the structure）」としての「自然な装飾（natural ornamentation）」と言われている。[31] これは後に「統合的装飾（integral ornament）」として概念化される事柄であるが、それは一九二〇年代中頃に彼の言説に登場してくる。続く3．装飾、4．設備、5．絵画、6．造りつけ家具、これらも全て、後に「統合的装飾」の概念によって一括して説明される事柄であるから、第一黄金時代のこの時期にはそれらがまだいかほどか個別の事柄として捉えられていたと言うことができる。ただし、その概念が「統合的装飾は内の本性（the nature of within）の表現である」[32]と規定されることを踏まえるならば、この事態の背後には第一黄金時代から第二黄金時代へのライトの建築思想の大きな転回が潜むことになる。

Ⅱ――様々な種類（スタイル）の人々がいるのと同様に様々な種類（スタイル）の家があるべきであり、相異なった個人がいるのと同様に多くの違いがあるべきである。個人性を携えた人間は（それが欠けている人などいないと思うが）彼独自の環境のなかでそれを表現する権利を持つ。

Ⅱに言われていることは人間のあり方と重ね合わされた建築のあり方における多様なスタイル（styles）の要求であるが、後のライトの建築思想から見返されるとき、後述するⅣと併せて重要な論点を含んでいることになる。「スタイル」概念は後のライトの鍵概念の一つとなるが、そこでは不可算名詞、あるいは大文字表記の「スタイル（the style, Style）」と可算名詞としての「或るスタイル（a style）」、「諸スタイル（styles）」とが自覚的区別のもとに用いられ、前者は本来的なものとして肯定され、後者は非本来的なものとして否定される。[33] Ⅱの引用文では“styles”の語が肯定的に使われており、この自覚的区別は未だなされていない。ここでも後に「スタイルは**内**より発展する。（Style develops from *within.*）」[34]と言われることから、彼の建築思想の転回とのかかわりを指摘することができる。

Ⅲ――建物はその敷地から素直に生長しているように見えなければならず、自然がもしそこで明示的であるならば周囲に調和するように形作られねばならず、もしそうでなければ、自然ならばそうしたであろうごとく静かで、本質的で、有機的なものとなるように努めなさい。

われわれ中西部の人間はプレイリーの上に住んでいる。そこには独自の美があり、われわれはこの自然な美と穏やかな平地を理解し強調すべきだ。なだらかに傾斜する屋根、低いプロポーション、静かなスカイライン、抑えられたがっしりした煙突とシェルターのような覆い、低いテラス、プライベートな庭を隔離しつつ外へ延びる壁は、このゆえである。

Ⅲの前半は前節はじめに引用した一八九三年の講演の文言とほぼ同一であり、自然との「或る距離感」が看取される文章である。

「生長」概念もその後のライトの建築思想の主導語となり、自然の「あり方」と重ね合わされた建築の「あり方」を含意することになるが、ここでは未だ素朴に「生長しているように見えなければならない（appear to）」と言われている。自然の「生命―原理（life-principle）」が探求され、「生成（becoming）」の概念が言われ、「建築とは生まれるものであって作られるものではない――何になるにせよ建築は一貫して内から生長しなければならない（must consistently grow from within）」[35]と言われるのは、一九三〇年代になってからである。

Ⅲの後半では、プレイリーとプレイリー・ハウスのかかわり合いが具体的に言及されている。ここで言われる屋根、プロポーション、スカイライン、煙突、覆い、テラス、庭、壁とも、建築の「外部の見え」に関与している。これらの特徴は、一九〇一年以降のプレイリー・ハウスに顕著に見られる。前章で取り上げた雑誌掲載作品H―1に添付された文章（一九〇一）では、この住宅が次のように言われている。

> 建物の外部はしっかり広く敷地と繋げられてプレイリーの影響を承認し、外部の穏やかな水平の特徴を作りだす。低いテラスと広い庇は穏やかな平地を強調し、調和した関係を完成させるためにデザインされる。［CW1-74］

ここでも、建築の「外部（exterior）」が、その周囲に広がる特徴的な自然の外見を強調しそれと調和することが主張されている。自然と建築のかかわり合いは未だ外見を契機としているであろう。第一黄金時代の終焉である一九一〇年にドイツで出版された作品集『ヴァスムート・ポートフォリオ（Ausgefürte Bauten und Entwürfe von Frank Lloyd Wright）』の彼自身による序文には次のようにある。

> 構造の概念において建築は、その内での生活あるいはそれにかかわる生活の背景あるいは枠組みであることを主たる任務とする厳格な様式と見なされる。それらは、厳格に様式化された自然においてその敷地を覆う木々や木の葉の豊かさに対する明確な調和ないしは対比であるのと同様に、木々が備えるべき花や葉の引き立て役であると見なされている。［CW1-112］

人間の生活における「厳格な様式（severe conventions）」と「厳格に様式化された（severely conventionalized）」自然とが対比されている。

前節で見たように、建築は内の人間生活と外の自然との間にあって、両者を「様式化」することにおいて、両者の背景、枠組み、引き立て役として両者を結びつけるのであるが、そこでは「内＝人間の領域／外＝自然の領域」としての両者の区別が密かに前提されているであろう。人間と自然の調和を志向しつつも、この時期のライトの建築観には、自然と人間との間の「或る距離感」が滲み出ているのであり、この時期の彼の制作論的主導概念である「様式化」にもその距離感は浸透しているのである。「六つの提言」の中では、「様式化」はそのⅣで言われている。

Ⅳ――色彩は、自然の形態がなすことに同伴するように、それらを適合させる同様の様式化の過程を必要とする。それゆえ色彩計画のために森や平原へ行くがいい。悲観的な青や紫、冷たい緑や灰色は使わずに大地や枯れ葉のような暖かい色を用いよ。それらはほとんどの場合良き装飾に相応しく、健康に良く、好ましい。

ここでは色彩や形態が問題とされているが、これもいわば自然の外見の謂であり、「様式化」の概念はそれを契機とすることが理解される。「様式化」の概念は前節終わりで述べたように以後使われなくなるが、Ⅴではその契機が言い出される。

Ⅴ――物質の本性を引き出してそれらの本性をあなたの計画に深く関連づけよ。ニスは剥いで素木にステイン仕上げとし、漆喰は自然な肌理を露にしてステイン仕上げとせよ。デザインを通して木材、漆喰、煉瓦、石材の本性を明らかにせよ。それらは本来すべて心地よく美しいものだ。それらの自然なキャラクターあるいは本性が侮辱され軽視されるならば、いかなる取り扱いをしようとも、それは全く芸術的なことではない。

「物質の本性（nature of materials）」の探究もここでは未だ「仕上げ」の段階にとどまっているが、表面的なことではなくその「本性」を問う態度は、一九二七年から二八年にかけて「アーキテクチュラル・レコード」誌に同名タイトル「建築のために」として連載される一四本の論文に展開される。そこでは鉄、石、木、テラコッタ、ガラス、コンクリート等が取り上げられ、そのキャラクターが問われている。そして論文「建築家にとって「諸スタイル」とは（What "Styles" Mean to the Architect）」（一九二八年二月号）において「スタイルはキャラクターの結果である。（Style is a consequence of character.）」［CW1-268］と規定され、「様式化」に代わって、キャラクターから生じる「スタイル」が、彼の建築制作の主導概念となっていくのである。

VI――キャラクターを持つ家は、流行りのモードの家が何であれすぐに流行遅れで古臭く無駄になるように経年するのではなく、それよりも一層価値ある生長の可能性に恵まれる。

建物もまた人間同様、まず第一に誠実で真実であり、そしてそれゆえ同時に気品あり愛すべきものであるべきだろう。

最後の提言であるVIは、真実を問うライトの決意表明と受け止められる。彼の母方一族の家訓は「世界に抗しても真実を（Truth against the world.）」であった。そして前節で見たとおり、彼がその真実を自然に求め自然に学ぼうとしていることは明らかである。彼は自然に倣って建築が生長することを志向している。第一黄金時代のこの時期、前章で一瞥されたプレイリー・ハウスの型の変容の事態は、その生長の事態の一側面と見ることができようか。自然と人間との「或る距離感」の漂うこの時期には、未だ十分な概念形成に至っていないものの、自然を見て、自然を感じ取り、自然に倣う態度、すなわち「自然―探求」は、彼の生涯に一貫しているのである。

結語

この時期のライトにおける建築思想と住宅作品のかかわり合いは、どのように理解されるであろうか。第
の時期の彼の制作態度は「様式化」を鍵概念としながら自然と人間との調和を志向するものであっ
の自然観である。自然と人間とのかかわり合いの捉え方が枢要の契機となる。自身の「不自

人間との間の「或る距離感」が看取されることが指摘された。「様式化」において、建築は自然と人間とを結引き立て役と捉えられていたが、そこから看取されるのは「離れている自然と人間とを結びつける」という発想であるが「様式化」の一契機として建築に適用されることも、そこから理解されるであろう。ただし、離れているものを結びつけることは本来性回復の志向であることを強調しておこう。自然と人間の緊密なかかわりあいそのことは、ライトの生涯に一貫した信念である。

このようなこの時期の彼の建築思想の考察から、第二章で示されたプレイリー・ハウスの生成システムの全体的な志向はどのように理解されるであろうか。第一黄金時代末の『ヴァスムート・ポートフォリオ』では、彼が倣うべき自然の生成システムが、次のように理解され、述べられている。

> 花の構造はもっとも必然的な形で一般から特殊へと進み行き、その線と形態のなかにそれを生み出す構造の本性を明示することによって花に到るのである。それは有機的な事柄である。法則と秩序は、その完成した高貴さと美の最終的な基盤である。
>
> [CW1-104]

初期の素朴な「型」から流動的で連続性（continuity）を携えた空間を志向する「型」が生まれ、一体性（plasticity）を有する大空間を志向する「型」が生まれ、上昇的（from the ground upward）な吹抜け空間を志向する「型」が生まれ、それらが多様に展開しかかわり合う事態は、ここで言われる「一般から特殊へ（from the general to the particular）」という自然の生成システムと響き合っているであろう。プレイリー・ハウスの多様な型の連関と展開は、本稿冒頭の引用文に言われた自然の生命の多様な型のかかわり合いにも重ねられよう。本稿では変容の全体像を掴むことがめざされたが、今後さらにその詳細が検討されねばならない。一方で、この後「様式化」概念は放棄され、ユーソニアン・ハウスではそのほとんどが繋がり❸になる。このことの意味、この変容の意味もまた、問われねばならない。

註

1　本研究の資料としてのライトの作品と言説はつぎの文献に基づく。
Pfeiffer, B. B. Ed., “The Collected Writings of Frank Lloyd Wright,” volume 1~5, Rizzoli, 1992 ~ 1995,［CW1~5］と略記。
二川幸夫編『フランク・ロイド・ライト全集』一～一二巻、A.D.A.EDITA、一九八五～一九八八、［MG1~12］と略記。
Storrer, W. A.,『フランク・ロイド・ライト全作品』岸田省吾監訳、丸善、二〇〇〇、［Com］と略記。

2　ライトの建築思想研究については拙著『フランク・ロイド・ライトの建築思想』中央公論美術出版、二〇一三、参照。

3　本稿における室名の略記は以下の通り。Alc＝アルコーヴ／B＝寝室／Ba＝バルコニー／Bil＝ビリヤード／Bo、He＝ボイラ室／Bre＝朝食室／C、G、GC＝庭／CB＝子供寝室／Cl＝収納／D＝食堂／Dre＝衣装室／E＝入口／EH＝入口ホール／f＝暖炉／GB＝客寝室／H＝ホール／K＝台所／L、Sit、Sew＝居間／La＝洗濯室／Lib、Stu、Den＝書斎／Lo＝ラウンジ／MB＝主寝室／MR＝居室／Nu、Ply＝子供部屋／Ow＝個室／P、Grg＝駐車場／Pa＝配膳室／Pas、Co＝廊下／Po＝ポーチ／RE＝勝手口／Re＝応接室／SC＝裏庭／SH＝階段室／Sv＝使用人室／SvB＝使用人寝室／SvD＝使用人食堂／Te＝テラス／U＝設備／V＝玄関／Ve＝ベランダ／Vo＝吹抜

4　訳文の表記に関して、原文イタリック体表記の記述は訳文ではゴシック体で表記し、文中大文字表記の記述には訳文に傍点を附す。

5　‘Faith in Your Own Individuality,’ 1955［CW5-132］

6　Wright, “Architecture and Modern Life,” Harper & Brothers Publishers, 1937, p.319

7　ライトは“Type”を特に鍵語として用いていないが、“Style”は鍵語である。拙稿「ライトのいう「様式化」と「スタイル」　フランク・ロイド・ライトの建築思想の研究一五」日本建築学会近畿支部研究報告集、二〇〇五、八五七頁、参照。

8　本研究は京都大学前田忠直研究室における一連の共同研究（水上他、「ユーソニアン・ハウスの構成システム（一）・内部について」日本建築学会近畿支部研究報告集、一九九七、六八九頁、以下七編の研究報告がある）の方法論を継承し、展開、深化させる試みでもある。

9　ダイアグラムAにおける要素（部屋）限定の拠り所を限定度の強い順に示せば、①壁・窓・ドア②袖壁・垂壁③段差・天井高となる。①なら必ず区別する。②③による要素区分の判断は、関連する他の住宅との差異と同一性、すなわち「型」の観点から、それ自体が変容の議論の対象となる。

10　出入り可能ならば直線で繋ぐ。階段による上下の繋がりは点線で示す。

11　敷地（黒）の形状は建物からの拡がりを論者が判断して設定している。隣地境界が建物に近接する場合は敷地形状に相似。白線は前面道路を示す。ダイアグラムAにおいて居間に書斎や食堂が連続する場合は、Cではそれらも黒とする。ダイアグラムCは本稿ではあまり論点とし

て浮かび上がらないが、プレイリー・ハウスとユーソニアン・ハウスとの違いを論じる際に重要な役割を果たすと目されるため、本稿でも提示している。

12　タリアセン（一九一四）、リチャーズ・バンガロー（一九一五）、福原邸（一九一八）、フリーマン邸（一九二三）、ウィリー邸（一九三三）、落水荘（一九三五）等。

13　[MGI-5] による。

14　食堂（D）の表記がなく何れの繋がりにも属さない以下のものは除かれている。チャーンリー・バンガロー（一八九〇）、ゲイル・コテージ（一八九七）、ピッキン邸（一九〇〇）、ガーツ・ダブルコテージ（一九〇二）、ガーツ・コテージ（一九〇二）、デヴィン夫人別荘案（一九〇六）、ゲイル・コテージ（一九〇九）、アングスター邸（一九一一）、カー邸（一九一六）。居間（L）と食堂（D）の繋がりが❶～❸の何れにも属さない以下のものも除かれている。バグリー邸（一九一六）、山邑邸（一九一八）、三原邸（一九一八）、バーンズドール住宅A（一九一九）。

15　オークパーク等の比較的手狭な分譲地に建つものはO―1、2、5、6、8、H―4、C―1、4、D―1。ダイアグラムC参照。

16　「ウィリッツ型」成立過程においては「ウォリス・コテージ」（一九〇〇）初期案から実施案への変容も注目されるが、本稿では詳細に立ち入らない。

17　「プレ・ヒコックス型」と呼ぶべき作品はエモンド邸（O―2）の他、同年のパーカー邸、ゲイル邸、一八九三年のウーリー邸、一八九六年のデヴィン夫人邸案等があるが、本稿ではその詳細に立ち入らない。

18　H―2とO―3は隣接する敷地に同時期に建てられている。

19　H―1断面図には吹抜けLが示されるが、同時掲載の平面図と一致しない。

20　吹抜けDは「自邸型」のダナ邸（一九〇二）に見られる。また「ヒコックス型」のボック・アトリエ案（一九〇六）には吹抜けのアトリエがある。

21　その他ムーア邸（一八九五）、ヘラー邸（一八九六）、ダナ邸（一九〇二）、マコーミック邸案（一九〇七）等が挙げられよう。

22　「バートン型」は以後ウォルサー邸（一九〇三）、バーンズ邸案（一九〇四）、デローズ邸（一九〇六）、ブラウン邸案（一九〇六）、ホーナー邸（一九〇八）等に展開して行くが、本稿ではその詳細に立ち入らない。

23　C―3と同様の構成はシュローダー邸案（一九一一）にも見られる。

24　R―1は初期計画案であるが、「自邸型」で実現している。またR―1と同様の構成としてベイカー邸初期案A、B（一九〇八）があるが、これは「デイビッドソン型」で実現している。

25　C―7の前身としてMアダムズ邸（一九〇五）がある。なお、Mアダムズ邸初期案は「自邸型」である。

26　その他Wマーティン邸（一九〇二）、ボールドウィン邸（一九〇五）、ミラード第一邸（一九〇六）等がある。メイ邸（一九〇八）も「デイビッドソン型」と関連づけることができよう。

27　Ha―2には初期案があるが、そのLは吹抜けではない。

28　ペリー邸、ルート邸、キア邸、キッサム邸はO―7のヴァリエーションであり、ロス邸はその縮小案であるが、これらはイリノイ州グレンコーに計画されたラヴィーン・ブラッフス住宅地に一九一五年に建てられた賃貸住宅であり、ライトはその開発に当初から関与している。

29　O―8は一九一〇年の「郊外住宅案」が実施されたものである。

30　Ha―3はロウズ邸案（一九二二）を下敷きとしているが、これはコンクリートブロック住宅ではない。

31　「統合的装飾（integral ornament）」の早い例は一九二五年に見いだされる。'In the Cause of Architecture: Composition as Method in Creation,' Unpublished, 1928［CW1-261］参照。なお、「統合的飾り（integral decoration）」という表現も一九二五年に見られる。'In the Cause of Architecture : The Third Dimension,' Wendingen, 1925［CW1-210］参照。

32　'American Architecture Today,' Weekly Bulletin of the Michigan Society of Architects, July 14 and July 21, 1931［CW3-57］

33　後には、「或るモチーフとして或る『スタイル』(a "style") を採用することは馬の前に荷車を付けるようなことであり、『諸スタイル』("Styles") を超え出ることはできず、決してスタイル（Style）へ行き着くことはない。」と言われる。'In the Cause of Architecture: Second Paper,' The Architectural Record, May 1914［CW1-137］

34　Wright, "A Testament," Horizon Press, 1957, p.229

35　Wright, "Two Lectures on Architecture," Chicago Art Institute, 1931, p.54

ルイス・カーンに於ける作品生成のロゴス
——晩年の主題「ルーム」について——

前田　忠直

序

「建築のレルム」[1]について、ラディカルな反省のうちに問いつづけた建築家ルイス・カーン（一九〇一—一九七四）は、一九六〇年代の後半、フォームを問うリアライゼイションの立場から、建築のビギニングスの場所を問う存在論的思索へと変転する。「沈黙（人間の事象）」と「光（自然の事象）」の交錯の問題は、一九七四年の死に至るまで、深化の歩みを止めることはなかったのである。

本稿では、一章から三章に於いて、晩年の存在論的思索について、そして最後の主題「ルーム」の思索を取り上げる。四章では、晩年の作品、ホーニックマン邸におけるルーム成立の方法について明らかにしたい。

一　W・スティーヴンズの詩における「家」と「世界」
二　Architecture：Silence and Light
三　ルームについての思索
四　ホーニックマン邸におけるルーム生成のロゴス

一　W・スティーヴンズの詩における「家」と「世界」

ここに建築家を励まし、触発するひとつの詩がある。詩作品は、図面が建築家にとって、また楽譜が音楽家にとってそうであるように、詩人によるひとつのデザインである。語の選定とそれらの配置・構成、そこには詩人、W・スティーヴンズ[2]（注1）が贈る目立たない合図がある（詩における下線・傍線は筆者による）。

THE HOUSE WAS QUIET AND
THE WORLD WAS CALM

The house was quiet and the world was calm.
The reader became the book ; and summer night

Was like the conscious being of the book.
The house was quiet and the world was calm.

The words were spoken as if there was no book,
Except that the reader leaned above the page,

Wanted to lean, wanted much most to be

The scholar to whom his book is true, to whom
The summer night is like a perfection of thought.
The house was quiet because it had to be.

The quiet was part of the meaning, part of the mind :
The access of perfection to the page.

And the world was calm, The truth in a calm world,
In which there is no other meaning, itself

Is calm, itself is summer and night, itself
Is the reader leaning late and reading there.

　　家は静かであり　そして
　世界は穏やかだった。

家は静かであり　そして世界は穏やかだった。

本を読む人はその本になった。——そして夏の夜は本から成る意識存在に似ていた。

家は静かであり、そして世界は穏やかだった。
言葉は本などそこにないかのように語られた。
ただ本を読む人はページの上にかがみ込んで、
かがみ込んで読むことを願い、学者であろうとひたすら願った。
かれにとって本が真実であり、
夏の夜は完全な思索に似ている。
家は本来そうであるゆえに静かだった。
その静けさは、意味の一部、心の一部――
ページへの完璧な道。
そして世界は穏やかだった。穏やかな世界のなかの真実、
そこにはほかの意味はなく、
穏やかで、それ自体が夏であり、夜であり、それ自体が
夜遅くかがみ込んで読む人である。

(Wallace Stevens, *The Collected Poems of Stevens*, Vintage Books Edition, 1990)

この詩の作者、W・スティーヴンズ（Wallace Stevens, 一八七九―一九五五）は、詩について思索した詩論の詩人、倫理的詩人とよばれる。その詩作に於ける方法的態度は、カーン（Louis kahn, 一九〇一―一九七四）の建築における態度に通ずるものがある。

この詩は八詩節（各二行）、一六行から成る。標題が三度繰り返されている。一行、四行、そして三度目は二行に分割される。すなわち一〇行と一三行に。この詩は、それゆえ以下の四つに分節される。一～三行、四～九行、一〇～一二行、一三～一六行。一二行目に置かれたセミコロンと一一行目におかれたコロンが解読の合図となる。

この詩に描かれている主題は、家の静けさ、そして世界の穏やかさである。本を読み思索する人の情景が示され、思索者の心（mind）の光景が示される。一、二分節では、本を読む人と本が呼び出される。本は世界を、読む人は世界の思索者を象徴する。また夏と夜が呼び出される。夏は、豊饒な季節をいう。夏の夜は本からなる意識存在に似ていた（was like）、また完全な思索に似ている（is like）、といわれる。was like, is like は、完全な思索との差異を言う。一、二分節は事実的実存の豊饒な世界をいう。自然的態度による現実世界である。三分節の語、the meaning, the mind が示すようにここでは思索者の心の働きが主題である。すなわち非現実の世界をいう mind は、現象学者フッサールのいう超越論的意識と解される。そして四分節の語、the truth が注目される。穏やかな世界のなかの真実、と。「真実（truth）」は根本語である。一五、一六行目のはじめの語、Is が際立つ。Is は繋辞ではなく、存在そのことを明示する語である。

一、二分節での物たちの現実世界と三、四分節の心の非現実世界とは区別されつつ、同時にひとつの世界の両義として重ねられる。一、二分節の「夏の夜」における季節と時間の実存的意味は深い。また二分節の具体的な身体の姿勢の叙述が着目される。この詩は、前半の存在的情景と語、mind（超越論的意識）が垣間見た後半の存在論的光景（truth）との接合をいうと解される。

mind, truth、そして room はカーン後期の思索における重要語である。カーンはこう言っている。

Room is the place of the mind.

（ルームは心の場所である。）

Architecture is the reaching out for the truth.

（建築は真実を求めることである。）

二　Architecture：Silence and Light

標題は、カーンによる一九七〇年のグッゲンハイム講演の題目である。元初、つまり存在としての建築の表明である。沈黙と光の思索は、沈黙（人間の事象）と光（自然の事象）の相互包摂のうちに元初の場所を指し示す存在論的思索といえる。この思索は、光は沈黙へ、沈黙は光へ、という二つの移行の交差として、元初の場所が示される。これはこう解釈される。二つの移行は、光の二義、つまり光（存在としての存在）と燃え尽きた光（＝物質）が、沈黙を媒介として、沈黙において、結び合うことを明示する方法である。光（light）と闇（dark）は、沈黙の内で、カーンの造語に従えば、ライトレス（lightless）、ダークレス（darkless）として相争う。つまり、光と闇は沈黙に依存する。

ここに、光の存在論的思索を図解する素描がある（図1）。カーンはこう問いかける。光を描くことは可能だろうか、紙自身の白を受け入れるほかに方法はないのだろうか、と。カーンはありふれた挿絵の塗り残された紙の白さに、光を描くという事態の逆説的な真相を見いだす。すなわち、「線が引かれたところは光がないところ」という事態の自覚である。そして沈黙の素描が水平線群として描かれる。光を描こうとしたかれは、こうして沈黙を描くことになる。素描の解読はこうなる。左に沈黙を意味する水平線群、右に炎の舞踏――輝く源泉である光は、荒々しい炎の舞踏を経て、やがて燃え尽き、自らを消費して物質になる――としての沈黙。そして中央にピラミッド。左右のそれぞれは沈黙の二義、ライトレス、

図1　沈黙と光の素描、1972年（図版出典：Louis I. Kahn, *Writings,Lectures, Interviews*, Rizzoli, 1991.）

ダークレスと解される。ピラミッドは、存在（existence）とプレゼンス（presence）の両義を担う「作品」（a work）を意味する。

書き込まれた文字は二つの移行、Silence to Light, Light to Silence である。後者が鏡文字にされる。さらにその下、The desire to express（表現願望）と対になる The means to express（表現手段）も鏡文字にされる。

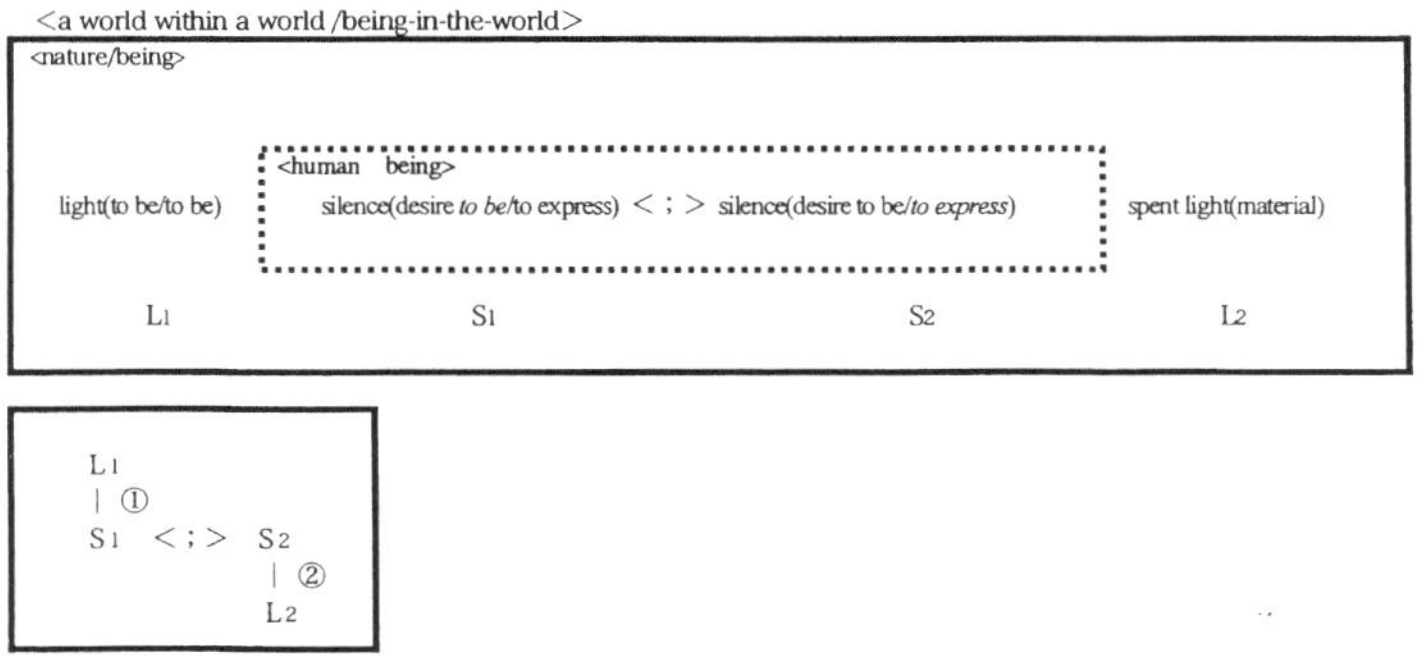

光から沈黙への移行と表現手段、つまり光の事象が鏡文字にされている。これは、沈黙という実存の圏域に視座を据えるカーンにとって、光が「見知らぬもの」であることを示している。素描では、それゆえ、光の事象は二義とも描かれていないのである。

同様に、二つの移行、つまり Silence to Light, Light to Silence から光の文字が消された規定が示される。

The longest trace from silence

（沈黙からの長い軌跡）

The longest path toward silence

（沈黙への長い道）

前者の存在論的移行が交差するところが「詩人の閾」、後者の存在的移行が交差するところが「科学者の閾」である。カーンの思索を言葉のダイアグラムにすれば、図２のようになる。

<a world within a world /being-in-the-world>

<nature/being>

<human being>

light(to be/to be)　silence(desire *to be*/to express) <；> silence(desire to be/*to express*)　spent light(material)

L_1　S_1　S_2　L_2

L_1
| ①
S_1 <；> S_2
| ②
L_2

L：light（２義）; facts of nature　S：silence（２義）; man's facts

<；>：threshold/４義の交錯の場所（存在論的差異）/phenomena

L_1：tobe/to be(light)

L_2：spent light(material)

S_1：desire *to be*/to express(lightless)

S_2：desire to be/*to express*(darkless)

①：存在論的移行（L_1, S_1：非実在）

②：存在的移行　（L_2, S_2：実在）

図２　沈黙と光の思索（筆者作成）

三　ルームについての思索

一三世紀のペルシャの神秘主義詩人、ルーミー（Jalal al-Din Muhammad Rumi，一二〇七―一二七三）の詩に託して、カーンはルームの元初的意味について語る。

建築は、世界のなかの世界の感情を創造します。そしてその感情は、建築がルームに与えるものです。素敵なルームで素敵な人といるときに、外の世界について考えてみましょう。外の世界の感覚はすべてあなたから消え去ります。私は一三世紀初期のペルシャの偉大な詩人、ルーミーの美しい詩を思い起こします。かれは、庭を歩み行くひとりの尼僧について詩います。それは春のことです。尼僧は家の敷居で立ち止まり、玄関に立ち尽くします。侍女が興奮してやってきて、そしてこう言います。「外をご覧なさいませ、外をご覧なさいませ、尼僧さま。そして神様がおつくりになった驚異をごらんなさいませ」。尼僧はこう応じました。「なかをごらんなさい。そして神様をご覧なさい」と。ルームがつくられたことを自覚することは何と素晴らしいことでしょうか。人間がつくるものを自然はつくることができません。もっとも人間はそれをつくるために自然の法則を用いるのですが。それがつくられるのを導くもの、すなわち、それをつくろうとする人間の願望は宇宙の自然のなかにはありません。私はあえて次のように言いたい。それは、沈黙、つまりダークレスとしてのライトレス、あるいは表現することとして在らんとする願望、さらに宇宙を包み込んで流布するスピリットからできていると。（『ルイス・カーン建築論集』一九六頁）

尼僧と侍女の対話が示す内部と外部とは、端的に言って、制作（poiesis）と自然（physis）に属する事柄である。自然の法則を用いつつ人間はルームを制作すると。なぜ、「人間の創ったものはまさしく神の示現である（what man has made is very, very manifestation of God.）」のか。人間は、ルームにおいて、外の物たちの驚異をつくった神そのものに出会うのである。内部と外部との間、閾に立ち止まり入口に立ち尽くす尼僧の姿は、事柄（現象）の両義性を示している。カーンによる造語、沈黙の規定、ダークレスとしてのライトレスとは、人間存在（表現者）がライト（存在そのもの）とダーク（存在者）との中間者であること、そしてその中間において、世界へ向けて企てる存在であることを要約しているといえる。ルームについてカーンはこう限定する。

ルームは直ちに建築ではなく、自己の延長であるということです。――ルームはわたしだけに属するものではない特性をそなえていると考えます。ルームは、あなたに建築をもたらす特性を持っています。（『ルイス・カーン建築論集』、三頁）

ハイデッガーは、人間的実存の根本体制を、「現にあること（Dasein）」、あるいは「世界内存在（In-der-Welt-sein）」とよぶ。人間の現にあることは、けっして単に事物的に存在する対象ではない、とされる。ハイデッガーの描いた現存在の図式（図3）がある。矢印は、現存在が自己自身を超えて、世界へと超越し、世界を経験する自己であることを示している。ルームは自己の延長であるというカーンの発言は、ルームは自己そのものでも、外の世界としての延長物でもなく、世界と自己、言い換えれば、自然と意識の間の圏域であることを意味する。ルームは、「世界の中の世界」として、外の世界から隔離され、しかしながらあるいはそれゆえに、外の世界に接合するという両義的性格をもつ。カーンの思索を図式化すれば、図４（筆者作成）のようになる。

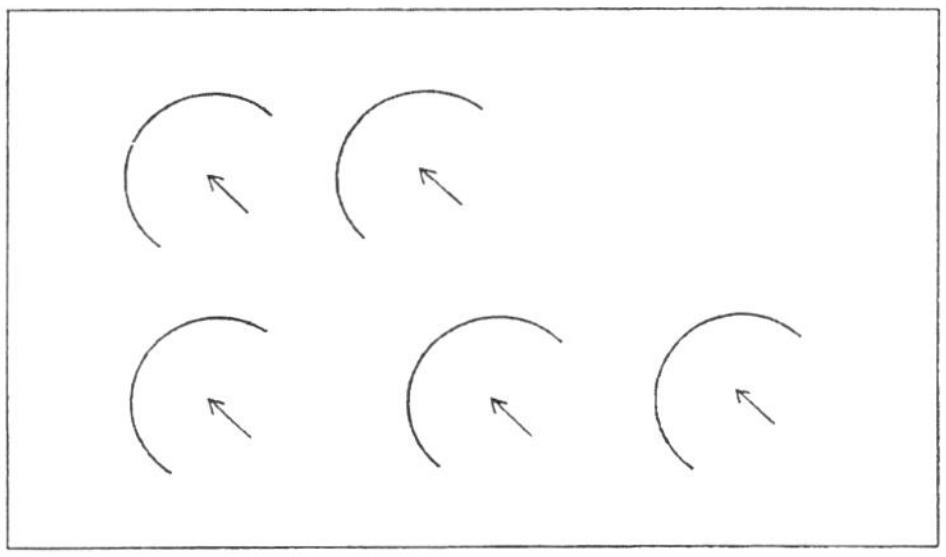

図3　ハイデッガーによる現存在の図式
（図版出典：D. B. Brownlee, D. G. De Long, *Louis I. Kahn: In the realm of architecture*, The Museum of Contemporary Art, Rizzoli, 1991.）

バラガン（Luis Barragan, 一九〇二―一九八八）の自邸（図5）を訪れたカーンは、庭に置かれた水盤に着目し、以下のように語っている。

わたしはメキシコで建築家バラガンに会いました。かれの作品が自然との親しい関係をもっていることに心を打たれました。かれの家の庭は高い壁に縁取られ、その土地と

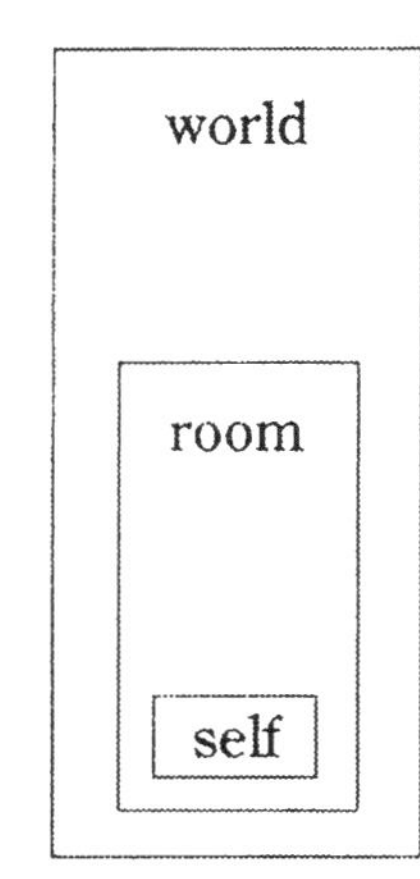

図4　ルームの図式（筆者作成）

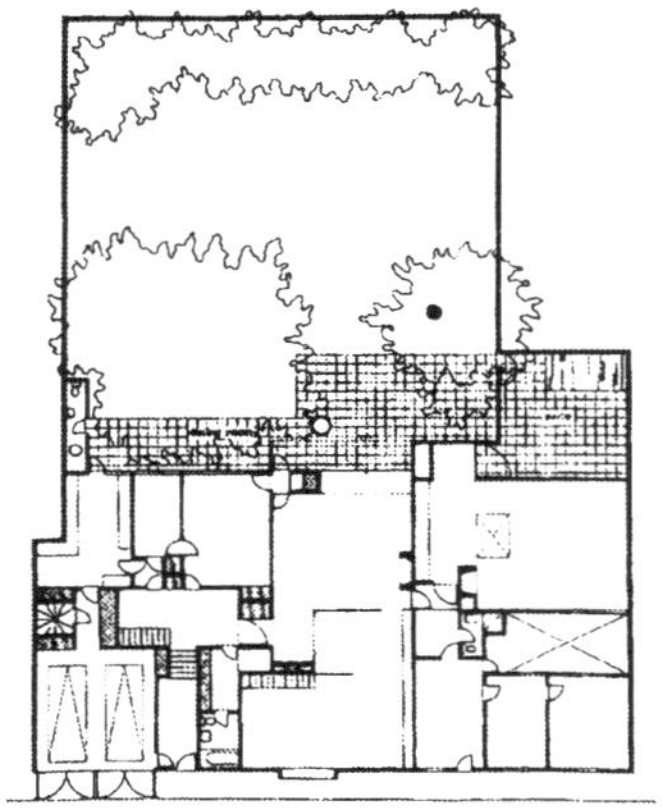

図5　バラガン邸　平面図（図版出典：Heinz Ronner, Sharad Jhaveri ed., *Louis I. Kahn : complete work 1935-1974*, Birkhäuser Verlag, Basel, Boston, 1987.）

草の茂みは、かれがそれを見いだしたときのまま手を加えられることもなく保たれています。庭には泉があり、その水源は朽ちた木片の上で軽やかに戯れ、一滴一滴が縁まで満たされたサイ色の黒灰色の石の水盤に落ちるようになっています。その一滴一滴は銀の流れのように見えます。それは縁まで広がる銀の輪をつくり、その地面に落ちます。黒い容器に満たされた水は、あの水の道程――岩岩を越えて走る光のなかの山あいの流れが、深く隔離された場所でその銀色を顕わにするのだが――から選びとられたものでした。かれは水について学び、そしてかれがもっとも愛するものを選んだのです。（『ルイス・カーン建築論集』、一〇一頁）

カーンは想起する。荒れた自然のままの庭、そして居間と庭を繋ぐテラスの中央に置かれた水盤。その一滴、一滴の銀の流れに、岩々を越えて走る山間の流れを。そして隔離された場所において顕になる銀色。建築家は、自然（physis）に学び、制作（poiesis）――において選定したのである。現象学者、メルロー＝ポンティの言に従えば、それは、セザンヌが青を通して洞察した触れえぬ世界、地層といえるものであろう。techne とは、この arche に対する人間の応答である。カーンはバラガンの作品において、制作に潜む自然の自然（nature of nature）、つまり物質（material）の存在（to be/to be）という光に触れたのである。地層とは、空間なるものの根であり、世界構成なるものの地盤である。

沈黙と光の思索は、一九六〇年代の後半に成熟する。それは芸術の起源を問う存在論的思索であり、建築をその誕生の状態において捉えようとする試みである。新たな主導語、ルームが、建築の元初（beginnings）として発語される。カーンの思索の転回の意味はこう解される。すなわち、反造形、反美学、反形而上学的思索へのラディカリズムが遂行され、それまでの思索に基礎が与えられたのである。言い換えれば、form inspires design. における両者（form, design）が交差する inspiration に視座が据えられたのである。ルームの概念は、それゆえ融即的に両義的である。晩年、語 form よりも nature が頻用されるのは、上記の事態を示すものであり、注目される。ルームに関わる言は、それゆえ、生活世界の具体性を包含し、表面上、平易である。

一九七一年の講演、「ルーム、街路、そして人間の合意」において、生き生きとしたルームのプレゼンスについて、詩人、スティーヴンズの言に触発され、カーンは以下のように語っている。そして、建築の内部（room）の親密な光を描いたスケッチを遺している（図6）。

Architecture is the making of a room; an assembly of rooms. The light is the light of that room.
Thoughts exchanged by one and another are not the same in one room as in another.
A street is a room; a community room by agreement
Its character from intersection to intersection changes and may be regarded as a number of rooms

図6　カーン　ルームの素描

（図版出典：Louis I. Kahn, *Writings,Lectures, Interviews*, Rizzoli, 1991.）

窓は、ルームを構成するエレメントのなかでもっとも素晴らしいものです。偉大なアメリカの詩人、ウォーレス・スティーヴンズは建築家を励ましつつ、こう問いかけています。「あなたのルームには太陽のいかなるかけらがありますか」と。これはこう言い換えることができます。つまり、あなたのルームに入ってくるのは、太陽のどのようなかけらでしょうかと。朝から夜へ、日毎に、季節から季節へ、そして年々歳々、太陽の光は何とさまざまなムードを与えてくれるのでしょうか。（『ルイス・カーン建築論集』、七八頁）

四　ホーニックマン邸に於けるルーム生成のロゴス

ホーニックマン邸は、カーンの最後の住宅作品（アンビルト）である。最終案は一九七三年七月に成立。かれの死去する前年のことである。フォーム生成過程は，四

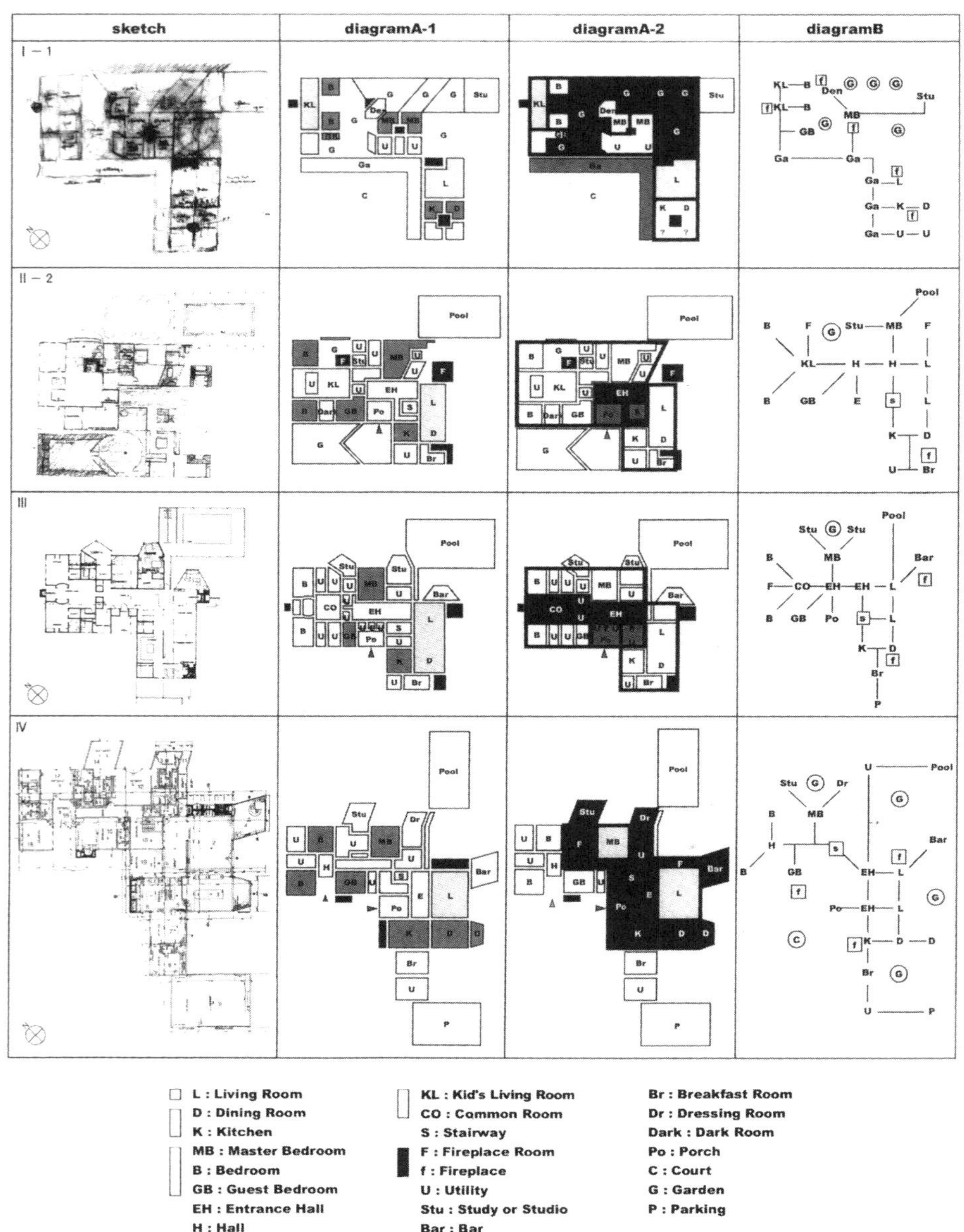

図7　ホーニックマン邸　フォーム生成過程（筆者作成）

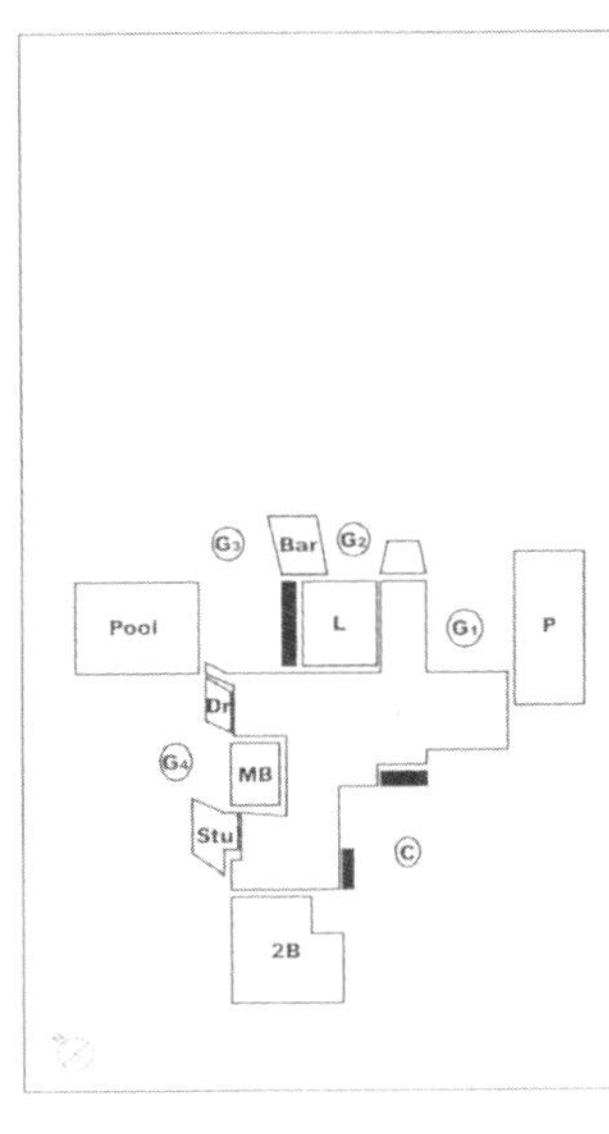

図8　ホーニックマン邸
住宅と土地とのゲシュタルト図（筆者作成）

段階に区分される（図7）。

ホーニックマン邸（最終案）の四つのサテライト（ルーム）は、それ自体が主室の採光装置である。ひとは、そのサテライトに入ることができる。居間に居る人はサテライトのなかの「内部の風景」の向こうに「外部（自然）の風景」を見るという「二重の風景」を経験することになる。

「住宅と土地のゲシュタルト図」（図8）において、居間を包むサテライト群の配置構成により外部への方位づけ（orientation）が具体化されている。

晩年の三住宅（ホーニックマン邸、コーマン邸、スターン邸）に共通する特性として、〈寝室・子供室・諸室―主室（居間）―外部〉という三項構造による強力な方位づけが読み取れる。ホーニックマン邸（最終案）では、サテライトをもつ主室が二つ（居間と主寝室）あり、リビングブロックの方位とスリーピングブロックの方位が直交する。

〈ホーニックマン邸の生成過程〉

ヴァージョンI―1

三ブロック（居間ブロック、主寝室ブロック、寝室ブロック）をL字型のギャラリーが結ぶ。居間ブロックは正方形平面の居間と正方形平面のダイニング・キッチンから成る（中心に煙突）。居間は東（図の右側。実際は東南であるがここでは東と表記し、図の上方、北東は北と表記する）の庭へ開け、主寝室は北庭へ開く。居間の北側にふたつの小部屋（暖炉ルームと座席付き小部屋）、南側にダイニングとキッチン。寝室ブロックは二分され、主寝室と子供用寝室の間に中庭。主寝室も二分、それぞれに庭、サーヴィングスペースが付く。自律したデン（書斎）が主寝室の北西コーナーに結合。子供用寝室は中庭に開く。西側に子供用居間。暖炉は西（外）側に配置。最終案のサテライトの形態が既に出現し、注目される。つまり主寝室のサーヴィングスペースであるデン（正方形平面）、サウナ（平行四辺形）の中庭への突出。

ヴァージョンII―2

ギャラリーが消滅し、エントランスホールが各ブロックを結ぶ。居間ブロックはダイニングを含む居間となる。居間の北東コーナーに正方形平面の暖炉ルームが結合。ダイニングの南東コーナーに暖炉。南北三つのシャフトが居間、ダイニングを包囲し、東庭へ開く。子供用居間が寝室ブロックを支配。子供用居間の北庭側に暖炉ルーム。主寝室の一室化。サーヴィングスペースの改変。主人用サーヴィングスペースに包まれつつ、主寝室は北庭へ開く。主人用サーヴィングスペースの形態が平行四辺形から正方形平面へ。デンの暖炉は子供用居間の暖炉ルームと一体化し、寝室ブロックの中央へ移動。三ヶ所の暖炉が全体構成を支配。

ヴァージョンIII

寝室群の古典的な構成が際立つ。つまりコモンルーム（子供用居間の名称変更）を中央に、各寝室を両側に配置。コモンルーム、エントランスホールがつくる軸の両端に暖炉。三つのサテライトの出現。居間北側に独立した台形平面のバーが突出。居間東南コーナーに暖炉。暖炉を含むバーのシャフトとダイニング南東コーナーの暖炉シャフトとが、居間・ダイニングを包む。主寝室側のドレッシングルームが北に突出（台形平面）。西側の書斎も同様に北へ突出（平行四辺形）。主寝室は、ふたつのサーヴィングスペースに包まれる。中庭の消滅とともに、子供室の暖炉は西（外）側に戻る。

ヴァージョンIV

（最終案）　エントランスの向きが九〇度、回転。エントランスホールは、居間の前室へ。階段室、通路を介して寝室群へ。客用寝室の暖炉シャフトとキッチンの煙突シャフトによるエントランスコートの成立。子供用居間の消失にともない主題は居間と主寝室に集中する。四つのサテライトの成立。居間のバーが北東コーナーに移動し、東へ突出（平行四辺形平面）。ダイニングに台形平面のベイウインドウが出現。居間はふたつのサテライトにより、庭への広がりを限定させつつ、東庭へ開く。居間北面の巨大な暖炉壁の出現。主寝室両側のサーヴィングスペースの突出部の形態が、ともに平行四辺形平面に。主寝室は庭への広がりを限定させつつ、北庭へと開く。寝室ブロック用エントランスの成立(図8、9、10)。

居間を包囲するエレメント群。
上方に暖炉とバー、下方にダイニングとウインドウルーム

庭側のサテライト群

エントランス側のふたつの暖炉シャフト

左から、バー、巨大な暖炉壁、ドレッシングルーム（下階）、居間、デン、子供室の開口を示す。バー、ドレッシングルーム、デンの3つのサテライトには同じ形態（平行四辺形平面）が与えられる。

図9　ホーニックマン邸　模型（筆者作成）

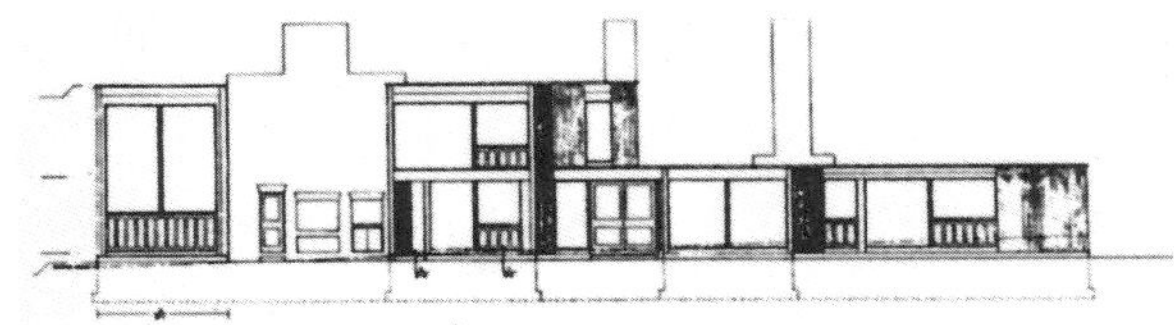

図10　ホーニックマン邸　北東立面図（図版出典：二川幸夫編、『ルイス・バラガン自邸　世界現代住宅全集2』、エーディエー・エディタ・トーキョー、2009年）

注

1　「領域」のこと。

2　W・スティーヴンズ（Wallace Stevens, 一八七九―一九五五）。アメリカの現代詩人。ペンシルヴェニア州出身。ロマン主義の系譜に属する思索的詩人。精神の「荒地」という信仰なき時代において、想像力による秩序の確立を求めた倫理的詩人。一九五五年の死の数年前から評価がたかまり、イエーツやリルケとならぶ重要詩人であると評価される。詩論の詩人とよばれるスティーヴンズの方法論的態度は、カーンの建築におけるそれと通じるものがある。『アデージア』（格言集）にはカーンのアフォリズムを想起させるものが多い。また、オーダー、マインド、デザイアーなど二人の共通のキー・ワードも多い。詩集『ハーモニウム』『オーダーの理念』『全詩集』。スティーヴンズについては、新倉俊一編著、『ウォーレス・ステーヴンズ』、現代英米文学セミナー双書七、山口書店、また緒方敏彦編『アメリカ文学の自己発展』、アメリカ文学双書3、山口書店、を見よ。

文献リスト

1　ルイス・カーン著・前田忠直編訳、『ルイス・カーン建築論集』、鹿島出版会、一九九二年、三、七八、一〇一、一九六頁。

2　前田忠直著、『ルイス・カーン研究』、鹿島出版会、一九九四年、二八―五八頁。

3　前田忠直著、『ルームの実存的意味――フォーム変容過程の分析による近代住宅の研究』、日本建築学会計画系論文集 第五〇一号、一九九七年一一月、二一九―二二五頁。

4　ハイデッガー著、メダルト・ボス編、『ツォリコーン・ゼミナール』、みすず書房、一九九一年、三―四頁。

5　尾形敏彦編、『アメリカ文学の自己発展（アメリカ文学研究3）』、山口書店、一九八二年、三六三―四〇四頁。

6　ウォレス・スティーヴンズ著、加藤文彦他訳、『ウォレス・スティーヴンズ詩集　場所のない描写』、国文社、一九八六年、一九九―二一七頁。

図版出典

1、6　Louis I. Kahn, *Writings, Lectures, Interviews*, Rizzoli, 1991.

2、4、7、8、9　筆者作図

3　D. B. Brownlee, D. G. De Long, *Louis I. Kahn: In the realm of architecture*, The Museum of Contemporary Art, Rizzoli, 1991.

5　Heinz Ronner, Sharad Jhaveri ed., *Louis I. Kahn : complete work 1935-1974*, Birkhäuser Verlag, Basel, Boston, 1987.

10　二川幸夫編、『ルイス・バラガン自邸　世界現代住宅全集2』、エーディエー・エディタ・トーキョー、二〇〇九年

編集後記

一九九四年四月、当時九州大学に在職中であった前川道郎先生のお声がけで、湯布院にある日本文理大学の宿舎に二十名ほどの建築論研究者が集まった。そこで場所論をテーマとして研究会を立ち上げることが提唱され、今後の研究の在り方についてさまざまな議論が交わされた。その結果、集まったメンバーにより、前川先生を中心として「場所論研究会」が発足することになった。以後、一年に二度程度、メンバーの二、三人が発表するという形で、研究会が持続的に開かれ、一九九五―九六年度には「建築的場所論の展開の可能性に関する研究」（加藤邦男、他五名）というテーマで科学研究費を受けて継続された。その成果は一九九八年度、科学研究費補助金（研究成果公開促進費）を受けて『建築的場所論の研究』（中央公論美術出版）として出版されている。

その後、「場所論研究会」は発展的に解消され、新たに結成された「建築論研究会」に引き継がれている。「建築論研究会」ではやはり年に二度の研究会が開催され、場所論から展開して、さまざまな論点に及ぶ研究発表がなされてきた。メンバーも当初の二倍を超えている。建築論研究会は結成後すでに十五年を経た。数年前から『建築的場所論の研究』に続いて、その後の研究成果を踏まえて出版を企画してはどうかという話が持ち上がり、この研究会で推進されてきた多様な研究の底流となる「建築制作論」をテーマとして論攷を募ることになった。その結果としてまとめられたのが本書である。内容については読者にご批判とご教示を仰ぐほかないが、このような論集を発刊することができたのは科学研究費研究公開助成を受けることができたことによる。関係各位に感謝の意を表したい。

二〇一五年十二月

編者代表　西垣安比古

執筆者リスト（執筆順）

加藤　邦男　京都大学名誉教授
中村　貴志　建築論研究所所長
西垣　安比古　京都大学名誉教授
川本　豊　佛教大学研究員
藤原　学　京都大学大学院人間・環境学研究科助教
杉山　真魚　京都大学大学院工学研究科助教
田路　貴浩　京都大学大学院工学研究科准教授
山中　冬彦　岐阜女子大学家政学部教授
田中　明　武庫川女子大学生活環境学部専任講師
真木　利江　広島女学院大学人間生活学部准教授
竺　覚暁　金沢工業大学教授
下川　勇　福井工業大学工学部准教授
市川　秀和　福井工業大学工学部教授
白井　秀和　福井大学大学院工学研究科教授
迫田　正美　滋賀県立大学環境科学部専任講師
今村　友里子　福井大学大学院工学研究科博士後期課程
熊澤　栄二　石川工業高等専門学校准教授
小野　育雄　広島女学院大学人間生活学部教授
朽木　順綱　大阪工業大学工学部准教授
田﨑　祐生　武庫川女子大学生活環境学部教授
近藤　康子　京都橘大学現代ビジネス学部助教
西村　謙司　日本文理大学工学部准教授
崔　康勲　元法政大学専任講師
千代　章一郎　広島大学大学院工学研究院准教授
水上　優　兵庫県立大学環境人間学部准教授
前田　忠直　京都大学名誉教授

建築制作論の研究 ©

平成二十八年一月二十日印刷
平成二十八年二月 十 日発行

編　者　建築論研究会
発行者　小　菅　勉
印　刷　広研印刷株式会社
製　本　松　岳　社
用　紙　日本大昭和板紙株式会社

中央公論美術出版
東京都千代田区神田神保町一－一〇－一
ＩＶＹビル６階
電話〇三－五五七七－四七九七

製函　株式会社加藤製函所

ISBN 978-4-8055-0757-5